RAIMOND SELKE

August Becker (1821–1887)
Der Darmstädter Landschaftsmaler aus der
Düsseldorfer Schule
–
Biographie und Werkkatalog

Koblenz 2005

Diese Arbeit wurde zuvor im Mai 2004 als Dissertation am Institut für Kunstgeschichte der Universität Regensburg unter dem Titel „Das Leben und Schaffen des Darmstädter Landschaftsmalers August Becker (1821–1887). Monographie und Werkkatalog" angenommen (Tag der Disputation: 4. November 2004).

ISBN: 3-935 690-39-8
Alle Rechte vorbehalten
© des Textes und der Katalogeinträge beim Verfasser
© der Abbildungen bei den Eigentümern
© der Autographen bei den Archiven und Besitzern
1. Auflage
Gesamtherstellung: Görres-Druckerei GmbH
Verlag: Görres Verlag, D-56070 Koblenz
Kontakt zum Autor über den Verlag oder direkt per E-mail an: *rselke27@hotmail.com*
Abbildungen auf dem Umschlag: „Terrasse (Weinburger Laubengang) I, 1876, (Kat.-Nr. 352) und „Felsschlucht mit kleinem Wasserfall", 1842, (Kat.-Nr. 38)

Meinen Eltern

Danksagung

Mein besonderer Dank gilt Frau Lotte Hoffmann-Kuhnt (Behringersdorf, Urgroßnichte des Künstlers), Frau PD Dr. Martina Sitt (Hamburg, Kunsthalle) sowie meinem Erstgutachter Herrn Professor Dr. Jörg Traeger und dem Zweitgutachter Herrn Professor Dr. Wolfgang Schöller (beide Regensburg, Universität). Am Schluss der Arbeit sind alphabetisch die Personen und Institutionen, denen ich ferner dankbar bin, aufgelistet.

Regensburg, im November 2004

Vorwort

Der aus Darmstadt stammende, lange Zeit in Düsseldorf verankerte und auch künstlerisch der Düsseldorfer Malerschule verbundene Landschaftsmaler August Becker (1821-1887) war zu Lebzeiten insbesondere in Kreisen der Hocharistokratie und des gehobenen Bürgertums recht erfolgreich. Kunstgeschichtlich können die Bilder aus dem Berner Oberland, aus den Bayerischen und Tiroler Alpen, aber auch aus der unberührten Natur norwegischer Fjorde, der schottischen Highlands und abgelegener Landschaften in Rumänien der Tradition der im 18. Jahrhundert begründeten Ästhetik des Erhabenen zugeordnet werden. Die weiträumig gesehene Großartigkeit der Natur wurde von Becker geschickt inszeniert, insbesondere durch die Verbindung von wirklichkeitstreuer Wiedergabe im einzelnen bei gleichzeitiger dramatischer, ja pathetischer Verteilung von Licht und Schatten. Er vertritt damit in effektvoller Könnerschaft eine Richtung spätromantischer Landschaftsmalerei, deren konservative künstlerische Grundhaltung zu seiner Beliebtheit gerade auch in europäischen Fürsten- und Königshäusern beigetragen haben dürfte. Insofern kommt ihm ein beachtlicher Stellenwert in der Sozialgeschichte des Geschmacks zu.

Eine systematische Erschließung von Beckers Lebenswerk hat bislang gefehlt. Dieser Aufgabe unterzieht sich der Verfasser vorliegender Publikation, die als kunsthistorische Dissertation an der Universität Regensburg entstand. Sein Augenmerk liegt dabei vor allem auf der Dokumentation. Im ersten Teil bietet das Buch Ausführungen zum insgesamt eher mageren Forschungsstand. Es folgt eine genaue Rekonstruktion der Biographie, d. h. der Ausbildung Beckers und seiner künstlerischen Reifung zunächst in Darmstadt, dann in Düsseldorf. Seine familiären Umstände werden anhand von Archivalien und sonstigen Zeugnissen ebenso gründlich nachvollzogen wie die Frage seiner Ausstellungsbeteiligungen, der Bilderverkäufe, der Verbindung zu Kollegen und vor allem auch seiner Beziehungen zu Käufern und Auftraggebern aus fürstlichen Kreisen, an der Spitze Queen Victoria von England.

Der zweite Teil besteht in einem akribisch erarbeiteten Werkverzeichnis, gefolgt von einem Katalog der bislang fälschlich zugeschriebenen Werke, die vom Verfasser mit Recht ausgeschieden werden. Technik, Provenienz, ein streng sachlicher Kommentar, der Fragen der Topographie, aber auch der konkreten biographischen Situation klärend einbezieht, der Nachweis von Ausstellungen des betreffenden Werks und schließlich bibliographische Belege ergeben jeweils eine in sich schlüssige, hieb- und stichfeste Katalogeinheit. Im Anhang werden bislang unbekannte Dokumente zu Leben und Wirken Beckers im Originalwortlaut wiedergegeben. Diese Zeugnisse sind eine begrüßenswerte Ergänzung der Ausgabe der bereits publiziert vorliegenden Reiseberichte und Briefe Beckers, hrsg. von Lotte Hoffmann-Kuhnt (Nürnberg 2000).

Ein zu Unrecht weitgehend vergessener Künstler wird durch dieses Buch wieder ins kunsthistorische Bewußtsein gerückt. Unser Bild der deutschen Landschaftskunst der zweiten Hälfte des 19. Jahrhunderts, insbesondere der Darmstädter und Düsseldorfer Malerei, ist damit um eine interessante Facette reicher geworden.

Regensburg, im November 2004   Jörg Traeger

Vorwort des Verfassers

Die vorliegende Arbeit vertieft die Inhalte meiner Magisterarbeit zum Thema „Studien zum Schaffen des Darmstädter Landschaftsmalers August Becker in England und Schottland" (2001). Das wissenschaftliche Anliegen ist die Darstellung einer ausführlichen Biographie des Malers August Becker, eine kunsthistorische Einordnung sowie die Erstellung eines Werkverzeichnisses seines Schaffens.

Meine erste Beschäftigung mit den Düsseldorfer Malern des 19. Jahrhunderts fand während eines Praktikums im Düsseldorfer Kunstmuseum statt. Im Sommer 1998 befand sich das umfangreiche Projekt zum Lexikon der Düsseldorfer Malerschule gerade in der Endphase. Daneben wurde die Ausstellung zur Historienmalerei „Angesichts der Ereignisse" vorbereitet, die gleichzeitig den dreiteiligen Ausstellungszyklus mit Gemälden aus den Beständen des Kunstmuseums und der Kunstakademie Düsseldorf abschließen sollte. Aus dieser Fülle von Anschauungsobjekten und Lesestoff ergab sich unschwer ein Thema für eine weiterführende Arbeit, wobei der Verfasser wichtige Anregungen Privatdozentin Dr. Martina Sitt verdankt. Als Quellen standen weitere, bisher nicht veröffentlichte Autographen, Tagebuchaufzeichnungen, Reiseberichte, Briefe und ein Oeuvre, von dem rund fünfhundert Einzelstücke recherchiert und katalogisiert werden konnten, zur Verfügung.

Im Rahmen der Recherchen gelang es, im September und Oktober 2002 in Zusammenarbeit mit dem Kunstarchiv Darmstadt e.V. die erste Einzelausstellung zu August Becker zu veranstalten. Dadurch meldeten sich, auch im Zuge des überregionalen Presseechos, viele Sammler. Im September 2003 kuratierte der Verfasser eine Ausstellung in Coburg unter dem Titel „Ton und Licht. Musik, Malerei und Fotografie im Umkreis von Prinz Albert", die in Zusammenarbeit mit der Prinz-Albert-Gesellschaft e.V. und der Fachhochschule Coburg anlässlich der Jahrestagung der Gesellschaft durchgeführt wurde (Vgl.-Abb.-Nr. 31). Die vielen nun in einem Werkverzeichnis dokumentierten Bilder und Zeichnungen – über einhundertfünfzig Gemälde sowie rund einhundert Zeichnungen, Studien sowie knapp einhundert historischen Fotos (von Beckers Gemälden) und fünf Skizzenbücher – eröffnen ein eindrucksvolles Bild vom Schaffen Beckers.

Es wurde ein besonderes Augenmerk auf die Beziehungen des Malers zur Familie von Carl Anton, Fürst von Hohenzollern, gelegt, die sogar umfangreicher waren als jene an den englischen Hof. Das hatte man bisher nicht beachten können, da die in Sigmaringen aufbewahrten Archivalien bei einem Schlossbrand 1893 vernichtet worden waren. Dagegen sind die Autographen in Schloss Windsor, die den Kontakt Beckers zum englischen Hof dokumentieren, nahezu komplett erhalten. Erst durch die Auswertung von Autographen Beckers, die 2000 ediert wurden, und die Forschungen in Bukarest (Rumänien), im Rumänischen Nationalarchiv, in der Nationalgalerie und in Schloss Peleş bei Sinaia, wurde deutlich, dass die späten, zumeist großformatigen Gemälde Beckers, die in den 1870er und 1880er Jahren entstanden sind und hauptsächlich für Carol I., den Fürsten und späteren König von Rumänien, gemalt wurden, in maltechnischen Fragen eine klare Steigerung gegenüber den eher klein- und mittelformatigen Bildern für die englische Königin darstellen.

Da ein Teil seines Werkes weiterhin verschollen ist, verbindet der Verfasser mit der Veröffentlichung dieser Arbeit die Hoffnung auf das Wiederfinden weiterer Gemälde.

Verweise auf Arbeiten im Werkkatalog (Kat.-Nr.) und Vergleichsabbildungen (Vgl.-Abb.-Nr.) sind an entsprechenden Stellen eingefügt.

Inhaltsverzeichnis
Erster, zweiter und dritter Teil

	Einleitung	8
1.	Rezeptionsgeschichte/Forschungsstand	9
2.	Biographie von August Becker	14
a.	Elternhaus, Jugend und Bildung (1821–1839)	14
b.	Situation in Darmstadt und Stilprägung (1840–1851)	14
c.	Die ersten Jahre in Düsseldorf (1852–1853)	18
d.	London und Paris (1854–1856)	20
e.	Weiteres aus dem Leben (1857–1865)	22
f.	Erster Bildverkauf an ein Museum und Zwistigkeiten (1866–1867)	27
g.	Familienglück, Feste und Studienreisen (1868–1875)	29
h.	Kollegen und Gemeinschaftsproduktionen (1876–1880)	30
i.	Professor und weitere Auszeichnungen (1881–1884)	31
j.	Hauptwerke, Anzeichen von Stagnation und Tod (1885–1887)	33
	Kunsthistorische Einordnung/Resümee	36
	Tabellarischer Lebenslauf	40
	Zum Werkverzeichnis	45
	Werkverzeichnis (in chronologischer Reihenfolge)	47
a)	Skizzen, Zeichnungen, Ölstudien und Gemälde	47
b)	Fragliche und abzulehnende Zuschreibungen	258
	Vergleichsabbildungen	267
	Quellenanhang (in chronologischer Reihenfolge)	282
	Bibliographie	301
	Lebens- und ggf. Regierungsdaten [*] wichtiger Persönlichkeiten	312
	Index	314
	Dankliste	318

Erster Teil

Einleitung

Einst monatlich in den wichtigen Kunstzeitschriften wie den „Dioskuren" oder der „Zeitschrift für bildende Kunst" besprochen, verschwand August Becker nach seinem Tod 1887 aus dem Sichtfeld der Kunstpublizistik. Dieses Schicksal teilt er mit zahlreichen seiner engeren Malerfreunde, deren Werke, gemeinhin als spätromantisch und ergo rückständig verschrien, nach dem Ableben der Künstler entweder in Vergessenheit gerieten, oder in Gegenüberstellung zu avantgardistischen Leistungen gegen Ende des 19. Jahrhunderts so abgewertet wurden, dass sie schließlich im 20. Jahrhundert gänzlich verschollen waren. Eine tiefer gehende Forschung zu August Becker ist damit zu begründen, dass sie ein umfassenderes Verständnis der Kunst des 19. Jahrhunderts im Bereich der traditionellen Kunstauffassung ermöglicht.

Ferner haben eigene Recherchen überraschende Forschungsergebnisse zur Biographie August Beckers hervorgebracht. So sind zwar die wichtigsten Maler und deren Wirken im August Becker-Kontext relativ gut erforscht, so dass im Falle von Schilbach, Rottmann, den beiden Achenbachs, Schirmer und Lessing auf neuere Arbeiten zurück gegriffen werden konnte, doch bei den Hintergrundinformationen zu Becker selbst kann man nur von den Archivalien ausgehen, die zum großen Teil als Nachlass in Süddeutschland gepflegt werden. Das Frühwerk (Zeichnungen von 1840 bis cirka 1846, Kat.-Nr. 1-64), die mittlere Oeuvrephase (1847 bis 1881, Kat.-Nr. 65-398) und das Spätwerk (ab 1882, Kat.-Nr. 399-450) sind dort gleichermaßen vertreten.

Neben den Autographen bilden Kritiken den Schlüssel zum Verständnis der großen Beliebtheit seiner Bilder im 19. Jahrhundert. Es gab jedoch auch kritische Stimmen. Die zumeist von anonymen Verfassern geschriebenen Beurteilungen schwanken daher zwischen lobenden Worten und harscher Kritik. Besonders positiv äußerten sich Kritiker in der Dioskuren-Zeitschrift: *„Wenn wir unter den deutschen Landschaften mit den Düsseldorfern beginnen und zwar mit ihrer Darstellung der nordischen Gebirgsnatur, so ist unbedenklich August Becker's "Norwegische Hochebene mit Wasserfall" voranzustellen, die mit einer wunderbaren Naturwahrheit die Bildung der Felsen, wie die Bewegung des Wassers, das Licht am fernen Horizont, wie das Dunkel der schweren Wolken wiedergibt."*[1] Die Reihe der lobenden Worte ließe sich um einige Seiten ergänzen. Entsprechende Verweise zu diesen Besprechungen sind den Katalog-Kommentaren im Werkverzeichnis beigefügt.

---

[1] Zit. Dioskuren, 7. Jg., Nr. 16, 20.4.1862, S. 125.

1. Rezeptionsgeschichte/Forschungsstand

August Becker wird 1856 bei Wiegmann in einer Publikation zu den Düsseldorfer Künstlern einmal erwähnt.[2] Im Brockhaus-Konversationslexikon aus den 1890er Jahren und in Meyers Konversations-Lexikon (1889) findet man ebenfalls einen Eintrag zum Maler Becker aus Darmstadt. Darin heißt es: *„1864-69 hielt sich B. als Gast der Königin von England in Balmoral auf und hielt die Eindrücke der schott. Gebirgsnatur in zwei Zyklen von Landschaften fest, welche sich im Besitz der engl. Königsfamilie und des Königs Karl von Rumänien befinden."*[3] Bereits in der Folgeausgabe, die als „Der Große Brockhaus" erst zwischen 1928 und 1935 aufgelegt wurde, ist der Eintrag gelöscht. Spätestens zu diesem Zeitpunkt war Becker nahezu vergessen. Nicht zuletzt hing das damit zusammen, dass er nicht auf der Jahrhundertausstellung in Berlin 1906, durch die ein Kanon der deutschen Malerei des 19. Jahrhunderts festgelegt wurde, vertreten war.[4] Je mehr Becker in Vergessenheit geriet, desto häufiger entstanden fehlerhafte Überlieferungen, indem sein Schaffen nahezu ausschließlich auf norwegische Hochgebirgslandschaften, Aufträge für Königin Victoria und Malunterricht für die englischen Prinzessinnen beschränkt wurde.[5]

Auch Rosenberg erwähnt Becker in seinem kunstgeschichtlichen Abriss 1894.[6] In einer wenige Jahre nach Beckers Tod erschienenen Gemäldestatistik von Boetticher werden immerhin zweiunddreißig Gemälde des Darmstädters aufgelistet, die zwischen 1846 und 1882 entstanden waren.[7] Nicht belegbar ist die tatsächliche Anzahl von Gemälden, die Königin Viktoria in Auftrag gegeben hatte; zumindest waren es cirka 25 Gemälde und Ölskizzen, die sie erwarb. Die Erwähnung von drei Fahrten nach Schottland, die bis in die jüngste Literatur übernommen wurde, ist falsch. In einem überlieferten Manuskript (1880er Jahre) eines Vortrags über Schottland, der von Beckers Hand stammt, ist nur von zwei Schottland-Aufenthalten die Rede.

Ernst Emmerling führt in seiner dreibändigen Geschichte der Darmstädter Malerei August Becker im zweiten Band unter den Naturalisten auf.[8] In den 1930er Jahren wird Beckers Schaffen auf zwei lokalen Ausstellungen zur Darmstädter Malerei gezeigt.[9]

Der norwegische Kunsthistoriker Leif Østby beschreibt in einem 1969 erschienenen Buch über die Darstellung Norwegens in der Kunst auch die Landschaftsmalerei des 19. Jahrhunderts. August Becker wird in diesem Zusammenhang zweimal, ohne neuere Erkenntnisse, erwähnt.[10]

---

[2] Wiegmann, Rudolph: Die königliche Kunst-Akademie zu Düsseldorf. Ihre Geschichte, Einrichtung und Wirksamkeit und die Düsseldorfer Künstler, Düsseldorf 1856, S. 394

[3] Zit. Brockhaus Konversationslexikon in 16 Bänden, 14. Auflage, 1892–1895, Band 2, S. 611, Stichwort: „Becker, August, Landschaftsmaler". Vgl. auch Meyers Konversationslexikon. Ein Nachschlagewerk des allgemeinen Wissens, 2. Auflage, 1889, Band 2, S. 591, Stichwort: „Becker, August".

[4] Ausst.-Kat. Ausstellung deutscher Kunst aus der Zeit von 1775–1875 in der Königlichen National-Galerie Berlin 1906 (Januar bis Mai), München 1906 (2 Bde.)

[5] Darmstädter Zeitung, Hessische Volksblätter, Düsseldorfer Zeitung, Kölner Nachrichten et al.

[6] Rosenberg, Adolf: Geschichte der modernen Kunst, 2. ergänzte Ausgabe, 3 Bde., Bd. II, Leipzig 1894, S. 407.

[7] Boetticher, Friedrich von: Malerwerke des Neunzehnten Jahrhunderts. Beitrag zur Kunstgeschichte von Friedrich von Boetticher, Band 1 (Dresden 1895), Band 2, Teil 1 (Dresden, 1898), Teil 2 (Dresden 1901), Band 1, S. 60 f.

[8] Emmerling, Ernst: Die Geschichte der Darmstädter Malerei, 3 Bände, Darmstadt 1936–1938, Band 3 [Der Naturalismus], Darmstadt 1938, S. 26. Durch die zeitliche Nähe zu einigen Darmstädtern Malern ist diese Literaturquelle von großer Wichtigkeit. Darin werden auch als verschollen anzusehende Gemälde abgedruckt. Sie genügt aber nicht wissenschaftlichen Ansprüchen. Der Autor arbeitet ohne Quellennachweise und ist in der Aufzählung der Künstlerpersönlichkeiten unausgewogen sowie in seinen Formulierungen tendenziös nationalsozialistisch.

[9] Ausst.-Kat. Zweihundert Jahre Darmstädter Kunst 1830–1930 Mathildenhöhe Juni–Ende September 1930, S. 51, Nr. 17.

Ausst.-Kat. Zwei Jahrhunderte Deutscher Landschaftsmalerei. Katalog der von der Stadt Wiesbaden und dem Nassauischen Kunstverein Veranstalteten Ausstellung, Wiesbaden 1936, Kat.-Nr. 36, S. 11.

Bei Bergsträsser, die in den 1960er Jahren mehrere Untersuchungen zu Beckers Lehrer, Johann Heinrich Schilbach, unternahm, findet man keine Hinweise auf August Becker, einem der wichtigsten Schüler von Schilbach.[11]

Erst 1975 wird August Becker aus Darmstadt durch eine ernstzunehmende kunsthistorische Forschung größere Aufmerksamkeit geschenkt. Damals unternahm der Historiker Olaf Klose gemeinsam mit der Kunsthistorikerin Lilli Martius eine große Untersuchung zur skandinavischen Landschaftsmalerei. Es wurden darin August Beckers Tagebuchaufzeichnungen einer zweiten Norwegenreise von 1847 verkürzt abgedruckt. Erstmals gelang es den Autoren, die Künstlerexpeditionen nach Nordeuropa zusammenzufassen. Mit zwei Norwegenreisen, die er in den 1840er Jahren unternommen hatte, gilt er als einer der Pioniere bei der Erschließung der nordischen Landschaft für die Malerei.[12] Da es ähnlich konzipierte Untersuchungen zur schottischen, bayerischen, ungarischen oder rumänischen Landschaft nicht gibt, konnte Becker für diese Landschaften, in die er in den Folgejahren reiste, folglich bisher noch nicht dementsprechend berücksichtigt und gewürdigt werden.

In der Reihe „Kunst des 19. Jahrhunderts im Rheinland", die in den 1970er Jahren herausgegeben wurde, wird Beckers Schaffen als Landschaftsmaler mehrfach erwähnt. Bei den Künstlerbiographien im Anhang, die sich hauptsächlich auf Thieme-Becker beziehen, fehlt er jedoch. In den Artikeln von Helmut Börsch-Supan und Rolf Andree werden – neben Becker selbst – jene für diesen Maler wichtigen Künstler aus Düsseldorf besprochen, z.B. August Wilhelm Leu und Georg Saal, Reisegefährten seiner zweiten Norwegenreise, sowie Johann Fredrik Eckersberg u.a.m. (Vgl.-Abb.-Nr. 4) und 5). Aber auch hier zeigt sich, dass man über den bereits im Brockhaus von 1894 nachzulesenden Wissensstand betreffs Becker nicht hinaus gekommen war.[13]

In einem hervorragenden Ausstellungskatalog zu Eugen Bracht (Manfred Großkinsky) wird August Becker im Zusammenhang mit weiteren Künstlern aus dem ehemaligen Großherzogtum Hessen-Darmstadt nicht genannt.[14]

Der Initiative, Kunst hessischer Maler vermehrt zu Ehren kommen zu lassen, ist wohl der Umstand zu verdanken, dass vom Hessischen Landesmuseum und den Städtischen Kunstsammlungen in Darmstadt Anfang der 1990er Jahre zahlreiche Gemälde von August Becker aus dem Kunsthandel und von Privatpersonen angekauft wurden. In der mittlerweile geschlossenen Darmstädter „Galerie des 19. Jahrhunderts. Haus Deiters" wurden Anfang der 1990er Jahre einige Gemälde aus diesen Erwerbungen ausgestellt. Ein Begleitbuch dokumentierte erstmals sein Schaffen mit einem kleinen Textbeitrag, sowie mit zahlreichen Farbreproduktionen von Beckers Gemälden aus dem Besitz der Städtischen Kunstsammlungen.[15]

In einer Monographie über den Genremaler Ernst Bosch wird August Becker erwähnt und als dessen enger Freund und Kollege bezeichnet. Tatsache ist aber, dass Becker Bosch in keinem

---

[10] Østby, Leif: Med Kunstnarauge. Norsk nature og folkeliv I biletkunsten, Oslo 1969, S. 133 f.

[11] Bergsträsser, Gisela: Der Odenwald. Eine Landschaft der Romantiker. Mit Bildern von Carl Philipp Fohr, Ludwig Wilhelm Bayer, Georg Ludwig Kreß von Kressenstein, Johann Heinrich Schilbach, Wilhelm Merck, August Lucas, Carl Theodor Reiffenstein, Amorbach 1967.

Bergsträsser, Gisela: Romantiker malen den Odenwald. Die Entdeckung einer deutschen Landschaft, Amorbach 1973.

[12] Klose, Olaf und Martius, Lilli: Skandinavische Landschaftsbilder: Deutsche Künstlerreisen von 1780 bis 1864, Neumünster 1975 (=Studien zur schleswig-holsteinischen Kunstgeschichte), Band 13, S. 57 f. u.a.

[13] Trier, Eduard u. Weyres, Willy (Hg.): Kunst des 19. Jahrhunderts im Rheinland in fünf Bänden, Band 3, Düsseldorf 1979, S. 234, 239, 253 f., 391 f.

[14] Ausst.-Kat. Großkinsky, Manfred: Eugen Bracht (1842–1921). Landschaftsmaler im wilhelminischen Kaiserreich, Mathildenhöhe Darmstadt. 20. September–15. November 1992, Darmstadt 1992, S. 18.

[15] Ausst.-Kat. Darmstadt 1992: Darmstädter Galerie 19. Jahrhundert, Haus Deiters, Darmstadt 1992, S. XIX, 13–20, Abb. S. 15–20.

erhaltenen Autographen erwähnt. Beide hatten eher berufsbedingt miteinander zu tun, vor allem während der Vorbereitung der IV. Allgemeinen Deutschen Kunstausstellung 1880.[16]

Die Bearbeitung aller Einträge in Lexika, Fachbüchern und Sonderdrucken wurde vor allem dadurch erschwert, dass im 19. Jahrhundert mehrere Maler namens August Becker tätig waren.[17] Besonders im Kunsthandel lassen sich alle erdenklichen Fehler bei den Zuschreibungen ausmachen. So brachte die Durchsicht der Verkaufs- und Auktionskataloge zutage, dass Bildwerke des Darmstädter Beckers des Öfteren mit denen seines Namensvetters, August Becker (1807 Gernrode–1887 Bernburg) aus dem Kreis Quedlinburg, verwechselt werden (Kat.-Nr. I bis XVIII).[18]

Auf der Schau „Victoria und Albert, Vicky & The Kaiser", die in Berlin 1997 gezeigt und von einem bibliophilen Katalog begleitet wurde, ist August Beckers Wirken für die englische Krone berücksichtigt worden, es wurden aber weder Gemälde noch Ölskizzen von Becker gezeigt oder abgedruckt. Im Katalog würdigt der englische Kunsthistoriker und Surveyor Emeritus of The Queen's Pictures, Sir Oliver Millar, August Becker als den meist beschäftigten Maler bei Motiven in Öl aus Schottland für Queen Victoria.[19] Der gleiche Autor listete die Arbeiten des Künstlers im Bestandskatalog zu den viktorianischen Gemälden in der königlichen Sammlung auf. Bei der Inventarisierung der Aquarelle und Zeichnungen aus viktorianischer Zeit durch Delia Millar wurde ebenfalls ein Aquarell Beckers im Katalog erfasst.[20] Aber die bis dahin bekannten Arbeiten Beckers waren nur ein kleiner Teil seines Schaffens. Die Rezeption der vielen im Privatbesitz und bis dato in unbekannten Sammlungen vorhandenen Beckerschen Gemälde kann erst jetzt beginnen.

Ein Teil des aufschlussreichen Briefwechsels von Ernst Becker, dem Bruder des Malers, geschrieben während seiner Dienstzeit als Bibliothekar für Prinz Albert (1819–1861) von 1851 bis 1860, mit seiner Mutter und seinem Bruder August, wurde 1995 von Charlotte Pangels in populärwissenschaftlicher Form herausgegeben. Die zitierten Briefe wurden ohne erkennbare Systematik ausgesucht, das Abbildungsmaterial ist zum Teil seitenverkehrt wiedergegeben.[21]

Im Saur-Künstlerlexikon (1998) findet man einen aktualisierten Eintrag zu Becker. Bei der diesem Artikel angefügten Werkauswahl stützten sich die Verfasser jedoch auf überalterte Angaben.[22]

Das 1998 abgeschlossene Projekt zum Lexikon der Düsseldorfer Malerschule enthält zum Teil gut recherchierte Informationen. Berichtigt wurden die überlieferten Angaben zur Akademiezugehörigkeit dahingehend, dass August Becker nur freundschaftliche Beziehungen zu führenden Mitgliedern der Düsseldorfer Akademie unterhielt. Die beiden Autoren des Lexikoneintrages haben jedoch nicht alle Informationen überprüft, so dass einige Fehler auch in

---

[16] Weiß, Siegfried: Ernst Bosch (1834–1917), Leben und Werk. Zur Düsseldorfer Malerei der 2. Hälfte des 19. Jahrhunderts, Univ. Diss., München 1992, S. 15, 148.

[17] Das über Internet abrufbare Fotoarchiv des kunstwissenschaftlichen Institutes in Marburg hat beispielsweise unter dem Begriff „August Becker" nur eine Abbildung anzubieten, welches allerdings von dem Gernroder Künstler gleichen Namens stammt, also nicht von dem August Becker, um den es in dieser Arbeit geht. (vgl. Werkkatalog, Teil b), (Internetseite abgerufen am 30. März 2003).

[18] Thieme-Becker, Leipzig 1907–1950, Band 2, S. 145, Stichwort: „Becker, August, Landschaftsmaler aus Ballenstedt". Darin heißt es, dass der Maler bereits 1837 in Düsseldorf aktiv war.

[19] Millar, Oliver: Königin Victoria und Prinz Albert: Deutsche Bilder und deutsche Maler, in: Ausst.-Kat. Berlin 1997, Victoria & Albert, Vicky & The Kaiser, hg. von Wilfried Rogasch, Ostfildern-Ruit 1997, S. 56–65, S. 63.

[20] Millar, Oliver: The Victorian Pictures in the Collection of Her Majesty the Queen, 2 Volumes, Cambridge 1992, vol. 1, p. 31–35, vol. 2, pl. 90–115.

Millar, Delia: The Victorian Water-Colours and Drawings in the Collection of Her Majesty the Queen, 2 Volumes, London 1995, vol. I, p. 87, no. 213.

[21] Pangels, Charlotte: Dr. Becker in geheimer Mission, München 1996.

[22] Saur. Allgemeines Künstlerlexikon. Die Bildenden Künstler aller Zeiten und Völker, München/Leipzig 1992-...[bis März 2004 39 Bde. erschienen]], Bd. 8, Stichwort: „Becker, August, dt. Maler", S. 154 f.

diesem Werk beibehalten wurden.[23]

Der Maler Becker fand im Rahmen von drei unterschiedlichen Ausstellungen, 1999 zu Andreas Achenbach, 2000 zu Eugen Bracht, und 2002 zu Wilhelm Schirmer, im jeweiligen Begleitkatalog Kontext bezogen Erwähnung.[24]

Die Briefe von und an August Becker wurden 2000 von der Urgroßnichte des Malers ediert. Die umfangreiche Sammlung ermöglichte die Richtigstellung zahlreicher bisher falscher Überlieferungen.[25]

In einer Dissertation über den Kunstverein für die Rheinlande und Westfalen, die 2001 in Buchform erschien, wird August Becker in Zusammenhang mit seiner ehrenamtlichen Tätigkeit für diesen Kunstverein und damit im kunstpolitischen Kontext erwähnt.[26] Im gleichen Jahr wurde die erste Ausstellung im „Haus Giersch – Museum Regionaler Kunst" in Frankfurt a.M. eröffnet. Das Thema lautete „Kunstlandschaft Rhein-Main. Malerei im 19. Jahrhundert 1806–1866". Eigentlich hätte Becker hier als gebürtiger Darmstädter nicht fehlen dürfen. Er wird jedoch nur einmal in einer Fußnote des Katalogs beiläufig erwähnt.[27]

Die Einzelausstellung „August Becker. Ein Landschaftsmaler unterwegs in Europa" 2002 bot einen ersten neuen Überblick über das Schaffen August Beckers, wobei der Schwerpunkt auf den frühen Arbeiten und zur England- und Schottlandthematik lag.[28]

Im Jahr 2003 wurde ein Bestandskatalog zu den Gemälden hessischer Maler im 19. Jahrhundert im Hessischen Landesmuseum abgeschlossen. Von Becker werden fünf Gemälde, eines davon in Farbe, vorgestellt. Die biographischen Angaben sind jedoch wieder fehlerhaft. U.a. wird der Zeitpunkt von Beckers endgültiger Übersiedlung nach Düsseldorf um zwölf Jahre vorverlegt.[29]

Gemälde von August Becker sind nur in wenigen deutschen Museen vorhanden. Die größten zusammenhängenden Sammlungen von Werken August Beckers sind im Ausland vorzufinden, wie etwa in der Royal Collection in England und dem rumänischen Nationalmuseum in Bukarest. Die königliche Sammlung in England hat hauptsächlich Werke aus der mittleren Schaffenszeit vorzuweisen. Die Sammlung des rumänischen Nationalmuseums, die auf Carol I., König von Rumänien, zurückgeht, enthält hingegen hervorragende Spätwerke Beckers. Das dortige

---

[23] Lexikon der Düsseldorfer Malerschule 1819–1918, in drei Bänden, hg. vom Kunstmuseum Düsseldorf im Ehrenhof und von der Galerie Paffrath, Düsseldorf, München 1997–1998, Bd. I, Stichwort „Becker, August", S. 88.

Das Niedersächsische Landesmuseum Hannover besitzt ein Bild „Norwegischer Fjord" (1854). Vgl. Schreiner, Ludwig (Bearb.): Die Gemälde des neunzehnten und zwanzigsten Jahrhunderts in der Niedersächsischen Landesgalerie Hannover, neu bearbeitet und ergänzt von Regine Timm, 2 Bände, Hannover 1990, Bd. I, S. 20, Bd. II, Abb. 31.

[24] Scholl, Lars U. und Sitt, Martina: Der Untergang der „President". Ein Gemälde des Düsseldorfer Malers Andreas Achenbach, in Zeitschrift des Deutschen Schifffahrtsmuseums 22, 1999, S. 428–456 (Sonderdruck), S. 451.

Sitt, Martina: Eugen Bracht und sein malerisches Werk, S. 11–46, in: Eugen Bracht und seine Zeit, Galerie Sander (Darmstadt) Hg., Darmstadt 2001, S. 41 f.

Ausst.-Kat.: Johann Wilhelm Schirmer in seiner Zeit. Landschaft im 19. Jahrhundert zwischen Wirklichkeit und Ideal, Heidelberg 2002, Sitt, Martina: Ein Schritt vor und zwei zurück? Zur Farbgestaltung in Johann Wilhelm Schirmers italienischen Bildern 1839/40, S. 24–28, 27 f.

[25] Hoffmann-Kuhnt, Lotte (Hg.): August Becker 1821–1887. Das Leben eines Landschaftsmalers. Reiseberichte und Briefe, Nürnberg 2000.

[26] Biedermann, Birgit: Bürgerliches Mäzenatentum im 19. Jahrhundert. Die Förderung öffentlicher Kunstwerke durch den Kunstverein für die Rheinlande und Westfalen, Univ. Diss. Göttingen 1996, Petersberg 2001, S. 55, 84.

[27] Ausst.-Kat. Kunstlandschaft Rhein-Main. Malerei im 19. Jahrhundert 1806–1866, Frankfurt a.M. 2001, S. 38.

[28] Selke, Raimond: Unterwegs in Europa. Der Landschaftsmaler August Becker, in: Ausst.-Kat.: August Becker (1821–1887). Ein Darmstädter Landschaftsmaler unterwegs in Europa, Kunst Archiv Darmstadt (Hg.), Darmstadt 2002, S. 5–17, S. 13–15.

[29] Bott, Barbara: Gemälde hessischer Maler des 19. Jahrhunderts im Hessischen Landesmuseum Darmstadt. Bestandskatalog, Darmstadt 2003, S. 36, 63–67, hier: S. 63 f.

ehemalige königliche Schloss Peleș in Sinaia besitzt drei Gemälde aus der gleichen Sammlung. Öffentlich gezeigt werden August Beckers Gemälde und Ölstudien jedoch nur in der früheren Residenz Osborne House (Isle of Wight). Ansonsten lagert das Material in Depots. In Düsseldorf, der Stadt, in der Becker 35 Jahre lang lebte und arbeitete, besitzt nur der Künstlerverein „Malkasten" einige Dokumente und eine größere Zeichnung von August Becker.[30]

Von der Hocharistokratie immer wieder mit Aufträgen reichlich bedacht, gibt es dagegen heute noch in den ehemaligen fürstlichen resp. königlichen Beständen von Hannover bzw. Pattensen/Calenberg und Sigmaringen zum Teil monumentale Ölbilder von August Becker. Das Gemälde „Das Jungfraumassiv im Berner Oberland" (1854, Kat.-Nr. 102) aus dem Besitz S.K.H. Ernst August Prinz von Hannover, Herzog zu Braunschweig und Lüneburg, befindet sich seit den 1970er Jahren als Leihgabe in der Klosterkammer Hannover. Eine weitere Variante des Bildgegenstandes hängt in Schloss Sigmaringen. Ein Gemälde in der Kieler Kunsthalle (Kat.-Nr. 116) ist eine Schenkung aus privater Hand. Es wurde wie ein ähnliches Motiv aus dem Niedersächsischen Landesmuseum Hannover (Kat.-Nr. 117) 1975 auf der Ausstellung „Düsseldorf und der Norden" (1975) gezeigt, jedoch nicht im Katalog erwähnt.

Aufgrund der vielen von Becker gemalten Fjordlandschaften wurden zunächst in norwegischen Museen Bestände vermutet. Doch hier wie in Schweizer Museumssammlungen sucht man vergebens nach Arbeiten von August Becker. Immerhin war der Künstler mehrfach auf Studienfahrten im Berner Oberland und in anderen Kantonen unterwegs. Auch in amerikanischen Museen sind von Becker keinerlei Arbeiten zu finden. Wir wissen jedoch aus den Briefen des Malers, dass er dorthin Bilder zu Ausstellungszwecken schicken ließ, deren Verbleib ungeklärt ist. Im Nationalmuseum von Wrocław hat sich im Frühjahr 2003 ein Ölgemälde von Becker recherchieren lassen. Im Zuge der deutschen Kunstvereinsausstellungen, die turnusmäßig jährlich oder alle zwei Jahre stattfanden, konnten Bilder im damaligen Breslau gesehen und erworben werden. 2004 wurden im Rahmen der Ausstellung „hin und weg. Reisebilder und Ansichten von Hessen" (Darmstadt, Kunsthalle) auch Gemälde Beckers gezeigt.[31] Etwa sechzig Gemälde sind im Besitz von Museen oder größeren Sammlungen zu finden. Der größte Teil von Beckers Schaffen befindet sich somit in privatem Besitz.

---

[30] Schroyen, Sabine [Bearb. u.a.]: Quellen zur Geschichte des Künstlervereins Malkasten. Ein Zentrum bürgerlicher Kunst und Kultur in Düsseldorf seit 1848, in: Landschaftsverband Rheinland. Archivberatungsstelle. Archivhefte 24, Köln 1992, S. 105 (Abb. 5), 212, 219, 228.

[31] Vgl. Faltblatt zur Ausstellung „hin und weg. Reisebilder und Ansichten von Hessen. Werke des 19. und frühen 20. Jahrhunderts aus dem Besitz der Stadt Darmstadt und aus Privatsammlungen", 21.9.2004–16.1.2005, Kunsthalle Darmstadt, ohne Katalog.

2. Biographie von August Becker

a. Elternhaus, Jugend und Bildung (1821–1839)

August Becker (Vgl.-Abb.-Nr. 1) wurde am 27. Januar 1821 in Darmstadt, der Residenzstadt des Großherzogtums Hessen und bei Rhein, als erstes Kind der Eheleute Ernst Friedrich Becker und Johanna Christiane, geb. Weber von Rödelheim, geboren.[32] Der Vater war in erster Ehe mit Amöne, der älteren Schwester von Johanna Christiane verheiratet. Aus dieser Ehe waren fünf Kinder hervorgegangen: Ludwig, Friedrich, Carl, Heinrich und Bertha. Aus der zweiten Ehe des Vaters stammen auch die zwei Brüder Ferdinand und Ernst Becker. Der Vater, Rechnungsjustificator in Darmstadt, verstarb unerwartet als die Mutter von August Becker im sechsten Monat schwanger war. Fortan musste sich die junge Witwe alleine um die Kinder kümmern. Trotz eines gewissen Vermögens und einer „Gnadenpension" von 200,- fl pro Jahr aus einer „Witwen- und Waisenkasse" stellte die Erziehung der sieben Söhne, die Tochter starb schon im Kindesalter, sie vor eine schwere Aufgabe.

Besonders zu dem jüngsten Bruder Ernst bestand eine enge innere Bindung, die seine Künstlerlaufbahn in entscheidender Weise beeinflussen sollte.[33] Aufgewachsen in der Residenzstadt Darmstadt, besuchte August Becker wie die übrigen Brüder das dortige Gymnasium, wollte zunächst Theologie und Philologie studieren, folgte dann aber ein Jahr lang wissenschaftlichen Vorlesungen auf dem Polytechnikum, bevor er mit 16 Jahren ab 1837 seinen ersten Malunterricht bei dem Bühnedekorateur Johann Heinrich Schilbach erhielt. Die Lektüre des alten und neuen Testaments in hebräischer und griechischer Sprache zur Vorbereitung seines Theologiestudiums hatte ihm deutlich gemacht, dass die Theologie ihn in Widerspruch zu seiner Lebenseinstellung bringen würde. Die Liebe zur Geographie und die Freude an der Natur förderten, wie es August selber ausdrückte, sein Interesse an der Landschaftsmalerei. Schilbach nahm August auf kleinere Exkursionen in die Umgebung der Stadt mit, so dass sich frühzeitig ein Interesse für die Landschaftsmalerei entwickelte. Seit 1839 reiste Becker durch Süddeutschland, um sein erworbenes theoretisches Wissen über die Malerei in die Praxis umzusetzen. So führten ihn erste allein unternommene Touren nach Lichtenberg im Odenwald, Rüdesheim und ins malerische Tal der Nahe – beliebte Studienorte auch zahlreicher anderer Landschaftsmaler. August muss bereits frühzeitig erkannt haben, dass sein Lehrer Schilbach ihm zwar gewissenhaft, aber oft pedantisch, allzu schematischen Unterricht angedeihen ließ. Deshalb versuchte er wiederholt, sich schon ab 1840 bei anderen Künstlern Anregungen zu holen.

b. Situation in Darmstadt und Stilprägung (1840–1851)

Da eine Kunstakademie, wie es sie beispielsweise in München, Düsseldorf oder Berlin gab, in Darmstadt fehlte, konnten Darmstädter Maler lediglich eine 1818 gegründete Großherzogliche Museumszeichenschule besuchen, in der bereits Augusts ältester Bruder Ludwig gelernt hatte. Die Unterrichtsmethoden, z.B. das Nachmalen von Gipsfiguren nach der Antike als Lehrmittel, waren nicht für eine fortschrittliche Malauffassung förderlich.[34] Daneben gab es den unter dem

---

[32] Für die biographischen Angaben liegen zugrunde: Zentralarchiv der evangelischen Kirche Hessen und Nassau, UB 13 Darmstadt, Taufregister, S.153 (Quellenanhang 1); Ernst Becker, Lebenslauf zu August Becker, Düsseldorf, KVM 552 (Quellenanhang 29); und die Autographen von August Becker, ediert 2000 von der Urgroßnichte des Künstlers, Lotte Hoffmann-Kuhnt. Weitere Informationen werden mittels Quellenangabe besonders gekennzeichnet. Der handgeschriebene Lebenslauf wurde abgedruckt in: Täglicher Anzeiger. Haupt-Annoncenblatt für Düsseldorf und Umgegend, 24. Dezember 1887. Der Lebenslauf stammt nicht aus der Hand des Malers.

[33] Fünf der sechs Becker-Brüder sind mit einem Portrait erstmals zusammenhängend abgedruckt im Ausst.-Kat. Ton und Licht, Coburg 2003, S. 13.

[34] Bott, Barbara: Die Anfänge der Landschaftsmalerei in Darmstadt und August Lucas, in: Kunst in Hessen und am Mittelrhein, Bd. 12, 1972, S. 197–203, S. 198.

Protektorat von Ludwig II., Großherzog von Hessen-Darmstadt, stehenden „Kunstverein für Hessen", der sich 1837 mit anderen Vereinen zum Rheinischen Kunstverein zusammengeschlossen hatte. Deren Jahresausstellungen in einigen Räumen des Schlosses, die Becker von 1840 bis 1855 mit seinen Gemälden beschickte, bot die einzige Ausstellungsmöglichkeit Darmstadts.[35] Die Großherzogliche Gemäldegalerie war seit 1820 der Öffentlichkeit zugänglich.[36]

Becker entschied sich daher zunächst, zeitweise in eine größere Metropole zu ziehen. Seine Wahl fiel auf Düsseldorf. Bevor er dorthin reisen konnte, musste Becker sich 1841 einer Musterung für den militärischen Dienst in Darmstadt unterziehen und bestand diese im Sinne des „Dienen-Wollens" mit dem Aktenvermerk „wird unterstützt".[37] Zu einem aktiven Einsatz sollte es indes in Beckers Leben nie kommen. Im Winter 1841/1842 verbrachte der Maler – ausgestattet mit einem Empfehlungsschreiben Schilbachs – einige Monate in Düsseldorf und lernte den dort blühenden Kunstbetrieb kennen. Er schrieb sich aber nicht an der Kunstakademie ein.

Angeregt durch nordeuropäische Künstler, z.B. Hans Gude und Adolf Tidemand, besuchte August Becker 1844 erstmals Norwegen. Die erste Reise führte ab dem 25. April 1844 per Kutsche und Rheinschifffahrt von Darmstadt ausgehend über Düsseldorf nach Amsterdam. Von dort ging es mit dem Dampfschiff „Beurs van Amsterdam" über die Nordsee nach Hamburg. Dann wurde die Reise per Diligence, also per Postkutsche, nach Kiel fortgesetzt, von wo Becker per Dampfschiff „Christian VIII." (benannt nach dem damaligen dänischen König) nach Kopenhagen gelangte. Dann erfolgte die Weiterfahrt mit einem Schiff nach Kristiania, dem heutigen Oslo.[38] Die eingeschlagene Route im Land selbst führte über kleine Orte, alte Höfe und markante Punkte, wie z.B. Sundvollen, Veme, Green, Sorteberg, Gulsvik, Nes (am Fluss Begna), Gol, Alrust, Tuv, Biøberg, Hegg, Husum, Lærdalsøyri, Solvorn, die alte Stabkirche von Urnes, dem Feigumfoss-Wasserfall, Kroken, Scholden, Optun, Skagastølsindene, Marifiera, Haugen, Gudvangen und Stalheim.[39] Die Rückfahrt von Kristiania aus verlief über Kopenhagen nach Travemünde per Schiff, anschließend per Diligence weiter nach Hamburg, Hannover, Göttingen, Kassel, Marburg und Frankfurt a.M. bis nach Darmstadt.

Auf dem Weg nach Norden machte er, von Darmstadt kommend, für ein paar Tage in Düsseldorf Station und resümierte: „*Es ist doch etwas schönes, in Düsseldorf zu arbeiten. Ich darf gar nicht an das Künstlerleben in Darmstadt denken, sonst vergeht mir alle Lust, wieder dahin zurückzugehen. Hier sieht man doch Künstler und Kunstwerke, man hat geistige Anregung, man läuft nicht Gefahr, einseitig zu werden, es ist auch leicht arbeiten. Die Maler helfen sich gegenseitig mit Studien aus, und man hört vielerlei Urtheile über seine eigenen Arbeiten. Das vermisse ich alles in Darmstadt. Wenn ich mich nicht längere Zeit an einer Akademie aufhalten kann, so muß ich es wenigstens einzurichten suchen, dass ich jährlich einmal während der Ausstellung nach Düsseldorf oder München gehe. Man muß von Zeit zu Zeit frische Eindrücke haben, sonst wird man einseitig und langweilig.*"[40]

---

[35] Vgl. Rheinischer Kunstverein, Verzeichnis der Gemälde bei der Ausstellung des Kunstvereins für das Großherzogthum Baden in Carlsruhe im Monat September 1840. Becker taucht nach 1855 nicht mehr in den Verzeichnissen auf. Für Darmstadt haben sich diese nicht vollständig erhalten. In der Bibliothek der Kunsthalle Karlsruhe sind sie dagegen vorhanden. Da sowohl Karlsruhe als auch Darmstadt dem Rheinischen Kunstverein angehörten, kann davon ausgegangen werden, dass die Bilder immer in beiden Städten gezeigt wurden.

[36] Zur Geschichte der Stadt Darmstadt vgl. Ekkehard Wiest: Stationen einer Residenzgesellschaft. Darmstadts soziale Entwicklung vom Wiener Kongreß bis zum Zweiten Weltkrieg (1815–1939), Darmstadt 1978.

[37] Vgl. Musterungsakten im Stadtarchiv Darmstadt, ST 12 A Abt. 8/Fasz. 28, 1841.

[38] Bis zur Ankunft in Kristiania am 23. Mai vergingen seit dem Aufbruch in Darmstadt 28 Tage. Vgl. August Becker, Erste Studienreise nach Norwegen 1844; Erinnerungen von einer Reise nach Norwegen; und Vorlesungen über meine Reise in Norwegen, in: Hoffmann-Kuhnt (Hg.), Nürnberg 2000, S. 27–139, 140–146, 147–172.

[39] Die meisten Orte und Dörfer haben heute noch den gleichen Namen, die Höfe sind oft seit mehreren Generationen in Familienbesitz.

[40] Zit. nach August Becker, Tagebuch der ersten Studienreise nach Norwegen 1844, 1. Mai 1844, in: Hoffmann-Kuhnt (Hg.), Nürnberg 2000, S. 32.

Becker hatte demnach die Provinzialität Darmstadts erkannt und sich vorgenommen, in gewissen Zeitabständen andere Kollegen an deren Arbeitsorten zwecks Erweiterung der eigenen Fachkenntnisse zu besuchen. Zunächst hatte er dafür neben Düsseldorf auch München in Erwägung gezogen. Die Gelegenheit, sich in direkten Gesprächen mit skandinavischen Malern über deren Heimat zu unterhalten, hatte bei ihm einen tiefen Eindruck hinterlassen. Überdies hatten die skandinavischen Länder in der Kunstwelt einen guten, stellenweise sogar verklärten Ruf. Bereits Theodor Mügge meinte 1844 über Norwegen: *„Die hochromantische Natur des Landes giebt Stoff zu glänzenden und reichen Gemälden, das Leben der Menschen und des Staates Gelegenheit zu Schilderungen und Vergleichen"*[41].

Auf der Weiterfahrt nach Norwegen machte Becker in Amsterdam Station. Dort besichtigte er die Gemäldegalerie und das königliche Palais, wobei ihn ein großes Gemälde und zwei Skizzen von Peter Paul Rubens beeindruckten. In Hamburg besuchte er den Maler Hermann Kauffmann, der bereits 1843 eine Norwegen-Reise durchgeführt hatte. Auf der nun folgenden sechsmonatigen Studienreise in das Innere des Landes fertigte er zahlreiche Skizzen an, die ihm später als Vorlagen für Gemälde dienten. Die Ursprünglichkeit und Gewalt der Natur entsprachen August Beckers Neigungen zum Großartigen, Ernsten und Derben in ganzer Weise: *„Jeden Augenblick rufe ich zu mir: „Siehe, du stehst nun da, wo du dich seit Jahren hingewünscht hast, du bist nun wirklich hier, in einigen Tagen nicht mehr, wer weiß, ob du vielleicht in deinem ganzen Leben je wieder an diese Stelle kommst, hierher, sehe recht gründlich und mit Verstand, nun stehst du da."*[42] In Kopenhagen erlebte Becker beiläufig die Trauerfeierlichkeiten für den kurz zuvor verstorbenen Bildhauer Bertil Thorvaldsen. Die klassizistischen Skulpturen von Thorvaldsen hinterließen bei ihm einen starken Eindruck. In Kopenhagen sah sich Becker auch die Kunstsammlung des Schlosses an. Dabei wurde er von Jens Peter Moller, dem Maler und Leiter der Sammlung, begleitet. Bereits 1845 hielt August Becker im „Verein für Erdkunde und verwandte Wissenschaften", zu deren Gründern sein Bruder Friedrich Becker gehörte, Vorlesungen über die gesammelten Norwegen-Eindrücke.

1847 unternahm August Becker eine zweite Reise nach Norwegen in Begleitung von August Wilhelm Leu, Georg Saal und Andreas Whelpdale. Auch über diese Reise, die ursprünglich schon 1846 geplant war, sind wir durch einen Bericht Beckers informiert.[43] Sie fand vom 16. Mai 1847 bis 2. Oktober 1847 statt.[44] Die Route war diesmal durch den Anschluss Darmstadts an die Main-Neckar-Bahn (1846) bis Düsseldorf erleichtert. In Düsseldorf verbrachte Becker zunächst sechs Wochen.[45] Von Düsseldorf ging es per Zug weiter über Minden nach Hamburg. In der Hansestadt nahmen die Reisenden die Eisenbahn nach Kiel, von wo aus die vier Kunsteleven mit dem zur norwegischen Marine gehörenden Postdampfschiff „Nordcap" nach Kristiania in See stachen. Am 21. Mai 1847 betraten die vier norwegischen Boden. Zu den weiteren Orten und

---

[41] Zit. Theodor Mügge, Skizzen aus dem Norden, 2 Bd., Hannover 1844, Bd. 1, S. VII. Mügge (1806–1861) war Erzähler und Reiseschriftsteller und zählte zu den so genannten Jungdeutschen. Als Mitbegründer der „Nationalzeitung" (1848) leitete er viele Jahre deren Feuilleton. Seine Reiseberichte und Romane waren im 19. Jahrhundert viel gelesen. Heute findet man den Namen nicht einmal mehr im Kindler-Literaturlexikon. Auch er gehört zu jenen Kunstschaffenden, wie z.B. eingangs über Becker, Leu und Volkers konstatiert, deren Bekanntheitsgrad mit der Zeit stetig abgenommen hat.

[42] Zit. nach August Becker, Tagebuch der ersten Studienreise nach Norwegen 1844, 12. August 1844, in: Hoffmann-Kuhnt (Hg.), Nürnberg 2000, S. 99.

Die Tagebucheintragungen der ersten Norwegenreise sind ein faszinierender Monolog des Künstlers, aus dem seine Malziele sowie manchmal schon ins Philosophische gesteigerte Weltansichten herauszulesen sind. Die literarische Qualität dieses Berichtes bleibt bei allen folgenden unerreicht.

[43] Hoffmann-Kuhnt (Hg.), Nürnberg 2000, S. 118, 104, 121 f.

[44] Becker, August, Studienreise in Norwegen 1847, in: Hoffmann-Kuhnt (Hg.), Nürnberg 2000, S. 173–231.

[45] Wie wichtig Becker der Bezug zu Düsseldorf war, zeigt auch die Tatsache, dass er sich im Katalog des Rheinischen Kunstvereins von 1846 als „Aug. Becker in Düsseldorf (aus Darmstadt)" vorstellen ließ, obgleich er eigentlich noch fest in Darmstadt verwurzelt war. Er muss das Gemälde „Kristianiafjord in Norwegen" schon zuvor in Darmstadt vorbereitet haben. Die Ausstellung lief im August 1846, als er bereits auf Tour war.

sehenswerten Zielen der Reise zählten der Labrofoss-Wasserfall, Langebru, Refsal, Vigersund, Torpo (am Fluss Hallingdalselvi), Ål, Sunde (südlich von Bergen), Bebertun, Kvanndal (am Hardanger Fjord), Lom (am Fluss Otta), Frisvoll, Vågåmo (am Fluss Otta), der Tvinnefoss-Wasserfall, Granvin (am Hardanger Fjord), Utne, Jondal, Tysnesøy (südlich von Bergen), der Bjørnafjord und Mandal (im Süden, nahe Kristiansund). Die Rückreise verlief von Kristiania aus über Kiel, Hamburg, Harburg, Hannover, Kassel, Staufenberg, Gießen und Frankfurt a.M. nach Darmstadt.

Becker nutzte einen mehrtägigen Aufenthalt in Kristiania für Begegnungen mit Bekannten des Aufenthaltes von 1844. Emil Tidemand, der Bruder des Düsseldorfer Malers Adolf Tidemand, zeigte Becker die Stadt. Über einen Besuch in der Nationalgalerie von Kristiania äußerte Becker, dass von einigen „*Koryphäen der Düsseldorfer Schule*"[46] Bilder erworben seien.[47] Becker begegnete der Familie des norwegischen Malers Hans Gude, welcher ihm bereits in Düsseldorf über sein Heimatland informiert und mit Ratschlägen ausgestattet hatte. Zu den frühesten nachweisbaren Norwegen-Bildern zählt das Motiv „Die Hurongen bei Sonnenuntergang I" (1846, Kat.-Nr. 69). Das Gemälde besitzt bereits die Merkmale seiner späteren Werke, wie z.B. einen stimmungsvollen Gesamteindruck mit Fernblick.

Die Verwertung des Studienmaterials seiner zweiten Norwegen-Expedition, deren Route etwas anders verlaufen war, ließ auf sich warten. Das Revolutionsjahr 1848 und seine Folgen lenkte das allgemeine Interesse von der Kunst weit ab. Da ihm große künstlerische Erfolge noch nicht beschieden waren, überlegte August Becker sogar, für einige Jahre nach Amerika auszuwandern.[48] Becker versuchte zu diesem Zeitpunk – unabhängig von Schilbach – in Sankt Petersburg Bilder zu verkaufen, wobei ihm sein langjähriger Briefpartner und Vertrauter aus Darmstädter Zeiten Emil, Prinz von Sayn-Wittgenstein-Berleburg, behilflich war. Dieser war als Adjutant von Alexander, Prinz von Hessen, und später als Generaladjutant von Alexander II., Kaiser von Russland, tätig. Im April 1851 drückte Prinz Emil jedoch sein Bedauern gegenüber Becker aus, dass die Gemälde noch nicht verkauft seien. Die ganze Unternehmung scheint hauptsächlich wegen der in Sankt Petersburg unbekannten Sujets gescheitert zu sein. Die Gemälde wurden im Sommer 1851 nach Darmstadt zurück geschickt. Damit wurde der Versuch, an das russische Kaiserhaus Bilder zu verkaufen und evtl. Folgeaufträge zu erhalten, aufgegeben.

Auch in England hatte Becker zeitgleich vergeblich versucht, auf dem dortigen Kunstmarkt Fuß zu fassen. Charles Grey, Privatsekretär von Prinz Albert, äußerte gegenüber Ernst Becker: „*Sie [die deutschen Landschaften, Anm. d. Vf.] haben etwas Eigenthümliches in der Luft, das behagt uns nicht, kurz, wir sagen: das sind keine Landschaften.*"[49] Nach diesen eher entmutigenden Rückschlägen in der noch jungen Künstlerkarriere Beckers, erscheint dessen Überlegung, vielleicht für einige Jahre nach Amerika zu gehen, durchaus nachvollziehbar.

August Becker hatte sich zudem noch nicht endgültig aus dem provinziellen Darmstadt loslösen können. Inwieweit schließlich der Tod seines früheren Lehrers Schilbach 1851 mit dem Umzug nach Düsseldorf im darauf folgenden Jahr in Verbindung stand, kann nicht beurteilt werden. Auffällig ist die zeitliche Nähe indes schon, zumal es Belege dafür gibt, dass Becker seine Kontakte mit Schilbach nicht abgebrochen hatte. 1850 lehnte er jedoch einen Auftrag seines ersten Lehrers aus Darmstadt ab, Schilbach: „*...Die Freudigkeit zu meinem Berufe fehlt mir leider in sehr hohem Grade! Ich hatte gehofft auf die Hilfe eines jungen Künstlers des Landsch. Malers A. Becker, der einzige*

---

[46] Zit. nach August Becker, Studienreise in Norwegen 1847, 24. Mai 1847, in: Hoffmann-Kuhnt (Hg.), Nürnberg 2000, S. 180.

[47] Vor 1847 wurde u.a. Carl Wilhelm Hübners großformatiges Bild „Deutsche Auswanderer auf dem Friedhof" (1846) für die Nationalgalerie in Kristiania angekauft. Vgl. Katalog: Nasjonalgalleriets Første 25 År. 1837–1862, [Hg. Nationalgalerie Oslo], Oslo 1998, S. 285.

[48] Vgl. auch: Becker, August, Brief an Johann David Passavant, 5. Dezember 1849, Stadt- und Universitätsbibliothek Frankfurt am Main, Inv. Nr. Ms. Ff. J.D. Passavant A IIe, Nr. 37 (Quellenanhang 2).

[49] Zit. Ernst Becker, Brief an August Becker, 14. November 1851, in: Hoffmann-Kuhnt (Hg.), Nürnberg 2000, S. 235.

hier unter den Künstlern dem die Theatermalerei nicht fremd ist, der mir auch zugesagt hatte, der aber vor kurzem wieder ablehnte in dem er anderweitig beschäftigt ist...".[50] Dass Schilbach Becker in dem Brief als jungen Künstler bezeichnet, deutet darauf hin, wie das Verhältnis der beiden zu einander gewesen sein muss. Immerhin war August schon fast dreißig Jahre alt und folglich kein ganz junger Eleve mehr.

c. Die ersten Jahre in Düsseldorf (1852–1853)

Der Jahresablauf des Malers Becker, der seit Herbst 1852 in Düsseldorf ansässig war, folgte gewissen Regeln: Am Jahresanfang wurden die Frühjahrsausstellungen mit den zuvor im Winter angefertigten Gemälden beschickt. Außerdem konnten erste Vorbereitungen für die alljährliche Studienfahrt in Angriff genommen werden. Im Sommer führte er, oft in Begleitung von anderen Malern gleicher Gesinnung, eine Reise durch. Auf diesen Touren wurde von den Künstlern nach absatzfähigen Bildmotiven gesucht, besonders imposanten Bergen, markanten Gebirgsformationen, interessanten Seen usw. Oft traf Becker weitere Kollegen aus Düsseldorf oder aus anderen Kunstzentren, die mit gleicher Absicht in den Bergen unterwegs waren. Zurückgekehrt mit den neuen Eindrücken, ging er dann in den Herbstmonaten an die Auswertung des Studienmaterials.

Becker unterschied vier Stadien bis zum fertigen Gemälde: 1.) Rekognoszierungstouren: Er suchte ein Gebiet, einen See oder Gebirgsabschnitt nach geeigneten Motiven ab. 2.) Skizzen: Sie wurden meistens in einem Skizzenbuch festgehalten und oft mit ausführlichen Kommentaren versehen. So hat sich z.B. in einem Skizzenbuch von 1865 ein Blatt mit folgendem Eintrag erhalten *"Hohe Salve 15. Sept 1865. 1 weiteste Ferne im Lufton mit Schneefeldern; 2 feine duftige Lokalfarbe, oben kahler Fels, warm grau, geht unentschieden von dem hellen Aether ab, nach unten Vegetation sehr schwach in Lokalfarbe, Schatten klarer Aetherton; 3 etwas näher und wärmer; 4 kräftige Lokalfarbe, verschiedene rothgraue Lokalfarbe, Waldungen und rothgelbe Rutschen; 5 etwas näher nach unten grünlich; 8 Mittelgrund mit Waldungen. Der Eindruck des Ganzen hell und zart, 1 und 2 sehr luftig, starker Contrast nach 4"*[51]. 3.) Ölstudien: Eine Gegend, die er für darstellungswürdig hielt, konnte mittels Ölstudien, in denen den besonderen Licht- und Farbverhältnissen Rechnung getragen wurde, detaillierter spezifiziert werden. Becker notierte auf den Studienfahrten somit genauestens, wie er die Natur vorfand. 4.) Komposition: Das Studienmaterial wurde im Düsseldorfer Atelier ausgewertet und diente zum Komponieren des Gemäldes. Im darauf folgenden Frühjahr konnte er ein oder zwei neue Gemälde auf die Ausstellungen schicken. Jährlich fertigte er durchschnittlich zehn Gemälde an. Im Winter und Frühjahr hielt Becker außerdem wiederholt Vorträge über seine Studienfahrten.

Es war eine vollkommen andere Arbeitsweise als sie die Impressionisten anwendeten. Durch die minutiösen Bemerkungen im Skizzenbuch, neben dem Malobjekt, hatte er sich die Grundlage verschafft, die es ihm Monate später ermöglichte, entsprechende Gemälde mit „fotorealistischer" Genauigkeit zu komponieren. Häufig folgten Repliken auf die Erstfassung. Diese ließ er unter Umständen ebenfalls auf Zyklusausstellungen versenden, oder aber es handelte sich um Auftragsarbeiten. Der Wunsch aus Beckers Bekanntenkreis und dem Umfeld seiner wichtigsten Kunden nach einem ähnlichen Bild, führte auf diese Weise zu Folgeaufträgen. Dazu bediente sich Becker des noch jungen Mediums der Fotografie. Er ließ seine Gemälde professionell fotografieren und legte sich so ein Bildarchiv zu, aus dem er schöpfen konnte. Ein bevorzugtes Fotoatelier für Becker war jenes von G. & A. Overbeck in Düsseldorf.[52] Er fotografierte aber nie

---

[50] Vgl. Johann Heinrich Schilbach, Brief an den Oberinspektor des Theaters mit Klagen über seine finanzielle Lage und Arbeitsverhältnisse, 25. Januar 1850, Hessisches Staatsarchiv Darmstadt, Abt. D 8, Konv. 96, Fasc. 2.

[51] Zit. August Becker, Skizzenbuch (V) (Schweiz-Reise 1865), Blatt 6.

[52] Gustav Overbeck wurde im Künstlerverein „Malkasten" unter dem Namen „Overbeck II" von 1861 bis 1879 als Fotograf unter den außerordentlichen Mitgliedern verzeichnet. Vgl. Düsseldorf und seine Fotografie. Bericht für das Kulturdezernat Düsseldorf von Ilsabe und Gerolf Schülke, Stadtarchiv Düsseldorf, o.O. und o.J.

seine Studienorte.[53] Überliefert ist hingegen, dass sich August Becker einmal Stereoskopiebilder als Hilfsmittel für die Anfertigung eines Gemäldes in Balmoral kaufte.[54] Aber das war wohl eher die Ausnahme.

Belegbar sind neben den beiden Norwegenfahrten 1844 und 1847, folgende Studienreisen und Aufenthalte: viermal Schweiz: 1852, 1862, 1865 und 1872; zweimal Schottland: 1864 und 1867; zweimal England: 1854 und 1869; dreimal Bayerisches Hochland: 1857, 1858 und 1860; einmal Salzkammergut: 1868; einmal Ungarn: 1876; einmal Bodenseeregion 1876; zweimal Schwäbische Alb: 1867 und 1887; sowie einmal Rumänien: 1882. Nicht belegbar sind Studieneisen ins Salzkammergut: 1869; und nach England: 1880.

Vom 12. August bis 21. September 1852 war Becker erstmals in der Schweiz unterwegs. Die Tour führte von Darmstadt über Basel bis ins Berner Oberland und berührte die Orte Luzern, Meiringen, Zweilutschinen und Drachsellauinen. Die Tour führte August Becker gemeinsam mit dem bei Wilhelm Schirmer ausgebildeten, früheren Gefährten August Wilhelm Leu sowie mit Johann Wilhelm Lindlar und Arnold Schulten aus Düsseldorf durch.

Die Grundlagen für August Beckers künstlerische Karriere wurden folglich in Darmstadt und Düsseldorf gelegt. Als Becker im Herbst 1852 nach Düsseldorf umsiedelte, hatte er somit eine weitere wichtige Studienreise schon hinter sich. Durch die Fahrt in die Schweizer Alpen im Spätsommer 1852 hatte sich ihm ein Motivkreis erschlossen, der weit verbreitet und beliebt war. Sein Rüstzeug bei Ankunft in Düsseldorf bestand somit hauptsächlich aus drei Dingen: einer Mallehre bei Schilbach in Darmstadt als praktischem Grundgerüst, lose Kontakte zu den Düsseldorfer Künstlern, Erfahrungen von zwei Norwegenreisen und einer Schweiz-Studienfahrt als weiterer Empirie.

Becker strebte in seiner weiteren Karriere weder eine Anstellung an einer Akademie als Professor an, noch eine Position als Museumsdirektor u.ä. Er arbeitete fortlaufend als freier Künstler. Das war einerseits mit den Risiken des freien Marktes verbunden, hatte jedoch im speziellen Fall Beckers auch seinen Reiz. So konnte er im Lauf der Jahre verschiedene Unternehmungen durchführen, die nur auf Grund seiner beruflichen Ungebundenheit möglich waren. Als wichtig stellten sich für ihn bestimmte Organisationsstrukturen, wie Ausstellungszyklen und Vereinszugehörigkeiten, heraus: Denn für die freie Künstlerschaft bestanden in Düsseldorf ab cirka 1850 gute Arbeits- und Organisationsformen, die weit besser waren als jene in Darmstadt und außerdem seinen künstlerischen Intentionen zum Teil näher standen. Zunächst gab es die 1819 neu gegründete Königlich Preußische Kunstakademie, welche seit 1826 durch Wilhelm von Schadow geleitet wurde. Als deren Hilfsinstrument wurde 1829 der Kunstverein für die Rheinlande und Westfalen ins Leben gerufen.[55] 1848 kam es, in bewusster Abkehr von der akademischen Schule, zur Gründung des Künstlervereins „Malkasten".[56] Durch den Verzicht auf ein künstlerisches Programm und den Wunsch nach zwanglosem Zusammensein erfreute sich dieser Verein durch ein gut organisiertes Vereinsleben, in dessen Mittelpunkt die jährlichen Künstlerfeste standen, einer ausgesprochenen Beliebtheit.[57] Als dritte Verbandsform existierte

---

[53] Der von B. Bott erwähnte „Daguerrotyp-Apparat", den Becker 1847 angeblich von skandinavischen Künstlern geschenkt bekam, wurde von ihm nie benutzt, denn nicht er besaß ihn, sondern der Reisegefährte Whelpdale hatte sich diesen gekauft. Vgl. Hoffmann-Kuhnt (Hg.), Nürnberg 2000, S. 174, 176.

[54] Hoffmann-Kuhnt (Hg.), Nürnberg 2000, S.446. Der Privatsekretär der englischen Königin, Hermann Sahl, wollte Becker ferner 1868 von der schottischen Gegend „Corrymulzie" Stereoskopiebilder schicken. Vgl. ebd., S.577.

[55] Biedermann, Petersberg 2001, S. 37–39.

[56] Schroyen, Köln 1992, S. 29–32.

Die Künstlerfeste, Dürerverehrung und Künstlerreligiösität waren romantisch geprägt. Vgl. Theissing, Heinrich: Romantika und Realistika. Zum Phänomen des Künstlerfestes im 19. Jahrhundert, in: Zweihundert Jahre Kunstakademie Düsseldorf. Anläßlich der zweihundertsten Wiederkehr der Gründung der Kurfürstlichen Akademie in Düsseldorf im Jahre 1773, hg. von Eduard Trier, Düsseldorf 1973, S. 185–202, 187.

[57] „Malkasten" war als Vereinsname auch programmatisch zu verstehen: Er bedeutete die Mischung „aller Farben, sowohl der politischen wie der künstlerischen Gesinnung" für einen Wirkungskreis. Vg. Daelen, Eduard: Aus der

der Künstlerunterstützungsverein, der nach einer großen wirtschaftlichen Notlage 1844 gegründet worden war. August Becker hatte Kontakt zu allen drei Verbänden.

Um 1852 war Düsseldorf der bedeutendste Akademiestandort im deutschsprachigen Raum (Vgl.-Abb. 2). Künstler aus dem Baltikum, Norwegen, Amerika und weiteren fernen Ländern und Gebieten ließen sich in Düsseldorf nieder. Hier begann für den damals Einunddreißigjährigen der berufliche Durchbruch. In den folgenden Jahren konnte er sich durch Verkäufe auf turnusmäßigen Ausstellungen der deutschen Kunstvereine und positive Kritiken in den Kunstblättern ein gewisses Renommee zueignen. Zudem war 1852 die Situation in Düsseldorf für Intellektuelle inzwischen wieder günstig. Die Unruhen im Zusammenhang mit der gescheiterten Revolution von 1848 hatten sich gelegt und die Malerzunft verfügte durch den Künstlerverein „Malkasten" über eine wichtige Organisations- und Ausstellungsplattform als Ergänzung zur Akademie.[58]

d. London und Paris (1854–1856)

Vom 18. Mai bis 15. Juni 1854 unternahm August Becker eine mehrwöchige Reise nach London, um seinen Bruder Ernst Becker, der seit 1851 am königlichen Hof angestellt war, zu besuchen. Aus Briefen von Ernst Becker wissen wir, dass er mit seiner Tätigkeit als Prinzenerzieher, Bibliothekar und deutscher Sekretär für Prinz Albert offensichtlich erfolgreich war. Bedeutsam für den Prinzen war auch der Diskurs mit Ernst Becker über wissenschaftlich-technische Fragen der Zeit, der mit der Weltausstellung vom Sommer 1851 neubelebt worden war. Ernst Becker wurde ebenfalls Pionier der neuen Fototechnik am britischen Hof, wie dies die Vielzahl der oft sehr persönlichen Aufnahmen dokumentiert, die sich in Windsor wie im Becker-Nachlass erhalten haben.[59]

Anfang der 1850er Jahre begann in London die Debatte um den Naturalismus, ausgelöst durch den englischen Kunstkritiker John Ruskin. Besonders richtungsweisend für die englischen Landschaftsmaler war seine Theorie von der „Naturtreue", die er in seinem Werk „Modern Painters"[60], erschienen 1843–1860, darlegte. Für August Becker sollte diese Reise nach London von entscheidender Bedeutung werden. Erstmals hatte er die Gelegenheit, sich an einem regierenden europäischen Hof persönlich vorzustellen. Die Begegnung mit Prinz Albert – arrangiert durch Bruder Ernst – war daher sehr wichtig für den 33-jährigen Maler aus Düsseldorf. Bevor Becker aber die schottischen Highlands als weiteres Malthema bearbeiten konnte, bedurfte es dazu einer Studienreise in diese Region. Dafür war die Kontaktaufnahme mit dem englischen Hof bedeutend. Denn hieraus erwuchs für Becker ein vielseitiges Betätigungsfeld: es folgten zwei Einladungen durch die englische Königin nach Schottland und eine dritte nach England auf die Insel Wight, neue Sujets, weitere Auftraggeber und Steigerung des Prestiges im In- und Ausland.

In den Künstlervierteln von Soho und Tottenham Court Road besuchte er verschiedene Galerien, traf sich mit Persönlichkeiten des englischen Adels, sowie Kennern der englischen Kunstszene, z.B. mit dem englischen Landschaftsmaler, späteren Präsidenten der Royal Academy

---

Geschichte des Künstlervereins „Malkasten". Zur Jubelfeier seins fünfzigjährigen Bestehens 1848–1889, Düsseldorf o.J. (1898), S. 14 f.

[58] Vgl. Schroyen, Sabine (Bearb. u.a.): Quellen zur Geschichte des Künstlervereins Malkasten: ein Zentrum bürgerlicher Kunst und Kultur in Düsseldorf seit 1848, (Archivberatungsstelle Rheinland, Archivhefte 24), Köln 1992; Ausst.-Kat. Feste zur Ehre und zum Vergnügen. Künstlerfeste des 19. und frühen 20. Jahrhunderts, Stadtmuseum Bonn, bearb. von Sabine Schroyen, hg. von Ingrid Bodsch, Bonn 1998, S. 23, Kat.-Nr. 5; dies. Sabine Schroyen: Bildquellen zur Geschichte des Künstlervereins Malkasten in Düsseldorf. Künstler und ihre Werke in den Sammlungen, (Landschaftsverband Rheinland. Rheinisches Archiv- und Museumsamt. Archivberatungsstelle, Archivhefte 34), Düsseldorf 2001, S. 68 f.

[59] Vgl. Pangels, München 1996; Franz, Eckhart G.: Dr. Ernst Becker aus Darmstadt, in: Ausst.-Kat. Ton und Licht, Coburg 2003, S. 13–14.

[60] Ruskin, John: Modern Painters: their superiority in the art of landscape painting to all the ancient masters proved by examples of the true, the beautiful, and the intellectual, from the works of modern artists, especially from those of J.M.W. Turner, 5 vol., London 1843–1860.

und Direktor der englischen Nationalgalerie Charles Eastlake. Beckers Äußerungen zu französischen Gemälden, die man in London ausstellte, waren eher negativer Art, und der Künstler meinte, dass *„ziemlich viel Schund das Charakteristische derselben"*[61] gewesen sei. Bekannt und viel gezeigt waren akademische Werke von Horace Vernet, Paul Delaroche und Jean Louis Ernest Meissonnier, deren Kunstauffassung konträr zu Beckers Intentionen als spätromantischer Landschaftsmaler standen. Im British Museum faszinierten ihn vor allem die ausgestellten ägyptischen und indischen Baudenkmäler. Auf einer Aquarellausstellung konnte er Darstellungen des aus Erlangen stammenden Malers Carl Haag betrachten.

Im Buckingham-Palast zeigte ihm Ernst Becker die Gemäldegalerie mit den Alten Meistern, während er in der Galerie „Vernon" zeitgenössische Gemälde des Engländers Edwin Landseer und des Schotten David Wilkie sehen konnte, die von ihm als vortrefflich eingestuft wurden.[62] Landseer malte viele Gemälde von der schottischen Landschaft und stand damit stilistisch in Beckers Nähe. Er besuchte die Werkstätten des Bauunternehmers Thomas Cubitt, welcher bei dem Neubau der königlichen Seeresidenz Osborne House engagiert gewesen war, reiste auf die Insel Wight, nach Brighton, sowie Southampton und traf sich mit weiteren Künstlern aus Düsseldorf, wie z.B. mit Andreas Achenbach und Emanuel Gottlieb Leutze. Mit Andreas Achenbach besuchte er eine Schiffswerft. August Becker konnte so die neuesten Entwicklungen der Stahl- und Eisenarchitektur bewundern, als er an der Wiedereröffnung des für die 1. Weltausstellung durch den Architekten Joseph Paxton entworfenen Kristallpalastes in Sydenham teilnahm.[63] August Beckers Bilder, die das Interesse von Kunden weckten, hingen in der Londoner Galerie „Stiff". Die Kontakte nach England, besonders jene zum englischen Königshaus, angefangen mit Prinz Albert und später mit Königin Victoria, standen am Ausgangspunkt und Ende seines beruflichen Erfolges. Qua Bilderankäufe wurde er geschätzt, berühmt und hatte bei seinen Auftraggebern aus den europäischen Fürsten- und Königshäusern ein sicheres Renommee zu Beginn der 1860er Jahre erreicht.

1855 hatte Becker seinen ersten großen internationalen Ausstellungsauftritt: Auf der Weltausstellung in Paris war er mit einem großformatigen Gemälde – „Abend in den Alpen des Berner Oberlandes" (1855, Kat.-Nr. 122) – vertreten, das in den folgenden Jahren auch auf mehreren nationalen Kunstvereins- und Akademieausstellungen einem breiten Publikum vorgeführt wurde. Die Meinungen dazu waren zwiespältig.[64] Offenbar durch zwei zuvor erzielte Verkaufserfolge in Hannover und London ermutigt, bei der ähnlich große Bilder fast gleichen Themas durch Georg V., König von Hannover, und Prinz Albert, Ehemann von Königin Victoria, erworben wurden, wollte Becker dieses Ergebnis wiederholen. Das gelang ihm jedoch nicht. Fortan hielt er sich mehr an den allgemeinen Geschmack und produzierte Mittelformate. Großformatige Gemälde malte er fortan meistens nur als Auftragsarbeit.

---

[61] Zit. nach August Becker, Reise nach London, 27. Mai 1854, in: Hoffmann-Kuhnt (Hg.), Nürnberg 2000, S 267f.

[62] Becker, August, Reise nach London, 5.–7. Juni 1854, in: Hoffmann-Kuhnt (Hg.), Nürnberg 2000, S. 267, 276, 278.

In der Vernon Gallery hingen vor allem Gemälde englischer Künstler. Eine Auflistung der ausgestellten Werke erschien als Nachschrift bei Theodor Fontanes „Briefen aus Manchester". Diese Galerie besuchte Fontane bei seinem London-Aufenthalt 1852. Einem breiten Publikum wurden die im privaten Besitz befindlichen Kunstschätze des Königreiches erstmals während der Art Treasures Exhibition in Manchester 1857 zugänglich. Fontane schätzte diese Ausstellung als sehr bedeutend ein und verfasste für eine preußische Zeitung elf Artikel in Briefform. Vgl. Fontane, Theodor: Sämtliche Werke (in 5 Abteilungen), Unterwegs und wieder daheim. Anhang, Korrespondenzen, Kommentare, Register, Bd. XVIIIa, München 1959 ff., S. 155–161.

[63] Einen Augenzeugenbericht von hohem historischem Wert stellt die Beschreibung August Beckers zu dem Ereignis dar, an welchem auch das englische Königspaar teilnahm. Vgl. Becker, August, Reise nach London, 10. Juni 1854, in: Hoffmann-Kuhnt (Hg.), Nürnberg 2000, S. 281f, 284f.

Becker, August, Reise nach Balmoral Herbst 1864, 2. September 1864, in: Hoffmann-Kuhnt (Hg.), Nürnberg 2000, S. 441f.

[64] Dioskuren, 5. Jg., Nr. 18, 29.4.1860; Darmstadt, Hessisches Landesmuseum, Graphische Sammlung, Archiv: Conv. –VIII-, Fasc. 4/Fol. 9 GK 467.

1856 ließ Becker erstmals auf der Ausstellung der königlichen Akademie in Berlin ein Gemälde, den besagten „Abend in den Alpen des Berner Oberlandes", ausstellen. Da ihm die Gepflogenheiten hinsichtlich der Ausstellungsmodi in Berlin völlig fremd waren, suchte Becker Hilfe und Protektion auf aristokratischer Seite. Er wandte sich mit einem Brief an Elisabeth, Prinzessin von Hessen-Darmstadt und Gemahlin von Karl, Prinz von Hessen-Darmstadt, in welchem er auf das Bild aufmerksam machte und um Anpreisung dafür bat.[65] Wie wichtig für ihn derartige Kontakte zur Aristokratie als potenzielle Käufer seiner Bilder waren, zeigt sich an der Erwerbungsgeschichte dieses Bildes, welches nämlich auf dem regulären Markt – wohl aufgrund seiner übermäßigen Größe – keinen Käufer fand und erst Ende 1878 durch seinen wichtigsten Förderer und Vertrauten Carl Anton, Fürst von Hohenzollern, erworben wurde.

Ab 1852 ging Becker auch in seiner Ausstellungsstrategie neue Wege. Er beschickte fortan die Expositionen des Rheinischen Kunstvereins nicht mehr, sondern sein Interesse lag jetzt mehr bei den Kunstvereinsausstellungen in Düsseldorf, Bremen, Hamburg, Hannover, Magdeburg, Gotha, Berlin, Stettin, Breslau und Danzig, sowie den Akademieausstellungen in Berlin.[66] Im Durchschnitt beschickte er die Ausstellungen mit jeweils zwei Bildern. Es konnte passieren, dass Gemälde mangels Interesse im Preis reduziert und erneut eingesandt wurden. Eine weitere Möglichkeit für wiederholtes Auftauchen der Gemälde auf Bilderschauen bestand im Weiterverkauf. So könnte eine „Feigumfoss"-Ansicht, die 1851 im Besitz von Marie, Kronprinzessin von Hannover, gewesen war (Kat.-Nr. 89), später wieder veräußert worden sein und 1861 erneut zur Disposition gestanden haben (Kat.-Nr. 187). Auch war es üblich, Gemälde, die schon einen Käufer gefunden hatten, in einem Ausstellungszyklus weiter zu zeigen und nicht in jedem Fall vorzeitig zu entnehmen. Für einen Maler wie August Becker war es zudem eine gute Werbemöglichkeit, wenn auf einem in einer Ausstellung gezeigten Bild, wie im Falle des Gemäldes „Der Jagdgrund von Balmoral" (1881, Kat.-Nr. 389) als Besitzer „Eigenthum Seiner Königlichen Hoheit des Prinzen Wilhelm von Preussen" vermerkt war.

e. Weiteres aus dem Leben (1857–1865)

„Wer die Namen Hengsbach, Schulen, Steinicke, Aug. Becker, Jungheim, Portmann nennen hört, dem tritt unwillkürlich vor die Seele die ganze schweizer und tyroler Alpenwelt, in mehr oder weniger brillanter Färbung, mit ihren kahlen unwirthlichen Gletschern, mit ihren grünen, friedlichen Almen und ihren felsummauerten Seen, die bald spiegelglatt das Bildniß der lieblichsten Ruhe, bald sturmgepeitscht das Bild der Unruhe und Besorgniß erregen."[67] So beginnt eine gängige Ausstellungsbesprechung in den 1850er und 1860er Jahren, in der auf die Werke der spätromantischen Maler der Schweizer Bergwelt eingegangen wird.

Weitere Landschaftsmotive erschloss sich August Becker seit 1857 durch Reisen in das Bayerische Hochland. Dabei konnte er Kontakte zu dem damals bedeutenden Maler Albert Zimmermann in München knüpfen. Die erste Fahrt dauerte vom 20. Juni 1857 bis 15. September 1857.[68] Beckers Reisegefährte von 1857 war der Landschaftsmaler Heinrich Steinike. Sie führte Becker von Düsseldorf über Heidelberg, Stuttgart, Ulm und Augsburg nach München, wo er zunächst zwei Tage blieb. Dann ging es weiter nach Berchtesgaden, zum Königssee und Hintersee, Bartholomä und Gotzenalm. Neben den neuen Landschaftsmotiven, die Becker in Skizzen und Ölstudien festhielt, war die Tour aus anderen Gründen von Wichtigkeit für ihn. In München konnte Becker sich mit den Kunstwerken von Carl Rottmann vertraut machen, die für

---

[65] August Becker, Brief an Elisabeth, Prinzessin von Hessen, 25. August 1856, Darmstadt, Hessisches Staatsarchiv, Inv. Nr. Abt. D 23 (Großherzogliches Familienarchiv) Nr. 37/9.

[66] Für die Kunstvereine von Düsseldorf, Bremen, Hamburg, Hannover und Breslau haben sich die Verzeichnisse der Turnusausstellungen, d.h. regelmäßig, jährlich oder alle zwei Jahre durchgeführte Bildschauen, der Kunstvereine in Museums- und Universitätsbibliotheken erhalten. Bei den Expositionen in Magdeburg, Gotha, Stettin und Danzig konnte nur auf einzelne, fragmentarisch erhaltene Bestände zurückgegriffen werden. Der größte Teil dieser „grauen Literatur" ist verloren gegangen.

[67] Zit. Dioskuren, 11. Jg., Nr. 15, 15.4.1866, S. 115.

[68] Der Reisebericht bricht an dieser Stelle ab. Vgl. Hoffmann-Kuhn (Hg.), Nürnberg 2000, S. 318.

ihn „*das Wichtigste, was München hat*"[69] darstellten. Die Fresken von Rottmann in den Hofgartenarkaden zeigten einen Zyklus italienischer Landschaften.[70] Rottmanns Landschaftsmalerei war das erfolgreichste Produkt in diesem Fach, was es um 1857 in Süddeutschland gab. Becker verarbeitete seine Begegnung mit den Rottmanschen Arbeiten in dem 1861 entstandenen Gemälde „Rheinlandschaft bei Dossenheim" (Kat.-Nr. 160).

In der Neuen Pinakothek, die Becker am zweiten Tag seines München-Besuches besichtigte, fesselte ihn von den dort gezeigten Bildwerken am meisten der Zyklus griechischer Landschaften von Carl Rottmann.[71] Auch die Kunstwerke von Wilhelm Kaulbach und Bonaventura Genelli gefielen ihm. Beckers Weiterfahrt mit einer Postkutsche erfolgte Richtung Berchtesgaden und dauerte 20 Stunden. Von der Gegend Berchtesgaden meint er: „*Von 4 bis 9 Uhr durch- und umkreutze ich Berchtesgaden nach allen Richtungen; ich finde Schilbach's Standpunkt, sehe aber auch zugleich, daß, so schön Berchtesgaden auch als Portrait ist, man dieser Natur doch eine sehr poetische und großartige Seite abgewinnen kann. [...] Ich will aber dafür den Spätsommer abwarten, wenn die Terrains etwas farbiger geworden sind und jetzt eilen, nach dem Hintersee zu kommen, [...].*"[72] Ein vermutlich nach der ersten Studienfahrt ins bayerische Oberland entstandenes Landschaftsgemälde vom Königssee ist das einzige Werk, auf dem der Maler selbst eindeutig identifizierbar ist („Ein Sommertag auf dem Königssee (mit zwei Nachen)" (um 1857, Kat.-Nr. 151).

Becker listete die Reisekosten dieser Studientour auf und es erscheint angebracht, diese Ausgaben einmal im Verhältnis zu den historischen Preisen seiner Gemälde zu prüfen. Die Fahrt mit dem Schnellzug von Darmstadt nach München kostete ihn mit 67,5 Kg Gepäck 19,- fl. Für den Aufenthalt in München musste er 7,- fl ausgeben. Die Fahrt mit dem Eilwagen von München bis Berchtesgaden und dem Gepäck kostete 17,- fl. 43,- fl hatte er somit zunächst investieren müssen. Für Kost und Logis zahlte er etwas mehr als 1,- fl. Für die gesamte Reisedauer waren das rund 100,- fl. Das sind mit den Ausgaben für die Rückfahrt gerechnet 186,- fl Kosten zzgl. vielleicht 15,- fl an Trinkgeldern, also rund 200,- fl in summa. Dem standen als indirekter Ertrag gegenüber: ein Gemäldeauftrag für den Regierungspräsidenten von Posen (im Wert von 250,- fl, Kat.-Nr. 144), welcher Becker in Berchtesgaden spontan ansprach, und ausgiebiges Studienmaterial, aus dem er über 20 Gemälde zu einem durchschnittlichen Verkaufspreis von 250,- fl komponieren konnte und die somit ein Verkaufsvolumen von rund 5.000,- fl bildeten. Er hatte also schon alleine durch den einen Auftrag aus Posen seine Ausgaben der Reise refinanziert. Diese für Becker günstige Kosten-Nutzenrechung hat sich sicher ähnlich auf den anderen Studienfahrten für ihn ergeben. Becker hortete spätestens ab Mitte der 1850er Jahre zeitweise Gemälde im Werte von rund 3.000,- fl in seinem Atelier, weil er sie nicht flüssig verkauft bekam.[73]

Eine zweite Reise ins bayerische Hochland, die er gemeinsam mit Julius Hübner durchführte, fand im September 1858 statt. Die Tour führte von Düsseldorf über Darmstadt, München, Reichenhall, Berchtesgaden, Bartholomä, übers Pinsgau und Zillertal wieder nach München.[74] Dabei traf er wieder mit Kollegen aus Düsseldorf zusammen, so z.B. mit August Wilhelm Leu, Ernst von Raven und Leonhard Rausch. Eingedenk einer bereits 1857 gemachte Bemerkung, dass es vorteilhafter sei, die Blätter und die übrige Natur im fortgeschrittenen Jahreslauf, d.h. bei einer farbenvielfältigeren Erscheinung zu malen, reiste er diesmal in den Frühherbst hinein. Bei einer Anzahl späterer Studienfahrten fällt auf, dass sie bis in den Herbst dauerten.

---

[69] Zit. August Becker, Reise ins Bayerische Hochland 1857, 21. Juni 1857, in: Hoffmann-Kuhnt (Hg.), Nürnberg 2000, S. 293–318, 294.

[70] Der Zyklus, welcher in Teilen erhalten und restaurierungsbedürftig ist, wird heute im Residenzmuseum München aufbewahrt.

[71] Becker, August, 23. Juni 1857, in: Hoffmann-Kuhnt (Hg.), Nürnberg 2000, S. 293–318, 295.

[72] Zit. August Becker, 24. Juni 1857, in: Hoffmann-Kuhnt (Hg.), Nürnberg 2000, S. 296–297.

[73] August Becker, Brief an Elisabeth, Prinzessin von Hessen, 19. August 1850, Darmstadt, Hessisches Staatsarchiv, Inv. Nr. Abt. D 23 (Großherzogliches Familienarchiv) Nr. 37/9.

[74] Becker, August: Reise ins Bayerische Hochland 1858, in: Hoffmann-Kuhnt (Hg.), Nürnberg 2000, S. 321 f.

1858 fand die erste „Große Allgemeine Deutsche und Historische Kunstausstellung" in München statt, auf der Becker durch zwei Gemälde präsent war. Ferner wird sein Name unter den Mitwirkenden auf einem Plakat zu einer Düsseldorfer Theateraufführung von „Wallensteins Lager" anlässlich der Feier für Friedrich Schiller zum 100. Geburtstag am 12. November 1859 genannt.[75] Beiden Großereignissen lag der Vereinigungsgedanke der deutschen Bevölkerung zugrunde, dem August Becker genauso verbunden war. 1859 konnte Becker erste Verkaufserfolge seiner in England, in Liverpool und Manchester, ausgestellten Bilder verbuchen. Eine dritte Reise ins bayerische Hochland bis nach Tirol fand gemeinsam mit August Wilhelm Leu und Ernst von Raven zwischen dem 8. Juli 1860 und 26. September 1860 statt. Die zurückgelegte Strecke führte die drei nach München, Kufstein, ins Kaisertal, Oberaudorf, auf die Himmelmoos-Alm und Brannenburg, weiter östlich nach Salzburg, Ischl, Traunkirchen, Gossau, Zwisel-Alm, Hallstadt, Aussee und Grundelsee.[76] Im gleichen Jahr wurden seine Bilder in New York gezeigt.

1861 erfolgte eine Reise nach Belgien, u.a. nach Antwerpen. Für das Gemälde „Mitternachtssonne" (Kat.-Nr. 73), das in der Königlichen Galerie in Hannover hing, erhielt er eine Auszeichnung. Auf der II. Großen Allgemeinen Deutschen und Historischen Kunstausstellung in Köln wurden sieben Gemälde von Becker der Öffentlichkeit gezeigt. Soviel Bilder sind auf keiner weiteren bekannten Ausstellung von ihm gezeigt worden. Im gleichen Jahr wurde eine „Königssee"-Fassung – „Der Königssee bei Berchtesgaden" (nach 1857, Kat.-Nr. 176) – durch Wilhelm I., König von Preußen, erworben.

Beckers Absichten, sich auch in Leipzig einen Namen als Landschaftsmaler zu machen, scheiterten hingegen. Ein gewünschter Bildankauf durch das Museum der Stadt, bei dem Dr. Härtel – bekannt durch seine Tätigkeit im Musikverlag Breitkopf und Härtel – helfen sollte, kam nicht zustande.

In Düsseldorf hatte sich Becker den freien Künstlern angeschlossen. Über Gespräche, die Tagespresse und durch Ausstellungen wurden Neuigkeiten schnell verbreitet. Während er in den 1840er Jahren in erster Linie den Rheinischen Kunstverein mit Gemälden beschickte und somit in größerem Stil im hessischen und pfälzischen Gebiet bekannt wurde, war sein Name in anderen Gegend noch nicht verbreitet. Im norddeutschen Raum ließ er nur gelegentlich ausstellen und im ostelbischen Gebiet so gut wie überhaupt nicht.[77] Seine berufliche Entwicklung fiel in die Zeit, als sich im Zuge der wirtschaftlichen und politischen Einigungsbestrebungen die deutschen Kunstvereine durch die Etablierung von zyklischen Wanderausstellungen zu wichtigen Kunstvermittlern entwickelten. Seit 1834 gab es bereits mit dem Zusammenschluss der westlich und östlich der Elbe liegenden Vereine zwei Ausstellungsverbände.

Von Vorteil für die weitere Entwicklung der Infrastruktur erwies sich die Revolution im Transportwesen. Schon 1847 machte August Becker davon Gebrauch, als er auf seiner zweiten Norwegen-Reise nach Hamburg mit der Eisenbahn fuhr. In den 1850er Jahre wurde das Schienennetz immer weiter ausgebaut, so dass fortan die Gemälde schneller, billiger und sicherer transportiert werden konnten. Für Becker ergab sich so ein weiteres Absatzfeld. Natürlich konnte er seine Bilder weiterhin in Düsseldorf zeigen.

Für 1862 ist eine weitere Schweiz-Reise mit Ausdehnung bis Oberitalien mit Studien belegt, deren Begleiter wiederum August Wilhelm Leu und Heinrich Steinike waren. Becker reiste erneut fünf Wochen umher. Von Düsseldorf ging es über Darmstadt, Basel, Luzern, Weggis, Brunnen, Lungern, Meiringen, Rosenlaui, Handeck, (zurück nach) Meiringen, weiter nach Stansstad, Flüelen, Gotthardthospiz, Airolo, Faido, Lugano, Capolago, Lugano, Luino am Lago Maggiore, Intra, Isola Piscatore, Arona, Genua, Nizza, Mentone, Roccabruna und Nizza.[78] Becker traf in

---

[75] Plakat, Künstlerverein Malkasten Düsseldorf, Archiv und Sammlung, D-KVM 1859-2594/C.

[76] Becker, August: Reise ins Bayerische Hochland 1860, in: Hoffmann-Kuhnt (Hg.), Nürnberg 2000, S. 335–358.

[77] Verzeichnisse der Kunstvereinsausstellungen: Rheinischer Kunstverein, Kunstvereine von Bremen, Breslau u.a.

[78] Becker, August, Reise nach der Schweiz und Oberitalien 1862, in: Hoffmann-Kuhnt (Hg.), Nürnberg 2000, S. 386–418.

Meiringen den Schweizer Landschaftsmaler Alexandre Calame und Hermann Becker, der künstlerisch und publizistisch tätig war. Die oberitalienische Landschaftstopographie enttäuschte Becker jedoch, so dass sein dortiger Studienaufenthalt eine singuläre Erscheinung bleiben sollte. 1862 erhielt Becker auf der Salon-Ausstellung in Lyon für das seit 1855 wiederholt gezeigte Gemälde „Abend in den Alpen des Berner Oberlandes" (Kat.-Nr. 122) eine Medaille II. Klasse.[79] In Metz wurde Becker im Herbst 1861 für ein Gemälde die Medaille II. Klasse als Auszeichnung verliehen. Dabei könnte es sich um das gleiche, in Lyon ausgezeichnete Bild handeln.[80]

Seit Anfang der 1860er Jahre pflegte Becker enge Kontakte zur Familie von Carl Anton, Fürst von Hohenzollern, die winters in Düsseldorf, sommers in Sigmaringen oder in Rheineck am Bodensee residierte, und der Becker häufig Besuche abstattete. Ab 1863 ist ein regelmäßiger Malunterricht für Antonia, Erbprinzessin von Hohenzollern-Sigmaringen, sowie Leopold, Erbprinz von Hohenzollern-Sigmaringen, und später für deren zwei Söhne, Wilhelm und Ferdinand, nachweisbar.[81] Becker verschaffte sich auf diese Art ein Zusatzeinkommen und die Möglichkeit, sein Schaffen den Herrschaften näher zu bringen, was in der Folgezeit sehr erfolgreich war.[82]

Zu diesem Zeitpunkt wurden von August und Ernst Becker, Anstrengungen unternommen, einen Bildverkauf in Gotha zu forcieren. Dazu sollte der dortige Freiherr Camillo Richard von Seebach, von 1848 bis 1888 Staatsminister im Sächsisch-Coburgischen und Gothaischen Staatsministerium, kontaktiert werden. Ein Gemälde wurde dort dann – wohl eher ohne Zutun des Ministers – durch den Kunstverein erworben.[83]

Zu Beckers gesellschaftlichen Aktivitäten in Düsseldorf, überliefert durch Notizen, Vorträge und Publikationen in der regionalen Presse sowie in zahlreichen Briefen, die er aus dem Ausland an die Familie sowie Freunde schrieb, liegt ein ansehnliches Quellenmaterial vor. Aus diesem nachweisbarem Engagement geht hervor, dass sich der Maler mit politischen und gesellschaftlichen Problemen auseinander setzte, ohne seine konservative Grundhaltung aufzugeben. So bezog Becker eine aus heutiger Sicht durchaus positiv zu bewertende Position bei den Querelen innerhalb der Düsseldorfer Künstlerkreise in der Zeit um 1864. Vor allem August Becker und Johann Wilhelm Lindlar befürworteten im Streit um die Statuten des Kunstvereins für die Rheinlande und Westfalen zwischen 1863 und 1865 eine Änderung, die eine Verbesserung der sozialen Lage für viele Maler bedeutet hätte. Eine harte Auseinandersetzung über den Ausstellungsmodus, in den Becker mit seinen Bildern involviert war, endete Mitte der 1860er Jahre. Für 1864 lassen sich folgende Äußerungen Beckers nachweisen: *„Ich habe in der vorigen Generalversammlung einen Antrag eingebracht, der sich auf die Rechnungsablage bezog. Ich habe verlangt, dass die*

---

[79] Catalogue de salon de 1862, 26è exposition, Lyon, Imprimerie Louis Perrin, pp. XXXIII-134.

[80] Dioskuren, 6. Jg., Nr. 43, 27.10.1861, S. 368.

[81] Carl Anton, Fürst von Hohenzollern, war seit 15. April 1852 als Kommandeur der 14. Division mit Sitz in Düsseldorf beschäftigt. Er hatte im königlichen Schloss Jägerhof eine Wohnung. 1863 wurde er zum Militärgouverneur der Rheinprovinzen und Westfalen ernannt. 1871 siedelten er und seine Familie zurück nach Sigmaringen. Vgl. Zingeler, Karl Theodor: Karl Anton. Fürst von Hohenzollern. Ein Lebensbild nach seinen hinterlassenen Papieren, Stuttgart [u.a.] 1911, S. 68, 76, in: Verein für Geschichte und Altertumskunde in Hohenzollern: Mitteilungen des Vereins für Geschichte und Altertumskunde in Hohenzollern, [44/46]

[82] Der Künstlerverein „Malkasten" war von der Akademie unabhängig. Dort durften sowohl Künstler als auch Nichtkünstler Mitglied werden. Dadurch bestand für alle Maler die Möglichkeit, sich gute Kontakte zu verschaffen. Unter der durchschnittlichen Mitgliederzahl von 300 Personen zwischen 1852 und 1887 war cirka ein Drittel mit bürgerlichen Berufen und weitere aus der aristokratischen Schicht registriert. So stand beispielsweise Carl Anton, Fürst von Hohenzollern, als Protektor dem Künstlerverein „Malkasten" ab 1861 sehr nahe. Auch dessen Sohn Leopold, Erbprinz von Hohenzollern-Sigmaringen, war wie der Vater außerordentliches Mitglied in dem Verein. Für Becker stellte die Nähe von Carl Anton ein besonderer Glücksfall dar. So werden sich die beiden im „Malkasten" kennen und schätzen gelernt haben.

[83] Drei Briefe, in denen es um das Geschäft geht, haben sich in Gotha erhalten. Thüringisches Staatsarchiv Gotha, Staatsministerium Abt. Gotha, Dep. I. Loc. 10c Nr. 3, Bl. 100-102 RS (Quellenanhang 4-6).

Rechnung spezifiziert und acht Tage vor der Generalversammlung zur Einsicht offen gelegt werde. Ich habe als ein Recht gefordert, dass dieser Antrag zur Diskussion und Abstimmung zu bringen sei [...]"[84].

Kurze Zeit nach dieser Debatte, im September 1864, kam er einer Einladung der englischen Königin nach und besuchte deren schottischen Landsitz Balmoral. Die Hinreise dauerte eine Woche. Nach einem von Bruder Ernst entworfenen Reiseplan begann die Fahrt in Köln und führte über Brüssel, Paris, Calais und Dover nach London. Dort blieb Becker für ein paar Tage und durfte in Schloss Windsor wohnen. Mit einem Nachtzug ging es weiter nach Edinburgh, anschließend nach Glasgow und Perth, von dort letztendlich mit einer Kutsche über Braemar nach Balmoral. Auf dem Rückweg nach Düsseldorf besichtigte er Salisbury und Umgebung. Becker war hauptsächlich für die Anfertigung von Studienmaterialien für spätere Ölgemälde angereist, betätigte sich dann aber auch als Mallehrer für die Prinzessinnen (Louise und Helena) und als Kunstberater für die Königin, welche ihn bezüglich der Aufstellung einer Statue für den Prinzgemahl im Park von Balmoral konsultierte.[85] Dieses Denkmal wurde 1867 weitgehend nach Beckers Plänen aufgestellt. Auf der Rückreise besichtigte er auch Südengland, u.a. Salisbury.

1864 gehörte Becker zu den Mitunterzeichnern eines Widmungsblattes der Düsseldorfer Künstler für „New Yorks patriotische Damen" nach einem Entwurf von Adolf Schmitz.[86] Mit Schmitz hat Becker in mindestens einem Fall gemeinsam an einem Gemälde gearbeitet, wobei dem Düsseldorfer Kollegen die Figurenmalerei bei weitem mehr zusagte. Von 1861/1862 bis 1866 war Becker im Vorstand des Künstlervereins „Malkasten" tätig, dem er bis zu seinem Lebensende als Mitglied angehörte. In einem Gedicht, welches ihm beim Ausscheiden aus dem Vorstand des Vereins nach mehrjähriger Tätigkeit durch die Düsseldorfer Künstler gewidmet wurde, heißt es:

„Dem tapfern Veteran,
Der oft in heißer Schlacht,
Gar wucht'gen Hieb gethan
Und kühne That vollbracht,
Giebt, wenn er stumpf geworden,
Des Königs Majestät,
Zu guter Letzt den Orden,
Eh' aus dem Dienst er geht.
Und da stets dieser Brauch
Von Alters her geehrt,
So sei Dir heute auch
Ein gleicher Lohn gewährt.
„Du hast in mancher Schlacht,
„Den Vorsitz streng geführt,
„Versahest mit Bedacht
„Dein Amt, wie sich's gebührt;
„Bist niemals stumpf geworden,
„Ward auch Dein Haupt schneeweiß,
„Drum trag als höchsten Orden
„Dann auch dies Lorbeerreis. –"[87]

---

[84] Zit. nach August Becker, Correspondenzblatt des Kunstvereins für die Rheinlande und Westfalen, Generalversammlung, gehalten zu Düsseldorf am 5. August 1864, erschienen am 17. August 1864.

[85] Abdruck von dem Pro Memoria in: August Becker, Reise nach Schottland, 25. September 1864, in: Hoffmann-Kuhnt (Hg.), Nürnberg 2000, 460f.

Vgl. auch: August Becker in England and Scotland, in: Selke, Prince Albert Studies, vol. 22, München 2004, p. 173–180.

[86] Vgl. Künstlerverein Malkasten Düsseldorf, Archiv und Sammlung, F-KVM 1864-2630/C.

[87] Das August Becker gewidmete Gedicht stammt von einem unbekannten Verfasser. Darmstadt, Hessisches Landesmuseum, Graphische Sammlung, Orden und Auszeichnungen, ohne Inv. Nr.

1862 ließ er auf einer weiteren Weltausstellung in London ein Bild mit Titel „Der Feigumfoss" zeigen, welches dann ähnlich wie nach 1855 das monumentale Gemälde „Abend in den Alpen des Berner Oberlandes" auf mehreren nationalen Kunstvereinsausstellungen zum Verkauf angeboten wurde und schon 1863 im Gothaer Kunstverein einen Abnehmer fand.

1865 ließ Becker einige Gemälde in Genf und Dublin ausstellen. Für die 1860er Jahre sind weitere Aktivitäten in Ehrenämtern nachgewiesen, so z.B. Beckers Sekretärsposten im 1844 gegründeten Künstlerunterstützungsverein.[88] 1865 unternahm Becker eine dritte belegbare Schweiz-Reise, auf der er sich zunächst im bayrischen Hochland, im Gebiet der „Hohen Salve", aufhielt und von dort aus über den Finstermünzpass nach Hohenembs, Flims und Ragaz beim Wallenstädter See ging. Gerade vom Wallenstädter See fertigte Becker mindestens drei Gemälde an.[89]

f. Erster Bildverkauf an ein Museum und Zwistigkeiten (1866–1867)

Als Bestätigung seines eingeschlagenen künstlerischen Weges muss in diesem Zusammenhang ein erster Ankauf eines seiner 1863 entstandenen Gemälde durch die Großherzogliche Museumskommission in Darmstadt im Winter 1866 angesehen werden. Das Bild „Gletschersee in Norwegen, auch: Aus dem Norwegischen Hochgebirge" (Kat.-Nr. 205) wurde durch damalige Kunstexperten wegen seines poetischen Hauches und Lichtspiels sehr gelobt.[90] Beachtenswert erscheint dieser Ankauf unter den offensichtlich zum Positiven hin verbesserten Verhältnissen bezüglich einer Rezeption des Beckerschen Bildmaterials. Die Abwanderung begabter Maler aus Darmstadt machte sich dort nämlich bemerkbar und es kam zu einer Auseinandersetzung über die Zukunft der Gemäldegalerie, die in der „Dioskuren"-Zeitschrift publik wurde. Ein unbekannter Verfasser meinte: *„Im Ankauf des letztgenannten Bildes sowie des Gemäldes von Hofmann, deren Meister beide hier geboren sind und ihre erste künstlerische Vorbildung erhielten, erkennen wir mit Freuden das Bestreben nach Vertretung der bedeutenderen Künstler des engeren Vaterlandes; und wir wünschen nur, daß denselben bald mehr sich anreihen möchten, da unsere Stadt nicht arm an tüchtigen Kräften ist, die aber, wie leider häufig der Fall, im Auslande besser gekannt zu sein scheinen wie zu Hause. Wir erinnern z.B. nur an A. Schmitz, C. Schweich, A. Becker, P. Weber, R. Hofmann u.A.m."*[91] Daraufhin erschien einige Wochen später ein Artikel, in welchem die Darmstädter Kunstverhältnisse nochmals scharf kritisiert werden. Die Beanstandung richtet sich vor allem gegen den Darmstädter Landschaftsmaler und bis dahin Galerieinspektor Carl Ludwig Seeger, der dieses Amt 1861 abtrat: *„Seit der Verwaltung Seeger's sind zehn Bilder für die Galerie erworben. Abgesehen davon, daß die Zahl im Vergleich zu den disponibeln Geldmitteln eine zu geringe ist, so ist auch die Wahl der Bilder nicht durchweg zu billigen. [...] Es sind also nur die Künstler dritten, vierten Ranges, die Untergeordneten und Zudringlichen, welche das Terrain auf solche Weise zu okkupiren versuchen, während diejenigen Männer, die für sich und ihre Kunst zu viel Stolz besitzen, um ihre Werke anzubieten, stets unbekannt und unberücksichtigt bleiben werden. [...]"*[92] Carl Ludwig Seeger erwiderte daraufhin einige Wochen später: *„Ich gehöre, wie der Verfasser zu wissen scheint, der münchener Schule an, und es gewinnt beinahe den Anschein, daß auf mich die Verdächtigung geworfen werden solle, als bevorzuge ich deshalb aus rein persönlichen Motiven die münchener Künstler, und daß nur das eine düsseldorfer Bild (von Lessing) beiläufig aufgeführt worden ist, um den Schein der Unparteilichkeit zu wahren.*

---

[88] Vgl. Jahresbericht über Tage und Wirksamkeit des Vereins im siebzehnten Jahre seines Bestehens 1861, S. 4. Aus dem Namen geht zwar nicht eindeutig hervor, dass es sich um den Darmstädter Becker handelt, jedoch ist der Stil des Berichtes ähnlich jenem, der auch in den Autographen wiederkehrt. Ferner war Becker auch in anderen Vereinen und zu anderen Anlässen zeitweise Feder- und Wortführer. Der andere Becker spielte hingegen eine so untergeordnete Rolle im Düsseldorfer Kunstbetrieb, dass eine Verwechslung sehr unwahrscheinlich wäre.

[89] Becker, August, Skizzenbuch IV (Schweiz-Reise 1865), Privatbesitz.

[90] Vier Schreiben, in denen es um das Geschäft geht, haben sich in Darmstadt erhalten. Darmstadt, Hessisches Landesmuseum, Graphische Sammlung, Archiv: Conv. –VIII-, Fasc. 4/Fol. 9 GK 467 (Quellenanhang 7-10).

[91] Zit. Dioskuren, Verbesserung der Kunstverhältnisse in Darmstadt, 6. Jg., Nr. 29, 21.7.1861, S. 252.

[92] Zit. Dioskuren, 6. Jg., Nr. 40, 6.10.1861, S. 342 f., 343.

[...]⁹³ Seeger war im August 1866 gestorben und weniger als ein halbes Jahr später konnte Becker den für ihn wichtigen Erfolg in seiner Heimatstadt verbuchen.⁹⁴ Eine direkte Verbindung zwischen den beiden Ereignissen lässt sich nicht belegen. Was aber unbekannt war, ist die Tatsache, dass der Verfasser des Artikels von 1861, auf den hin Seeger seine Gegendarstellung abdrucken ließ, von August Becker stammt: *„Dein Artikel aus Darmstadt in den Dioskuren habe ich gelesen und habe sie der Mutter gekauft. Ich finde sie im gemäßigten Ton geschrieben. Die Voraussetzung persönlicher Motive für die Ankäufe bei Seeger ist vielleicht das am meisten Verletzende."*⁹⁵ Seegers Landschaften waren durch die französische Freilichtmalerei beeinflusst und damit in einer anderen Technik, die mehr auf den Impressionismus hindeutete, angelegt.⁹⁶

Im Spätsommer 1867 brach der Maler zum zweiten Mal auf Einladung Königin Victorias nach Schottland auf. Dort hatte er keinen Wettbewerb mit anderen Künstlern oder Vereinen durchzustehen. Außerdem lag Becker mit seiner Art der Bildgestaltung genau richtig im konservativen Geschmack der Monarchin. Wie gut er sich wohl auf diesen Studienreisen fühlte, auch in späteren Jahren, geht aus den zahlreichen Briefen und Tagebuchaufzeichnungen hervor. Der deutsch-dänische Krieg hatte die eigentlich schon 1866 geplante Tour scheitern lassen. Die Reiseroute ist nicht bekannt.

1868 folgte Becker, wie viele aus der Malerzunft, einer Einladung zur Künstlerversammlung nach Wien, die er mit einer Tour ins Salzkammergut und Inntal verband. In Wien fand 1868 die III. Allgemeine Deutsche und Historische Kunstausstellung statt, auf der Becker jedoch keines seiner Gemälde zeigen ließ. Auf der Strecke von Linz nach Wien, die er mit einem Dampfschiff zurücklegte, traf er den nach Amerika ausgewanderten Landschaftsmaler Albert Bierstadt. Beide hatten sich zuletzt vor vierzehn Jahren in Düsseldorf gesehen. In Salzburg begegnete Becker erneut Alexandre Calame und Francois Diday.

1869 unternahm Becker zum vierten Mal eine Reise auf die Britischen Inseln, diesmal auf die Isle of Wight, wo er in der königlichen Residenz Osborne House Unterkunft erhielt (Quellenanhang 12).

Ab den 1860er Jahren bot sich eine weitere Absatzmöglichkeit für seine Bilder über die „Permanenten" an. Gemeint sind damit jene Dauerverkaufsausstellungen von Eduard Schulte sowie Otto Bismeyer & Kraus in Düsseldorf und von Louis Sachse in Berlin. Der überwiegende Teil seiner Bilder wurde über den Kunsthandel verkauft. Vier Beschäftigungsfelder hatte sich Becker bis Mitte der 1860er Jahre erschlossen:

1.) freie Gemäldeproduktion und Absatz über Kunstvereinsausstellungen;
2.) Auftragsarbeiten bei europäischen Fürsten- und Königshäusern (England, Preußen und Sigmaringen);
3.) Malunterricht für eine Erbprinzessin und Prinzessinnen (seiner aristokratischen Auftraggeber);
4.) freie Gemäldeproduktion und Verkauf über die „Permanenten".

---

[93] Zit. Carl Seeger, Galerieinspektor, Dioskuren, Entgegnung in Sachen der Darmstädter Kunstzustände, 6. Jg., Nr. 51, 22.12.1861, S. 432 f., 433.

[94] Carl Ludwig Seeger gilt als Begründer der Sammlung von Gemälden des 19. Jahrhunderts unter besonderer Berücksichtigung Darmstädter Künstler im Großherzoglichen Museum. Vgl. Kat. Darmstadt 2003, S. 250–252, 250.

[95] Zit. Ernst Becker, Brief an August Becker, 9. November 1861, in: Hoffmann-Kuhnt (Hg.), Nürnberg 2000, S. 375 f., 376.

Die Artikel, in denen es um Seeger geht, erschienen in den Dioskuren, 1861, Bd. 6, Nr. 40, S. 342 f., und Nr. 51, S. 432 f.

[96] Vermutlich Rudolf Hofmann, Bericht der Großherzoglichen Museumsdirektion an das Großherzogliche Ministerium des Innern, 27. Dezember 1866, Darmstadt, Hessisches Landesmuseum, Graphische Sammlung, Archiv: Conv. –VIII- Fas. 4/Fol. 9, GK 467 (Quellenanhang 8).

g. Familienglück, Feste und Studienreisen (1868–1875)

Seine Verlobung (Quellenanhang 11) 1868 und Eheschließung mit Pauline Domer im Sommer 1869 brachten für Becker in familiärer Hinsicht eine Konsolidierung seiner Lebensverhältnisse.[97] Der Schwiegervater handelte mit Leinen und besaß in Frankfurt a.M. ein Geschäft. Aus der Ehe ging die 1871 geborene Tochter Olga hervor, die jedoch schon 1896 verstarb. Pauline Becker hingegen starb erst im hohen Alter von 87 Jahren 1928 in Darmstadt. Die Hochzeitsreise führte das frisch vermählte Paar u.a. nach München und Tirol. 1870 begann August mit einem Hausbau in Düsseldorf. Aus der Stadt am Rhein sind insgesamt drei Adressen von ihm überliefert: Von 1852 bis 1864 wohnte er in der Rosenstraße bzw. Rosengasse 5, bis 1869 hatte Becker seinen Wohnsitz in der Grabenstraße und ab cirka 1871 in der Adlerstraße 68.[98]

Bei der Dürer-Feier 1871, anlässlich des 400-jährigen Geburtstages Albrecht Dürers, hielt Becker im Düsseldorfer Künstlerverein „Malkasten" eine Festrede und erinnerte dabei an vergangene Künstlertreffen: *„Albrecht Dürer! Sein Name wurde auf der Künstlerversammlung in Wien 1868 genannt, und mit Enthusiasmus nahmen die daselbst aus allen deutschen Gauen versammelten Künstler die Idee auf, den 400 jährigen Geburtstag des Altmeisters in seiner Vaterstadt Nürnberg in großartig nationaler Weise zu feiern."*[99]

1872 reiste Becker in die Schweiz, ins Appenzeller Land, wobei die Tour von Wied über Kassel, Michelbach, Zürich, Wasen und Werdenberg verlief. Diese Reise unternahm er, wie schon 1865, im Auftrag von Leopold, Erbprinz von Hohenzollern. In Wied konnte er sich auf Schloss Monrepos Eindrücke dieser Gegend verschaffen und im Auftrag von Marie, Fürstin zu Wied (und Mutter von Leopolds Schwägerin), Studien des Schlosses für ein Gemälde anlegen: *„In Neuwied resp. auf Monrepos angekommen war I. H. die Frau Fürstin v. Wied so gnädig, mir Gastfreundschaft anzubieten, ich nahm dieselbe an, da ich mich gleich am ersten Tage überzeugt hatte, dass die Abendbeleuchtung für meine Studie die einzig geeignete sei, und es um 8 ½ her Abends als denn zu spät war, noch nach Neuwied runter zu gehen. Aber auch außerdem hatte ich auf Monrepos einen in jeder Hinsicht so genussreichen, interessanten und wohltuenden Aufenthalt, dass die 4 Tage nur zu rasch dahin schwanden."*[100] Das Jahr brachte außerdem mit dem Verkauf eines „Brixlegg im Inntal"-Gemälde an den Eisenindustriellen Poensgen aus Düsseldorf einen weiteren Erfolg. Zu den weiteren bürgerlichen Besitzern von Beckers Bildern zählten in dieser Zeit der Spielkartenfabrikant Wüst in Frankfurt a.M. und der Fabrikant Emde in Düsseldorf. 1873 gehörten zu Beckers auswärtigen Aufenthalten Wied und die Schwäbische Alb.

1875 führte Beckers Sommeraufenthalt in Sigmaringen zu Exkursionen in Begleitung von Leopold, Erbprinz von Hohenzollern, nach Imnau und nach Vorarlberg. In den 1870er Jahren ließ Becker seine Bilder verstärkt im Ausland ausstellen. Neue Verkaufsplattformen kamen hinzu. Neben weiteren Verkäufen bei fürstlichen und königlichen Kunden boten fortan die

---

[97] Anlässlich der Verlobung hat der Reisegefährte von 1852 und Mitstreiter bei den Forderungen nach Verbesserung der Statuten im Kunstverein für die Rheinlande und Westfalen aus der Mitte der 1860er Jahre, Johann Wilhelm Lindlar, ein Gedicht verfasst. Darmstadt, Hessisches Staatsarchiv, ohne Inv. Nr.

[98] Recherchen im Stadtarchiv Düsseldorf brachten zutage, dass die Familie Becker auf Mieteinnahmen zurückgreifen konnte. Die Mieteinnahmen wurden demnach bei der Neuschätzung durch das novellierte Gebäudesteuergesetz des preußischen Finanzministeriums auf jährlich 600,- Mark festgelegt. Vgl. Düsseldorf, Stadtarchiv, Akten III 16413-16415. Diese Summe entsprach dem durchschnittlichen Preis für ein verkauftes Gemälde.

[99] Zit. nach August Becker, Ansprache zum Dürer-Fest im Künstlerverein „Malkasten" am 20. Mai 1871, Archiv des Künstlervereins Malkasten, Düsseldorf, Schriftgut/Veranstaltungen am 20.5.1871, ohne Inv. Nr. (Quellenanhang 14).

[100] Zit. August Becker, Brief an Leopold, Erbprinz von Hohenzollern-Sigmaringen, 13. Juli 1872, Darmstadt, Hessisches Landesmuseum, Graphische Sammlung, Orden und Auszeichnungen, ohne Inv. Nr. [bei HZ K 44] (Quellenanhang 15).

Ausstellungen der Kunstakademie in Dresden und des Künstlerhauses in Wien Gelegenheit, die Gemälde publik zu machen.[101]

h.   Kollegen und Gemeinschaftsproduktionen (1876–1880)

Vom 7. August bis 9. September 1876 war Becker auf Einladung von Emanuel Andrássy, Graf von Csikszentkiráły und Krasznahorka, in Ungarn unterwegs. Seine Route verlief über Michelbach, Regensburg, Wien, Pesth (heute Teil von Budapest), Kaschau (ungarisch Kassa, slowakisch Košice), Terebes (slowakisch Trebišov), Parno (slowakisch Pachovany), Olàhpatak (slowakisch Vlachovo), Bad Schmecks (slowakisch Starý Smokovec; in der Hohen Tatra), Miskolc und Dobschau (slowakisch Dobšiná). Er sah auf dieser Tour erstmals Ausläufer des Karpatengebirges und der Hohen Tatra. Im Anschluss an seine Ungarnreise hielt er sich wieder auf der Weinburg bei Rheineck am Bodensee auf (Vgl.-Abb.-Nr. 18). Die Heimfahrt führte Becker über Sigmaringen nach Düsseldorf. Anschließend machte er sich erneut in Gemeinschaftsarbeit mit Düsseldorfer Kollegen an die Anfertigung von Gemälden zu seinem neuesten Sujet, der ungarischen Landschaft. In einem Fall – „Ungarisches Zigeunerdorf I" (1878, Kat.-Nr. 371) – ist eine Zusammenarbeit mit Karl Paul Themistokles Eckenbrecher nachgewiesen; und in weiteren Beispielen – „Überschwemmungen am Niederrhein I und II" (1874, Kat.-Nr. 332 und 333) – mit Hermann Knackfuß, wobei Beckers Kollegen die Figurenstaffagen ausführten.

Wir können bei den Beckerschen Gemälden zwei Typen von Staffagen deutlich voneinander unterscheiden. Auf den meisten Bildern wirken die Figuren einfach und ohne Portraitzüge in die Landschaft hineingemalt. Bei einem weit geringeren Teil seiner Arbeiten bestechen die Figuren durch eine sehr sorgfältige Malweise und portraitgenaue Gesichtsgestaltung. In diesen Fällen wurden von Becker Kollegen zur Mitarbeit herangezogen.

Als Becker 1877 wegen weiterer Aufträge von Seiten der englischen Königin sich in Baden-Baden aufhielt, war sein Ansehen als Künstler noch immer im Steigen.[102] Er beteiligte sich an einer Festschrift, welche 1877 anlässlich des 25-jährigen Bestehens des Künstlervereins „Malkasten" herausgegebenen wurde. Darin heißt es, dem fröhlichen Anlass entsprechend: *„Die Frau Königin hat mich auch neulich zu einem viscount of Pimpelfort creiret, so Ihr des bessern Aussehens wegen in futuro meiner adressen beifügen wöllet."*[103]

Für 1878 erhielt Becker eine weitere Einladung durch die gräfliche Familie derer von Andrássy nach Ungarn. Für die Realisierung gibt es jedoch keine Belege. Da im gleichen Jahr Beckers Mutter schwer erkrankte und starb, ist die Unternehmung wohl aus diesem Grund gescheitert. 1878 weilte er jedoch in Sigmaringen und in Krauchenwies (bei Carl Anton, Fürst von Hohenzollern). Im Anschluss erwarb der Fürst das Gemälde „Abend in den Alpen des Berner Oberlandes" (1855, Kat.-Nr. 122), von dem Becker ihm während seines Aufenthaltes ausführlich berichtet hatte.[104] *„Es gereicht mir zur größten Freude, wenn ich durch die Entnahme dieses prachtvollen Bildes*

---

[101] Kat. der Kunst-Ausstellung in Dresden 1869, S. 15, Kat.-Nr. 5 [u.a.]; In den Katalogen des Künstlerhauses Wien wird Becker hingegen nicht aufgelistet. Die angebliche Beteiligung an dortigen Ausstellungen wird von der ansonsten zuverlässigen Quelle „Boetticher" übernommen.

[102] Zur Bestellung und Auftragsdurchführung von zwei Ansichten aus Baden-Baden siehe: Selke, Raimond: Ein Schweizer Haus für eine englische Königin. Die Villa Hohenlohe in Baden-Baden, in: Jahrbuch Württembergisch Franken, Band 87, Jahrbuch des Historischen Vereins für Württembergisch Franken, Schwäbisch Hall 2003, S. 161–174.

[103] Zit. nach August Becker, in: Das VII. Haubtstück der Chronica de rebus Malcastaniensibus. Zusammengestellet und fürgebracht aus denen Manuscriptis des weyland Alt-Chronisten Wilhelmus Camphausen durch den Archivarius Malcastaniensis Ernestus Bosch, Düsseldorf 1877, Neudruck 1912, S. 158–164, S. 164.

[104] Briefe von Carl Anton, Fürst von Hohenzollern, an August Becker, 7. Januar 1879 und 11. Januar 1879, in: Hoffmann-Kuhnt (Hg.), Nürnberg 2000, S. 695–697.

Ihnen eine materielle Beruhigung gewähren konnte."[105] Im gleichen Jahr war Becker 1. Vorsitzender der Deutschen Kunstgenossenschaft.[106]

1879 nahm Becker an einer Festlichkeit zum 50-jährigen Bestehen des Kunstvereins für die Rheinlande und Westfalen, in welchem er regelmäßig Gemälde ausstellen ließ, teil und bekam im August des gleichen Jahres den Preußischen Roten Adlerorden 4. Klasse verliehen.[107]

1880 hielt Becker einen Vortrag über seine Ungarnreise von 1876. Für die von Mai bis Oktober 1880 in Düsseldorf stattgefundene IV. Allgemeine Deutsche Kunstausstellung war August Becker als Vorsitzender des Ausstellungsausschusses gemeinsam mit seinem Stellvertreter, dem Maler Ernst Bosch, einer der Hauptverantwortlichen.[108] Zu diesem Zeitpunkt befand sich Becker auf dem Höhepunkt seiner Karriere. In einer pathetischen Eröffnungsrede am 9. Mai 1880 führte Becker die Errungenschaften der deutschen Kunst auf und schloss mit den Worten: *„Und nun, hochverehrte Festgenossen, gestatten Sie mir, zum Schlusse den Wunsch auszusprechen, dass Sie, wenn sie die lichtvollen Räume unserer Kunst-Ausstellung, die sich Ihnen nun bald erschließen, durchwandert haben werden, mit dem Eindrucke von hinnen scheiden, dass auch die vierte Allgemeine Deutsche Kunst-Ausstellung einen Glanzpunkt bezeichnet in der Entwicklung der deutschen Kunst; dass die deutschen Künstler auch in dem letzten Jahrzehnt ihres Schaffens treu geblieben sind den Idealen ihrer Vorgänger, treu geblieben dem echt deutschen Streben nach Wahrheit und nach Schönheit!"*[109] Becker war auf dieser nun nicht mehr als „historisch" bezeichneten Ausstellung, die in Verbindung mit der Industrie-Ausstellung stattfand und von 1.056.175 Personen besucht wurde, mit drei Gemälden vertreten.[110] Die erste internationale Ausstellung in Australien, in Sydney und Melbourne, beschickte Becker mit einem seiner Bilder 1880. Für das dort ausgestellte Gemälde „Der Bartholomä-See in Oberbayern" (Kat.-Nr. 387) wurde er mit einer Medaille ausgezeichnet.[111]

i. Professor und weitere Auszeichnungen (1881–1884)

Über eine weitere persönliche Auszeichnung konnte sich Becker im Mai 1881 freuen, als ihm das Ritterkreuz 1. Klasse des Großherzoglichen Hessischen Verdienstordens „Philipps des

---

[105] Zit. Carl Anton, Fürst von Hohenzollern, Brief an August Becker, 11. Januar 1879, in: Hoffmann-Kuhnt (Hg.), Nürnberg 2000, S. 695 f., 695.

[106] Die 1856 gegründete Kunstgenossenschaft verstand sich als Interessenvertretung der freien Künstler. Jährlich wurde ein neuer Vorstand gewählt, der für die Vorbereitung und Durchführung von Veranstaltungen, z. B. Mitgliedertreffen und Ausstellungen, verantwortlich war. 1878 wurde die Organisation der Kunstgenossenschaft in Zusammenhang mit der Pariser internationalen Ausstellung nicht in der Weise genutzt, wie dies in früheren Jahren der Fall war. Es kam zu einer Eingabe von Münchner Künstlern bei der Reichsregierung. Inwieweit Becker als 1. Vorsitzender an der verfahrenen Situation beteiligt war, konnte nicht geklärt werden. Vgl. Geschichte der Allgemeinen Deutschen Kunstgenossenschaft. Von ihrer Entstehung im Jahre 1856 bis auf die Gegenwart, Düsseldorf 1903, S. 29.

[107] Großherzoglich Hessisches Regierungsblatt, 1879, Beilage 20, S. 157.

Urkunde an August Becker, ausgestellt durch Carol, Fürst von Rumänien, Weinburg, 21. September 1880, Hessisches Landesmuseum, Graphische Sammlung, Orden und Auszeichnungen, ohne Inv. Nr. [bei HZ K 44].

[108] Officieller Bericht über die IV. Allg. Deutsche Kunstausstellung 1880, hg. von der Deutschen Kunstgenossenschaft, Düsseldorf 1881, S. 5.

[109] Abdruck der Rede bei: Baisch, Otto: Deutsche Kunst auf der Düsseldorfer Ausstellung 1880. Studien und Gedenkblätter, München 1880, S. 72 f. Zit. ebd., S. 73.

Weidenhaupt, Hugo: Die Gewerbe- und Kunst-Ausstellung zu Düsseldorf 1880. In: Düsseldorfer Jahrbuch. Beiträge zur Geschichte des Niederrheins, Band 57/58, Düsseldorf 1980 [S. 412–430], S. 421, 428.

Weidenhaupt, Hugo: Die Gewerbe- und Kunst-Ausstellung in Düsseldorf 1880, in Weidenhaupt, H.: Aus Düsseldorfs Vergangenheit, Düsseldorf 1988, S. 223–241, S. 229.

[110] Vgl. Geschichte der Allgemeinen Deutschen Kunstgenossenschaft, Düsseldorf 1903, S. 30.

[111] Ausst.-Kat. Melbourne International Exhibition 1880–1881. Official Record. Containing Introduction. History of Exhibition. Description of Exhibition and Exhibits. Official Awards of Cmmissioners and Catalogue of Exhibits, Melbourne 1882, p. lxxxviii, 509.

Großmütigen" verliehen wurde.[112] Im Juni 1881 hielt er in Düsseldorf als Verwaltungsratsmitglied eine Ansprache, anlässlich der Eröffnung der Kunsthalle.[113] 1881 und 1882 konnten erneut Aktivitäten im England-Geschäft verzeichnet werden. Einerseits ließ der Maler Bilder in London ausstellen, wo die Beckerschen Landschaftsgemälde mittlerweile im weiteren Umkreis der Königin bekannt waren und sich daraus zahlreiche Käufer rekrutierten. Andererseits hielt sich Becker 1882 im hessischen Arolsen auf, wo er im Auftrag von Königin Victoria ein Gemälde des Schlossareals anfertigen sollte. Hintergrund war die Vermählung von Leopold, Prinz von England, mit Helena, Prinzessin von Waldeck-Pyrmont.[114]

Ein letzter großer Höhepunkt in Beckers Karriere beruhte auf seinen Kontakten nach Rumänien. Der Fürst und spätere König von Rumänien, Carl, Prinz von Hohenzollern-Sigmaringen, bestellte wie sein Bruder Leopold bei August Becker seit 1873 wiederholt Gemälde, u.a. einen Zyklus mit Ansichten aus dem Appenzeller Land, der nach Studienmaterialien der Reise von 1872 entstanden sein kann (Kat.-Nr. 320, 340 und 421). Bereits im September 1880 wurde dem Maler dafür die Erlaubnis zur Annahme und zum Tragen eines Offizierskreuzes, des „Sterns von Rumänien" erteilt.[115] 1882 folgte Becker einer Einladung des mittlerweile zum König erhobenen Monarchen nach Rumänien und verbrachte nahezu vier Monate in Sinaia und Bukarest (Quellenanhang 22). Die Tour führte über Wien, Pest, Kronstadt und Predeal (Tömöser Paß) nach Sinaia, wo das königliche Schloss gerade am Entstehen war, und von dort weiter nach Bukarest und Bârlad. In Rumänien entstanden eine Reihe von Gemälden der Karpatenlandschaft, dem letzten großartigen Thema in Beckers Oeuvre. Becker ging damit einen Weg, den erst wenige Künstler zuvor eingeschlagen hatten. Sein Düsseldorfer Kollege Emil Volkers, die Berliner Malerin Dora Hitz, an beide erinnerte er sich in seinen Tagebuchaufzeichnungen, und der Bildhauer Karl Storck zählten zu wiederholten Gästen in Sinaia (Vgl.-Abb.-Nr. 11).[116] Die Ausbeute an reichem Studienmaterial zur Karpaten-Region erwies sich für Becker als Glücksfall, denn so konnte er auf den Turnusausstellungen der deutschen Kunstvereine einem breiten Publikum und den deutschen Verwandten der rumänischen Königsfamilie ein noch nicht bearbeitetes und „ausgeschlachtetes" Malthema vorstellen.

Das junge Königreich Rumänien, mit einem König aus dem Hause Hohenzollern-Sigmaringen an der Spitze, war im Deutschen Reich sehr unbekannt. Carl Anton, Fürst von Hohenzollern, spricht in einem Brief an August Becker sogar von einem „Misswollen" Deutschlands gegenüber Rumäniens.[117] Gemeint war die offizielle Russland-freundliche Position des Kaiserreiches nach dem Berliner Kongress von 1878. Dem russischen Streben nach Großmacht und nach Wiedererlangung des Einflusses auf den vorderen und inneren Balkan stand man hingegen in Sigmaringen sehr kritisch und ablehnend gegenüber. So war natürlich auch die Künstlerreise von August Becker nach Rumänien 1882, als das Land erst ein Jahr als Königreich bestand, ein willkommener Werbezug für die Familie von Carl Anton, Fürst von Hohenzollern (Vgl.-Abb. 3). Kein Baedeker-Reiseführer ist beispielsweise bis heute zu dem Land erschienen. Die Verlagsleitung, welcher in dem näher an Berlin liegenden Leipzig beheimatet war, stellte sich in ihrem Unternehmertum sonst recht wendig dar, wenn es um die Erschließung neuer Themen für die Reisekatalogserie ging. 1882 erweiterte Becker seine Vortragstätigkeit um eine Präsentation mit Erläuterungen seiner Beobachtungen auf der Rumänienreise. Für sein Engagement erhielt

---

[112] Großherzoglich Hessisches Regierungsblatt, 1881, Beilage 17, S. 135. (Zu Beckers Dankesschreiben: Quellenanhang 20 und 21)

[113] Kunstblatt, 16. Jg., Nr. 37, 23. Juni 1881, Vermischte Nachrichten, Spalte 605.

[114] Zu diesem Auftrag ausführlich siehe: Selke, Raimond: „Well known in Windsor..." – Erfolg und Ruhm am Hof einer Königin, in: Ausst.-Kat. Ton und Licht, Coburg 2003, S. 15–18, S. 17 f.

[115] Großherzoglich Hessisches Regierungsblatt, 1880, Beilage 24, S. 184.

[116] Zu Emil Volkers zuletzt Ionescu, Adrian-Silvan: Pictori la curtea Romaniei (I), in: Litere, Arte, Idei, 8 septembrie 2003, 6–7, 7.

[117] Vgl. Brief vom 26. März 1879, in: Hoffmann-Kuhnt (Hg.), Nürnberg 2000, S. 696 f.

Becker im Herbst 1882 die Königlich Rumänische Verdienstmedaille 1. Klasse.[118] Mit den fortan gemalten Landschaften aus dem Karpatengebirge verschwanden die schottischen Landschaftsdarstellungen auffällig abrupt aus dem Oeuvre Beckers. Der letzte Auftrag seitens der englischen Königin fiel in das Jahr 1881.

1883 erhielt Becker von Ludwig IV., Großherzog von Hessen-Darmstadt, das Angebot, die Leitung der Gemäldegalerie im Großherzoglichen Museum in Darmstadt zu übernehmen. In einem langen Pro Memoria begründete Becker ausführlich seine Ablehnung dieser Offerte: *"[...] Ich würde außerhalb des großen Geschäftsverkehrs der Ausstellungen und des kaufenden Publicums stehen, die sich alle in den großen Kunstcentren vereinigen. Fürs Malen bliebe mir nicht mehr zusammenhängende Zeit, sondern meine Privatthätigkeit müßte den einzelnen von Dienst und Nebenarbeiten frei bleibenden Zeitabschnitten angepaßt werden, wodurch mehrmonatige Studienreisen unterbleiben würden, und ebenso umfangreichere Arbeiten. – Meine Uebersiedelung nach Darmstadt würde also indirect ein Anfangs theilweises, später vollständiges Aufgeben meiner Thätigkeit als „schaffender Künstler" bedingen, und dies würde meine Familienexistenz gefährden.[...]"*[d19] Kurz darauf wurde ihm im November 1883 der Titel „Charakter als Professor" verliehen. Fortan durfte der Maler sich mit „Professor" tituliren lassen. Allerdings handelte es sich lediglich um einen Ehrentitel, der mit keinerlei Lehrverpflichtungen an einer Universität, vergleichbaren Einrichtung, oder finanzieller Versorgung verbunden war.[120] Von Carl Anton, Fürst von Hohenzollern, bekam er im Oktober 1884 das Fürstlich Hohenzollernsche Ehrenkreuz 3. Klasse verliehen.[121]

j. Hauptwerke, Anzeichen von Stagnation und Tod (1885–1887)

Es folgte eine Reihe von „Spätwerken", die entweder thematische Wiederholungen aus früheren Zeiten oder neue Motive, z.B. aus Süddeutschland, zum Gegenstand hatten. So gestaltete Becker 1886 ein Bild von Kronberg im Taunus im Auftrag Leopolds, des Fürsten von Hohenzollern (Kat.-Nr. 436). Für den ehemaligen Regierungspräsidenten von Westfalen, Robert von Hagemeister, den dieser 1887 in Sigmaringen traf, entstand eine Ansicht von Sigmaringen (Kat.-Nr. 444). Diese Veduten, zumeist sehr großformatig, zeugen von einer enormen Könnerschaft in Sachen Bildkomposition und farblicher Gestaltung, die Becker gegen Ende seines Lebens vorweisen konnte.[122] 1885 erschien in der Zeitschrift „Die Gartenlaube" ein von seiner Hand verfasster Bericht über Rumänien mit zwei Illustrationen.[123] 1886 hielt er im wissenschaftlichen Verein von Düsseldorf ein Referat über Schottland.

Zu den im Verlaufe der beruflichen Karriere entstandenen und nachweisbaren Hauptwerken zählen aufgrund der deutlich sichtbaren Merkmale seiner spätromantischen Landschaftsmalerei in chronologischer Reihenfolge:

- „Felsschlucht mit kleinem Wasserfall" (1842, Kat.-Nr. 38),
- „Abendlandschaft mit Burg (Oberstein)" (1847, Kat.-Nr. 74),
- „Das Jungfraumassiv im Berner Oberland (große Fassung)" (1853, Kat.-Nr. 102),
- „Abend in den Alpen des Berner Oberlandes" (1855, Kat.-Nr. 122),

---

[118] Großherzoglich Hessisches Regierungsblatt, 1882, Beilage 26, S. 186.

[119] Zit. August Becker, Pro Memoria an Ludwig IV., Großherzog von Hessen-Darmstadt, 18. November 1883, Darmstadt, Hessisches Landesmuseum, Graphische Sammlung, Orden und Auszeichnungen, ohne Inv. Nr. [bei HZ K 44] (Quellenanhang 24).

[120] Großherzoglich Hessisches Regierungsblatt, 1883, Beilage 26, S. 200.

[121] Großherzoglich Hessisches Regierungsblatt, 1884, Beilage 27, S. 200.

Urkunde, ausgestellt durch Karl Anton, Fürst von Hohenzollern, 21. Oktober 1884, Hessisches Landesmuseum, Graphische Sammlung, Orden und Auszeichnungen, ohne Inv. Nr. [bei HZ K 44].

[122] Selke, Raimond: Carmen Sylvas Kontakte zum Maler August Becker und weiteren Künstlern der Düsseldorfer Malerschule, in: Heimatjahrbuch 2004 des Landkreises Neuwied, S. 323–330.

[123] August Becker, Bilder von der Balkanhalbinsel. Schloß Sinaja. Reiseskizze aus Rumänien von Prof. August Becker in Düsseldorf (Mit Illustrationen S. 700 f.), in: Die Gartenlaube. Illustrirtes Familienblatt, 1885, S. 700 f., 705 f.

- „Ein Gletschersee in Norwegen" (1863, Kat.-Nr. 205),
- „Schloss Balmoral" (1865, Kat.-Nr. 228),
- „Blick ins Inntal (Brixlegg)" (um 1872, Kat.-Nr. 309),
- „Inntal" (nicht vor 1873, Kat.-Nr. 324),
- „Waldlandschaft (licht)" (um 1873, Kat.-Nr. 325),
- „Das Tal zwischen Rheineck und Tobel. („Das Rossbühlpanorama")" (1882, Kat.-Nr. 393),
- „Karpatenlandschaft mit Schloss Peleş (große Fassung)" (1883, Kat.-Nr. 406),
- „Die Karpatenkette bei Sinaia (große Fassung)" (1884, Kat.-Nr. 410),
- „Werdenberg" (1885, Kat.-Nr. 421) und
- „Gotzenalm" (1887, Kat.-Nr. 438).

Langsam legten sich Schatten über sein Leben, und es verminderten sich auch die künstlerischen Erfolge. Besonders im letzten Lebensjahr (1887) haben sich die Rückschläge gehäuft. So ist ein weiterer Erholungs- und Studienaufenthalt in Sigmaringen belegt, zu dem ihn Leopold, Fürst von Hohenzollern, drängte. Dieser legte sogar das Reisegeld von 300,- Mark aus: *„Wenn ich mir erlaube, Ihnen einliegend 300 Mark Reisegeld zu senden, so nehmen Sie mir's gewiß nicht übel u. fassen es so auf, wie es gemeint ist. Ein paar Wochen Aufenthalt unter befreundeten Menschen können Ihnen nur gut thun, ich rechne darauf, daß Sie in 8 bis 14 Tagen zu uns kommen können."*[124] Becker dachte zu diesem Zeitpunkt ernsthaft daran, sein Haus in Düsseldorf zu verkaufen. Außerdem sorgte er sich um die Gesundheit seiner Tochter. Im November 1887 wurde ihm dann eines seiner für Carol I., König von Rumänien, angefertigten Gemälde zurückgeschickt, da es durch Hitzeeinwirkung gänzlich zerstört war. In einem Antwortbrief an Louis Basset von der rumänischen Hofverwaltung bittet er inständig um den Ankauf weiterer Bilder von seiner Hand: *„In meinem letzten Briefe nahm ich auch Veranlassung zu erwähnen, dass sich auf meinem Attelier 3 mittelgroße Bilder aus der Umgegend von Sinaja befinden, die sich vielleicht unter Umständen zu willkommenen Geschenken eignen dürften – Haben Sie dieser Angelegenheit mal Ihr Nachdenken zugewendet, und was meinen Sie?"*[125]. Bereits im Frühjahr des gleichen Jahres wurde ein Ankaufsgesuch an das Großherzogliche Museum in Darmstadt abschlägig beschieden: *„Entschuldigen Sie, daß ich erst heute Ihren Brief beantworte. Zu meinem großen Bedauern kann ich den Ankauf des einen oder des anderen Ihrer schönen Bilder für die Gallerie nicht in Aussicht stellen. [...] außerdem werden wir in unseren Geldmitteln nach dem Ergebniß meiner 7 jetzt vorgenommenen Voranschlagungen für das laufende Jahr so beengt sein, daß es unthunlich erscheint, auf einen Gemäldeankauf eine so hohe Summe zu verwenden, selbst wenn von derselben, wie Sie mir angedeutet haben, einiger Nachlaß bewilligt werden könnte. Ich bitte Sie also, uns wegen Versendung der Bilder gefällige Weisung zu ertheilen und verbleibe mit der Ihnen bekannten aufrichtigsten Hochachtung und mit freundlichem Gruß [...]"*[126]. Ein möglicher Grund für die Ablehnung kann in der veränderten Kunstauffassung der Museumsdirektion gelegen haben. Die neuen Maltendenzen hatten auch in Darmstadt Anklänge gefunden. So fanden z.B. Eugen Brachts Arbeiten viele Interessenten.

Ein Schlaganfall riss Becker am 21. Dezember 1887, kurz nach Vollendung seines letzten Bildes, plötzlich aus dem Leben. Ein opulentes Studienmaterial von Reisen nach Norwegen, in die Schweiz, nach England und Schottland, ins Salzkammergut, nach Tirol, in die Schwäbische Alb in Verbindung mit der Bodenseeregion, nach Ungarn und Rumänien war die wichtigste Basis für

---

[124] Zit. Leopold, Fürst von Hohenzollern, Brief an August Becker, 4. Juli 1887, in: Hoffmann-Kuhnt (Hg.), Nürnberg 2000, S. 791.

[125] Zit. August Becker, Brief an Louis Basset, Hofverwaltung, Düsseldorf, 7. Dezember 1887, Bukarest, Rumänisches Nationalarchiv, Casă Regală, Dosar Nr. 25/1887 419.

[126] Zit. unbekannter Verfasser, Großherzogliche Museumskommission, Brief an August Becker, Darmstadt 13. April 1887, Darmstadt, Hessisches Landesmuseum, Graphische Sammlung, Archiv: -VIII- Fas. 4/Fol. 47 (Quellenanhang 25).

sein Schaffen und das Entstehen eines malerischen Gesamtwerkes von ungefähr 350 Ölgemälden.

August Beckers künstlerischer Nachlass wurde 1888 teilweise verkauft. Sein Bruder Ernst versuchte zunächst die Skizzen, Zeichnungen und Gemälde als Konvolut zusammenhängend für die 1864 gegründete erste rumänische Kunstakademie in Bukarest über Carol I., König von Rumänien, zu veräußern. Da dies scheiterte, probierte Ernst Becker, die Nachlassbestände an Ludwig IV., Großherzog von Hessen-Darmstadt, zu verkaufen. Der Geheime Oberbaurat Dr. Fr. Müller schrieb dazu an einen hessischen Staatsminister: *„Euer Excellenz - Beehre ich mich anbei in Verfolgung der mir kürzlich gestatteten Unterredung das mir von Herrn Geheimrath E Becker übergebene Verzeichnis der im Nachlasse seines Bruders vorhandenen verkäuflichen Gemälde zu übersenden. Herr Becker sagte mir mündlich, daß der Verkauf der Bilder am Zuge sei und daß er Grund habe zu glauben, daß dieselben sehr rasch abgehen würden."*[127] Aber das gelang ebenfalls nicht. Daher gerieten viele Stücke aus dem Nachlass verstreut in Einzelbesitz. Teile davon, eine sehr umfangreiche Briefsammlung, knapp einhundert historische Fotografien seiner Gemälde, Zeichnungen, Studien und Gemälde, haben sich jedoch als Nachlass bis heute erhalten. Dieser wird von den Nachkommen liebevoll gepflegt.[128]

---

[127] Zit. (vermutlich, da sehr unleserlich) nach Geheimer Oberbaurat Dr. Friedrich Müller, Brief an Staatsminister Jakob Finger oder den Präsidenten des Finanzministeriums August Weber, Darmstadt, den 30. Januar 1888. Hessisches Landesmuseum, Graphische Sammlung, Orden und Auszeichnungen, ohne Inv. Nr. (Quellenanhang 31).

[128] Von Düsseldorf zog seine Witwe ein halbes Jahr nach seinem Tod, also im Sommer 1888, nach Darmstadt, wo sie in der Bleichstraße 38 bis 1928 weiter lebte. Die Gebeine August Beckers wurden auf den „alten Friedhof" in Darmstadt umgebettet. Sein Grabstein ist heute nicht mehr erhalten. Bruder Ernst überlebte August nur um ein Dreivierteljahr und verstarb im September 1888.

Kunsthistorische Einordnung/Resümee

Das künstlerische Gesamtwerk des Malers August Becker umfasst nach dem aktuellen Werkverzeichnis cirka 350 Ölbilder. Von den hier erwähnten Gemälden gelangten nachweislich rund 80 in fürstlichen, königlichen oder kaiserlichen Besitz. Überwiegend jedoch stammten die Käufer aus der Schicht des gehobenen Bürgertums, die seine Arbeiten, die in der Tradition der „Düsseldorfer Malerschule"[129] entstanden, auf den Turnusausstellungen der Kunstvereine erwarben. Etwa ein Drittel von Beckers Schaffen konnte noch nicht bearbeitet werden, da diese Werke weiterhin unentdeckt blieben. Bei diesen unbekannten Bildern könnte es sich überwiegend um Repliken seiner bekannten und erfolgreichsten Werke handeln. Becker ließ seine Gemälde professionell fotografieren und legte sich so ein Bildarchiv zu, aus dem er bei Bedarf schöpfen konnte. Insbesondere zur Herstellung von Gemäldepliken bediente er sich bereits zu dieser Zeit des jungen Mediums Fotografie. Sein bevorzugtes Fotoatelier war das von G. & A. Overbeck in Düsseldorf.

Kennzeichnend für Beckers Schaffen waren unterschiedliche Arbeitsschritte.
1. Rekognoszierungstouren, bei denen eine Gegend nach geeigneten Motiven abgegangen wurde;
2. Skizzen, die meistens in einem Skizzenbuch, mit oder ohne Kommentar versehen, aufgenommen wurden;
3. Ölstudien, in denen auch den besonderen Licht- und Farbverhältnissen Rechnung getragen werden konnte, und
4. Gemälde, die im Düsseldorfer Atelier aus dem zusammengetragenen Material komponiert wurden.

Typisch für Becker waren ausführliche Notizen auf den Skizzenblättern. Diese bildeten mit der jeweiligen Zeichnung und gegebenenfalls noch mit einer Ölstudie die Grundlage für das Gemälde. Es war für ihn aber nicht zwingend, jede Skizze als Bild weiterzuführen. Zeichnungen hatten für Becker den Charakter einer Arbeitsvorlage; als autonomes Kunstwerk waren sie meistens nicht gedacht. Cirka sechzig Prozent von Beckers Gemälden tragen eine exakte topographische Bezeichnung im Titel. Diese Bilder stellen Landschaftsveduten dar, d.h. Naturszenerien mit Wiedererkennungswert. Ein Drittel der Werke besitzt keine genauen Bezeichnungen. Diese Arbeiten, so ist stark zu vermuten, sind zusammenkomponierte Landschaftsdarstellungen. Sie bilden nur summarisch die damals vom Künstler real vorgefundene Naturszenerie ab.
Die Aufteilung von Himmel- und Erdbereich im Verhältnis 1 zu 2, welche von Becker in den meisten Bildern vorgenommen wurde, folgte einem von vielen Landschaftsmalern im 19. Jahrhundert angewandtem Prinzip. Ein direkter Vergleich zwei seiner Hauptwerke bietet sich zwischen den Bildern „Das Jungfraumassiv im Berner Oberland" (1853, Kat.-Nr. 102) und der „Karpatenlandschaft mit Schloss Peleş (große Fassung)" (1883, Kat.-Nr. 406) an. Dabei zeigt sich, dass Becker als 33-jähriger bereits seine künstlerische Reife und seinen eigenen Stil erreicht hatte und über dreißig Jahre lang dieses Niveau halten konnte. An dem Bild „Karpatenlandschaft mit Schloss Peleş (große Fassung)" hat er mehrere Wochen arbeiten müssen. Es ist nicht vergleichbar mit den kleinformatigen Gemälden und Ölskizzen für Queen Victoria.

Etwa ein Dutzend seiner jetzt bekannten Gemälde sollte aufgrund künstlerisch hervorragend geleisteter Arbeit nicht nur zu den wichtigen Erscheinungen der „Düsseldorfer Malerschule", sondern zu den Hauptwerken der spätromantischen Landschaftsmalerei, des „Naturalismus" im Beckerschen Sinne, gerechnet werden.

---

[129] Die „Schule" lag jedoch nicht in der Kunstakademie, sondern in der freien Künstlerschaft! Die Düsseldorfer Akademie besaß zwar staatlichen Einfluss und die Vorteile, welche ihr direkt durch die Regierung zugestanden wurden, jedoch standen dem die Freischaffenden mit den vereinsmäßigen Institutionen gegenüber.

Becker konnte seine Vorstellungen von Malerei auf den Studienreisen ausprobieren, besonders auf denen, auf welchen er entweder allein oder in nur kleiner Gesellschaft reiste: nach Norwegen 1844, nach Schottland 1864 und 1867, ins Salzkammergut 1868, in die Schweiz 1872, nach Ungarn 1876 und nach Rumänien 1882. So wirken denn auch die abgebildeten Naturszenerien weit romantischer und unberührter als die kommerziellen alpinen Gemälde, welche unter den Eindrücken von Gruppenstudienreisen entstanden: 1847 nach Norwegen, 1852/1862 in die Schweiz und 1857/1858 nach Oberbayern.

Im Gegensatz zu jenen Malern, die kaum gesellschaftlich geachtet waren, konnte Becker sein Atelier in Düsseldorf nicht aufgeben. Dazu war er zu sehr in den regelmäßig stattfindenden Ausstellungsbetrieb eingebunden. Dadurch, dass seine Malerei den akademischen Richtlinien voll entsprach – korrekte Abbildung, Perspektive und Anatomie –, wurden seine Arbeiten dort nie abgelehnt (vgl. Akademieausstellungen in Berlin etc.). Ein gewisses gesellschaftliches Ansehen war ihm gesichert. Darin spiegelt sich das Schicksal vieler Landschaftsmaler der „Düsseldorfer Schule" wider, die zu Lebzeiten breite Anerkennung erfuhren, nach dem Tod jedoch in Vergessenheit gerieten. Zur Steigerung des Ansehens trug bei Becker auch die ihm 1882 verliehene Titularprofessur bei.

Becker blieb mit dem überwiegenden Teil seiner Bildproduktion im Mittelmaß stecken, denn seine Vorstellungen von Kunstästhetik entsprachen den bei seiner bürgerlichen und aristokratischen Käuferschicht beliebten altherkömmlichen Idealen, wie z.B. Großformatigkeit und Detailgenauigkeit der Gemälde. Eine Vielzahl Düsseldorfer Landschaftsmaler, z.B. Andreas und Oswald Achenbach, August Wilhelm Leu und Georg Saal, vertrat diese Ansichten genauso wie Becker. Das war auch einer der Gründe für den rapiden Prestigeverlust, den Düsseldorf als Kunstmetropole spätestens nach der Kunstausstellung von 1880 erlitt. Die ehemalige große Metropole der Malerei war inzwischen von den avantgardistischen Zentren München und Berlin längst überholt: „*Die außerakademische Künstlerlandschaft Düsseldorfs hat sich wenigstens numerisch stärker an der Ausstellung beteiligt als die akademische. Da sich keiner aus ihrer Mitte von einer neuen Seite zeigt, genügt es eine Reihe von bekannten Namen zu nennen, mit denen O. Achenbach wenigstens zwei neue Bilder beigesteuert hat (Ansicht von Capri zwischen Sorrent und Massa mit genrebildlicher Staffage und das Coloseum unter einer unwahrscheinlich rohen Abendbeleuchtung), Leu, Jordan, Irmer, Flamm, August Becker, Deiter, Körner, dessen Jagdbild "Durch die Lappen" zu den Perlen der Ausstellung gehört, G. v. Bochmann, Hünten [...] und Vautier.*"[130] Vergleicht man diese Besprechung mit Beckers eigenen Äußerungen aus den Jahren 1880 und 1883, so wird ersichtlich, welchem fatalen Irrtum der Künstler unterlag. Becker sah sich selbst als fortschrittlicher Maler. In einem Brief an den hessischen Großherzog erläutert er die scheinbare „Modernität" der naturalistischen Richtung seiner Malerei: „*Die Landschaftsmalerei ist größtentheils eine Kunstbranche der Neuzeit, besonders ist die naturalistische Richtung ein Kind der Gegenwart. Diese Richtung wurzelt nicht in der alten Kunst, die naturalistischen Landschafter können nicht an alten Bildern studiren, sondern treten in unmittelbaren Verkehr mit der Natur und greifen in das frische Leben der bestehenden Wirklichkeit. Aus diesem Grunde ist mir der Blick in die ältere Kunst verschlossen geblieben, ich habe mich nie mit Kunstgeschichte, mit alten Meistern, deren Leben und Wirken, deren Studium der Technik und Conservirung der Werke, mit biographischen Notizen, Forschungen, Namen, Zahlen, Katalogen, Sammlungen etc. beschäftigt, dies lag außerhalb meines Studiums, offen gesagt, hatte ich kein besonderes Interesse dafür. – Es ist mir dies Alles eine terra incognita.*"[131]

Die richtige Beobachtung und Wiedergabe der Gegenstandsfarbe, der anatomischen Formen, des Räumlichen sowie die Genauigkeit des Details sind Kennzeichen des Naturalismus' in der vorimpressionistischen Malerei.[132] Für August Becker waren es diese Punkte, die ihn sich selbst

---

[130] Zit. ZfBK, XV. Jg., 1880, S. 375–384, hier S. 381.

[131] Zit. August Becker, Pro Memoria an Ludwig IV., Großherzog von Hessen-Darmstadt, 18. November 1883, Darmstadt, Hessisches Landesmuseum, Graphische Sammlung, Orden und Auszeichnungen, ohne Inv. Nr. [bei HZ K 44] (Quellenanhang 24)

[132] Vgl. Von der Gabelentz, Hanns-Conon: Der Naturalismus. Seine Deutung und Bedeutung in der Malerei des 19. Jahrhunderts, in: Natur und Kunst. Beiträge aus dem Lindenau-Museum, 1. Heft, Altenburg 1966, S. 13.

als „Naturalisten" bezeichnen ließen. Mit dem Begriff „Naturalismus" verbindet die heutige Kunstwissenschaft jedoch sozialkritische Malthemen, wie z.B. Arbeiter- und Bauerndarstellungen sowie Straßenbilder. Die Zustandsschilderungen, wie sie Jean-François Millet, Max Liebermann und Emile Zola in ihren Mal- und Literaturwerken erfolgreich behandelten, werden als naturalistisch bezeichnet. Daher ist eher mit der Etikette „spätromantische Landschaftsmalerei" Beckers Schaffen zu definieren, und bei Verwendung des Naturalismus-Begriffes grundsätzlich Beckers eigene „Begriffsdefinition" anzuwenden. Becker war daran gelegen, die urtümliche, wilde, großartige, manchmal auch morbide Natur darzustellen, in der die Staffage, sei es Mensch, Tier oder Gebäude, nur am Rande, gerade mal als Größenvergleich eingefügt sind. Seine Geisteshaltung spiegelt sich auch in einem Kommentar zu seinem Grußwort anlässlich der Ausstellungseröffnung am 9. Mai 1880 wider: *„Sodann nahm der Maler August Becker das Wort im Namen der deutschen Kunstgenossenschaft, deren Bestrebungen und Erfolge und weitere Ziele er in schönen Worten schilderte, mit dem Wunsche schließend, daß auch hinfort Wahrheit und Schönheit die deutsche Kunst auf ihren Pfaden geleiten möchten."*[133]

Dennoch sollte eine wissenschaftliche Kunstgeschichte diese eher rückwärtsgewandte Malerei beachten und nach den Gründen ihrer damals weiten Verbreitung untersuchen. Die Gemälde aus der europäischen Bergwelt waren bei einem breiten Publikum beliebt und bildeten auf den Kunstausstellungen von cirka 1850 bis 1875 zahlenmäßig die größte Rubrik. Es gab mehrere Ursachen für die Beliebtheit des Motivs der Bergwelt: eigene Erfahrungen des Publikums, bessere Transportbedingungen, so dass Reisende mit der Eisenbahn schneller bis zu den Alpen gelangten, gesteigertes Aufkommen von Reiseliteratur, z.B. John Murrays „Redbooks" und Karl Baedekers Handbücher, die großen Weltausstellungen, (auf denen für die Bergwelt ebenfalls geworben wurde), spezielle Programme von Reiseveranstaltern wie Thomas Cook (ab 1841) u.ä.

Das auf Kunstvereins- und Akademie-Ausstellungen präsentierte Material belegt eine generelle konservative Grundhaltung (Vgl.-Abb.-Nr. 26), 27) und 28). Francis Haskell betont, dass das bürgerliche Publikum des 19. Jahrhunderts die sorgfältig ausgeführten und abgeschlossenen Bilder denen einer besonderen Kreativität vorgezogen habe. Mit „Kunstfertigkeit", wie sie August Becker in seiner akribischen Malweise unter Beweis stellte, konnte beim Bürgertum Interesse geweckt werden. Denn seine Bilder sind nicht in wenigen Tagen entstanden, sondern bedurften eines langwierigen Entstehungsprozesses, wie ausführliche Anmerkungen auf seinen Skizzen belegen. An einem Bild, wie z.B. „Das Rossbühlpanorama" (1881/82, Kat.-Nr. 393), musste Becker bis zu 10 Wochen malen. Hinter den in den Ausstellungen der Kunstvereine gezeigten Gemälden stand folglich ein Maler, der tatsächlich hart gearbeitet hatte. Und „Arbeit" war das, wodurch der Mittelstand zu Wohlstand gelangt war. Für die Kunstlaien stellten seine sorgfältig ausgeführten Bilder mit den zahlreichen Details ein sicheres Indiz für den Wert eines Kunstwerks dar.[134]

Die ablehnende Haltung August Beckers gegenüber anderen Malstilen, wie sie in seiner Rede zur IV. Allgemeinen Deutschen Kunstausstellung von 1880 und vor allem dem Pro Memoria von 1883 an Ludwig IV., Großherzog von Hessen-Darmstadt, zum Ausdruck kommt, und die daraus resultierenden gravierenden Absatzproblemen seiner Gemälde gegen Ende der 1880er Jahre waren Folgen seiner konservativen Grundhaltung.

Die fürstlichen und königlichen Ankäufe gehen auf die traditionalistische Grundeinstellung, die in diesem Personenkreis, wie Blicke in ihre Wohnräume belegen, zurück (Vgl.-Abb.-Nr. 19), 20), 21), 22), 23), 24)und 25).

Was Becker 1851 in Russland nicht glückte, sich einen Namen am Kaiserhof zu machen und durch Folgeaufträge auch im Umfeld des Monarchen bekannt zu werden, erreichte er 1864 in

---

[133] Zit. ZfBK, XV. Jg., 13. Mai 1880, S. 502.

[134] Vgl. Haskell, Francis: Wandel der Kunst im Stil und Geschmack: ausgewählte Schriften, Köln 1990, S. 362–363.

Vgl. ferner Thomas Schmitz: Die deutschen Kunstvereine im 19. und frühen 20. Jahrhundert : ein Beitrag zur Kultur-, Konsum- und Sozialgeschichte der bildenden Kunst im bürgerlichen Zeitalter, Univ. Diss. Düsseldorf 1997, Neuried 2001, S. 324.

England und in etwa zeitgleich in Sigmaringen. Von 1873 an hätte sich das „Spiel" in Rumänien wiederholen können: Ankäufe durch den König, Besichtigung durch Besucher, Folgebestellungen! Der Umgangston mit Louis Basset, dem Privatkanzleisekretär des Königs, blieb jedoch auch nach Beckers Besuch von 1882 distanzierter, als beispielsweise mit dem ebenfalls aus Darmstadt stammenden Hermann Sahl, Privatsekretär von Königin Victoria, in den Jahren zuvor. So sind zwar zahlreiche Verkäufe an den König und seine Gemahlin überliefert, aus dem Umfeld der beiden haben sich hingegen keine Käufer ermitteln lassen. Außerdem förderte die rumänische Königin Elisabeta zudem seit den 1880er Jahren auch progressive Maler, wie z.B. Theodor Aman (Vgl.-Abb.-Nr. 13). So wurde auch in diesem Kreis die Nachfrage nach Beckers Gemälden geringer. Dieser Umstand führte evtl. zur Ablehnung des Ankaufsgesuches von Beckers Nachlass in Bukarest.

Die ausführlichen Bedingungen, wie sie durch die Auftraggeber gestellt wurden, erlauben den Schluss, dass Becker, der nie ein fest angestellter Hofmaler in Windsor, Sigmaringen, Berlin oder Bukarest war, in seiner Kreativität recht eingeschränkt war. Diese Einschätzung passt in das Bild, welches Martin Warnke über das Selbstverständnis der tatsächlichen Hofkünstler analysiert hat. Die wirklich unabhängigen Kunstschaffenden waren demnach die fest besoldeten Hofkünstler.[135] August Becker hatte sich aus seiner bürgerlichen Angepasstheit heraus an die Richtlinien der Auftraggeber und an den Publikumsgeschmack gehalten. Dadurch war eine freie und auf Anerkennung basierende Entfaltung nur in den von der Gesellschaft vorgegebenen Grenzen möglich. Seine kunsthistorische Bedeutung resultiert aus einem umfassenden Oeuvre naturalistischer Malerei im 19. Jahrhunderts, ausgeführt mit großem handwerklichem Können. Damit erklärt sich das immer noch bestehende Interesse an seinem Lebenswerk.

---

[135] Vgl. Warnke, Martin: Hofkünstler, 2. überarb. Auflage, Köln 1996, S. 320–328.

Tabellarischer Lebenslauf

27. Januar 1821
- Geburt von August Becker in Darmstadt als Sohn des Rechnungsjustificators Ernst Friedrich Becker und seiner zweiten Frau Christiane, geb. Weber

1837– 1840
- Nach dem Besuch des Polytechnikums in Darmstadt Beginn seiner Studien bei Johann Heinrich Schilbach
- Studienreise nach Neckarsteinach
- Studienreise nach Lichtenberg
- Studienreise nach Rüdesheim

Winter 1840/41
- Vorübergehender Aufenthalt in Düsseldorf auf Empfehlung Johann Heinrich Schilbachs

1841
- Studienreise in das Nahetal;
- erstmalig an der Ausstellung des Rheinischen Kunstvereins in Darmstadt beteiligt; erste Verkaufserfolge

1844
- Erste Studienreise nach Norwegen, längerer Zwischenstopp in Düsseldorf

1846
- Erstmalig norwegische Landschaftsbilder von Becker im Rheinischen Kunstverein zu sehen

1847
- Zweite Studienreise nach Norwegen mit August Leu, Georg Saal und Andreas Whelpdale
- Besuch der Nationalgalerie von Kristiania

1849
- Bilder in Sankt Petersburg ausgestellt (vergeblicher Versuch, sich auf dem russischen Kunstmarkt zu etablieren);
- Überlegungen nach Amerika auszuwandern (Kontaktaufnahme mit Johann David Passavant)

Sommer 1852
- Erste Studienreise in die Schweiz mit August Leu, Arnold Schulten, Ernst v. Raven

Herbst 1852
- Übersiedlung nach Düsseldorf;
- fortan regelmäßige Beteiligung an den Zyklusausstellungen der Kunstvereine von Düsseldorf, Bremen, Hamburg, Hannover, Breslau u.a.

1853
- Entstehung des wichtigen Hauptwerks: „Das Jungfraumassiv im Berner Oberland (große Fassung)" (Kat.-Nr. 102)

1854
- Reise nach London (u.a. Besuch der Nationalgalerie);
- Kontakte mit englischen Künstlern;
- Bilder in London ausgestellt, Ankauf eines Gemäldes durch Prinz Albert, Ehemann von Victoria, Königin von England

1855
- Beteiligung an der Weltausstellung in Paris mit dem Gemälde „Abend in den Alpen des Berner Oberlandes" (Kat.-Nr. 122)

1856
- erstmalig Beteiligung an einer Ausstellung der Königlichen Kunstakademie in Berlin

1857
- Erste Studienreise ins bayerische Hochland mit Heinrich Steinike

1858
- Zweite Studienreise ins bayerische Hochland mit Julius Hübner;
- Beteiligung an der I. Deutschen Allgemeinen und Historischen Kunstausstellung in München

1859
- Bilder in Liverpool ausgestellt

1860
- Studienreise ins bayerische Hochland und Tirol mit August Leu und Ernst von Raven;
- Bilder in Liverpool, Manchester und New York ausgestellt

1861
- Reise nach Antwerpen;
- Vorstandstätigkeit (bis 1866) im Künstlerverein „Malkasten" in Düsseldorf

1862
- Studienreise in die Schweiz und nach Oberitalien mit August Leu und Heinrich Steinike;
- Ausstellungsbeteiligung in Lyon, „Abend in den Alpen des Berner Oberlandes" (Kat.-Nr. 122) – Medaille;
- erste Gemälde für die Familie von Victoria, Königin von England, entstehen

ab 1863
- Regelmäßiger Malunterricht für Antonia, Erbprinzessin von Hohenzollern-Sigmaringen und später für zwei ihrer Söhne

1863
- Ankauf des „Feigumfoss"-Gemäldes durch den Kunstverein Gotha (Kat.-Nr. 187);
- Beteiligung an der II. Deutschen Allgemeinen und Historischen Kunstausstellung in Köln mit sieben Gemälden

1864
- Erste Studienreise nach Schottland auf Einladung von Victoria, Königin von England

1865
- Studienreise ins Appenzeller Land auf Einladung des Erbfürsten Leopold von Hohenzollern-Sigmaringen;
- Bilder in Genf und Dublin ausgestellt

1866
- Erster Ankauf eines Gemäldes durch ein Museum in Darmstadt („Ein Gletschersee in Norwegen, oder: Aus dem Norwegischen Hochgebirge", 1863, Kat.-Nr. 205)

1867
- Aufenthalt in Sigmaringen, Malunterricht;
- zweite Studienreise nach Schottland auf Einladung von Victoria, Königin von England

1868
- Reise nach Salzburg und Brixlegg

1869
- Studienreise nach Osborne (Isle of Wight) auf Einladung von Victoria, Königin von England;
- Vermählung mit Pauline Domer aus Frankfurt a.M., Hochzeitsreise nach Tirol

1870
- Hausbau in Düsseldorf

1871
- Geburt der Tochter Olga

1872
- Auf Schloss Monrepos bei Neuwied im Auftrag der Fürstin von Hohenzollern-Sigmaringen für Elisabeta, Fürstin von Rumänien;
- Studienreise nach Gais und Appenzell im Auftrag von Fürst von Hohenzollern-Sigmaringen

1873
- Aufenthalt in Sigmaringen, Malunterricht;
- aktive Teilnahme am Albrecht Dürer-Jubiläumsfest in Düsseldorf

1874
- Studienreise an den Vierwaldstätter See

1875
- Imnau, Sigmaringen und Vorarlberg mit und im Auftrag von Fürst von Hohenzollern-Sigmaringen

1876
- Studienreise nach Ungarn;
- Aufenthalt in Sigmaringen, Malunterricht

1877
- Aufenthalt in Baden-Baden im Auftrag von Victoria, Königin von England

1878
- Planung einer zweiten, offenbar nicht angetretenen Studienreise nach Ungarn;
- Tod der Mutter;
- zu Gast beim Fürsten von Hohenzollern-Sigmaringen;
- Vorsitz in der Deutschen Kunstgenossenschaft

1879
- Teilnahme am Jubiläumsfest „50 Jahre" Kunstverein für die Rheinlande und Westfalen in Düsseldorf;
- Verleihung des Preußischen Roten Adlerordens 4. Klasse

1880
- Ausstellungsbeteiligung in Australien („Der Bartholomä-See in Oberbayern", Kat.-Nr. 387)-Medaille;
- Vorsitzender des Ausstellungskomitees für die IV. Deutsche Allgemeine Kunstausstellung in Düsseldorf

1881
- Bilder in London ausgestellt;
- Auftrag seitens des Fürsten Carl Anton von Hohenzollern für ein Bild als Hochzeitsgeschenk für Wilhelm, preußischer Kronprinz;
- Verleihung des Ritterkreuzes 1. Klasse des Großherzoglichen Hessischen Verdienstordens „Philipps des Großmütigen"

1882
- Aufenthalt in Arolsen im Auftrag der Queen;
- Studienreise nach Rumänien zu Carol I., König von Rumänien;
- Aufenthalt in Rheineck bei Carl Anton, Fürst von Hohenzollern;
- Verleihung der Königlich Rumänischen Verdienstmedaille 1. Klasse

1883
- Angebot seitens des Großherzogs von Hessen-Darmstadt, die Stelle des Galeriedirektors in Darmstadt anzunehmen (Ablehnung dieser Offerte durch August Becker);
- Verleihung einer Titularprofessur durch Ludwig IV., Großherzog von Hessen-Darmstadt

1884
- Bild in London ausgestellt

- Verleihung des Fürstlich Hohenzollernschen Ehrenkreuzes 3. Klasse durch Carl Anton, Fürst von Hohenzollern

1886
- Anfertigung einer Stadtvedute von Königstein im Taunus im Auftrag des Fürsten von Hohenzollern für Carol I., König von Rumänien

1887
- Zwei „rumänische Wasserfälle" in Offenbach ausgestellt;
- Aufenthalt in Sigmaringen;
- Absatzschwierigkeiten seiner Bilder;
- Überlegungen zum Hausverkauf in Düsseldorf

19. Dezember 1887
- Schlaganfall und Tod von August Becker in Düsseldorf

Zweiter Teil

Zum Werkverzeichnis

Das Werkverzeichnis erhebt keinen Anspruch auf Vollständigkeit. Die Erstellung stützt sich auf die schriftlich überlieferten Angaben von August Becker und seinem Bruder Ernst, sowie weiteren Personen, auf Gemäldebestände in Museen und Privatsammlungen, historische Fotografien, die Becker von seinen Bildern anfertigen ließ und zum Teil beschriftete, Erwähnungen in Ausstellungsverzeichnissen der wichtigsten deutschen Kunstvereine, Akademien und Kunstzeitschriften im 19. Jahrhundert, sowie weiterer Literatur. Problematisch ist die Identifizierung eines Gemäldes dann, wenn es wiederholt, also mehrmals, in den Quellen auftaucht. Ebenfalls schwierig ist die Frage, ob es sich bei einem genannten Bild um das Original oder eine der zahlreichen Repliken handelt. Grundsätzlich wurden Einträge in den Ausstellungsverzeichnissen mit gleich lautendem Titel, die eine übereinstimmende Preisangabe beinhalten, als identische Gemälde erfasst. In den übrigen Fällen sind sie als eigenständige, unabhängige Arbeiten katalogisiert.

Der Katalog ist in zwei Teile gegliedert und kann sowohl chronologisch als auch thematisch durch ein topographisches Verzeichnis (Index) erschlossen werden. Der erste Teil behandelt die Werke des Darmstädter Malers August Becker (1821–1887). In die Zeitfolge sind Skizzen, Zeichnungen, Studien, Aquarelle, Ölgemälde und historische Fotografien einbezogen. Fünf Skizzenbücher, die allesamt von verschiedenen Reisen aus den 1860er Jahren stammen (Kat.-Nr. 160, 190, 216, 246, 276), wurden ebenfalls – jeweils unter einer Katalognummer tabellarisch – in die Chronologie aufgenommen. Jedes Werk ist mit arabischer Ziffer nummeriert und mit einem vom Verfasser nach aktueller Rechtschreibung überarbeiteten Titel versehen. Unter der Titulatur stehen die einzelnen Kriterien: *Befund, Provenienz/Ort, Kurzbeschreibung, Kommentar, Ausstellungen* und *Quellen/Literatur*.

Unter der Rubrik *Befund* findet man in folgender Reihenfolge Angaben zur Katalognummer: Entstehungsjahr, Maße (Höhe vor Breite, in Zentimetern, lichte Maße), Material, Signatur, Datierung und Bezeichnung. In begründeten Fällen wird auf den mangelhaften Zustand eines Bildes hingewiesen. Die Einordnung als Gemälde wird derjenigen einer historischen Fotografie vorgezogen: Wenn sich ein Bild zu einem historischen Foto zuordnen lässt, z.B. „Gletschersee in Norwegen" (Darmstadt) oder „Der Eiger in der Schweiz" (Wrocław), stehen die Bildangaben unter *Befund* und der Hinweis auf das historische Foto im *Kommentar*.

Provenienz/Ort enthält Angaben zum aktuellen Aufbewahrungsort des Kunstwerkes. Bei Privatsammlungen wurde auf die Wünsche nach Anonymität der Besitzer Rücksicht genommen. In Fällen mit belegbarer Provenienz sind zusätzlich die Auftraggeber und Vorbesitzer aufgelistet. Angaben zu diesen Personen und den anderen Käufern finden sich im *Kommentar*. Zu einer Vielzahl von Bildern ließen sich die historischen Verkaufspreise, zumeist in Gulden (fl) für Süddeutschland und Thaler („Preußisch Courant") für Norddeutschland, ab 1871/1875 reichseinheitlich in Mark, ermitteln. Bis zur Einführung der reichseinheitlichen Markwährung 1871/1875 liefen die norddeutsche Thaler-Währung (nach dem Zollverein „Vereinstaler") und die süddeutsche Guldenwährung parallel. Nach der Wiener Münzkonvention vom 24. Januar 1857 galt der österreichische Gulden 2/3 Thaler oder 2,- Mark und der Thaler 3,- Mark. Der süddeutsche Gulden wurde etwas geringer mit 1,71 Mark gerechnet. Einige Preisangaben sind in der französischen Münzbezeichnung „Louisdor" (Ld'or) angegeben, die in Deutschland im 19. Jahrhundert als „Friedrichsdor" (Frd'or) für die goldenen 5,- Thaler-Stücke benutzt wurde. Ein Louisdor bzw. Friedrichsdor entsprach somit rund 15,- Mark. Die nach England verkauften Bilder wurden in Pfund Stirling (£) bezahlt. Die Umrechnung in Mark beruhte auf dem

Feingoldgehalt. Das Pfund Stirling entsprach etwas 20,- Mark (cirka 34,- Gulden oder rund 7,- Thaler).

In der *Kurzbeschreibung* sind die Kunstwerke, von welchen Abbildungsmaterial vorhanden ist, knapp beschrieben. Der *Kommentar* enthält Angaben zur Entstehung und zum historischen Hintergrund. Hier finden sich zahlreiche Vergleiche einerseits innerhalb Beckers Oeuvre und andererseits mit Malerkollegen. Die Quellenangaben zitierter Archivalien und verwendeter Sekundärliteratur sind direkt am Satzende in runden Klammern angegeben. Die vollständigen Titel können im Literaturverzeichnis nachgelesen werden. Die Lebens- und Regierungsdaten häufig wiederkehrender fürstlicher und königlicher Personen sind im Anhang erwähnt.

Die Rubrik *Ausstellungen* gibt mit dem Namen der Stadt und der Jahreszahl an, wo und wann das Kunstwerk gezeigt wurde. Sofern weiterführende Informationen zugänglich waren, wie z.B. der Name des Ausstellungsveranstalters, wurden diese aufgelistet. Häufig wiederkehrende Aussteller, vor allem die der turnusmäßigen Verbundausstellungen der Kunstvereine, wurden nur mit dem Städtenamen und der Jahreszahl wiedergegeben.

Die *Quellen/Literatur*-Angaben enthalten sämtliche Autographen und Publikationen, in denen das Kunstwerk Erwähnung findet. Bei Gemälden aus Sammlungen, welche bis dato schon durch einen Bestandskatalog wissenschaftlich aufgearbeitet wurden, ist dieser als maßgebliche Quelle angegeben. Dies ist der Fall bei der Königlichen Sammlung des Vereinigten Königreiches (Royal Collection), dem Niedersächsischen Landesmuseum Hannover und dem Hessisches Landesmuseum Darmstadt.

Der zweite Teil des Werkkataloges listet Kunstwerke auf, die nicht von dem Darmstädter Maler August Becker stammen, in der Literatur aber fälschlicherweise diesem Künstler zugeschrieben sind, oder ihm nicht eindeutig zuzuordnen sind. Die Untergliederung der in römischen Ziffern nummerierten Titel folgt dem Schema des ersten Teils. Nicht leserliche Signaturen, Datierungen oder Bezeichnungen wurden durch Auslassungszeichen in eckigen Klammern kenntlich gemacht. Fragliche Angaben, Datierungen, Bezeichnungen und Zuordnungen, die vom Verfasser stammen, wurden in eckigen Klammern mit einem Fragezeichen versehen.

Es konnten aus Platz- und Kostengründen nicht alle Zeichnungen und Gemälde zur jeweiligen Katalognummer abgedruckt werden. Abbildungsmaterial von allen durch Kurzbeschreibungen vorgestellten Arbeiten Beckers liegt dem Verfasser jedoch vor. Lediglich vier der aufgelisteten Gemälde aus Museumsbeständen (Kat.-Nr. 133, 365, 373 und 436) waren bei der Erstellung des Werkkataloges nicht zugänglich. Einige Privatsammler meldeten sich aufgrund zweier annoncierter Werkaufrufe in Zeitschriften und ermöglichten so den Zugang zu weiteren Bildern. Aus urheberrechtlichen Gründen wurde in vielen Fällen für den Druck das historische Foto vom passenden Gemälde vorgezogen. Diese Fotos, welche im künstlerischen Nachlass von August Becker lagern, hat der Maler von vielen Gemälden angefertigt.

Werkverzeichnis (in chronologischer Reihenfolge)

a) Skizzen, Zeichnungen, Ölstudien und Gemälde

1. Hohentwiel 1 (bei Singen)

Befund: um 1838; 26,0 x 35,5 cm; Bleistift/Papier; verso: Vordergrundstudie mit Grasnarbe und Steinen

Provenienz/Ort: Nachlass

Kurzbeschreibung: Links die Reste einer Burgruine, rechts steil ansteigendes Gebirgsterrain.

Kommentar: Es handelt sich um die früheste Arbeit von August Becker. Gemeinsam mit anderen Zeichnungen, einigen Fotografien nach seinen Gemälden und einigen Ölbildern befindet sie sich im Nachlass des Künstlers und lagert heute im Familienarchiv. Beckers erste Studienreisen waren nicht so ausgedehnt wie beispielsweise die erste Expedition nach Norwegen 1844. Für wenige Tage oder maximal einen Monat bereiste der Maler die an Darmstadt angrenzenden Gegenden. Der Ausflug nach Singen, Richtung Bodensee, eine Gegend, die Becker in späteren Jahren noch sehr oft zum Malen besuchte, fand im Februar/März 1838 statt. Davon haben sich allerdings keine schriftlichen Aufzeichnungen erhalten. Die Tatsache, dass wir mit der Darstellung der Festungsruine Hohentwiel, das früheste Werk von der Hand Beckers besitzen, ist in zweifacher Hinsicht interessant. Zum einen gibt es Aufschluss über die künstlerischen Fähigkeiten des Siebzehnjährigen. Andererseits gewann diese frühe Zeichnung auch unbewusst symbolischen Charakter. Die ehemalige Feste der schwäbischen Herzöge bei Singen im Hegau war am 17. Oktober 1800 von dem französischen General Vandame in einer deutsch-französischen militärischen Auseinandersetzung zerstört worden.[136] August Becker setzte sich 1871 energisch für die deutsche Kunst ein und lehnte jedweden französischen Einfluss auf seine Malerei ab.

---

[136] Die Angaben zur Festung stammen wie die nachfolgenden Burgbeschreibungen aus Curt Tillmanns Lexikon der Deutschen Burgen und Schlösser, Stuttgart 1961.

2. Hohentwiel 2

Befund: um 1838; 37,5 x 51,5 cm; Bleistift/Papier; u.l.: „No 4"; ringsherum 1,5 cm Rand eingezeichnet; u.r.: „d. 21 Februar" [dunkler Fleck überdeckt die Jahreszahl]

Provenienz/Ort: Nachlass

Kurzbeschreibung: Ähnliche Komposition wie in „Hohentwiel 1" (um 1838), jedoch wesentlich detailreicher.

Kommentar: Die bedeutende Ruine steht auf einem mächtigen steilen vulkanischen Felsblock. Die untere Festung wurde um 1734/1737 von Herzog Karl Alexander mit einem langen Torweg angelegt. Auf steilem Felspfad gelangt man über Brücken durch das letzte der im Ganzen acht Tore zur Oberburg. Dort befinden sich die Trümmer des Herzogsschlosses, einer Kirche, des Christophbaues mit den Resten einer mittelalterlichen Burg und weiterer Gebäude. In nachkarolingischer Zeit wurde die Anlage schwäbische Herzogsburg.

3. Tor der Festungsruine Hohentwiel

Befund: 1838; 41,0 x 56,0 cm; Tusche (Sepia)/Papier/Karton und Bleistift, gebräuntes Papier; u.l.: „Nro 5"; u.r.: „A. Becker.d.1 März 1838"

Provenienz/Ort: Privatbesitz; Kunsthandel, H.W. Fichter, Frankfurt a.M., bis 26. Januar 1990; Darmstadt, Städtische Kunstsammlungen, Graphikdepot, Ernst-Ludwig-Haus, Inv. Nr. ZG 562

Kurzbeschreibung: Gleiche Komposition wie in „Hohentwiel 1 und 2" (um 1838).

Kommentar: Eine Abbildung in der „Gartenlaube"-Zeitschrift (1877) gibt das Bauwerk vor der Zerstörung wieder. Im Hintergrund sind die Alpen zu erkennen. Becker konzentrierte sich in den Zeichnungen vordergründig auf die Architektur. Bei späterem Studienmaterial kam es ihm vorwiegend auf die Landschaft an. Architekturdetails konnten zwar auch seine Aufmerksamkeit gewinnen, diese richtete sich meistens aber auf kleinere Bauwerke, oder sie erschienen im Hintergrund, wie z.B. auf dem 1885 entstandenen Gemälde „Die Bergstraße mit der Schlossruine von Auerbach". Die bei Fichter aufgetauchten Skizzen stammen aus der gleichen Quelle wie auch der Nachlass.

4. Schloss Lichtenberg (Odenwald)

Befund: 1838; 47,0 x 64,0 cm; Bleistift/Feder/Wasserfarben/Papier; u.r.: „A. Becker componiert d. 16 Mai 1838"; verso: eine Schlachtenaufstellung mit Erklärung von 1789

Provenienz/Ort: Nachlass

Kurzbeschreibung: In der Mitte Graben, links Geröll, rechts ein Schloss, stark bewölkter Himmel.

Kommentar: Becker unternahm die Studienfahrt

nach Lichtenberg kurz vor seiner größeren Tour nach Neckarsteinach im Juli 1838. Von einer zweiten Reise nach Lichtenberg im September 1839 berichtet ein Brief an die Mutter (Hoffmann-Kuhnt (Hg.), Nürnberg 2000, S. 17). Schloss Lichtenberg im Odenwald wurde auf einer Granitkuppe über dem Fischbachtal errichtet. Architekt war, wie beim Jagdschloss Kranichstein in Darmstadt, der unter Georg I., Landgraf von Hessen-Darmstadt, beschäftigte Baumeister Jacob Kesselhut. Der Um- und Neubau des Ostflügels der ursprünglich gotischen Burg Lichtenberg war um 1581 vollendet. Die Anlage diente dem Landgrafen zeitweise als Wohnsitz. Hier ist die nordwestliche Ansicht wiedergegeben. Der Zugang zum mittelalterlich wirkenden Schloss erfolgte durch die Stadt. Das Fehlen einer breiten Allee als Schlosszugang und die Renaissanceformen, sowie allgemein die Wehrcharakter tragende Anlage, sind äußerlich Hauptunterscheidungsmerkmale gegenüber prachtvollen Barockschlössern.

Ausstellungen: Darmstadt 2002

Quellen/Literatur: Ausst.-Kat. Darmstadt 2002, S. 7, Abb. 3; Rheinische Post, 13.9.2002; Main-Echo, 18.9.2002; Höchster Kreisblatt, 12.10.2002; Frankfurter Rundschau, Oktober 2002; Selke, Jahrbuch Birkenfeld 2003, S. 167

5. Jugendselbstportrait von August Becker

Befund: Mitte 30-er Jahre; 23,0 x 16,5 cm; Öl auf Leinwand

Provenienz/Ort: Privatbesitz

Kommentar: Das Bild wird traditionsgemäß als Selbstportrait geführt. Insgesamt haben sich drei Portraits von ihm erhalten. Das Jugendselbstportrait ist das früheste davon. Im Privatbesitz befindet sich ein von Carl Schweich 1849 gemaltes Portrait, und das Archiv des Künstlervereins Malkasten (KVM), Düsseldorf, bewahrt ein weiteres von Carl Thiel auf (Vgl.-Abb. 1).

Ausstellungen: Darmstadt 2002

Quellen/Literatur: Hoffmann-Kuhnt (Hg.), Nürnberg 2000, S. 14 f.

6. Burgruine Breuberg

Befund: 1838; 23,9 x 30,5 cm; Bleistift/weißes Papier; u.l.: „30"; u.r.: „Bei Regenwetter aus dem Fenster gezeichnet. Breuberg d. 6. Juni 1838"

Provenienz/Ort: Privatbesitz; Kunsthandel, H.W. Fichter, Frankfurt a.M., 22.06.1987; Darmstadt, Städtische Kunstsammlungen, Graphikdepot Ernst-Ludwig-Haus, Inv. Nr. ZG 561

Kurzbeschreibung: Ruine der Burg, einzelner Baum auf dem dahinter befindlichen Berg.

Kommentar: Der Breuberg mit der gleichnamigen Burgruine liegt bei Michelstadt und war für den jungen Becker auf dessen Erkundungstouren leicht zugänglich. Aus der ersten Bauperiode, die um 1200 einsetzte, stammen der Torbau mit dem romanischen Säulenportal und der frei im Hof stehende starke quadratische Bergfried. Aus gotischer und spätgotischer Zeit sind die Gebäude des inneren Burghofes erhalten. Teile der äußeren Burg stammen erst aus der Renaissance, darunter der sog. Casimirbau. Die Anlage wird von einem kräftigen Befestigungssystem mit vier Rundtürmen umgeben. Die letzten Bewohner waren das fränkische Edelgeschlecht von Erbach und das süddeutsche Fürstengeschlecht von Löwenstein. Die Löwenstein-Wertheim-Linien wurden 1806 mediatisiert.

Quellen/Literatur: Kat. Edition Fichter: Gezeichnete Kunst, Frankfurt a.M. 1987, S. 51

16. Burg Kallenfels

Befund: 1840; 49,0 x 38,0 cm; Bleistift/Papier; u.r.: „Der Kallenfels d. 23t Juny 1840 bei Regenwetter gezeichnet"

Provenienz/Ort: Nachlass

Kurzbeschreibung: Pyramidenartige Ruine mit Resten eines Turms.

Kommentar: Becker studierte die Gegend 1840/1841. Die Burg Kallenfels befindet sich bei Steinkallenfels, nordwestlich von Kirn in der Rheinprovinz. Die ehemalige Zollstätte liegt auf drei Felsen. Die oberste Burg „Stein" ist die älteste und umfangreichste hinter Halsgraben. Die Mittelburg trägt den Namen „Kallenfels". Sie hat einen quadratischen Bergfried und Mauerreste. Die unterste Burg heißt „Stock im Hane". Der Burgkomplex galt im Mittelalter als ein berüchtigtes Raubnest.

17. Burg Ehrenfels

Befund: 1840; 48,0 x 35,0 cm; Federzeichnung/Papier; u.r.: „July 1840 Burg Ehrenfels bei Rüdersheim"

Provenienz/Ort: Nachlass

Kurzbeschreibung: Links Blick in bergiges Terrain, rechts eine Burg, am Hang Bäume, am Rand Treppe.

Kommentar: Die Burg Ehrenfels liegt bei Bingen. Die heutige Ruine wurde als Burg im 13. Jahrhundert erbaut, 1356 als kurfürstliches Hoflager ausgebaut, im Dreißigjährigen Krieg mehrfach belagert und 1689 von den Franzosen zerstört. Zu erkennen ist noch der trapezförmige Bering mit der massiven Schildmauer und zweistöckigem Wehrgang und zwei flankierenden Türmen.

Ausstellungen: Darmstadt 2002

Quellen/Literatur: Selke, Jahrbuch Birkenfeld 2003, S. 168

18. Burg Schadeck 3

Befund: um 1840; 33,1 x 45,2 cm; Bleistift/Papier

Provenienz/Ort: Privatbesitz; Kunsthandel, H.W. Fichter, Frankfurt a.M., 1989

Kurzbeschreibung: Steile Felsenwand, zur rechten Seite hin ansteigend, Burg mit Bergfried auf dem Gipfel.

Kommentar: Möglicherweise ist die vorliegende Arbeit mit einer bei Ketterer Kunst München 1997 angebotenen Zeichnung identisch. (Vgl. „Burg Schadeck 1", 1838, Kat.-Nr. 9)

19. Süddeutsche Landschaft

Befund: 1840; 35,0 x 46,0 cm (ohne Rahmen), 45,5 x 60,8 cm (mit Rahmen); Öl auf Leinwand; u.l.: „ABecker 1840"; verso auf der Rahmenleiste in schwarzer deutscher Schreibschrift: „Professor August Becker", Rahmen original, verbeulte Leinwand mit Krakelüren, Spannrahmenkante makiert sich

Provenienz/Ort: Privatbesitz

Kurzbeschreibung: Im Vordergrund Weiher, im Mittelgrund bergiges Terrain, rechts Bäume, dahinter Blick in eine Ebene.

Kommentar: Das Sujet ähnelt einem Melibokus- und Bergstraße-Gemälde aus der Royal Collection.

Es handelt sich um eine sehr frühe Arbeit von Becker. Im Vordergrund stolziert ein Reiher im Schilf und Stockenten schwimmen auf dem Wasser zwischen den Seerosen. Die rechte Baumgruppe ist licht und durchleuchtet.

20. Regenlandschaft

Befund: 1840; Öl auf Leinwand

Provenienz/Ort: Verbleib unbekannt

Kommentar: Nach eigenen Aussagen Beckers wurden erste Bilder 1840 in einer Ausstellung in Darmstadt gezeigt. Das vorliegende Werk wurde nicht im Rahmen des Kunstvereins gezeigt. Ein erster Käufer war evtl. Emil, Prinz von Sayn-Wittgenstein-Berleburg, mit dem er in den folgenden Jahren noch viel Kontakt hatte.

Ausstellungen: Darmstadt 1840

Quellen/Literatur: Hoffmann-Kuhnt (Hg.), Nürnberg 2000, S. 18

21. Sonnenuntergang

Befund: 1840; Öl auf Leinwand

Provenienz/Ort: Verbleib unbekannt

Kommentar: Erstmals ließ Becker ein Gemälde im Rheinischen Kunstverein (in Karlsruhe) ausstellen. Es wurde als verkäuflich für 88,- fl angegeben. Auf der gleichen Schau wurden für das Bild seines Lehrers Johann Heinrich Schilbach „Aussicht von der Solfatara bei Puzzuoli nach dem Lago d'Agnono und dem Vesuv" 440,- fl verlangt.

Ausstellungen: Darmstadt 1840; Karlsruhe 1840 (u.a.)

Quellen/Literatur: Rheinischer Kunstverein, Verzeichnis der Gemälde, Carlsruhe, im Monat September 1840, S. 15, Nr. 255

22. Schlucht mit Felsen

Befund: 1841; 27,0 x 34,0 cm; Feder/Papier; u.l.: „Kirn d. 7 July 1841"; darüber: „die Farbe des abgerissenen Sandes ist unten zartes hellroth, nach oben etwas dunkler, die Felsen sind grau mit grün untermischt, und größtentheils mit rothem Sand überdeckt. Das Ganze spärlich mit Gras bewachsen. Im Allgemeinen sind die Farben sehr klar."

Provenienz/Ort: Nachlass

Kurzbeschreibung: Abschüssiges Terrain zur rechten Seite hin, im Hintergrund einige Bäume.

Kommentar: Eine größere Burganlage befindet sich bei Steinkallenfels, nordwestlich bei Kirn. Die ehemalige Zollstätte liegt auf drei Felsen. Die oberste Burg „Stein" ist die älteste und umfangreichste hinter Halsgraben. Davon erheben sich Teile des runden Torturmes. Becker hat von dieser Hauptsehenswürdigkeit der Gegend ebenfalls Zeichnungen angefertigt (Vgl. die Zeichnung „Burg Kallenfels", Kat.-Nr. 16). Die ausführlichen Kommentare lassen bereits erkennen, dass Becker tendenziell zum Naturalismus neigte. Es kam ihm auf die exakte und detailgetreue Wiedergabe der in der Natur vorgefunden Farben an.

Ausstellungen: Darmstadt 2002

Quellen/Literatur: Ausst.-Kat. Darmstadt 2002, S. 10, Abb. 7

23. Kirn. Vom Blitz getroffen (Baumstudie bei Kirn)

Befund: 1841; 27,0 x 34,0 cm; Bleistift/weißes Papier; u.l.: „Kirn d. 21 July 1841"

Provenienz/Ort: Privatbesitz; Kunsthandel, H.W. Fichter, Frankfurt a.M., 22.07.1987; Darmstadt, Städtische Kunstsammlungen, Graphikdepot, Ernst-Ludwig-Haus, Inv. Nr. ZG 560

Kurzbeschreibung: Abgebrochener Baum mit vielen Zweigen.

Kommentar: Kirn liegt an der Nahe, am Fuße des Hunsrück-Gebirges. In dieser Gegend entstanden zahlreiche der erhaltenen Skizzen. Interessant ist, dass sich Becker auf Detailstudien der Vegetation konzentrierte und den Ruinen der Kyrburg des ehemaligen Fürstentums Salm-Kyrburg weniger Beachtung schenkte. In späteren Jahren hielt Becker die Natur vorzugsweise in Landschaftspanoramen fest, die eher durch eine freiere Behandlung des Malgegenstandes hervorstechen und damit die unmittelbare Gestaltungskraft der Zeichnung betonen. (vgl. Skizzenbücher III und IV, Kat.-Nr. 216, 246). Auf Gemälde übertrug Becker dieses Prinzip jedoch nicht. Details, wie z. B. vermodernde Baumstämme, konnte er durch Vorlagen wiederholen. Diese Arbeitsweise mittels Versatzstücken hatte zur Folge, dass bestimmte Bildelemente wiederholt verwendet wurden. Der abgebrochene Stamm ist noch nicht vermodert und folglich noch in seiner ursprünglichen Gestalt beschaffen. Gut zehn Jahre später verwendete Becker Skizzen von vollkommen durch die Witterung verformten Baumstümpfen (siehe die „Jungfraumassiv"-Gemälde, Kat.-Nr. 100, 102, 103). Die vorliegende Skizze gibt eine Ansicht des umgefallenen Baumes in Schrägsicht wieder. Dieses Mittel zur Steigerung der Sehempfindung kommt bei Becker sehr oft vor. Auch in den 1880er Jahren, gut vierzig Jahre nach Entstehung dieses Blattes, malte er noch nach diesem Schema. (vgl. „Urwald (in den rumänischen Karpaten)", Kat.-Nr. 403)

Quellen/Literatur: Kat. Edition Fichter: Gezeichnete Kunst, Frankfurt a.M. 1987, S. 53

24. Burg Oberstein

Befund: 1841; 37,0 x 48,5 cm; Bleistift/Papier, u.l.: „Oberstein, d.25t July 1841"; u.m.: „August Becker von Darmstadt"

Provenienz/Ort: Nachlass

Kurzbeschreibung: Burg an Hanglage, nach rechts hin abschüssig, rechts Blick auf bergiges Land, im Mittelgrund eine weitere Ruine.

Kommentar: Diese Zeichnung diente als Grundlage für ein späteres Gemälde (Kat.-Nr. 74) Die Ruine der alten Burg – gegründet 1197 – wurde 1855 durch ein Feuer zerstört. Auf schmalem Felskopf über der Felsenkirche haben sich Reste des Berings und eines kleinen Rundturmes erhalten. Zuletzt wurde die Burg durch derer von Limburg-Stirums bewohnt. Am 22. Juni 1841 erreichte Becker seine erste Station auf der Studienreise in das Nahetal. Diese Tour dauerte von Juni bis September 1841. Am 2. Juli 1841 schrieb er an seine Mutter: „*Schon der Weg dahin bietet viel Schönes dar, Oberstein selbst aber hat eine Masse von Naturschönheiten, wie man sie selten an einem Ort zusammengehäuft findet und ich bin froh, durch Frau Hallwachs auf diesen Ort aufmerksam gemacht worden zu sein. Wie ich hier erfahren habe, hat sich der berühmte Landschaftsmaler Lasynski voriges Jahr 3 Wochen hier aufgehalten; denselben Tag ging ich sehr befriedigt von dem, was ich gesehen hatte, wieder nach Kirn zurück.*" (Zit. August Becker, Brief an die Mutter, in: Hoffmann-Kuhnt (Hg.), Nürnberg 2000, S. 20) Familie Hallwachs war mit den Beckers befreundet. Ludwig Hallwachs arbeitete u.a. als Hofgerichtsrat und war Gründer einer konservativ-liberalen Mittelpartei sowie Abgeordneter der Zweiten Kammer des Hessischen Landtags. Aus der Familie ging auch der Physiker Wilhelm Hallwachs hervor. Die engen Beziehungen der Beckers mit diesen konservativ-liberal eingestellten Leuten haben sicher auch zur Prägung seines Weltbildes beigetragen. Aus einem weiteren Brief an die Mutter vom 9.

August 1841 lässt sich herauslesen, dass Becker während dieser Studienfahrt den endgültigen Entschluss fasste, den Winter 1841/1842 in Düsseldorf zu verbringen.

Ausstellungen: Darmstadt 2002

Quellen/Literatur: Hoffmann-Kuhnt (Hg.), Nürnberg 2000, S. 22–24; Ausst.-Kat. Darmstadt 2002, S. 19, Abb. 15; Selke, Jahrbuch Birkenfeld 2003, S. 176

25. Baumrudiment (bei Oberstein)

Befund: 1841; 27,0 x 34,0 cm; Bleistift/Papier; u.r.: „Oberstein d.30t July 1841"; u.m.: „Die Wurzeln sind braun, die mit Erde bedeckten Theile sind dunkelbr und gehen ins violettliche, der Stamm ist in der Mitte weiß, nach den Wurzeln zu bräunliche Grundfarbe mit grüner Rinde, die Äste sind düster braunschwarz. Das Laub trocken"

Provenienz/Ort: Nachlass

Kurzbeschreibung: Nach rechts hin umgeknickter Baum.

Kommentar: Derlei knorrige Baumstämme kommen in sehr vielen Gemälden vor. Es wurden Leitmotive, Symbole, für die wilde Natur in Beckers Bildern. Sie bildeten wie jene von Bergformationen, Seen, sowie Wasserfällen das Portefeuille, aus welchem Becker sein ganzes Leben hindurch schöpfte.

Ausstellungen: Darmstadt 2002

Quellen/Literatur: Selke, Jahrbuch Birkenfeld 2003, S. 170

26. Umgefallene Birke

Befund: 1841; 27,5 x 33,5 cm; Bleistift/Papier; u.r.: „Oberstein d. 30t July 41"

Provenienz/Ort: Nachlass

Kurzbeschreibung: Nach rechts hin umgeknickter Baum.

Kommentar: Es handelt sich um eine Detailstudie, wie sie von ihm in der Technik des Komponierens, des Zusammenfügens, später bei den Gemälden verwertet werden konnte.

Ausstellungen: Darmstadt 2002

Quellen/Literatur: Selke, Jahrbuch Birkenfeld 2003, S. 170

27. Burgruine Frauenburg bei Oberstein

Befund: 1841; 26,1 x 33,0 cm; Bleistift/weißes Papier/Büttenpapier; u.l.: „Das Frauenburger Schloss. Oberstein d 17 Aug 41"

Provenienz/Ort: Privatbesitz; Kunsthandel, H.W. Fichter, Frankfurt a.M., 19.06.1987; Darmstadt, Städtische Kunstsammlungen, Graphikdepot, Ernst-Ludwig-Haus, Inv. Nr. ZG 705

Kurzbeschreibung: Bergiges Terrain, die Burgruine in der Bildmitte, links weiterer Berg.

Kommentar: Die nordöstlich von Birkenfeld gelegene Ruine kam zwischen 1328 und 1331 zur Bauausführung. Die kleine Anlage ist mit der Schildmauer und Bering mit runden Ecktürmen gut erhalten. Besitzer war das Adelsgeschlecht derer von Sponheim.

28. Haus am Abgrund

Befund: 1841; 24,5 x 24,8 cm; Bleistift/weißes Papier/Büttenpapier; u.l.: „Oberstein d 18 August 1841"

Provenienz/Ort: Privatbesitz; Kunsthandel, H.W. Fichter, Frankfurt a.M., 19.06.1987; Darmstadt, Städtische Kunstsammlungen, Graphikdepot, Ernst-Ludwig-Haus, Inv. Nr. ZG 704

Kurzbeschreibung: Im Vordergrund ein Fluss, über den eine Brücke führt. Darauf schreitende Frau. Am jenseitigen Ufer steile Treppen zu einem Haus mit Balkon und weiterer Person.

Kommentar: Becker hat bei Oberstein viele Skizzen angefertigt. Einige davon haben sich erhalten. Zahlreiche Häuser an einem Fluss findet man erst wieder auf einem 1885 entstandenen Gemälde vor („Werdenberg", Kat.-Nr. 421).

Ausstellungen: Darmstadt 2002

Quellen/Literatur: Hoffmann-Kuhnt (Hg.), Nürnberg 2000, S. 23

29. Landschaft mit zwei Leuten vor Erdhütte (Wanderer an Erdhütte)

Befund: 1841; 32,5 x 41,0 cm; aquarellierte Zeichnung/Papier; u.r.: „Düsseldorf, Dezember 1841"

Provenienz/Ort: Nachlass

Kurzbeschreibung: Leicht abschüssiges Gelände, zwei Personen, eine an einem Baum lehnend. Rechts Blick in eine weite Ebene.

Kommentar: Die Zeichnung ist während Beckers Winteraufenthalt in Düsseldorf 1841/1842 entstanden. Offensichtlich fanden Exkursionen in die Natur, wie sie von Wilhelm Schirmer und Carl Friedrich Lessing seit Ende der 1820er Jahren durchgeführt wurden, auch in der kalten Jahreszeit statt. Hier wird das Verhältnis von Mensch und Natur geschildert. In den 1870er Jahren entstanden in ähnlicher Weise einige Zigeuner-Gemälde nach Studien in Ungarn.

Quellen/Literatur: Hoffmann-Kuhnt (Hg.), Nürnberg 2000, Tafel I unten

30. Felsengegend

Befund: 1841; Öl auf Leinwand

Provenienz/Ort: Verbleib unbekannt

Kommentar: Beckers erste wirtschaftliche Erfolge waren 1841 zu verzeichnen, als zwei Gemälde in Darmstadt verkauft wurden. *„Es freut mich, daß meine "Felsengegend" in Darmstadt bleibt, denn dadurch, daß dies mein erstes größeres Bild war, was ich noch dazu mit soviel Lust und Liebe gemalt habe, kann ich eine besondere Anhänglichkeit an dieses Bild nicht verleugnen, und es wäre mir leid gewesen, wenn es von hier weggekommen wäre."* (Zit. August Becker, Brief an die Mutter, 2. Juli 1841, in Hoffmann-Kuhnt (Hg.), Nürnberg 2000, S. 19). Zunächst hatte der Rheinische Kunstverein das Bild erworben. Der gab es an ein Fräulein Schenck aus Darmstadt weiter. Hieran zeigt sich, wie wichtig für Becker und die anderen Darmstädter Künstler die jährlichen Ausstellungen des Vereins waren, die in der Residenzstadt die einzige Gelegenheit zur Präsentation des Geleisteten bildeten. Die Quellen dienen bei vorliegendem Gemälde als Beweis, dass bereits verkaufte Bilder tatsächlich nicht aus der Turnusschau vorzeitig entnommen wurden, wie es in den erhaltenen Statuten des Gothaer Kunstvereins auch vermerkt ist. Denn Becker zeigte sich bereits am 2. Juli 1841 erleichtert darüber, dass jene „Felsenlandschaft" in Darmstadt bleiben würde. Auf der im August 1841 stattgefundenen Ausstellung in Karlsruhe wurde das Gemälde trotzdem noch gezeigt. Es wurde mit 200,- fl in Karlsruhe veranschlagt. Die Auspreisung eines bereits verkauften Bildes kam sicher durch den Umstand zustande, dass die Katalogerstellung einen mehrwöchigen Zeitvorlauf benötigte. Im Katalog erscheint neben dem Eintrag zusätzlich ein „D." fett gedruckt. Das weist auf Darmstadt hin, zumal bei anderen Katalognummern auch ein „P." (privat) und „M." (Mainz) erscheint. Denn auch Mainz, Mannheim und Straßburg gehörten dem Rheinischen Verein an.

Ausstellungen: Darmstadt 1841; Karlsruhe 1841 (u.a.)

Quellen/Literatur: Kunstverein, Verzeichnis der Gemälde, Carlsruhe, im Monat August 1841, S. 4, Nr. 22; Hoffmann-Kuhnt (Hg.), Nürnberg 2000, S. 19; Ernst Becker, Lebenslauf zu August Becker, Düsseldorf, KVM 552

31. Lichtenberg im Odenwald

Befund: um 1841; Öl auf Leinwand

Provenienz/Ort: Verbleib unbekannt

Kommentar: Von einer Studienreise nach Lichtenberg im September 1839, von der ein erhaltener Brief an die Mutter Auskunft gibt, sind zwei Zeichnungen erhalten. Das von Becker in einem anderen Brief an die Mutter erwähnte Gemälde dürfte kurz nach der Studientour entstanden sein. Auf der Ausstellung des Rheinischen Kunstvereins wurde es mit einem weiteren Bild, „Felsengegend", verkauft. Ein Gemälde, das den Titel „Lichtenberg im Odenwald" trug, bildete 1841 ebenfalls einen ersten Verkaufserfolg für Becker. Im Katalog ist es für den Preis von 150,- fl und mit einem „P." (privat) vermerkt. Als Erwerber wurde von dem jungen Becker Familie Heumann aus Darmstadt erwähnt. Über die Beamtenfamilie ist im Vergleich zu zahlreichen anderen Erwerbern seiner Gemälde relativ wenig bekannt. Becker meinte vermutlich entweder Ludwig Heumann (1777–1852), Justizrat am Ober-Appellationsgericht in Darmstadt, oder dessen Bruder Georg Heumann (1785–1852), Geheimer Archivrat. Ludwig hatte noch einen Sohn Adolf, der Arzt war (1811–1851), aber Ende der 1830er Jahre nicht mehr in Darmstadt lebte. Beckers Bild war im Vergleich zu einem Werk auf gleicher Ausstellung seines Lehrers Johann Heinrich Schilbach „Partie aus dem Oberhaslithal" (440,- fl) mit 150,- fl günstig.

Ausstellungen: Darmstadt 1841; Karlsruhe 1841 (u.a.)

Quellen/Literatur: Rheinischer Kunstverein, Verzeichnis der Gemälde, Carlsruhe, im Monat August 1841, S. 11, Nr. 139; Hoffmann-Kuhnt (Hg.), Nürnberg 2000, S. 19

32. Schloss Lichtenberg im Odenwald

Befund: um 1841; 96,0 x 92,0 cm; Öl auf Leinwand

Provenienz/Ort: Kunsthandel, Kunstantiquariat Stephan List, Frankfurt a.M., Auktion 62, 10.–11. Oktober 1969; Privatbesitz; Kunsthandel

Kommentar: Das Gemälde ist wahrscheinlich mit „Lichtenberg im Odenwald" (Kat.-Nr. 31) identisch. Im Auktionskatalog lautet der Eintrag: „Im Vordergrund fig. Staffage: Jäger mit ihren Hunden, ein Jagdgebiet bezeichnend."

Quellen/Literatur: Aukt.-Kat. Kunstantiquariat Stephan List, Frankfurt a.M., Auktion 62, 10.–11. Oktober 1969, Kat.-Nr. 435

33. Abendlandschaft

Befund: 1841; Öl auf Leinwand

Provenienz/Ort: Verbleib unbekannt

Kommentar: Das Bild war als Geschenk von August Becker für Bruder Fritz zur Hochzeit mit Louise Dannenberger gedacht.

Quellen/Literatur: Hoffmann-Kuhnt (Hg.), Nürnberg 2000, S. 22 f.

34. Burg Katzau

Befund: 1842; 32,5 x 48,5 cm; aquarellierte Zeichnung/Papier; u.l.: „Die Grundfarbe des Gebäudes ist ein düsteres braun, das an den tiefsten Stellen ins schwärzliche übergeht, sehr spärlich mit rothgelben Tönen untermischt, die hellen Stellen sind Ueberreste eines blaßgelben Bewuchses – Das Ganze macht einen nächtlichen Eindruck"; u.r.: „Burg Katzau Rhein Juny 42"

Provenienz/Ort: Nachlass

Kurzbeschreibung: Leicht abschüssiges Terrain, in der Bildmitte eine mächtige Burgruine, rechts vom Bildrand geschnittene Mauer.

Kommentar: Die Burg liegt über St. Goarshausen. Die Festungsanlage war die ehemalige Stammburg der Grafen von Katzenelnbogen. Die Burg am Rhein, gegenüber St. Goar wurde 1393 erbaut, von den Franzosen 1804 zerstört und um 1898 durch Bodo Ebhardt in Anlehnung an Wilhelm Dilichs Zeichnung von 1607/1608 wieder aufgebaut. Die Anlage besteht aus einem unregelmäßig-sechseckigen Bering, talwärts mit drei runden Ecktürmen und an der Angriffsseite mit starkem rundem Bergfried versehen. Auf der Reise nach Norwegen kam Becker erneut an der Burg Katz vorüber und bemerkte – ganz Literat: *„O Burg Katz mit Deinen alten, schwarzen, kränklichen Mauern, wie hängst Du doch so kühn dort oben auf den Felsen, man meint, Du müßtest herunterkommen, stehst aber wohl fester, als mancher Palast."* (Zit. August Becker, Erste Studienreise nach Norwegen, 26. April 1844, in: Hoffmann-Kuhnt (Hg.), Nürnberg 2000, S. 27)

35. Romantische Rheinlandschaft

Befund: um 1842; 84,0 x 116,0 cm; Öl auf Leinwand; u.l.: „A. Becker"

Provenienz/Ort: Kunsthandel, Abels, Köln

Kurzbeschreibung: Burg an Felsenhang, links ein Fluss, im Hintergrund zu beiden Seiten bergige Landschaft.

Kommentar: Das Gemälde wurde auch als „Burg Rheinstein von Norden" betitelt. Eine durch den Kunsthandel vorgenommene zeitliche Einordnung „um 1830" als Entstehungszeit kann nicht stimmen, denn Becker war zu diesem Zeitpunkt erst neun Jahre alt. Das Bild wird in den 1840er Jahren entstanden sein, auf alle Fälle vor der Übersiedlung nach Düsseldorf.

Quellen/Literatur: Courtauld Institute of Art (Photographic Survey of the Private Collections), London; Tauch, Max: Rheinische Landschaften. Gemälde und Aquarelle aus dem 19. und 20. Jahrhundert, Neuss o.J., S. 172, Abb. 55

36. Rückenakt

Befund: um 1842; 44,5 x 30,0 cm; Bleistift/Papier; verso: „Baumstudie"

Provenienz/Ort: Nachlass

Kurzbeschreibung: Unbekleidete Figur sich nach hinten wendend.

37. Baumstudie

Befund: um 1842; 44,5 x 30,0 cm; Bleistift/Papier; verso: „Rückenakt"

Provenienz/Ort: Nachlass; Privatbesitz

Kurzbeschreibung: Verästelter Baum.

Kommentar: Diese Baumskizze dürfte als Prototyp für eine Vielzahl von Baumstaffagen gedient haben. So taucht ein solcher Baum u.a. in dem 1842 entstandenen Gemälde „Felsschlucht mit kleinem Wasserfall" (Kat.-Nr. 38), aber auch bei „Gebirge (mit Hütte), evtl. Dachstein" (um 1875, Kat.-Nr. 349) und „Ungarisches Zigeunerdorf" (nach 1876, Kat.-Nr. 371) auf. Die verwachsene Form zeigt noch den Stil der Romantik, wie sie auch bei Caspar David Friedrich vorkommt.

38. Felsschlucht mit kleinem Wasserfall

Befund: 1842; 126,0 x 161,0 cm; Öl auf Leinwand; u.l. in schwarzer Farbe: „August Becker"; verso Stempelaufdruck: „Viktoria Malleinen"; Restaurierung in den 1970er Jahren (lt. Angaben des Besitzers), Rahmen vermutlich original

Provenienz/Ort: Privatbesitz

Kurzbeschreibung: Schlucht mit flachem Wasserfall, links einige Bäume und Burgruine, rechts abgestorbener Baum, im Hintergrund Felsenwand, abendliche Stimmung.

Kommentar: Der in dem handgeschriebenen Lebenslauf zu August Becker (vom Dezember 1887) genannte Erstbesitzer Pfarrer Rahke aus Mombach bei Mainz, ließ sich ermitteln. Johann

Heinrich Rahke (1791 Worms–1853 Mainz) erhielt die Priesterweihe am 22. August 1818. Zuvor konvertierte der evangelische Bürger zum katholischen Glauben. Die Pfarrei von Mombach zählt zu den ältesten der Region. In der katholischen Pfarrei fand sich ein Bericht, dem zu entnehmen ist, dass Rahke, der von 1832 bis 1851 Pfarrer in Mombach war, seinen privaten Besitz, zu dem eine nicht unbeachtliche Kunstsammlung gehörte, durch die Kirche veräußern ließ. Aus diesem Erlös wurde ein Armenfonds gestiftet. (Vgl. Handbuch der Diozöse Mainz, Mainz 1931, S. 98)

„Er hat die hiesige Kirche zur Universalerbin seines nicht unbedeutenden Nachlasses eingesetzt, welches zu großen Teilen aus wertvollen Gemälden, Kupferstichen und ähnlichen Kunstwerken bestand. Aus dem Erlös stammt auch der in der Kirche bestehende Armenfonds." (Zit. Katholischer Kirchenkalender der Pfarrei St. Nikolaus in Mainz-Mombach, 1912, S. 8, Pfarrarchiv) Das Gemälde wird so wahrscheinlich wieder in Privatbesitz gelangt sein. Das Pfarrgebäude selbst ist im Zweiten Weltkrieg völlig ausgebrannt. Rahkes Gemälde ist evtl. identisch mit der „Felsenlandschaft" im Privatbesitz bei Frankfurt a.M. Dorthin ist ein sehr ähnliches Gemälde, wie es Rahke besessen hat, über Erbschaft aus dem Mainzer Raum gelangt. Es handelt sich um ein Frühwerk Beckers und eines der ersten Großformate. Wir müssen von einer ins Dramatische übersteigerten Momentaufnahme der Natur ausgehen. Im linken Teil ist eine Burg zu erkennen, die im Oeuvre Beckers ausnahmsweise leichte Anklänge an die „Rheinromantik" erkennen lässt. Die Raben im rechten Teil, welche ähnlich jenen auf dem Bild „Rheinlandschaft bei Dossenheim" (Kat.-Nr. 160) sind, bewirken einen mystischen Charakter der Natur. Das Gemälde trägt schon die für Beckers reifere Schaffensphase ab den 1850er Jahren typische „schönschriftartige" Signatur in großen Lettern (Kat.-Nr. V). Eine Recherche zur Klärung des rückseitigen Stempelaufdruckes „Viktoria Malleinen" verlief ergebnislos. Es gibt diesen Stempelaufdruck auch noch auf Gemälden jüngeren Datums. Möglicherweise hat ein früherer Bezieher Schlitzer Leinenerzeugnisse diese – ggf. nach entsprechender Bearbeitung – als „Viktoria-Malleinen" vertrieben. In Schlitz befanden sich zahlreiche Leinenwebereien. Cirka sechzig Prozent von Beckers Gemälden tragen eine exakte topographische Bezeichnung im Titel. Schon bei der Entstehung wurde darauf geachtet, die Landschaft möglichst genau nach der Realität, allerdings mit den Bildelementen im Sinne des „Erhabenen", wiederzugeben. Diese „Beigaben" bestanden aus überhöhten Lichteffekten und besonders krassen und teilweise gesteigerten Naturgewalten, z.B. in Form von wilden Wasserfällen oder Urwald-ähnlicher Baumformationen. Eine Baumstudie in Privatbesitz ist nahezu identisch mit dem Baum auf der rechten Seite des Bildes. (Kat.-Nr. 37) Neben Schirmers und Lessings eher realistischer Naturauffassung ist in vielen Werken Beckers die Gestaltung als *Drama Naturae* wie auch in Andreas Achenbachs Bildern erkennbar. (vgl. auch Schirmers Gemälde „Romantische Landschaft. Burg Altenahr", Düsseldorf, Kunst Palast, 1828)

Quellen/Literatur: Ernst Becker, Lebenslauf zu August Becker, Düsseldorf, KVM 552

39. Oberstein im Nahetal

Befund: 1842; Öl auf Leinwand

Provenienz/Ort: Verbleib unbekannt

Kommentar: Im Katalog des Rheinischen Kunstvereins wird das Gemälde mit 300,- fl. taxiert und mit einem „D." (Darmstadt) markiert. Als Eigentümer wurde in dem handschriftlichen Lebenslauf Familie von Stosch aus Darmstadt angegeben. Ein Familienmitglied, das in der fraglichen Zeit lebte, war Wilhelm Moritz Freiherr von Stosch und Siegroth, Generalmajor à la suite und Oberhofmeister wohl unter den Großherzögen Ludewig I. und Ludwig II. Es gab auch noch eine Friederike von Stosch und Siegroth, Palastdame von Großherzogin Luise, Gattin Ludewigs I., Großherzog von Hessen-Darmstadt.

Ausstellungen: Darmstadt 1842; Karlsruhe 1842 (u.a.)

Quellen/Literatur: Rheinischer Kunstverein, Verzeichnis der Gemälde, Carlsruhe, im Monat Juli 1842, S. 8, Nr. 73; Ernst Becker, Lebenslauf zu August Becker, Düsseldorf, KVM 552

40. Jagdschloss Kranichstein

Befund: 1843; 46,0 x 64,0 cm; Öl auf Leinwand; u.l.: „August Becker.1843"; verso: „156" und u.r. Stempel: „Grossherzogliches Hessisches Hausinventar St. Nr. 368 K 368"

Provenienz/Ort: Darmstadt, Großherzogliche Sammlung; Darmstadt, Wohnpark Kranichstein

Kurzbeschreibung: Wiese mit Hirschrudel, dahinter See, im Hintergrund ein Schlossbau.

Kommentar: Das Jagdschloss wurde von Jacob Kesselhut um 1580 für Landgraf Georg I., dem Begründer der Hessen-Darmstädter Linie, umgebaut. Dem Ostgiebel hat Kesselhut eine Scheuer mit Giebel vorgebaut. Unter Großherzog Ludwig III. wurde Kranichstein als Sommerresidenz erweitert. Die Neorenaissanceformen, der Bau der Giebel beispielsweise, wurden nach den Originalen am Lichtenberger Schloss entworfen. (Vgl. Siebert, Gisela, Kranichstein, Amorbach 1969, S. 17 ff.) Die Umbaumaßnahmen fanden um 1840 statt, kurz bevor Becker das Gemälde anfertigte. Der Mittelrisalit im Zentrum der u-förmigen Anlage ist durch den rechten Flügel verdeckt. Es gibt Ansichten anderer Künstler, auf denen zahlreiche Menschen zu sehen sind, die in dem Park spazieren gehen. Becker verzichtete auf Personenstaffage und malte stattdessen ein Hirschrudel als belebende Elemente hinein. Die Parklandschaft mit dem Jagdschloss wurde von Becker bewusst mit den Hirschen als Staffage verziert, um durch Assoziationen beim Betrachter den idyllischen Moment und den Bezug zur Jagd zu betonen, wenngleich er kein spezialisierter Wildmaler war, wie z.B. der Darmstädter Friedrich Frisch. Der Blick auf das Jagdschloss ist heute so nicht mehr möglich, da die Uferböschung des Sees stark zugewachsen ist.

Ausstellungen: Darmstadt 2002

Quellen/Literatur: Wohnpark Rundschau, Darmstadt, Ausgabe April 2002, S. 7; Ausst.-Kat. Darmstadt 2002, S. 9, Abb. 5; Darmstädter Echo, 7.9.2002; Rheinische Post, 13.9.2002; Main-Echo, 18.9.2002; Höchster Kreisblatt, 12.10.2002; Frankfurter Rundschau, Oktober 2002; Der Odenwald, Zeitschrift des Breuberg-Bundes, 50. Jg., Heft 4, Dezember 2003, S. 158 f.

41. Im Park

Befund: 1843; 30,7 x 43,8 cm; Bleistift/weißes Papier; u.r.: „Park. August. 43"; verso u.r.: „von August Becker/Landschaftsmaler"

Provenienz/Ort: Privatbesitz; Kunsthandel, H.W. Fichter, Frankfurt a.M., 22.06.1987; Darmstadt, Städtische Kunstsammlungen, Graphikdepot, Ernst-Ludwig-Haus, Inv. Nr. ZG 559

Kurzbeschreibung: Blick von einer Anhöhe auf hügeliges Gelände mit Bäumen, rechts Fernsicht.

Kommentar: Dargestellt ist eine schöne, weite Parklandschaft mit vielen Laubbäumen. Das hügelige Terrain deutet auf eine süddeutsche Gegend hin.

Quellen/Literatur: Kat. Edition Fichter: Gezeichnete Kunst, Frankfurt a.M. 1987, S. 53

42. Der Rabenstein auf der Marienhöhe bei Darmstadt

Befund: um 1843; 22,4 x 28,0 cm; Öl/Pappe; u.m.l. in grün/ocker Farbe: „A.B."; verso beklebt mit Zettel: „Kunstsalon Jnh. Hergt, Darmstadt, Schützenstrasse 1-3, Gemälde, Radierungen, Einrahmungen Bilder aller Art. Künstler: Prof. August Becker. Darmstadt-Düsseldorf, Motiv: Der Rabenstein auf der Marienhöhe bei Darmstadt."; Restaurierung 2000 (lt. Angaben des Besitzers)

Provenienz/Ort: Privatbesitz

Kurzbeschreibung: Links Blick in die Ebene, rechts ein großer Felsen.

Kommentar: Die Arbeit war von dem jungen August Becker wohl eher als Ölstudie gedacht. Ein anderer Darmstädter Landschaftsmaler, Paul Weber, fertigte 1883 ein großformatiges Ölgemälde mit dem Titel „Der Rabenstein" (Darmstadt, Städtische Kunstsammlungen) an. Weber ging jedoch einen anderen Weg als Becker. Das Gemälde, wie auch das Großformat zum Rabenstein, ein Motiv unweit von Darmstadt, ist in der Farbigkeit viel toniger gehalten. Diese Valeurmalerei hatte Weber 1848 in Barbizon studieren können. Nach seiner Übersiedlung nach München 1871 wurde er einer der wichtigsten Vertreter und Anreger der „Paysage intime" in der Münchner Malerei. Er führte somit Anregungen, die er in Frankreich erhalten hatte, kurz nach der Kaiserreich-Proklamation in München weiter aus und ging damit eine andere Entwicklung als Becker. Fast zeitgleich hielt dieser in Düsseldorf eine in der Presse beachtete Dürer-Rede anlässlich eines Festes für den bedeutenden Renaissance-Künstler. Darin gab Becker u.a. dem *„fränkischen Störefried"* (Zit. Becker) die Schuld für den Krieg von 1870. Zur Kunstsituation bemerkte er, *„Die deutsche Kunst ist ein viel zu kräftiger gesunder Bursche..."* (Zit. August Becker, Ansprache zum Dürer-Fest im Künstlerverein Malkasten am 20. Mai 1871, Archiv des Künstlervereins Malkasten, Düsseldorf, Schriftgut/Veranstaltungen am 20.5.1871; Quellenanhang 14). Beckers Sicht stand in späteren Jahren in großem Kontrast zu der seiner Darmstädter Kollegen, wie Paul Weber oder Karl Ludwig Seeger, mit dem er sogar einen indirekten Disput hatte.

43. Ein Schloss in Abendbeleuchtung

Befund: 1844; Öl auf Leinwand

Provenienz/Ort: Verbleib unbekannt

Kommentar: Das Bild wurde ohne Preisangabe aufgelistet. Erst 1846 stellte Becker wieder im Rheinischen Kunstverein aus („Partie am Sognedalsfjord", Kat.-Nr. 61). Seine Bilder spiegeln von da ab die Eindrücke der Norwegen-Reise von 1844 wieder.

Ausstellungen: Darmstadt 1844; Karlsruhe 1844 (u.a.)

Literatur/Quellen: Rheinischer Kunstverein, Verzeichnis der Gemälde, Carlsruhe, im Monat Juni 1844, S. 9, Nr. 173

44. Ansicht vom Lustra Fjord

Befund: 1844; Ölstudie

Provenienz/Ort: Verbleib unbekannt

Kommentar: Auf Beckers erster Norwegen-Reise entstanden zahlreiche Ölstudien von Gegenden, die er später 1847 nicht wieder sah. Olaf Klose und Lilli Martius haben einige Norwegen-Gemälde Beckers topographisch einzuordnen versucht. So haben sie ein Ölbild Beckers als mögliche „Ansicht von Solvorn in Luster" identifiziert. Damit wäre diese Ölstudie eine mögliche Vorarbeit für das Gemälde gewesen, denn Solvorn liegt am Lustra Fjord, der das Ende vom Sognefjord bildet.

Quellen/Literatur: Hoffmann-Kuhnt (Hg.), Nürnberg 2000, S. 74

45. Fernsicht nach Lustra

Befund: 1844; Ölstudie

Provenienz/Ort: Verbleib unbekannt

Kommentar: Der kleine Ort heißt Luster, das Gewässer hingegen Lustra Fjord.

Quellen/Literatur: Hoffmann-Kuhnt (Hg.), Nürnberg 2000, S. 76

46. Berg „Molten"

Befund: 1844; Ölstudie

Provenienz/Ort: Verbleib unbekannt

Quellen/Literatur: Hoffmann-Kuhnt (Hg.), Nürnberg 2000, S. 76

47. Ansicht von Aarøen nach Sogndal

Befund: 1844; Ölstudie

Provenienz/Ort: Verbleib unbekannt

Kommentar: In der Zeitschrift „Gartenlaube" erschien 1876 der Artikel „An den Stätten der Frithjofsage. Norwegische Landschaftsskizze" mit einer Darstellung „Der Baldersten im Sognefjord" (R. Püttner, S. 719). In dem Artikel wird mehrmals der Vergleich der norwegischen Natur mit jener am Bodensee aufgestellt, den Alpen und weiterer Gebiete, die von Becker ebenfalls bereist und gemalt wurden. So heißt es: *„Die landschaftliche Scenerie des Sognefjord, namentlich in den inneren Verzweigungen desselben, steht an wilder Großartigkeit auch hinter den berühmtesten Partien eines Vierwaldstätter Sees nicht zurück."* (Zit. M. N., Gartenlaube, 1876, S. 719 f., 720) Auch Becker hat in seiner Vorlesung über Norwegen, gehalten in der Versammlung des Vereins für Erdkunde und verwandte Wissenschaften in Darmstadt, im Wintersemester 1845/47 einen derartigen Vergleich unternommen. (Vgl. August Becker, Vorlesung über meine Reise in Norwegen, in: Hoffmann-Kuhnt (Hg.), Nürnberg 2000, S. 147) Die meisten Fjordansichten Beckers haben sich vom Hardanger erhalten, obgleich er auch am Sognefjord war. In der Hamburger Kunsthalle befindet sich das Ölgemälde von August Wilhelm Leu „Der Sognefjord in Norwegen" (1874, 154,0 x 209,0 cm). Während Beckers Fjordansichten eher als Effektlandschaften wirken, scheint der Malerkollege und Reisegefährte der zweiten Norwegen-Expedition von 1847 eher zu einer sachlichen Wiedergabe tendiert zu haben. Über Leu, der Norwegen auch schon 1843 bereist hatte, schrieb Becker: *„Leu hat sich sehr zu seinem Vortheil geändert: seine norwegischen Bilder entzücken mich, er faßt sie gerade so auf, wie ich es im Geiste schon lange gesehen. Die Wasserfälle und Felsen waren die Hauptgegenstände seines Studiums."* (Zit. August Becker, Tagebuch Norwegen-Reise 1844, Düsseldorf, 27. April 1844, in: Hoffmann-Kuhnt (Hg.), Nürnberg 2000, S. 29) In der Kieler Kunsthalle befindet sich von Becker ein Gemälde ähnlichen Titels.

Quellen/Literatur: Hoffmann-Kuhnt (Hg.), Nürnberg 2000, S. 79

48. Justedal im Schnee

Befund: 1844; Ölstudie

Provenienz/Ort: Verbleib unbekannt

Quellen/Literatur: Hoffmann-Kuhnt (Hg.), Nürnberg 2000, S. 82

49. Lærdalsøyri

Befund: 1844; Ölstudie; bezeichnet und datiert u.r.: „Leerdalsöhrent. 26 Juny 44"

Provenienz/Ort: Privatbesitz

Kurzbeschreibung: Studie von Felsbrocken in warmen Ockertönen.

Kommentar: Die Arbeit ist eine der wenigen erhaltenen Ölstudien. 1844 besuchte auch Johan Christian Dahl den Ort Lærdal in der Nähe des Lustra Fjords (vgl. Bang, Johan Christoph Dahl, vol. III, Oslo 1987, p. 304, no. 1010).

50. Norwegische Fjordlandschaft

Befund: nach 1844; 40,0 x 58,0 cm; Öl auf Leinwand

Provenienz/Ort: Kunsthandel, Schatztruhe, Frankfurt a.M, Oktober 1983

Kurzbeschreibung: Gewässer mit kleiner Insel, auf der eine Holzhütte steht, davor ein Steg. Rechts Landzunge mit Bäumen. Im Hintergrund Felswände.

Kommentar: Die Felswände sind weit im Hintergrund zu sehen, sie dienen nicht als „Eye Catcher", wie auf den späten Norwegen-Gemälden. Von besonderem Interesse scheint die kleine Blockhütte im Vordergrund. Davor steht eine männliche Person, die offensichtlich Portraitcharakter hat, und eine weitere, deren Gesichtszüge zu unbestimmt sind. Im Mittelgrund befinden sich zahlreiche größere Häuser, die auf eine größere Siedlung schließen lassen. Das Motiv ähnelt auch einer Gebirgssee-Skizze, welche rechts unten mit „AB. Dezember 1849" monogrammiert ist. Die kleine Insel mit Gebäude und Anlegestelle ist fast detailgleich. Die Möwen fehlen jedoch und auf der Insel im hinteren Teil sind weitere Häuser eingezeichnet, aus deren Schornsteinen Rauch aufsteigt.

Quellen/Literatur: Weltkunst 19/1983, S. 2537

51. Norwegische Fjordlandschaft (am Hardanger Fjord)

Befund: nach 1844; 51,0 x 75,5 cm; Öl auf Leinwand; u.r.: „August Becker. München"

Provenienz/Ort: Kunsthandel, Neumeister, München, Kunstauktionen, 8.11.1989

Kurzbeschreibung: Rechts Landzone mit Staffage. Links Gewässer, im Mittelgrund rechts Gebirge und links Gewässerzone.

Kommentar: Eine mittelformatige Fjordansicht aus Norwegen, deren Felsformationen stark an die Serie der drei Hardanger Fjord-Kompositionen denken lässt. Die Ansicht scheint etwas weiter von der linken, süd-westlichen Seite gemalt worden zu sein, denn dem Betrachter wird ein weiter Einblick zwischen die Felswände im Hintergrund gewährt. Die linken Gesteinsklüfte der Hardanger Fjord-Motive sind hier nicht zu sehen. Die Gegend wirkt belebter als auf den anderen Fassungen. Zahlreiche Fischer trocknen ihre Netze am Ufer. Es lassen sich drei weitere, datierte Versionen (1880er Jahre) nachweisen. Becker hat in Bezug auf seine Norwegen-Gemälde ganz offensichtlich eine Wandlung durchgemacht: Er begann mit ruhig wirkenden Landschaftsmotiven, erweiterte das Konzept zu dramatischen Naturszenerien nach 1847, und gelangte wieder zu ruhiger wirkenden Ansichten. Die Signatur mit dem Zusatz „München" könnte ein Lesefehler des Münchner Kunstauktionshauses gewesen sein. In München arbeitete Becker nämlich zu keiner Schaffensphase.

Quellen/Literatur: Aukt.-Kat. Neumeister, 253. Auktion, 8.11.1989, Nr. 553; http://www.artnet/faad/auctionsonline.asp (Nr. 21) (im Auftrag des Verfassers abgerufen am 12. Dezember 2002)

52. Norwegische Fjordlandschaft (mit Lastenträger)

Befund: nach 1844; historische Fotografie nach einem Ölbild, Mappe „Norwegen", nicht katalogisiert; auf dem Karton mit Bleistift vermerkt: „Kunstverein Hannover"

Provenienz/Ort: Nachlass

Kurzbeschreibung: Links Gewässer, Uferzone rechts, einzelne Person mit Last auf dem Rücken, Boote am Ufer, im Hintergrund hohe, zum Teil von Wolken verhangene Berge.

Kommentar: Laut Klose handelt es sich wahrscheinlich um die Darstellung einer Gegend bei Solvorn in Luster, gegenüber von Urnes. Leichte Unterschiede zu einer Abbildung bei Klose 1975 könnten auch durch den Buchdruck entstanden sein. Daher ist von ein und demselben Gemälde als Grundlage auszugehen. In dem Gemälde kommt eine Ausgefallenheit durch den Lichtkegel zum Tragen. Ein einzelner Mann, schwere Last tragend, wird wie im Zentrum einer Bühne angeleuchtet. Letztlich zeigt sich darin auch Hans Gudes Einfluss: die sorgfältige Beobachtung atmosphärischer Phänomene und die Lichteffekte des Wolkenhimmels. Das Gemälde konnte nicht recherchiert werden. Die Staffage des Lastenträgers kommt auch auf anderen Bilder vor (vgl. „Der Wallenstädter See (mit Boot, ohne Segel)" (1874, Kat.-Nr. 340) und „Die Bergstraße mit der Schlossruine von Auerbach" (1885, Kat.-Nr. 427).

Quellen/Literatur: O.Klose/L. Martius, Neumünster 1975, S. 245, Abb. 201; O. Klose, in Nordelbingen, Bd. 49, 1980, S. 48 ff. Abb. S. 87

53. Abenddämmerung in Norwegen (mit Stromschnelle)

Befund: nach 1844; historische Fotografie nach einem Ölbild, Mappe „Norwegen", nicht katalogisiert; auf dem Karton mit Bleistift vermerkt: „Private in Spanien"; im Foto u.r.: „Abecker […]"

Provenienz/Ort: Nachlass

Kurzbeschreibung: Gewässer mit einzelnem Baum in der Mitte, Stromschnelle, die diagonal von rechts hinten nach links vorne führt und dann in eine Stromschnelle diagonal von links nach rechts unten übergeht, links bergiges Terrain.

Kommentar: Verbleib des Gemäldes ungeklärt.

54. Nordische Mondnacht (mit kleinen Bäumen)

Befund: nach 1844, historische Fotografie nach einem Ölbild, Mappe „Norwegen", nicht katalogisiert; auf dem Karton mit Bleistift vermerkt: „Prinzessin Karl v. Hessen"

Provenienz/Ort: Nachlass

Kurzbeschreibung: Bühnenartiger Aufbau, von beiden Seiten Bäume, in der Mitte Blickschneise auf einen See und Gebirge, von Vollmond beschienen.

Kommentar: Das Gemälde gehörte Prinzessin Elisabeth (Prinzessin Karl), der Mutter von Ludwig IV., Großherzog von Hessen-Darmstadt. Das Gemälde konnte nicht aufgefunden werden.

55. Die Ringstinden in Bergenstift

Befund: 1845; Öl auf Leinwand

Provenienz/Ort: Verbleib unbekannt

Kommentar: Das Ringstinden-Gebirge hat Becker auf seiner ersten Norwegen-Reise besucht.

Quellen/Literatur: Ernst Becker, Lebenslauf zu August Becker, Düsseldorf, KVM 552

56. Fjordlandschaft

Befund: 1845; 26,0 x 35,0 cm; Bleistift/Papier; u.l.: „AB Juny 45"

Provenienz/Ort: Nachlass

Kurzbeschreibung: Gewässer mit kleiner Insel, auf der eine Holzhütte steht, davor ein Steg. Im hinteren Teil der Insel weitere Häuser mit rauchenden Schornsteinen. Rechts Landzunge mit Bäumen, im Hintergrund Felswände.

Kommentar: Obgleich die erste Norwegen-Reise 1844, eine zweite 1847 stattfand, und es auch gesicherte Erkenntnisse darüber gibt, dass Becker keine weiteren Expeditionen nach Skandinavien unternahm, ist die Skizze „AB Juny 45" datiert. Es ist wohl dem Umstand zuzuschreiben, dass Becker nach seinen Reisen einzelne Skizzen zu einer Zeichnung komponierte, bevor er sich an ein Ölbild wagte. Diese Zeichnung hat beispielsweise sehr viel Ähnlichkeit mit dem bei Sotheby's 1979 verkauften Gemälde (datiert 1846, Kat.-Nr. 59). Folgende Details erlauben diesen Vergleich: die Wellenlinie der Gebirgskette im Hintergrund, ein Segelschiff auf dem Wasser, das an Land gezogene Boot (mit zwei stehenden Männern) und die Holzhütte am rechten Bildbereich mit dem dahinter befindlichen Waldstück.

Ausstellungen: Darmstadt 2002

Quellen/Literatur: Hoffmann-Kuhnt (Hg.), Nürnberg 2000, Tafel II oben

57. Aufgehende Sonne am Sognefjord

Befund: 1845; 43,0 x 51,5 cm; Öl auf Leinwand; u.r.: „August Becker. 1845"; verso handschriftlicher Klebezettel auf dem Rahmen

Provenienz/Ort: Kunsthandel, Carola van Ham, Köln, Kunstauktionen, 234. Auktion, 1.-3. Juli 2004; Privatbesitz

Kurzbeschreibung: Steiniger Vordergrund, links einige Tannen, nach rechts leicht ansteigendes Terrain. Im Mittelgrund ein Fjordgewässer. Im Hintergrund schneebedeckte Berge.

Kommentar: Dieses Bild könnte mit „Partie am Sognefjord (duftiger Morgen)" (Kat.-Nr. 62) identisch sein. Die Lösung der Frage wäre durch eine Textanalyse des rückseitigen Klebezettels denkbar.

Quellen/Literatur: Aukt.-Kat. Carola van Ham, Köln, Kunstauktionen, 234. Auktion, 1.-3. Juli 2004, Kat.-Nr. 1206 (Abb. im Internet: http://www.van-ham.com [im Auftrag des Verfassers abgerufen am 8. September 2004]

58. Der Sognefjord

Befund: 1845; Öl auf Leinwand; datiert

Provenienz/Ort: Kunsthandel, H. Steinbüchel Nachf. (Düsseldorfer Auktionshaus), Düsseldorf, Kunstauktion vom 5. Juni 1999

Kurzbeschreibung: Im Vordergrund Reisigsammlerin.

Kommentar: Das Gemälde könnte mit einem der in den 1840er Jahren gezeigten Motive übereinstimmen. Leider war dem Verfasser kein Abbildungsmaterial von dem Bild zugänglich.

Quellen/Literatur: Aukt.-Kat. Kunsthaus H. Steinbüchel Nachf., 5. Juni 1999, Düsseldorf, Farbtafel 7 (Abb. 9)

59. Norwegische Fischer ein Boot an Land ziehend

Befund: 1846; 35,5 x 52,0 cm; Öl auf Leinwand; „August Becker.1846"

Provenienz/Ort: Kunsthandel, Sotheby's, London, 20.6.1979

Kurzbeschreibung: Leicht stürmisches Gewässer, Uferzone rechts mit Hütten, einem Boot und Fischern. Im Hintergrund gebirgiges Terrain.

Kommentar: Da Becker auf der fast sechsmonatigen Reise ganz allein unterwegs war, stammen die Vorarbeiten – Skizzen und Ölstudien – nur von seiner Hand. Damit trägt auch die Ausführung zum Ölbild die reine Becker-Handschrift. Im Vergleich dazu sind nach der Reise von 1847, die er gemeinsam mit Georg Saal, August Wilhelm Leu und Andreas Whelpdale unternahm, die Gemälde nicht ausschließlich nach Beckers eigenem Studienmaterial entstanden. Die Künstler kopierten Skizzen und Ölstudien untereinander, um den vermeintlich besten „Totaleindruck" zu erzielen. Das Format des 1846 datierten Gemäldes ist wesentlich kleiner als die meisten anderen Gemälde zur norwegischen Thematik. Leu bereiste Norwegen bereits 1843 und stellte 1844 in Berlin sein Gemälde „Wasserfall auf der norwegischen Hochebene" aus. Sicher hat Leu auf Becker enormen Einfluss ausgeübt. Von 1848 stammen Leus „Gebirgssee" (Privatbesitz) und „Wasserfall mit Tannenwald", das schon damals in das Museum von Kristiania gelangte. Beide Bilder zeigen die großartige Felsenstruktur der Fjorde. Diese Bilder, welche eine Aura der Erhabenheit über das Alltägliche ausstrahlen – in der Zeit von 1848 fernab jeglicher Realität – waren Vorbild für Beckers großformatige Fjord-Ansichten. Eine so friedliche Darstellung der norwegischen Landschaft war in Düsseldorf selten. A. Achenbach steigerte die Naturgewalten – Berge, Wasserfälle und lose Felssteine – gerne ins Übertriebene. Die Gewalt der aufbrausenden See ist zwar durch die vielen Wellen des Wassers angedeutet, bleibt aber noch verhältnismäßig „normal" im Vergleich zu den tosenden Wildbächen, die Becker auf vielen folgenden Gemälden darstellte.

Quellen/Literatur: Courtauld Institute of Art (Photographic Survey of the Private Collections), London; Bénézit, Paris 1999, S. 947

60. Kristianiafjord in Norwegen

Befund: 1846; Öl auf Leinwand

Provenienz/Ort: Verbleib unbekannt

Kommentar: Als Preis wurden 100,- fl angegeben. Bilder vom Oslo-Fjord sind auf späteren Ausstellungen nicht mehr gezeigt worden. Im Katalog wird Becker als „Aug. Becker in Düsseldorf (aus Darmstadt)" benannt. D.h. der Maler muss zwischen 1845 und 1852 nochmals für eine bestimme Zeitperiode nach Düsseldorf gegangen sein, über die keine weiterführenden Quellen vorhanden sind.

Ausstellungen: Darmstadt 1846; Karlsruhe 1846 (u.a.)

Literatur/Quellen: Rheinischer Kunstverein, Verzeichnis der Gemälde, Carlsruhe, im Monat August 1846, S. 12, Nr. 191

61. Partie am Sognedalsfjord

Befund: 1846; Öl auf Leinwand

Provenienz/Ort: Verbleib unbekannt

Kommentar: Die Taxierung des Gemäldes belief sich auf 50,- fl.

Ausstellungen: Darmstadt 1846; Karlsruhe 1846 (u.a.)

Literatur/Quellen: Rheinischer Kunstverein, Verzeichnis der Gemälde, Carlsruhe, im Monat August 1846, S. 12, Nr. 192

62. Partie am Sognefjord (duftiger Morgen)

Befund: 1846; Öl auf Leinwand

Provenienz/Ort: Verbleib unbekannt

Kommentar: Der angegebene Preis betrug 110,- fl. Im Katalog ist der Vermerk „Mh." (Mannheim) beigegeben. Das Bild dürfte demnach zunächst für den Rheinischen Kunstverein in Mannheim erworben worden sein, der es weiter verlosen ließ. 1858 stellte Becker in Berlin ein weiteres Sognefjord-Motiv aus. Zum Sognefjord notierte Becker am 6. September 1845: „*Der Sognefjord mit den ihn einengenden Gebirgsmassen ist vielleicht einer der großartigsten Anblicke, den die Natur bieten kann. Bis zu 30 Meilen vom Ocean entfernt, windet er sich in mannichfaltigen Richtungen durch das felsige Land, und die schwarzgrüne Salzfluth bespült die mit Seetang und dunklen Muscheln überzogenen Felsenufer dieser Gebirgskolosse. Ernst, gewaltig, erhaben ist der Eindruck der ganzen Natur. Die dunkle Farbe der nur in den unteren Regionen bewachsenen, zumeist aber kahlen Granitberge, die bei bewölktem Himmel einen düsteren, nächtlichen Charakter annehmen, und die in ungemessene Tiefe sich senkenden, ruhig daliegenden Wassermassen mögen diese Eindrücke hervorrufen. Dazu kommt noch das Gefühl der Einsamkeit und Eingeschlossenheit, wenn die steil aufstrebenden Wände sich so nähern, daß das Tageslicht nur von oben einfallen kann, und dann mehr eine Dämmerung, als eine lichtvolle Klarheit erblicken läßt.*" (Zit. August Becker, Erinnerungen von einer Reise nach Norwegen, 6. September 1845, in: Hoffmann-Kuhnt (Hg.), Nürnberg 2000, S. 79)

Ausstellungen: Darmstadt 1846; Karlsruhe 1846 (u.a.)

Literatur/Quellen: Rheinischer Kunstverein, Verzeichnis der Gemälde, Carlsruhe, im Monat August 1846, S. 12, Nr. 193

63. Fjordlandschaft (Drei Fischer ein Boot an Land ziehend)

Befund: Kopie nach August Becker, unbekannter Maler; um 1846; 40,0 x 55,0 cm; Öl auf Leinwand; auf der Rückseite des Holzrahmens eine mit Bleistift geschriebene Notiz:

„Norwegische Landschaft nach Becker Darmstadt"

Provenienz/Ort: Privatbesitz

Kurzbeschreibung: Uferzone links mit Blockhütte, Fischern und Boot. In der Mitte Gewässer, mittel- und hintergründig felsiges Gebirge.

Kommentar: Da sich das Motiv nicht den derzeit bekannten Gemälden bzw. den dazugehörigen Abbildungen und historischen Fotografien zuordnen lässt, handelt es sich entweder um ein weiteres unbekanntes Motiv oder um ein bekanntes Gemälde, von dem keine Abbildungen überliefert sind. Der Kopist hat eine hervorragende Arbeit geleistet. Stimmung und Sujet sind im Beckerschen Sinne sehr gut getroffen.

64. Schloss Schönberg

Befund: 1846; 20,0 x 26,2 cm; Öl auf Leinwand; u.r. in rot: „AB.1846"; Frühschwundrisse, Firniss vergilbt, Spannrahmenkante markiert sich

Provenienz/Ort: Privatbesitz

Kurzbeschreibung: Bergiges Gelände, links eine Kirche, im Mittelgrund Ortschaft im Tal, rechts davon auf Anhöhe Schlossbau, dahinter rechts Blick in eine Ebene.

Kommentar: Schloss Schönberg hat seine Wurzeln in einer Burg aus dem 13. Jahrhundert, die zur Talsicherung auf Lorscher Boden errichtet wurde. Bauherr war der damalige Pfalzgraf. Das Gebäude war eine Hangburg, die durch einen Halsgraben vom Berg getrennt war. 1504 wurde die alte Burg zerstört. In der ersten Hälfte des 18. Jahrhundert wurde die Anlage durch die Familie von Erbach-Schönberg wieder aufgebaut. Die evangelische Kirche in der linken Vordergrundfläche wurde 1828 erbaut. Als Aussichtspunkt kommt am ehesten der Kirchberg in Frage. Der Betrachter schaut vom Odenwald in Richtung Nordosten zur Rheinebene. Johann Heinrich Schilbach malte ein Gemälde mit der gleichen Ansicht (Privatbesitz), wobei der Standpunkt nur etwas höher war, so dass man im Hintergrund noch weiter in die Rheinebene hineinsehen kann. Auch in der Stimmung und Tageszeit ist dieses frühe Gemälde dem Schilbachs sehr ähnlich. In Darmstadt gelangte Becker nach 1844 zu eigenen Bildkompositionen. Die harmonische Wirkung des Gemäldes wird auch durch ein angenehmes Licht hervorgerufen. Es zählt zu den schönsten Frühwerken Beckers. In späteren Gemälden mit vergleichbaren Motiven, z.B. „Blick von der Villa Hohenlohe" (Kat.-Nr. 370) kommt nie mehr eine so lyrische Stimmung zum Tragen, sondern eher eine leicht düstere. Der Hauptgrund ist sicher Beckers Hang zur Detailgenauigkeit, welcher auf dem Schönberg-Bild ausnahmsweise nicht so hervorstechend ist.

Harmonie betonend wirkt auch der Bildaufbau. Die Kirche mit dem Turm im Vordergrund, das Schloss im Mittelgrund und die Rheinebene im Hintergrund. Alle drei Details liegen auf einer Diagonalen.

Ausstellungen: Darmstadt 2002

Quellen/Literatur: Ausst.-Kat. Darmstadt 2002, S. 8, Abb. 4; Rheinische Post, 13.9.2002; Mannheimer Morgen, Oktober 2002

65. Burg Gutenfels bei Kaub/Rhein

Befund: 1846; 30,5 x 42,5 cm; Bleistift/Papier; m.r.: „Caub, Sept. 46"

Provenienz/Ort: Privatbesitz; Kunsthandel, H.W. Fichter, Frankfurt a.M., 19.06.1987; Darmstadt, Städtische Kunstsammlungen, Graphikdepot, Ernst-Ludwig-Haus, Inv. Nr. ZG 706

Kurzbeschreibung: Mächtige Burganlage auf einem Gebirgszug.

Kommentar: Auf einer Berghöhe nahe Kaub liegt die Ruine des 1805 zerstörten Schlosses Gutenfels. Die Anlage geht auf das 13. Jahrhundert zurück, wurde im 16. Jahrhundert verändert und 1886 ausgebaut. Der ursprüngliche Name der Anlage war Kaub. Gutenfels heißt sie erst seit der vergeblichen Belagerung von 1504. Inmitten des Berings befindet sich der quadratische Kernbau: zwei parallele Seitenkomplexe. Seit 1277 gehörte die Anlage zur Kurpfalz. Im Tal liegt auf einer Felseninsel die Pfalz, eine alte kurpfälzische Zollburg. In der Neujahrsnacht 1813/1814 überschritt Blücher dort den Rhein. Um 1841 entstanden Beckers erste große Ölbilder. Vor 1844, mit Ausnahme des Winters 1841/1842, waren es hingegen die Gegenden um Darmstadt, die von ihm erkundet wurden. Bei seiner Reise nach Norwegen 1844 kam er an der alten Burg wieder vorbei und ließ sich zu der Bemerkung hinreißen: „*Im Vorüberfahren schreibe ich einen Gruß an die lieben Cauber auf Papier und schicke es ihnen durch die Dampfschiffbahn. Ihr Cauber Berge und Felsen, Eure Bekanntschaft habe ich auch hinlänglich gemacht und Ihr seid mir noch nicht aus den Gedanken."* (Zit. August Becker, Reisetagebuch Norwegen 1844, in: Hoffmann-Kuhnt (Hg.), Nürnberg 2000, S. 27)

66. Alpenglühen

Befund: 1846; Öl auf Leinwand

Provenienz/Ort: Verbleib unbekannt

Kommentar: Erst 1852 unternahm Becker seine erste Studienfahrt in die Schweizer Alpen. Bei dem in Boettichers „Malerwerken" angegebenen „Alpenglühen", welches vor 1852 entstanden war, muss es sich folglich um eine Ansicht aus Norwegen handeln. Klarheit zum (als verkäuflich angegebenen) Motiv verschafft der Eintrag im Düsseldorfer Ausstellungskatalog von 1846, „Norwegische Landschaft (Alpenglühen)". Eine Verwechslung der norwegischen Hochgebirgswelt mit der alpinen Landschaft der Schweiz ist auch dem Kunsthandel im 20. Jahrhundert unterlaufen.

Ausstellungen: Düsseldorf 1846

Quellen/Literatur: Verzeichnis der Kunstwerke auf der Ausstellung des Kunst-Vereins für die Rheinlande und Westfalen, 1846, Nachtrag, Nr. 116; Boetticher, Nr. 1

67. Norwegischer Wasserfall

Befund: 1846; Öl auf Leinwand

Provenienz/Ort: Verbleib unbekannt

Kommentar: Lt. Quelleninformation befand sich das Gemälde als Gegenstück zu einem weiteren Bild Beckers im Besitz von Alexander, Prinz von Hessen-Darmstadt, in der Residenzstadt daselbst. Diesem, wie übrigens auch Emil, Prinz von Sayn-Wittgenstein-Berleburg, war August

Becker seit der gemeinsamen Schulzeit in Darmstadt bekannt. Auch die Schwägerin von Alexander und Mutter Ludwigs IV., Elisabeth, Prinzessin von Preußen, besaß ein Gemälde norwegischer Thematik, „Nordische Mondnacht".

Quellen/Literatur: Ernst Becker, Lebenslauf zu August Becker, Düsseldorf, KVM 552

68. Gletschersee (Hurongen)

Befund: um 1846; historische Fotografie nach einem Ölbild, Mappe „Norwegen", nicht katalogisiert

Provenienz/Ort: Nachlass

Kurzbeschreibung: Steiniger Vorgrund, in der Mitte ein See, im Hintergrund spitzförmige Berge.

Kommentar: Das Foto weist starke Ähnlichkeit mit einem im Kunsthandel aufgetauchten Gemälde auf. Das vorliegende Foto zeigt aber ein anderes Bild. Es ist evtl. mit dem bei Boetticher unter Nr. 2 aufgeführten Gegenstand identisch. Eine zweite und dritte Fassung, 1847 gemalt, befindet sich in Privatbesitz und in der Kunstsammlung S.K.H. Ernst August Prinz von Hannover, Herzog zu Braunschweig und Lüneburg. Auf diesen beiden Varianten sind zusätzlich Bären als Vordergrundstaffage zu sehen.

69. Die Hurongen bei Sonnenuntergang I

Befund: 1846; 79,0 x 94,0 cm; Öl auf Leinwand; signiert und datiert u.l.: „August Becker.1846"; Rückseitenschutz

Provenienz/Ort: Kunsthandel, Carola van Ham, Köln, Kunstauktionen, 181. Auktion, 24.10.1998; Privatbesitz

Kurzbeschreibung: Steiniger Vorgrund mit einem Bären und Rentieren, vor dem Raubtier fliehend. In der Mitte ein See, im Hintergrund spitzförmige Berge, links untergehende Sonne (von einem Berg angeschnitten).

Kommentar: Fälschlicherweise betitelt als „Heroische Alpenlandschaft im Schein der Abendsonne" gelangte diese Variante der norwegischen Hurongen 1998 in den Kunsthandel. Darstellung und Stimmung ähneln stark der 1847 entstandenen und im Format größeren Fassung, welche sich heute in Schloss Marienburg (bei Pattensen/Hannover) befindet. Dieses Gemälde wurde in Düsseldorf 1846 als „Die Hurongen in Norwegen bei

Mitternachtssonne" ausgestellt. Die Hurongen-Ansichten sind, wie es im handgeschriebenen Lebenslauf explizit erwähnt wird, nach Studienmaterial der ersten Norwegen-Expedition von 1844 entstanden. Bei Boetticher (Nr. 2) wird eine 1846 gemalte Variante „Die Hurongen im Schein der Mitternachtssonne" aufgeführt. Dabei handelt es sich mit sehr großer Wahrscheinlichkeit um dieses Bild. Da Becker viele Repliken seiner Gemälde ausführte, kann diese Vermutung jedoch nicht eindeutig geklärt werden.

Ausstellungen: Düsseldorf 1846

Quellen/Literatur: Verzeichnis der Kunstwerke auf der Ausstellung des Kunst-Vereins für die Rheinlande und Westfalen, 1846, II. Nachtrag, Nr. 165; Boetticher, Nr. 2 [?]; Aukt.-Kat. Van Ham, 181, Oktober 1998, S. 152, Nr. 1427 (m. Abb.); http://www.artnet.com/faad/auctionsonline.asp (Nr. 9) (im Auftrag des Verfassers abgerufen am 12. Dezember 2002)

70. Norwegische Landschaft im Charakter der Fjorde im Bergenstift

Befund: um 1847; Öl auf Leinwand

Provenienz/Ort: Verbleib unbekannt

Kommentar: Drei Gemälde wurden 1847 im Bremer Kunstverein gezeigt. Von dem Namensvetter, dem Maler August Becker aus Gernrode, kamen vier Gemälde zur Ausstellung. Er wird im Katalog als „August Becker in Dessau" angegeben. In den 1840er Jahren tauchten seine Bilder noch häufig neben denen des Darmstädter Beckers auf den Ausstellungen auf. Ab cirka 1852 dominierte der Maler, um den es in dieser Arbeit geht. Heutzutage werden Gemälde beider August Beckers im Kunstgeschäft gehandelt.

Ausstellungen: Bremen 1847

Literatur/Quellen: Verzeichnis der fünften Gemälde-Ausstellung in Bremen, 1847, S. 9, Kat.-Nr. 26

71. Partie am Kristianiafjord in Norwegen

Befund: um 1847; Öl auf Leinwand

Provenienz/Ort: Verbleib unbekannt

Kommentar: Eines von drei Gemälden, die 1847 im Bremer Kunstverein gezeigt wurden.

Ausstellungen: Bremen 1847

Literatur/Quellen: Verzeichnis der fünften Gemälde-Ausstellung in Bremen, 1847, S. 9, Kat.-Nr. 27

72. Partie am Sognedalsfjord in Norwegen

Befund: um 1847; Öl auf Leinwand

Provenienz/Ort: Verbleib unbekannt

Kommentar: Drei Gemälde wurden 1847 im Bremer Kunstverein gezeigt.

Ausstellungen: Bremen 1847

Literatur/Quellen: Verzeichnis der fünften Gemälde-Ausstellung in Bremen, 1847, S. 9, Kat.-Nr. 28

73. Die Hurongen bei Sonnenuntergang II

Befund: 1847; 87,0 x 115,0 cm (ohne Rahmen), 116,0 x 146,0 cm (mit Rahmen); Öl auf Leinwand; u.l. in rotbrauner Farbe: „August Becker aus Darmstadt 1847"; verso Stempel auf der Leinwand: „EAFC"; auf dem Rahmen Aufkleber: „67. Fideicommiss-Galerie"; Bild verschmutzt

Provenienz/Ort: Besitz von Georg V., König von Hannover (Galerie im Königlichen Schloss); Kunstsammlung S.K.H. Ernst August Prinz von Hannover, Herzog zu Braunschweig und Lüneburg, Schloss Marienburg, ohne Inv. Nr.

Kurzbeschreibung: Steiniger Vorgrund mit mehreren Bären und Rentieren, vor den Raubtieren fliehend. In der Mitte ein See, im Hintergrund spitzförmige Berge, links davon untergehende Sonne (von einem Berg angeschnitten).

Kommentar: Unter Georg V., König von Hannover, wurde ab 1857 auf den Ruinen einer alten Steinburg im Sinne der Romantik ein neugotisches Schloss errichtet. Der Name Marienburg geht auf die Gemahlin des Königs, Königin Marie, einer geborenen Prinzessin von Sachsen-Altenburg, zurück. Becker kam es vor allem auf die Darstellung der Gletscher und deren Wirkung durch die Strahlen der Abendsonne im Bildhintergrund an. Diese Partie ist sehr gut gelungen. Im Vordergrund hingegen zeigt sich Beckers Schwäche bei der „lebenden" Staffage, wodurch der Gesamteindruck eher nur befriedigend ist. Man erkennt zwei schwarze Bären. Am unteren rechten Bildrand sind auch einige Rentiere erkennbar. Die sehr dunkle Vorgrundpartie erschwert den Zugang zum Bild. So ist der Gletschersee im Mittelgrund kaum auszumachen. Er ist damit wesentlich dunkler als auf dem gleich lautenden Bild, das im Kunsthandel verkauft wurde. Das Firmament weist einen leichten Türkisfarbton auf, wie wir ihn in der „Felsschlucht mit kleinem Wasserfall" (Kat.-Nr. 38) auch vorfinden. In dem im 19. Jahrhundert erstellten „Verzeichnis der zu den Fidei-Commiss. Sr. Majestät des hochseligen Königs Ernst August von Hannover gehörenden Kunst (Auszug aus dem General-Verzeichnisse)" wird von August Becker eine „Norwegische Landschaft", im Residenzschloss befindlich, aufgeführt. (Vgl. Hannover, Niedersächsisches Hauptstaatsarchiv, Königliches Hausarchiv, Dep 103, XIX, Nr. 406, S. 13, Nr. 907) In der zeitgenössischen Reiseliteratur wurde im Zuge der Besprechung der Königlichen Gemäldegalerie in Hannover dieses Gemälde unter dem Titel „Mitternachtssonne in Norwegen" erwähnt. (Diesen Hinweis erhielt ich von Herrn Christoph Suin de Boutemard, Nienburg.)

Ausstellungen: Bremen 1860 (Kunstausstellung des Norddeutschen Gesamtvereins); Hannover 1861

Quellen/Literatur: Baedeker, Handbuch für Reisende in Deutschland und dem Oestereichischen Kaiserstaat: Zweiter Theil: Mittel- und Norddeutschland, 5. verbesserte Auflage, Coblenz 1853. S. 118; Baedeker, Handbuch für Reisende in Deutschland: Zweiter Theil: Mittel- und Norddeutschland. 5. umgearbeitete Auflage, Coblenz 1853, S. 118; [Beckers Norwegen-Bild wird bis zur 24. Auflage von 1892 genannt: Baedeker, Nord-West-Deutschland (von der Elbe und der

Westgrenze Sachsens an). 24. Auflage, Leipzig 1892]; Dioskuren, 5. Jg., Nr. 18, 29.4.1860, S. 146; Ernst Becker, Lebenslauf zu August Becker, Düsseldorf, KVM 552; Thieme-Becker, Bd. 3, Stichwort „Becker, August", S. 144 f.; Saur, AKL, Bd. VIII, 1994, Stichwort „Becker, August", S. 154; Hoffmann-Kuhnt (Hg.), Nürnberg 2000, S. 69, 201 f., 212, 363.

74. Abendlandschaft mit Burg (Oberstein)

Befund: 1847; 102,5 x 122,5 cm; Öl auf Leinwand; signiert und datiert

Provenienz/Ort: Kunsthandel; Privatbesitz

Kurzbeschreibung: Bergiges Gelände mit einer Tierstaffage, zum Mittelgrund hin ansteigend, dort eine Burganlage, rechts Fernblick.

Kommentar: Neben den Skizzen von 1838 und 1841 (Kat.-Nr. 24) gibt es ein kleinformatiges Ölgemälde aus dem Jahre 1861 zu Oberstein. Architektur und Menschen bilden nie die dominierende Komponente auf Beckers Gemälden. So steht auch in diesem großformatigen Beispiel, das zu den Hauptwerken zählt, die Landschaftsdarstellung im Vordergrund. Das Neue Schloss Oberstein befindet sich im Mittelgrund auf der linken Seite. Im Hintergrund sind die Ausläufer des Hunsrücks zu erkennen. Die Stadt, welche auf einem Gemälde Adolf Lasinskys („(Idar)-Oberstein", Mainz, Landesmuseum) zu erkennen ist, ist auf Beckers Ansicht nicht einzusehen, da dieser einen anderen Standpunkt, weiter links, wählte. Der steile Abbruch ins Nahetal kommt noch stärker zum Ausdruck als in der Skizze von 1841. In der Ausstellungsbesprechung hieß es 1969: *„August Becker (1822-1887) kennt man als ausgesprochenen Romantiker. Er war seit 1840 in Düsseldorf tätig und seine "Abendlandschaft mit Burg" (1847) vereinigt alle Vorzüge seiner Art. Stimmung und Beleuchtung sind von besonderem Reiz und machen das Bild ungewöhnlich* *wirkungsvoll."* (Zit. Weltkunst 14/1969, S. 771). Die Burg wird in dem Artikel nicht als Oberstein identifiziert.

Ausstellungen: Düsseldorf, Sommerausstellung der Galerie Paffrath 1969

Quellen/Literatur: Weltkunst 14/1969, S. 771 (m. Abb.); Ausst.-Kat. 40, Galerie G. Paffrath, Düsseldorf 1969, o. S. [S. 5] (m. Abb.); Kunstkalender 1985, Kreissparkasse Birkenfeld, Monat Februar (m. Abb.); Selke, Jahrbuch Birkenfeld 2003, S. 174 (m. Abb.)

75. Gebirgsseenlandschaft

Befund: 1849; 41,5 x 61,5 cm; Bleistift/Papier; u.r.: „AB. Dezember 1849"

Provenienz/Ort: Nachlass

Kurzbeschreibung: Möwen über kleiner Insel mit Hütte und Anlegesteg in Fjordlandschaft.

Kommentar: Die Zeichnung hat Ähnlichkeit mit einer weiteren Fjordlandschaft in Öl ausgeführt. Die Lokalität konnte nicht geklärt werden. Becker reiste jedoch nur zweimal und zwar 1844 und 1847 nach Norwegen.

76. Raddampfer vor Felsenküste

Befund: 1849; 25,0/19,5 x 38,0/33,0 cm (ohne und mit Bleistiftrahmen), Bleistift/bräunlicher Karton; u.r. Monogramm ligiert: „AB"; u.r. Text im Rahmen: „Deutsche Dampffregatte. Abendbeleuchtung"; am Rand: „gemalt zur Verlosung für die deutsche Flotte im August 1848, gewonnen von Frau v. Rabenau"

Provenienz/Ort: Privatbesitz

Kurzbeschreibung: Gewässer mit einem großen Raddampfer, hinten links und rechts Steilküste, einige Wolken.

Kommentar: Offensichtlich handelt es sich um eine nordische Landschafts-Zeichnung, die auch als Gemälde ausgeführt wurde und in den Besitz einer Frau von Rabenau gelangte. Die Felsbrocken im Vordergrund ähneln denen von „Norwegische Fjordlandschaft" und der dazugehörigen Skizze. In Darmstadt wohnte 1848 eine aus althessischer Ritterschaft stammende Familie „Freiherren von Nordeck zur Rabenau". Die Käuferin könnte die Frau des Generalleutnants Friedrich Freiherr Nordeck zur Rabenau (1793–1863), Freiherrin von Zwierlein (1810–1871), oder Wilhelmine Freifrau von Nordeck zur Rabenau, geb. Riedesel zu Eisenbach (1809–1869), verheiratet mit dem Oberkammerherrn und Zeremonienmeister Hermann von Nordeck zur Rabenau (1800–1882), gewesen sein.

77. Sommerabend in den Alpen

Befund: 1849; 39,4 x 52,5 cm; Öl auf Leinwand; signiert

Provenienz/Ort: Kunsthandel, Auktionshaus Michael Zeller. Internationale Bodensee Kunstauktionen, Lindau, 9. Weihnachtsauktion 1992

Kommentar: Es ist fraglich, ob tatsächlich eine Alpenlandschaft dargestellt ist oder es sich wie im Fall der irritierenden Bezeichnung nach Boetticher eher um ein nordisches Motiv handelt. Touren in südliche alpine Gebiete sind erst für 1852 in die Schweiz und 1857 ins Bayerische Hochland durch Briefe belegbar. Die Darstellung des Wildbachs mit einem aus Stein bedeckten Sennenhaus, aufsteigenden Matten und gebirgigem Horizont lässt auch an ein Motiv aus

Norwegen denken, zumal keine weiteren Gebirgsdarstellungen mit Wasserfällen aus dem Alpenraum bekannt sind. Für Norwegen spricht auch, dass die beiden Hütten neben dem Fluss liegen, was für Sennhütten in den Alpen ungewöhnlich wäre. Diese liegen normalerweise inmitten von Almwiesen. In Norwegen sind „Brettermühlen" fast immer an Wasserfällen errichtet, um die reichen Holzvorkommen des Landes zu nutzen. Wasserfälle wurden von Becker normalerweise in den skandinavischen und rumänischen Gemälden dargestellt. Von der Datierung her, 1849, wäre es demnach nach der zweiten nordischen Expedition entstanden.

Quellen/Literatur: Kat. Auktionshaus Michael Zeller. Internationale Bodensee Kunstauktionen, Lindau, 9. Weihnachtsauktion 1992

78. Der Rhein bei Bingen

Befund: 1849; 72,5 x 104,0 cm; Öl auf Leinwand; u.r.: „August Becker.1849"

Provenienz/Ort: Kunsthandel, Auktionshaus Hans Stahl, Hamburg, 4.2.1995

Kurzbeschreibung: Flusslandschaft, beidseitig ansteigendes Gebirge.

Kommentar: Wenngleich Spätromantiker suchte Becker viele andere Landschaften auf. Der Rhein beispielsweise, der ein beliebtes Motiv in der Romantik war, wurde von Becker sehr selten als Bildgegenstand in vollendeten Zeichnungen festgehalten. Er kommt, wie im „Werdenberg"-Gemälde (1885, Kat.-Nr. 421), eher beiläufig vor, sieht man einmal von den beiden Darstellungen „Überschwemmungen am Niederrhein I und II" (Kat.-Nr. 332 und 333) ab.

Quellen/Literatur: Aukt.-Kat. Stahl, Hamburg, 4.2.1995 (m. Abb.)

79. Unbekanntes Motiv

Befund: um 1849; Öl auf Leinwand

Provenienz/Ort: Verbleib unbekannt

Kommentar: Die Empfehlung, Gemälde in der russischen Ostseemetropole Sankt Petersburg auszustellen, kam von Emil, Prinz von Sayn-Wittgenstein-Berleburg. In einem Schreiben an Becker nennt Emil sogar die Namen einiger potenzieller Käufer, z.B. Großfürst Konstantin, den zweite Sohn von Kaiser Nikolaus I., Kronprinz Alexander, den späterer Kaiser Alexander II., sowie die Fürsten Aleksandr Iwanowitsch Barjatinskij und Nikolai Sergewitsch Golizyn. Die Darmstädter großherzogliche Familie hatte zudem enge persönliche Bindungen zur kaiserlichen Familie. Die Schwester von Ludwig III., Großherzog von Hessen-Darmstadt, Marie, war mit Alexander II., Kaiser von Russland, verheiratet.

Ausstellungen: Sankt Petersburg 1849-1851

Quellen/Literatur: Hoffmann-Kuhnt (Hg.), Nürnberg 2000, S. 231–236

80. Norwegische Landschaft (mit Tannen und Föhren)

Befund: 1850; 48,0 x 55,0 cm; Öl auf Leinwand; u.r. Monogramm ligiert: „AB.1850"

Provenienz/Ort: Kunsthandel, Lempertz, Köln, 11.-14. Juni 1958

Kurzbeschreibung: Links ein mittelgroßer Wasserfall, rechts Uferzone, im Mittelgrund Blockhütten, Wald im Mittel- und Hintergrund.

Kommentar: Das Bild gehört zu den Wildbach-Darstellungen, die in den 1850er Jahren Beckers Interesse erlangten. Im Vergleich zu den Varianten von 1853 ist es mittelformatig. Dargestellt ist ein herabstürzender Gebirgsbach mit Tannen und Föhren. Das Wasser wirkt längst nicht so aufbrausend. Auf dem Weg zu den

Varianten von 1853, die sicher den Höhepunkt in der Darstellung von „norwegischem wildem Wasser" bilden, nimmt dieses Gemälde eine Mittelstellung ein. Am Anfang dieser Entwicklung steht das bei Sotheby's versteigerte Gemälde „Norwegische Fischer ein Boot an Land ziehend" von 1846, auf denen noch Menschen bei der Arbeit zu sehen sind. Auf dem Bild von 1850 geben die zahlreichen Holzhäuser noch einen Hinweis auf Zivilisation. Auf den Gemälden von 1853, die einen tosenden Wildbach zum Thema haben, scheint die Landschaft ins absolut Wilde und Unberührte gesteigert worden zu sein. Nur bei genauer Betrachtung erkennt man zwei kleine Hütten auf der anderen Flussseite (im Mittelgrund). Es erscheint durchaus schlüssig, dass Becker nach den großformatigen und in den durch den Künstler gewollten Aussagegehalt zum Höhepunkt gebrachten Wasserfall-Motiven sich von diesem Thema wieder abwandte. Tatsächlich ist kein derartiges Motiv nach 1860 bekannt (mit Ausnahme der rumänischen Wasserfälle ab 1882). Zu beiden Seiten der „Norwegischen Landschaft" lagern große Steinblöcke. Im Hintergrund scheint das Gebirge durch die Wolken durch. Die Vertikalität der Felswände sollte der Landschaft den beim Publikum beliebten Effekt des Sublimen vermitteln. In diesem Zusammenhang erwähnt Becker in seinen Briefen gerne den Ausdruck „Beleuchtungseffekt". Bei den „Jungfraumassiv"-Motiven, an denen er dies hätte leicht üben können, da der Gebirgsteil während dem Erstellen seiner Studien sehr häufig in den Wolken verschwand, vermied er die Vermischung von Wolken und Felsen bewusst. Die „Jungfraumassiv"-Gemälde wirkten für ihn erst durch die mächtige Felsenformation, während die „Norwegische Landschaft" auch durch den interessanten Vordergrund, das Wasser und die Fjordgestaltung, für das Betrachterauge reizvoll erschien. Von dem Malerkollegen August W. Leu gibt es ein 1849 entstandenes sehr ähnliches Gemälde („Wasserfall in Norwegen", Oldenburg, Landesmuseum für Kunst- und Kulturgeschichte), auf dem auch ein Blockhaus zu erkennen ist und das im Übrigen ohne Staffage gestaltet wurde. Beckers und Leus Gemälde erinnern an eine Arbeit von Allaert van Everdingen, „Norwegische Landschaft" (Oldenburg, Landesmuseum für Kunst- und Kulturgeschichte), das gut zweihundert Jahre zuvor gemalt wurde!

Quellen/Literatur: Courtauld Institute of Art (Photographic Survey of the Private Collections), London; Aukt.-Kat. Lempertz, Köln 11.–14. Juni 1958, Tafel 32

81. Norwegische Gebirgslandschaft

Befund: 1850; Öl auf Leinwand

Provenienz: Kunsthandel Lempertz, Köln, 615. Aukt., 20.–22. 11. 1986

Quellen/Literatur: Aukt.-Kat. Lempertz, 615. Aukt. 20.–22. 11. 1986, S. 41, Kat.-Nr. 209

82. Gebirgslandschaft

Befund: nach 1850; Öl auf Leinwand

Provenienz/Ort: bis zum Zweiten Weltkrieg in Darmstädter Privatbesitz, Kriegsverlust

Kommentar: Der in der ersten Hälfte des 20. Jahrhunderts als Oberbaurat in Darmstadt tätige August Becker, Sohn von Ernst Becker und nicht, wie das Saur-Künstlerlexikon schreibt, Sohn von August Becker, besaß dieses Gemälde als Erbteil der Familie.

Ausstellungen: Darmstadt 1930

Quellen/Literatur: Ausst.-Kat. Zweihundert Jahre Darmstädter Kunst 1830–1930, Mathildenhöhe, Juni–Ende September 1930, S. 51, Nr. 16

83. Abendstimmung

Befund: nach 1850; Öl auf Leinwand

Provenienz/Ort: Verbleib unbekannt

Kommentar: Besitzer des Bildes war Frau Oberamtsrichter Baur (wahrscheinlich aus Darmstadt). Beckers Arbeiten waren in dieser sozial gefestigten Bevölkerungsschicht verbreitet. Zu den Käufern seiner Gemälde gehörte beispielsweise auch der aus Stralsund stammende Regierungspräsident von Westfalen, Robert von Hagemeister.

Ausstellungen: Darmstadt 1930

Quellen/Literatur: Ausst.-Kat. Zweihundert Jahre Darmstädter Kunst 1830–1930, Mathildenhöhe, Juni-Ende September 1930, S. 51, Nr. 17

84. Mondschein

Befund: um 1851; Öl auf Leinwand

Provenienz/Ort: Verbleib unbekannt

Kommentar: Das Bild wurde 1851 mit vier weiteren Gemälden in London ausgestellt und sollte für 15,- £ versteigert werden. Jedoch konnte Becker noch keine Verkaufserfolge in England erzielen. Die Bilder sind möglicherweise, wie jene in Sankt Petersburg gezeigten Landschaften, zurück nach Darmstadt geschickt worden.

Ausstellungen: London 1851

Quellen/Literatur: Hoffmann-Kuhnt (Hg.), Nürnberg 2000, S. 235

85. Morgendliche Landschaft

Befund: um 1851; Öl auf Leinwand

Provenienz/Ort: Verbleib unbekannt

Kommentar: Das Bild wurde mit vier weiteren Gemälden in London ausgestellt und sollte für 70,- £ versteigert werden.

Ausstellungen: London 1851

Quellen/Literatur: Hoffmann-Kuhnt (Hg.), Nürnberg 2000, S. 235

86. Unbekanntes Motiv

Befund: um 1851; Öl auf Leinwand

Provenienz/Ort: Verbleib unbekannt

Ausstellungen: London 1851

Quellen/Literatur: Hoffmann-Kuhnt (Hg.), Nürnberg 2000, S. 235

87. Unbekanntes Motiv

Befund: um 1851; Öl auf Leinwand

Provenienz/Ort: Verbleib unbekannt

Ausstellungen: London 1851

Quellen/Literatur: Hoffmann-Kuhnt (Hg.), Nürnberg 2000, S. 235

88. Unbekanntes Motiv

Befund: um 1851; Öl auf Leinwand

Provenienz/Ort: Verbleib unbekannt

Ausstellungen: London 1851

Quellen/Literatur: Hoffmann-Kuhnt (Hg.), Nürnberg 2000, S. 235

89. Feigumfoss in Norwegen

Befund: vor 1851; Öl auf Leinwand

Provenienz/Ort: Verbleib unbekannt

Kommentar: Das Gemälde war lt. Boetticher ursprünglich im Besitz der Kronprinzessin von Hannover, Marie, Gemahlin des künftigen Königs von Hannover, Georg V. 1851, im Jahr des Regierungsantritts, wurde es auf einer Ausstellung in Hannover erworben. Das Gemälde befindet sich nicht mehr in den Folgesammlungen des Königshauses. Daher kann es über erneuten Verkauf aus der Sammlung weiter gegeben worden sein. Es war durchaus üblich, dass Monarchen und andere gut betuchte Personen durch Leihgaben, Schenkungen oder Stiftungen den Kunstvereinen halfen. Den Beweis liefert ein Schreiben des Kunstvereins Gotha, datiert 27. Mai 1853, an den König von Hannover, in dem dieser gebeten wird, Kunstwerke, die in den vergangenen Jahren von ihm angekauft worden waren, für die Zyklusausstellung des Jahres 1853 bereitzustellen. (Vgl. Hannover, Niedersächsisches Hauptstaatsarchiv, Königliches Hausarchiv, Dep. 103, XXIV, Nr. 2602) 1863 tauchte erneut eine Feigumfoss-Ansicht von August Becker in Hannover und Gotha auf (Ausstellungen des Kunstvereins).

Ausstellungen: Hannover 1851

Quellen/Literatur: Boetticher, Nr. 3

90. Wasserfall in Norwegen

Befund: um 1852; Öl auf Leinwand

Provenienz/Ort: Verbleib unbekannt

Kommentar: Im Ausstellungskatalog heißt es noch „A. Becker in Darmstadt". Wie regelmäßig Becker in Halberstadt ausstellen ließ, konnte mangels Quellenmaterial nicht weiter nachgewiesen werden.

Ausstellungen: Halberstadt 1852

Quellen/Literatur: Verzeichnis der Kunstwerke auf der Kunstausstellung 1852, S. 2, Nr. 16

91. Norwegische Landschaft (im Charakter vom Hardanger Fjord)

Befund: um 1852; Öl auf Leinwand

Provenienz/Ort: Verbleib unbekannt

Kommentar: Als Preis wurden 200,- Thaler angegeben. August Becker wurde bei der Ausstellung des Hamburger Kunstvereins von 1852 als noch in Darmstadt wohnhaft vorgestellt. Interessant ist der Titelzusatz „im Charakter vom Hardanger Fjord". Dahinter steht eine feine aber maßgebliche Unterscheidung. Die Düsseldorfer Landschaftsmalerei der Jahrhundertmitte war geprägt von einem Realismus mit spätromantischer Tendenz. Die Bilder strahlten keine klassisch-ideale Auffassung aus, sondern die Künstler gingen von direkter Naturerfahrung aus. Vorreiter waren Johann Wilhelm Schirmer und Karl Friedrich Lessing. Schirmer malte vorwiegend stimmungsvolle Waldlandschaften, wie sie auch Becker anfertigen konnte. Lessing malte „Charakterlandschaften", die durch Beifügung von romantischer Staffage (Ruinen, Klöster, Mönchen etc.) „überhöht" waren. Und genau das meinte Becker, als er den Ausstellungsmachern in Hamburg diesen Bildtitel angab. Es sind jene Staffageelemente, die den Charakter vom Hardanger Fjord ausmachten, wie wir sie auf den erhaltenen Fassungen aus den 1880er Jahren entdecken können: Holzboote, vereinzelt Fischer und kleine Holzhütten. Bei den schottischen Motiven taucht ein Bildtitelzusatz „im Charakter" nicht auf, denn es handelte sich dabei eher um eine reale Wiedergabe der Natur (im Sinne von Wilhelm Schirmer), so genannte

Landschaftsveduten, wie sie die englische Königin von Becker in den 1860er Jahren bestellt hatte.

Ausstellungen: Hamburg 1852

Quellen/Literatur: Kat. Kunstausstellung des Hamburger Kunstvereins, 1852, 12. Ausstellung, Kat.-Nr. 24

92. Norwegische Abendlandschaft, Natur im Charakter vom Hardanger Fjord

Befund: um 1852; Öl auf Leinwand

Provenienz/Ort: Verbleib unbekannt

Kommentar: Das Gemälde ist möglicherweise mit der vorherigen Katalognummer identisch. Denn Gemälde, die in Hamburg vom Kunstverein gezeigt wurden, kamen auch in Bremen zur Ausstellung. Der Titel ist jedoch etwas anders.

Ausstellungen: Bremen 1852

Quellen/Literatur: Verzeichnis der achten Grossen Ausstellung des Kunstvereins in Bremen, 1852, S. 7, Kat.-Nr. 5

93. Norwegisches Hochgebirge in Mitternachtssonnenschein

Befund: um 1852; Öl auf Leinwand

Provenienz/Ort: Verbleib unbekannt

Kommentar: Als Preis wurden 400,- Thaler angegeben.

Ausstellungen: Bremen 1852; Hamburg 1852

Quellen/Literatur: Verzeichnis der achten Grossen Ausstellung des Kunstvereins in Bremen, 1852, S. 7, Kat.-Nr. 6; Kat. Kunstausstellung des Hamburger Kunstvereins, 1852, 12. Ausstellung, Kat.-Nr. 25

94. Nordische Mondnacht

Befund: um 1852; Öl auf Leinwand

Provenienz/Ort: Verbleib unbekannt

Kommentar: Als Preis wurden für das vorliegende Bild in Hamburg 80,- Thaler angegeben. In Karlsruhe hingegen ließ Becker 1853 durch den Rheinischen Kunstverein ein gleichlautendes Gemälde für den Preis von 150,- fl ausstellen. Ein gleichnamiges Gemälde gehörte Prinzessin Karl [sic!], der Mutter von Ludwig IV., Großherzog von Hessen-Darmstadt. Es könnte von ihr auf der Ausstellung des Rheinischen Kunstvereins, die u.a. in Darmstadt, in einigen Räumen des Residenzschlosses stattfand, gesehen und später erworben worden sein. (Vgl. „Nordische Mondnacht (mit kleinen Bäumen)", nach 1844, Kat.-Nr. 54)

Ausstellungen: Bremen 1852; Hamburg 1852; Darmstadt 1853; Karlsruhe 1853 (u.a.)

Quellen/Literatur: Verzeichnis der achten Grossen Ausstellung des Kunstvereins in Bremen, 1852, S. 7, Kat.-Nr. 7; Kat. Kunstausstellung des Hamburger Kunstvereins, 1852, 12. Ausstellung, Kat.-Nr. 26; Rheinischer Kunstverein, Verzeichnis der Gemälde, Carlsruhe, im Monat August 1853, S. 10, Nr. 151

95. Verschneite Dächer (vermutlich in Düsseldorf)

Befund: nach 1852; 15,0 x 12,9 cm; Öl/Pappe (Skizze); verso: Registrierungsnummer: „16"; auf dem Rahmen hinten in Toni Hendschels, geb. Bracht, Handschrift: „August Becker, Düsseldorf"

Provenienz/Ort: Privatbesitz

Kurzbeschreibung: Verschneite Dächer im unteren Bilddrittel, darüber Himmel mit Wolken und Vögeln.

Kommentar: Hierbei handelt es sich wohl um die einzige Arbeit Beckers, die als Motiv seine Wahlheimat Düsseldorf wiedergibt. Möglicherweise ist die Szenerie von seinem Atelier aus gemalt worden. Auch von seinem ersten Lehrer Schilbach sind derartige kleinformatige Ölstudien erhalten.

96. Almhütte in einem Tal des Berner Oberlandes

Befund: nach 1852; historische Fotografie nach einem Ölbild; Mappe „Schweiz"; nicht katalogisiert

Provenienz/Ort: Nachlass

Kurzbeschreibung: Eine Almhütte im Vordergrund, davor zwei Kühe, rechts eine Figur in Richtung Hütte gehend. Im Hintergrund hohe Bergwände von einigen Wolken verhangen.

97. Das Breithorn in der Schweiz

Befund: nach 1852; historische Fotografie nach einem Ölbild; Mappe „Schweiz", nicht katalogisiert; auf dem Karton mit Bleistift vermerkt: „Das Breithorn in der Schweiz" und „Private in Liverpool"

Provenienz/Ort: Nachlass

Kurzbeschreibung: Waldige Landschaft, auf einem Weg auf den Betrachter zuschreitende Person. Im Hintergrund Gletscher.

Kommentar: 1859 stellte Becker in Liverpool u.a. ein gleichnamiges Gemälde aus. Der kahle Baum auf der linken Seite hat Ähnlichkeit mit dem auf der „Felsschlucht mit kleinem Wasserfall" (1842, Kat.-Nr. 38). Das allein in Richtung Bildbetrachter schreitende Mädchen begegnet uns auf der „Jungfraumassiv"-Fassung in Sigmaringen (1855, Kat.-Nr. 122) wieder. Verbleib des hochformatigen Gemäldes unbekannt.

Ausstellungen: Coburg 2003

Quellen/Literatur: Ausst.-Kat. Ton und Licht, Coburg 2003, S. 30

98. Das Breithorn in der Schweiz (mit mehreren Staffagefiguren im Vordergrund)

Befund: nach 1852; historische Fotografie nach einem Ölbild, Mappe „Schweiz", nicht katalogisiert; auf dem Karton mit Bleistift vermerkt: „Das Breithorn in der Schweiz" und „Prinz Emil v. Wittgenstein"; ca. 96,0 x 102,0 cm, signiert, 2004 restauriert

Provenienz/Ort: Nachlass, Privatbesitz (Gemälde), zuvor Kunsthandel (Rumänien)

Kurzbeschreibung: Im Vordergrund ein Weg mit zwei rastenden Wanderern. Im Mittelgrund eine große Baumgruppe, dahinter weitere Bäume, der Gletscher im Hintergrund.

Kommentar: Das knorrige Wurzelwerk des umgestürzten Baumes im Vordergrund (mittig) ist dem auf den „Jungfraumassiv"-Gemälden in Hannover und England sehr ähnlich. Die beiden Wanderer, von denen einer abseits des Weges sitzt, während der andere steht und sich auf einen Wanderstock stützt, zählen zu den „hochwertigen", d.h. professionell ausgeführten Staffagen. Sie dienen dazu, die enorme Ausdehnung des Gletschers zu verbildlichen.

99. Das Breithorn

Befund: 1852; 21,0 x 28,5 cm; Öl auf Leinwand (Ölstudie); u.r.: „A. Becker 26/8 '52"

Provenienz/Ort: Privatbesitz

Kurzbeschreibung: Im Vordergrund Wiese, im Mittelgrund Tal, im Hintergrund Gletscher.

Kommentar: Die kleinformatige Variante aus dem Berner Oberland ist aufgrund ihrer taggenauen Datierung „26.8.1852" als früheste Arbeit aus der Gegend zu betrachten. Becker siedelte im Herbst 1852 von Darmstadt nach Düsseldorf über, nachdem er im gleichen Jahr eine erste Studienreise in die Schweiz unternommen hatte. Seine damaligen Reisebegleiter waren August W. Leu, Arnold Schulten, Leonhard Rausch und Ernst von Raven – alles Maler aus Düsseldorf. In den späteren Versionen entwickelte er das Breithorn-Motiv zu großartigen Landschaftsgemälden, wie z.B. in der hochformatigen Liverpool-Version (1859).

Ausstellungen: Darmstadt 2002

100. Das Jungfraumassiv (im starken Sonnenlicht)

Befund: nach 1852; historische Fotografie nach einem Ölbild, Mappe „Schweiz", nicht katalogisiert

Provenienz/Ort: Nachlass

Kurzbeschreibung: Abschüssige Wiesenlandschaft, rechts mehrere große Steine, dahinter größere Baumgruppe, links knorriger Baum, im Hintergrund Gletscher, links starkes Sonnenlicht.

Kommentar: Die Rottannengruppe im Mittelgrund ist die gleiche wie auf den beiden folgenden Versionen. Auch die zwei großen Findlinge davor finden sich auf zwei weiteren Gemälden vom gleichen Gletscher wieder. Ein weiteres gemeinsames Versatzstück bildet der umgefallene dünne Baum am rechten Mittelgrund. Das Foto konnte keinem Gemälde zugeordnet werden.

Quellen/Literatur: Selke, Prince Albert Studies, vol. 22, München 2004, p. 177, ill. 9

101. Das Jungfraumassiv im Berner Oberland (kleine Fassung, Abend)

Befund: nach 1852; 40,0 x 53,0 cm; Öl auf Leinwand; u.l.: „August Becker"

Provenienz/Ort: Kunsthandel, W. Hoestermann, 24.02.1989; Darmstadt, Städtische Kunstsammlungen, Inv. Nr. MA 108

Kurzbeschreibung: Dunkler Vordergrund mit Almhütte, dahinter Tal mit Wolken, im Hintergrund die Gletscherwand.

Kommentar: Im Format eher mittelgroß ist es die schwächste der bekannten Jungfraumassiv-Versionen. Der dunkle Schatten am vorderen Bildgrund wirkt nicht gelungen. Von der abendlichen Stimmung her ähnelt die Darstellung der großen Fassung in Sigmaringen. Im Mittelgrund sind Kühe bei einer Holzhütte, einem Schweizer Haus, als Staffage erkennbar. Auf die figürlichen Elemente legte Becker in dieser Fassung wenig Bedeutung. So sind die Kühe in den Mittelgrund geschoben. Bezüglich der Haus-Staffage sei angemerkt, dass Becker auf seiner zweiten belegbaren Reise in die Schweiz 1862 *„[...] die alten, echten Schweizer Holzhäuser, die den modernen Steingebäuden Platz machen."* lange suchen musste. (Zit. August Becker, in: Hoffmann-Kuhnt (Hg.), Nürnberg 2000, S. 389

Ausstellungen: Darmstadt 1992, Darmstadt 2002, Coburg 2003

Quellen/Literatur: Ausst.-Kat. Darmstadt 2002, S. 27, Abb. 21; Frankfurter Rundschau, Oktober 2002; Ausst.-Kat. Coburg 2003, S. 29 f., Kat.-Nr. 47; Neue Presse Coburg, 13.09. 2003, S. 22

102. Das Jungfraumassiv im Berner Oberland (große Fassung)

Befund: 1853; 148,0 x 208,0 cm (ohne Rahmen), 198,0 x 258,0 cm (mit Rahmen); Öl auf Leinwand; u.l.: „August Becker/1853"; verso Klebezettel auf der Rahmenleiste: „Fideikommiss-Galerie/L/Kat. ~~Eisenmann~~ Nr. 211/Kat. V. 1905 Nr. 14", kleiner Klebezettel auf der Leinwand: „214"; Schmuckrahmen original

Provenienz/Ort: Erwerb durch Georg V., König von Hannover; Kunstsammlung S.K.H. Ernst August Prinz von Hannover, Herzog zu Braunschweig und Lüneburg (als ständige Leihgabe in der Klosterkammer Hannover seit den 1970-er Jahren), ohne Inv. Nr.

Kurzbeschreibung: Abschüssige Wiesenlandschaft, rechts mehrere große Steine, auf denen zwei Personen sitzen, dahinter größere Baumgruppe, links knorriger Baum, im Mittelgrund Viehherde, im Hintergrund Gletscher, rechts ein paar Wolken.

Kommentar: Diese Variante des Jungfraumassivs ist eines der besten Gemälde, welche von August Becker bisher bekannt sind. Es entstand kurze Zeit nach der Schweiz-Studienreise im Sommer 1852. Am 20. August 1852 notierte Becker in seinem Tagebuch, als man gerade in Zweilütschinen Station machte: „Dort [in Drachsellauinen] wollen wir besseres Wetter abwarten, und dann auf die Wengernalm, oder nach Eisenfluhe gehen, um Zeichnungen von der Jungfrau zu machen." (Zit. August Becker, in: Hoffmann-Kuhnt (Hg.), Brief an die Mutter, 20. August 1852, Nürnberg 2000, S. 242) So sind die Maler zunächst zum Wetterhorn aufgestiegen (noch mit Rausch und Raven), am darauf folgenden Tag wurde das Faulhorn erklommen, von wo aus ihnen ein fantastischer Blick über die Alpen geboten wurde: *„Das Wetter war hell, wir wollten einen Begriff von den Alpen in ihrer ganzen Pracht haben, beschlossen deshalb, das Faulhorn zu besteigen. Wir behielten unsere Träger vom vorigen Tage bei, und gelangten um 11 Uhr Vormittags auf die Spitze des Bergs, 8000 Fuß über dem Meere. Unterwegs begegneten uns viele Fremde, die herunter kamen, es hatten in der letzten Nacht 76 Personen in dem Wirtshaus, das auf der Spitze liegt, geschlafen. Vom Faulhorn hat man Panorama - vom Bodensee bis über den Genfersee, nach den französischen Gebirgen, etc. aber die Hauptsache ist, daß man alle Riesen des Berner Oberlandes, der* *ganzen Reihe nach dicht vor sich hat."* (Zit. August Becker, Brief an die Mutter, 20. August 1852, in: Hoffmann-Kuhnt (Hg.), Nürnberg 2000, S. 242) Vom Faulhorn aus hat Becker die Berner Alpen in ihrer vollen Pracht sehen und zeichnen können: u.a. das Wetterhorn, den Aeusser Eiger, Inner Eiger oder Gross-Mönch, die Jungfrau, das Silberhorn, Grosshorn, Breithorn und Tschingelhorn. Das Gemälde dürfte nach den Skizzen von der Wengernalp aus entstanden sein, denn der Faulhorn-Gletscher wäre auch mit Schnee bedeckt gewesen. Die Wengernalp umfasst einige Sennhütten und die darum liegenden Weideflächen, die im Sommer für das Vieh als Weide benutzt werden. Sie liegt weiter talabwärts vom Faulhorn aus, auf halbem Wege zwischen Faulhorn und Jungfrau. Dieser Abschnitt wurde in der zeitgenössischen Schweiz-Reiseliteratur von Baedeker innerhalb der 28. Route, „Das Berner Oberland. Von Lauterbrunnen nach Grindelwald. Wengernalp. Jungfrau" beschrieben. Die darin abgedruckte Ansicht von der Wengernalp entspricht ziemlich genau dem Gemälde von Becker! (Vgl. Baedeker, Schweiz, Coblenz 1859, S. 109) Nach Grindelwald führten zwei Wege, von denen jener über die Wengernalp aufgrund seiner malerischen Abwechslung eher empfohlen wurde. Dieser Weg, den auch Becker mit den Kollegen ging, war bereits in den 1850er Jahre als einer der frequentiertesten Wanderrouten der Schweiz europaweit bekannt. Die außergewöhnliche Wirkung des Bildes wird

auch durch die Personenstaffage im rechten Vordergrund verstärkt. Die beiden auf einem Stein sitzenden Leute sind sich fremd. Der junge Mann in bürgerlicher Kleidung ist offenbar ein Tourist, während es sich bei der jungen Frau in der Tracht um eine Sennerin handeln könnte. Beide sind in ein Gespräch verwickelt. Wären sie ein Pärchen, hätte Becker sie wohl näher beieinander gemalt, so wie im Bild „Norwegischer Fjord" (1854, Kat.-Nr. 117). Trotzdem denkt man unwillkürlich an zwischenmenschliche Beziehungen, wie sie Albrecht von Haller in einem für die Thematik der Schweizer Bergwelt wichtigen Gedicht formulierte: *„Die Sehnsucht wird hier nicht mit eitler Pracht belästigt, Er liebet Sie, Sie ihn, dieß macht den Heyrath-Schluß. Die Eh wird oft durch nichts, als beyder Treu befestigt, Für Schwüre dient ein Ja, das Siegel ist ein Kuß."* (Zit. Haller, Die Alpen, bearb. von Harold T. Betteridge, Berlin 1959, S. 13, XV.) Die zwei Leute sind so klein gestaltet, dass sie vom Betrachter als weit weg sich befindend wahrgenommen werden. Schaut man über sie hinweg auf die gewaltige Berg- und Gletscherformation, werden die Größenverhältnisse umso anschaulicher. Auch die Viehgruppe wurde sehr gut gemalt. Man vergleiche etwa Beckers „Schloss Balmoral"-Gemälde von 1865 (Kat.-Nr. 228). Darauf sind ebenfalls Kühe und zwei Personen als Staffagen abgebildet. Aber die Ausführung ist bei weitem nicht so filigran. Außerdem haben die beiden Leute auf dem „Jungfraumassiv"-Bild Portraitcharakter. Bei Becker gibt es noch eine weitere Szene in diesem Sinne, auf dem Bild „Norwegischer Fjord" (Kat.-Nr. 117). So wie auf dem vorliegenden Jungfraumassiv-Gemälde ist diese Darstellung ganz im Sinne von Beckers idealem und friedvollem Weltbild. Und in der heutigen Zeit sieht man auf Werbeprospekten häufig Abbildungen, auf denen eine entspannte Jugendgruppe mit ihrem Leiter in der freien Natur, auf Steinen oder im Gras sitzend eben jene Sorglosigkeit vorspiegelt, die schon vor 150 Jahren Beckers Gemälde suggerieren sollten. Im Skizzenbuch I (1860 ff., Kat.-Nr. 160) sind einige Sitzfiguren als Studien enthalten. August W. Leu wollte als erster der Gruppe die „Jungfrau" als großes Gemälde komponieren, (Vgl. Hoffmann-Kuhnt (Hg.), Nürnberg 2000, S. 245). Auch Becker lobte den Anblick der „Jungfrau" und konnte sich zu einem Bild begeistern (Hoffmann-Kuhnt (Hg.), Nürnberg 2000, S. 248). Für die Staffage in einem Gemälde und das Ausmaß ihrer Bedeutung stellte der Kunstschriftsteller Friedrich Theodor Vischer eine grundlegende Ästhetiktheorie auf. Ausgehend von der Natur als der objektiven und von der Phantasie als der subjektiven Existenz des Schönen forderte er die Unterordnung der Staffageelemente unter die Landschaftsdarstellung: *„Die elementare Natur mit dem Pflanzenreich erscheint dem menschlichen Bewußtsein durch eine dunkle Symbolik des Gefühls als ein objektiver Widerschein seiner eignen Stimmung. [...] Im Landschaftsgemälde ist das eigentliche Subject die Natur, nicht der Mensch; tritt dieser mit dem Anspruch darin auf, daß wir uns für ihn interessieren, so hat das Gemälde zwei Subjecte, und die Einheit, d.h. das Kunstwerk, ist* *aufgehoben. [...] Die Staffage muß daher durchaus anspruchslos sein, sie darf den Menschen nur in Zuständen darstellen, in welchen er, fern von moralischen Zwecken und Kämpfen, harmlos das elementarische Leben gleichsam durch sie hindurchziehen läßt und in ihm aufgeht: ruhig Gelagerte, Wandernde, Hirten und Jäger, die im steten Umgang mit der Natur selbst etwas von ihrer Unmittelbarkeit annehmen. [...]"* (Zit. Friedrich Theodor Vischer: „Zustand der jetzigen Malerei" [1842], in: Kritische Gänge, 2 Bde., Tübingen 1844, 2. verm. Auflage, hg. von R. Vischer, München 1922, Bd. 5, S. 45–47) Beckers menschliche Staffagen kommen dieser Beschreibung sehr nahe. Das Berner Oberland war auch in der Lyrik ein großes Thema. Bereits 1732 veröffentlichte der Göttinger Philosophieprofessor Albrecht von Haller ein Gedicht über die Alpen. Darin, so könnte man meinen, scheint er die späteren Ideale der Französischen Revolution von 1789 – Freiheit, Brüderlichkeit und Gerechtigkeit – in der Alpenlandschaft verwirklicht zu sehen. Es besteht ja kein Widerspruch zwischen idyllischer Natur und Gerechtigkeit. Die arkadische Szenerie des Bildes erlaubt einen weiteren Auszug aus Hallers Alpen-Gedicht: *„Hier macht kein wechselnd Glück die Zeiten unterschieden, Die Thränen folgen nicht auf kurze Freudigkeit: Das Leben rinnt dahin in ungestörtem Frieden, Heut ist wie gestern war, und morgen wird wie heut. Kein ungewohnter Fall bezeichnet hier die Tage, Kein Unstern mahlte schwarz, kein schwülstig Glücke roh. Der Jahre Last und Müh ruhn stets auf gleicher Waage, Des Lebens Staffeln sind nichts als Geburt und Tod. Nur hat die Fröhlichkeit bisweilen wenig Stunden, Dem unverdroßnen Volk nicht ohne Müh entwunden."* (Zit. Haller, Die Alpen, bearb. von Harold T. Betteridge, Berlin 1959, S. 10, X) Haller hat damit der Schweizer Alpenwelt wie Mügge dem Land Norwegen ein Idealitätssiegel verliehen, das als literarische Legitimation für die naturalistischen Landschaftsmaler dienen konnte. Heute hängt das großartige Gemälde in der ältesten existierenden Behörde Niedersachsens, der „Klosterkammer". Die Gründung des Amtes geht auf ein Patent des Prinzregenten Georg, des späteren Königs Georg IV. von Großbritannien, Irland und Hannover, zur Bewirtschaftung von römisch-katholischem Klosterbesitz bis auf das Jahr 1818 zurück.

Ausstellungen: Köln (II. Allgemeine Deutsche und Historische Kunstausstellung) 1861

Quellen/Literatur: Kat. zur 2. allgemeinen deutschen und historischen Kunst-Ausstellung im neuen Museum Wallraf-Richartz, 2. Aufl., Köln 1861, S. 30, Nr. 253; Dioskuren, 6. Jg., Nr. 42, 20.10.1861, S. 357; Ernst Becker, Lebenslauf zu August Becker, Düsseldorf, KVM 552; Boetticher, Nr. 11; Thieme-Becker, Bd. 3, Stichwort „Becker, August", S. 145; Saur, AKL, Bd. VIII, 1994, Stichwort „Becker, August", S. 154; Weltkunst 9/2003, S. 1109 f. (m. Abb.)

103. Das Jungfraumassiv im Berner Oberland (mittelgroße Fassung)

Befund: 1853; 95,3 x 132,7 cm; Öl auf Leinwand; u.l.: „August Becker.1853"; The Royal Collection©2004, Her Majesty Queen Elizabeth II

Provenienz/Ort: Erwerb durch Prinz Albert im Kunsthandel (London) als Geschenk für Queen Victoria zu Weihnachten 1854 (7. August 1854); Royal Collection, Osborne House, Inv. Nr. RCIN 403622

Kurzbeschreibung: Abschüssige Wiesenlandschaft, rechts mehrere große Steine, bei denen eine Person sitzt, dahinter größere Baumgruppe, links knorriger Baum, im Mittelgrund Herde liegender Rinder, im Hintergrund Gletscher, rechts ein paar Wolken.

Kommentar: Auch mit diesem Bild gelang Becker ein Meisterwerk. Der Standort des Malers ist exakt der gleiche wie auf der großen Fassung in Hannover. Der Unterschied besteht im Fehlen der zwei Staffagefiguren. Dafür sitzt an fast derselben Stelle ein Hirte. Die Gruppe der Rottannen in der Bildmitte, wie auch die zwei großen Steine und der vermodernde Baum in der linken Hälfte wurden von Becker in gleicher Weise gestaltet. Das Jungfraumassiv wirkt aber gedrängter als auf der großen Fassung. Der Mittelgrund ist schmaler gehalten, so dass der Gletscher viel näher erscheint. Die Gruppe Rinder besteht aus vier liegenden Tieren im Vergleich zu fünf auf der Fassung in Hannover, von denen eines steht. Die Kuh rechts der Gruppe ist auf beiden Bildern wiederum ganz ähnlich. Der horizontal liegende abgestorbene Baum am rechten Bildmittelgrund wurde von Becker auch in weiteren Fassungen eingesetzt. 1885 taucht er bei „Wasserfall bei Sinaia II" (Kat.-Nr. 412) erneut auf. Das Gemälde war einer der ersten Verkäufe des Malers in England. Dort wurde es von Prinz Albert in einer Galerie kurz vor Weihnachten 1854 erworben. Becker war im Sommer zuvor für mehrere Wochen in London bei seinem Bruder Ernst zu Besuch gewesen. Er wird bei dieser Gelegenheit auch den Kunstmarkt für sich erkundet haben. Außerdem hatte er Gelegenheit, den Prinzen persönlich kennen zu lernen. Die Schweiz war bei der Hocharistokratie ein beliebtes Reiseland. Der erste Alpenverein wurde von

Engländern gegründet. Auch in der Dichtung entstanden zahlreiche kleinere Verse zum Berner Oberland: *„Die Jungfrau. Eine geognostische Bemerkung. Mag Phoebus auch dich noch so glühend grüßen, Du bleibest felsenhart und kalt. Das zeigt: du sei'st entsetzlich alt, Da junge Damen sonst beim ersten Blick zerfließen."* (J.R. Wyß, der jüngere: Alpenrosen, 1814). Und im „Faust" von Goethe, II. Teil, heißt es: *„Hinaufgeschaut! Der Berge Gipfelriesen verkünden schon die feierliche Stunde."* (Zit. Goethe, Faust der Tragödie Zweiter Teil, 1. Akt, Anmutige Gegend, in: Ernst Beutler (Hg.), Gedenkausgabe, Bd. 5, 2. Aufl., Einsiedeln 1962, S. 293)

Quellen/Literatur: Millar, Oliver, Cambridge 1992, vol. I, p. 32, no. 135, vol. II, pl. 91; Ausst.-Kat. Coburg 2003, S. 16 (m. Abb.).

104. Norwegisches Hochland mit Wasserfall

Befund: 1853; 90,0 x 138,0 cm; Öl auf Leinwand; signiert und datiert u.r.: „August Becker.1853"; Bild verschmutzt

Provenienz/Ort: Kunsthandel, Carola Van Ham, Köln, Kunstauktionen, 21. Juni 1996, 167. Auktion

Kurzbeschreibung: Links flach bewachsene, zum Betrachter abschüssige Uferzone, von links oben nach rechts unten verlaufendes sehr stürmisches Gewässer, im rechten Hintergrund bewaldete Uferzone, dahinter Gebirge.

Kommentar: Das Gemälde gehört zu einer Serie tosender Wildbachdarstellungen, die Becker Anfang der 1850er Jahre in seinem Düsseldorfer Atelier nach Studienmaterialien von den Norwegen-Reisen 1844 und 1847 komponierte. In kräftigen Farben wird das aufschäumende Wasser des Wildbaches dargestellt. Auf der gegenüberliegenden Flussseite sind zwei Holzhütten zu sehen. Aus dieser Zeit sind auch einige Fjordansichten erhalten, wie z.B. jene in den heutigen Museen von Kiel und Hannover. Bei Van Ham fand das Bild „Norwegisches Hochland mit Wasserfall" keinen Abnehmer. Bei Lempertz wurde ein „Tosender Wildbach", der sehr viel Ähnlichkeit mit dem bei Van Ham angebotenen Gemälde hat, verkauft. Die Breite ist gleich und die Höhe des Gemäldes wurde im Auktionshaus Lempertz 1997 mit 97,0 Zentimeter um sieben höher angegeben als im Kunsthandel Van Ham. Bei der Doublierung mit einer zweiten Leinwand könnte das Gewebe ganz ausgefaltet worden sein. Die Signatur und Jahresangabe stimmen überein. Der Verweis im Van Ham Auktionskatalog auf Friedrichs Boetticher „Malerwerke" als Referenzangabe ist nicht schlüssig, da dort unter der angegebenen Nr. 6 eine „Norwegische Hochebene mit Wasserfall", die 1863 in Privatbesitz gelangte, angegeben wird. Jene bei Van Ham zum Ausruf gelangte Variante kann kaum mit der bei Boetticher aufgezählten Arbeit gleich sein. Derartige Motive hatte Becker schon früher ausgestellt. Der hundertprozentige Provenienznachweis ist in vielen Fällen nicht realisierbar.

Quellen/Literatur: Aukt.-Kat. Carola Van Ham, 167. Auktion, Nr. 1441, Farbtafel XIV

105. Tosender Wildbach

Befund: 1853; 97,0 x 138,0 cm; Öl auf Leinwand; u.r.: „August Becker.1853"; Rückseite mit Leinwand gestärkt

Provenienz/Ort: Kunsthandel, Lempertz, Köln, Kunstauktionen, 753. Auktion, 6. Dezember 1997

Kurzbeschreibung: Links flach bewachsene, zum Betrachter abschüssige Uferzone, von links oben nach rechts unten verlaufendes sehr stürmisches Gewässer, im rechten Hintergrund bewaldete Uferzone, dahinter Gebirge.

Kommentar: Von dieser komponierten Szenerie hat sich ein historisches Foto erhalten. So konnte Becker mit der Vorlage weitere Repliken anfertigen. Die tosenden Wildbäche mit aufsteigender Gischt gehören zu den Effektlandschaften. Becker gab dem Bild keinen topographischen Titel, sondern die spektakuläre Bezeichnung sollte beim Publikum ein besonderes Interesse wecken. Johan Fredrik Eckersberg, der zeitweise in Düsseldorf und Kristiania Malerei studierte, malte 1852 „Aussicht von Valle im Setesdal" (Oslo, Nationalgalerie). Was Eckersberg von Becker und den meisten in Düsseldorf geschulten Landschaftsmalern unterscheidet, ist seine nüchterne Art und Weise der Wiedergabe.

Quellen/Literatur: Aukt.-Kat. Lempertz Nr. 753, 6.12.1997, Kat.-Nr. 1918, Tafel 78

106. Norwegisches Hochgebirge

Befund: 1853; Öl auf Leinwand

Provenienz/Ort: Erwerb durch William Alexander, Marquis von Douglas und 11. Herzog von Hamilton, England; Verbleib unbekannt

Kommentar: Der Käufer war seit 1843 mit Marie, Herzogin von Hamilton, verheiratet. Diese war als geborene Prinzessin von Baden eine Schwester der Ehefrau von Carl Anton, Fürst von Hohenzollern. Der Herzog war ein Kenner der Düsseldorfer Kunstszene und hatte dieses Bild in Düsseldorf für cirka 60,- Frd'or erworben. August Becker war auf seiner Reise nach London (1854) auch mit ihm zusammengetroffen und konnte in dessen Haus sein Gemälde sehen. Der Herzog starb bereits 1863, ein Jahr bevor Becker im Königreich weitere große Erfolge erzielen sollte. 1853 stellte Becker nur dieses eine Bild im Kunstverein aus. Seit der Übersiedlung nach Düsseldorf war es sein erster Ausstellungsauftritt, bei dem er sich als „Becker aus Düsseldorf" ausgab. Spätestens ab 1857 ließ er mit dem Zusatz als „Becker aus Darmstadt" ausstellen. Allerdings machte der diese Unterscheidung nur in den Düsseldorfer Expositions-Katalogen sichtbar, wahrscheinlich um Namensverwechslungen zu vermeiden.

Ausstellungen: Düsseldorf 1853

Quellen/Literatur: Verzeichnis der Kunstwerke auf der Ausstellung des Kunstvereins für die Rheinlande und Westfalen, 1853, S. 2, Nr. 3; Ernst Becker, Lebenslauf zu August Becker, Düsseldorf, KVM 552; Hoffmann-Kuhnt (Hg.), Nürnberg 2000, S. 278 f.

107. Norwegisches Hochland mit großem Wasserfall

Befund: 1853; 80,0 x 120,0 cm; Öl auf Leinwand; doubliert; u.r.: „August Becker.1853"

Provenienz/Ort: Kunsthandel, Carola van Ham, Köln, 1979; erneut 1980

Kurzbeschreibung: Links flach bewachsene, zum Betrachter hin abschüssige Uferzone, von links oben nach rechts unten sehr stürmisch verlaufendes Gewässer, im rechten Hintergrund bewaldete Uferzone, dahinter Gebirge.

Kommentar: Aus den 1850er Jahren ist eine Vielzahl von Wasserfall-Darstellungen belegbar. Bei diesen Motiven orientierte sich Becker an dem erfolgreichsten Düsseldorfer Maler des 19. Jahrhunderts, Andreas Achenbach. Ein frühes Werk A. Achenbachs zu dieser Thematik ist „Trollhätta-Wasserfall" (1836) in Greifswald, Pommersches Landesmuseum. Auch Becker malte diesen Wasserlauf in den 1860er Jahren (Kat.-Nr. 257).

Quellen/Literatur: Aukt.-Kat. Carola Van Ham, Köln 1979, S. 114, Kat.-Nr. 1329, Tafel 168; Aukt.-Kat. Carola Van Ham, Köln 1980

108. Norwegische Fjordlandschaft

Befund: 1853; Öl auf Leinwand

Provenienz/Ort: Verbleib unbekannt

Kommentar: Becker stellte erstmals 1853 zwei Gemälde in Breslau aus. Er wird im Katalog als „A. Becker, in Düsseldorf" geführt. Der Ausstellungszyklus schloss spätestens seit 1863 neben Breslau auch Danzig, Königsberg, Stettin sowie Elbing und Görlitz ein.

Ausstellungen: Breslau 1853

Quellen/Literatur: Kat. Kunstausstellung des Breslauer Kunstvereins, 1853, S. 6, Nr. 64

109. Norwegische Fjordlandschaft

Befund: 1853; Öl auf Leinwand

Provenienz/Ort: Verbleib unbekannt

Kommentar: Das Gemälde wurde in Karlsruhe mit 350,- fl taxiert. Der Katalogeintrag enthält den Vermerk „M." (Mainz). Es dürfte zunächst im Mainzer Raum verblieben sein. Die Ausstellungsverzeichnisse kosteten übrigens 6 Kreuzer. 1,- fl war 120 Kreuzer wert. Für 350,- fl hätte man 1853 7.000 Ausstellungskataloge, die damals noch ohne Abbildungen waren, kaufen können. 1999 war ein Gemälde von Becker einem Sammler mindestens 26.000,- DM, rund 14.000,- €, wert. Der Katalog zur ersten Einzelschau über Beckers Oeuvre kostete 2002 14,- €. Man hätte somit mit cirka 1.000 Katalogen nur ein Siebtel des Warenumfangs für den Erlös aus dem Verkauf eines Becker-Gemäldes erhalten. Hier stellt sich die Frage, ob die Bilder des Spätromantikers im Verhältnis zu den Preisen für Kunstkataloge billiger waren oder umgekehrt.

Ausstellungen: Darmstadt 1853; Karlsruhe 1853 (u.a.)

Quellen/Literatur: Rheinischer Kunstverein, Verzeichnis der Gemälde, Carlsruhe, im Monat August 1853, S. 10, Nr. 147

110. Norwegischer Wasserfall

Befund: 1853; Öl auf Leinwand

Provenienz/Ort: Verbleib unbekannt

Kommentar: Es war das zweite auf der Ausstellung in Breslau 1853 gezeigte Bild. Becker wurde im Katalog bei diesem Titel als „August Becker, in Darmstadt" vorgestellt. Es handelt sich um ein Bild, das noch in der Darmstädter Zeit entstanden war und wahrscheinlich in der Signatur den Zusatz „Darmstadt" aufwies. Die Breslauer Norwegen-Gemälde von 1853 können mit anderen, im gleichen Jahr entstandenen Arbeiten identisch sein. Die Gemälde der Künstler wurden regelmäßig auf Turnusausstellungen präsentiert. In der Regel zeigte man die Arbeiten in fünf bis acht Städten.

Ausstellungen: Breslau 1853

Quellen/Literatur: Kat. Kunstausstellung des Breslauer Kunstvereins, 1853, S. 6, Nr. 65

111. Norwegischer Wasserfall

Befund: um 1854; Öl auf Leinwand

Provenienz/Ort: Verbleib unbekannt

Kommentar: Als Preis wurden 40,- Ld'or angegeben. Beckers einzige ausgestellte Arbeit in Hamburg erreichte einen höheren Preis als eine „Gewitterlandschaft" von Albert Zimmermann (25,- Frd'or).

Ausstellungen: Bremen 1854; Hamburg 1854

Quellen/Literatur: Verzeichnis der Gemälde der neunten Grossen Ausstellung des Kunstvereins in Bremen, 1854, S. 8, Kat.-Nr. 17; Kat. Kunstausstellung des Hamburger Kunstvereins, 1854, 13. Ausstellung, Kat.-Nr. 44

112. Landschaft auf der Isle of Wight

Befund: 1854; 32,0 x 47,0 cm; Öl auf Leinwand; u.r.: „AB.1854"; auf dem Rahmen hinten fälschlich betitelt: „Schottische Küstenlandschaft No 14"; Bild verschmutzt, rechts oben Farbfehlstelle, Krakelüren

Provenienz/Ort: Privatbesitz

Kurzbeschreibung: Steinige Küste im Vordergrund, rechts die offene See, vereinzelt Wolken im Himmel.

Kommentar: Ab 1854 sind Darstellungen von England im Oeuvre Beckers möglich gewesen. Er besuchte in diesem Jahr seinen Bruder in London, der dort seit 1851 als Prinzenerzieher und Bibliothekar für Prinz Albert arbeitete. Während seines Aufenthaltes fuhr er mit Ernst Becker auch auf die Isle of Wight, wo die Königin mit Osborne House eine repräsentative Residenz besaß. Der erste Baedeker-Reiseführer für England wurde erst im Todesjahr Beckers 1887 als englische Edition „Great Britain" verlegt und beinhaltet auch Schottland. 1888 folgte die erste deutschsprachige Ausgabe. Die ersten Auflagen eines London-Baedekers kamen 1862 in deutscher, 1866 in französischer und 1878 in englischer Sprache heraus. Es gab im Vergleich zu Norwegen wesentlich mehr Quellen, aus denen praktische und landeskundliche Informationen gewonnen werden konnten. Am Naheliegendsten war es für einen Maler natürlich, die Produktionen der höheren Künste zu begutachten. Musiker, Reiseschriftsteller, Poeten und Maler waren seit etwa 1800 in den schottischen Highlands unterwegs. An Touren-Büchern, die Becker nachweislich auch kannte, sind vor allem zwei Titel erwähnenswert: (1.) A Handbook for Travellers in Surrey, Hampshire, and the Isle of Wight, London, Murray 1858, und (2.) Handbook for Travellers in Scotland. With travelling maps and plans, London, Edinburgh, Dublin, Murray 1867. (Diesen Hinweis erhielt ich von Herrn Christoph Suin de Boutemard, Nienburg.) Da diese Bücher gewöhnlich nur die touristisch erschließbaren Sehenswürdigkeiten aufführten, sind gerade Beckers schriftliche Überlieferungen von den Einrichtungen, Gepflogenheiten und die landschaftlichen Beschreibungen in und um die königlichen „Freizeit"-Villen und -Schlösser von Interesse, da diese als „Terra incognita" in den offiziellen Prospekten kaum Erwähnung fanden. Im Nachlass befindet sich eine historische Fotografie nach dem Ölbild, Mappe „Schottland", nicht katalogisiert.

Ausstellungen: Coburg 2003

Quellen/Literatur: Hoffmann-Kuhnt (Hg.), Nürnberg 2000, S.288; Ausst.-Kat. Coburg 2003, S. 28 f., Kat.-Nr. 39

113. Küste an der Isle of Wight

Befund: 1854; historische Fotografie nach einem Ölbild, Mappe „England", nicht katalogisiert

Provenienz/Ort: Nachlass

Kurzbeschreibung: Im Vordergrund ein Weg, der in die Bildmitte führt. Im Hintergrund offene See mit einigen Booten, aus deren Schornsteinen Rauch aufsteigt.

Kommentar: Die beiden „Isle of Wight"-Bilder gehören zu den frühesten Arbeiten Beckers aus dieser Gegend. Die beiden historischen Fotos sind sehr kleinformatig (cirka 4,0 x 6,5 cm) im Vergleich zu den übrigen knapp achtzig historischen Fotos (cirka 23,0 x 35,0 cm).

Ausstellungen: Coburg 2003

114. Oberitalienische Landschaft

Befund: um 1854; 44,0 x 62,0 cm; Öl auf Leinwand; u.l.m. in dunkelroter Farbe monogrammiert: „A.B."; auf der oberen Leiste Klebezettel handgeschrieben in deutscher Sütterlin: „August Becker geb. 1821 in Darmstadt gest. 1887 in Düsseldorf. Comer See. Abendstimmung 1854"; daneben mit roter Kreide: „HLM" und mit Bleistift: „Comer See A. Becker 54", mittelmäßiger Erhaltungszustand, Reinigung erforderlich

Provenienz/Ort: Erwerb durch das Museum 1913 von Marinestabszahlmeister a. D. Wilh. Schod aus Darmstadt; Darmstadt, Hessisches Landesmuseum, Inv. Nr. GK 466

Kurzbeschreibung: Hügeliges Land mit sitzendem Hirten und Ziegen, im Mittelgrund ein See, dahinter bergige Gegend mit kleiner Stadt am Ufer.

Kommentar: Der bisherige Titel „Comer See, Abendstimmung" basierte auf einen in Sütterlinschrift geschriebenen Handzettel auf der Rückseite des Rahmens. Von A. Becker kann dieser jedoch nicht stammen, denn das Todesjahr ist bereits vermerkt. Beckers Tagebuchaufzeichnungen der ersten Expedition in die Schweiz brechen am 21. September 1852 in Eisenfluhe mit der Bemerkung ab, er wolle noch ein paar Tage umhertouren. Am Comer See war Becker jedoch nicht. Von den ohnehin sehr wenigen Zeugnissen seiner Landschaftskunst südlich des Jungfraumassivs besticht das Gemälde nicht durch Originalität. In seiner Farbigkeit ist es sehr dunkel und weist einige Unsicherheiten in der Behandlung des Bildgegenstandes auf. Eingedenk der Tatsache, dass schon ein Jahr zuvor die gelungenen „Jungfraumassiv"-Gemälde entstanden sind, ist diese Landschaft schwach gemalt. Gesicherte Hinweise über Beckers Anwesenheit in Oberitalien gibt es erst aus dem Jahre 1862, als er mit Malerkollegen bis nach Nizza gelangte. Der Süden behagte ihm aber nicht. Diese Einschätzung liest man in seinen Aufzeichnungen sehr oft. Sicher wirkte diese Abneigung als Hemmschwelle bei der

Bilderproduktion oberitalienischer Motive. Auch die damaligen Expositionsbesprechungen, wie z.B. zum 1867 gemalten „Lago Maggiore", beinhalten zahlreiche negative Kritiken.

Quellen/Literatur: Schweers 1994, Bd. 1, S. 103, Bd. 8, S. 284; Lexikon der Düsseldorfer Malerschule 1819–1918, Düsseldorf [u.a.] 1997–1998, Bd. I, Stichwort „Becker, August", S. 88; Kat. Darmstadt 2003, S. 64 (m. Abb.)

115. Norwegische Fjordlandschaft

Befund: um 1854; historische Fotografie nach einem Ölbild, Mappe „Norwegen", nicht katalogisiert; auf dem Karton mit Bleistift vermerkt: „Norwegische Fjordlandschaft" und „Private in Darmstadt"

Provenienz/Ort: Nachlass

Kurzbeschreibung: Links Uferzone mit einer Blockhütte, rechts Gewässer mit zwei Booten, im Hintergrund Gebirge.

116. Norwegischer Fjord

Befund: 1854; 95,5 x 133,0 cm; Öl auf Leinwand; u.l.: „August Becker. Düssdf. 1854"

Provenienz/Ort: Privatbesitz, Baronesse Adelheid von Blome a. d. Hause Salzau, Konventualin im Adeligen Kloster Preetz, Vermächtnis; Kiel, Kunsthalle, Inv. Nr. 124

Kurzbeschreibung: Links Uferzone mit einer Blockhütte, rechts Gewässer mit zwei Booten, im Hintergrund Gebirge.

Kommentar: Das Motiv ist wahrscheinlich bei Lærum, Luster in Sogn, entstanden. Das Sorheimsfjell befindet sich rechts, Flahamar- oder Fluuhamarskjeret im Hintergrund rechts. (Vgl. Martius, L. und Klose, O., Neumünster 1975, S. 245) Becker signierte wie im vorliegenden Fall häufig mit dem Zusatz „Düsseldorf". Düsseldorf war eine Art Markenzeichen, ein „Prädikatsstempel" für die naturalistische Landschaftsmalerei der dortigen Künstler. In späteren Jahren kommt der Zusatz nicht mehr so häufig vor.

Ausstellungen: Düsseldorf 1976

Quellen/Literatur: Kat. Kiel 1973, S. 30; O. Klose/L. Martius, Neumünster 1975, S. 245 Abb. 202; O. Klose, in Nordelbingen, Bd. 49, 1980, S. 48 ff. Abb. S. 85; P. Thurmann, Nord- und Ostkunst, Faltprospekt, Kiel 1994; Saur, AKL, Bd. VIII, 1994, Stichwort „Becker, August", S. 154; Schweers 1994, Bd. 1, S. 103, Bd. 9, S. 672; J.C. Jensen, Kunsthalle zu Kiel, CAU Baugeschichte 1854 bis 1986, Hamburg 1996, S. 8; Lexikon der Düsseldorfer Malerschule 1819–1918, Düsseldorf [u.a.] 1997–1998, Bd. I, Stichwort „Becker, August", S. 88

117. Norwegischer Fjord

Befund: 1854; 81,5 x 132,3 cm; Öl/Asphalt auf Leinwand; u.r. in brauner Farbe: „August Becker. Düsseldorf 1854", Rahmen vermutlich original

Provenienz/Ort: Hannover, Niedersächsisches Landesmuseum, Inv. Nr. B 1097

Kurzbeschreibung: Links belebte Uferzone mit einer Blockhütte, rechts Gewässer, Fischer ein Netz an Land ziehend, großer Stein mit zwei darauf liegenden Personen, im Hintergrund Gebirge.

Kommentar: Als Geschenk des Kunstvereins an den Verein für die öffentliche Kunstsammlung

1855 in das Museum eingegangen, dürfte es die früheste Arbeit von August Becker gewesen sein, welche in ein Museum gelangte. Es herrscht ein bräunlich-grauer Ton vor. Aus den braunen, bräunlichen und mittelgrauen Tönen des Vorgrundes entwickeln sich hellere, blau- und gelbgraue Farben des Fjordwassers im Mittelgrund und der felsigen Hintergrundlandschaft. Das Firmament besticht durch zahlreiche Wolken, die am Vorgrund dunkelgrau sind. Im Mittelgrund erscheint der Himmel aufgehellt, die Wolken am Hintergrund sind weiß. Die Staffage im Vorgrund wurde in Blaugrau, Braunrot und Gelbbraun mit wenig Weiß gemalt. Im Vergleich zu anderen Norwegen-Gemälden und erst recht zu den Arbeiten für die englische Königin besticht das Bild durch Lebendigkeit. Zahlreich abgebildete Menschen gehen unterschiedlichen Tätigkeiten nach: Die Hauptgruppe bilden fünf Fischer, die ein Fangnetz ans Ufer ziehen. Auf einem großen Findling befinden sich eine junge Frau und ein junger Mann. Beide schauen den Fischern bei ihrer Arbeit zu. Links der Bildmitte schreitet eine weitere junge Frau auf die Fischer zu. Es herrscht eine verträumte poetische Stimmung vor, wie sie Theodor Mügge in seinem Afraya-Roman (1854 erschienen) beschreibt. Becker kannte diesen Roman. Er wurde bei seinem Aufenthalt in Balmoral 1864 von Queen Victoria gefragt, ob es dort so romantisch sei, wie Mügge in dem Roman schreibt, was Becker bejahte. Ganz so romantisch war die Situation in

Norwegen aber schon lange nicht mehr. Mügge weist in dem auch heute noch lesenswerten Roman bei der Beschreibung der Lebensverhältnisse der Fischer sehr deutlich darauf hin, in welchen engen wirtschaftlichen Verhältnissen und Abhängigkeiten das Leben auf dem Land, an den Fjorden und Seen, und in den größeren Städten, wie z.B. Bergen, stand. Beckers Reisegefährte von 1847 Georg Saal hat übrigens zur gleichen Zeit ähnliche Motive gemalt. Bekannt ist eine 1854 datierte „Norwegische Landschaft" (Koblenz, Mittelrhein-Museum). Aufgrund des erzählerischen Charakters von Beckers Bild wirkt es interessanter als Saals Gemälde, auf dem als Staffage nur ein einsamer Ruderer mit seinem schwer beladenen Boot die Wasserfläche überquert. Ein historisches Foto, Mappe „Norwegen", nicht katalogisiert; auf dem Karton mit Bleistift vermerkt: „Städtische Gallerie in Hannover"; im Foto u.r.: „August Becker. Düsseldorf [...]", befindet sich im Nachlass. Eine im Museum durchgeführte konservatorische Untersuchung des Gemäldes brachte die Verwendung von Asphaltfarbe zutage. Becker hat diese gegenüber herkömmlichen Farben preiswertere Variante wahrscheinlich auch für andere Gemälde verwendet. So ließe sich die dunkle Tönung zahlreicher Bilder erklären, z.B. bei „Abend in den Alpen des Berner Oberlandes" (1855, Kat.-Nr. 122).

Ausstellungen: Hannover 1855; Hannover (Kunstverein) 1975; Düsseldorf 1976

Quellen/Literatur: Verzeichnis der 23. Kunstausstellung in Hannover, Hannover 1855, Nr. 30; Boetticher, Nr. 4; O. Klose, in Nordelbingen, Bd. 49, 1980, S. 48 ff. Abb. S. 93; Kat. Hannover 1990, Bd. I, S. 24, Bd. II, S. 20, Abb. 31; Saur, AKL, Bd. VIII, 1994, Stichwort „Becker, August", S. 154; Schweers 1994, Bd. 1, S. 103, Bd. 9, S. 531; Lexikon der Düsseldorfer Malerschule 1819–1918, Düsseldorf [u.a.] 1997–1998, Bd. I, Stichwort „Becker, August", S. 88

118. Die See

Befund: 1854; 63,0 x 98,0 cm; Öl auf Leinwand; signiert und datiert

Provenienz/Ort: Kunsthandel, Christie's, London, 4.11.1977

Kommentar: Leider gibt es keine weiteren Informationen zu diesem Gemälde.

Quellen/Literatur: Aukt.-Kat. Christie's, London, Nr. 285, 4.11.1977

119. Fjordlandschaft (mit drei Booten, von denen das dem Ufer am nächsten ein Segel gehisst hat)

Befund: 1854; historische Fotografie nach einem Ölbild, Mappe „Norwegen", nicht katalogisiert; im Foto u.r.: „August Becker.1854"

Provenienz/Ort: Nachlass

Kurzbeschreibung: Links Uferzone, rechts Gewässer mit drei Booten und zahlreichen Personen, im Hintergrund Gebirge sich nach rechts verjüngend.

Kommentar: Leichte Ähnlichkeit mit dem Fjord-Gemälde im Niedersächsischen Landesmuseum Hannover.

120. Bewaldetes Ufer in Norwegen

Befund: um 1854; historische Fotografie nach einem Ölbild, Mappe „Norwegen", nicht katalogisiert; auf dem Karton mit Bleistift vermerkt: „Norwegische Fjordlandschaft" und „Private in Darmstadt"

Provenienz/Ort: Nachlass

Kurzbeschreibung: Links bewaldete Uferzone (mit zwei Staffagefiguren), rechts Gewässer, im Hintergrund bergiges Terrain, am oberen Rand verstärkt Wolken.

Kommentar: Die beiden in Rückenansicht wiedergegebenen Staffagefiguren, von denen die rechte eine große, ausgebreitete Landkarte in der Hand hält, schauen auf die Karte bzw. in die Ferne, auf den See. Sie erinnern an Caspar David Friedrichs Gemälde „Mönch am Meer". Eine ähnliche sublime Wirkung wie dieses Gemälde von Friedrich auf die Betrachter ausübte und ausübt, allen voran auf Heinrich von Kleist, konnten bzw. können auch Beckers Gemälde hervorrufen. (zu von Kleists Äußerung bezüglich der Gemälde von Caspar David Friedrich vgl. Traeger, „...als ob einem die Augenlider weggeschnitten wären.", in: Kleist-Jahrbuch 1980, Berlin 1982, S. 86–106)

121. Das Jungfraumassiv im Berner Oberland (im Abendlicht)

Befund: um 1855; historische Fotografie nach einem Ölbild, Mappe „Schweiz", nicht katalogisiert; im Foto u.r.: „August Becker"

Provenienz/Ort: Nachlass

Kurzbeschreibung: Bergiges Gelände im Vordergrund, eine Brücke, die nach rechts in die Bildmitte führt. Im Mittelgrund ein Tal, dahinter dunstige Gletscher.

Kommentar: Sehr ähnlich dem gleichnamigen Gemälde in Sigmaringen, wobei auf dem historischen Foto die Personen-Staffage fehlt.

122. Das Jungfraumassiv im Berner Oberland (große Fassung), auch: Abend in den Alpen des Berner Oberlandes

Befund: 1855; 187,0 x 252,0 cm; Öl auf Leinwand; u.r.: „August Becker. Düsseldorf 1855"; Bild verschmutzt

Provenienz/Ort: Fürstlich Hohenzollernsche Sammlungen Sigmaringen, Landhaus zu Krauchenwies; Schloss Sigmaringen, Josephsbau, Inv. Nr. II B 2/35 (neu), S 2224 (alt)

Kurzbeschreibung: Bergiges Gelände im Vordergrund, eine Brücke mit in Richtung Bildbetrachter gehender Sennerin. Im Mittelgrund ein Tal, dahinter Gletscher, zahlreiche Wolken.

Kommentar: „An der Jungfrau schwebten Nebelgestalten, der Nachzug des sinkenden Gewitters, welches hinab zu Tale drang. [...] In ruhiger Klarheit, doch matter und geistiger zwischen finsteren Schluchten, heller an den überragenden Kanten, breitete die Jungfrau in dem weiten Schneegewande sich aus, und himmlischer Friede lag auf ihren Gipfeln, als wenn sie die heiteren Sitze der Seeligen wären." (Zit. J.R. Wyß, der Jüngere, Die Jungfrau am Abend, in: Reise in das Berner Oberland, 2 Bände, in: Das Berner Oberland im Lichte der deutschen Dichtung. Ausgewählt und eingeleitet von Otto Zürcher, Leipzig 1923, S. 58 f., 58) Das Thema „abendliches Jungfraumassiv", welches in der Literatur ebenfalls Beachtung fand, gestaltete Becker in einem großen Bild, das von Carl Anton, Fürst von Hohenzollern, für den Speisesaal im Landhaus Krauchenwies bei Sigmaringen am 7. Januar 1879 angekauft wurde. Es diente dort als Pendant zum Schlachtengemälde „Das Wintergefecht bei Översee 1864" (Öl auf Leinwand, 184,3 x 316,5 cm, 1866) von dem Wiener Historienmaler Siegmund L' Allemand. Im Vergleich zu dem anderen sehr groß dimensioniertem Gemälde, „Das Jungfraumassiv im Berner Oberland" aus Hannover (Kat.-Nr. 102) ist die Bergkette mit Abendsonne gezeigt. Der Standort des Malers war ein leicht veränderter. Die Wirkung des Massivs ist durch das abendliche Sonnenlicht eine gänzlich andere. Sie erinnert an die Felsen des „Hardanger Fjordes" in den 1880er Jahren. Aber Becker tauschte gegenüber dem Hannoveraner Gemälde auch die Staffage aus. Aus einer Figurenstaffage, die aus zwei sitzenden Personen besteht, wurde hier eine Sennerin, die über eine kleine Holzbrücke geht. Es sind ferner keine Kühe zu sehen. Durch die veränderte Stimmung und differenzierte Staffage wirkt diese Abendlandschaft viel romantischer. Das Motiv einer Sennerin im Hochgebirge war ein beliebter Topos bei spätromantischen Landschaftsmalern, wie Carl Spitzweg und Carl Jungheim. Bevor Becker das Gemälde verkaufen konnte, durchlief es eine langjährige Odyssee: Das Gemälde wurde nämlich schon auf der Pariser Weltausstellung („Effet du soir dans les Alpes; paysage") von 1855 gezeigt. Anschließend kam es in kleinere Städte, bevor es in Berlin vorgeführt wurde. Becker stellte mit diesem Bild erstmals in Berlin aus: *„Mein großes Bild „Abend in den Alpen des Berner Oberlandes" das ich für die Pariser Ausstellung gemalt hatte, und das seither auf einigen kleineren deutschen Ausstellungen war, ist nach Berlin zur dießjährigen Ausstellung abgegangen, die vom 1 September bis zum 31 October Statt findet. Es ist das erste Mal, daß ich Etwas nach Berlin schicke, und obgleich das Bild durch Größe und Gegenstand imponirt, und überall wo es ausgestellt war, eine für mich sehr schmeichelhafte Aufnahme fand, so fürchte ich doch, daß die Ausstellung in Berlin für mich nicht den Erfolg haben wird, den ich wünsche, weil, wie Euer Königlichen Hoheit bekannt ist, die Masse der ausgestellten Bilder gar zu groß ist, und das Interesse sich den Arbeiten der in Berlin ansäßigen und gekannten Künstler zuerst zuwendet."* (Zit. August Becker, Brief an Elisabeth, Prinzessin von Hessen, 25. August 1856, Darmstadt, Hessisches Staatsarchiv, Inv. Nr. Abt. D 23 (Großherzogliches Familienarchiv) Nr. 37/9; Quellenanhang 3) Tatsächlich gab es in Berlin eine ganze Reihe von Ausstellungsmöglichkeiten. Becker ließ auffällig wenig Bilder (ein bis zwei Gemälde pro Veranstaltung) in den Akademie-Ausstellungen Berlins zeigen. In den Dioskuren von 1868 findet sich ein interessanter Kommentar im Rahmen der Bremer Ausstellungsbesprechung: *„Aug. Becker unterscheidet sich von den Genannten im Grundton seiner Berge und Felsen wesentlich. Diese imponieren durch Großartigkeit der Formen, oft auch durch den abendlichen Glanz der Sonne, wozu indeß der Vordergrund der Bilder manchmal nicht stimmen will. Sein großer "Abend im Berner Oberland" besucht uns, wenn auch in etwas verändertem Gewande, bereits zum zweiten Male; wäre er doch nicht größer, als das "Kaisergebirge in Tyrol", das, obwohl kleiner, doch von großartigerer Wirkung ist."* (Zit. Dioskuren, 13 Jg., Nr. 21, 24.5.1868, S. 177) Das Gemälde führte offenbar auch nach Änderungen zu negativen Kritiken. Die Darstellung einer Landschaft zu verschiedenen Jahreszeiten war bei Becker beliebt. So konnte er die gewissen Effektbilder publikumswirksam gestalten. Aber gerade die Landschaften mit Abendbeleuchtung wirken heute oft zu dunkel. In Berlin war das Bild mit dem Vermerk „unverkäuflich" versehen. Als Preis für die vorliegende Fassung wurden 1.200,- Thaler in Hamburg angegeben. In Lyon erhielt Becker 1862 für dieses Bild auf der Salon-Ausstellung eine Medaille II. Klasse. Auf der Dresdner Akademieausstellung von 1863 war mittlerweile ein reduzierter Preis von 1.000,- Thaler ausgeschrieben. Eine mögliche Erklärung der widersprüchlichen Angaben könnte lauten, dass Becker auf der Weltausstellung in Paris und auf der Akademieausstellung in Berlin zunächst die Urteile des Publikums abwarten wollte, bevor er sich auf einen Preis festlegte. Da das Bild über Jahre keinen Käufer fand, ließ er sich zu dem herabgesetzten Betrag verleiten. Die zahlreich vorliegenden Quellen zu diesem Gemälde, zu denen auch wiederholte Äußerungen aus der Kunstpresse zählen, erlauben eine sichere Zuordnung. So stand das Gemälde auch 1866 zur Disposition, als man in Darmstadt für das Großherzogliche Museum eine Arbeit von Becker erwerben wollte: *„Das erste ist eine Schweizer Landschaft von mehr als gewöhnlichen Dimensionen „ein Abend im Berner Oberland". Es ist dem Künstler hier gelungen, die Größe jener Gebirgsnatur zur Anschauung zu bringen, und in der Auffassung sowohl, wie in der Beherrschung der Mittel der Darstellung sehen wir ihn zu jener*

Reife gelangt, die bei einer glücklichen Begabung und durch treues Naturstudium erreicht wird. Als einen ganz besonderen Vorzug dieses Bildes möchte ich die leicht perspektivische Wirkung hervorheben. Wenn man in einzelnen Parthien die junge Frische vermisst, die sich auch durch gewissenhafteste Studien und sorgfältiges Abwägen aller Mittel nicht ersetzen läßt, so mag dieser Umstand sich daraus erklären, daß das Bild, welches ich schon im Jahre 1858 auf der Allgemeinen Deutschen Kunstausstellung in München gesehen zu haben mich erinnere, seitdem von dem Künstler in nicht unwesentlichen Theilen umgearbeitet und verändert worden ist. Es wird aber nothwendig bei einer solchen Ueberarbeitung mehr die Technik des seitdem vorgeschrittenen Malers den Pinsel führen, als der erste und lebendigste Impuls. Den hier nicht ganz erreichten vollen, frischen und schlagenden Eindruck macht dagegen die zweite Landschaft „aus dem Norwegischen Hochgebirge" in hohem Grade." (Zit. Rudolf Hofmann, Pro Memoria an die Großherzogliche Museumsdirektion, 8. Dezember 1866, betreffend den Ankauf eines Bildes von August Becker für die Großherzogliche Gemäldegalerie, Darmstadt, Hessisches Landesmuseum, Graphische Sammlung, Archiv: Conv. VIII, Fasc. 4/Fol. 9 GK 467; Quellenanhang 7) Von der Museumsleitung wurde die norwegische Landschaftsdarstellung erworben. Im Münchener Katalog ist das Gemälde mit „1856" datiert. Die Datierung ist sehr schwer zu deuten, Becker scheint auch dort Übermalungen und Veränderungen vorgenommen zu haben. Das Hin- und Her, das Pro- und Contra, welches dieses Gemälde hervorgerufen hat, ist ein Indiz dafür, wie in den 1850er und 1860er Jahren die Kunstwelt gespalten war.

Ausstellungen: Paris (Weltausstellung) 1855; Berlin 1856; Düsseldorf 1857; Bremen 1858; Hamburg 1858; München (Deutsche Allgemeine und Historische Kunstausstellung) 1858; Breslau 1861; Lyon 1862; Dresden (Akademieausstellung) 1863; Darmstadt 1866; Hamburg 1868

Quellen/Literatur: Ausst.-Kat. Exposition Universelle de 1855. Beaux-Arts, 1855, S. 176, Nr. 1691; August Becker, Brief an Elisabeth, Prinzessin von Hessen, 25. August 1856, Darmstadt, Hessisches Staatsarchiv, Inv. Nr. Abt. D 23 (Großherzogliches Familienarchiv) Nr. 37/9; Kat. Königliche Akademie der Künste, XL. Ausstellung, S. 126, Kat.-Nr. 1350; Verzeichnis der Kunstwerke auf der Ausstellung des Kunstvereins für die Rheinlande und Westfalen, 1857, S. 2, Nr. 7; Verzeichnis der Gemälde der eilften Grossen Ausstellung des Kunstvereins in Bremen, 1858, S. 8, Kat.-Nr. 13; Kat. zur allgemeinen deutschen und historischen Kunstausstellung, München 1858, Nr. 909; Kat. Kunstausstellung des Hamburger Kunstvereins, 1858, 15. Ausstellung, Kat.-Nr. 19; Dioskuren, 5. Jg., Nr. 18, 29.4.1860; Kat. Kunstausstellung des Breslauer Kunstvereins, 1861, S. 5, Nr. 35; Catalogue de salon de 1862, 26è exposition, Lyon, Imprimerie Louis Perrin, pp. XXXIII-134; Kat. der Kunst-Ausstellung in Dresden 1863, S. 11, Kat.-Nr. 4; Rudolf Hofmann, Pro Memoria an die Großherzogliche Museumsdirektion, 8. Dezember 1866, betreffend den Ankauf eines Bildes von August Becker für die Großherzogliche Gemäldegalerie, Darmstadt, Hessisches Landesmuseum, Graphische Sammlung, Archiv: Conv. VIII, Fasc. 4/Fol. 9; Kat. Kunstausstellung des Hamburger Kunstvereins, 1868, 20. Ausstellung, S. 8, Kat.-Nr. 49; Ernst Becker, Lebenslauf zu August Becker, Düsseldorf, KVM 552; Boetticher, Nr. 7; Hoffmann-Kuhnt (Hg.), Nürnberg 2000, S. 695–697

123. Wasserfall in Norwegen

Befund: 1855; Öl auf Leinwand

Provenienz/Ort: Verbleib unbekannt

Kommentar: Im Ausstellungsverzeichnis des Rheinischen Kunstvereins erscheint Beckers Name ohne den bis dahin obligatorischen Zusatz „aus Darmstadt, in Düsseldorf", sondern nur noch „in Düsseldorf". Er hatte sich auch auf diese Weise von seinen Ursprüngen gelöst. Es war das letzte Mal, dass er seine Gemälde im Rheinischen Kunstverein zeigen ließ. Der ausgewiesene Preis betrug 350,- fl.

Ausstellungen: Darmstadt 1855; Karlsruhe 1855 (u.a.)

Quellen/Literatur: Rheinischer Kunstverein, Verzeichnis der Gemälde, Carlsruhe, im Monat Juni

1855, S. 12, Nr. 186

124. Wasserfall in Norwegen (etwas stürmisch)

Befund: 1856; historische Fotografie nach einem Ölbild, Mappe „Norwegen", nicht katalogisiert; auf dem Karton mit Bleistift vermerkt: „Wasserfall in Norwegen" und „Private in Darmstadt"; im Foto u.r.: „August Becker.1856"

Provenienz/Ort: Nachlass

Kurzbeschreibung: Breiter tosender Wasserfall, im Mittelgrund links einige Blockhütten, dahinter Bäume. Im Hintergrund dunstige Berge.

Kommentar: Vom Motiv her hat das Foto nach einem Ölbild Beckers Ähnlichkeit mit der Serie tosender Wildbäche, die in den 1850er Jahren entstand. In den Dioskuren heißt es 1857: *„Bedeutender als das Fach der nordischen Landschaft durch August Becker, der es in der Malerei des Wassers noch nicht zu großer Virtuosität gebracht hat, ist die deutsche Waldlandschaft durch andere, ebenfalls meistens jüngere Düsseldorfer vertreten."* (Zit. Dioskuren, Nr. 4, 2. Jg., 1857, S. 31) Allerdings wirkt die Gewalt des Bachs gemindert. Das wilde Spiel des Wassers ist frontal gezeichnet, während die tosenden Wildbäche seitlich im Bild festgehalten wurden. Das Gemälde erinnert auch an Allaert van Everdingen, der zweihundert Jahre vor Becker, 1644, eine Reise nach Schweden und Norwegen unternommen hatte. Wie Andreas Achenbach, so hat auch Becker dieses Gemälde aus seinen Skizzen komponiert. In den 1880er Jahren scheint Becker in den Norwegen-Gemälden das Motiv eines Wildbaches nicht mehr aufgegriffen zu haben. Viel häufiger entschied er sich für die Darstellung von Hochgebirgsmotiven und verschob den Akzent der Gemälde von einem wilden Wasserspektakel hin zu einer idyllischen, durch überhöhte Lichteffekte gekennzeichneten Natur, welche besonders an nackten Felsenwänden ihre Wirkung ausbreiteten.

125. Wasserfall in Norwegen (sehr stürmisch)

Befund: um 1856; historische Fotografie nach einem Ölbild, Mappe „Norwegen", nicht katalogisiert; im Foto u.r.: „August Becker"

Provenienz/Ort: Nachlass

Kurzbeschreibung: Links flach bewachsene, zum Betrachter hin abschüssige Uferzone, von links oben nach rechts unten sehr stürmisches verlaufendes Gewässer, im rechten Hintergrund bewaldete Uferzone, dahinter Gebirge.

Kommentar: Das fotografierte Gemälde gleicht zwei Darstellungen, die im Kunsthandel auftauchten. Die Anzahl der Bäume im linken Hintergrund ist eine andere (Kat.-Nr. 104, 105).

126. Wasserfall in Norwegen (stark bewölkt)

Befund: um 1856; historische Fotografie nach einem Ölbild, Mappe „Norwegen", nicht katalogisiert

Provenienz/Ort: Nachlass

Kurzbeschreibung: Stürmisches Gewässer, rechts vorne ein umgeknickter Baum, im mittleren Bereich eine Sägemühle, dahinter Wald, im Hintergrund Gebirge und viele dunkle

Wolken.

127. Wasserfall (mit Bergsilhouette)

Befund: um 1856; historische Fotografie nach einem Ölbild, Mappe „Norwegen", nicht katalogisiert; im Foto u.r.: „August Becker"

Provenienz/Ort: Nachlass

Kurzbeschreibung: Leicht ansteigendes Gelände, Wasserfall frontal zum Betrachter, Wald im Mittelgrund, dahinter dunstige Berge.

Quellen/Literatur: Ausst.-Kat. Darmstadt 2002, Abb. 26, S. 33

128. Norwegische Hochebene mit Wasserfall (und kleiner Holzhütte auf Steinfelsen)

Befund: 1856, historische Fotografie nach einem Ölbild, Mappe „Norwegen", nicht katalogisiert; auf dem Karton mit Bleistift vermerkt: „Norwegische Hochebene mit Wasserfall" und „Private in Bremen"; im Foto u.r.: „August Becker.1856"

Provenienz/Ort: Nachlass

Kurzbeschreibung: Wildwasser im Vordergrund, links mächtiger Felsen, darauf eine Hütte, links davon einige Bäume, im Hintergrund schattige Berge und Gebirgskette.

Kommentar: Das Gemälde wurde in Bremen 1862 gezeigt, verkauft und vermutlich anschließend aus dem Ausstellungszyklus herausgenommen, da es auf anderen Stationen des norddeutschen Gesamtvereins nicht mehr auftauchte: *„Wenn ich unter den deutschen Landschaften mit den Düsseldorfern beginne und zwar mit ihrer Darstellung der nordischen Gebirgsnatur, so ist unbedenklich August Becker's „Norwegische Hochebene mit Wasserfall" voranzustellen, die mit einer wunderbaren Naturwahrheit die Bildung der Felsen, wie die Bewegung des Wassers, das Licht am fernen Horizont, wie das Dunkel der schweren Wolken wiedergiebt."* (Zit. Dioskuren, 7. Jg., Nr. 16, 20.4.1862, S. 125) Der Verkaufspreis sollte lt. Katalogeintrag 500,- Thaler betragen. Es sind einige Verkäufe nach Bremen überliefert, so z.B. im vorliegenden Fall an den Kaufmann E. Iken. Engelbert Iken (1824–1862) war bereits in jungen Jahren in die väterliche Reederei und Handlungsfirma J.F.W. Iken & Co. eingestiegen. Er war für die im Auswanderergeschäft und im Warenaustausch mit den Vereinigten Staaten engagierte Firma u.a. auch in den USA tätig. Die Familie gehörte zu den führenden Kreisen der Hansestadt. Das passende Gemälde ließ sich bei den Nachfahren nicht ermitteln.

Ausstellungen: Bremen 1862; Bremen (Kunsthalle) 1863

Quellen/Literatur: Dioskuren, 7. Jg., Nr. 16, 20.4.1862, S. 125; Verzeichnis der dreizehnten Grossen Ausstellung des Kunstvereins in Bremen, 1862, S. 9, Kat.-Nr. 29; Dioskuren, 7. Jg., Nr. 18, 4.5.1862, S. 143; Ausst.-Kat. Die vorzüglicheren neueren Oelgemälde Bremens, ausgestellt zum Besten des Doeldei-Fonds in der Kunsthalle, 1863, S. 30, Kat.-Nr. 252

129. Norwegische Fjordlandschaft (mit mehreren Holzhütten)

Befund: um 1856; historische Fotografie nach einem Ölbild, Mappe „Norwegen", nicht katalogisiert; auf dem Karton mit Bleistift vermerkt: „Norwegische Fjordlandschaft" und „Kunstverein Hannover"; im Foto u.r.: „August Becker.1856" [oder 1852]

Provenienz/Ort: Nachlass

Kurzbeschreibung: Links Uferbereich mit mehreren Hütten und Booten. Rechts ein Boot mit aufgezogenem Segel und drei Fischern. Eine weitere Person mehr rechts auf einem Stein sitzend. Im linken Mittelgrund Wald, rechts Gewässer, im Hintergrund dunstiges Gebirge, wenig Wolken.

Kommentar: Das Foto trägt den Vermerk „Kunstverein Hannover". Es wurde von dem Verein im Verlaufe einer Ausstellung angekauft und an ein Mitglied verlost. Das Motiv ähnelt dem Gemälde Beckers im Niedersächsischen Landesmuseum Hannover. Nachdem der Verein 1854 ein ähnliches Bild erworben hatte, fühlte sich Becker offenbar bestärkt, sein Glück dort noch einmal zu versuchen und wieder hatte er Erfolg.

130. Bootsleute in einer Bucht

Befund: 1856; 41,9 x 62,9 cm; Öl auf Leinwand; signiert und datiert

Provenienz/Ort: Kunsthandel, Sotheby's, New York, 24.11.1987

Kommentar: Ein mittelgroßes Bild zur Norwegen-Thematik, auf dem mehrere Personen bei ihrer Arbeit dargestellt sind. [unter Vorbehalt, da kein Abbildungsmaterial zugänglich war]

Quellen/Literatur: http://www.artnet/faad/auctionsonline.asp (Nr. 22) (im Auftrag des Verfassers abgerufen am 12. Dezember 2002)

131. Gebirgslandschaft mit Stromschnelle beim Trollhätta-Wasserfall

Befund: um 1856; 50,0 x 64,5 cm; Kohle, mit weißer Kreide überhöht/brauner Karton; im Foto u.r.: „AB. Januar 185[...]"

Provenienz/Ort: Nachlass

Kurzbeschreibung: Links Fließgewässer, das diagonal aus dem rechten Hintergrund zum linken Vordergrund verläuft. Rechts Uferzone mit Raubvogel auf umgestürztem Baumstamm sitzend, im Hintergrund Bäume und Gebirge, starke Wolken.

Kommentar: Nach 1844 und 1847 bearbeitete Becker die Norwegen-Motive immer wieder neu. So ist diese Zeichnung in seinem Atelier als weitere Variation entstanden. Zu dieser Zeichnung hat sich eine (auf der Rückseite bezeichnete) untermalte Leinwand eruieren lassen, welche erst 1867 entstanden ist.

Quellen/Literatur: Hoffmann-Kuhnt (Hg.), Nürnberg 2000, Tafel II unten

132. Das Meiringer Tal in der Schweiz

Befund: 1856; historische Fotografie nach einem Ölbild, Mappe „Schweiz", nicht katalogisiert; auf dem Karton mit Bleistift vermerkt: „Privat in Danzig" und „Das Meiringer Tal in der Schweiz"; im Foto u.r.: [unleserlich]

Provenienz/Ort: Nachlass

Kurzbeschreibung: Im Vordergrund Weg mit zwei stehenden Personen. Links eine Hütte, aus der Rauch aufsteigt. Rechts Bäume, der Mittelgrund dunstig, zu beiden Seiten Gebirgszüge erkennbar.

Kommentar: Wahrscheinlich handelt es sich um das Gemälde für den privaten bürgerlichen Käufer (Frau Cellas in Danzig) lt. handgeschriebener Lebenslauf zu A. Becker. Ein Kunstwerk gleichen Titels ist 1857 auf der Breslauer Kunstausstellung gezeigt worden, explizit mit dem Hinweis „Eigenthum des Kunstvereins in Danzig". Hier darf man davon ausgehen, dass es sich um das gleiche Gemälde handelt. Es wurde erst vom Kunstverein in Danzig erworben und anschließend als Losgewinn weitergegeben. Recherchen in Gdańsk blieben leider unbeantwortet.

Ausstellungen: Breslau 1856; Köln (II. Allgemeine Deutsche und Historische Kunstausstellung) 1861

Quellen/Literatur: Kat. Kunstausstellung des Breslauer Kunstvereins, 1857, S. 5, Nr. 35; Kat. zur 2. allgemeinen deutschen und historischen Kunst-Ausstellung im neuen Museum Wallraf-Richartz, 2. Aufl., Köln 1861, S. 17, Nr. 69; Ernst Becker, Lebenslauf zu August Becker, Düsseldorf, KVM 552

133. Der Eiger in der Schweiz (mit Ziegenhirte)

Befund: um 1857; Öl auf Leinwand; 97,0 x 128,0 cm; u.l.: „August Becker/Düsseldorf [.]8[..]" (zum Teil unleserlich; die „8" steht wohl an zweiter Stelle); Restaurierung 2003

Provenienz/Ort: Wrocław, Nationalmuseum

Kurzbeschreibung: Hochgebirgslandschaft mit einigen Bäumen, ein Hirte rastend an einem umgeknickten Baum. Im Mittelgrund Tal, dahinter Gletscheransicht und im rechten Bereich zahlreiche Wolken.

Kommentar: Das Bild war für Adam, Graf von Rzewuski, in Sankt Petersburg bestimmt. Becker hatte bereits 1851 vergeblich versucht, sich auf dem russischen Kunstmarkt und am Kaiserhof in Sankt Petersburg zu etablieren. Als Vermittler trat Emil, Prinz von Sayn-Wittgenstein-Berleburg, auf. Dieser besaß 1857 bereits eine Schweizer Landschaft mit Gletscher. Adam, Graf von Rzewuski, war mit dem Prinzen befreundet. Rzewuski fungierte als General-Lieutenant und General-Adjudant Sr. Majestät des Kaisers von Russland. Als Kostenvoranschlag wurde seitens E. Wittgenstein die Summe von 500,- fl, rund 300,- Thaler, angegeben. Es wurde schließlich für 300,- Thaler veräußert. Den Eiger hatte Becker schon 1852 im Berner Oberland in Zeichnungen studieren können. Das großartige Werk macht wie viele andere Arbeiten den entscheidenden Unterschied zu den Bildern der ersten romantischen Generation deutlich. Waren bei Philipp Otto Runge und Caspar David Friedrich christliche und heidnische Themen unter starker Beachtung der Pflanzensymbolik mit der Landschaftsmalerei verwoben, so erscheinen Beckers Landschaftsszenerien als naturalistische, sogenannte spätromantische Naturwiedergaben ohne Glaubens- oder Symbolfolie. Im vorliegenden Beispiel zählen der Ziegenhirte und der langförmig dünne Baumstamm zu den spätromantischen „Beigaben". Eine historische Fotografie nach dem Ölbild hat sich im Nachlass, Mappe „Schweiz", nicht katalogisiert, auf dem Karton mit Bleistift vermerkt: „Graf Rzewucky [sic!] in Petersburg" und „Der Eiger in der Schweiz", erhalten.

Quellen/Literatur: Hoffmann-Kuhnt (Hg.), Nürnberg 2000, S.314 f; Kat. Gemälde des 19. Jahrhunderts im Nationalmuseum Wrocław (in Vorbereitung)

134. Norwegischer Wasserfall

Befund: 1857; Öl auf Leinwand

Provenienz/Ort: Verbleib unbekannt

Kommentar: Ausstellung erfolgte zusammen mit einem „Meiringer Tal"-Gemälde. Der in Düsseldorf angegeben Preis von 40 Frd'or ist identisch mit einem gleichlautenden Bild der Hamburger Ausstellung von 1854. Möglicherweise handelt es sich um das gleiche Gemälde, welches über drei Jahre hinweg gezeigt wurde.

Ausstellungen: Breslau 1857; Düsseldorf 1857

Quellen/Literatur: Kat. Kunstausstellung des Breslauer Kunstvereins, 1857, S. 5, Nr. 36; Verzeichnis der Kunstwerke auf der Ausstellung des Kunstvereins für die Rheinlande und Westfalen, 1857, S. 2, Nr. 8

135. Bartholomä am Königssee

Befund: 1857; Ölstudie

Provenienz/Ort: Verbleib unbekannt

Kommentar: Die Studie entstand am 23.7.1857. Hiervon fertigte Becker auch ein Gemälde an (Kat.-Nr. 387).

Quellen/Literatur: Hoffmann-Kuhnt (Hg.), Nürnberg 2000, S. 308

136. Obersee

Befund: 1857; Ölstudie

Provenienz/Ort: Verbleib unbekannt

Kommentar: Die Studie entstand am 23.7.1857. Auch davon gibt es Belege für Ausführungen in Öl zum Gemälde.

Quellen/Literatur: Hoffmann-Kuhnt (Hg.), Nürnberg 2000, S. 307

137. Der Hintersee im bayerischen Hochlande (mit wenig Rotwild)

Befund: nach 1857; historische Fotografie nach einem Ölbild, Mappe „Tirol & Baiern", nicht katalogisiert; auf dem Karton mit Bleistift vermerkt: „Kunsthändler Caupen" und „Der Hintersee im bairischen Hochlande"

Provenienz/Ort: Nachlass

Kurzbeschreibung: Links Uferbereich mit kleinem Wald und abgestorbenen Stämmen. Rechts Gewässer, im Hintergrund Berge, zum Teil wolkenverhangen.

Kommentar: Noch heute ist die Gegend ein beliebtes Erholungsgebiet. Mit dem Fahrrad können Ausflüge zum Königssee, auf die Gotzenalm und zum Hintersee, an welchem Ramsau liegt, unternommen werden. Als künstlerischer Entdecker der Ramsau, dem linken Seitental der

Königssee-Ache in den Berchtesgadener Alpen, gilt Carl Rottmann. Mit den „Hintersee"-Gemälden hatte sich Becker einen weiteren weithin bekannten Landschaftspunkt erschlossen. Es konnte nicht geklärt werden, wer der Kunsthändler Caupen war und wo sich das Geschäft befand.

138. Der Hintersee im bayerischen Hochlande (Sonnenuntergang) (mit Hirschen)

Befund: nach 1857; historische Fotografie nach einem Ölbild, Mappe „Tirol & Baiern", nicht katalogisiert; auf dem Karton mit Bleistift vermerkt: „private in Magdeburg" und „Der Hintersee im bairischen Hochlande (Sonnenuntergang)"

Provenienz/Ort: Nachlass

Kurzbeschreibung: Im Vordergrund links Uferzone mit Rotwild, rechts ein See, im Hintergrund Gebirge, links Wolken.

Kommentar: Dieses Bild wurde nach Magdeburg verkauft.

139. Der Hintersee im bayerischen Hochlande (mit viel Rotwild)

Befund: nach 1857; historische Fotografie nach einem Ölbild, Mappe „Tirol & Baiern", nicht katalogisiert

Provenienz/Ort: Nachlass

Kurzbeschreibung: Im Vordergrund mehrere Bäume am oberen Bildrand abgeschnitten, im Mittelgrund Rotwild am See, Berge am anderen Seeufer sehr dunstig, kaum zu erkennen.

Kommentar: Der Hintersee wurde von Becker in verschiedenen Motiven gemalt. Die Fassung, nach der die Fotografie entstand, gibt den Hintersee in einer anderen Blickrichtung wieder als beispielsweise auf dem ersten historischen Foto dieser Thematik. Es konnten keine Gemälde zu dieser Thematik recherchiert werden.

140. Der Königssee im bayerischen Hochgebirge

Befund: um 1860; 120,0 x 98,0 cm; Öl auf Leinwand; u.r.: „August Becker"; o.l. Krakelüren (Kraft der Leinwandspannung nach links oben), stumpfer Firnis, Prunkrahmen vermutlich original

Provenienz/Ort: Kunsthandel, H. Steinbüchel Nachf. (Düsseldorfer Auktionshaus), Düsseldorf, Kunstauktion vom 23. Mai 1992; Privatbesitz (Herr Baatz, Roßdorf)

Kurzbeschreibung: Links unten See, rechts Uferzone mit Staffagefigur, im Hintergrund dunstige Berge.

Kommentar: Das Motiv hat Becker mindestens fünfmal in Öl gemalt. Diese Fassung ist allerdings die einzige bekannte, welche als Hochformat ausgeführt wurde. Der Blickwinkel aus der Höhe herab erforderte auch eine andere Behandlung des Motivs, so dass das gewählte Format nachvollziehbar erscheint. Die anderen Bildvarianten des Königssees sind unten vom Ufer aus gemalt. Ein im Nachlass befindliches historisches Foto ist identisch mit dem in Privatbesitz befindlichen Gemälde.

Ausstellungen: Berlin, Permanente Gemäldeausstellung von Louis Sachse 11/1861; Darmstadt 2002

Quellen/Literatur: Dioskuren, 6. Jg., Nr. 48, 1.12.1861, S. 406; Aukt.-Kat. Kunsthaus H. Steinbückel Nachf., 23. Mai 1992, Düsseldorf, Abb. 4

141. Der Königssee im bayerischen Gebirge

Befund: nach 1857; historische Fotografie nach einem Ölbild, Mappe „Tirol & Baiern", nicht katalogisiert, auf dem Karton mit Bleistift vermerkt: „Der Königssee im bairischen Gebirge"

Provenienz/Ort: Nachlass

Kurzbeschreibung: Links Uferzone mit kleiner Baumgruppe, Staffagefiguren und kleiner Holzhütte. Im Mittelgrund ein See, im Hintergrund Gebirge, am Uferrand kleine Siedlung.

Kommentar: Minimale Unterschiede zu dem 1861 vom preußischen König angekauften Bild sind neben dem Steinabbruch rechts an der Bildrandmitte erkennbar.

142. Königssee (mit Kühen)

Befund: nach 1857; historische Fotografie nach einem Ölbild, Mappe „Tirol & Baiern", nicht katalogisiert

Provenienz/Ort: Nachlass

Kurzbeschreibung: Links Uferzone zum Bildrand stark ansteigend. Auf einem Weg Kühe in Richtung Betrachter gehend. Rechts kleine Baumgruppe, im Mittelgrund ein See, im Hintergrund dunstige Berge, rechts am Ufer St. Bartholomä.

Kommentar: Der Standpunkt des Malers war im Vergleich zum vorherigen Bild weiter im linken Hintergrund.

143. Königssee (bei Unwetter)

Befund: nach 1857; historische Fotografie nach einem Ölbild, Mappe „Tirol & Baiern", nicht katalogisiert; im Foto u.l.: „August Becker.1871 [?]"

Provenienz/Ort: Nachlass

Kurzbeschreibung: Links Uferzone, rechts ein stürmischer See, sich in den Mittelgrund ausbreitend. Im Hintergrund dunstige Berge, dicke Wolken am Himmel.

Kommentar: Der „Königssee (bei Unwetter)" ist von den Wetterverhältnissen her, dicke Wolkendecke, aufsteigende Gischt, ähnlich wie „Sturm am Loch Muick" (1864, Kat.-Nr. 223) und „Glen Gelder mit drohendem Regensturm" (1870, Kat.-Nr. 296). Bei Boetticher (Nr. 21) wird eine gleichlautende Arbeit Beckers aufgelistet.

Quellen/Literatur: Boetticher, Nr. 21 [?]

144. Königssee

Befund: nach 1857; Öl auf Leinwand

Provenienz/Ort: Verbleib unbekannt

Kommentar: Das Gemälde dürfte unmittelbar nach der bayerischen Studienfahrt im Sommer 1857 begonnen worden sein. Auf einem Spaziergang in Berchtesgaden bestellte der Regierungspräsident von Mirbach aus Posen am 15.9.1857 bei Maler Becker eine Ansicht vom Königssee als Geschenk für seine Ehefrau. Als Preis wurden 250,- fl festgelegt. Das Gemälde sollte bis Weihnachten nach Posen verschickt werden. Recherchen in Poznań blieben unbeantwortet.

Quellen/Literatur: Hoffmann-Kuhnt (Hg.), Nürnberg 2000, S. 317

145. See in Oberbayern (mit Maler im Boot)

Befund: nach 1857; historische Fotografie nach einem Ölbild, Mappe „Tirol & Baiern", nicht katalogisiert

Provenienz/Ort: Nachlass

Kurzbeschreibung: Im Vordergrund schmale Uferzone, Boot mit drei Personen beim Ablegen. Im Mittelgrund ein See, links bewaldetes Ufer, dahinter Gebirge, zahlreiche Wolken.

Kommentar: Bei dem im Boot sitzenden Menschen handelt es sich um einen Maler, der auf dem Schoß ein Skizzenbuch hält und darin die Landschaft zeichnet. Die Bergkulisse ist etwas nahsichtiger als auf einem Dachstein-Gemälde (um 1864).

146. Sonnenaufgang im Gebirge (mit Berghütte)

Befund: nach 1857; historische Fotografie nach einem Ölbild, Mappe „Tirol & Baiern", nicht katalogisiert; auf dem Karton mit Bleistift vermerkt: „Künstlerverein Malkasten in Düsseldorf" und „Sonnenaufgang im Gebirge"; im Foto u.l.: [unleserlich]

Provenienz/Ort: Nachlass

Kurzbeschreibung: Links der Gipfel eines Berges mit Hütte, daneben große Steine. Rechts weiter Blick über das Gebirge im Hintergrund, im Mittelgrund tiefes, breites Tal. Die Sonne fast in der Bildmitte im Hintergrund.

Kommentar: Das „Malkasten"-Archiv bildet eine große Quelle für Studien zur Düsseldorfer Malerschule. Jedoch konnte das Gemälde, welches der Verein für rund 35,- Frd'or erworben hatte, dort nicht mehr nachgewiesen werden. Solche Bilder wurden von den Vereinen gerne an Mitglieder verlost und weitergegeben. Das Gemälde hat Ähnlichkeit mit der „Gotzenalm" (1887, Kat.-Nr. 438).

Ausstellungen: Düsseldorf 1857

Quellen/Literatur: Verzeichnis der Kunstwerke auf der Ausstellung des Kunstvereins für die Rheinlande und Westfalen, 1857, S. 2, Nr. 9

147. Abendlandschaft aus Tirol (mit Berghütte)

Befund: nach 1857; historische Fotografie nach einem Ölbild, Mappe „Tirol & Baiern" und „Abendlandschaft aus Tyrol"; im Foto u.r.: „August Becker"

Provenienz/Ort: Nachlass

Kurzbeschreibung: Abschüssiges Gelände mit Hütte im linken Bereich, dahinter einige Bäume. Im Mittelgrund ein breites Tal, an das sich dunstige Berge anschließen.

Kommentar: Im Skizzenbuch V gibt es eine Zeichnung, die als Grundlage für das Bild gedient haben wird. Demnach ist das Gemälde erst um 1868 entstanden.

148. Süddeutsche Landschaft (mit Mädchen)

Befund: nach 1857; 45,5 x 60,8 cm; Öl auf Leinwand

Provenienz/Ort: Privatbesitz

Kurzbeschreibung: Links ansteigende Gerölllandschaft, rechts ein Weg mit Sennerin. Im Hintergrund bewaldetes Gebirge.

Kommentar: Im Zusammensetzen und Komponieren aus Versatzstücken war Becker durch jahrelange Praxis Spezialist. Im Nachlass hat sich eine historische Fotografie nach dem Ölbild, Mappe „Tirol & Baiern", nicht katalogisiert, erhalten.

149. Das Kaisergebirge in Tirol (mit drei Staffagefiguren)

Befund: nach 1857; historische Fotografie nach einem Ölbild, Mappe „Tirol & Baiern", nicht katalogisiert; auf dem Karton mit Bleistift vermerkt: „Das Kaisergebirge in Tyrol"; im Foto u.l.: „August Becker"

Provenienz/Ort: Nachlass

Kurzbeschreibung: Links bewaldetes, nach rechts hin ansteigendes Hochplateau. Drei männliche Figuren im rechten Vordergrund, zusätzlich mehrere mittelgroße Felsbrocken. Im Mittelgrund ein Tal, dahinter Gebirge, links sehr dunkle Wolken.

Kommentar: 1894 wurde eine „Hochgebirgslandschaft, auch: Das Kaisergebirge in Tyrol" (1880,

Kat.-Nr. 381) dem großherzoglichen Museum in Darmstadt durch Beckers Witwe vermacht. Der „Kaiser" ist im vorliegenden Fall stärker wolkenverhangen, und die Staffagefigur ganz rechts befindet sich zwischen zwei Felsbrocken, während sie auf der Darmstädter Fassung weiter am unteren Bildrand steht. Der Standpunkt des Malers war indes der gleiche wie auf dem „Kaisergebirge in Tirol (mit drei Staffagefiguren und Packpferd)" (1871, Kat.-Nr. 301).

150. Das Kaisergebirge in Tirol

Befund: nach 1857; Öl auf Leinwand

Provenienz/Ort: Verkauf auf der Kunstausstellung zu Bremen im März 1868 an eine Privatperson, Verbleib unbekannt

Ausstellungen: Bremen 1868

Quellen/Literatur: Dioskuren, 13. Jg., Nr. 16, 19.4.1868, S. 137

151. Sommertag auf dem Königssee (mit zwei Nachen)

Befund: nach 1857; 78,0 x 120,0 cm (ohne Rahmen), 104,0 x 149,0 (mit Rahmen); ovales Gemälde; Öl auf Leinwand; u.r. in schwarzer Farbe: „Adolf Schmitz & August Becker"; verso Aufkleber: „Fideicommiss-Galerie Kat.-Nr. 66, Kat. V. 1905, Nr. 72, Kat. v. Nr."; auf dem Rahmen unten mittig ovales Metallschild mit der Beschriftung: „A. Becker. Der Königssee mit dem Watzmann. Fideicommiss-Galerie"; verbeulte Leinwand, Schmuckrahmen original, aber stark beschädigt

Provenienz/Ort: Ankauf durch Georg V., König von Hannover, für 400,- Thaler, königliche Galerie; Kunstsammlung S.K.H. Ernst August Prinz von Hannover, Herzog zu Braunschweig und Lüneburg, Schloss Marienburg, ohne Inv. Nr.

Kurzbeschreibung: Im Vorder- und Mittelgrund ein See mit mehreren Booten. Im Vordergrund ein Boot mit vielen Leuten. Im Hintergrund gebirgiges Terrain, rechts kleine Siedlung.

Kommentar: Schriftliche Notizen haben sich von einer Reise ins Bayerische Hochland 1857 erhalten. Am 25. Juni 1857 gelangte Becker zum Königssee mit dem Watzmann. Das Gemälde mit aufwendiger Figurenmalerei hat Becker zusammen mit seinem Düsseldorfer und ebenfalls aus Darmstadt stammenden Kollegen Adolf Schmitz ausgeführt. Die ovale Bildform kommt sonst im Oeuvre Beckers nicht vor. Woher Becker und Schmitz, die bei der Entstehung dieses Gemäldes zu gleichen Teilen mitgewirkt haben, die Anregung für die Tondoform erhalten haben, ist nicht eindeutig zu klären. Diese war im 19. Jahrhundert weit verbreitet. Sowohl Bildformat als auch die Genreszene erinnern an Hauptwerke der Romantik, z.B. an Bilder von Ludwig Richter „Überfahrt über die Elbe am Schreckenstein bei Aussig" (1837, Dresden, Galerie der Neuen Meister) oder von Caspar Scheuren „Überfahrt am Drachenfels" (1839, Kunsthandel). Während im Hintergrund das Gebirge eine passende Kulisse für die idyllische Szenerie bietet, konzentriert sich das Geschehen im Nachen im Vordergrund, in dem sich sieben Personen befinden. Besonders auffällig ist ein Mann mit einem großen Fernglas, das er direkt vor seine Augen hält. Diese Person trägt schon komische Züge wie bei Carl Spitzweg. Der Mann im Bug des Ruderbootes hat die Gesichtszüge von August Becker. Dass es sich um den Maler handeln muss, geht aus seinem Reisegepäck, einer Wanderstaffelei, hervor. August Becker zeigt mit einer weit ausholenden Handbewegung auf die Landschaft. Er erklärt offensichtlich wortgewandt seinen Begleitern die Naturszenerie. Der Betrachter wird dabei im Unklaren gelassen, wo genau Beckers Hand hinzeigt, sie ist nämlich auf die Bildöffnung gerichtet. Die weit ausholende Handbewegung wird man auf weiteren Gemälden von Becker wieder entdecken können. Sie dient dazu, mittels Staffagefigur die Aufmerksamkeit des Betrachters auf einen bestimmten Punkt zu lenken. (Vgl. „Das Meiringer Tal in der Schweiz" (1856, Kat.-Nr. 132), „Ansicht von Heidelberg" (1863, Kat.-Nr. 200); „Karpatenlandschaft mit Schloss Peleș" (große Fassung, 1883); „Die Bergstraße mit der Schlossruine von Auerbach" (1885, Kat.-Nr. 427) u.ä.) Die Taxierung des Gemäldes belief sich auf 400,- Thaler. Es war das bei weitem teuerste Bild, welches durch den König von Hannover auf der Ausstellung des Kunstvereins erworben wurde. (Vgl. Hannover, Niedersächsisches Hauptstaatsarchiv, Königliches Hausarchiv, Dep. 103, XXIV, Nr. 2630)

Ausstellungen: Hannover 1862

Quellen/Literatur: Verzeichnis Kunstausstellung Hannover, 30. Ausstellung, 1862, S. 6, Nr. 16; Thieme-Becker, Bd. 3, Stichwort „Becker, August", S. 145; Saur, AKL, Bd. VIII, 1994, Stichwort „Becker, August", S. 154; Lexikon der Düsseldorfer Malerschule 1819–1918, Düsseldorf [u.a.] 1997–1998, Bd. I, Stichwort „Becker, August", S. 88

152. Schloss Jägerhof

Befund: 1858; 29,9 x 42,7 cm; Aquarell/Papier; u.r.: „August Becker.1858"

Provenienz/Ort: Ankauf für 12,- £ in der Galerie Schulte, Düsseldorf, als Geschenk Prinzgemahl Alberts an Queen Victoria, 23. April 1859; Royal Collection, Schloss Windsor, Inv. Nr. RL 20707, SA VIII 7

Kurzbeschreibung: Bühnenartige Kulisse mit Baum zu beiden Seiten, dazwischen zahlreiche Personen, im Hintergrund ein Schloss.

Kommentar: Das Bild ist das einzige überlieferte, in reiner Aquarelltechnik ausgeführte Werk Beckers. Am 11. und 12. August 1858 besuchte Queen Victoria Düsseldorf. August Becker malte dieses Aquarell im Auftrag von Prinzgemahl Albert und schickte es wenige Wochen später nach England. Der Name geht zurück auf eine Heim- und Erziehungsstätte, in der waidgerechte Jäger erzogen wurden. Schloss „Jägerhof" in Düsseldorf war, wie auch Schloss Benrath, Residenz von Carl Anton, Fürst von Hohenzollern-Sigmaringen, und dessen Familie. 1849 trat er das Fürstentum an Preußen ab. In ihm fand Becker einen hochadeligen Mäzen. Für dessen Kinder und Enkel, den Erbprinzen Leopold mit seiner Ehefrau Antonie und beider Sohn Karl arbeitete Becker als Zeichenlehrer. Seit 1987 befinden sich im Jägerhof das Goethe-Museum und die Stiftung Ernst Schneider. An die Aufenthalte der hohenzollerischen Herrschaften und des Malers

August Becker erinnert heute nichts mehr. Beckers Ansicht war die geläufigste Wiedergabe von Jägerhof, so z.B. auch in dem Stich des in Darmstadt verstorbenen Iren William Cooke.

Quellen/Literatur: Millar, Delia, 2 Volumes, London 1995, vol. I, p. 87, no. 213; Hoffmann-Kuhnt (Hg.), Nürnberg 2000, S. 330

153. Landschaft aus Sognefjord in Norwegen

Befund: um 1858; Öl auf Leinwand

Provenienz/Ort: Verbleib unbekannt

Kommentar: 1858 ließ Becker in der Ausstellung der Berliner Kunstakademie zwei Bilder mit dem Vermerk „verkäuflich" zeigen: „Landschaft aus Sognefjord in Norwegen" und „Abendlandschaft aus Hardanger Fjord in Norwegen". 1859 kamen zwei Bilder in Breslau zur Schau, von denen „Abendlandschaft aus Hardanger Fjord in Norwegen" mit dem in Berlin gezeigten Gemälde identisch zu sein scheint.

Ausstellungen: Berlin 1858

Quellen/Literatur: Kat. Königliche Akademie der Künste, XLI. Ausstellung, S. 4, Kat.-Nr. 47

154. Norwegische Hochebene

Befund: um 1858; Öl auf Leinwand

Provenienz/Ort: Verbleib unbekannt

Kommentar: Auf der ersten Ausstellung dieser Art war August Becker mit zwei Gemälden präsent. Möglicherweise konnte er das Werk wie das zweite Bild („Abend in den Alpen des Berner Oberlandes", Kat.-Nr. 122) nicht verkaufen und schickte es 1859 auf weitere Ausstellungen. 1858 wird Becker in der Hannoveraner Ausstellungskritik erwähnt: *„Mehr oder minder bedeutend folgen dann die Landschaften von Becker, Michaelis, M. Müller, Duntze, Steinecke* [sic!] *[...]"* (Zit. Dioskuren, 3. Jg., Nr. 33, 1858, S. 79) 1859 wurden auch von Becker im Zyklus der „westlichen Kunstvereine", der im März in Hannover begann, Gemälde gezeigt: *„Ein Beweis der steigenden Produktion. Ueberwiegend ist die Zahl der Landschaften – 350 – und vieles Großartige und Vorzügliche darunter, z.B. von A. Achenbach, Gude, Becker, Hilgers, Heinlein, Lasinsky, Morgenstern, Pulian, v. Raven, Steinecke* [sic!]*, Wille [...]"* (Zit. Dioskuren, 4. Jg., Nr. 54, 1859, S. 48) Leider konnten die in Hannover vorgeführten Bilder nicht verifiziert werden, da entsprechende Kunstvereinskataloge nicht durchgängig auffindbar waren. Es liegt nahe, dass die folgende Katalognummer das gleiche Bild beschreibt.

Ausstellungen: München (Deutsche allgemeine und historische Kunstausstellung) 1858

Quellen/Literatur: Kat. zur allgemeinen deutschen und historischen Kunstausstellung, München 1858, Nr. 946

155. Norwegische Hochebene

Befund: um 1859; Öl auf Leinwand

Provenienz/Ort: Verbleib unbekannt

Kommentar: 1859 ließ Becker in Breslau zwei Bilder zeigen: „Norwegische Hochebene" und „Abendlandschaft aus Hardanger Fjord in Norwegen".

Ausstellungen: Liverpool 1859 [?]; Hannover 1859 [?]; Breslau 1859

Quellen/Literatur: Kat. Kunstausstellung des Breslauer Kunstvereins, 1859, S. 5, Nr. 34; Hoffmann-Kuhnt (Hg.), Nürnberg 2000, S. 332

156. Abendlandschaft aus Hardanger Fjord in Norwegen

Befund: 1858/1859; Öl auf Leinwand

Provenienz/Ort: Verbleib unbekannt

Kommentar: Das Bild war in Berlin mit dem Vermerk „verkäuflich" versehen.

Ausstellungen: Berlin 1858; Breslau 1859

Quellen/Literatur: Kat. Königliche Akademie der Künste, XLI. Ausstellung, S. 4, Kat.-Nr. 48; Kat. Kunstausstellung des Breslauer Kunstvereins, 1859, S. 5, Nr. 35

157. Landschaft aus dem Hardanger Fjord

Befund: 1859; Öl auf Leinwand

Provenienz/Ort: Verbleib unbekannt

Kommentar: 1859 stellte Becker insgesamt fünf Gemälde in Breslau aus. Seine Schaffenskraft war demnach Ende dieses Dezenniums besonders groß und hatte das Niveau der 1860er und 1870er Jahre erreicht, als die großen Verpflichtungen beim englischen und rumänischen Hof fast zeitgleich und parallel mit den vielen bürgerlichen Aufträgen erfolgten. Der Hof alleine war für ihn jedoch keine ausreichende Erwerbsquelle. Erst die Verkäufe an bürgerliche Sammler und aristokratische Herrschaften ermöglichten eine solide Existenz.

Ausstellungen: Breslau 1859

Quellen/Literatur: Kat. Kunstausstellung des Breslauer Kunstvereins, 1859, S. 5, Nr. 38

158. Sonnenaufgang im Gebirge

Befund: 1859; Öl auf Leinwand

Provenienz/Ort: Verbleib unbekannt

Kommentar: Es sind mehrere Gemälde ähnlichen Titels überliefert.

Ausstellungen: Breslau 1859

Quellen/Literatur: Kat. Kunstausstellung des Breslauer Kunstvereins, 1859, S. 5, Nr. 37

159. Breithorn

Befund: um 1859; Öl auf Leinwand

Provenienz/Ort: Verbleib unbekannt

Kommentar: Offensichtlich handelt es sich um eine Replik des 1856 für Emil, Prinz von Sayn-Wittgenstein-Berleburg, angefertigten Gemäldes. Auch in Breslau hat Becker 1859 ein gleichnamiges Gemälde ausgestellt. Aus Breslau sind keine Ankaufsinformationen überliefert. Die beiden Gemälde mit identischem Titel, welche mit zwei weiteren Arbeiten 1859 in Breslau gezeigt wurden, könnten im Herbst des gleichen Jahres nach Liverpool verschickt worden sein. Dort kam es zu Ankäufen durch Privatpersonen.

Ausstellungen: Breslau 1859; Liverpool 1859

Quellen/Literatur: Kat. Kunstausstellung des Breslauer Kunstvereins, 1859, S. 5, Nr. 36

160. Skizzenbuch I (Verstreutes: u.a. Meiringen (1862), Imnau (1875), Jägerhof (1884))

Befund: 1860-1884; 24,0 x 31,0 cm; Skizzenbuch; Bleistift und Aquarell/weiß-gelbes Papier; Blattgröße: 23,7 x 30,1 cm; Blatt 11 (graues Papier) 22,9 x 29,2 cm; Deckel: braun marmoriertes Papier über Pappe; Leinenrücken; 4 Schlingen für Bleistift; unbezeichnet; im Deckel von späterer Hand vermerkt: „Skizzenbuch von Maler August Becker"

Provenienz/Ort: Privatbesitz, Geschenk von Obermedizinalrat Dr. P. Schlippe; Darmstadt, Hessisches Landesmuseum, Inv. Nr. HZ 4333 G 58:101

Kommentar: Skizzenbuch mit 11 aus dem Verband gelösten Blättern.

Quellen/Literatur: Saur, AKL, Bd. VIII, 1994, Stichwort „Becker, August", S. 154; Lexikon der Düsseldorfer Malerschule 1819–1918, Düsseldorf [u.a.] 1997–1998, Bd. I, Stichwort „Becker, August", S. 88

Seite	Bezeichnung	Darstellung/Kommentar	Abbildung
1)	u.r.: „Zwisel-Alm. Aug 60."	Holzhaus, Fundament aus grober Steinmauer, koloriert	
2)	u.r.: „Gossau Aug.60." o.l.: „Hut gelb mit schwarz eingefaßt. Dunkelblau Kopftuch; Halstuch braun, Schürze und Kleid blau." m: „blaues Mieder, roth. Halstuch, wollne Jacke schwarzblau mit hellgrauen Streifen eingefaßt." o.r.: „graue wollene Jacke, rothes Halstuch"	drei sitzende Frauen, koloriert; vgl. „Motiv auf den Steinen sitzen" in: „Das Jungfraumassiv im Berner Oberland (große Fassung)" (1853, Kat.-Nr. 102)	
3)	u.m.: „Brannenburg. Septbr. 60."	Bach mit kleiner Holzbrücke; im Hintergrund Berglandschaft; vgl. die Holzbrücken in: „Das Jungfraumassiv im Abendlicht" (um 1855, Kat.-Nr. 122) und „Das Jungfraumassiv im Berner Oberland (große Fassung)" (1855, Kat.-Nr. 102)	
4)		Leerblatt	
5)	u.l.: „Brannenburg. Septbr. 60"	Geröll und umgefallener Baum; auf zahlreichen Gemälden ähnliches Motiv	
6)		Leerblatt	

7)	u.r.: „Meiringen. Aug. 62."	zwei weibliche Figurenstudien mit Tragekörben; ähnliche Figuren mit gefüllten Tragekörben z.B. in Schweiz-Gemälden	
8)	u.l.: „Lago maggiore. Isola St. Giovanni. Sept 62."	bewachsener Abhang mit Villa; keine direkte Gemäldeverarbeitung	
9)	u.l.: „Meiringen Aug. 62."	zwei weibliche Figurenstudien; keine direkte Gemäldeverarbeitung	
10)	u.r.: „Lago maggiore Sept. 62."	bewachsene Insel mit großer Villa, koloriert; keine direkte Gemäldeverarbeitung	
11)	ohne	Agaven an einer Mauer; keine direkte Gemäldeverarbeitung	
12)	u.r.: „Isola madre. Lago maggiore Sept. 62"	Gebäudekomplex auf einer Insel mit Laubbäumen; keine direkte Gemäldeverarbeitung	
13)	u.r.: „Meiringen. Aug. 62"	zwei weibliche Figurenstudien, eine sitzend, teilweise koloriert; ähnliche Staffagen in den Schweiz-Gemälden, vor allem aus dem Berner Oberland	
14)	u.r.: „Isola piscatore. Sept. 62"	Dorf am Seeufer; im Vordergrund ein Boot; keine direkte Gemäldeverarbeitung	
15)	u.l.: „Isola superiore. Lago maggiore. Sept. 62"	Häuserkomplex am Ufer, rechts zwei Boote; keine direkte Gemäldeverarbeitung	

16)	ohne	vielleicht Ausblick vom St. Gotthard auf Airolo (?); Tal, links davon Bergkette; keine direkte Gemäldeverarbeitung	
17)	ohne	zwei Figuren am Wegrand, Bäume, Blick ins Tal im Hintergrund, rechts Andachtsstation, oberhalb der Weinburg am Bodensee; vgl. die Gemälde „Blick ins Tal I, II und III" (1879, 1880 und 1882, Kat.-Nr. 374, 375, 396)	
18)	Leerblatt		
19)	u.m.r.: „Jägerhof Mai 1884"	Baum; keine direkte Gemäldeverarbeitung	
20)	Leerblatt		
21)	u.m.: „Imnau d.27 Aug. 75"	Hauswand mit Schuppen; keine direkte Gemäldeverarbeitung	
22)	Leerblatt		

Buchdeckel

161. Flusslandschaft mit Abendrot

Befund: 1860; 31,5 x 47,0 cm; Öl auf Leinwand; u.l.: „AB.1860"; stark nachgedunkelt, scheint sehr verschmutzt

Provenienz/Ort: Privatbesitz

Kurzbeschreibung: Im Vordergrund Gewässer, links Wald, rechts Blick in den weiten Hintergrund, Wolken am Firmament.

Kommentar: Der Gebrauch von Asphaltfarben ist durch Untersuchungen zumindest bei einem Gemälde Beckers im Niedersächsischen Landesmuseum, Hannover, verifiziert. Gerade im vorliegenden Fall wäre dies aber auch denkbar. Es lässt sich konstatieren, dass das Bild eine für Becker typische durch Abendlicht gestaltete Stimmung wieder gibt.

Ausstellungen: Darmstadt 2002

162. Unbekanntes Motiv

Befund: um 1860; Öl auf Leinwand

Provenienz/Ort: Verbleib unbekannt

Kommentar: In Amerika ließen viele Düsseldorfer Künstler ausstellen. Andere wiederum siedelten sogar dorthin um. Die damals in New York existierende „Dusseldorf Gallery" war eine beliebte und die bekannteste Ausstellungsplattform für Düsseldorfer Maler in der neuen Welt.

Ausstellungen: New York 7/1860

Quellen/Literatur: Hoffmann-Kuhnt (Hg.), Nürnberg 2000, S. 338

163. Traunstein

Befund: 1860; Bleistift/Papier

Provenienz/Ort: Verbleib unbekannt

Kommentar: Der Traunstein befindet sich östlich von Salzburg. Hauptziel dieser Studienfahrt war das Bayerische Hochland. Die bedeutenden Gemälde vom Salzkammergut entstanden erst nach der Salzkammergut-Expedition 1868.

Quellen/Literatur: Hoffmann-Kuhnt (Hg.), Nürnberg 2000, S. 343

164. Dachstein

Befund: 1860; Bleistift/Papier

Provenienz/Ort: Verbleib unbekannt

Kommentar: Der Hallstätter See liegt zu Füßen des Dachsteingebirges. Dieses war auch bei den fürstlichen und kaiserlichen Herrschaften, wie z.B. Franz Joseph I., Kaiser von Österreich, und Elisabeth, Kaiserin von Österreich, beliebt. (Vgl. Conte Corti, Elisabeth von Österreich, 10. Aufl., München 1989, S. 119) Vom Dachsteingebirge entstanden bis in die 1880er Jahre mehrere Gemälde in Beckers Atelier. Die Skizzenbücher III und IV belegen, dass Becker sich ab 1864 weit mehr für Gebirgsmassive interessierte als für einzelne Berge. Denn Massive, wie die vom „Dachstein" oder „Kaiser", erlaubten ihm jene Panorama-Darstellung der Landschaft, die beim Publikum besonders geschätzt war.

Quellen/Literatur: Hoffmann-Kuhnt (Hg.), Nürnberg 2000, S. 344

165. Donnerkogln

Befund: 1860; Bleistift/Papier

Provenienz/Ort: Verbleib unbekannt

Quellen/Literatur: Hoffmann-Kuhnt (Hg.), Nürnberg 2000, S. 345

166. Unbekanntes Motiv

Befund: 1860; Ölstudien

Provenienz/Ort: Verbleib unbekannt

Kommentar: Lt. August Becker aus einem Konvolut von 6 Ölstudien und 40 Zeichnungen stammend.

Quellen/Literatur: Hoffmann-Kuhnt (Hg.), Nürnberg 2000, S. 358

167. Romantische Gebirgslandschaft mit Felsenburg

Befund: um 1860; 88,5 x 106,0 cm; Sepia/Papier

Provenienz/Ort: Privatbesitz, Graf von Hardenberg, Darmstadt; Verbleib unbekannt

Kommentar: Graf von Hardenberg (Hardenberg bei Hannover 1871–Darmstadt 1938) war eine bedeutende Persönlichkeit im kulturellen Leben der Stadt Darmstadt. Er studierte Rechte, Nationalökonomie und Kunstgeschichte, u.a. in Göttingen und Paris. Von 1902 bis 1914 war er als Maler und Schriftsteller in Dresden ansässig. 1917 wurde er Hofmarschall in Darmstadt, später Chef der großherzoglichen Haus- und Vermögensverwaltung, 1921 Direktor der Großherzoglichen Kunstsammlungen und des Schlossmuseums. Der Posten eines Direktors der Großherzoglichen Gemäldegalerie wurde auch 1882 August Becker angeboten, der dieses jedoch ablehnte, um sich mehr der Malerei widmen zu können. Graf von Hardenberg malte vorwiegend Landschaften. (Vgl. Deutsche Biographische Enzyklopädie, bearbeitet von Walther Villy und Rudolf Vierhaus, Bd. 4, München [u.a.] 1996)

Ausstellungen: Wiesbaden 1936

Quellen/Literatur: Ausst.-Kat. Zwei Jahrhunderte Deutscher Landschaftsmalerei. Katalog der von der Stadt Wiesbaden und dem Nassauischen Kunstverein veranstalteten Ausstellung, Wiesbaden 1936, Kat.-Nr. 36, S. 11

168. Der Untersberg in Tirol

Befund: um 1860; Öl auf Leinwand

Provenienz/Ort: Verbleib unbekannt

Kommentar: Als Erstbesitzer des Gemäldes ist ein Kaufmann Henneberg aus Gotha überliefert. Die Familie Henneberg besaß von 1805 bis 1881 in Gotha eine Porzellanfabrik, die unter dem Namen „F.E. Henneberg & Comp." firmierte. Die Enkel des Firmengründers, August (1813–1881) und Si(e)gmund Henneberg (1819–1879), werden in der Literatur als Kaufmann angegeben.

Ausstellungen: Köln (II. Allgemeine Deutsche und Historische Kunstausstellung) 1861

Quellen/Literatur: Kat. zur 2. allgemeinen deutschen und historischen Kunst-Ausstellung im neuen Museum Wallraf-Richartz, 2. Aufl., Köln 1861, S. 44, Nr. 401; Dioskuren, 6. Jg., Nr. 42, 20.10.1861, S. 357; Boetticher, Nr. 13

169. Norwegisches Hochgebirge

Befund: um 1860; Öl auf Leinwand

Provenienz/Ort: Verbleib unbekannt

Kommentar: Das Bild war als „Privat-Eigentum" gekennzeichnet.

Ausstellungen: Köln (II. Allgemeine Deutsche und Historische Kunstausstellung) 1861

Quellen/Literatur: Kat. zur 2. allgemeinen deutschen und historischen Kunst-Ausstellung im neuen Museum Wallraf-Richartz, 2. Aufl., Köln 1861, S. 37, Nr. 326; Dioskuren, 6. Jg., Nr. 42, 20.10.1861, S. 357; Boetticher, Nr. 12

170. Abend auf der Gotzenalm

Befund: um 1860; Öl auf Leinwand

Provenienz/Ort: Verbleib unbekannt

Kommentar: Boetticher führt (unter Nr. 10) als Besitzer eines Hochland-Gemäldes aus Oberbayern („Abend auf der Gotzenalp") einen Arzt aus Magdeburg auf. Leider erbrachten Stadtarchiv-Recherchen in Magdeburg keinerlei Hinweise auf den tatsächlichen Bildinhalt und -verbleib. Dr. Carl Eduard Voigtel (1801–1868) war Arzt, Sanitätsrat und ab 1842 Stadtverordneter. (Vgl. Magdeburger Biographisches Lexikon 19. und 20. Jahrhundert, Magdeburg 2002, S. 760)

Ausstellungen: Köln (II. Allgemeine Deutsche und Historische Kunstausstellung) 1861

Quellen/Literatur: Dioskuren, 6. Jg., Nr. 42, 20.10.1861, S. 357; Kat. zur 2. allgemeinen deutschen und historischen Kunst-Ausstellung im neuen Museum Wallraf-Richartz, 2. Aufl., Köln 1861, S. 28, Nr. 222; Boetticher, Nr. 10

171. Norwegische Hochebene (Motiv von den Hurongen)

Befund: 1860; Öl auf Leinwand

Provenienz/Ort: Verbleib unbekannt

Kommentar: Das Gemälde hat sich zunächst bei einem Rentner namens Schlosser in Berlin befunden. Der Verbleib konnte nicht geklärt werden.

Quellen/Literatur: Ernst Becker, Lebenslauf zu August Becker, Düsseldorf, KVM 552

172. Tiroler Flusslandschaft

Befund: um 1860; 52,0 x 77,0 cm; Öl auf Leinwand

Provenienz/Ort: Kunsthandel, Carola van Ham, Köln, Kunstauktionen, 24.10.1978

Kommentar: Die Tiroler Landschaft tauchte bei Becker ab 1857 im Oeuvre auf.

Quellen/Literatur: Aukt.-Kat. Carola van Ham, Köln, Nr. 1448, 24.10.1978

173. Norwegische Hochebene

Befund: 1860; Öl auf Leinwand

Provenienz/Ort: Verbleib unbekannt

Kommentar: Gegen Ende der 1860er Jahre wurden Darstellungen aus Norwegen seltener im Oeuvre Beckers. Es gab mehrere Gründe, die zu dieser Entwicklung führten. Studienreisen in die Schweiz, nach England und Schottland sowie ins Salzkammergut, sein enormes Engagement im kunstpolitischen Sektor Düsseldorfs und schließlich die Gründung einer Familie, eingeleitet durch die Hochzeit mit Pauline Domer im Sommer 1869, brachten viel frischen Wind in August Beckers Leben. Erst in den 1880er Jahren stellten sich wieder einige Gemälde mit skandinavischer Thematik ein. Im Winter 1859/1860 ließ Becker zwei Gemälde in England ausstellen. Der Verkauf zweier seiner Werke in England war für ihn ein sensationeller Erfolg, denn im gleichen Jahr wurde ihm seitens des europaweit bekannten Dominic Colnaghi, der seit 1833 dem Londoner Kunsthaus Colnaghi als Leiter vorstand, mitgeteilt, seine Bilder seien in England unverkäuflich, da das Publikum lieber dem Namen nach Erwerbungen vollziehe, d.h. Objekte eines bekannten Künstlers denen eines „no name"-Malers vorziehe. (Vgl. Ernst Becker, Brief an August Becker, 24. August 1860, in: Hoffmann-Kuhnt (Hg.), Nürnberg 2000, S. 348 f.) Colnaghi bezog sich auf das vorliegende Bild, welches aus Liverpool kommend von seiner

Galerie in London weiter nach Manchester geschickt wurde, wo es schließlich für 84,- £ einen Käufer fand. Die englischen Galeristen hatten somit unterschiedliche Einstellungen zu Beckers Gemälden.

Ausstellungen: Manchester 1860; Edinburgh 1860

Quellen/Literatur: Exhibition Records for the Royal Manchester Institution annual exhibitions [1860]; Hoffmann-Kuhnt (Hg.), Nürnberg 2000, S. 358; Baile de Laperrière, Charles: The Royal Scottish Academy exhibitors 1826–1990: a dictionary of artists and their work in the annual exhibitions of the Royal Scottish Academy, 4 volumes, Calne, Wiltshire 1991, vol. I, p. 107

174. Der Königssee in Oberbayern

Befund: 1860; Öl auf Leinwand

Provenienz/Ort: Verbleib unbekannt

Kommentar: Als Abnehmer ist der Kaufmann Leo Schuster aus Manchester belegt. Es handelt sich bei dem Bild „Königssee in Oberbayern" neben der „Norwegischen Hochebene" um das zweite 1860 abgesetzte Werk in Manchester und damit auch um einen frühen, mit 136,- £ sogar recht hohen Verkaufserfolg in England.

Ausstellungen: Manchester 1860

Quellen/Literatur: Ernst Becker, Lebenslauf zu August Becker, Düsseldorf, KVM 552; Exhibition Records for the Royal Manchester Institution annual exhibitions [1860]; Hoffmann-Kuhnt (Hg.), Nürnberg 2000, S. 358

175. Alpenlandschaft

Befund: um 1860; 105,0 x 187,0 cm; Öl auf Leinwand; signiert

Provenienz/Ort: Verbleib unbekannt

Kommentar: „Unter den Landschaften motivieren wir zunächst eine große Landschaft von A. Becker (Düsseldorf), "Abend in den Alpen des bayerischen Hochlandes". Das Bild ist fast etwas zu groß, insofern es eine Weite des Abstandes für den Betrachter erfordert, dem die dann statthabende Wirkung nicht ganz entspricht. Im Allgemeinen ist es realistisch behandelt und von exakter Naturwahrheit; aber jener Hauch der Poesie, die unter Anderm die schöne "norwegische Hochebene" desselben Künstlers beseelte, fehlt ihm in etwas. Feinheit und Harmonie in der Gesamtstimmung jedoch gehen ihm nicht ab." (Zit. Dioskuren, 8. Jg., Nr. 4, 25.1.1863, S. 26) In der Besprechung ist von einer „exakten Naturwahrheit" die Rede. Diese Malweise war für die naturalistische Kunstrichtung prägend.

Ausstellungen: Berlin, Permanente Gemäldeausstellung von Louis Sachse 1/1863

Quellen/Literatur: Dioskuren, 8. Jg., Nr. 4, 25.1.1863, S. 26

176. Der Königssee bei Berchtesgaden

Befund: nach 1857; historische Fotografie nach einem Ölbild, Mappe „Tirol & Baiern", nicht katalogisiert; auf dem Karton mit Bleistift vermerkt: „Der Königssee im bairischen Gebirge" und „Königin Elisabeth v. Preußen"

Provenienz/Ort: Verbleib unbekannt

Kurzbeschreibung: Links Uferbereich mit Bäumen und mehreren Staffageobjekten, rechts ein See, im Hintergrund Gebirge, vereinzelt Wolken.

Kommentar: Der Ankauf erfolgte durch Wilhelm I., König von Preußen, am 13.12.1861 in Berlin. 1866 wird ein „Königssee" auf einer Ausstellung bei Karfunkel in Berlin als Besitz von Königin Elisabeth angegeben. Wilhelm I. war seit 1861 König. Er vertrat als Bruder seit 1858 den bisherigen König Friedrich Wilhelm IV. Möglicherweise hat er das Bild der Ehefrau seines Bruders geschenkt. So wäre der Bleistiftvermerk – „Königin Elisabeth v. Preußen" auf dem Foto erklärbar. Bei Sachse in Berlin war das Bild als „Der Königssee in Oberbayern" betitelt. Es war die erste Erwerbung eines Becker-Gemäldes durch die Berliner Hohenzollern. Im Unterschied zu einer weiteren Fassung des Königssees sind nur kleinste Veränderungen neben dem Steinabbruch rechts am Bildrand, mittig, festzustellen. Das Gemälde sollte in Babelsberg zu Aufhängung kommen. In den Baedeker Reiseführern ab 1870, die auch das Schloss Babelsberg nebst seinem Interieur behandeln, heißt es ab der 22. Auflage unter dem Stichwort „Schloß Babelsberg": *„Eine große Anzahl Gemälde schmücken die Wände, die meisten der älteren Berliner u. Düsseldorfer Schule angehörig."* Bis zum Ersten Weltkrieg wird in Baedeker „Nordostdeutschland" und „Berlin" der Hinweis etwas gekürzt beibehalten. (Diesen Hinweis erhielt ich von Herrn Christoph Suin de Boutemard, Nienburg.) Die Generalverwaltung des vormals regierenden Preußischen Königshauses teilte auf Anfrage mit, dass keine Werke von Becker in den Beständen zu finden seien, auch weitergehende Recherchen, z.B. im niederländischen Doorn, dem Exilquartier von Wilhelm II., und im Geheimen Staatsarchiv Preußischer Kulturbesitz brachten keine Erkenntnisse zum Verbleib des

Bildes. Auch in der Durchsicht der Schlossführer, in denen die Innenräume genau beschrieben, und die Künstler der Gemälde genannt werden, taucht August Becker nicht auf. (Vgl. Schloß Babelsberg, o.O. 1872; Poensgen, Georg: Schloß Babelsberg, Berlin 1929) Die durch den Zweiten Weltkrieg und dessen Folgen entstandenen Verluste an Kunstgütern sind nicht zu beziffern. Verloren bzw. zerstört sind die Inventare der Schlösser östlich der Oder-Neiße, z.B. Oels/Schlesien, Cadinen/Ostpreußen. Zerstört oder als Beute nach Russland gelangt sind die Hauptbestände des ehemaligen Hohenzollernmuseums Schloss Monbijou sowie des Kaiser-Wilhelm-Palais Berlin und der weiteren Villen und Schlösser im Land Brandenburg, z.B. Potsdam, Schloss Rheinsberg oder Schloss Schwedt/Oder.

Ausstellungen: Köln (II. Allgemeine Deutsche und Historische Kunstausstellung) 1861; Berlin (Sachses „Permanente Gemäldeausstellung") 1861; Berlin (Karfunkels Berliner Ausstellung) 1866

Quellen/Literatur: Dioskuren, 6. Jg., Nr. 42, 20.10.1861, S. 357; Dioskuren, 6. Jg., Nr. 48, 1.12.1861, S. 406; Dioskuren, 11. Jg., Nr. 31, 2.9.1866; Kat. zur 2. allgemeinen deutschen und historischen Kunst-Ausstellung im neuen Museum Wallraf-Richartz, 2. Aufl., Köln 1861, S. 18, Nr. 86; Baedeker, Mittel- und Nord-Deutschland westlich bis zum Rhein. 22. Auflage, Leipzig 1887, Stichwort „Schloss Babelsberg"; Boetticher, Nr. 8; Hoffmann-Kuhnt (Hg.), Nürnberg 2000, S. 377

177. Norwegische Hochebene

Befund: 1860; Öl auf Leinwand

Provenienz/Ort: Verbleib unbekannt

Kommentar: Während Ernst Beckers beruflicher Zeit in Berlin 1861 versuchte er, für seinen Bruder in Leipzig bezüglich Bildverkäufe Erfolge zu erzielen. So bot er August an, sich an Dr. Härtel und Carl Lampe, die im Leipziger Kunstverein aktiv waren, zu wenden. (Vgl. Ernst Becker, Brief an August Becker, 19. November 1861, in: Hoffmann-Kuhnt (Hg.), Nürnberg 2000, S. 376 f.) Die Recherchen in den umfangreichen Aktenordnern zum Leipziger Kunstverein und zum Museum der Bildenden Künste, die im Stadtarchiv Leipzig aufbewahrt werden, erbrachten aber diesbezüglich keine neuen Ergebnisse. Interessant ist aber die Tatsache, dass von August Beckers früherem Reisekollegen, Georg Saal, bis 1881 drei Gemälde norwegischer Thematik für das Leipziger Museum erworben wurden („Ein Fjord in der Mitternachtssonne", „Eismeer" und „Die Mitternachtssonne in Norwegen"; Vgl. Verzeichnis der Kunstwerke im Städtischen Museum Leipzig, 1881, S. 95, Nr. 442–444, Leipzig, Stadtarchiv). Auch von Carl Rottmann besaß das Museum Bilder. Beckers Gemälde hätten durchaus in die Sammlung gepasst.

Ausstellungen: London 1860; Berlin 1860

Quellen/Literatur: Hoffmann-Kuhnt (Hg.), Nürnberg 2000, S. 339, 346

178. Norwegischer Fjord. Abend

Befund: um 1860; Öl auf Leinwand

Provenienz/Ort: Verbleib unbekannt

Kommentar: Als Preis wurden 300,- Thaler angegeben.

Ausstellungen: Bremen 1860; Hamburg 1860

Quellen/Literatur: Verzeichnis der Gemälde der zwölften Grossen Ausstellung des Kunstvereins in Bremen, 1860, S. 9, Kat.-Nr. 25; Kat. Kunstausstellung des Hamburger Kunstvereins, 1860, 16. Ausstellung, S. 3, Kat.-Nr. 40

179. Alpenglühen

Befund: um 1860; Öl auf Leinwand

Provenienz/Ort: Verbleib unbekannt

Kommentar: Als Preis wurden 150,- Thaler angegeben. In den Dioskuren-Kunstkritiken fand sich die Bemerkung: *„August Becker brachte zwei Effektlandschaften aus Norwegen mit Alpenglühen, deren Färbung völlig wahr ist, deren Felsen aber zu hart erscheinen, während sie früher in dem großen "Abend im Berner Oberlande" am entgegengesetzten Fehler litten."* (Zit. Dioskuren, 5. Jg., Nr. 18, 1860, S. 146) Abermals erfährt der „Abend im Berner Oberland" eine erwähnenswerte Kritik.

Ausstellungen: Bremen 1860; Hamburg 1860

Quellen/Literatur: Verzeichnis der zwölften Grossen Ausstellung des Kunstvereins in Bremen, 1860, S. 9, Kat.-Nr. 26; Kat. Kunstausstellung des Hamburger Kunstvereins, 1860, 16. Ausstellung, S. 3, Kat.-Nr. 41

180. Bei den alten Bäumen im Hochgebirge

Befund: 1860; Bleistift/vermutlich Papier

Provenienz: Kunst- und Auktionshaus Peter Karbstein, 77. Aukt., 27. 5. 2000

Quellen/Literatur: Kunst- und Auktionshaus Peter Karbstein, 77. Aukt., 27. 5. 2000, S. 20, Nr. 84

181. Hochgebirgslandschaft im Sommer. Blick auf Nadelwald und schneebedecktes Gebirgsmassiv

Befund: um 1860; 21,5 x 27,5 cm; Öl auf Leinwand

Provenienz/Ort: Kunsthandel, Carola Van Ham, Köln, Kunstauktionen, 22.3.1991, 134. Auktion

Kommentar: Auf Grund der kleinen Größe ist eher von einer Ölstudie auszugehen. Möglicherweise handelt es sich um eine Szene aus der Schweizer Bergwelt oder Norwegen.

Quellen/Literatur: Aukt.-Kat. Van Ham Kunstauktionen, 134. Aukt., 22.3.1991, Nr. 1095; http://www.artnet/faad/auctionsonline.asp (Nr. 20) (im Auftrag des Verfassers abgerufen am 12. Dezember 2002)

182. Die Gletscher Mönch und Eiger in der Schweiz

Befund: 1861; Öl auf Leinwand

Provenienz/Ort: Verbleib unbekannt

Kommentar: Besitzer des Gemäldes, einer weiteren „Jungfraumassiv"-Fassung, war der Kaufmann Georg Heinrich Eberlein aus Bremen. Um 1860 übte er für das Bremer Handelshaus Lange & Grave eine Tätigkeit als Prokurist aus. Eine „Schweizerlandschaft" wurde in den Dioskuren beschrieben: *„A. Becker's "Schweizerlandschaft", so schön sie in der Gesammtstimmung war, beleidigte förmlich das Auge durch äußerst häßliche Formen; zugleich hat er sich die böse Manier angeeignet, ferne, dunstige Gegenstände durch eine Lasur mit gebrochenem Weiß auf dunklem Untergrunde darstellen zu wollen, was, namentlich bei großen Flächen, stets einen falschen Effekt hervorbringt, indem es bald glasig, bald mehlig wirkt. Ebenso dürften die Bäume im Vordergrunde doch allzu massig in der Zeichnung und auch zu schwer, ja massig in der Farbe sein. Der Grund dieses Fehlers liegt meiner Ansicht nach darin, daß er bei der koloristischen Anlage seiner Bilder oft zu schwer einsetzt, wodurch er zur Remedierung dann auf solche üblen Hülfsmittel gebracht wird."* (Zit. Dioskuren, 8. Jg., Nr. 7, 15.2.1863, S. 49) Auf vielen Gemälden von Becker wirkt der Vordergrund enorm dunkel und die im Artikel aufgeführten Defizite sind nachvollziehbar.

Ausstellungen: Düsseldorf, Permanente Gemäldeausstellung von Louis Sachse 2/1863

Quellen/Literatur: Dioskuren, 8. Jg., Nr. 7, 15.2.1863, S. 49; Ernst Becker, Lebenslauf zu August Becker, Düsseldorf, KVM 552

183. Unbekanntes Motiv

Befund: um 1861; Öl auf Leinwand

Provenienz/Ort: Verbleib unbekannt

Kommentar: „Auf der Ausstellung in Metz wurden von 40 Düsseldorfer Kunstwerken 11 prämirt; nemlich die goldene Ehrenmedaille erhielt C. Hübner; die Medaille I. Klasse erhielt Alex. Michelis; die Medaille II. Klasse erhielten Aug. Becker, Hugo Becker, Boser, Hoegg, Carl Jungheim, J.W. Lindlar, Northe, Stange, H. Steinicke. Dies Resultat ist für Düsseldorf ein um so erfreulicheres, als überhaupt nur 65 Medaillen verliehen wurden, die sich unter circa 1200 Kunstwerken vertheilen." (Zit. Dioskuren, 6. Jg., Nr. 43, 27.10.1861, S. 368) Möglicherweise ist diese Auszeichnung identisch mit der von Lyon 1862, bei der Becker für den „Abend in den Alpen des Berner Oberlandes" (1855) belohnt wurde.

Ausstellungen: Metz 1861

Quellen/Literatur: Dioskuren, 6. Jg., Nr. 43, 27.10.1861, S. 368

184. Burg Oberstein

Befund: 1861; 30,0 x 42,0 cm; Öl auf Leinwand; auf Malpappe befestigt; u.l.: „Oberstein 09 Aug 1861"; u.r.: „August Becker" [mit dem Pinselende in die Farbe gekratzt]

Provenienz/Ort: Kunsthandel, H. Ruef, München, Kunstauktionen, 488. Auktion, 28.–30. März 2001; Galerie Sander, Darmstadt, bis November 2003; Privatbesitz

Kurzbeschreibung: Nahsichtige Komposition, in der Bildmitte des Mittelgrundes auf nach links ansteigendem Terrain eine Burganlage. Rechts Blick in den spärlich bewachsenen Hintergrund.

Kommentar: Es gibt frühe Zeichnungen von 1841, die bezeugen, dass Becker schon in der Anfangszeit diese Gegend als Maler erkundete. Während eine Zeichnung neben der Burg auch das Tal zeigt, ist auf dem Ölbild lediglich das Neue Schloss Oberstein zu sehen. In der Malweise erinnert es an das kleinformatige Gemälde „Schloss Schönberg", das fünfzehn Jahre früher entstanden ist. Besonders reizvoll ist im „Burg Oberstein"-Gemälde der dargestellte Helligkeitskontrast, die schattige Burg setzte sich scharf vor dem hellen, von Wolken durchzogenen Firmament ab. Becker ging es um die Genauigkeit. Er wollte die Burgruine Oberstein in allen Details festhalten. Das kleinformatige Ölbild entstand gut zwanzig Jahre nach der Ausführung eines großen Bildes („Oberstein im Nahetal", 1842, Kat.-Nr. 39), das im Besitz der Darmstädter Familien von Stosch und Siegroth war. Warum Becker das für ihn altbekannte Bildthema noch einmal aufgriff, ist nicht geklärt. 1861 begann er mit einem neuen, vielfach gemalten Motiv, dem ersten Heidelberg-Bild. Die übrigen Gemälde aus dieser Zeit, welche ermittelt werden konnten bzw. Erwähnung in Briefen finden, waren wesentlich größer im Format, so auch das Ölgemälde „Abendlandschaft mit Burg Oberstein" (1847). Von Adolf Lasinsky, den Becker in einem Brief von 1841 auch erwähnt, gibt es ein Gemälde von (Idar-)Oberstein (1834 gemalt), auf dem Stadt, Felsenkirche und die Burgruine zu erkennen sind (Mainz, Landesmuseum). Lasinskys großformatiges Bild – 25 Jahre früher entstanden – folgt noch stärker dem Einfluss des romantisch geprägten Wilhelm Schadows. Erst in späteren Jahren gelangte Lasinsky über den Kontakt mit Schirmer und Lessing zu einer realistischeren Auffassung.

Ausstellungen: Darmstadt 2002

Quellen/Literatur: Aukt.-Kat. Hugo Ruef, München, Auktion 488, 28.–30. März 2001, Nr. 858; Ausst.-Kat. Darmstadt 2002, S. 19, Abb. 14; http://www.artnet/faad/auctionsonline.asp (Nr. 1) (im Auftrag des Verfassers abgerufen am 12. Dezember 2002); Selke, Jahrbuch Birkenfeld 2003, S. 172

185. Rheinlandschaft bei Dossenheim

Befund: 1861; 86,0 x 110,0 cm; Öl auf Leinwand; u.l.: „A. Becker.1861" [in ugewöhnlicher Druckbuchstaben-Signatur]; verso: Klebezettel auf dem Keilrahmen: „Maler A. Becker", eine Zeile darunter: „[Das Bild, Anm. d. Vf.] stammt a.d. Schenck'schen Familie vermutlich Kunstverein Gewinn stammt a.d. Nachlass m. Mutter /W. Merck"; mehrere Übermalungen von fremder Hand

Provenienz/Ort: Privatbesitz, Schenkung von Privat, 1959; Darmstadt, Städtische Kunstsammlungen, Inv. Nr. MA 96

Kurzbeschreibung: Links unwegsames Terrain, zum Bildrand ansteigend, rechts felsiges Gestein, stark beleuchtet. Links Fernblick in eine Ebene, sehr bewölkt.

Kommentar: Bei diesem Gemälde herrschte lange Zeit Unklarheit ob der Urheberschaft und Topographie. Es wurde in der Literatur bisher als „Heroische Landschaft" betitelt. Tatsächlich ließ sich aber die genaue Ortsdarstellung benennen: Es ist der Ausblick in das Rheintal, rechts die an dieser Stelle, etwa heute auf Höhe von Ludwigshafen, Schwetzingen, auslaufende Hügelkette des Gegenufers des Rheintals abgebildet. Hinter Dossenheim läuft der Neckar in Richtung Mannheim, wo er in den Rhein mündet. Aufgrund der Behandlung des Firmaments, der frontal, von Wolken verhangenen Sonne und der Lichteffekte am Horizont, ist der Darmstädter August Becker der Maler. Das Gemälde erinnert in seiner blau-grünen Tonigkeit an Carl Rottmanns Italien-Zyklus, den Becker bei einem Besuch in München 1857 beeindruckend fand. Die Signatur ist ungewöhnlich für Becker. Umso erstaunlicher ist die Tatsache, dass es in der Vergangenheit Beckers am häufigsten reproduzierte Arbeit war. Bezüglich des Klebezettels auf der Rückseite des Gemäldes sei erwähnt, dass Beckers Familie zur Familie Schenck persönliche Beziehungen hatte.

Ausstellungen: Darmstadt 1981; Darmstadt 1992; Darmstadt (Kunstverein) 2004

Quellen/Literatur: Ausst.-Kat. Kunst aus dem Besitz der Stadt Darmstadt/Mathildenhöhe, 29.11.81–14.2.82, Kat.-Nr. 246 (m. Abb.); Haus Deiters. Darmstädter Galerie des 19. Jahrhunderts, 1992, S. 16; Saur, AKL, Bd. VIII, 1994, Stichwort „Becker, August", S. 154; Schweers 1994, Bd. 1, S. 103, Bd. 8, S. 300; Lexikon der Düsseldorfer Malerschule 1819–1918, Düsseldorf [u.a.] 1997–1998, Bd. I, Stichwort „Becker, August", S. 88, Abb. 67

186. Norwegische Hochebene

Befund: um 1861; Öl auf Leinwand

Provenienz/Ort: Verbleib unbekannt

Kommentar: Insgesamt mit sieben Gemälden war Becker auf der II. Allgemeinen Deutschen und Historischen Kunstausstellung in Köln 1861 vertreten. Großes Lob erntete in Köln „*[...]; der stets imponierende Aug. Becker mit 7 Landschaften, die fast alle, wenn auch nicht gleich gut, doch gleich fesselnd sind, weil sie eine großartige Natur tüchtig und gewandt wiedergeben; [...]*" (Zit. Dioskuren, 6. Jg., Nr. 42, 20.10.1861, S. 357) Fünf davon waren bereits mit einem Besitzvermerk gekennzeichnet. Dieses Bild war verkäuflich. Bei den weiteren „Norwegischen Hochebenen" aus der Zeit 1859 bis 1860 kann es sich um das vorliegende Bild handeln. Becker hat 1858 zwei Gemälde zur ersten Ausstellung dieser Art nach München geschickt. Auf der III. Allgemeinen Deutschen Kunstausstellung in Wien 1868 war er überhaupt nicht vertreten, während drei seiner Gemälde 1880 auf der IV. Ausstellung dieser Art zu sehen waren. Beckers Freund und sehr ähnlich arbeitender Kollege August Wilhelm Leu war in Köln mit nur einem Gemälde vertreten. Das vorliegende Bild ist nach Köln in Berlin gezeigt worden und erfuhr eine ausführliche Besprechung in der Presse: „*Unter den Landschaften steht, wie wir schon früher bemerkten, August Becker's poetisches und mit gleicher Liebe für Kunst und Natur durchgeführtes Bild „Norwegische Hochebene" in erster Reihe. Von vorzüglich feiner Wirkung ist die Beleuchtung, welche die den fernen Horizont begrenzenden Schneegebirge sowie einen Theil der Gletscher im Mittelgrunde im hellsten Sonnenlicht erglänzen läßt, während die sehr schön gezeichneten und plastisch gemalten Wolken einen starken Schatten auf den See und andere Bergpartien des Mittel-und Vordergrundes werfen. Vielleicht könnte der letztere etwas kräftiger gehalten sein, obschon zu bemerken ist, daß der Standpunkt des Beschauers ein ziemlich ferner ist. Seine andere Landschaft „der Königssee in Oberbayern" ist ebenfalls ein tüchtiges Werk und mit Sorgfalt ausgeführt, kommt aber an einfacher Größe und poetischer Wirkung dem vorigen nicht gleich.*" (Zit. Dioskuren, Nr. 48, 1.12.1861, S. 406)

Ausstellungen: Köln (II. Allgemeine Deutsche und Historische Kunstausstellung) 1861; Berlin (Sachses Permanente Gemäldeausstellung) 1861

Quellen/Provenienz: Kat. zur 2. allgemeinen deutschen und historischen Kunst-Ausstellung im neuen Museum Wallraf-Richartz, 2. Aufl., Köln 1861, S. 16, Nr. 49; Dioskuren, 6. Jg., Nr. 42, 20.10.1861, S. 357; Dioskuren, Nr. 48, 1.12.1861, S. 406; Hoffmann-Kuhnt, Nürnberg 2000, S. 375, 377

187. Der Feigumfoss in Norwegen

Befund: 1862; historische Fotografie nach einem Ölbild, Mappe „Norwegen", nicht katalogisiert; auf dem Karton mit Bleistift notiert: „Der Feigumfoß in Norwegen" und „Kunstverein in Gotha"; im Foto u.l.: „August Becker.1862"

Provenienz/Ort: Nachlass

Kurzbeschreibung: Abschüssiges Gelände nach links hin, auf einem schmalen Weg mehrere Figuren einen Bären transportierend. Im Hintergrund hohe Gebirgswand mit Wasserfall.

Kommentar: Aufschlussreich sind die Staffagefiguren, bestehend aus mehreren Jägern. Das Bild ist mit fotorealistischer Genauigkeit gemalt, die Figurenstaffage – Jäger von der Jagd heimkehrend – wirken jedoch sehr romantisch. Der „Feigumfoss" ist zugleich eines der seltenen, vielleicht zehn Hochformate im Werk Beckers. Dem Gemälde, welches selbst nicht ermittelbar war, konnten einige interessante Quellen zugeordnet werden. Als Käufer ließ sich der

Kunstverein Gotha ermitteln. Der Weg nach Gotha führte jedoch über Umwege: *"Seit einigen Tagen ist die permanente Ausstellung von Besuchern überfüllt, da ein Theil der für die Londoner Weltausstellung bestimmten Bilder ausgestellt ist. Es sind folgende: [...] "Norwegische Landschaft" von August Becker, [...]. Sämtliche Bilder sind in sehr großem Format gemalt, und haben die Künstler ihre mit Sorgfalt gewählten Stoffe in schlagenster Weise darzustellen sich bemüht."* (Zit. Dioskuren, 7. Jg., Nr. 11, 16.3.1862, S. 84) Das hier nicht näher betitelte Gemälde findet sich im Londoner Weltausstellungskatalog von 1862 als „Feigumfoss" wieder. In einer weiteren Besprechung zu den in London gezeigten Gemälden heißt es: *"[...] während ich dagegen von Andreas Achenbach's „Stürmische See", obwohl sie bereits für einen wahrhaft englischen Preis einen Käufer fand und von Aug. Becker's „Norwegische Landschaft" sagen muß, daß man in Deutschland bereits bessere Erzeugnisse ihres Pinsels kennt."* (Zit. Dioskuren, 7. Jg., Nr. 41, 12. Oktober 1862, S. 319) Die Kritiker waren demnach geteilter Meinung. In einem Brief des Gothaer Kunstvereins wird Max Schasler namentlich als Verfasser einer positiven Kritik zu dem vorliegenden Bild genannt. Jedoch war Schasler der Herausgeber der Zeitschrift, und die Artikel waren meistens anonym verfasst, seine Autorschaft ist eher ungewiss. (Vgl. Archivrath Bube, Brief an die Direktion der Herzoglichen Sammlungen des Schlosses Friedenstein, 22. August 1863, Gotha, Thüringisches Staatsarchiv, Staatsmin. Abt. Gotha Dep I Loc. 10c Nr. 3, Bl. 100, 100 verso, 101; Quellenanhang 5) Das Bild „Der Feigumfoss in Norwegen", welches in der Kunstkritik nur allgemein betitelt war, wurde zuvor in verschiedenen Städten gezeigt. Die Ankaufsverhandlungen zogen sich bis Ende 1863 hin und stellten sich als äußerst problematisch dar. August Becker schrieb an den Geschäftsführer des Kunstvereins in Gotha, dass er es *"...stets für eine Ehre angesehen habe, Bilder von mir in Gallerien und Oeffentlichen Sammlungen zu wissen, dass ich deshalb auch aus diesem Grunde sehr gerne eine Preisermäßigung statt finden lassen will. Ich nehme das Gebot von 400 Thlr für das Bild: Feigumfoss (auf deutsch, Wasserfall des Feigum) in Norwegen an, und sehe einem baldigen definitiven Abschluss entgegen."* (Zit. August Becker, Brief an Archivrath Adolf Bube, Geschäftsführer des Kunstvereins in Gotha, Düsseldorf, d. 19. August 1863, Gotha, Thüringisches Staatsarchiv, Staatsmin. Abt. Gotha Dep I Loc. 10c Nr. 3, Bl. 102, 102 verso; Quellenanhang 4) Schließlich wurde seitens August Beckers auch sein Bruder Ernst, der zu diesem Zeitpunkt für die englische Queen in England und Schottland weilte, in die Sache einbezogen. Aus Ernst Beckers Äußerung lässt sich ableiten, dass es bezüglich des Ankaufs Schwierigkeiten gab *"Nach Gotha werde ich übrigens an den Minister v. Seebach schreiben, im Falle es noch etwas helfen kann."* (Zit. Ernst Becker, Brief an August Becker, 25. September 1863, in: Hoffmann-Kuhnt (Hg.), Nürnberg 2000, S. 425). Aber einen Monat später scheint die Sache zu Beckers Zufriedenheit entschieden worden zu sein: *"Es ist nur gut, daß aus Gotha einstweilen wieder Hülfe kommt. Das ist eine kuriose Geschichte; Seebach hat mir nicht geantwortet, vielleicht hat er auf meinen Brief hin jenen Ausweg veranlaßt und denkt nun, ich brauche keine Antwort, da das Bild verkauft ist."* (Zit. Ernst Becker, Brief an August Becker, 1. November 1863, in: Hoffmann-Kuhnt (Hg.), Nürnberg 2000, S. 427). Freiherr Camillo Richard von Seebach (1808–1894) war von 1848 bis 1888 Staatsminister im Sächsisch-Coburgischen und Gothaischen Staatsministerium. Die größte Schwierigkeit für einen Ankauf des Gemäldes war aber nicht der Preis, sondern die Tatsache, dass der Herzog bei einem Besuch in der Kunstausstellung ein Bild von dem bei Gotha ansässigen Louis Gurlitt als geeignet zum Ankauf bezeichnet hatte, und Beckers Gemälde erst verspätet auf der Ausstellung eintraf, welches der Kunstverein selbst *"als vorzugsweise empfehlenswert betrachtet."* (Zit. Dr. Marquardt, Direktor der Herzoglichen Sammlungen des Schlosses Friedenstein, Brief an das Herzogliche Staatsministerium, Gotha, d. 28.08.1863, Gotha, Thüringisches Staatsarchiv, Staatsmin. Abt. Gotha Dep I Loc. 10c Nr. 3, Bl. 98, 98 verso; Quellenanhang 6) Dem „Bericht über die Wirksamkeit des Kunstvereins zu Gotha in den Jahren 1864 und 1865" ist zu entnehmen, dass die meisten ausgestellten Gemälde zu jener Zeit dem Landschaftsfache angehörten und unter diesen sich viel Ausgezeichnetes befunden habe. (Vgl. Gotha, Thüringisches Staatsarchiv, Staatsmin. Abt. Gotha Dep. I Loc. 10c Nr. 3, Bl. 120) Durch die Taxierung des Gemäldes auf 500,- Thaler lt. Ausstellungskatalog wird ersichtlich, dass der von Becker eingeräumte Preisnachlass stattliche 20 Prozent betrug.

Ausstellungen: Düsseldorf (Permanente Ausstellung) 1862; London (Weltausstellung) 1862;

Hannover 1863; Gotha 1863

Quellen/Literatur: Dioskuren, 7. Jg., Nr. 11, 16.3.1862, S. 84; Ausst.-Kat. International Exhibition 1862. Official Catalogue of the Fine Art Department, London 1862, S. 184, Kat.-Nr. 655; Dioskuren, 7. Jg., Nr. 41, 12. Oktober 1862, S. 319; Ausst.-Kat. Hannover, Kunstverein, 31., 1863, S. 6, Nr. 14; August Becker, Brief an Archivrath Ad. Bube, Geschäftsführer des Kunstvereins in Gotha, 19. August 1863, Gotha, Thüringisches Staatsarchiv, Staatsmin. Abt. Gotha Dep. I Loc. 10c Nr. 3 Bl. 102; Brief des Kunstvereins Gotha an die Direktion der Herzoglichen Sammlungen des Schlosses Friedenstein, Gotha, ohne Datum, Staatsmin. Abt. Gotha Dep. I Loc. 10c Nr. 3 Bl. 100 f.; Dr. Marquardt, Direktor der Herzoglichen Sammlungen des Schlosses Friedenstein, Brief an das Herzogliche Staatsministerium, 28.8.1863, Gotha, Thüringisches Staatsarchiv, Staatsmin. Abt. Gotha Dep I Loc. 10c Nr. 3, Bl. 98, 98 verso; Dioskuren, 8. Jg., Nr. 47, 22.11.1863, S. 363; Ernst Becker, Lebenslauf zu August Becker, Düsseldorf, KVM 552; Boetticher, Nr. 9; O. Klose, in Nordelbingen, Bd. 49, 1980, S. 48 ff. Abb. S. 105; Hoffmann-Kuhnt (Hg.), 2000, S. 385, 425, 427

188. Südländischer Kirchturm mit Pinie über Talgrund

Befund: 1862 [?]; 20,5 x 25,5 cm; Bleistift/Papier

Provenienz/Ort: Nachlass

Kommentar: Die Zeichnung ist höchstwahrscheinlich auf der Reise nach Oberitalien 1862 entstanden.

189. Kolorierte Landschaft

Befund: 1862; 44,0 x 61,0 cm; Aquarell/Bleistift/Papier

Provenienz/Ort: Nachlass

Kurzbeschreibung: Im Vordergrund ein Baum und einige große Steine. Im Mittelgrund Blick in die Ebene, im Hintergrund bergiges Terrain. Viele Wolken und Sonnenstrahlen am Himmel.

Kommentar: Becker ging es bei dieser Zeichnung um den Effekt der Sonnenstrahlen.

190. Skizzenbuch II (u.a. Schweiz-Reise 1862)

Befund: 1862; 17,4 x 10,6 cm; Skizzenbuch; auf Blatt 7 datiert: „8/62"; desgleichen auf verschiedenen anderen Bleistiftzeichnungen; 53 Blätter; paginiert; Deckel: grün marmoriertes Papier über Pappe, 3 Schlingen für Bleistift

Provenienz/Ort: Darmstadt, Hessisches Landesmuseum, Inv. Nr. HZ 5210 G 38:6

Kommentar: Skizzenbuch mit 53 Blättern mit Zeichnungen, insbesondere Landschaften, von einer Reise über Meiringen, Hassliberg, Meiringen-Handeck, St. Gotthard, Airolo-Faido, Intra, Isola Madre, Luganer See, Lago Maggiore, Mentone.

Auszug: Erste Studien für ein Inntalgemälde.

Seite	Bezeichnung	Darstellung/Kommentar
Buchdeckel	o.l. von fremder Hand: „August Becker"; u.m.: [...]	Berglandschaft; keine Verarbeitung in Gemälden
1)	u.m.: „August Becker" (Blatt 1, r.)	Unterschrift des Malers und exemplarisch als Signatur; arabeskenartige Umrandung; keine Verarbeitung in Gemälden
2)	o.l.: „2400 [...]" (Blatt 2, l.)	mehrere Zahlen untereinander geschrieben; Strichskizzen ohne Zusammenhang; unten: Bergkette; keine Verarbeitung in Gemälden
3)	ohne (Blatt 2, r.)	See, umgeben von bergiger Landschaft; Ähnlichkeit mit einigen Norwegen-Bildern, z.B. „Gletschersee in Norwegen" (1880)
4)	u.r.: „Meiringen 8/62."(Blatt 3, l.)	männliche Person in Kostüm, theatermäßig; keine Verarbeitung in Gemälden
5)	ohne (Blatt 3, r.)	Pferd mit Reiter im Galopp in Landschaft; keine Verarbeitung in Gemälden
6)	„[...] Franklin's Narrative of a sea journey to the shores of the polar sea London 1828"; „Parry Journal of a Voyage for the Discovery of a North-West Passage London 1824"; „Ross[...] Baffin`s Bay [...] Leipzig 1820" (Blatt 4, l.)	Notizen zu verschiedenen Büchern (Polarexpeditionen); vgl. „Arktische Landschaft" (um 1870) und „Arktische Landschaft mit sinkendem Schiff" (1872, Kat.-Nr. 311, 312)
7)	o.: „Attempt to Reach the North Pole by Cpt. Parry. London 1818"; u.:„Eisschliff Agaziz 1838" und „helle Platte bei Handeck. 230 Schritt lang" (Blatt 4, r.)	Blatt zweigeteilt, oben: Tal mit Hügel, auf dem eine Kirche steht; unten: Blick über Hochgebirge; vgl. „Blick ins Inntal" (um 1872, Kat.-Nr. 309)
8)	ohne (Blatt 5, l.)	Eisbär über Höhle; vgl. „Arktische Landschaft mit sinkendem Schiff" (1872)
9)	o.m.: [...] (Blatt 5, r.)	Hirschjagd; vgl. „Schottische Landschaft (mit liegender Jägerstaffage)" (1882, Kat.-Nr. 398) u.ä.
10)	ohne (Blatt 6, l.)	
11)	Leerblatt (Blatt 6, r.)	
12)	u.r.: „Meiringen 8/62." (Blatt 7, l.)	Holzschuppen; keine direkte Verarbeitung in Gemälden
13)	u.r.: „Meiringen 8/62"(Blatt 7, r.)	zwei Holzschuppen; keine unmittelbare Verarbeitung
14)	ohne (Blatt 8 l.)	Baumstudie; keine direkte Verwertung
15)	u.m.: „Abend Haßliberg 8/62." (Blatt 8, r.), eine Seite ist herausgerissen	Bäume und einzelnes Haus, Bergsilhouette; leichte Ähnlichkeit mit „Das Tal zwischen Rheineck und Tobel" (1882, Kat. Nr. 393)

16)	u.l.: „Silberton. Licht von hinten"; u.r.: „Haßliberg 8/62."(Blatt 9, l.)	Tal mit Flusslauf; ähnliche Komposition:„Cairn Lochan" (1865, Kat. Nr. 243), „Cairn Lochan (mit Hirschrudel)" (Kat. Nr. 242), „Blick ins Inntal" (um 1872, Kat. Nr. 309)
17)	Doppelblatt zum vorherigen(Blatt 9, r.)	
18)	u.l.: „Haßliberg. 8/62Plattenstock" (Blatt 10, l.)	Hütte am Hang, dahinter massive Gebirgswand; motivähnlich z.B. „DasJungfraumassiv imBerner Oberland (kleineFassung, Abend)"
19)	ohne (Blatt 10, r.)	Bergstudie; ohnedirekten Bezug
20)	u.l.: „Meiringen-Handeck8/62." (Blatt 11, l.)	Pyramidenartige Felsbrocken, dahinter Holzhütte; ohne direkten Gemäldebezug
21)	ohne (Blatt 11, r.)	Bergstudie wie Blatt 10, r. Felsenstudie; ohne Bezug
22)	u.r.: „Meiringen-Handeck1862" (Blatt 12 l.)	Hochgebirge mit Person, die eine Last trägt; vgl. „NorwegischeFjordlandschaft (mit Lastenträger)" (nach1844, Kat.-Nr. 52)
23)	Doppelblatt zu vorherigem (Blatt 12, r.)	
24)	o.l.: „Meiringen-Handeck" (Blatt 13, l.)	
25)	u.r.: „Meiringen-Handeck8/62" (Blatt 13, r.)	Felsenstudie verwachsene Wurzel; ähnliches Detail auf vielen Gemälden
26)	u.l.: „Handeck 8/62" (Blatt14, l.)	
27)	Doppelblatt zum vorherigen (Blatt 14, r.)	Gitternetz für Maßstabzeichnung; Bezug keiner
28)	ohne (Blatt 15, l.)	umgeknickter Baum;ähnliches Floradetail auf vielen Gemälden
29)	o.r.: „Handeck x weißerStein. O […]ter Boden.einer Erlenwurzel […]"(Blatt 15, r.)	
30)	o.l.: „Monument aufSchlachtfeld gegen Franzosen"; m.l: „St. Gotthardt Hospiz 30 Aug. 62" (Blatt 16, l.)	kleine Hütte auf Felsgestein; Motivähnlich: „Burg Oberstein" (1861, Kat.-Nr. 184)
31)	Doppelblatt zum vorherigen(Blatt 16, r.)	Gebirgsstudie mitPassstraße; kein direkter Bezug
32)	u.r.: „Airola-Feido inTessino 8/62" (Blatt 17, l.)	steil aufragendeFelsen, Höhleneingang; keine direkte Verarbeitung
33)	Doppelblatt zum vorherigenBlatt (Blatt 17, r.)	
34)	u.r.: „Airolo-Faido 8/62" (Blatt 18, l.)	
35)	Doppelblatt zum vorherigen Blatt (Blatt 18, r.)	steil aufragendeFelsen; keine direkteVerarbeitung
36)	u.r.: „Airola-Faido" (Blatt19, l.)	
37)	Doppelblatt zum vorherigen(Blatt 19, r.)	Hütte in Nahsicht;keine direkte Verarbeitung
38)	u.r.: „Airolo-Faido 8/62."(Blatt 20, l.)	
39)	o.l.: „Regen mit Tintenwein"; o.r.: "Capolago2/9 62. Weingefäß" (Blatt 20, r.)	Weinkrug; keine direkteVerarbeitung
40)	o.r.: „Airolo-Faido 8/62." (Blatt 21, l.)	Andachtsstation am Weg,der zu einer Höhe hinaufführt; vgl. Skizzenbuch I (1862, Kat. Nr. 160)

41)	Doppelblatt zum vorherigen, Blatt 21, r.)	
42)	ohne (Blatt 22, l.)	Boot am Ufer befestigt; vgl. u.a. Oberitalienischer See (mit Kapelle und Boot am Ufer)" (nach 1862, Kat.-Nr. 198)
43)	o.r.: „Capolago. 9/62." (Blatt 22, r.)	Boot
44)	ohne (Blatt 23, l.)	Berge, leichte Umrisse; keine direkte Verarbeitung
45)	u.r.: „Lago Lugano" (Blatt 23, r.)	See, Ruderer, Insel mit Häusern, Bergkulisse; ähnliches Motiv bei „Sommertag auf dem Königssee (mit zwei Nachen)" (nach 1857, Kat.-Nr. 151)
46)	u.r: „Lago Lugano" (Blatt 24, l.)	See, im Hintergrund Stadt und Berge; ähnliches Motiv bei „Königssee" und „Der Wallenstädter See(mit Boot, ohne Segel)" (Ka.t.-Nr. 340) u.a.
47)	u.r.: „Lago Lugano" (Blatt 24, r.)	Berge, davor See; siehe Blatt 24, l.
48)	o.l.: […] (Blatt 25, l.)	Boot mit Last; ähnliche Boote z.B. bei „Hardanger Fjord"(Kat.-Nr. 423)
49)	o.l.: „schmutzig weiße Localfarbe; verwitterte rothe Ziegel"; o.r.: „Intra 1862" (Blatt 25, r.)	kleine Kirche (mit offenem Vorhof); keine direkte Verarbeitung
50)	u.r.: „Intra." (Blatt 26,l.)	Boot, einzelne Person; keine direkte Verarbeitung
51)	Leerblatt (Blatt 26, r.)	
52)	u.r. : „Intra." (Blatt 27, l.)	Boot mit Segel; stehende Personen mit Stöcken; keine direkte Verarbeitung; Figur mit Stab kommt vor in „Der Dachstein mit dem Gossausee in Tirol I" und „Hochgebirgslandschaft, auch: Das Kaisergebirge in Tirol"
53)	Doppelblatt zum vorherigen (Blatt 27, r.)	
54)	ohne (Blatt 28, l.)	ähnlich wie Blatt 27, l., Personen zum Teil sitzend; vgl. „Motiv auf den Steinen sitzen" in: „Das Jungfraumassiv im Berner Oberland (große Fassung)"
55)	o.r.: „Steuerruder"; u.r.: „Intra." (Blatt 28, r.)	Boot; ohne direkten Bezug
56)	u.r.: „Intra." (Blatt 29, l.)	kleines Boot; Figur, wahrscheinlich ein Fischer, im Wasser; im Hintergrund Bergkulisse, vereinzelt Gebäude; keine direkte Verarbeitung
57)	Leerblatt (Blatt 29, r.)	
58)	ohne (Blatt 30, l.)	Burg-ähnlicher Bau, links Bäume; keine direkte Verarbeitung
59)	o.l.: „x Baumkronen müssen um die Hälfte höher sein. Laubparthien tiefe gebrochene Localfarbe"; o.r.: „Isola madre.- " (Blatt 30, r.)	Inselvorsprung mit Bebauung und großen Laubbäumen; Hintergrund Bergkulisse; vgl. u.a. „Oberitalienischer See (mit Kapelle und Boot am Ufer)" (nach 1862)
60)	o.r.: „Die eine Hälfte des Segels grau, die andere gelbbraun. Schiff schwarz mit braunen Netzen"; u.r.: „Isola piscatore." (Blatt 31, l.)	Boot mit Segel; keine direkte Verarbeitung
61)	u.r.: „Lago maggiore" (Blatt 31, r.)	See; im Mittelgrund Insel mit einzelnem Haus; im Hintergrund Berge; keine direkte Verarbeitung
62)	u.l.: „Mentone 18 Sept 62." (Blatt 32, l.)	Dame vor einem Haus in aufsteigender Lage, rechts Baumvegetation; keine direkte Verarbeitung
63)	Doppelblatt zum vorherigen (Blatt 32, r.)	Bergstudie Findling, dahinter Hütte; keine direkte Verarbeitung
64)	ohne (Blatt 33, l.)	

65)	u.l.: „Haßliberg. 4/10.62"(Blatt 33, r.)	
66)	m.r.: „Duftiger Berg mit K[...]; Bäume goldigdagegen"; u.l.: „Haßliberg4/10" (Blatt 34, l.)	Gebirgskette; Bäume am Hang; keine direkteVerarbeitung
67)	Doppelblatt zum vorherigen (Blatt 34, r.)	vgl. zur angedeuteten Hütte „Das Jungfraumassiv im Berner Oberland (kleine Fassung, Abend)"
68)	o.r.: „Wetterhorn luftige Silhouetten, Hütte warmschwarzbraun, Duft in Strahlen warm, unter dem Duft [...] marineblau"; u.r.: „Haßliberg 4/10"(Blatt 35, l.)	
69)	Doppelblatt zum vorherigen (Blatt 35, r.)	Dach einer Hütte Hütte am Hang; große Laubbäume; keine direkte Verarbeitung
70)	u.r.: „Haßliberg 4/10. 62" (Blatt 36, l.)	
71)	Doppelblatt zum vorherigen (Blatt 36, r.)	
72)	o.r.: „Haßliberg 4/10 Abendhinten goldige Strahlen" (Blatt 37, l.)	Bäume im Vordergrund, links kleine Hütte;dahinter bergigeLandschaft; ähnliches Motiv bei „Das Dee-Taloberhalb von Braemar (mit Baumstaffage)" (1869, Kat.-Nr. 272)
73)	Doppelblatt zum vorherigen (Blatt 37, r.)	
74)	u.r.: „Haßliberg 2/10 62[...] Luft leuchtend 1goldiger Duft aber tief 2warm und hell beleuchten [...] unten lichter Schatten3 [...] Tannwaldungen Bäumeund Vordergrund sehrentschieden neben Localtöne Stämme stehen als größteKraft" (Blatt 38, l.)	Bäume links unten; Talebene im Mittelgrund; Berge im Hintergrund; keine direkte Verarbeitung
75)	Doppelblatt zum vorherigen(Blatt 38, r.)	
76)	m.l.: „Haßliberg 4/10";u.r.: "Mondaufgang" (Blatt39, l.)	Laubbäume; Motiv ähnlich in „Waldlandschaft (licht)" (um 1873)
77)	Doppelblatt zum vorherigen (Blatt 39, r.)	
78)	oberes Blatt u.r.: „Meiringen 10/62." (Blatt40, l.)	Frau auf einem Weg gehend; im Mittelgrund zwei Häuschen; Hintergrund Berglandschaft; unteres Blatt: Burg auf Bergspitze; Motiv des wandernden Mädchens ähnlich in „Süddeutsche Landschaft (mit Mädchen)" (nach 1857)
79)	Doppelblatt zum vorherigen(Blatt 40, r.)	
80)	ohne (Blatt 41, l.)	Mann mit Tasche und Mütze; keine direkteVerarbeitung
81)	Leerblatt (Blatt 41, r.)	
82)	u.r.: „Haßliberg. Oct. 62" (Blatt 42, l.)	Baumstudie; keinedirekte Verarbeitung
83)	Doppelblatt zu vorherigem (Blatt 42, r.)	
84)	ohne (Blatt 43, l.)	Wald, Lichtung, einzelnes Haus; keine direkte Verarbeitung
85)	o.m.: „Meiringen 15 Oct 62" (Blatt 43, r.)	hoher Baum, dahinter Berge; vgl. die Jungfraumassiv-Gemälde (1853 ff.)
86)	u.r.: „Haßliberg 16 Oct.62." (Blatt 44, l.)	Findling am Hang; keine direkte Verarbeitung
87)	Doppelblatt zum vorherigen (Blatt 44, r.)	
88)	ohne (Blatt 45, l.)	Feldlandschaft, dahinter Wald; ähnliche Motive in den Waldlandschaften-Gemälden
89)	ohne (Blatt 45, r.)	Bäume am oberen Rand abgeschnitten, Durchblick in Ebene mit Ruine; Baumgruppe am rechten Rand ähnlich wie auf den „Blick insTal"-Gemälden (1879 ff.)
90)	ohne (Blatt 46, l.)	großer Laubbaum im Vordergrund, dahinter abschüssige Landschaft; keine direkte Verarbeitung

91)	ohne (Blatt 46, r.)	zwei Laubbäume, dahinter Ebene und Berglandschaft; bühnenbildartiger Vordergrund ähnlich wie in „Das Dee-Taloberhalb von Braemar wie auf den „Blick insTal"-Gemälden (1879 ff.)
92)	ohne (Blatt 47, l.)	Tal, von beiden Seiten Berghänge; vgl. „Blick ins Inntal" (um 1872)
93)	ohne (Blatt 47, r.)	See mit Boot, dahinter Berglandschaft, links Landzunge; vgl. u.a. „Oberitalienischer See(mit Kapelle und Bootam Ufer)" (nach 1862, Kat. Nr. 193)
94)	ohne (Blatt 48, l.)	Boot, See, Wolken; keine direkte Verarbeitung
95)	ohne (Blatt 48, r.)	See, Insel; keine direkte Verarbeitung
96)	u.m.: „August Becker. A Leu.Heinrich Steinike" (Blatt 49, l.)	Bäume; Namen der Teilnehmer der Studienfahrt
97)	ohne (Blatt 49, r.)	Bäume
98)	u.r. : „Alfred Noack Vicodel Filo Nr. I ultimo pianopresse le scuole pie.Genova" (Blatt 50, l.)	Adresse eines deutschen Fotografen, den Becker auf der Tour traf und später in Genua besuchte
99)	ohne (Blatt 50, r.)	Landschaft in der Ebene mit Bäumen; keinedirekte Verarbeitung
100)	u.r.: [...] (Blatt 51, l.)	drei Boote; Grundstudie für die Darstellung vonBooten
101)	ohne (Blatt 51, r.)	Zwei Boote, Figur mit Hut; Grundstudie für die Darstellung von Booten
102)	ohne (Blatt 52, l.)	Tal, rechts spitze Bergkuppen; keine direkte Verarbeitung
103)	ohne (Blatt 52, r.)	links Bäume; im Mittelgrund Haus, aus dem Rauch aufsteigt; im Hintergrund Tal undGebirgskamm; ähnliches Motiv in „Berchtesgaden mit Untersberg" (1868)
104)	ohne (Blatt 53, l.)	Eisenbahn mit Dampflok, Kohle- und zwei Personenwagen; keineVerarbeitung
105)	ohne (Blatt 53, r.)	abschüssige Landschaft; keine direkte Verarbeitung
106)	ohne (links vom Buchdeckel)	See, Berge, Tanne, Vögel; keine direkteVerarbeitung
Buchdeckel	ohne	Bergige Strichskizze;keine direkte Verarbeitung

191. Weggis

Befund: 1862; 41,8 x 52,6 cm; Aquarell und Deckweiß/Pappe; u.r.: „Weggis 7/62"

Provenienz/Ort: Kunsthandel, Galerie G. Paffrath, Düsseldorf 1980

Kurzbeschreibung: Im Vordergrund Uferzone mit aneinander gelegten Baumstämmen. Im Mittelgrund Gewässer, im Hintergrund Gebirge und bewaldete Uferzone.

Kommentar: Weggis zählte zu den ersten Stationen auf Beckers Reise durch die Schweiz und Oberitalien von 1862. Nach einer ersten Rekognoszierungstour beklagte er sich im Reisetagebuch über die großen Touristenscharen, welche zum Rigi strömten. Ausgehend von Weggis am Vierwaldstätter See wurde der Rigi von den meisten alpinen Touristen bestiegen. Zeitkritisch bemerkte er weiter: *„Wenn man jetzt einem 5 jährigen Jungen Geld in die Tasche und einen Baedecker in die Hand gibt, so kann er reisen, denn er wird mit der Sicherheit eines Gepäckstücks spedirt, Alles in möglichst kurzer Zeit sehen, dabei alle Bequemlichkeiten der Heimath haben, und auf die Berge kommen, ohne mit den Füßen den Boden zu berühren, das ist es, was die Leute wollen."* (Zit. August Becker, 20. Juli 1862, in: Hoffmann-Kuhnt (Hg.), Nürnberg 2000, S. 388) Becker und seine Malerkollegen haben es jedoch nicht so gemacht. Seine Gruppe hat den Berg ohne Fremdenführer selbständig bestiegen. Der Vierwaldstätter See bot sehr viele Motive für Studienmaterial. Benannt nach den vier Waldkantonen Uri, Unterwalden, Schwyz und Luzern gilt die Gegend als einzigartige Naturschönheit. Zudem sind die Ufer des Vierwaldstätter Sees durch Friedrich Schillers „Wilhelm Tell" natürlich auch von geschichtlicher Bedeutung.

Quellen/Literatur: Ausst.-Kat. 120, Galerie G. Paffrath, Düsseldorf 1980, S. 9 (m. Abb.); Lexikon der Düsseldorfer Malerschule 1819–1918, Düsseldorf [u.a.] 1997–1998, Bd. I, Stichwort „Becker, August", S. 88, Abb. 66; Hoffmann-Kuhnt (Hg.), Nürnberg 2000, S. 391 f.

192. Pilatus Weggis

Befund: 1862; 40,5 x 62,0 cm; Bleistift/Papier, auf Pappe aufgezogen; u.r.: „Weggis 7/62"

Provenienz/Ort: Nachlass

Kurzbeschreibung: Gewässer mit einem Boot im Vorder- und Mittelgrund, rechts ein Steg. Im Hintergrund mächtiges pyramidenartiges Bergmassiv.

Kommentar: Der Pilatus gehörte zu den viel besuchten Berghöhen. Vom Gipfel, so schrieb die damalige Reiseliteratur, hätte man einen guten Ausblick zu den Alpen im Berner Oberland.

193. Brunnen

Befund: 1862; 41,0 x 51,0 cm; Aquarell auf braunem Karton/weiß gehöht; u.r.: „Brunnen 8/62 August Becker"

Provenienz/Ort: Privatbesitz

Kurzbeschreibung: Im Vordergrund Gewässer, im Mittel- und Hintergrund ansteigendes Gebirge.

Kommentar: Sehr viele Aquarellzeichnungen hat Becker zwischen dem 27. Juli und 2. August 1862 gemacht, u.a. auch Studien von Granitbänken. Auf der Reise, von der das Skizzenbuch II Aufschluss gibt, gelangte Becker bis nach Oberitalien. Er folgte der allgemeinen Route von Basel über Luzern und Weggis nach Brunnen. In Faido, im Tessiner-Tal, konnte er am 31. August 1862 die ersten italienischen Eindrücke sammeln. Zusammen mit August W. Leu und Heinrich Steinike besuchte Becker mit Lugano die erste größere italienische Stadt. Sein unmittelbarer Eindruck, dass *„....Alles sehr angenehm und unterhaltend zum Sehen, aber zum Malen [nicht geeignet sei], da die Cultur alles Natürliche zerstört hat."* (Zit. August Becker, Reise nach der Schweiz und Oberitalien, 1. September 1862, in: Hoffmann-Kuhnt (Hg.), Nürnberg 2000, S. 401 f., 402), verstärkte sich im Verlaufe der Reise. In Roccabruna trennte sich Becker von seinen Reisegefährten und kehrte zurück in die Schweiz. Die wenigen Skizzen und Zeichnungen sowie Gemälde aus Oberitalien stellen etwas Besonderes im Oeuvre Beckers dar. Sie sind teilweise aus *„Pflichtgefühl"*, wie Becker es in diesem Zusammenhang ausdrückte, entstanden. Ein in der italienischen Geschichte bedeutendes Ereignis – der Kampf um ein geeintes Italien unter Garibaldi – fand während seines Italienaufenthaltes statt. Am 11. September 1862 suchte Becker in Genua den Fotografen August Noack in dessen Atelier auf. Beide hatten Tage zuvor auf der Gotthardstraße Bekanntschaft gemacht. Noack war als Fotograf 1856 von Dresden nach Rom umgezogen, wo er eine Stelle im deutschen archäologischen Institut annahm.

Quellen/Literatur: Hoffmann-Kuhnt (Hg.), Nürnberg 2000, S.401, Tafel XII oben

194. Landschaft im Berner Oberland

Befund: 1862; 25,5 x 36,0 cm; Aquarell/Papier; datiert

Provenienz/Ort: Kunsthandel, Köln, 24.05.1982

Kommentar: Becker hat nach der ersten Schweiz-Tour mindestens fünf Ölbilder aus dem Berner Oberland geschaffen. Derartige Skizzen dienten ihm als Studienmaterial.

Quellen/Literatur: Bénézit, Paris 1999, S. 947

195. Der Eiger in der Schweiz (mit zahlreichen Kindern)

Befund: um 1862; Öl auf Leinwand

Provenienz/Ort: Verbleib unbekannt

Kurzbeschreibung: Im rechten Vordergrund Brücke, auf der Kinder gehen, dahinter Weg, welcher in den Hintergrund führt. Links Blick in die Talebene, dahinter dunstige Gebirgskulisse.

Kommentar: „Unter den Landschaften heben wir die Bilder von Aug. Becker *"der Eiger in der Schweiz"* und Rob. Schultz [sic!] *"Partie au Dent de Jaman am Genfersee"* hervor, welche ungefähr derselben, nämlich naturalistisch heiteren Richtung angehören und mit anerkennenswerthem Fleiß im Detail-Studium durchgeführt sind." (Zit. Dioskuren, 8. Jg., Nr. 49, 6.12.1863, S. 375) Die Staffagefiguren sind diesmal besonders sorgfältig, humorvoll und ein wenig kitschig gemalt. Auch in der Presse meinte man: „Kompositionell weniger gelungen ist sein „Eiger in der Schweiz." (Zit. Dioskuren, 9. Jg., Nr. 17, 24.4.1864, S. 163) Der Vergleich mit Robert Schultze, einem „Gesinnungsgenossen" Beckers, ist treffend, denn Schultze malte sehr oft Figuren als Staffageelemente in die Bilder, während die Menge und Sorgfalt der Beckerschen Staffagen im vorliegenden Fall eher auf einen kleineren Teil seines Oeuvre zutrifft. Mehrere Gemälde, darunter auch das bezeichnete, wurden nach Bremen verkauft. Auf der Hamburger Ausstellung wurde das Bild bereits mit dem Hinweis „Eigentum des Bremer Kunstvereins" vermerkt. Daher ist schlüssig, dass es sich um das historische Foto, Mappe „Schweiz", nicht katalogisiert, auf dem Karton mit Bleistift vermerkt: „Kunstverein in Bremen" und „Der Eiger in der Schweiz", im Foto u.r.: „August Becker.Düsseldorf", handelt. Der gleiche Verkaufspreis, 400,- Thaler, in Hannover, Breslau und Bremen ist ein weiteres Indiz dafür. Der verästelte Baum rechts im Mittelgrund hat Ähnlichkeit mit einem prototypischen Muster, welches Becker bereits 1841 zu Papier brachte.

Ausstellungen: Hannover 1862; Breslau 1863; Berlin (Sachses Permanente Gemäldeausstellung) 1863; Bremen 1864; Hamburg 1864

Quellen/Literatur: Verzeichnis Kunstausstellung Hannover, 30., S. 6, Nr. 15; Kat. Kunstausstellung des Breslauer Kunstvereins, 1863, S. 4, Nr. 27; Dioskuren, 8. Jg., Nr. 49, 6.12.1863, S. 375; Dioskuren, 9. Jg., Nr. 17, 24.4.1864, S. 163; Verzeichnis der Gemälde der vierzehnten Grossen Ausstellung des Kunstvereins in Bremen, 1864, S. 8, Nr. 27; Kat. Kunstausstellung des

Hamburger Kunstvereins, 1864, 18. Ausstellung, S. 7, Kat.-Nr. 32

196. Burg Roccabruna

Befund: 1862; 40,5 x 62,0 cm; Bleistift/Papier, auf Pappe aufgezogen; u.l. in blauer Farbe: „315";
u.r. „Roccabruna bei Nizza Sept. 62"

Provenienz/Ort: Nachlass

Kurzbeschreibung: Im Vordergrund Freifläche, daran anschließend Burg und mächtiges Felsgestein.

Kommentar: Eine der wenigen Zeichnungen, die Becker in Oberitalien schuf.

Ausstellungen: Darmstadt 2002

197. Oberitalienischer See (mit Kapelle, Angler und Ruderern)

Befund: nach 1862; historische Fotografie nach einem Ölbild, Mappe „Schweiz", nicht katalogisiert; im Foto u.r.: „August Becker"

Provenienz/Ort: Nachlass

Kurzbeschreibung: Im Vordergrund Gewässer mit voll besetzten Booten, links Uferzone mit Gebäuden und Bäumen, im Mittelgrund Insel mit Häusern, im Hintergrund bergige Landschaft.

Kommentar: Im Skizzenbuch II von 1862 findet sich eine Studie, bezeichnet und datiert „Isola Madre. Lago Maggiore. Sept. 62". Sie gibt eine Ansicht von entgegengesetzter Seite als auf dem Gemälde wieder. Auch von den Booten hat Becker darin Studien gemalt. (Vgl. „Sommertag auf dem Königssee", nach 1857, Kat.-Nr. 151) Am vorderen linken Bildrand sitzt ein Angler. Er stützt seinen Kopf auf den linken Arm und schaut auf den See. Diese Pose ist ein feststehender Topos für Trübsinn und Schwermut. Das bekannteste Beispiel dafür ist von Albrecht Dürer der Meisterstich „Melancholie" (1513–1514). Becker wird aber eher seine genauen Beobachtungen umgesetzt haben, als das er bewusst die symbolische Bedeutung der Körperhaltung herausstreichen wollte.

198. Oberitalienischer See (mit Kapelle und Boot am Ufer)

Befund: nach 1862; historische Fotografie nach einem Ölbild, Mappe „Schweiz", nicht katalogisiert

Provenienz/Ort: Nachlass

Kurzbeschreibung: Im Vordergrund Gewässer mit einem Boot, links Uferzone mit Gebäuden und Bäumen, im Mittelgrund Insel mit Häusern, im Hintergrund bergige Landschaft.

199. Lago Maggiore

Befund: nach 1862; Öl auf Leinwand

Provenienz/Ort: Verbleib unbekannt

Kommentar: Ein solches Gemälde wurde vom Kunstverein Gotha zur Verlosung 1869 angekauft. Insgesamt wurden 18 Gemälde von verschiedenen Künstlern für 2400,- Thaler erworben. Es war die bedeutendste Ausstellung in der 23jährigen Geschichte des Vereins. Möglicherweise war das angekaufte Gemälde eine Ansicht, wie sie sich als historische Fotografien im Nachlass erhalten haben. Auf der Hannoveraner Ausstellung wurde als Preis die Summe von 350,- Thaler angegeben.

Ausstellungen: Hannover 1869; Gotha 1869; Düsseldorf 1869

Quellen/Literatur: Dioskuren, 14. Jg., Nr. 31 f., 29.8.1869 und 5.9.1869, S. 243; Kat. Kunstausstellung Kunstverein Hannover 1869, S. 6, Nr. 9

200. Lago Maggiore

Befund: nach 1862; Öl auf Leinwand

Provenienz/Ort: Verbleib unbekannt

Kommentar: Der Verkauf des Bildes an einen Archivrath in Düsseldorf im Sommer 1869 für 300,-

fl ist belegt. Becker weilte gerade in Osborne House (Isle of Wight) auf Einladung der englischen Königin, als ihn das Kaufgesuch erreichte. Er beauftragte den Käufer, das Geld auf ein Konto bei dem Bankhaus „D. Fleck & Scheuer" zu überweisen. Leonard Scheuer war dem „Malkasten" als Mitglied verbunden und wurde wiederholt als Karikatur portraitiert. Der Verein hatte zudem ein Wertpapiervermögen bei dem Bankhaus. (vgl. Archiv des Künstlervereins Malkasten, Düsseldorf, Inv. Nr. Z-C 15-152 u.ä.) In der Dioskuren-Kunstzeitung wurde 1867 eine Lago Maggiore-Darstellung im Zuge der Ausstellungsbesprechung zu Düsseldorf erwähnt: *„A. Becker's "Lago maggiore" ist mit früheren Werken des Künstlers nicht zu vergleichen, so schwach erschien es mir; ..."* (Zit. Dioskuren, 12. Jg., Nr. 15, 14.4.1867, S. 116) Ernst Becker bot August an, an den Londoner Kunsthändler Mitchell zu schreiben, wenn ein bestimmtes „Lago Maggiore"-Gemälde in London sei.

Ausstellungen: London 1867

Quellen/Literatur: Brief von August Becker an einen Archivrath in Düsseldorf, 23. Juli 1869, Heinrich Heine Institut, Düsseldorf, Nr. 66.7151; Hoffmann-Kuhnt (Hg.), Nürnberg 2000, S. 518

201. Ansicht von Heidelberg I

Befund: um 1862; historische Fotografie nach einem Ölbild, Mappe „Deutschland", nicht katalogisiert; auf dem Karton mit Bleistift vermerkt: „Prinz of Wales"; im Foto u.l.: „August Becker"

Provenienz/Ort: Nachlass

Kurzbeschreibung: Im Vordergrund Anhöhe, bühnenartig von Bäumen zu beiden Seiten eingefasst. Rechts mehrere Staffagefiguren, von denen eine auf die Schlossruine zeigt. In der vorderen Mitte, auf abschüssigem Weg eine weitere Figur auf das Schloss deutend. Im Mittelgrund die Schlossruine, rechts davon eine Stadt mit Fluss und Brücke. Im Hintergrund dunstige Landschaft.

Kommentar: Ähnelt einem gleichnamigen nach England verkauften Bild. Jedoch finden wir auf diesem Gemälde andere Staffagefiguren wieder. Der rechte Baum schneidet die Brücke an einer anderen Stelle. Die mit der Hand auf einen Gegenstand hindeutenden Staffagefiguren – hier gleich zwei – kommen auf vielen anderen Bildern vor. Oft sind sie so klein gemalt, dass es einem „Versteckspiel" gleicht, sie zu entdecken.

Ausstellungen: Coburg 2003

Quellen/Literatur: Ausst.-Kat. Coburg 2003, S. 32, Kat.-Nr. 60 (m. Abb.)

202. Ansicht von Heidelberg II

Befund: 1862; 63,5 x 95,3 cm; Öl auf Leinwand; u.l.: „August Becker.1862"

Provenienz/Ort: Royal Collection, Sandringham House, Inv. Nr. RCIN 402204

Kurzbeschreibung: Im Vordergrund Anhöhe, bühnenartig von Bäumen zu beiden Seiten eingefasst. Im Mittelgrund eine Schlossruine, rechts davon eine Stadt mit Fluss und Brücke. Im Hintergrund dunstige Landschaft.

Kommentar: Das Werk wurde von der Kronprinzessin von Preußen für ihren Bruder, den Prinzen von Wales, bestellt (zum Preis von 200,- Thaler, ohne Rahmen). Das Bild hat dem Prinzen von Wales gut gefallen. Becker notierte dazu: *„....damit ist der Zweck erreicht..."*. Becker schlug der Kronprinzessin eine Bildhöhe von rund 90 Zentimetern vor, konnte damit jedoch nicht überzeugen. Ein Heidelberg-Bild Beckers ist auf mehreren Kunstausstellungen von 1862 gezeigt worden. In Düsseldorf sollte der Preis für ein gleichlautendes Bild 250,- Thaler betragen. Es war durchaus üblich, schon bestellte und verkaufte Gemälde auf diese Weise einem Publikum öffentlich zu zeigen. In den Bedingungen zur Belieferung von Ausstellungen der westlich der Elbe verbundenen Kunstvereine aus dem Jahre 1861 hieß es ausdrücklich, dass alle in den Zyklus gegebenen Kunstwerke auch als bestimmt für die folgenden Ausstellungen des westlichen Zyklus' im laufenden Jahr zu gelten haben. Das in der Romantik weit verbreitete Motiv, Gemälde davon schufen u.a. Carl Philipp Fohr, Carl Rottmann und Johann Heinrich Schilbach, hatte seinen besonderen Reiz in der malerischen Schlossruine, welche im 16. Jahrhundert als Prototyp einer deutschen Renaissancebauweise angesehen und im 19. Jahrhundert im Zuge des Historismus wieder sehr populär wurde. Viele Schlösser, die man nach 1800 in Neorenaissancebauweise errichten ließ, trugen Merkmale des Heidelberger Schlosses. Ein typisches Beispiel bildet der Südflügel des Regensburger Thurn und Taxis Schlosses.

Ausstellungen: Stettin 1861; Bremen 1861; Düsseldorf 1862; Hannover 1862 [die Reihenfolge muss nicht stimmen]

Quellen/Literatur: Verzeichnis der Kunstwerke auf der Ausstellung des Kunstvereins für die Rheinlande und Westfalen, 1862, S. 2, Nr. 6; Ernst Becker, Lebenslauf zu August Becker, Düsseldorf, KVM 552; Millar, Oliver, Cambridge 1992, vol. I, p. 32, no. 136, vol. II, pl. 90; Hoffmann-Kuhnt (Hg.), Nürnberg 2000, S. 364, 374 f., 377, 382, 392 f.; Mannheimer Morgen, Oktober 2002; Höchster Kreisblatt, 12.10.2002

203. Ansicht von Heidelberg III

Befund: um 1862; Öl auf Leinwand

Provenienz/Ort: Verbleib unbekannt

Kommentar: Wie bei vielen Sujets hat Becker auch das Heidelberg-Motiv mehrfach gemalt. Möglicherweise diente ihm die Fotografie schon 1866 dazu, eine eigene Kontrolle über seine Gemäldeproduktion zu behalten. Das Archiv der Galerie von Louis Sachse, in der das vorliegende Gemälde zur Ausstellung kam, ist leider vollständig vernichtet, so dass keine weiteren Erkundigungen eingezogen werden konnten. Nur einzelne Ausstellungskataloge ließen sich im Landesarchiv Berlin ermitteln. 1866 war eine Heidelberg-Fassung bereits nach England verkauft worden. Dass die Variante von 1862 (historisches Foto) vier Jahre später erneut auf Ausstellungen geschickt wurde, ist zweifelhaft. Auch wird das Bild aus England kaum für Leihzwecke an die Verkaufsausstellung von Louis Sachse in Berlin geliefert worden sein. Daher ist eher von einer dritten Fassung auszugehen. Möglich wäre aber auch, dass die vorliegende Arbeit mit „Ansicht von Heidelberg I" (um 1862, Kat.-Nr. 200) identisch ist.

Ausstellungen: Berlin (Louis Sachses Berliner Kunstauktion) April 1866

Quellen/Literatur: Boetticher, Nr. 16

204. Norwegische Fjordlandschaft (mit Möwen), Abend

Befund: 1863; historische Fotografie nach einem Ölbild, Mappe „Norwegen", nicht katalogisiert; auf dem Karton mit Bleistift notiert: „Norwegische Fjordlandschaft (Abend)" und „Kunstverein Lüttich"; im Foto u.r.: „August Becker.1863" [?]

Provenienz/Ort: Nachlass

Kurzbeschreibung: Im Vordergrund Uferzone, die sich rechts bis in den bewaldeten Mittelgrund erstreckt. Im Gewässer eine bewaldete Insel oder Halbinsel. Im Hintergrund Gebirge, links dunstig.

Kommentar: Die Darstellung ist lt. Klose/Martius am Nærøyfjord entstanden. Es ist aber eher der Hardanger Fjord denkbar. Ein ähnliches Motiv tauchte im Kunsthandel auf. (Kat.-Nr. 92, 156, 433, 434) Recherchen zum Verbleib des Gemäldes in Lüttich blieben unbeantwortet.

Quellen/Literatur: O.Klose/L. Martius, Neumünster 1975, S. 244, Abb. 199; O. Klose, in Nordelbingen, Bd. 49, 1980, S. 48 ff. Abb. S. 94

205. Ein Gletschersee in Norwegen, oder: Aus dem Norwegischen Hochgebirge

Befund: 1863; 110,0 x 188,0 cm; Öl auf Leinwand; u.l.: „August Becker" (in dunkelroter Farbe); auf der untersten Leiste Klebezettel, maschinengeschrieben: „Hess. Landesmuseum Darmstadt August Becker Gletschersee in Norwegen GK 467 Depot 38 b"

Provenienz/Ort: Darmstadt, Hessisches Landesmuseum GK 467

Kurzbeschreibung: Im Vordergrund abschüssiges Gelände, Rentiere auf einem Plateau. Im Mittelgrund ein Gletschersee, dahinter sehr klare Gletscher, rechts starke Wolkenbildung.

Kommentar: Das Bild bietet aus baumloser Höhe den Blick auf einen Gletschersee, der von schneebedeckten Felsen umgrenzt wird. Sehr schön hat Becker den Kontrast von dunklem Vordergrund und hellem Mittelgrund gemeistert. Die Bergkette, mit pastosen Weißtönen gestaltet, wurde besonders betont und wirkt plastisch. Der Erhaltungszustand ist gut, der Keilrahmen wurde erneuert, mehrfach verstrebt. Der Umschlag ist breiter als die Leisten. Über die Denkweise beim Ankauf des Bildes sind wir durch ein ausführliches Pro Memoria von Rudolf Hofmann, Museums-Inspektor, informiert. Zugleich wird deutlich, welchen Stellenwert Becker in seiner Geburtsstadt im Vergleich zu Düsseldorf, wo man bis heute kein Gemälde von ihm in den Museen finden kann, besaß: *"Den hier* [„Abend in den Alpen des Berner Oberlandes", 1855, Anm. d. Vf.] *nicht ganz erreichten vollen, frischen und schlagenden Eindruck macht dagegen die zweite Landschaft „aus dem Norwegischen Hochgebirge" in hohem Grade. So ferne und fremd uns jene Stein= und Eiswelt sein mag, in so überzeugender Wahrheit ist sie hier geschildert, und durch das Spiel des Lichtes und der Dunste[?] weht über den einsamen Ufern des Gletschersees zugleich ein poetischer Hauch. Die Farbe ist leuchtend und kräftig, das Machwerk bei aller Freiheit sorgfältig und ohne falsche Manier. Ich wüsste nicht von August Becker ein gelungeneres Bild gesehen zu haben, und glaube, daß es hinter anderen Werken unserer Maler in unserer Gallerie nicht zurücksteht. Der Wunsch eines der beiden Bilder unserer Gallerie einverleibt zu sehen, ist mehrfach laut geworden, der Maler selbst hat ihn nicht undeutlich zu erkennen gegeben. [...] Indem ich nun der Norwegischen Landschaft von August Becker die Eigenschaften zuerkennen muß, die sie der Aufnahme in eine öffentliche Sammlung würdig machen können, indem ich ihr auch den Vorzug vor dem anderen Bilde desselben Malers geben möchte, und da ich den angegebenen Preis von 700 fl dem Werthe des Bildes angemessen finde, so erlaube ich mir, wenn ich dadurch die Grenzen meiner provisorischen Stellung nicht überschreite, bei Großherzoglicher Museums-Direction den gehorsamsten Antrag zu stellen, „es möge die gegenwärtig ausgestellte Norwegische Landschaft von August Becker zu dem angegebenen Preise von 700 fl für Großherzogliche Gemälde-Gallerie erworben werden." Hofmann."* (Zit. Rudolf Hofmann, Pro Memoria an die Großherzogliche Museumsdirektion, 8. Dezember 1866, betreffend den Ankauf eines Bildes von August Becker für die Großherzogliche Gemäldegalerie, Darmstadt, Hessisches Landesmuseum, Graphische Sammlung, Archiv: Conv. VIII, Fasc. 4/Fol. 9; Quellenanhang 7, 9 und 10) Es kam tatsächlich zum Ankauf. Die Kunstkritik sah bei einer in Düsseldorf (Schultes „Permanente Ausstellung") gezeigten norwegischen Hochgebirgslandschaft aufgrund von *„...großen Feinheiten in der Färbung der Ferne..."* (Zit. Dioskuren, 8. Jg., Nr. 27, 5. Juli 1863, S. 202) einen Vorzug des Bildes. Ob tatsächlich das vorliegende Gemälde gemeint ist, kann nicht belegt werden, aber dieses Werk hat tatsächlich eine interessante koloristische Gestaltung des Hintergrundes vorzuweisen. Eine historische Fotografie des Gemäldes befindet sich im Nachlass, Mappe „Norwegen", nicht katalogisiert, Foto: G. und A. Overbeck, Düsseldorf.

Ausstellungen: Darmstadt 2003

Quellen/Literatur: handgeschriebener Lebenslauf zu August Becker, Dezember 1887, Archiv des Künstlervereins Malkasten, Düsseldorf, KVM 552; Boetticher, Nr. 5; Schweers 1994, Bd. 1, S. 103, Bd. 8, S. 284; Lexikon der Düsseldorfer Malerschule 1819–1918, Düsseldorf [u.a.] 1997–1998, Bd. I, Stichwort „Becker, August", S. 88; Kat. Darmstadt 2003, S. 36, 64 f. (m. Abb.)

206. Ein Gletschersee in Norwegen

Befund: um 1863; historische Fotografie nach einem Ölbild, Mappe „Norwegen", nicht katalogisiert; auf dem Karton mit Bleistift notiert: „Gletschersee in Norwegen"; im Foto u.r.: „August Becker"

Provenienz/Ort: Nachlass

Kurzbeschreibung: Im Vordergrund Plateau, rechts drei Rentiere, im Mittelgrund ein Gletschersee, dahinter Gletscher, rechts starke Wolkenbildung.

Kommentar: Starke Ähnlichkeit hat das vorliegende Bild mit dem zuvor beschriebenen Gemälde. Die zahlreichen Rentiere auf dem Felsplateau im Vordergrund fehlen. Dafür sind am rechten Bildrand drei Rentiere zu sehen.

207. Schweizer Landschaft. Das Meiringer Tal

Befund: vor 1863; Öl auf Leinwand

Provenienz/Ort: Verbleib unbekannt

Kommentar: Die Bewertung des Gemäldes erfolgte mit 300,- Thaler durchschnittlich. Auf der gleichen Kunstausstellung wurde von Eugen Bracht eine Arbeit „Abend am Wallenstädter See in der Schweiz" für 85,- Thaler ausgestellt.

Ausstellungen: Hannover 1863

Quellen/Literatur: Ausst.-Kat. Hannover, Kunstverein, 31. Kunstausstellung, S. 6, Nr. 15

208. Der Hintersee in Bayern

Befund: 1862/1863; Öl auf Leinwand

Provenienz/Ort: Verbleib unbekannt

Kommentar: Als Preis wurden in Hamburg 200,- Thaler angegeben. Für 30,- Frd'or (cirka 180,- Thaler) in Breslau angeboten. Becker ließ die Bilder über mehrere Monate zeigen. Sie durchliefen dabei mehrere Stationen. So begann der Zyklus beispielsweise in Bremen, es folgten Hamburg und weitere Städte. Eine Zuordnung bei dem vorliegenden Gemälde erfolgte auf Grund des gleichen Titels, der ähnlichen Taxierung und der zeitlichen Nähe. Die Kurverwaltung von Ramsau teilte Anfang 2003 auf Anfrage des Verfassers mit, dass seit einigen Jahren ein Projekt laufe, die reiche Zahl von Motiven, die von Landschaftsmalern des 19. Jahrhunderts gemalt wurden, katalogartig zu erfassen. Ramsau wurde vor allem wegen der Malerherberge am Hintersee von den Künstlern aufgesucht. In dem Projekt „Malerrundweg Ramsau" sind bereits an über zwanzig Entstehungsorten Tafeln mit einer Abbildung des jeweiligen Gemäldes und einer kurzen Beschreibung des Künstlers aufgestellt. August Becker ist jedoch noch nicht darunter. (Vgl. Katalogheft: Ramsau und Hintersee in der Malerei des 19. Jahrhunderts. Ein Bildband für die Freunde unserer Landschaft, Hg. Gemeinde Ramsau/Verkehrsverein Ramsau; Fritz Rasp, Ramsau 1999)

Ausstellungen: Bremen 1862; Hamburg 1862; Breslau 1863

Quellen/Literatur: Verzeichnis der Gemälde der dreizehnten Grossen Ausstellung des Kunstvereins in Bremen, 1862, S. 9, Kat.-Nr. 28; Kat. Kunstausstellung des Hamburger Kunstvereins, 1862, 17. Ausstellung, S. 4, Kat.-Nr. 35; Kat. Kunstausstellung des Breslauer Kunstvereins, 1863, S. 4, Nr. 28

209. Alpensee (Sarner See)

Befund: 1863; 30,5 x 45,5 cm; Öl auf Leinwand; u.r.: „A.B.1863" [?]; Bild verschmutzt

Provenienz/Ort: Privatbesitz

Kurzbeschreibung: Im Vordergrund Uferzone mit Rotwild. Im Mittelgrund ein See, dahinter Gebirge, links Wolken.

Kommentar: Das Gemälde entstand mittels Skizzen unmittelbar nach Beckers zweiter Schweiz-Sommerreise von 1862 und stellt den Sarner See bei Tagesanbruch dar. August Becker befand sich auf der Strecke zwischen Luzern und Interlaken und zweigte nach Meiringen ab. Die Strecke wurde als 25. Tour schon im Baedeker Reisehandbuch von 1859 ausführlich beschrieben. Die ästhetischen Augenweiden der Schweiz waren zu dieser Zeit bereits „common sense". Zum Sarner See, bei dem damaligen 3000-Seelen Dorf, heißt es im Baedeker Reisehandbuch von 1859: *„Der Sarner See nährt viel Fische. Der Fußgänger erspart 1/2 St. Zeit, wenn er sich überfahren lässt (2 fr). Das Sarner Thal hat etwas Freundliches und Gefälliges, ohne auf grossartige Alpen-*

Natur Anspruch machen zu können. Schöne Aussicht w. vom Schwendiberg." (Zit. Baedeker, Die Schweiz, Coblenz 1859, S.85)

Ausstellungen: Darmstadt 2002

Quellen/Literatur: Hoffmann-Kuhnt (Hg.), Nürnberg 2000 [Frontispiz und Rückseite des Buches]

210. Abend auf der Zwisel-Alm in Tirol

Befund: 1863; Öl auf Leinwand

Provenienz/Ort: Verbleib unbekannt

Kommentar: 1863 erfolgte der Verkauf des Bildes nach Rotterdam an einen Kaufmann Philippi. In Bremen ließ sich eine Kaufmannsfamilie Philippi, die eine Feuer-Assecuranz-Compagnie führte, für die fragliche Zeit ermitteln.

Quellen/Literatur: Ernst Becker, Lebenslauf zu August Becker, Düsseldorf, KVM 552

211. Ansicht von Schloss Waldleiningen

Befund: 1863; 27,0 x 32,4 cm; Öl auf Holz; u.r.: „A.B.1863"; verso Zettel: „zu haben bei K. Ferd. Heckel in Mannheim"

Provenienz/Ort: Kauf durch Karl, Prinz von Leiningen, Weihnachten 1863 in der Galerie K. Ferd. Heckel in Mannheim und an Queen Victoria von ihrem Halbbruder zu Weihnachten 1863 verschenkt; Royal Collection, Hampton Court Palace, Inv. Nr. RCIN 402478

Kurzbeschreibung: Ansteigendes bewaldetes Terrain, im Bildzentrum ein Schloss, links davon kleine Lichtung.

Kommentar: Der Name Waldleiningen geht auf ein Dorf zurück, welches Carl Friedrich Wilhelm, Fürst zu Leiningen, in einem Tal des Pfälzerwaldes 1785 gegründet hatte. 1803 wurde das Fürstenhaus durch Beschluss des Regensburger Reichstages mit Besitztümern zwischen Main und Neckar entschädigt. Im Odenwald sollte ein großer Wildpark durch fürstliches Engagement entstehen. Das Herzstück, den Point de Vue, sollte ein Jagdschloss bilden. Man griff bei der Neugründung auf den Namen der letzten Neusiedlung in der alten Heimat zurück. Fürst Emich Karl baute mit seiner Gemahlin Victoria Marie Louise, einer geborenen Herzogin von Sachsen-Coburg-Saalfeld (und in zweiter Ehe Mutter von Queen Victoria), ein erstes Schloss, welches um 1810 eingeweiht wurde. Beckers Gemälde zeigt den Neubau, denn schon 1828/1829 baute man ein neues fürstliches Jagdschloss. Bauherr war Carl Emich, Fürst zu Leiningen. Er besuchte häufig seine Halbschwester, die spätere Königin von England. Auf den Touren nach Britannien lernte er auch die englische Schlossarchitektur kennen, die sicher einen Einfluss auf den Waldleiningen-Bau ausübte. Als Architekt wurde der Münchener Karl Brenner engagiert. Zum Kernbau gehören zwei Staffelgiebel, eine Freitreppe und das Stiegenhaus. Becker hat das Schloss von der Seite aus gemalt. Die Landschaft dominiert das Bild. Im Vergleich zu den Landschaftsveduten mit Schloss „Balmoral" (1864), „Monrepos" (1872, Zeichnungen) oder „Peleș" (1882 f.), auf denen der jeweilige Bau deutlich zu erkennen ist und eine hohe Bedeutung ausfüllt, ist das Schloss „Waldleiningen" auffällig klein gemalt. 1832 wurde der Fahnenturm, Bestandteil nahezu von jedem Schloss der damaligen Zeit, angebaut. Die seitlichen Flügel, von denen der linke auf Beckers Gemälde fast wie die Hauptseite erscheint, kamen erst 1837/1839 zur Ausführung. 1840 erfolgte die Einweihung. Im Talkessel mit den malerischen Baumgruppen erhebt sich über ansteigenden Wiesen eine Architekturlandschaft mit historistischen Elementen. Die einzelnen Details – Türme, Erker und Zinnen sowie das vielfältig vorspringende Dach mit zahlreichen Gaupen – sollten eine romantische Stimmung aufkommen lassen. Bis 1945 umgab das Schloss ein großer Wildpark. 1974/1975 wurde links vom Schloss ein moderner Neubau errichtet. Das Gemälde war kein offizieller Auftrag durch die fürstliche Familie. Vielmehr muss davon auszugehen sein, dass der Käufer, Karl, Prinz von Leiningen, es Weihnachten 1863 in der Galerie K. Ferd. Heckel in Mannheim sah, kaufte und Queen Victoria zu Weihnachten 1863 schenkte. Das Schloss war bis auf die Kapelle und den heutigen Marstall vollendet. Der letzte fürstliche Bauherr war Ernst, Fürst zu Leiningen, Sohn von Carl Emich, Fürst zu Leiningen. (Vgl. Walter, Max: Die Kunstbestrebungen des Fürstenhauses zu Leiningen im 19. Jahrhundert [Mainfränkische Hefte 5], Würzburg 1950; Max H. von Freeden: König Ludwig I. und Unterfranken, in: Unterfranken im 19. Jahrhundert, Festschrift, Würzburg 1965, S. 84 ff.)

Quellen/Literatur: Millar, Oliver, Cambridge 1992, vol. I, p. 32, no. 137, vol. II, pl. 92; Main-Echo, 18.9.2002; Höchster Kreisblatt, 12.10.2002

212. Der Dachstein mit dem Gossausee in Tirol I

Befund: um 1864; historische Fotografie nach einem Ölbild, Mappe „Tirol & Baiern", nicht katalogisiert; auf dem Karton mit Bleistift notiert: „Der Dachstein mit dem Gossausee in Tyrol"

Provenienz/Ort: Nachlass

Kurzbeschreibung: Uferszene im Vordergrund mit einem Jäger, der an einem Stein lehnt. Im Mittelgrund ein See mit kleinem Boot. Im Hintergrund Gebirge, links sehr steil, rechts leicht ansteigend.

Kommentar: Die Vorlage für dieses historische Foto ist einem Gemälde ähnlich, welches bei Emmerling (Darmstadt 1938) abgedruckt wurde. Auf dem historischen Foto ist der Dachstein jedoch wolkenverhangen. Ein gleichlautendes Bild wurde 1864 in Hannover und Dresden gezeigt, wo es mit 250,- Thaler beziffert war. Auf der gleichen Ausstellung wurde in Hannover von Carl Jungheim das Gemälde „Die Jungfrau von der Scheinigen-Platte aus gesehen" (rund 288,- Thaler) gezeigt. In der zweiten Jahrhunderthälfte ist das Niveau in den Ausstellungen der Kunstvereine auf Mittelmaß gesunken. Ein Grund war u.a. der Wunsch der Maler, möglichst viele Bilder zu verkaufen. Da der jeweilige Kunstverein zum Verlosen wiederum zahlreiche Bilder ankaufen wollte, orientierte man sich seitens dieser Institutionen an preiswerten Arbeiten. So hatten die hier vorliegenden Gemälde von Becker und Jungheim eher eine Chance auf Ankauf, als die preisintensiveren, die z.B. für Leopold, Fürst von Hohenzollern, bestimmt waren. Diese sind dafür auch in künstlerischer Hinsicht von einer höheren Kategorie.

Ausstellungen: Hannover 1864; Dresden (Akademieausstellung) 1864

Quellen/Literatur: Ausst.-Kat. Hannover, Kunstverein, 32. Kunstausstellung, 1864, S. 6; Kat. der Kunst-Ausstellung in Dresden 1864, S. 33, Kat.-Nr. 139; Dioskuren, 9. Jg., Nr. 32, 7.8.1864, S. 294; Boetticher, Nr. 15

213. Der Dachstein mit dem Gossausee in Tirol II

Befund: um 1864; Öl auf Leinwand

Provenienz/Ort: Verbleib unbekannt

Kurzbeschreibung: Uferszene im Vordergrund mit einem Jäger, der an einem Stein lehnt. Im Mittelgrund ein See mit kleinem Boot. Im Hintergrund Gebirge, links sehr steil, rechts leicht ansteigend.

Kommentar: Dargestellt ist der Vordere Gossau-See zu Füßen des Dachsteingletschers. In dieser Gegend war Becker auch im Rahmen seiner Salzkammergut-Reise 1868 unterwegs. Im Skizzenbuch I (1860 ff., Kat.-Nr. 160) finden wir eine Figurenstudie aus Gossau. Im Vergleich zu dem Gemälde „Der Dachstein mit dem Gossausee in Tirol I" (um 1864, Kat.-Nr. 212) aus dieser Region unterscheidet sich diese Fassung in der Wiedergabe des hier unbewölkten Gebirgsmassivs.

Quellen/Literatur: Emmerling, Darmstadt 1938, Bd. 3, Abb. V

214. Das Kaisergebirge in Tirol

Befund: um 1864; Öl auf Leinwand

Provenienz/Ort: Verbleib unbekannt

Kommentar: Eine Kaisergebirgsdarstellung wird in den Dioskuren 1864 zur Ausstellungsbesprechung in Berlin erwähnt: „*Ein zweites Bild des Letzteren* [Becker] *"Das Kaisergebirge in Tirol"* (14) *ist bildmäßiger behandelt und von ansprechender Wirkung, obwohl vielleicht etwas kalt im Ton.*" (Zit. Dioskuren, 9. Jg., Nr. 49, 4.12.1864, S. 430) In Hannover wurde 1865 ebenfalls ein Bild „Das Kaisergebirge in Tirol" gezeigt. In Berlin wurde das Bild mit dem Vermerk „verkäuflich" ausgeschildert.

Ausstellungen: Berlin 1864; Hannover 1865

Quellen/Literatur: Dioskuren, 9. Jg., Nr. 49, 4. Dezember 1864, S. 430; Kat. Königliche Akademie der Künste, XLIV. Ausstellung, S. 2, Kat.-Nr. 14; Ausst.-Kat. Kunstverein Hannover, 33. Ausstellung, 1865, S. 5, Nr. 6;

215. Der Plattenstock bei Meiringen

Befund: um 1864; Öl auf Leinwand

Provenienz/Ort: Verbleib unbekannt

Kommentar: Die Darstellung einer Gegend bei Meiringen ist nach Studienmaterial der Reisen von 1852 oder 1862 entstanden (vgl. Skizzenbuch II, „Haßliberg 8/62", Kat.-Nr. 160). Der Preis wurde in Dresden auf 250,- Thaler festgelegt. Im Dresdner Katalog wird Becker irrtümlich als „Professor in Düsseldorf" tituliert. 1866 ließ Becker auch in Bremen und Hamburg ein Bild „Meiringen in der Schweiz" ausstellen. Die Kunstzeitung listete auch Beckers Gemälde auf: „*....und die mehr schon naturalistisch behandelten Bilder von [Knud] Baade "Norwegische Landschaft bei Mondscheinbeleuchtung", A. Becker's "Plattenstock bei Meyringen"....sowie ein paar ansprechende Bilder von Bracht (Düsseldorf)....*" (Zit. Dioskuren, 9. Jg., Nr. 32, 7.8.1864, S. 294) Bei dem vorliegenden Gemälde Beckers wurden 250,- Thaler als Verkaufspreis angesetzt. Der erwähnte Knud Baade war ab 1845 in München ansässig. Seine Mondscheinbilder aus Norwegen, ein Motiv, das auch Becker verarbeitete, waren in München beliebt, so wurde er seinerzeit von Carl Rottmann und Friedrich Kaulbach gelobt. Im Jahre 2004 hingegen findet man auf Ausstellungen den Namen Baade kaum mehr. Abermals ein Beleg, wie stark die spätromantische Malerei im Ansehen verloren hat.

Ausstellungen: Dresden (Akademieausstellung) 1864; Hannover 1864

Quellen/Literatur: Dioskuren, 9. Jg., Nr. 32, 7.8.1864, S. 294; Ausst.-Kat. Hannover, Kunstverein, 32. Kunstausstellung, 1864, Nr. 407; Kat. der Kunst-Ausstellung in Dresden 1864, S. 33, Kat.-Nr. 138; Boetticher, Nr. 14

216. Skizzenbuch III (Schottland-Reise 1864)

Befund: 1864; 23,0 x 60,0 cm; 44 Seiten; Bleistift, teilweise aquarelliert/ Papier; Blattgröße 23,0 x 30,0 cm; Größe der Skizzen zumeist einseitig (23,0 x 30,0 cm) oder doppelseitig (23,0 x 60,0 cm)

Provenienz/Ort: Privatbesitz

Kommentar: Das Skizzenbuch enthält Studien, die Becker während seines ersten Aufenthaltes in Balmoral/Schottland anfertigte. Somit ist diese Reise die am sorgfältigsten dokumentierte Tour, denn darüber hinaus hat sich auch der vollständige Reisebericht erhalten. Die Skizzen sind, wie auch sonst, sehr oft mit Kommentaren versehen. Dieses Buch belegt besonders eindrucksvoll, wie minutiös genau der Künstler die atmosphärischen Gegebenheiten und die je nach Tageszeit wechselnden Lichtverhältnisse sowie den Bewuchs von Bäumen und Gestrüpp in Wort und Skizze festhielt. Es finden sich auch Skizzen zu Salisbury darin. Bisher war nicht bekannt, dass Becker 1864, auf der Rückreise nach Düsseldorf, auch noch den Süden Englands bereiste. Nach diesen Eindrücken und Beobachtungen konnte er im Düsseldorfer Atelier weiter arbeiten. Er gehörte mit dieser Produktionsmethode der „alten" Schule an, d.h. er war kein Impressionist bzw. „Moderner", der vor Ort in skizzenhafter Weise eine Studie ausführte und diese als eigenständiges Kunstwerk gelten lassen wollte. Dazu war Becker zu stark mit seinen Vorbildern, Andreas Achenbach und Johann Wilhelm Schirmer, verbunden. Im Skizzenbuch lassen sich Wasserzeichen der Firma „ANCHER BAS [das S umgedreht]" und „FRERES DE CANSON" nachweisen. Das Papier mit dem Wasserzeichen „FRERES DE CANSON" dürfte aller Wahrscheinlichkeit nach aus Frankreich stammen. In Vidalon-lès-Annonay befindet sich die Papierfabrik Canson & Montgolfier, die für ihre hervorragenden Künstlerpapiere bekannt ist.

Ausstellungen: Darmstadt 2002; Coburg 2003

Quellen/Literatur: Ausst.-Kat. Darmstadt 2002, S. 20–23, Abb. 16 f.; Ausst.-Kat. Coburg 2003, S. 15 (m. Abb.), 37, Abb. 99

Seite	Bezeichnung	Darstellung	Kommentar
Deckel	Von fremder Hand: „Prof. August Becker Darmstadt"	Berglandschaft, Bäume, Obelisken	Überlegungen zu dem Denkmal für Prinz Albert
1)	Leerblatt		
2)	Blatt 2 Doppelblatt	Denkmal in hügeliger Landschaft; links zusätzlich Steinpyramide; rechts ein Haus	vgl. Pro Memoria von August Becker anlässlich Beratung der englischen Königin zur Aufstellung eines Denkmals für den verstorbenen Gatten (1864) (Vgl.Hoffmann-Kuhnt (Hrsg.), Nürnberg2000, S. 460 f.; Die Monarchin notierte im Tagebuch:*„Out with Affie and Lenchen, walking & going in the pony chair. We looked with Mr. Becker for a site for a bronze statue of dearest Albert, the same as the marble one by Theed."* (Zit. RA Queen Victoria's Journal: 25 September 1864)
3)	siehe 2) - Doppelseite		
4)	Leerblatt		
5)	Leerblatt		
6)	u.m.: „Lord Fife's tree" Blatt 4 li	Baum	ohne direkten Bezug
7)	o.r.: „Auf dem Wege über den Graigowan" u.r.: „Balmoral d.4.Sept 64" Blatt 4 re	Felsen, Gras	vgl. „Graig Gowan"(1867)
8)	Leerblatt		
9)	Leerblatt		
10)	o.m.: „Loch Muik" u.r.: „Balmoral, d. 9 Sept 64" Blatt 6 Doppelblatt	See links, rechts Hütte, im Hintergrund Berge	vgl. „Sturm am Loch Muick" (1864) und „Loch Muick" (1865)
11)	siehe 10) - Doppelseite		
12)	Leerblatt		
13)	Leerblatt		

14)	m.l.: „In den moorigen Terrains des Hochgebirgs sind die Haiden und Grasstrecken oft unterwaschen in sehr scharfer Zeichnung. Erde ist dunkel schokoladenbraun, in der Haide dagegen finden sich vieletiefe Graue Farben.", Blatt 8, l.	See, hügelige Landschaft	keine direkte Verarbeitung
15)	u.l.: „Loch Muik", u.re: „Balmorald. 9 Sept 64" u.m.: „x weiße Steine, o Erlengebüsch" Bildmitte: „gelbe Erde" Mitte rechtes Drittel: „braunrothe Haide", Blatt 8 re	Landschaft, vereinzelt Steine und Gräser	keine direkte Verarbeitung
16)	Leerblatt		
17)	Leerblatt		
18)	o.r.: „Kiefern auf Lord Fife's Jagdgrund d.15. Sept. 64" Blatt 10 li	zwei Bäume	ähnliche Bäume in Gemälden zur Schottland-Thematik
19)	o.r.: „Balmoral 15/9 64" u.l.: „Lord Fife's Jagdhaus" Blatt 10 re	Haus mit zwei Schornsteinen, aus einem steigt Rauch auf	ähnliches Motiv in „Das Dee-Tal (Blick nach Abergeldie)" (1867)
20)	o.l.: „Herbst & Autumn" u.r.: „d.23. Sept. 64" Blatt 11 li	Figurenstudie von den Füßen bis zum Oberkörper vor Kamin sitzend	in Lord Fife's Jagdhaus gezeichnet; ohne Gemäldebezug
21)	o.m.: „New Glassalt road." u.r.: „Steine vorne grau, Erdrutsche Sepia und [...] verdorrte Haide, Gras saftiggelbgrün." Balmoral d. 20 Sept 64 Blatt 11 re	Weg, rechts Böschung, links See	vgl. „Loch Muick" (1865)
22)	Leerblatt		
23)	Leerblatt		
24)	m.l.: „Dhuloch" u.r.: „Balmoral d.20 Sept" Blatt 13 Doppelblatt	See umgeben von Bergen	vgl. „Dhu Loch" (um 1870)
25)	siehe 24) Doppelblatt		
26)	u.l.: „Auf dem Wege nach Loch Avon" u.r.: „Balmoral d.23.Sept.64" Blatt 14 li	Blick vom Gebirge	vgl. „Loch Avon" (1865)
27)	u.l.: „Auf dem Wege nach Loch Avon" u.r.: „Balmoral d.23.Sept.64" Blatt 14 re	Berg im Mittelgrund; Gestein Hügel mit Gesteinsbrocken und kleiner Höhle	ohne direkten Gemäldebezug
28)	linkes Blatt u.l.: „Loch Avon" rechtes Blatt o.l.: „+ Schnee; 1 kahler farbloser Fels; 2 spärliches gelbgrünes Gras; 3 rothgraue Steine, einen Ton dunkler als das Gras (tief schwarz weiß mit Stengelgelb); 4 violet schwärzliche Felsabhänge in den [...]farbe das dunkelste der Ferne; 5 rothgraue Rutschen; 6 Geröll mit Gras vermischt, nach	Blick auf Gebirge auf See	vgl. „Loch Avon" (1865)

	unten spärlicheHaide, Wasser scharf blaugrün, inder Kraft auf gleicher Stufe mitLandschaft in der Farbe dominirend." u.r.: „Balmoral d. 23 Sept 64" Blatt 15 Doppelblatt		
29)	siehe 28) - Doppelseite		
30)	linkes Blatt o.l.: „+ glänzendenasse Stellen" u.l.: „Loch Avon" rechtes Blatt u.r.: „Balmoral d 23.Sept 64" Blatt 16 Doppelblatt	Gestaltung ähnlich wie auf der Doppelseite zuvor, aber ohne See, nur Gebirge	vgl. die anderen Skizzen von Loch Avon
31)	siehe 30) - Doppelseite		
32)	linkes Blatt u.l.: „Loch Avon" rechtes Blatt o.l.: „1 Granitkies; zube[?] dunkle Ocker und Weiß; 2 dasselbe dunklere Fortsetzung unter Wasser; 3 violett (wie auf der Studie aus Norwgn); 4 Smaragdgrün mit Übergang nach 5 dunkelschwarzgrüne Farbe des Sees" Blatt 17 li	See vom Gebirge aus	vgl. die anderen Skizzen von Loch Avon
33)	u.l.: „Auf dem Wege nach Loch Avon" u.r.: „Balmoral d.23 Sept. 64" Blatt 17 re	See, Blick ins Tal vom Hang aus	Motiv ähnlich „Cairn Lochan" (1865)
34)	o.l.: „Auf dem Wege nach Loch Avon" u.r.: „Balmoral" [auf Blatt 35:„d.23. Sept 64"] Blatt 18 li	weiter Blick in ein Tal, Reiter auf Pferd im Vordergrund	vgl. Reiter-Motiv in „Das Dee-Tal (Blick nach Abergeldie)" (1867)
35)	u.l.: „Auf dem Wege nach Loch Avon" darunter: „d.23.Sept 64" [auf Blatt34: „Balmoral"] Blatt 18 re	mehrere Bäume, Talsohle	keine direkten Bezüge
36)	u.r.: „Auf dem Wege nach Loch Avon Balmoral" [auf Blatt 37: „d.23 Sept64"] Blatt 19 li	zwei Bäume am Hang, ein dritter Baum horizontal	keine direkten Bezüge
37)	u.l.: „d.23 Sept 64" [auf Blatt 36:„Balmoral"] Blatt 19 re	Bäume (Kiefern) mit verwachsenen Ästen	fast identisch mit Baumstaffage in „Mondnacht (mit großen Bäumen und Hütte)" und „Schottische Landschaft (mit liegender Jägerstaffage)"
38)	m.o.: „Cairn Lochan d. 26. Sept 64" o.l.: „+ Terrain von Bäumen das hellste (gelbblaß) in der Ferne; o blaugrüner Tannenwald, die dunkelste Lokalfarbe in Ferne, letzte Berge mit Aether und Wolken einerlei Stärke"; m.r. kopfüber:„Cairn Lochan d. 28. Sept. 64"; u.r. kopfüber: 1 Bleischwarz mit weiß und dunkel Ocker; 2 dunkel Ocker mit Weiß; [1 und 2] sehrkräftig in Ton und Farbe; 3 33 verschiedene Bergschichten, kaum von der Luft zu unterscheiden; 4 Lokalfarbe fängt an sichtbar zu werden; 5 sehr warm und duftig; 6 Milde leichte Lokalfarben; 7 Vorgrund leicht Ocker Gold Ocker" Blatt 20, li	Skizze ist zweigeteilt durch Diagonale; beide Male bergige Landschaft mit See	vgl. „Cairn Lochan (mit Hirschrudel)" (um 1865) und „Cairn Lochan" (1865)
39)	u.l.: „Loch Cander" u.r.: „Balmoral d.26.Sept. 64" Blatt 20 re	See umgeben von hohem Gebirgsring	keine direkten Bezüge
40)	m.l.: „Garrawald" u.r.: „Balmoral d. 11 Oct.64" Blatt 21 li	mehrere Bäume, z.T. abgestorbene Kiefern	keine direkten Bezüge
41)	u.l.: „Garrawald" u.r.: „Balmoral d.11.Oct 64" Blatt 21 re	Fluss mit Geröll, weiß gehöht	keine direkten Bezüge
42)	u.r.: „Balmoral d.11.Oct 64" Blatt 22 li die „4" von 64 ist auf der rechten Seite des Blattes rechtes Blatt	Gebirgskamm mit See Blick von der Höhe auf von Bergen umgebenen See	ähnliches Motiv in den Kaisergebirgs-Bildern und in „Die Karpatenkette bei Sinaia (große Fassung)" (1884) keine direkten Bezüge keine direkten Bezüge

43)	ohne Blatt 22 re	sehr enges Tal, von beiden Seiten Berge; im Hintergrund weiteres Tal	
44)	u.l.: „Balmoral d.18 Oct 64" Blatt 23		
45)	Doppelblatt siehe 44)	See, im Hintergrund Gebirgskamm Gesteinsbrocken zum Hügel gehäuft, auf dessen Spitze ein Mädchen mit Kopftuch sitzt, weiß und braun überhöht	vgl. Gemälde zu Loch Na Gar keine direkten Bezüge
46)	Doppelblatt rechtes Blatt u.r.: „Lochnagar Balmoral 18 Oct 64" Blatt 24		
47)			
48)	Doppelblatt u.l.: „Spitze des Lochnagar" u.r.: „Balmoral 18 Oct.64" Blatt 25 li.		
49)	u.l.: „Graig-na-ban" u.r.: „Balmoral d 13 Oct 64" Blatt 25 re	Wurzel eines halb gefallenen Baumes, weiß und braun überhöht	Wurzel-Motiv auf zahlreichen Gemälden ähnlich
50)	u.l.: „Denn bei Abergeldie" u.r.: „Balmoral d 13 Oct 64" Blatt 26 li	Fluss, im Hintergrund einige Bäume, weiß und braun überhöht	keine direkten Bezüge
51)	u.l.: „Lochnagar 18 Oct 64" Blatt 26 re	Felsen, weiß und braun überhöht	keine direkten Bezüge
52)	linkes Blatt u.r.: „Glen Gelder" rechtes Blatt u.r.: „Balmoral 21.Oct 64"	Bergkette, weiß und braun überhöht	keine direkten Bezüge
53)	Blatt 27 Doppelblatt siehe 52)	mehrere Bäume	ähnliche Bäume in Schottland-Gemälden
54)	Doppelblatt u.r.: „Salisbury d.31 Oct 64" Blatt 28 li		
55)	u.r.: „Salisbury d.31 Oct 64" Blatt 28 re	Stroh gedecktes Gehöft, Bäume	keine direkten Bezüge
56)	rechtes Blatt m.r.: „Balmoral d.6.Oct 64" Blatt 29 Doppelblatt	hügeliges Land mit Hütte aus Feldsteinen, weiß und braun überhöht	keine direkten Bezüge
57)	siehe 56)	Gebirge, weiß und braun überhöht	vgl. die Glen Gelder-Gemälde (1864, 1865, 1870)
58)	Doppelblatt linkes Blatt u.m.: „Glen Gelder" rechtes Blatt u.r.: „Balmoral d21.Oct 64"		
59)	Blatt 30 Doppelblatt siehe 58)	Fluss, im Hintergrund Bäume	keine direkten Bezüge, sehr ähnlich Blatt 26 l.
60)	Doppelblatt u.l.: „Denn bei Abergeldie" u.r.: „Balmoral d 13 Oct 64" Blatt 31 li		
61)	u.r.: „Balmoral d 21 Oct 64" Blatt 31 re	Bergkette, weiß und braun überhöht; Wasserzeichen „De Canson"	keine direkten Bezüge
62)	u.r.: „Salisbury d 29 Oct 64" Blatt 32 li	Steinpfeiler von Stonehenge, einzelne Figur; Wasserzeichen „De Canson"	keine Bezüge

63)	u.r.: „Salisbury d 29 Oct 64" Blatt 32 re	Steinpfeiler von Stonehenge, einzelne Frauenfigur mit Pelerine und Hut	keine Bezüge
64)	linkes Blatt u.l.: „Invercauld, Balmoral d 12 Oct 64; m: „Fluß blauer Luftspiegel, Thal wirkt in Masse hell gel [...]; 8Tannenwaldungen außerordentlichkräftig; 9 sumpfige Haide, warm; 10Transparente Birken"; rechtes Blatt u.r. Hälfte: „sehr entschiedene Beleuchtung, Licht links von oben, das blaue Element vorherrschend. 1 Aetherton; 2beginnt Lokalfarbe, oben warm grau, unten blaugrüne Tannenwaldungen; 3kräftige Lokaltöne sihouettirt sich gegen Ferne; 4 gleiche Kraft wie 3aber blaugrüner Tannenwald; 5Mittelgrundtöne, oben kahl, unten Tannenwald sehr verschieden in Modellation; 6 desgleichen abergelbbrauner Laubwald; 7 kahler Felstrennt sich unentschieden vor der dunklen Luft" Blatt 33 Doppelblatt	Tal umgeben von Gebirgskämmen; in der Talsohle kleines Gebäude; im Vordergrundzahlreiche Bäume	Ähnlichkeit mit dem Gemälde „Das Dee-Tal nahe Braemar" (1865)
65)	siehe 64) – Doppelblatt		
66)	u.m.: „Garrawald Balmoral d 22.Oct64" Blatt 34 Doppelblatt	jeweils zwei Bäume, rechtes Blatt mit grün und braun koloriert	Bäume ähnlich auf einigen Schottland-Gemälden
67)	siehe 66) Doppelblatt		
68)	linkes Blatt m.l.: „Cairn Lochan, Auf dem Jagdgrund des Lord Landsborough d. 28 Sept 64" rechtes Blatt o.l.: „xx Lufttöne; 2Anfang der Lokaltöne; 3 hellgrünes Wiesenthal mit Glanzlichtern; 4violettlicher Berg, nach obenschattig blau; 5 rothbraun; 6gelbbrauner Mittelgrundberg; 6a gelbbraune Haide; 6bGras und Steine; 7 Haide; 8 Gras, auf etwas Geröll; 9 Wiesengrund; 10Luftspiegel"; m.r.: „Blick gegen die Sonne, der ganze Eindruck ist licht und warm mit Ausnahme des Berges im Vordergrund wo 11obgleich sonnig, sehr kräftig vonder Ferne abgeht; 12 kräftigerneutraler Schatten; 13 Beginn vonblaugrünen Tannenwaldungen Balmorald. 28 Sept 64" Blatt 35 Doppelblatt	Tal, zu beiden Seiten Gebirgskämme	vgl. „Cairn Lochan (mit Hirschrudel)"(um 1865) und „Cairn Lochan" (1865)
69)	siehe 68) Doppelblatt		
70)	Leerblatt		
Deckel			

217. Glen Gelder

Befund: 1864; 31,1 x 40,0 cm; Öl auf Holz; u.r.: „A.B. 1864"; auf dem Rahmen: „VIEW OF GLENGELDER LOOKING TOWARDS BEN NA BHOURD. OCT 21st 1864"; verso beschrieben mit Name, Titel und Datum

Provenienz/Ort: Erwerb durch die englische Königin, verspätete Bezahlung am 23. Dezember 1867 von 10,- £; Royal Collection, Osborne House, Inv. Nr. RCIN 408932

Kurzbeschreibung: Im Vordergrund abschüssiges Terrain, vom Mittelgrund aus in den Hintergrund ansteigende Schneelandschaft, einzelner Hirsch in der Bildmitte.

Kommentar: Dieses Ölgemälde war das erste Werk aus Schottland, welches Becker der englischen Queen verkaufte. Er erntete großes Lob von der Queen im November 1864: *„Die Queen war von Deiner Schneelandschaft [...] sehr entzückt u. hatte es in Windsor sogleich zum Einrahmen gegeben."* (Zit. Hermann Sahl, Brief an August Becker, 28. Januar 1865, in: Hoffmann-Kuhnt (Hg.), Nürnberg 2000, S. 484) Die Maße wurden von ihr bestimmt. Ebenso ließ sie die Rahmenbeschriftung mit dem Datum bestimmen: „21. October 1864". Die meisten Bilder von Becker haben einen Rahmen des Londoner Händlers William Thomas, welcher 185 Goldrahmen des gleichen Musters für die Summe von 1.053,- £ an den englischen Hof geliefert hatte (vgl. Whitaker, Re-framing the Royal Collection, in: Apollo, September 2002, p. 50–56, 53) Queen Victoria bestieg den Glen Gelder erstmals am 16. September 1848 und notierte die Schönheit der Aussicht auf den weit entfernten Ben-na-Bhourd, den sie am 6. September 1850 erklomm. Entsprechend wurde das Bild an einem Platz aufgehängt, an dem es die Königin sehr oft betrachten konnte: „Glen Gelder" und „Das Dee-Tal nahe Braemar" (1865) – hingen im Arbeitszimmer in Osborne House; auf einer Fotografie aus den 1870er Jahren sind beide Werke zu erkennen. (Vgl. H.R.H. The Duchess of York, London 1991, p. 70)

Quellen/Literatur: H.R.H. The Duchess of York, London 1991, p. 70; Millar, Oliver, Cambridge 1992, vol. I, p. 33, no. 145, vol. II, pl. 98; Hoffmann-Kuhnt (Hg.), Nürnberg 2000, S. 466, 479, 484

218. Blick auf den Fluss Dee

Befund: 1864; 33,3 x 47,0 cm; Öl auf Leinwand; auf Holz aufgezogen; u.l.: „Balmoral.1864"; verso beschriftet: „Princess Beatrice"

Provenienz/Ort: Ankauf aus einem Konvolut von zehn Ölskizzen 1877 von Queen Victoria, Zahlungen über 100,- £ an Becker vom 2. Mai 1877 betrafen auch eine Ansicht von „Blick auf den Fluss Dee"; Royal Collection, Schloss Windsor, Inv. Nr. RCIN 400880

Kurzbeschreibung: Links schmale Uferzone, Flusslauf in Richtung Betrachter, im Hintergrund bergiges Gelände.

Kommentar: Eine natürliche, nicht künstlich übertriebene Natur ist kennzeichnend für dieses Bild. Daher sind derartig ausgewogene Landschaftswiedergaben von Becker auch so gut wie nie auf Kunstausstellungen geschickt worden. Es fand sich keine einzige zeitgenössische Ausstellungsbesprechung, in der so ein Bild vorkam. Fast immer wurden von Becker Effektlandschaften, d.h. Szenen aus dem Hochgebirge bei Sonnenuntergang und wilde Wasserfälle bewertet. Der Dee-Fluss fließt unmittelbar am Sommerschloss Balmoral vorbei. Becker hatte sich bei seinen zwei Schottland-Reisen ein Konvolut aus Skizzen und Ölstudien zugelegt, aus dem er in den folgenden Jahren die englische Queen und deren Familienangehörige beliefern konnte. So gelangte diese Arbeit erst 1877 nach England. Königin Victoria wurden am 6. März 1877 in Schloss Windsor zehn Ölskizzen durch Hermann Sahl gezeigt: „*After luncheon Mr. Sahl showed me some charming paintings done at Balmoral & Osborne by August Becker, […]*" (Zit. Royal Archives (RA) Queen Victoria's Journal: 6 March 1877; Alle Zitate aus den Unterlagen der Königlichen Archive in Windsor werden mit freundlicher Genehmigung I.M. Elizabeth II., Königin von Großbritannien, verwendet.)

Quellen/Literatur: Millar, Oliver, Cambridge 1992, vol. I, p. 33, no. 147, vol. II, pl. 102; Hoffmann-Kuhnt (Hg.), Nürnberg 2000, S. 682; Ausst.-Kat. Coburg 2003, S. 17

219. Blick auf die Kirche von Crathie (Blick von Schloss Balmoral)

Befund: 1864; 34,0 x 46,7 cm; Öl auf Leinwand; auf Holz aufgezogen; u.l.: „Balmoral.1864"

Provenienz/Ort: Ankauf aus einem Konvolut von zehn Ölskizzen 1877 durch Queen Victoria, Zahlungen über 100,- £ an Becker vom 2. Mai 1877 betrafen auch ein Bild von Crathie; Royal Collection, Schloss Windsor, Inv. Nr. RCIN 400879

Kurzbeschreibung: Im Vordergrund breiter Weg, im Mittelgrund mehrere Gebäude, darunter eine Kirche, im Hintergrund hoher Berg, Wolken am Himmel.

Kommentar: Die Kirche von Crathie steht in unmittelbarer Nähe von Schloss Balmoral. Bei ihren Aufenthalten in Schottland besuchte die Königin den Gottesdienst in dieser Kirche. In den 1890er Jahren wurde mit ihrer finanziellen Unterstützung eine neue Kirche erbaut. Auch heute noch wird die kleine Kirche von der königlichen Familie frequentiert.

Quellen/Literatur: Millar, Oliver, Cambridge 1992, vol. I, p. 34, no. 148, vol. II, pl. 103; Hoffmann-Kuhnt (Hg.), Nürnberg 2000, S. 466, 682

220. Schottland-Landschaft

Befund: 1864; Ölstudie

Provenienz/Ort: Ankauf aus einem Konvolut von zehn Ölskizzen 1877 durch Prinzessin Louise, 8.4.1877, 10,- £; Verbleib unbekannt

Kommentar: Die Königin zeigte sich begeistert von den Gemälden und auch schon zuvor von den Studien: „*A splendid morning, with such beautiful lights on the hills. Out walking with Louise & sketched from the little wooden house near the Dee [...] Mr. Sahl brought Mr. August Becker (Dr. Becker's brother) who has come to paint here. He showed us a lovely sketch he has done in oils of Loch Nagar.*" (Zit. RA Queen Victoria's Journal: 4 September 1864) Becker erhielt aber gerade mal 10,- £ für dieses Bild durch die viertälteste Tochter der englischen Königin. Zum Vergleich sei auf ein Portrait aus dem Jahre 1875 von John Campbell, Marquis von Lorne und späterer 9. Herzog von Argyll, und seit 1871 Ehemann von Louise, hingewiesen. Für das Portraitgemälde erhielt der Maler Heinrich von Angeli 150,- £. (Vgl. Millar, Oliver, Cambridge 1992, vol. I, p. 11, no. 28)

Quellen/Literatur: Hoffmann-Kuhnt (Hg.), Nürnberg 2000, S. 683

221. Glen Lui

Befund: 1864; Ölstudie

Provenienz/Ort: Verbleib unbekannt

Kommentar: Als Kopie einer Studie, die Königin Victoria besaß, für Prinzessin Alice und ihren Mann, den künftigen Ludwig IV., Großherzog von Hessen-Darmstadt, entstanden. Als Preis wurden jeweils oder für beide 100,- bis 150,- fl angesetzt. 1890, Alice war schon seit 13 Jahren tot, schenkte deren älteste Tochter, Viktoria, eine Ölskizze der englischen Monarchin zum Geburtstag. Dabei handelt es sich mit großer Sicherheit um die vorliegende oder nachfolgende Arbeit Beckers: „*My little present is one of poor Maler Beckers sketches – as you knew him personally & always liked his paintings…*" (Zit. RA VIC/Add U 166/68/Victoria, Princess Louis of Battenberg to Queen Victoria 1888-1891, 22 May 1890)

Quellen/Literatur: Hoffmann-Kuhnt (Hg.), Nürnberg 2000, S. 479 f.

222. Loch Na Gar bei Sonnenschein

Befund: 1864; Ölstudie

Provenienz/Ort: Verbleib unbekannt

Kommentar: Als Kopie einer Studie, die Königin Victoria besaß, für Prinzessin Alice und ihren Mann, den künftigen Ludwig IV., Großherzog von Hessen-Darmstadt, entstanden. Als Preis wurden jeweils oder für beide 100,- bis 150,- fl angesetzt.

Quellen/Literatur: Hoffmann-Kuhnt (Hg.), Nürnberg 2000, S. 479 f.

223. Sturm am Loch Muick

Befund: 1864; 15,9 x 46,4 cm; Öl auf Leinwand, auf Holz aufgezogen; u.r.: „Balmoral.1864"; The Royal Collection©2004, Her Majesty Queen Elizabeth II

Provenienz/Ort: Erwerb durch die englische Queen am 2. Mai 1877 für cirka 10,- £ (u.a. für eine kleine Ansicht von Loch Muick); Royal Collection, Schloss Windsor, Inv. Nr. RCIN 403692

Kurzbeschreibung: Unruhiger See im Vorder- und Mittelgrund. Im Hintergrund bergiges Gelände.

Kommentar: Es handelt sich um eine querformatige Ölskizze. Wie bei den meisten Schottland-Arbeiten ist sie mit „Balmoral.1864" bezeichnet. Die Ausführung wurde leicht impressionistisch gehalten. Diese und die übrigen Arbeiten aus einem Konvolut von zehn Ölskizzen sind wenige Beispiele, bei denen die Ölskizze als eigenständiges Kunstwerk gehandelt wurde!

Quellen/Literatur: Millar, Oliver, Cambridge 1992, vol. I, p. 33, no. 146, vol. II, pl. 99; Frankfurter Rundschau, Oktober 2002

224. Blick ins Glen Derry

Befund: 1864; 34,0 x 46,4 cm; Öl auf Leinwand, auf Holz aufgezogen; u.l.: „Balmoral.1864"; The Royal Collection©2004, Her Majesty Queen Elizabeth II

Provenienz/Ort: Erwerb aus dem Konvolut von zehn Ölskizzen 1877 durch Queen Victoria, 10,- £; Royal Collection, Schloss Windsor, Inv. Nr. RCIN 400881

Kurzbeschreibung: Talansicht mit Fluss. Zu beiden Seiten hohe Berge und starke Wolkenbildung. Im Vordergrund umgestürzter Baum.

Kommentar: Von der Pinselführung her entspricht diese Arbeit einer Ölskizze. Man vergleiche beispielsweise die feine Pinseltechnik von „Loch Avon". Die schottische Landschaft wurde von Becker im Gegensatz zu den Romantikern nicht als Naturmythos, wie beispielsweise bei Philipp Otto Runges Arbeiten zu den Gedichten Ossians, verstanden. Runge verband mit pflanzlichem Wachstum Symbolisches, ähnlich wie für Caspar David Friedrich einzelne Details der Flora und Fauna eine religiöse Chiffre besaßen. (Vgl. Traeger, Philip Otto Runge, München 1975, S. 67) In „Blick ins Glen Derry" befindet sich zahlreiches Astgestrüpp, das auf einen Urzustand des Gebietes schließen lässt.

Quellen/Literatur: Millar, Oliver, Cambridge 1992, vol. I, p. 34, no. 149, vol. II, pl. 104; Hoffmann-Kuhnt (Hg.), Nürnberg 2000, S. 682

225. Loch Callater

Befund: 1864; Ölstudie

Provenienz/Ort: Erwerb aus dem Konvolut von zehn Ölskizzen 1877 durch Queen Victoria für Prinz Leopolds Geburtstag, 10,- £; Boyten Manor, Wiltshire; Verbleib unbekannt

Kommentar: Es gelang Becker, einen Teil seines Studienmaterials 1877 nach England zu verkaufen. Einige Ölbilder zur Schottland-Thematik tauchten in den 1990er Jahren im deutschen Kunsthandel auf. Folglich sind auch in Deutschland einige schottische Landschaftsbilder zu Beckers Lebzeiten veräußert worden oder später nach Deutschland zurückgekommen. Beim bürgerlichen Publikum, das so auch in den Genuss dieser Bilder kam, dürften Beckers

Schottland-Gemälde ähnlich gut angekommen sein. Becker selbst fühlte sich in Schottland an andere, von ihm bereits früher bereiste Gegenden erinnert: *"Der Loch Lomond ist im Anfang breit und mit vielen waldigen Inseln besäet. Nach Norden zu wird er etwas schmäler und die ihn einschließenden Berge werden steiler, öder, höher und bekommen immer mehr den Charakter des Hochlandes. Sehr viele Stellen erinnern an den Vierwaldstädter See der Schweiz."* (Zit. August Becker, Reise nach Balmoral, 29. August 1864, in: Hoffmann-Kuhnt (Hg.), Nürnberg 2000, S. 439) Boyten Manor, Wiltshire, war nur für wenige Jahre Prinz Leopolds Wohnsitz. Das Bild wird er wahrscheinlich später beim Umzug in eine andere Residenz mitgenommen haben.

Quellen/Literatur: Hoffmann-Kuhnt (Hg.), Nürnberg 2000, S. 439

226. Schottische Landschaft (mit Mütze tragender Kinderstaffage)

Befund: nach 1864; historische Fotografie nach einem Ölbild, Mappe „Deutschland", nicht katalogisiert; im Foto u.l.: „August Becker"

Provenienz/Ort: Nachlass

Kurzbeschreibung: Im Vordergrund Gebirgshöhenzug, links Bäume und Steine, rechts ein Kind auf einem Weg ins Bildinnere gehend. Im Mittelgrund Tal, dahinter bergiges Terrain.

Kommentar: Das historische Foto befindet sich im Nachlass, in der „Deutschland"-Mappe. Aufgrund der Landschaftsstruktur ist eine Zuordnung bei den schottischen Motiven erfolgt. Eine weitere Umordnung erfolgte mit einem angeblichen Norwegen-Motiv in die Rubrik Schottland-Themen. Dort konnte eine Baum-Skizze aus dem Skizzenbuch III Aufschluss geben.

Ausstellungen: Coburg 2003

227. Schloss Balmoral

Befund: um 1865; historische Fotografie nach einem Ölbild, Mappe „Schottland", nicht katalogisiert

Provenienz/Ort: Nachlass

Kurzbeschreibung: Abschüssiges Gebiet mit Wanderer auf einem Weg, rechts Herde Kühe und weitere Person im Gras sitzend. Im Mittelgrund ein Schloss, Wald und ein Fluss. Im Hintergrund bergiges Gelände.

Kommentar: Unterschiede zum gleichnamigen Gemälde im Buckingham Palast sind in der Gestaltung der Landschaft hinter dem Schloss (im Hintergrund) erkennbar.

Ausstellungen: Darmstadt 2002; Coburg 2003

Quellen/Literatur: Ausst.-Kat. Darmstadt 2002, S. 13-15, Abb. 12

228. Schloss Balmoral

Befund: 1865; 94,9 x 126,0 cm; Öl auf Leinwand; u.r.: „August Becker.1865"; verso: mit dem Namen des Künstlers, Titel und Jahreszahl beschriftet; Bild verschmutzt, Firniss vergilbt; The Royal Collection©2004, Her Majesty Queen Elizabeth II

Provenienz/Ort: Erwerb durch die englische Queen, Überweisung von 80,- £ am 8. Juni 1866; Royal Collection, Buckingham Palast, Inv. Nr. RCIN 404457

Kurzbeschreibung: Abschüssiges Gebiet mit Wanderer auf einem Weg, rechts Herde Kühe und weitere Person im Gras sitzend. Im Mittelgrund ein Schloss, Wald und ein Fluss. Im Hintergrund bergiges Gelände.

Kommentar: Das Motiv wurde von Becker in mindestens zwei Fassungen gemalt, von denen heute aber nur die Londoner Variante bekannt ist. Das Bild gehörte zu den Aufträgen, welche die Queen bei Beckers erstem Aufenthalt in Balmoral gab. Mit 80,- £, cirka 530,- Thaler, war das Bild für Beckers Arbeiten um 1865 sehr teuer. Das verhältnismäßig große Format geht auf seine Empfehlung, mit dem die Queen einverstanden war, zurück: *„Darauf spricht sie über die einzelnen Bilder, die sie gemalt zu haben wünscht. Ich mache sie darauf aufmerksam, daß das Bild von Balmoral, der reichen Architektur wegen, sich nicht ganz klein malen ließe, und bestimme auf ihren Wunsch 3? bis 4 Preuß. Fuß als Breite. Sie ist damit einverstanden, wünscht die andern aber kleiner, weil es ihr an Raum fehle, sie günstig zu hängen. Dann wird noch über unsere Reise gesprochen. Sie bittet, daß ich ihr jedesmal meine Studien zeigen möchte etc."* (Zit. August Becker, Reise nach Balmoral, 2. September 1864, in: Hoffmann-Kuhnt (Hg.), Nürnberg 2000, S. 442) Becker fertigte das Bild an und schickte es ein gutes halbes Jahr später (im Sommer 1865) nach London. Das Gemälde sticht durch die sorgfältige Malweise, die präzise Pinselführung, die fein abgestuften Farben und den guten Erhaltungszustand hervor. Die Fenster des Schlosses sind nicht ausgemalt und auch beim Turm wurden einige Modifikationen vorgenommen, so ist der Zinnenkranz nur summarisch dargestellt. Becker wendet jedoch nicht die glatte und absolut fotorealistische Malweise wie auf den beiden bedeutenden „Jungfraumassiv"-Ansichten (1852 und 1853, Kat.-Nr. 102 sowie 122) und dem großen Gemälde von „Schloss Peleș" (1883, Kat.-Nr. 406) an. Becker erläuterte an Hand eines Stereoskopbildes die Bebauungen in einem Schreiben an Josephine, Fürstin von Hohenzollern-Sigmaringen: „In der beleuchteten Fronte sind auf der ersten Etage die Zimmer der Queen, parterre die Gesellschaftszimmer und die Bibliothek. Der Vorbau rechts ist die Privateinfahrt für die Queen. – In der schattigen Fronte sind oben, wo der Balkon ist, die Zimmer der jungen Prinzen, des deutschen Hofmeisters und des deutschen Sekretärs.[...] Auf der ersten Etage des Marstalles und in kleinen Häußern in der Nähe des Schlosses im Park zerstreut, sind Logirzimmer für Besuch der nicht nothwendig im Schlosse sein muß, eingerichtet. Die ganze Hofhaltung in Balmoral, sämmtliche Dienerschaft mit inbegriffen, beträgt etwa 150 Personen. Außerdem 50 Reitpferde, 50-60 Fahrpferde, welche letztere aber von den umgebenden Posthaltern für die Dauer des Aufenthaltes gemiethet werden."* (Zit. August Becker, Pro Memoria an die Fürstin von Hohenzollern, in: Hoffmann-Kuhnt (Hg.), Nürnberg 2000, S. 782 f.) Der u-förmig verlaufende Fluss Dee ist stellenweise im Mittelgrund zu erkennen. Rechts führt der Weg zum Dorf Braemar, links zum Ort Ballater. Das Dorf Crathie und seine Kirche befinden sich links des Flusses im Mittelgrund. Im Hintergrund steigen zahlreiche Berge auf, z.B. erkennt man die Berggipfel vom „Princess Helena's Caen" und „Princess Beatrice's Caen". Das ganze Gebiet um Balmoral wurde zur Erinnerung nach Angehörigen der königlichen Familie benannt und durch Steinpyramiden zusätzlich gekennzeichnet. Auf dem Bild sind jedoch keine so genannten Caens (Steinpyramiden) zu erkennen, während im Skizzenbuch III solche durchaus dargestellt sind. August erwähnte in einem Brief Balmoral übrigens schon 1857, nachdem sein Bruder ihm davon erzählt hatte. (Vgl. Hoffmann-Kuhnt (Hg.), Nürnberg 2000, S. 299) Die Tagespresse überraschte 2002 mit der Information, dass das englische Königshaus fortan jenes Anwesen in Balmoral für Interessierte über ein Internet-Auktionshaus zur kurzzeitigen Vermietung anpreist. (Vgl. Süddeutsche Zeitung, 14.6.2002)

Quellen/Literatur: Queen Victoria, Leaves from the highlands, 1868, p. 103 (abgebildet als Stich); Millar, Oliver, Cambridge 1992, vol. I, S. 34, no. 151, vol. II, pl. 106; Literatures of the Commonwealth, Festival 2002, June 17–23, [Manchester], Folio Summer 2002 [Cover Illustration]

229. Schloss Balmoral und Umgebung

Befund: nach 1865; Kupferstich; unbekannter Stecher; betitelt: „Balmoral Castle and Surrounding Country"; Stempel: „Hampstead Public Libraries Local Collection. H.J. Cornish Collection 1928"

Provenienz/Ort: Hampstead Public Libraries, Local Collection, London [u.a.]

Kurzbeschreibung: Gleiche Darstellung wie in vorheriger Kat.-Nr. (nicht seitenverkehrt).

Kommentar: Nach der Landschaftsvedute mit Schloss Balmoral gestochen und als Illustration für Queen Victorias Buch „Leaves from the highlands" (1868) verwendet. Auch als einzelnes Blatt im Kunsthandel aufgetaucht. Becker erhielt dafür offensichtlich keine zusätzliche Vergütung. Dieses Problem der Reproduktion von Kunstwerken, dem der englische Künstler William Hogarth als einer der ersten Maler mit einer erfolgreichen Initiative zum Schutz der Urheberrechte im 18. Jahrhundert entgegentrat, wurde von Beckers Düsseldorfer Kollegen Wilhelm Camphausen ebenfalls zu lösen versucht. Er ließ sich durch das Königliche Hofmarschallamt in Berlin schriftlich bestätigen, dass seine beiden für den preußischen König angefertigten Bilder „Friedrich der Große auf der Revue bei Potsdam" (Verbleib unbekannt) und „Szene bei der Schlacht bei Leuthen" (Verbleib unbekannt) nur durch Camphausen persönlich vervielfältigt werden durften. (Vgl. Briefe Wilhelm Camphausen an das Königliche Hofmarschallamt in Berlin und des Königlichen Hofmarschallamtes an Wilhelm Camphausen in Düsseldorf, 31. Juli 1864 und 3. August 1864, Berlin, Gsta PK, BPH Rep. 113 Oberhofmarschallamt 2799, Blatt 142)

Quellen/Literatur: Victoria, Queen, Leaves from the highlands, p. 160 f.; Hoffmann-Kuhnt (Hg.), Nürnberg 2000, S. 579; Courtauld Institute of Art (Photographic Survey of the Private Collections), London

230. Loch Avon

Befund: 1865; 62,9 x 78,4 cm; Öl auf Leinwand; u.l.: „August Becker.1865"

Provenienz/Ort: Auftrag von Queen Victoria, cirka 71,- £, 23. November 1865 für 2 Bilder (u.a. Loch Avon); Royal Collection, Osborne House, Inv. Nr. RCIN 403709

Kurzbeschreibung: Am unteren Bildrand schmale Uferszene, dahinter ein See, zu beiden Seiten steil ansteigendes Terrain. Fernblick von der Bildmitte in den Hintergrund, aufziehende Wolken.

Kommentar: Ein historisches Foto, Mappe „Schottland", nicht katalogisiert, Nachlass, entspricht dem Bildgegenstand auf einem Gemälde aus der Royal Collection. Das Bild gehörte zu den Aufträgen der Reise von 1864: *„Die Queen will 4 Bilder bestellen – nicht gleich, aber nach und nach, und Dir die Sujets bezeichnen."* (Zit. Ernst Becker, Brief an August Becker, 1. August 1864, in: Hoffmann-Kuhnt (Hg.), Nürnberg 2000, S. 431 f.) *„Sie sagt, sie hätte heute früh die 2 letzten Ölstudien gesehen, die ihr sehr gefallen hätten. Überhaupt sei es gut, daß ich mehr Motive gesammelt hätte, als gerade für die von ihr bestellten 5 Bilder nöthig sei. Wenn sie dann später noch etwas haben wolle, so könne sie bei mir bestellen."* (Zit. August Becker, Reisetagebuch aus Schottland, 9. Oktober 1864, in: Hoffmann-Kuhnt (Hg.), Nürnberg 2000, S. 468) Als Königin Victoria eines Tages von Beckers anstrengender Tagestour an den stürmischen Loch Avon erfuhr, notierte sie dies in ihr Tagebuch: „*...[Becker] made a most unprosperous expedition with Mr. Sahl to Loch Avon...*" (Zit. RA VIC/ Add MSS U 143, Reel 3, 20 September 1864)

Ausstellungen: Coburg 2003

Quellen/Literatur: Millar, Oliver, Cambridge 1992, vol. I, p. 35, no. 154, vol. II, pl. 109; Hoffmann-Kuhnt (Hg.), Nürnberg 2000, S. 451, 484; Ausst.-Kat. Coburg 2003, S. 28, Kat.-Nr. 36 (m. Abb.); Selke, Prince Albert Studies, vol. 22, München 2004, p. 178, ill. 10

231. Das Dee-Tal (mit Rotwild)

Befund: um 1865; historische Fotografie nach einem Ölbild, Mappe „Schottland", nicht katalogisiert; im Foto u.l.: „August Becker"

Provenienz/Ort: Nachlass

Kurzbeschreibung: Abschüssiges Terrain im Vordergrund mit Rotwild, links und rechts Baumgruppen, im Mittelgrund Flusstal, diagonal von links unten nach rechts oben verlaufend. Im Hintergrund bergiges Gebiet.

Kommentar: Gleiche Blickrichtung wie auf dem Gemälde „Das Dee-Tal nahe Braemar" (Kat.-Nr. 232). Unterschiede sind in der Platzierung der Hirsche im Vordergrund und der Bäume am rechten Bildrand festzustellen. Sie kommen auf dem anderen Bild nicht vor. Der Maler stand weiter vom Bergabhang entfernt. Die Baumgruppe entspricht einer Skizze im Skizzenbuch III und auf einem bisher als Norwegen-Ansicht lokalisierten Gemälde. Auch der linken, buschigen Baumgruppe ist mehr Platz eingeräumt. Sehr ähnlich der schräg zum Betrachter sichernden Hirschkuh blickt auch auf einem Bild vom Hintersee (um 1857) und „Craig Na Ban" (1865, Kat.-Nr. 238) eine vergleichbare Tierstaffage. Von dem Dee-Tal hat sich eine doppelseitige, ausführlich beschriftete Skizze im Skizzenbuch III erhalten.

Ausstellungen: Coburg 2003

Quellen/Literatur: Ausst.-Kat. Coburg 2003, S. 29, Kat.-Nr. 42

232.   Das Dee-Tal nahe Braemar

Befund: 1865; 26,0 x 39,4 cm; Öl auf Leinwand; „A.B.1865"

Provenienz/Ort: Auftrag von Queen Victoria, verspätete Bezahlung am 23. Dezember 1867, 10,- £, Royal Collection, Osborne House, RCIN 408953

Kurzbeschreibung: Leicht abschüssiges Terrain im Vordergrund mit einer vom unteren Bildrand angeschnittenen Baumgruppe links, im Mittelgrund Flusstal, diagonal von links unten nach rechts oben verlaufend. Im Hintergrund bergiges Gebiet.

Kommentar: Wahrscheinlich handelt es sich um das Gemälde, welches als „View from the Balna Djerrie road towards Castleton of Braemar" bezeichnet wurde. Im „Queen's Sitting Room" von Osborne House befanden sich die Gemälde „Das Tal von Braemar, vom Berg Carour aus gesehen" („The valley of Braemar, looking from the Carour") und „Ansicht vom Glen Gelder in Richtung Ben Na Bhourd, 21. Oktober 1864" („View of Glen Gelder, looking towards Ben Na Bhourd, 21st Oct. 1864"). Das vorliegende Werk wurde nachträglich zum „Glen Gelder"-Bild bestellt: „*Nun hat mir die Queen befohlen, Dir mitzuteilen, daß sie ganz in der Weise dieser Schneelandschaft im Glengelder gerne noch ein andres Bild gemalt hätte, nämlich den schönen Blick von der Höhe oberhalb Invercould House in den weiten Thalkessel der Dee mit Castletown. [...]*" (Zit. Hermann Sahl, Brief an August Becker, 28. Januar 1865, in: Hoffmann-Kuhnt (Hg.), Nürnberg 2000, S. 484) Von dem Zimmer gibt es eine historische Fotografie aus dem Jahr 1875, welche in „The Illustrated London News" in den 1880er Jahren veröffentlicht wurde. Darauf sind beide Gemälde – „Glen Gelder" (1864) und „Das Dee-Tal nahe Braemar" – im Hintergrund gut zu erkennen (Vgl.-Abb.-Nr. 22); vgl. H.R.H. The Duchess of York, London 1991, p. 70) Das vorliegende Gemälde gibt die Ansicht in das Dee-Tal aus südlicher Richtung nach Nordosten wieder. Zu beiden Seiten erheben sich hohe Gebirgsketten, die weniger steil, entsprechend einem Valley, ansteigen. Im Tal fließt der Fluss Dee. Dort steht auch ein wehrhafter turmähnlicher Bau, der das Schloss von Braemar darstellt. Dieser Bau und dessen Besitzer waren der Königin bekannt. Die beiden Pendants haben sehr ähnliche Maße: 31,0 x 40,0 cm und 26,0 x 39,4 cm.

Quellen/Literatur: H.R.H. The Duchess of York, London 1991, p. 70; Millar, Oliver, Cambridge 1992, vol. I, p. 35, no. 155, vol. II, pl. 110; Hoffmann-Kuhnt (Hg.), Nürnberg 2000, S. 484

233.   Glen Gelder und Loch Na Gar (mit Kuhhirte) I

Befund: 1865; historische Fotografie nach einem Ölbild, Mappe „Schottland", nicht katalogisiert; im Foto u.l.: „August Becker.1865"

Provenienz/Ort: Nachlass

Kurzbeschreibung: Abschüssiger Berg mit einem Hirten und Kühen. Im Mittelgrund hügelige Ebene, im Hintergrund Gebirge. Rechts starke Wolkenbildung.

Kommentar: Eine Replik des gleichnamigen Gemäldes ist Bestandteil der Royal Collection. Modifizierungen sind in der Gestaltung der Kleidung, welche die Staffagefigur trägt, festzustellen. Sie ist hier wesentlich heller als auf dem Gemälde in England. Die beiden Staffageelemente wirken hölzern und sind maltechnisch nicht so detailgenau wie auf den beiden „Jungfraumassiv"-Versionen (1853, Kat.-Nr. 102 und 103) ausgearbeitet. Die Presse nahm von Beckers England-Engagement u.a. folgende Notiz: „*Aug. Becker, durch seine trefflichen Gebirgslandschaften bekannt, wurde im August vorigen Jahres von der Königin von England nach*

Balmoral berufen, um das Material zu mehreren bedeutenden Bildern aus der Umgebung des Schlosses und anderen Theilen der schottischen Hochlande zu sammeln. Nach zweimonatlichem Aufenthalt in Schottland ist der Künstler zurückgekehrt und wird nun im Auftrage der Königin Viktoria und anderer Kunstfreunde eine Reihe hierauf bezüglicher Bilder ausführen." (Zit. Dioskuren, 10. Jg., Nr. 4, 22.1.1865, S. 30)

Ausstellungen: Coburg 2003

Quellen/Literatur: Ausst.-Kat. Coburg 2003, S. 29, Kat.-Nr. 40

234. Glen Gelder und Loch Na Gar (mit Kuhhirte) II

Befund: 1865; 62,9 x 78,4 cm; Öl auf Leinwand; u.l.: „August Becker.1865"

Provenienz/Ort: Auftrag von Queen Victoria, cirka 71,- £, 23. November 1865 (für 2 Bilder, dieses und „Loch Avon"); Royal Collection, Osborne House, Inv. Nr. RCIN 403710

Kurzbeschreibung: Abschüssiger Berg mit einem Hirten und Kühen. Im Mittelgrund hügelige Ebene, im Hintergrund Gebirge. Rechts starke Wolkenbildung.

Kommentar: August Becker hatte bereits wenige Tage nach seiner Ankunft in Schloss Balmoral von dieser Gegend Skizzen angefertigt. *„[...] und malte darauf eine Studie vom Schloß (unvollendet) und Nachmittags eine Studie vom Loch Na Gar, allerdings in trüber, einförmiger Stimmung, aber Sonne kommt nicht und ich denke, besser als gar nichts."* (Zit. August Becker, Reise nach Balmoral, 3. September 1864, in: Hoffmann-Kuhnt (Hg.), Nürnberg 2000, S. 443) Auch die Königin war der Ansicht, dass August Becker den Lochnagar zu melancholisch gezeichnet hätte, worauf dieser meinte: *„Ich sage, daran sei der Himmel Schuld gewesen, wenn Sonne käme, so wolle ich ihn schon farbig bekommen."* (Zit. August Becker, Reise nach Balmoral, 3. September 1864, in: Hoffmann-Kuhnt (Hg.), Nürnberg 2000, S. 444) Die weite Fernsicht im Gemälde erinnert an Theodor Fontanes Beschreibung der Highlands. Fontane, welcher eine Reise durch Schottland im Jahre 1858 durchführte, beschäftigte sich ausführlich mit der Erscheinung und Wirkung der schottischen Bergwelt. Diese Eindrücke publizierte er unter dem Titel „Jenseit des Tweed. Bilder und Briefe aus Schottland". Er betonte beispielsweise, dass es vorteilhafter sei, die Landschaft aus der Vogelperspektive zu betrachten: *„Die Felder, die wir passierten, von Hecken und Baumgruppen unterbrochen, dehnten sich anmutig zu beiden Seiten des Weges; aber dem Anblick nach, den wir tags zuvor von Stirling-Castel aus gehabt hatten, hätten wir geglaubt mehr erwarten zu dürfen. Es fehlten die besonderen Züge, und was, als Ganzes und aus der Vogelperspektive gesehen, einem reichen, weiten Teppich von seltener Schönheit geglichen hatte, bot jetzt wenig, wo wir im Vorüberfahren die einzelnen Felder in nächster Nähe hatten."* (Zit. Theodor Fontane, München 1959 ff, Bd. XVII, S. 300) Fontane bezog die Ruinen von alten Kirchen und erhaltenen Schlössern, die dort häufig zu finden sind und gerade wegen ihrer malerischen Effekte als beliebte Motive gestochen oder gemalt wurden, in seine Beschreibungen ein. Auch William Turner hat in seinen Landschaftsaquarellen aus England und Schottland den Kirchenruinen und anderen Architekturrudimenten entsprechend den Ästhetiktheorien des 18. Jahrhunderts weit mehr Beachtung geschenkt als Becker. Dessen Schottland-Bilder, mit Ausnahme von „Glen Derry" (1864) und der „Schottischen Berglandschaft (Loch Na Gar)" (1865), wirken daher gegenüber den norwegischen und schweizerischen Landschaften ruhig und sachlich. Zwei Sonderfälle jedoch strahlen eine Erhabenheit aus: „Schottische Berglandschaft (Loch Na Gar)" wirkt aufgrund der dunklen Wolken und der düsteren Stimmung. (Kat.-Nr. 236 und 237)

Quellen/Literatur: Millar, Oliver, Cambridge 1992, vol. I, p. 34, no. 153, vol. II, pl. 108; Hoffmann-Kuhnt (Hg.), Nürnberg 2000, S. 476; Ausst.-Kat. Coburg 2003, S. 29. Kat. 40

235. Glen Gelder und Loch Na Gar (mit Kuhhirte) III

Befund: um 1865; 45,0 x 60,0 cm; Öl auf Leinwand; signiert

Provenienz/Ort: Kunsthandel, H. Ruef, München, Kunstauktionen, 26.3.1992

Kurzbeschreibung: Abschüssiger Berg mit einem sitzenden Hirten und Kühen. Im Mittelgrund hügelige Ebene, im Hintergrund Gebirge. Rechts starke Wolkenbildung.

Kommentar: Dieses Bild besitzt sehr viel Ähnlichkeit mit den beiden vorangegangenen Fassungen „Glen Gelder und Loch Na Gar". In den Maßen etwas kleiner unterscheidet es sich vordergründig in der zusätzlichen Tierstaffage am linken Bildrand. Dort wurden zwei weitere Kühe eingemalt. Auf einem Foto, das die Inneneinrichtung des Grünen Salons im Neuen Palais in Darmstadt zeigt, ist neben der kleinen „Karpatenlandschaft mit Schloss Peleş"-Fassung (1882) auch eine Variante des „Loch Na Gar"-Motivs rechts im Hintergrund zu entdecken (Vgl.-Abb.-Nr. 21). So ein Bild ist tatsächlich von Alice, Prinzessin von Hessen-Darmstadt, 1865 bei Becker für 100,- fl erworben worden. (Vgl. Hoffmann-Kuhnt (Hg.), Nürnberg 2000, S. 494) Es könnte sich um das vorliegende Bild handeln.

Quellen/Literatur: http://www.artnet/faad/auctionsonline.asp (Nr. 18) (im Auftrag des Verfassers abgerufen am 12. Dezember 2002); Aukt.-Kat. München, Ruef, 453. Aukt., 26. März 1992, Nr. 940, Abb. S. 89

236. Schottische Berglandschaft (Loch Na Gar)

Befund: um 1865; historische Fotografie nach einem Ölbild, Mappe „Schottland", nicht katalogisiert; im Foto u.l.: „August Becker.1865"

Provenienz/Ort: Nachlass

Kurzbeschreibung: Abschüssiges Gelände, links ein verwachsener Baum, rechts mehrere Bäume, dazwischen Rotwild. Im Mittelgrund Talebene, im Hintergrund dunstige Berge, rechts sehr viele Wolken.

Kommentar: Eine Replik des gleichnamigen Gemäldes in den Städtischen Kunstsammlungen, Darmstadt. Modifizierungen in der Gestaltung der Hügel am rechten Mittelgrund, die auf dem historischen Foto abgerundeter erscheinen. Der röhrende Hirsch in der Bildmitte fehlt auf dem anderen gleichnamigen Bild. Dafür ist eine Hirschkuh in der Bildmitte platziert. Der Pflanzenbewuchs in der Ebene differiert ebenfalls. So ist der krumme Baum auf der linken Seite vollständig wiedergegeben, auf dem anderen Gemälde hingegen nur angeschnitten.

Ausstellungen: Coburg 2003

Quellen/Literatur: Ausst.-Kat. Coburg 2003, S. 16 (m. Abb.)

237. Schottische Berglandschaft (Loch Na Gar)

Befund: 1865; 62,0 x 83,0 cm; Öl auf Leinwand; u.r. mit schwarzer Farbe: „August Becker"; auf dem Rahmen betitelt: „LOCH-NA-GAR-AND GLEN GELDER CRAIG GOWAN/AUGUST BECKER 1855 [sic!]"

Provenienz/Ort: Kauf von Privat, 30.05.1990; Darmstadt, Städtische Kunstsammlungen, Inv. Nr. MA 98

Kurzbeschreibung: Abschüssiges Gelände, links ein verwachsener Baum, rechts mehrere Bäume, dazwischen Rotwild. Im Mittelgrund Talebene und ein Gewässer, im Hintergrund dunstige Berge, rechts sehr viele Wolken.

Kommentar: Der Auftrag für dieses Gemälde erfolgte zeitgleich mit „Craig-na-Ban" von der preußischen Kronprinzessin Victoria 1865. Durch die Wolken am rechten Teil des Firmaments und der Wolkenauflösung am linken oberen Rand entsteht eine Spannung, wie sie Becker nur selten auf seinen Gemälden aus Schottland erreichte. Obgleich der Titel des Bildes fast identisch mit einem Bild aus der Royal Collection von Becker ist, wurde die Landschaft aus einer ganz anderen Perspektive wiedergegeben. Die Gesamtwirkung einer von ätherischen Dämpfen durchwobenen Szene erinnert an William Turner. Weniger bekannt dürfte sein, dass James William Giles aus der gleichen Perspektive ein Gemälde schuf („A view of Lochnagar", 1848, London, Royal Collection). Giles Bild war als Pendant für „A view of Balmoral", 1848 gedacht. Beide Bilder besitzen die Maße 55,9 x 81,6 cm. Bei Becker ist der Vordergrund dunkler gehalten, außerdem ist weniger Wild als bei Giles erkennbar. Lochnagar ist das Thema eines Gedichtes, „Dark Lochnagar" (1807), von Byron, der Teile seiner Jugend beim Loch Na Gar, am Cairngorm, verlebte. Die Verse sind eine Ode an die landschaftliche Schönheit des Berges, so wie sie von August Becker in Ölbildern festgehalten wurde: *„Yet, Caledonia, beloved are thy mountains, Round their white summits though elements war; Though cataracts foam 'stead of smooth-flowing fountains, I sigh for the valley of dark Loch na Gar"* (Zit. Byron, Lachin Y Gair, in: Hours of Idleness, in: Byron's Poems. vol. I, further revised edition, London 1963, p. 41 f., 41) Auch in der Gegenwart regt diese Landschaft zu künstlerischen Leistungen an. Charles, der heutige Prinz von Wales, beispielsweise, hat ein Kindermärchen mit dem Titel „The old man of Loch Nagar" verfasst. Und in den Spirituosenläden auf der ganzen Welt kann man eine Whiskymarke namens „Royal Lochnagar" finden, die auch schon August Becker auf seinen Erkundungstouren durch die schottischen Berge und Täler bei Regen und Wind gern dabei hatte.

Ausstellungen: Darmstadt 1992; Darmstadt 2002; Coburg 2003

Quellen/Literatur: Kat. Haus Deiters. Darmstadt Galerie des 19. Jahrhunderts, 1992, Abb. S. 20; Ausst.-Kat. Darmstadt 2002, S. 12, Abb. 9; Ausst.-Kat. Coburg 2003, S. 27, Kat.-Nr. 31

238. Schottische Landschaft (Craig Na Ban)

Befund: 1865; 47,0 x 63,0 cm; Öl auf Leinwand; u.l. mit schwarzer Farbe: „August Becker.1865"; auf dem Rahmen: „Craig-na-Ban Septbr. 29th 1855 [sic!]"

Provenienz/Ort: Auftrag von der preußischen Kronprinzessin Viktoria; Kunsthandel, H. Ruef, München, Kunstauktionen, 21.3.1991, 449. Auktion; Darmstadt, Städtische Kunstsammlungen, Inv. Nr. MA 385

Kurzbeschreibung: Bühnenartiger Bildaufbau, in der Mitte eine sichernde Hirschkuh, im Mittelgrund Tal mit Gebäuden, dahinter dunstige Berge.

Kommentar: Die Darstellung „Schottische Landschaft. Craig Na Ban" war ein Auftrag von Viktoria, Kronprinzessin von Preußen: *„Es ist an Sahl ein Brief aus Berlin gekommen, in welchem die Kronprinzessin ein eigenhändiges Promemoria beigelegt hat, über zwei kleine Bilder, die sie von mir gemalt haben will. Das eine ist ein Blick vom Abhange des Craig Na Ban nach Balmoral zu, das Andre ein Blick von der damaligen neuen Glassaltstraße abwärts nach dem See Loch Muick."* (Zit. August Becker, Reise nach Balmoral, 14. September 1864, in: Hoffmann-Kuhnt (Hg.), Nürnberg 2000, S. 449) Die Farbgebung ist in harmonisierenden Valeurs gehalten, so dass auch dieses Gemälde beruhigend wirkt und keinen künstlichen Schreck-Effekt wie die „Tosenden Wildbäche" (1853 ff.) u.ä. hervorruft. Die rotbraunen Stämme der Kiefern wirken gemeinsam besonders mit dem gelb-grünen Laub warm. Dazu kommt die Fernsicht auf Schloss Balmoral im Mittelgrund und die Bergkette dahinter. James William Giles hatte bereits 1848 das alte Schloss aus dieser östlichen

Perspektive gemalt. Der Standpunkt Beckers muss jedoch viel höher und weiter südöstlich gewesen sein. Die kleine Kirche von Crathie, die Becker in einem Gemälde für Queen Victoria festhielt, ist gerade noch zu erkennen (rechts unterhalb des Schlosses). An dieser Stelle stand Giles. Wie sehr Becker mit diesem Gemälde den romantischen Gedanken Schilbachs verbunden war, zeigt ein Vergleich mit dessen Bild „Abendlicher Blick auf Bickenbach" (1847, Darmstadt, Städtische Kunstsammlungen). Wie bei Becker gleitet der Blick durch eine Baumkulisse in ein Tal. Die Baumstämme schimmern durch das Sonnenlicht rötlich-braun. In einem Brief schrieb Becker: *„Ich gehe nach Craig-na-ban und zeichne das Motiv für die Kronprinzessin. Es ist ein allerliebstes, stilles Plätzchen, das ich recht genieße, denn die Sonne scheint um Mittagszeit sehr warm und der Gely kommt und bringt mir mein Luncheon, das ich in der Haide liegend vertilge. Ich gehe frühe nach Hause, die Beleuchtung ändert sich, ich habe auch genug Material zum Bilde."* (Zit. August Becker, Reise nach Balmoral, 1. Oktober 1864, in: Hoffmann-Kuhnt (Hg.), Nürnberg 2000, S. 464) August Becker bat die Kronprinzessin darum, den Stimmungscharakter und die Maße des Bildes nach ihren Vorstellungen anzugeben: *„Die Zeichnung vom Abhange des Craig-na-Ban ist nach der Natur gemacht. Mit geringen und unwesentlichen Aenderungen im Arrangement läßt sich ein Bild daraus machen, und ich bin vollständig klar über die Stimmung und Wirkung des Bildes."* Zit. August Becker, Pro Memoria an Viktoria, Princess Royal, Gemahlin Friedrich Wilhelm III., Kronprinz von Preußen, 3. Oktober 1864, in: Hoffmann-Kuhnt (Hg.), Nürnberg 2000, S. 465 f.) Kurz vor seiner Rückreise nach Düsseldorf im Oktober 1864 zeichnete er den Craig Na Ban von der anderen Seite, nach Westen hin. *„Ich möchte aber auch einmal auf die andere Seite des Craig-na-ban gehen und sehen, ob sich daraus auch etwas machen ließe. Wenn ich eine Skizze einsenden würde, so könne dies möglicherweise noch ein drittes Bild geben, doch müsse sie es erst sehen."* (Zit. August Becker, Reise nach Balmoral, 12. Oktober 1864, in: Hoffmann-Kuhnt (Hg.), Nürnberg 2000, S. 471) *„Ich gehe mit Forbes nach dem Craig-na-ban und suche mir durch hohe Haide, umgestürzte Bäume, Gerölle, Wurzeln und Moos einen Weg um den ganzen Berg herum auf halber Höhe nach der andern Seite. Das Klettern in diesem Terrain ermüdet schrecklich. Ich finde endlich einen Punkt, den die Kronprinzessin meinen kann und überzeuge mich auch durch hin und hergehen, daß es keinen anderen Platz gibt – aber schön finde ich es gar nicht. Vielleicht wenn es in einer ganz besonders günstigen Beleuchtung oder Stimmung ist, kann es etwas sein, aber ich sehe es in langweiligem Gewande."* (Zit. August Becker, Reise nach Balmoral, 13. Oktober 1864, in: Hoffmann-Kuhnt (Hg.), Nürnberg 2000, S. 471). Die Bildkomposition mit der Hirschkuh erinnert an Ludwig Tiecks „Sternbald" und belegt einmal mehr Beckers Verwurzelung in der Romantik: *„Wenn ich ein Maler wäre, Freund Sternbald, so würde ich vorzüglich Waldgegenstände studieren und darstellen. Schon der Gedanke eines solchen Gemäldes kann mich entzücken. Wenn ich mir unter diesen dämmernden Schatten die Göttin Diana vorübereilend denke, den Bogen gespannt, das Gewand aufgestürzt und die schönen Glieder leicht umhüllt, hinter ihr die Nymphen in Eil und die Jagdhunde springend, so wird mir dies von selbst zum Bilde [...]".* (Zit. Ludwig Tieck: Franz Sternbalds Wanderungen, in: Werke in vier Bänden, Bd. I, München 1963, S. 853) Vom ersten (1864) bis zu den letzten erwähnten Gemälden mit Schottlandthematik (1886) kommt das Thema der Jagd indirekt vor. Bei Runges „Die Freuden der Jagd" (Aquarell, 1809) sind indes zahlreiche symbolische Details darin verschlüsselt. Er bediente sich jedoch nicht eines aristokratischen Jagdreviers zur Bildfindung wie es Becker tat. Zum Verständnis der gegensätzlichen romantischen und spätromantischen Malerei, wie sie Runge und Friedrich geprägt haben, sei herausgestellt, dass bei ersterer Malrichtung der Betrachter intellektuell weit mehr gefordert war (und auch heute noch ist). Von diesem Gemälde existiert eine historische Fotografie im Nachlass, Mappe „Schottland", nicht katalogisiert.

Ausstellungen: Darmstadt 2002; Coburg 2003

Quellen/Literatur: Kat. H. Ruef, München, Kunstauktionen, 21.3.1991, 449. Auktion; Hoffmann-Kuhnt (Hg.), Nürnberg 2000, S. 449, 456, 470, 474; Ausst.-Kat. Darmstadt 2002, S. 13, Abb. 10; Weltkunst 10/2002, S. 1598 (m. Abb.); artnet/faad/auctionsonline.asp (Nr. 19) (im Auftrag des Verfassers abgerufen am 12. Dezember 2002); Ausst.-Kat. Coburg 2003, S. 27 f., Kat.-Nr. 32, 34

239. Schottische Hochebene (Glen Girnoch)

Befund: 1865; 47,0 x 63,0 cm; Öl auf Leinwand; u.l. mit rotbrauner Farbe: „August Becker.1865"

Provenienz/Ort: Auftrag von der preußischen Kronprinzessin Viktoria; Kunsthandel, H. Ruef, München, 15.11.1989; Privatbesitz; Darmstadt, Städtische Kunstsammlungen, Inv. Nr. MA 97

Kurzbeschreibung: Im Vordergrund eine Anhöhe mit Sträuchern, links hoher Berg, im Mittelgrund Tal, bergiges Terrain im Hintergrund, bei schwindendem Sonnenlicht von rechts und aufgehendem Vollmond am Himmel.

Kommentar: Das Bild erhält eine besonders warme Stimmung durch den aufgehenden Mond. Den besonderen Reiz der schottischen Landschaft bei wechselnden Tageszeiten stellte schon Cornelius Gurlitt als einflussreichster deutscher Kunstkritiker heraus: *„Man muß schottische Abende gesehen haben, die wunderbar langen und farbigen Dämmerungserscheinungen, die Fülle von Duft in der feuchten Atmosphäre, die Tiefe und Leuchtkraft der Halbtöne, die erstaunliche Wucht der Wolkenbildungen und die trauliche Toneinheit bei starken Farbenspielen innerhalb der Natur, um zu begreifen, daß dies Land der Liebe seiner Künstler würdig und dass dessen Schönheiten reich genug sind, um ein Künstlerleben zu erfüllen und schaffenswarm zu erhalten; und dass gerade dort so früh und in so reicher Vielseitigkeit eine Schule sich entwickelte, welche der modernsten Aufgabe in der Kunst mit unermüdlichem Eifer nachging, der Darstellung des Lichtes und der Luft."* (Zit. Westermanns illustrierte deutsche Monatshefte für das gesamte geistige Leben der Gegenwart, Bd. 75, November 1893, S. 314 f.) Neben den „Schottische Berglandschaft (Loch Na Gar)"-Gemälden (Kat.-Nr. 236 sowie 237) enthält dieses Gemälde starke Anklänge an Beckers Vorbild Carl Rottmann. Der aufziehende Mond bei gleichzeitigem Wechsel der Farberscheinungen in der Natur zu einem rötlichen Ton hin findet sich bei Rottmann in einer ganzen Serie von Gemälden Ende der 1820er Jahre (z.B. „Hoher Göll im Mondschein", Öl auf Leinwand, 37,0 x 47,0 cm, Schweinfurt, Sammlung G. Schäfer). Es war zudem große Mode in den 1850er Jahren, Landschaften bei extremer Mondbeleuchtung darzustellen. „Glen Girnoch" hatte wechselnde Titel. Als Auftrag der preußischen Kronprinzessin zusammen mit dem „Craig Na Ban"-Bild hat es die gleichen Maße und war als Pendant gedacht. Der Landschaft eine Abendstimmung zu geben war Beckers Idee. Es hat sich im Nachlass eine historische Fotografie erhalten, Mappe „Schottland", nicht katalogisiert.

Ausstellungen: Darmstadt 1992; Darmstadt 2002; Coburg 2003

Quellen/Literatur: Haus Deiters. Darmstadt Galerie des 19. Jahrhunderts, 1992, S. 17; Hoffmann-Kuhnt (Hg.), Nürnberg 2000, S. 449, 471; Ausst.-Kat. Darmstadt 2002, S. 14, Abb. 11; Ausst.-Kat. Coburg 2003, S. 27, 29

240. Lynn of Dee

Befund: 1867; Öl auf Leinwand

Provenienz/Ort: Verbleib unbekannt

Kommentar: Es handelte sich um einen Auftrag für die preußische Kronprinzessin. Möglicherweise ist das Gemälde identisch mit „Schottische Landschaft (mit Flussoberlauf und kleiner Staffage)" (1865). Lynn, auch als weiblicher Vorname im angelsächsischen Raum gebräuchlich, bezeichnet einen bestimmten Abschnitt im Dee-Flusslauf, an dem es noch heute reiche Vorkommen an Lachs gibt und den die englische Königin besonders gern erwanderte.

Quellen/Literatur: Hoffmann-Kuhnt (Hg.), Nürnberg 2000, S. 555

241. Loch Muick

Befund: 1865; 63,4 x 141,9 cm; Öl auf Leinwand; u.r.: „August Becker.1865"

Provenienz/Ort: Auftrag von Queen Victoria, cirka 71,- £, 25. Mai 1865, Royal Collection, Buckingham Palace, Inv. Nr. RCIN 404842

Kurzbeschreibung: Links ein Gewässer, rechts ein Weg, auf dem Personen, von denen eine auf einem Pony sitzt, zum Betrachter schreitend. Bergige Landschaft im Hintergrund.

Kommentar: Die qualitätvolle Arbeit bietet einen Blick über den See. Auf dem Weg rechts reitet Queen Victoria auf einem Pony begleitet von einem Hochlandbewohner. Zwei Reiterinnen folgen ihr auf Ponys. Becker beschriftete sehr oft ausführlich seine Skizzen. Im Skizzenbuch III (1864) sind einige entsprechende Beispiele mit Beschriftung vom Loch Muick enthalten: *„In den moorigen Terrains des Hochgebirges sind die Haiden und Grasstrecken oft unterwaschen in sehr scharfer Zeichnung. Erde ist dunkel schokoladenbraun, in der Haide dagegen finden sich viele tiefe Graue Farben."* (Zit. August Becker, Skizzenbuch III, 1864, 23,0 x 60,0 cm, Doppelblatt, Kat.-Nr. 216) Vom Wind zerzauste Bäume, wie der am vorderen linken Wegrand, kommen in ähnlicher Ausformung auf zahlreichen anderen Bildern vor. Dem Betrachter sollen sie einen Eindruck über die in der Natur waltenden Urkräfte vermitteln.

Quellen/Literatur: Millar, Oliver, Cambridge 1992, vol. I, p. 34, no. 150, vol. II, pl. 105; Hoffmann-Kuhnt (Hg.), Nürnberg 2000, S. 462

242. Cairn Lochan (mit Hirschrudel)

Befund: um 1865; historische Fotografie nach einem Ölbild, Mappe „Schottland", nicht katalogisiert; im Foto u.l.: „August Becker.1865"

Provenienz/Ort: Nachlass

Kurzbeschreibung: Abschüssiges Terrain, Hirschrudel zum Betrachter laufend. Im Mittelgrund ein Tal mit Fluss, zu beiden Seiten hohe Berge. Im Hintergrund dunstige Berge.

Kommentar: Auf einem gleichnamigen Gemälde aus der Royal Collection fehlen die Hirsche. So könnte das gleich lautende Gemälde für die englische Queen zunächst ausgesehen haben. Die Queen wollte kleine Verschiebungen innerhalb der Komposition erreichen. Ob Becker die Tiere nur retuschieren ließ oder eine Replik des Bildes ohne eine bestimmte Staffage anfertigte, wie im Fall der Bilder „Das Dee-Tal nahe Braemar" (1865, Kat.-Nr. 232) und „Das Dee-Tal oberhalb von Braemar (mit zwei kleinen Häusern im Mittelgrund)" (1868, Kat.-Nr. 271) ist nicht geklärt. Jedenfalls entsprach diese Fassung mit einem reichhaltigen Bestand an Wild der allgemeinen Volksmeinung von Schottland: *„Schottland hat bekanntlich noch Jagdgründe, wie sie die Jünger Nimrod's auf dem Continente vergeblich suchen, über deren Reichhaltigkeit folgendes Ergebnis mitgeteilt wird. Auf den Jagden eines schottischen Edelmannes schossen sieben Schützen in dreizehn Tagen: 9 Birkhühner, 792 Fasanen, 1042 Rebhühner, 79 Waldschnepfen, 25 Wasserschnepfen, 3040 Hasen und 1836 Kaninchen, im Ganzen 6823 Stück Wild."* (Zit. Hessische Volksblätter, 3. Januar 1865)

Ausstellungen: Coburg 2003

Quellen/Literatur: Hoffmann-Kuhnt (Hg.), Nürnberg 2000, S. 498 f.; Ausst.-Kat. Coburg 2003, S. 29, Kat.-Nr. 44

243. Cairn Lochan

Befund: 1865; 62,9 x 78,7 cm; Öl auf Leinwand; u.l.: „August Becker.1865"

Provenienz/Ort: Auftrag von Queen Victoria, 35,- £, 8. Juni 1866, Royal Collection, Osborne House, Inv. Nr. RCIN 403590

Kurzbeschreibung: Abschüssiges Terrain, im Mittelgrund ein Tal mit Fluss, zu beiden Seiten hohe Berge. Im Hintergrund dunstige Berge.

Kommentar: „Cairn Lochan" wurde von Becker überarbeitet. Im Vordergrund befanden sich zahlreiche Hirsche, die ein Missfallen der Queen hervorriefen. Ein Foto im Nachlass zeigt eine gleiche Landschaft mit dieser Tier-Staffage. Das Gemälde wurde dem Erlanger Maler Carl Haag gezeigt und als Vorlage für dessen Aquarell „Picknick" verwendet. C. Haag malte für den englischen Hof in Aquarelltechnik. Er siedelte ins Königreich über, wurde 1860 englischer Staatsbürger und lebte bis zu seinem Tod in London. (Vgl. Oelwein, Cornelia, Der Erlanger Maler Carl Haag (1820–1915), S. 9–42, in: Erlanger Bausteine zur fränkischen Heimatforschung, Band 48/2000) Im Skizzenbuch III ist eine doppelseitige Zeichnung mit Kommentaren von dieser Lokalität enthalten.

Quellen/Literatur: Millar, Oliver, Cambridge 1992, vol. I, S. 34, no. 152, vol. II, pl. 107; Hoffmann-Kuhnt (Hg.), Nürnberg 2000, S. 461, 463, 558

244. Schottische Landschaft (mit Flussoberlauf und kleiner Staffage)

Befund: um 1865; historische Fotografie nach einem Ölbild, Mappe „Schottland", nicht katalogisiert

Provenienz/Ort: Nachlass

Kurzbeschreibung: Wald mit kleiner Mädchen-Staffage im Vordergrund, links Fluss, im Mittelgrund bergiges Gelände, zum Hintergrund ansteigend.

Kommentar: Das Bild könnte mit „Lynn of Dee" identisch sein (Kat.-Nr. 240).

Ausstellungen: Coburg 2003

Quellen/Literatur: Ausst.-Kat. Coburg 2003, S. 29, Kat.-Nr. 46

245. Schottische Landschaft (mit Ponytreiber)

Befund: nach 1865; historische Fotografie nach einem Ölbild, Mappe „Schottland", nicht katalogisiert

Provenienz/Ort: Nachlass

Kurzbeschreibung: Zu beiden Seiten ansteigendes Terrain. Zur Bildmitte hin Blick auf einen See, auf dem Weg Personen- und Tierstaffage, im Hintergrund Gebirge mit gleichförmiger Höhe.

Kommentar: Ein Gemälde mit ausführlicher Staffage, Schotte mit Pony, in Rückenansicht. Der Verbleib des Kunstwerkes konnte nicht geklärt werden.

Ausstellungen: Coburg 2003

Quellen/Literatur: Ausst.-Kat. Coburg 2003, S. 28, Kat.-Nr. 35 (m. Abb.)

246. Skizzenbuch IV (Schweiz-Reise 1865)

Befund: 1865; Skizzenbuch; 23,0 x 72,6 cm; 44 Seiten; Bleistift, teilweise aquarelliert/braun marmoriertes Papier über Pappe; Blattgröße 23,0 x 36,0 cm; Größe der Skizzen zumeist doppelseitig (23,0 x 72,0 cm), vereinzelt einseitig (23,0 x 36,0 cm); starke Verfärbung des Papiers auf vielen Seiten, Ursache nicht geklärt

Provenienz/Ort: Privatbesitz

Kommentar: Durch dieses Skizzenbuch wissen wir, dass August Becker im September/Oktober 1865 zunächst in den Kitzbühler Alpen, der Hohen Salve unterwegs war und von dort aus Inn aufwärts und über den Finstermünzpaß westwärts bis Ragaz und an den Wallenstädter See gelangte. Reiseberichte u.ä. haben sich davon nicht erhalten. Besonderes Interesse kommt einer Zeichnung von Unterterzen am Wallenstädter See zu. Sie entspricht in groben Zügen dem historischen Foto „Der Wallenstädter See (mit Boot und Segel)" (1869, Kat.-Nr. 286) sowie den Gemälden „Gebirgssee" (Kat.-Nr.320 und 321) und „Der Wallenstädter See (mit Boot, ohne Segel)" (1874, Kat.-Nr. 340), so dass hier eine topographische Identifizierung dreier bis dahin nicht eindeutig lokalisierter Landschaftsszenerien möglich ist. Der Zeichnung kommt eine besondere Wertschätzung zu, da Becker sie vor Ort spontan ins Skizzenbuch zeichnete und so eine größere Wirkung erzielte, als er es in den später im Atelier angefertigten Ölbildern zum gleichen Motiv erreichte. Becker verwendete möglicherweise ein Fixativ für seine Zeichnungen in diesem Skizzenbuch, wodurch es zu einer Verfärbung kam und Details nun schwer erkennbar sind. Von Interesse sind auch die unterschiedlichen Papiersorten, welche in diesem Skizzenbuch anhand der Wasserzeichen zu bestimmen sind: „HUDELIST", „HP HALLINES" und „J. WHATMAN 1864". Die Sorten stammen aus Frankreich und England. „HP HALLINES" enthält ein „gekrönt gespaltenes Schild", belegt mit den Buchstaben H P, darunter „Hallines" (kursiv). Das Papier lässt sich der französischen Papiermühle Hallines zuordnen und wurde von einem Papiermacher mit den Initialen HP gefertigt. „J. WHATMAN 1864" hat seinen Ursprung in der Turkey Mill in Maidstone in der Grafschaft Kent. Das Wasserzeichen geht zurück auf den Papiermacher James Whatman und seinen gleichnamigen Sohn. Das Zeichen wurde von den Hoolingworths und den Balstons weiterverwendet. Die Verwendung der Whatman-Wasserzeichen reicht bei Balston bis weit ins 20. Jahrhundert. Whatman-Papier war im 19. Jahrhundert kontinuierlich verfügbar. Da der Namenszug mit vielen verschiedenen Jahreszahlen in Gebrauch war, kann man davon ausgehen, dass die Jahreszahl das ursprüngliche Herstellungsdatum, evtl. das Folgejahr, angibt. (Vgl. Nadler, Oxford 1967, S. 87–93)
Zum „HUDELIST"-Papier konnten keine Angaben eruiert werden.

Ausstellungen: Darmstadt 2002; Coburg 2003

Auszug: Skizze zu einem Gemälde vom Wallenstädter See und Alpenlandschaft.

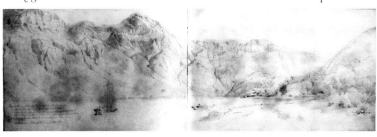

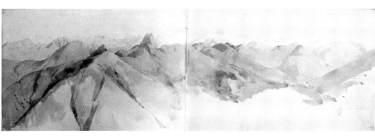

Seite	Bezeichnung	Darstellung	Kommentar
Buchdeckel	von fremder Hand: „Prof. August Becker Darmstadt"		
1.	Leerblatt, o.r. „1"		
2.	rechtes Blatt u.r.: „Hohe Salve 14.Sept. 1865", Doppelblatt	panoramaartige Alpenlandschaft, aquarelliert, großes Wasserzeichen: „HP HALLINES"	ähnlich dem „Rossbühlpanorama"(1882); in Richtung Süden, Großvendiger
3.	siehe 2) Doppelblatt, o.r. „2"		
4.	Leerblatt		
5.	Leerblatt, o.r. „3"	Wasserzeichen: „HUDELIST"	
6.	linkes Blatt u.m.: „Hohe Salve 15 Sept 65" daneben: „Abend, Licht von vornen, Aether am Horizont sehr warm, Berge in Stärke gleich, trennen sich nur durch warme Lokalfarbe, nach unten etwas Vegetation, Lokaltöne im Mittelgrund im Licht sehr warm, die Schatten kräftig sammtartig blau, Starke Skala nach vornen"	Alpenlandschaft; Wasserzeichen: „HUDELIST"	ohne direkten Bezug, evtl. das Kitzbühler Horn, in östliche Richtung
7.	rechtes Blatt o.m.: „Großvenediger"; u.m.: „Hohe Salve15 Sept 1865"; u.r.: „1 Schneebergeglänzend im klaren Aether; 2 warmbräunliches Terrain nach unten Waldungen, Schatten gebrochen", o.r. „4"	Alpenlandschaft	in südliche Richtung Großvenediger, ohne direkten Bezug
8.	Leerblatt		
9.	Leerblatt, o.r. „5"	Wasserzeichen: „HP HALLINES"	

10.	rechtes Blatt u.m.: „Hohe Salve 15.Sept 1865" u.r.: „1 weiteste Ferne im Luftton mit Schneefeldern; 2 feine duftige Lokalfarbe, oben kahler Fels, warmgrau, geht unentschieden von dem hellen Aether ab, nach unten Vegetation sehr schwach in Lokalfarbe, Schatten klarer Aetherton; 3 etwas näher und wärmer; 4 kräftige Lokalfarbe, verschiedene rothgraue Lokalfarbe, Waldungen und rothgelbe Rutschen; 5etwas näher nach unten grünlich; 8Mittelgrund mit Waldungen. Der Eindruck des Ganzen hell und zart,1 und 2 sehr luftig, starker Contrast nach 4"	Panoramaartige Alpenlandschaft; Wasserzeichen: „HP HALLINES"	Blick in westliche Richtung, ohne direkten Bezug
11.	Doppelblatt zu 10), o.r. „6"		
12.	Leerblatt		
13.	Leerblatt, o.r. „7"	Wasserzeichen: „J. WHATMAN 1864"	
14.	rechtes Blatt u.r.: „Ebene und Luftgehen ineinander, Berge jenseits des Inn scheinen im Abenddunst Hohe Salve 15 Sept 1865"	Panoramaartige Alpenlandschaft	ohne direkten Bezug; Blick von der Hohen Salve nach Nordwesten auf die Chiemgauer Alpen, mit dem Inntal und den dahinter liegenden Bergen (anderen Fuß liegt z.B. Brannenburg, von wo sich einzelne Skizzen erhalten haben (vgl. Skizzenbuch I, 1860, Kat. Nr. 160)
15.	siehe 14) Doppelblatt, o.r. „8"	Wasserzeichen: „J. WHATMAN"	
16.	Leerblatt		
17.	Leerblatt, o.r. „9"	Wasserzeichen: „J. WHATMAN 1864"	
18.	rechtes Blatt u.r.: „Hohe Salve d 16. Sept 65"	Panoramaartige Alpenlandschaft; Wasserzeichen: „J. WHATMAN 1864"	Blick in nordöstliche Richtung, ohne direkten Bezug; der „Kaiser"
19.	siehe 18) Doppelblatt, o.r. „10"		
20.	Leerblatt		
21.	Leerblatt, o.r. „11"	Wasserzeichen: „J. WHATMAN 1864"	
22.	rechtes Blatt u.r.: „Hohe Salve. D 16 Sept. 1865"	Panoramaartige Alpenlandschaft; Wasserzeichen: „J. WHATMAN 1864"	ohne direkten Bezug; Blick von der Hohen Salve aus in Richtung Westen, ins Zillertal
23.	siehe 22) Doppelblatt, o.r. „12"		
24.	u.r.: „Finstermünz-Paß d 19. Sept 1865"	Passstraße beim Überqueren einer Schlucht; Wasserzeichen: „J. WHATMAN 1864"	ohne direkten Bezug
25.	ohne, o.r. „13"	Blatt zweigeteilt: Kapelle auf Felsen über einem Tal mit Bergen jenseits des Tales.; größeres Holzhaus auf Felsbrocken	Kapelle auf Felsvorsprung ähnlich bei „Blick ins Inntal" (um 1872)
26.	u.r.: „Alt-Finstermünz 19. Sept65."	Häuser und Brücke am Hang	ohne direkten Bezug
27.	Leerblatt, o.r. „14"	Wasserzeichen: „HUDELIST"	

28.	linkes Blatt u.l.: „Berge und See wie am Königssee, das Leuchten das blaue Element vorherrschend, Uferkies hell silbergrau, zunächst am Wasser rostgelbe Stellen, weiter nach oben rothgraue Steine. Sträucher mager mit viel braungelb und rothgrau, blitzende Kantenlichter auf dürrem Holz. Baumparthien üppig in Form undFarbe. Der Vordergrund wirkt inMasse hell und piquant zurzarttönigen Ferne. Unterterzen amWallenstädter See d.23 Sept. 65."	Alpensee, im Hintergrund Bergkette(„Wallenstädter See"); Wasserzeichen: „HP HALLINES"	starke Ähnlichkeit mit dem Gemälde „Der Wallenstädter See (mit Boot, ohne Segel)" (1874)
29.	Doppelblatt zu 29), o.r. „15"		
30.	Leerblatt		
31.	ohne, o.r. „16"	Bergkette; Wasserzeichen: „HP HALLINES"	
32.	linkes Blatt u l.: „Unterterzen, d. 24 Sept .65" u.l.: „Äußerste Ferne sehr zart, blau durchweg warm und gebrochen mit Ausnahme der dunklen Wasserstreifen, Spiegel unbestimmt, fest im Ton. Vordergrundfelsen Flechten, unten so weit das Wasser Flechten, unten kommt, hellgrau, Vegetation im Vorgrund grün, jedoch viel mit stumpfen caput mortum-Tönen untermischt.-"	Blick vom Ufer über den See aufs jenseitige Gebirge; Wasserzeichen: „HUDELIST"	Ähnlichkeit mit „Wallenstädter See"-Gemälden
33.	Doppelblatt zu 31), o.r. „17"		
34.	ohne	Strichskizze	
35.	Leerblatt, o.r. „18"	Wasserzeichen: „J. WHITMAN 1864"	
36.	rechtes Blatt u.r.: „Ragaz, d. 29.Sept 65."	Gebirgslandschaft, aquarelliert	ohne direkten Bezug
37.	Leerblatt, o.r. „19"		
38.	Leerblatt		
39.	u.r.: „Hohenembs, d 9.Oct.65.", o.r. „20"	Holzhäuser mit Brücke und Bäumen	ohne direkten Bezug
40.	u.r.: „Hohenembs, d 9.Oct .65."	Holzhaus; Wasserzeichen: „HP HALLINES"	ohne direkten Bezug
41.	u.m.: „Wallenstädter See, Sonntag d 24 Sept. 65", o.r. „21"	See, links Boot angeschnitten; im Hintergrund Bergkulisse	ähnliches Motiv in „Sommertag auf dem Königssee (mit zwei Nachen)" (Kat.-Nr. 151), ohne direkten Bezug
42.	linkes Blatt u.l.: „Ragaz d.26Sept. 65 Felsen verwittert grau, dürres Gras gelbbraun, die Rutschen sind das hellste. Tannenwaldungen dunkel mit viel blau. Laubwaldungen nach unten heller und wärmer"	Bergkette (Ragaz); Wasserzeichen: „HP HALLINES"	ohne direkten Bezug
43.	Doppelblatt zu 42), o.r. „22"		
44.	u.m.: „Hohenembs d.8 Oct. 65 Drei Schwestern!"	drei Frauengestalten, oben links 2 sitzende Personen, Mann und Frau	ohne Bezug

45.	Ohne, o.r. „23"	Berge	ohne Bezug
46.	Leerblatt		
47.	Leerblatt, o.r. „24"	Wasserzeichen: „HUDELIST"	
48.	linkes Blatt u.r.: „Ragaz d. 27 Sept 65."	Gebirgskamm; Wasserzeichen: „HUDELIST"	ohne direkten Bezug
49.	Doppelblatt zu 48), o.r. „25"		
50.	Leerblatt		
51.	u.r.: „Flims, d 1 Oct 65.", o.r. „26"	Gestein mit Baum und Wasserfall; Wasserzeichen: „HUDELIST"	ohne direkten Bezug
52.	Leerblatt	Wasserzeichen: „HUDELIST"	
53.	Leerblatt, o.r. „27"		
54.	Leerblatt		
55.	Leerblatt, o.r. „28"		
56.	ohne	bergige Landschaft, links Häuser auf Bergspitz; Wasserzeichen: „HP HALLINES"	Motivähnlichkeit mit „Werdenberg" (1885, Kat.-Nr. 421)
57.	u.r.: „klarer kräftiger Aether, Modellation der Wolken blauschwarz. Licht der oberen Wolken glänzendweiß nach unten warm gebleicht. 2 unentschieden warm gegen Aether."	Wolken	ohne direkten Bezug
58. bis 67.	Leerblatt		
68.	ohne	Gebirgslandschaft mit Architektur; Wasserzeichen: „J. WHATMAN"	ohne direkten Bezug
69.	Doppelblatt, o.r. „35"		
70.	Leerblatt		
Buchdeckel	Von fremder Hand: „Dieses Buch fast 35 Blatt"		

247. Norwegisches Hochgebirge

Befund: 1864/1865; Öl auf Leinwand

Provenienz/Ort: Verbleib unbekannt

Kommentar: „Ein durch Großartigkeit des Gegenstandes und seiner Auffassung ausgezeichnetes Bild ist das „Norwegische Hochgebirge" von A. Becker, das der Künstler so in seiner Wahrhaftigkeit gesehen und skizzirt haben muß, fast wäre es unmöglich gewesen, das Einzelne so naturwahr, so harmonisch darzustellen. Kompositionell weniger gelungen ist sein „Eiger in der Schweiz" (Zit. Dioskuren, 9. Jg., Nr. 17, 24.4.1864, S. 163) Mit 600,- Thaler auf der Ausstellung in Bremen und Hamburg taxiert, mit 500,- Thaler auf der Ausstellung in Breslau veranschlagt gewesen. Auf der Berliner Akademieausstellung ohne Preisangabe, aber mit dem Vermerk „verkäuflich" versehen worden und in der Presse gelobt: „Dasselbe möchten wir von dem ebenfalls sehr wirkungsvollen Bilde A. Becker's „Norwegisches Hochgebirge" (15) sagen." (Zit. Dioskuren, 9. Jg., Nr. 49, 4.12.1864, S. 431) Es war durchaus möglich, dass Gemälde, die an Turnusausstellungen der Kunstvereine teilnahmen auch auf Akademieausstellung oder Weltausstellungen gezeigt wurden. Dort allerdings sträubte man sich, direkt den Preis aufzulisten oder, wie im Falle der Londoner Weltausstellung von 1862 gar einen „verkäuflich"-Hinweis explizit auszuschildern. Den Ausstellungen sollte kein offensichtlich kommerzieller Charakter anhaften.

Ausstellungen: Bremen 1864; Hamburg 1864; Berlin 1864; Breslau 1865

Quellen/Literatur: Dioskuren, 9. Jg., Nr. 17, 24.4.1864, S. 163; Dioskuren, 9. Jg., Nr. 18, 1.5.1864, S. 175; Verzeichnis der Gemälde der vierzehnten Grossen Ausstellung des Kunstvereins in Bremen, 1864, S. 8, Kat.-Nr. 26; Kat. Kunstausstellung des Hamburger Kunstvereins, 1864, 18. Ausstellung, S. 7, Kat.-Nr. 31; Kat. Königliche Akademie der Künste, XLIV. Ausstellung, S. 2, Kat.-Nr. 15; Dioskuren, 9. Jg., Nr. 49, 4.12.1864, S. 431; Kat. Kunstausstellung des Breslauer Kunstvereins, 1865, S. 4, Nr. 16

248. Ansicht vom Melibokus und von der Bergstraße

Befund: 1866; 62,5 x 110,2 cm; Öl auf Leinwand; u.l.: „August Becker.1866"

Provenienz/Ort: Auftrag von Queen Victoria im Herbst 1866 (als Ausgleich für „Ausladung", unter Vorgabe der Maße cirka 60,0 x 90,0 cm), am 7. Januar 1867 in Osborne House angekommen, 50,- £; Royal Collection, Osborne House, Inv. Nr. RCIN 406293

Kurzbeschreibung: Bergige Anhöhe im Vordergrund, rechts zwei Personen an einem Feuer und kleinere Baumgruppe, im Mittelgrund Ebene, dahinter dunstiger Gebirgszug.

Kommentar: Im Hauptflügel von Osborne House befand sich 1876 die Landschaftsdarstellung „Ansicht des Berges Melibokus und der Bergstraße". Dargestellt ist die Landschaft der Bergstraße bei Darmstadt. Im Vordergrund sitzen auf einer Anhöhe zwei Personen bei einem kleinen Lagerfeuer. Der Hintergrund wird von zahlreichen Bergen, darunter auch dem Melibokus eingenommen. In dieser Bergkette befindet sich Schloss Heiligenberg, welches der mit dem hessischen Großherzog verwandten Familie Battenberg gehörte. In dem Villenkomplex, der seit 1920 staatlich verwaltet wird, befindet sich heute ein Institut zur Lehrerfortbildung des Bundeslandes Hessen. Die als Staffage am rechten Vordergrund komponierten zwei männlichen Personen an einem Holzverschlag mit Lagerfeuer, sind in der Tradition der Düsseldorfer Malerkollegen wie Iwan Schischkin arrangiert. 1865 malte dieser „Blick in die Umgebung von Düsseldorf" (Sankt Petersburg, Staatliches Russisches Museum). Darauf sind zwei den Beckerschen Staffagen ganz ähnliche Figuren erkennbar. 1864 hatte ihn eine Studienreise nach Düsseldorf geführt. In Sankt Petersburg war Schischkin Gründungsmitglied der russischen Künstlervereinigung „Peredwishniki" (Genossenschaft der Wanderausstellungen). Deren realistischem Ziel, das Zugänglichmachen der neuen demokratischen russischen Kunst für ein breites Publikum über die Kunstzentren Sankt Petersburg und Moskau hinaus, blieb er treu. Darin zeigt sich, dass die Orientierung an W. Schirmers und A. Achenbachs künstlerischem Gedankengut nicht zwangsläufig in eine „Sackgasse" führen musste. In der historischen Kunstkritik wurde ein Gemälde Beckers zu dieser Thematik erwähnt: „*Von A. Becker ist ein gut gezeichnetes "Motiv von der Bergstraße bei Darmstadt" vorhanden.*" (Zit. Dioskuren, 12. Jg., Nr. 4, 27.1.1867, S. 28) Im Nachlass befindet sich eine historische Fotografie nach diesem Ölbild, Mappe „Deutschland", nicht katalogisiert.

Ausstellungen: Düsseldorf (Schultes Permanente Ausstellung) 1867

Quellen/Literatur: Dioskuren, 12. Jg., Nr. 4, 27.1.1867, S. 28; Boetticher, Nr. 17; Millar, Oliver, Cambridge 1992, vol. I, p. 32, no. 138, vol. II, pl. 93; Hoffmann-Kuhnt (Hg.), Nürnberg 2000, S. 508 f., 523; Ausst.-Kat. Coburg 2003, S. 31, Kat.-Nr. 57 (m. Abb.)

249. Norwegische Landschaft

Befund: um 1866; Öl auf Leinwand

Provenienz/Ort: Verbleib unbekannt

Ausstellungen: Darmstadt 1866

Quellen/Literatur: Hoffmann-Kuhnt (Hg.), Nürnberg 2000, S. 510

250. Meiringen in der Schweiz

Befund: um 1866; Öl auf Leinwand

Provenienz/Ort: Verbleib unbekannt

Kommentar: August Becker ist in der historischen Ausstellungskritik für das vorliegende Gemälde scharf attackiert worden: *„Auch von Aug. Becker und Jungheim kann man nicht sagen, daß ihre Leistungen zu den Besten gehören, was sie geschaffen haben. Sollten sie etwa gedacht haben, daß gewöhnliche Vereinsausstellungen sich auch wohl einmal mit einigen hors d' oeuvre begnügen können?"* (Zit. Dioskuren, 11. Jg., Nr. 15, 15.4.1866, S. 115) Als Preis wurden 220,- Thaler angegeben. 1866 hatte Becker durch seine starke Inanspruchnahme seitens der englischen Königin offensichtlich Prioritäten in puncto Bildqualitäten zum Vorteile der Letzteren gesetzt.

Ausstellungen: Bremen 1866; Hamburg 1866

Quellen/Literatur: Verzeichnis der Gemälde der fünfzehnten Grossen Ausstellung des Kunstvereins in Bremen, 1866, S. 9, Kat.-Nr. 26; Kat. Kunstausstellung des Hamburger Kunstvereins, 1866, 19. Ausstellung, S. 8, Kat.-Nr. 43

251. Schweizer Landschaft

Befund: um 1866; Öl auf Leinwand

Provenienz/Ort: Verbleib unbekannt

Kommentar: Beckers Schweizer Landschaften wurden in dieser Zeit stark kritisiert. Er hatte offenbar im Jahr davor, nach der England- und Schottlandreise, sein künstlerisches Schwergewicht auf die Aufträge für Queen Victoria verlagert.

Ausstellungen: Bremen 1866; Darmstadt 1866

Quellen/Literatur: Dioskuren, 11. Jg., Nr. 15, 15.4.1866, S. 115; Hoffmann-Kuhnt (Hg.), Nürnberg 2000, S. 510, 512

252. Landschaft

Befund: um 1866; Öl auf Leinwand

Provenienz/Ort: Verbleib unbekannt

Kommentar: Es handelte sich um ein auf der Berliner Ausstellung als verkäuflich ausgestelltes Gemälde. Möglich wäre, dass jene als „Schweizer Landschaft" auf dem norddeutschen Gesamtzyklus im gleichen Jahr vorgeführte Komposition auch in Berlin gezeigt wurde. Seit Anfang der 1860er Jahre bestand in Berlin eine weitere Möglichkeit, Gemälde auszustellen: Die durch Louis Sachse initiierte „Permanente Gemäldeausstellung" erlaubte nicht nur alle zwei Jahre für gut zwei Monate, wie es in der Königlichen Akademie der Fall war, sondern ständig Bilder für Verkaufszwecke zu zeigen. Becker ließ von nun an wiederholt bei Sachse ausstellen. Der Bruder Ernst schreibt im Oktober 1861: *„So viel ich mich erinnere, hat Sachse Dich vor längerer Zeit aufgefordert, ihm ein Bild zu schicken. Könntest Du nicht daraufhin eines oder zwei zu ihm senden? und zwar bald? damit die weiteren Schritte geschehen können. Wann ist die hiesige Ausstellung? Die wirst Du doch wohl auch beschicken?"*.

(Zit. Ernst Becker, Brief an August Becker, 26. Oktober 1861, in: Hoffmann-Kuhnt (Hg.), Nürnberg 2000, S. 374) Er war dorthin gefahren, um dem Auftrag Leopolds nachzukommen. (Vgl. August Becker, Brief an Leopold, Erbprinz von Hohenzollern-Sigmaringen, 13. Juli 1872, Darmstadt, Hessisches Landesmuseum, Graphische Sammlung, Orden und Auszeichnungen, ohne Inv. Nr. [bei HZ K 44]; Quellenanhang 15)

Ausstellungen: Berlin 1866

Quellen/Literatur: Kat. Königliche Akademie der Künste, XLV. Ausstellung, S. 2, Kat.-Nr. 17

253. Unbekanntes Motiv

Befund: um 1866; Öl auf Leinwand

Provenienz/Ort: Verbleib unbekannt

Kommentar: Als Käufer trat der Chemiker, Politiker und Fabrikant Wilhelm Büchner (1816–1892) aus Pfungstadt bei Darmstadt auf (100,- fl). Er war ein jüngerer Bruder von Georg Büchner (1813–1837). Wilhelm Büchner besaß eine Brauerei, sowie eine Papierfabrik. Das Gemälde wird sich in der sog. Büchner-Villa befunden haben, die nach 1848 von dem Fabrikanten errichtet worden war. Auch wenn sich die Villa erhalten hat und ein seltenes Stück bürgerlicher Wohnkultur der 1860er Jahre dokumentiert, hat sich der Verbleib des 1866 erworbenen Bildes nicht klären lassen. Die Büchners hatten zahlreiche Kontakte zu Künstlern und Architekten der Residenzstadt Darmstadt. August Beckers ältester Bruder, der Großherzogliche Hofmaler Ludwig Becker, hat Wilhelm Büchner 1838 in einem erhaltenen Aquarell portraitiert. (Vgl. Pfungstadt. Vom fränkischen Mühlendorf zur modernen Stadt, hg. von J. Friedrich Battenberg, Pfungstadt 1985, S. 203–208; Ausst.-Kat. Georg Büchner. Leben, Werk, Zeit, hg. von der Georg Büchner Gesellschaft, Marburg, 3. Aufl. 1987, S. 37, 173)

Quellen/Literatur: Hoffmann-Kuhnt (Hg.), Nürnberg 2000, S. 501

254. Landschaft in Tirol

Befund: 1867; Öl auf Leinwand

Provenienz: Verbleib unbekannt

Kommentar: „August Becker's „Landschaft in Tyrol" zeigt viel Bravour in der Behandlung, die Berge sind mit großem Verständniß gemalt, nur erscheint der Vordergrund außer Zusammenhang damit." (Zit. Dioskuren, 12. Jg., Nr. 28, 14.7.1867, S. 221).

Ausstellungen: Düsseldorf 1867

Quellen/Literatur: Dioskuren, 12. Jg., Nr. 28, 14.7.1867, S. 221; Verzeichnis der Kunstwerke auf der Ausstellung des Kunstvereins für die Rheinlande und Westfalen, 1867, S. 1, Nr. 3

255. Corrymulzie

Befund: 1867; 28,5 x 39,0 cm; Bleistift/Papier; u.r.: „Corimulzie Balmoral 11 Oct. 67"

Provenienz/Ort: Privatbesitz

Kurzbeschreibung: Fluss, zu beiden Seiten Gerölllandschaft, im Hintergrund Bäume.

Kommentar: Die Skizze entstand in einer Gegend, in der Queen Victoria gerne wandern ging. Die Zeichnung – im Skizzenbuchformat (vgl. Skizzenbuch V, 1868, Kat.-Nr. 276) – hat sich als einzige von Beckers Aufenthalt in Schottland im Sommer 1867 erhalten.

Quellen/Literatur: Hoffmann-Kuhnt (Hg.), Nürnberg 2000, Tafel III oben

256. Weiher mit alten Eichen

Befund: 1867 [?]; 43,0 x 56,0 cm; Kohle/brauner Karton

Provenienz/Ort: Nachlass

Kurzbeschreibung: Rechts breite Uferzone, Gewässer das Bild diagonal von links nach rechts oben durchlaufend. Im Hintergrund bergiges Gelände.

Kommentar: Mit Kohle arbeitete Becker nur selten.

Quellen/Literatur: Hoffmann-Kuhnt (Hg.), Nürnberg 2000, S. 530, Tafel III unten

257. Landschaft beim Trollhätta-Wasserfall

Befund: 1867; 68,0 x 108,0 cm; Öl auf Leinwand (Untermalung); u.r. eingeritzt: „26/I 67"; verso Klebezettel auf dem Rahmen mit handschriftlicher Notiz (nicht vom Künstler stammend): „Der Trollhättafall in Norwegen. Januar 1867 in Düsseldorf. von August Becker untermalt"; Leinwand leicht verbeult, Bild verschmutz, Krakelüren

Provenienz/Ort: Privatbesitz

Kurzbeschreibung: Von rechts nach links diagonal verlaufendes Fließgewässer. Im Mittelgrund am rechten Ufer eine Sägemühle. Viel Wald im Mittel- und Hintergrund.

Kommentar: Die Untermalung wird für ein weiteres, letztlich nicht ausgeführtes Norwegen-Gemälde bestimmt gewesen sein. Es sind keine Gemälde mit diesem Titel von Kunstvereinsausstellungen her bekannt. Daher liegt es nahe, dass Becker dieses Motiv eher unspezifiziert, z.B. als „Norwegischer Wasserfall" zeigen ließ.

258. Craig Gowan

Befund: 1867; 34,3 x 47,0 cm; Öl auf Leinwand; „A.B.1867"; verso: bezeichnet mit Künstlernamen, Titel und Datum („September 1867")

Provenienz/Ort: Erwerb durch die englische Queen, cirka 10,- £, 23. Dezember 1867; Royal Collection, Osborne House, Inv. Nr. RCIN 403712

Kurzbeschreibung: Im Vordergrund ein mit Heide bewachsener Felsen in Nahsicht.

Kommentar: Im ersten Stockwerk der Staatszimmer des Pavillon-Flügels von Osborne House hing in einem Nebenraum die Ölskizze „Wiesenstudie auf dem Craig Gowan, September 1867". Die Königin hatte mit Prinz Albert 1852 auf dem Berggipfel eine Steinpyramide errichtet. Anlässlich des zehnten Geburtstages nach dem Tod ihres verstorbenen Gemahls, unternahm die Königin am 26. August 1862 eine Wanderung dorthin.

Quellen/Literatur: Millar, Oliver, Cambridge 1992, vol. I, p. 35, no. 156, vol. II, pl. 111

259. Schloss Sigmaringen

Befund: 1867; Zeichnung

Provenienz/Ort: Verbleib unbekannt

Quellen/Literatur: Hoffmann-Kuhnt (Hg.), Nürnberg 2000, S. 530

260. Schloss Bronnen

Befund: 1867; Zeichnung

Provenienz/Ort: Verbleib unbekannt

Quellen/Literatur: Hoffmann-Kuhnt (Hg.), Nürnberg 2000, S. 534

261. Breifelsen I

Befund: 1867; Ölstudie

Provenienz/Ort: Verbleib unbekannt

Quellen/Literatur: Hoffmann-Kuhnt (Hg.), Nürnberg 2000, S. 542

262. Gutenstein

Befund: 1867; Ölstudie

Provenienz/Ort: Verbleib unbekannt

Quellen/Literatur: Hoffmann-Kuhnt (Hg.), Nürnberg 2000, S. 543

263. Breifelsen II

Befund: 1867; Ölstudie

Provenienz/Ort: Verbleib unbekannt

Quellen/Literatur: Hoffmann-Kuhnt (Hg.), Nürnberg 2000, S. 546

264. Loch Na Gar

Befund: 1867; Ölstudie

Provenienz/Ort: Verbleib unbekannt

Kommentar: Prinz Leopold, achtes Kind Queen Victorias und späterer Herzog von Albany, ließ die kleine Skizze einrahmen und in seinem Zimmer aufhängen. Im Herbst 1867 wurde die Arbeit abgeliefert. 1882 sollte Becker anlässlich von Leopolds Hochzeit mit Helena, Prinzessin von Waldeck-Pyrmont, ein größeres Gemälde vom Heimatort der Braut anfertigen.

Quellen/Literatur: Hoffmann-Kuhnt (Hg.), Nürnberg 2000, S. 552

265. Das Dee-Tal (Blick nach Abergeldie)

Befund: 1867; 47,0 x 71,1 cm; Öl auf Leinwand; „A. Becker.67"

Provenienz/Ort: Auftrag von Queen Victoria, Geschenk an den Prinzen von Wales; cirka 27,- £, erstes Quartal 1868; Royal Collection, Sandringham House, Inv. Nr. RCIN 403086

Kurzbeschreibung: Abschüssiges Gelände mit Pferd und Reiter, im Mittelgrund eine Siedlung, dahinter Tal, von beiden Seiten durch Berge eingegrenzt.

Kommentar: „Das Dee-Tal" ist ein Ausblick in östliche Richtung von Schloss Balmoral nach Abergeldie: *„Ich vollende die Fernsicht im Park und schwelge so recht in dem farbigen Sonnschein."* (Zit. August Becker, Reise nach Balmoral, 30. September 1864, in: Hoffmann-Kuhnt (Hg.), Nürnberg 2000, S. 464) Im Vordergrund reitet ein Mann auf einem Pferd (bildeinwärts). Im Mittelgrund befinden sich zahlreiche Häuser des Ortes Balmoral. Von Interesse ist vor allem das Haus im rechten Mittelgrund, aus dem Rauch aufsteigt. Dabei handelt es sich um die Whiskybrennerei „Royal Loch Nagar Distillery", die seit 1848 bis heute als königlicher Hoflieferant produziert. In der weiteren Distanz erkennt man auch Häuser der Siedlung Abergeldie. Der Fluss Dee, der sich durch das Tal schlängelt, ist am linken Rand wiedergegeben.

Quellen/Literatur: Millar, Oliver, Cambridge 1992, vol. I, p. 35, no. 157, vol. II, pl. 112; Hoffmann-Kuhnt (Hg.), Nürnberg 2000, S. 554

266. Der mittlere Grundl-See in der Steiermark

Befund: 1867; Öl auf Leinwand

Provenienz/Ort: Verbleib unbekannt

Kommentar: Der Grundl-See liegt im Salzkammergut. In der historischen Touristikliteratur heißt es dazu: „*Sehr lohnend 5stünd. Wanderung mit Führer nach (1 St.) Alt-Aussee (Kitzer), am Fuss des Loser (1767 m, von hier in 4 St. zu besteigen). In 10 Min. fährt man über den dunkeln Aussee; dann bergan, zuletzt sehr steil den Tressenstein hinan (oben schöner Rundblick) und allmählich hinab zum (2St.) anmuthigen stillen Grundlsee, sehr fischreich (1/4 St. vom untern Ende des See's Schraml's Whs., im Sommer meist überfüllt). Hinter dem Grundsee am Fuss des Todten Gebirges zwei kleinere, der einsame von prächtigem Wald umgebene Töplitz- und der noch ödere Kammersee (3 St. hin u. zurück) in großartiger Felswildniss.*" (Zit. Baedeker, Süddeutschland und Österreich, 16. Auflage, 1873, S. 312 f.) Mit dem Bildtitel war offensichtlich der Töplitzsee gemeint. Von dort ist der Hallstätter See in gut dreistündiger Wanderung erreichbar. Das Gemälde war in Breslau für 250,- Thaler ausgepreist.

Ausstellungen: Breslau 1867

Quellen/Literatur: Kat. Kunstausstellung des Breslauer Kunstvereins, 1867, S. 4, Nr. 15

267. Landschaft (unbekanntes Motiv)

Befund: 1867

Provenienz/Ort: Verbleib unbekannt

Kommentar: Die Preisangabe lautete 100,- Thaler.

Ausstellungen: Breslau 1867

Quellen/Literatur: Kat. Kunstausstellung des Breslauer Kunstvereins, 1867, S. 4, Nr. 16

268. Der Königssee

Befund: um 1868; Öl auf Leinwand

Provenienz/Ort: Verbleib unbekannt

Kommentar: Als Preis wurden 200,- Thaler angegeben.

Ausstellungen: Hamburg 1868

Quellen/Literatur: Kat. Kunstausstellung des Hamburger Kunstvereins, 1868, 20. Ausstellung, S. 8, Kat.-Nr. 50

269. Schottische Landschaft (mit Jäger und zwei Hunden)

Befund: 1868; historische Fotografie nach einem Ölbild, Mappe „Schottland", nicht katalogisiert; im Foto u.r.: „August Becker.1868"

Provenienz/Ort: Nachlass

Kurzbeschreibung: Hügeliges Gelände mit Jäger und Hunden bei einem Baum, im rechten Mittelgrund Ebene, im linken Mittelgrund bewaldete Böschung und im Hintergrund dunstige Berge.

Kommentar: Zu dem großen Baum im Vordergrund gibt es eine Skizze im Skizzenbuch III. Die weitere Staffage, ein Jäger mit zwei Hunden, geht in Richtung Bildbetrachter. Dadurch bleibt die

Aufmerksamkeit des Betrachters im Vorgrund verhaftet.

Ausstellungen: Coburg 2003

270. Loch Callater

Befund: 1868; 29,2 x 42,2 cm; Öl auf Leinwand; u.r.: „A. Becker.1868", verso auf dem Spanner: Künstlername und Jahreszahl 1867

Provenienz/Ort: Auftrag von Queen Victoria als Gegenstück zur „Dee"-Landschaft unter Vorgabe der Maße; Royal Collection, Schloss Windsor, Inv. Nr. RCIN 404152

Kurzbeschreibung: Flache Landschaft, einige kleinere Steine, Tal im Mittelgrund, Berge zu beiden Seiten, im linken Teil viele Wolken.

Kommentar: Das Gemälde zeigt einen Ausschnitt der Landschaft beim Loch Callater-See, den die Königin mit ihrem Ehemann Albert häufig besuchte, so z.B. während der „Last Expedition" am 16. Oktober 1861. Das Motiv ist in Abendstimmung gemalt. Auch aus August Beckers Aufzeichnungen geht hervor, dass dieses Gebiet von ihm an einem späten Nachmittag im September skizziert wurde: *„Am Loch Callater sind wir um 4 Uhr, zu frühe um abzufahren. Ich male rasch noch eine Oelstudie vom See in Abendstimmung, die mir gut geräth, vielleicht gerade weil ich mich so sehr dabei eilen muß."* (Zit. August Becker, Reise nach Balmoral, 26. September 1864, in: Hoffmann-Kuhnt (Hg.), Nürnberg 2000, S. 462) Unbewusst ergreift Becker hier Partei für die realistische Freilichtmalerei. Denn er sagt selbst, dass die Studie besonders gelinge, wenn sie schnell gemalt wird. Genau diese Arbeitsweise vervollkommneten die Künstler des Leibl-Kreises (1871–1873) in München, wie Wilhelm Leibl und Wilhelm Trübner. Becker war eigentlich strickt dagegen.

Quellen/Literatur: Millar, Oliver, Cambridge 1992, vol. I, p. 35, no. 158, vol. II, pl. 113; Hoffmann-Kuhnt (Hg.), Nürnberg 2000, S. 461, 557

271. Das Dee-Tal oberhalb von Braemar (mit zwei kleinen Häusern im Mittelgrund)

Befund: 1868; 62,9 x 79,4 cm; Öl auf Leinwand; „August Becker.1868"; verbeulte Leinwand (vermutlich gerollt nach England von Becker verschickt)

Provenienz/Ort: Geschenk des Prinzen von Wales an Queen Victoria zum Geburtstag am 24. Mai 1869, das Bild kam verspätet in England an, sollte eigentlich als Weihnachtsgabe dienen, cirka 35,- £; Royal Collection, Osborne House, Inv. Nr. RCIN 403592

Kurzbeschreibung: Anhöhe mit Weg, der nach links in den Mittelgrund führt. Rechts Blick in ein Tal (Fernsicht), links im Mittelgrund hohe kantige Berge, im Hintergrund gebirgiges Gelände zu beiden Seiten des Tales.

Kommentar: Das Gemälde „Das Dee-Tal oberhalb von Braemar" bietet einen Blick ins Tal mit dem Fluss Dee. Eine historische Fotografie nach diesem Ölbild, Mappe „Schottland" nicht katalogisiert, hat sich erhalten. Von erhöhtem Standpunkt aus überblickt man das breite Tal mit dem Fluss. Im Hintergrund erkennt man trotz des Dunstes die Ausläufer zahlreicher Berge. Im Vordergrund befindet sich zu beiden Seiten des Betrachters eine Wegbiegung mit wildem Buschwerk, sowie einigen Bäumen. Es wird der entgegengesetzte Ausblick wie zu „Das Dee-Tal nahe Braemar" (1865, Kat.-Nr. 232) geboten. Der Sekretär der Queen H. Sahl schrieb an Becker deren genauen Wünsche und legte ein Skizze von ihrer Hand mit Anmerkungen bei, so sollten rechts keine Bäume eingemalt werden (Vgl.-Abb.-Nr. 8). 1963 tauchte beim Kunsthaus Lempertz (Köln) ein Gemälde auf, bei dem die Bäume, welche Becker in der Fassung für die Königin weglassen sollte, vorhanden sind (vgl. Kat.-Nr. 272). Offenbar übermalte Becker bestimmte Bildelemente nicht, die auf Ablehnung stießen, sondern fertigte stattdessen eine neue Variante im Sinne der Auftraggeber an. Für drei Gemälde, die Queen Victoria erwarb, sind Repliken mit für sie inakzeptablen Bildelementen nachgewiesen. Das Dorf Braemar war früher ein wichtiger Verkehrsknotenpunkt. Bei den Besuchen der königlichen Familie in Balmoral wurde dort regelmäßig das Volksfest „Braemar Gathering" von der Braemar Highlands Society veranstaltet, um die schottische Nationaltracht, die gälische Sprache, sowie die Kultur zu pflegen. Dies ist heute zum Folklore-Kitsch verkommen.

Ausstellungen: Coburg 2003 (die historische Fotografie)

Quellen/Literatur: Millar, Oliver, Cambridge 1992, vol. I, p. 35, no. 159, vol. II, pl. 114; Hoffmann-Kuhnt (Hg.), Nürnberg 2000, S. 578; Ausst.-Kat. Coburg 2003, S. 29, Kat.-Nr. 42

272. Das Dee-Tal oberhalb von Braemar (mit Baumstaffage)

Befund: 1869; 57,0 x 89,0 cm; Öl auf Leinwand; u.l.: „August Becker.1869"

Provenienz/Ort: Kunsthandel, Lempertz, Köln, 12.11.1963

Kurzbeschreibung: Bühnenartige Gestaltung – zu beiden Seiten eine Baumgruppe. Anhöhe mit Weg, der nach links in den Mittelgrund führt. Rechts Blick in ein Tal (Fernsicht), links im Mittelgrund hohe kantige Berge, im Hintergrund gebirgiges Gelände zu beiden Seiten des Tales.

Kommentar: Das „Dee-Tal oberhalb von Braemar" erscheint leicht abgewandelt zu dem gleichnamigen Gemälde aus der Royal Collection. Zugleich zeigt es sehr schön, wie Becker variierte und die einzelnen Bildinhalte austauschte. Irrtümlich wurde es als „Rheinische Landschaft" 1963 im Kunsthandel betitelt. Die Bäume sind auf der rechten Seite so gemalt, wie es die englische Königin auf dem für sie bestimmten Gemälde gerade nicht wollte (vgl. Kat.-Nr. 271, Vgl.-Abb.-Nr. 8).

Quellen/Literatur: Courtauld Institute of Art (Photographic Survey of the Private Collections), London; Weltkunst, 9/2003, S. 1110

273. Berchtesgaden mit Untersberg

Befund: um 1868; 31,0 x 42,6 cm; Bleistift/Papier

Provenienz/Ort: Nachlass

Kurzbeschreibung: Links zwei Häuser, rechts Gebirgsbach mit Brücke, im Mittelgrund Flachlandschaft, im Hintergrund hoher Gebirgszug.

Kommentar: Diese Zeichnung diente als Grundlage für ein gleichnamiges Gemälde in Privatbesitz.

Ausstellungen: Darmstadt 2002

Quellen/Literatur: Ausst.-Kat. Darmstadt 2002, S. 26, Abb. 20

274. Untersberg mit Berchtesgaden

Befund: um 1868; historische Fotografie nach einem Ölbild, Mappe „Tirol & Baiern", nicht katalogisiert; im Foto u.m: „August Becker"

Provenienz/Ort: Nachlass

Kurzbeschreibung: Mehrere Häuser und rechts ein kleiner Wasserfall mit Brücke, im Mittelgrund Siedlung, im Hintergrund hoher dunstiger Gebirgszug.

Kommentar: Obgleich sehr viele Ähnlichkeiten mit dem Gemälde „Der Untersberg" zu konstatieren sind, machen einige Details einen Unterschied bemerkbar. Das historische Foto zeigt ein Bild, welches breiter gewesen sein muss als das erhaltene Gemälde. Der Untersberg scheint auf dem historischen Foto mehr im Dunst zu liegen, außerdem sind Häuser von Berchtesgaden zu erkennen, abgesehen davon, dass auch der Berg im Mittelgrund anders gestaltet und vor allem die Hütte im Vordergrund hell beleuchtet ist.

275. Der Untersberg

Befund: 1868; 30,5 x 45,5 cm; Öl auf Leinwand; u.l.: „AB.1868"; starke Krakelüren (vermutlich zeitweise gerollt gelagert)

Provenienz/Ort: Privatbesitz

Kurzbeschreibung: Links zwei Häuser, rechts kleiner Wasserfall mit Brücke, im Mittelgrund weites Tal, im Hintergrund hoher Gebirgszug.

Kommentar: Becker ließ gegenüber der Zeichnung die Baumgruppe am rechten Bildrand weg. Es sind sieben Gemälde mit Motiven aus dem Berchtesgadener Land bekannt, von denen der Königssee Beckers Lieblingssujet gewesen zu sein scheint. Den Untersberg hat er nur zweimal in Öl ausgeführt. Es gibt eine Reihe von aquarellierten Zeichnungen aus der Umgebung des Untersbergs (1868). 1868 reiste Becker auch nach Salzburg, Wien und Brixlegg. Innerhalb der Familie des Malers ist überliefert, dass es sich bei vorliegendem Bild um ein Geschenk August Beckers an seine Braut handelt.

Ausstellungen: Darmstadt 2002

Quellen/Literatur: Ausst.-Kat. Darmstadt 2002, S. 26, Abb. 19

276. Skizzenbuch V (Reise ins Salzkammergut 1868)

Befund: 1868; 13 aus einem Skizzenbuch herausgelöste Blätter; Blattgröße: 28,5 x 39,0 cm oder doppelseitig 28,5 x 78,0 cm; zumeist aquarellierte Zeichnung auf Papier

Provenienz/Ort: Privatbesitz

Kommentar: Die Zeichnungen entstanden während Beckers Studienfahrt im Sommer 1868 nach Salzburg, Wien und Brixlegg. Es ist interessant, auf den Wahlspruch der Hohenzollern „Vom Fels zum Meer" hinzuweisen. Schon im Dezember 1861 erwarb Wilhelm I., König von Preußen, Beckers Landschaftsbild „Der Königssee bei Berchtesgaden". Am 1. September 1889 erfolgte die Übergabe von Eugen Brachts „Das Gestade der Vergessenheit" (Zweitfassung in Darmstadt, Hessisches Landesmuseum) an Wilhelm I., Kaiser des Deutschen Reiches, als Geschenk. Als Datum wurde bewusst der Jahrestag der Schlacht bei Sedan (1. September 1870) gewählt. Die außergewöhnliche Wirkung des Bildes kommt u.a. durch die senkrechten, kahlen Felswände zum Ausdruck. Fotos der Inneneinrichtung der kaiserlichen Wohnräume im Berliner Schloss belegen, dass Fels-Motive beliebt waren und gerne als Dekorationsobjekt Verwendung fanden. (Vgl. Mertens, Eduard und Trausfeld, Adolf: Ein Kaiserheim. Darstellungen aus dem Palais des Kaisers und Königs Wilhelm I. und der Kaiserin und Königin Augusta, Berlin 1890, hier: Abb. vom Empfangs- und Vortragszimmer, S. 5 f.; Vgl.-Abb.-Nr. 19) und 20) Die Reihenfolge der Blätter muss nicht mit der ursprünglichen Paginierung übereinstimmen; die Seiten sind wahrscheinlich nicht vollzählig:

Quellen/Literatur: Hoffmann-Kuhnt (Hg.), Nürnberg 2000, Tafel IV oben, IV unten, V oben, V unten, VI oben, VI unten, VII oben, VII unten, VIII oben, VIII Mitte, IX oben, und IX unten

S.	Bezeichnung	Darstellung/Kommentar	Abbildung
1)	u.l.: „Alm auf Untersberg 13 Aug 68"	Hütte, dahinter Nadelbäume, und Berge konturiert angedeutet; Vgl. die beiden „Untersberg"-Gemälde (Kat.-Nr. 268, 269, 270)	
2)	u.l.: „Alm auf dem Untersberg 13 Aug 68"	Gebirgszug mit spitz auslaufenden Bergen.	

3) u.r.: „Alm auf dem Untersberg d. 13 Aug. 68"; darüber: „faules Holz helleockerfarbig, Rinde violetgrau; Blumen gefranzte blaugrüne Blätter mit blauen Blüthen"

nach rechts hin umgeknickter Baum, Grasangedeutet; Detail auf mehreren Bilder ähnlich der Skizze

4) u.l.: „Alm auf Untersberg, 13 Aug. 68"

nach links hin umgeknickter Baum, Grasangedeutet; Baumstudien wie diese auf vielen Gemälden vor 1868; Das knorrige, verschnörkelte Wurzelwerk erfüllte besonders gut den Zweck als Darstellungsmittel einer wild wüchsigen Landschaft. (Vgl. auch die „Jungfraumassiv"-Gemälde, 1852 und 1853, Kat.-Nr. 96, 97)

5) u.l.: „13 Aug. 68"; darüber: „Pflanzenhellgelbgrüne Blüthen Blätter gelbgrün. Faule Theile des Stammes hell- und dunkel ocker Holz silbergrau mit violett und graugrün."

Aufrechter abgestorbener Baum an einer nach rechts hin abschüssigen Böschung, im Hintergrundweitere Bäume; Detail auf mehreren Bilder ähnlich der Skizze

6) u.l.: „Alm auf Untersberg, 13 Aug 68"

Schräger Baum an einer nach rechts hin abschüssigen Böschung; Detail auf mehreren Bilder ähnlich der Skizze

7) Doppelblatt; linkes Blatt, m.r.: „Alm auf dem Untersberg 13 Aug. 68"

Gebirgskette im Mittelgrund, Vordergrundfrei, im Hintergrundvereinzelte weitere Berge.

8) u.m.: „Geisberg. 25 Aug 68 Vogelperspective"   Einzelner mit Moos und Gras bewachsener Felsen; ohne direkten Bezug

9) u.m.: „Brixlegg. Sept. 68"   nach rechts teil ansteigendes Terrain mit Weg, am Hang vereinzelt Bäume; ohne direkten Bezug

10) u.r.: „Brixlegg Sept. 68"   ansteigendes Gelände mit kleinem Fluss, kaskadenartiger Ablauf in Richtung Betrachter; ohne direkten Bezug

11) u.r.: „Brixlegg. Sept.68"; daneben: „Die untergehende Sonne hinter der Kapelle, Ferne in warmem Duft, Tannen rechts warm transparent, nicht zu dunkel. Kapelle helle Lokalfarbe, geblendet. Vorgrund klar schattig, Felsen violet grau. Lagen aus Hundsmilch u kleinblättrigem Gestrüppe. Bäume leicht in Form, schattig"   Nach rechts hin abschüssiges Terrain, Hütten links, im Mittelgrund Burgruine, rechts Blick in ein Tal mit Fluss, Gebirgskette links; Vgl. „Blick ins Inntal" (um 1872, Kat.-Nr. 309)

12) u.r.: „Brixlegg. Sept. 68"   See, rechts begraste Uferzone angedeutet. In Mittelgrund bewachsene Halbinsel, dahinter flache Ebene, im Hintergrund Gebirge; ohne direkten Bezug

180

13)	u.r.: „Brixlegg Sept. 68"	Rechts Uferzone, eine weibliche Figur am Ufer sitzend; ohne direkten Bezug

277. Brixlegg (Vorgrundstudie)

Befund: 1868; 41,3 x 52,6 cm; Aquarell und Bleistift, mit Deckweiß gehöht/Papier und Karton; u.r.: „Brixlegg Sept. 68"

Provenienz/Ort: Verbleib unbekannt

Kurzbeschreibung: Großer mit Büschen bewachsener Stein, im Mittelgrund ansteigendes Terrain, im Hintergrund Wald.

Kommentar: Becker hatte sich 1868 verschiedene Punkte im Inntal angeschaut. In Brixlegg, das in der Nähe von Wörgl liegt, verbrachte er cirka eine Woche. Anschließend fuhr Becker zurück nach Darmstadt. Auf dieser Tour entstanden wahrscheinlich auch die Vorarbeiten für ein weiteres Hauptwerk, „Blick ins Inntal" (um 1872).

Quellen/Literatur: Lexikon der Düsseldorfer Malerschule 1819–1918, Düsseldorf [u.a.] 1997–1998, Bd. I, Stichwort „Becker, August", S. 89., Abb. 68

278. Mönchsberg

Befund: 1868; Zeichnung

Provenienz/Ort: Verbleib unbekannt

Quellen/Literatur: Hoffmann-Kuhnt (Hg.), Nürnberg 2000, S. 562

279. Unbekanntes Motiv

Befund: um 1868; Öl auf Leinwand

Provenienz/Ort: Auftrag von Lady Ely in England; Verbleib unbekannt

Kommentar: Lady Ely war eine Hofdame von Queen Victoria.

Quellen/Literatur: Hoffmann-Kuhnt (Hg.), Nürnberg 2000, S. 560; Ausst.-Kat. Coburg 2003, S. 18

280. Glen Gelder

Befund: 1868; Öl auf Leinwand

Provenienz/Ort: Auftrag für Sir Stafford Northcote in England, Verbleib unbekannt

Kommentar: Nach den Schwierigkeiten in den 1850er Jahren, auf dem englischen Markt einen Absatz für seine Gemälde zu erschließen, gelang Becker dieses nach 1864 in steigendem Maße. Sir Stafford Northcote (1818–1887) beispielsweise stand als führender konservativer Politiker, der in den 1870er Jahren die Verschuldung der öffentlichen Kassen Englands zu reduzieren versuchte, auch in Kontakt mit dem Hof der Königin und lernte Beckers Malstil kennen.

Quellen/Literatur: Hoffmann-Kuhnt (Hg.), Nürnberg 2000, S. 557, 560; Ausst.-Kat. Coburg 2003, S. 18

281. Balmoral im Mondlicht

Befund: um 1868; Öl auf Leinwand

Provenienz/Ort: Verbleib unbekannt

Kommentar: Für Prinzessin Louise von England gemalt. Auch 1877 kaufte sie ein weiteres Bild bei

Becker.

Quellen/Literatur: Hoffmann-Kuhnt (Hg.), Nürnberg 2000, S. 555 f.

282. Balmoral im Demantgefunkel

Befund: um 1868; Öl auf Leinwand

Provenienz/Ort: Auftrag von Mrs. Caroline Gordon; Verbleib unbekannt

Kommentar: Mrs. Gordon war eine geschätzte Hofdame der Queen und hatte Becker in Balmoral kennen gelernt (Quellenanhang 13). Ihr Ehemann, General Sir Alexander Gordon, wurde 1854 persönlicher Berater von Prinz Albert. Seit 1862 fungierte er als Ehrenberater der Queen. Das Demantgefunkel bezieht sich auf die bräunliche Färbung der Landschaft entsprechend einem Demantoid. Am ehesten kommt es in der Natur in den frühen Abendstunden zu einer derartigen Erscheinung. Die Gemäldetitel „Mitternachtssonne" (norwegisches Thema) und „Demantgefunkel" (schottisches Motiv) verdeutlichen das Interesse der Menschen in der Mitte des 19. Jahrhunderts an außergewöhnlichen temporären Lichtverhältnissen.

Quellen/Literatur: Hoffmann-Kuhnt (Hg.), Nürnberg 2000, S. 559; Ausst.-Kat. Coburg 2003, S. 18

283. Unbekanntes Motiv

Befund: um 1868; Öl auf Leinwand

Provenienz/Ort: Verbleib unbekannt

Kommentar: In Genf ließ Becker ein „großes" Bild ausstellen.

Ausstellungen: Genf 1868

Quellen/Literatur: Hoffmann-Kuhnt (Hg.), Nürnberg 2000, S. 565

284. Gegend aus Schottland

Befund: 1868; Öl auf Leinwand

Provenienz/Ort: Verbleib unbekannt

Kommentar: Neben der Kunstchronik unter der Rubrik „Kunstvereine, Sammlungen und Ausstellungen" von 1869 erwähnt auch Boetticher eine „verdienstvolle" „Gegend aus Schottland". Ende der 1870er Jahren tauchten jedoch kaum Bilder von Becker aus Schottland in Kunstausstellungen auf.

Ausstellungen: Düsseldorf 1868

Quellen/Literatur: Kunstchronik, 4. Jg., Nr. 7, 15.1.1869, S. 61; Boetticher, Nr. 18

285. Landschaft („mit freundlichem Charakter")

Befund: 1869; Öl auf Leinwand

Provenienz/Ort: Auftrag von Sir Theodore Martin aus England; Verbleib unbekannt

Kommentar: Sir Theodore Martin (1816–1909) war Politiker und Schriftsteller. Er verbrachte 1861 einen Sommer in Schottland am Fluss Dee. Bryntysilio bei Llangollen am Fluss Dee (in Wales) wurde sein Landsitz. Ab 1876 schrieb er eine von Queen Victoria redigierte Biographie über Prinzgemahl Albert. Mit großer Wahrscheinlichkeit erwarb er eine Landschaftsszenerie schottischen Charakters.

Quellen/Literatur: Hoffmann-Kuhnt (Hg.), Nürnberg 2000, S. 579; Ausst.-Kat. Coburg 2003, S. 18

286. Der Wallenstädter See (mit Boot und Segel)

Befund: 1869; historische Fotografie, Mappe „Schweiz", nicht katalogisiert; im Foto u.r.: „August Becker.1869"

Provenienz/Ort: Nachlass

Kurzbeschreibung: Rechts Uferzone mit zwei Baumstämmen, links mit Steinen und drei Figuren an einem Ruderboot. Links zum Mittelgrund hin sich ein See erstreckend mit einem Segelboot. Im Hintergrund Siedlung am Ufer und dunstige Berge.

Kommentar: Das entsprechende Bild, dessen Verbleib nicht geklärt werden konnte, gehörte wahrscheinlich zu einem Zyklus Schweizer Ansichten für Carol, Fürst von Rumänien. Die Komposition ähnelt zwei Gemälden, die sich aus diesem Zyklus recherchieren ließen. Im Skizzenbuch IV hat sich eine bezeichnete Skizze als Vorlage für das Gemälde zuordnen lassen. Nur dadurch konnte eine Benennung des bisher als „Alpensee" betitelten Gemäldes vorgenommen werden. Kurz vor Beckers Tod erreichte ihn eines seiner Gemälde aus Bukarest retour. In einem Brief erläutert Martin Stöhr, ein Bildhauer aus Baden, der seit 1867 für Carol I. als fest besoldeter Kunstberater fungierte, die Gründe dieser Maßnahme: *„S: Majestät der König lässt Sie bitten, das in beifolgender Kiste verpackte Öhlbild nach Düsseldorf an den Maler Hr. Becker übersenden zu wollen. Das Bild ist durch die Hitze gänzlich zerstöhrt und soll restaurirt werden."* (Zit. Martin Stöhr, Brief an Louis Basset, 31. Oktober 1887, Bukarest, Rumänisches Nationalarchiv, Casă Regală, Dosar Nr. 25/1887 440; Quellenanhang 26) Um welches Gemälde es sich dabei genau gehandelt hat, ist nicht mehr zu klären.

287. Brixlegg

Befund: 1869; 28,5 x 78,0 cm; Doppelblatt; Aquarell und Bleistift/Papier; rechtes Blatt u.r.: „Brixlegg 20 Sept. 69"

Provenienz/Ort: Privatbesitz

Kurzbeschreibung: Abschüssiges Gelände, links kleine Häuser, rechts eine Kirche auf Anhöhe, im Mittelgrund ein breites Tal mit Fluss, links eine Burg, weiter Blick in den bergigen Hintergrund.

Kommentar: Im Vergleich zur Skizze, die ein gängiges Skizzenbuchformat aufweist, fehlen auf dem entsprechenden Gemälde („Blick ins Inntal (Brixlegg)", um 1872, Kat.-Nr. 309) die Nadelbäume auf dem ersten Felsvorsprung im linken Bereich. Erst durch diese Skizze konnte die Entstehung und topographische Einordnung des Gemäldes, einem Hauptwerk Beckers, konkretisiert werden.

Quellen/Literatur: Hoffmann-Kuhnt (Hg.), Nürnberg 2000, S. Tafel VIII unten; Weltkunst 9/2003, S. 1111

288. Ansicht von Heidelberg IV

Befund: um 1869; Öl auf Leinwand

Provenienz/Ort: Verbleib unbekannt

Kommentar: 1869 tauchte auf der Dresdner Akademieausstellung eine weitere Heidelberg-Ansicht für 350,- Thaler auf. Interessant ist dieser Fakt deshalb, weil Becker im Übrigen nur 1863 und 1864 dort Bilder zeigen ließ. Möglicherweise handelt es sich um das 1866 bei Louis Sachse in Berlin zum Verkauf angebotene Bild.

Ausstellungen: Dresden (Akademieausstellung) 1869

Quellen/Literatur: Kat. der Kunst-Ausstellung in Dresden 1869, S. 15, Kat.-Nr. 5

289. Balmoral: Blick vom Schloss (nach Braemar)

Befund: 1870; 28,6 x 41,9 cm; Öl auf Leinwand; u.r.: „A.B.1870"

Provenienz/Ort: Auftrag von Queen Victoria, cirka 15,- £, 29. April 1870; Royal Collection, Buckingham Palace, Inv. Nr. RCIN 403077

Kurzbeschreibung: Flache Landschaft mit halbrundem Weg. Im Mittelgrund Bäume und Parkanlage, daran anschließend ein Fluss und Berge.

Kommentar: 1870 erwarb die englische Monarchin ein weiteres Gemälde zur Schottland-Thematik: „Balmoral: Eine Aussicht vom Schloss in den Park". Es bietet einen Blick nach Westen, Richtung Braemar, von einem Schlosszimmer aus. August Becker malte dieses Motiv nach Vorlage eines Aquarells von Königin Victoria und dem Maler William Leighton Leitch. Im Vordergrund befindet sich ein halbrundes Blumenbeet mit einer Bank. Den Mittelgrund füllt eine Wiese mit einigen Bäumen zu beiden Seiten. Im Hintergrund erkennt man in der Mitte den Berg Craig Nordie. Der Fluss Dee schneidet das Bild diagonal vom rechten Mittelgrund zum linken Hintergrund hin. August Becker wurde aufgefordert, Veränderungen am Bild vorzunehmen. Diese betrafen vor allem die Gestaltung der Grünanlage vor dem Haus. Die Königin wünschte ausdrücklich, dass Blumen darauf erscheinen. Die Blumenbeete bestehen heute in rechteckiger Form, und der Blick ist mittlerweile durch ausgewachsene Bäume eingeschränkt. Das Gemälde, welches als einziges Motiv aus Schottland kurz nach dem Aufenthalt August Beckers auf der Insel Wight 1869 entstanden war, hing ursprünglich im „Queen's Dressing Room" im Buckingham-Palast.

Quellen/Literatur: Millar, Oliver, Cambridge 1992, vol. I, p. 35, no. 160, vol. II, pl. 115; Hoffmann-Kuhnt (Hg.), Nürnberg 2000, S. 582, 584 f., 588

290. Osborne: Die obere Terrasse

Befund: 1870; 47,3 x 71,1 cm; Öl auf Leinwand; u.l.: „August Becker.1870", unten auf dem Rahmen geschrieben: „August 1869"

Provenienz/Ort: Auftrag von Queen Victoria im Sommer 1869; cirka 64,- £, (für zwei Ansichten von Osborne House); Royal Collection, Schloss Windsor, Inv. Nr. RCIN 400811

Kurzbeschreibung: Terrassenansicht, starke Schatten im Vordergrund, Balustrade mit Vasen, links einige Bäume, im Hintergrund Blick auf ein Gewässer.

Kommentar: Die Gemälde „Osborne: Die obere Terrasse" und „Osborne: Die untere Terrasse" sind während des Aufenthalts auf der Insel Wight im Sommer 1869 als Pendants entstanden. Sie zeigen ein ähnliches Motiv und sind in den gleichen Maßen wie die im selben Jahr angefertigte „Ansicht von Cowes" ausgeführt. „Osborne: Die obere Terrasse" ist ein Ausschnitt des linken Teils der oberen Terrasse in Richtung Nordosten zum Marinestützpunkt Portsmouth hin. Links befindet sich East Cowes, rechts die untere Terrasse. Die Ansicht erfolgte von einem erhöhten Standpunkt aus, so dass der Betrachter förmlich dazu verleitet wird, dem Verlauf des geraden Weges zu folgen. Queen Victoria war über Beckers Aufenthalt in Osborne House sehr erfreut: *„….Maler Becker is here and is going to paint some pictures here for me."* (Zit. RA VIC/Add U 32/ Queen Victoria to Princess Royal, 24 July 1869) Sie notierte einige Tage später: *„….Maler Becker is doing some charming things here […]"*. (Zit. RA VIC/Add U 32/ Queen Victoria's letters to the Princess Royal 1863–1887, 30 July 1869) Zieht man Wilhelm Trübners in den 1890er Jahren unabhängig von Beckers Schaffen entstandenes Gemälde „Schloss Hemsbach im Odenwald" (Greifswald, Pommerschen Landesmuseum) als Vergleich heran, so wird deutlich, dass es Trübner um die Wirkung von Luft und Licht ging. Becker hingegen kam es – gemäß den Vorstellungen der Königin – auf die akkurate Wiedergabe der Architektur und Landschaft an. Daher wirken die zwei Terrassen-Darstellungen ein wenig „geisterhaft".

Quellen/Literatur: Millar, Oliver, Cambridge 1992, vol. I, p. 33, no. 141, vol. II, pl. 94; Hoffmann-Kuhnt (Hg.), Nürnberg 2000, S. 584

291. Osborne: Die untere Terrasse (Blick von Osborne Terrasse nach Portsmouth) (Blick vom königlichen Frühstückszimmer nach Stokes Bay)

Befund: 1870; 47,3 x 70,8 cm; Öl auf Leinwand; u.l.: „August Becker.1870"; unten auf dem Rahmen geschrieben: „August 1869"

Provenienz/Ort: Auftrag von Queen Victoria im Sommer 1869 (bei Beckers Aufenthalt in Osborne), cirka 64,- £, (für zwei Ansichten von Osborne House); Royal Collection, Schloss Windsor, Inv. Nr. RCIN 400823

Kurzbeschreibung: Im Vordergrund Terrasse mit Gewächsen, links eine höhere Terrasse angeschnitten. Im Mittelgrund hügeliges Gelände mit vereinzelten Bäumen, im Hintergrund offene See mit vielen Segelschiffen.

Kommentar: Das Pendant zur vorherigen Kat.-Nr. heißt „Osborne: Die untere Terrasse". Die Ansicht ist vom Hauptgebäude in nordöstliche Richtung zur Osborne Bay hin dargestellt. In den Ankaufslisten wurde als Titel „Blick vom Frühstückszimmer der Königin nach Stokes Bay" angegeben. Im linken Vordergrund erkennt man einen Teil der oberen Terrasse. Im Hintergrund befinden sich zahlreiche Segelschiffe auf See. Es wird ein stiller Sommertag suggeriert. Die beiden menschenleeren Szenen strahlen eine eigenartige Stimmung aus. Die nur als Ausschnitt wiedergegebenen Terrassen vermitteln keinen Gesamteindruck von der Anlage. Auf dem Bild „Osborne: Die obere Terrasse" fällt der große Schatten durch die Außenwand vom Pavillon-Flügel auf. Dadurch erhält es einen beinahe surrealen Charakter. Vergegenwärtigt man sich, dass die Königin nach dem Tod von Prinzgemahl Albert im Dezember 1861 zunächst in Osborne House ihre tiefe Trauer zu bewältigen suchte, so scheinen beide Ansichten auf diese trostlose Zeit anzuspielen. Das Königspaar ging oft auf der oberen und unteren Terrasse spazieren. Der Tod ihres geliebten Ehemanns bedeutete einen unersetzlichen Verlust, wie die Königin in ihren Tagebüchern schrieb. Durch den Verzicht auf figürliche Staffagen, die auf Leben hinweisen würden, und das ostentative Schattenspiel, hat August Becker eine Stimmung festgehalten, die ihrer Trauer ab 1861 entsprach.

Quellen/Literatur: Millar, Oliver, Cambridge 1992, vol. I, p. 33, no. 142, vol. II, pl. 95; Hoffmann-Kuhnt (Hg.), Nürnberg 2000, S. 589

292. Mondnacht (mit großen Bäumen und Hütte)

Befund: 1870; historische Fotografie nach einem Ölbild, Mappe „Norwegen", nicht katalogisiert; im Foto u.r.: „A. Becker.70" [?]

Provenienz/Ort: Nachlass

Kurzbeschreibung: Zu beiden Seiten von Bäumen gesäumtes Ufer, rechts ein Haus. Im Mittelgrund ein Gewässer, dahinter Gebirgszug. Am Firmament im linken Bereich zahlreiche Wolken, rechts Vollmond.

Kommentar: Die Bäume am rechten Bildrand sind gleich wie auf dem Schottland-Motiv „Das Dee-Tal nahe Braemar" (1865, Kat.-Nr. 232) und auf einer Studie im Skizzenbuch III (datiert auf den 23. September 1864, Kat.-Nr. 216). Lt. Tagebuch war Becker am 23. September 1864 am Loch Avon unterwegs, abends erreichte man die Hunting Lodge von Lord Fife. Um welchen See es sich letztlich handelt, kann nicht eindeutig erklärt werden. Der große See spricht eher für eine Norwegen-Landschaft. Überhaupt gleicht der Berg im Hintergrund dem auf dem historischen Foto „Nordische Mondnacht" für Karl, Prinzessin von Hessen.

293. Landschaft

Befund: 1870; Material fraglich

Provenienz/Ort: Verbleib unbekannt

Kommentar: Im Rahmen einer vom Düsseldorfer Künstler-Unterstützungsverein veranstalteten Verlosung freiwillig eingesandte Arbeit von Becker. Sie ist nicht näher bezeichnet als „*8. Aug. Becker, Landschaft*".

Quellen/Literatur: Dioskuren, 15. Jg., Nr. 28, 10.7.1870, S. 220

294. Ansicht vom Fluss Medina. (Blick nach Newport und Fluss Medina von Whippingham)

Befund: um 1870; 47,3 x 71,1 cm; Öl auf Leinwand

Provenienz/Ort: Auftrag von Queen Victoria im Sommer 1869, cirka 37,- £; bis 1969 Royal Collection, Osborne House resp. Osborne Cottage; Kunsthandel 1969, 1982, 1991

Kurzbeschreibung: Im Vordergrund zahlreiche Schafe auf einer Wiese, die zur rechten Seite hin abfällt. Im Mittelgrund ein Fluss, der bogenförmig verläuft. Den Hintergrund bildet eine fast ebene Landschaft, im linken Mittelgrund ragt die Turmspitze der Kirche von Whippingham zwischen Bäumen hervor.

Kommentar: Eine historische Fotografie aus dem Nachlass, Mappe „England", nicht katalogisiert, passt zu den überlieferten Beschreibungen der ersten Arbeit von August Becker, die im Bestandskatalog zu Osborne House aus dem Jahr 1876 aufgelistet wird. Sie trägt den Titel „Ansicht vom Fluss Medina" („View of the Medina river"). Dargestellt ist eine Ansicht aus nördlicher Richtung nach Süden hin.

Quellen/Literatur: Catalogue 1876; Millar, Oliver, Cambridge 1992, vol. I, p. 33; Ausst.-Kat. Coburg 2003, S. 28, Kat.-Nr. 38 (m. Abb.)

295. Ansicht von Cowes

Befund: um 1870; Öl auf Leinwand; u.r.: „August Becker.1870"

Provenienz/Ort: Auftrag von Queen Victoria im Sommer 1869 (bei Beckers Aufenthalt in Osborne), cirka 37,- £; Royal Collection, Osborne House, Inv. Nr. RCIN 406237

Kurzbeschreibung: Im Vordergrund Bauern bei der Ernte auf einem von einzelnen Laubbäumen, Sträuchern und zusammengebundenen Getreidegarben bedeckten Feld. Im Hintergrund zahlreiche Segelschiffe, die in dem kleinen Hafen von East Cowes liegen. Rechts im Hintergrund tauchen über dem leicht bergigen Wiesenland die beiden Turmspitzen von Osborne House auf. Den Himmel bedecken einige Wolken.

Kommentar: Diese Arbeit war das Pendant zur „Ansicht vom Fluss Medina". Im „Horn Room" von Osborne House gab es neben diesem Gemälde noch das vorliegende Bild: „Ansicht von Cowes". Die Hafenansicht von Cowes stellt eine Landschaft in Richtung Newport von einem Feld in der Nähe der Kirche von Whippingham aus dar. Cowes befindet sich am nördlichen Ende der Insel Wight. Der in Richtung Norden fließende Fluss Medina teilt die Siedlung in East Cowes and Cowes. Die Entfernung nach Southampton am anderen Ufer beträgt rund 18 Kilometer. Vor diesem Hintergrund erhält die Szene seinen Reiz durch die Gegenüberstellung von dem ländlichen Leben der Bauern, welche die Ernte für den Besitzer des Grundstücks einfahren, und dem aufkommenden Seehandel, dessen Umsatzsteigerung sich durch den gerade eröffneten Suez-Kanal und der damit einhergehenden Verkürzung der Fahrtzeiten in den Orient erahnen lassen. Ein historisches Foto, Mappe „England", Nachlass, ist eindeutig zuzuordnen.

Quellen/Literatur: Millar, Oliver, Cambridge 1992, vol. I, p. 33, no. 144, vol. II, pl. 97; Ausst.-Kat. Coburg 2003, S. 28, Kat.-Nr. 37 (m. Abb.)

296. Glen Gelder mit drohendem Regensturm

Befund: 1870; Öl auf Leinwand

Provenienz/Ort: Kauf von Mr. S. Van de Weyer in England, cirka 35,- £; Verbleib unbekannt

Kommentar: Der Belgier Mr. Van de Weyer kam in politischer Mission nach England. Als erster Außenminister des jungen, 1831 gegründeten Königreiches Belgien lebte er von 1835 über seine Pensionierung 1867 hinaus bis zum Tod 1878 in London. Er war ein enger Vertrauter von Leopold I., König von Belgien.

Quellen/Literatur: Hoffmann-Kuhnt (Hg.), Nürnberg 2000, S. 589 f.; Ausst.-Kat. Coburg 2003, S. 18

297. Dhu Loch

Befund: um 1870; Material fraglich

Provenienz/Ort: Auftrag von Queen Victoria (die Queen wollte Maße und Fotografien als Vorlage schicken lassen); Verbleib unbekannt

Kommentar: Bevor Beckers erste Skizzen entstanden, hatte die englische Königin in privater Atmosphäre fünfzehn Jahre lang das Gebiet um Balmoral kennen gelernt und gezeichnet, z.B. den Loch Na Gar, die Gegend von Alt Na Ghuissach, den Wald von Abergeldie, Ben Na Bhourd, Loch Muick und eben auch Dhu Loch.

Quellen/Literatur: Hoffmann-Kuhnt (Hg.), Nürnberg 2000, S. 596

298. Der Dachstein

Befund: um 1871; Öl auf Leinwand

Provenienz/Ort: Verbleib unbekannt

Kommentar: Möglicherweise mit einem der beiden um 1864 eingeordneten „Dachstein"-Gemälden identisch.

Ausstellungen: Düsseldorf 1871

Quellen/Literatur: Verzeichnis der Kunstwerke auf der Ausstellung des Kunstvereins für die Rheinlande und Westfalen, 1871, S. 1, Nr. 9

299. Seeufer bei Osborne

Befund: 1871; 47,0 x 62,9 cm; Öl auf Leinwand; „August Becker.1871"

Provenienz/Ort: Auftrag von Queen Victoria im Sommer 1869 (bei Beckers Aufenthalt in Osborne), cirka 25,- £; Royal Collection, Schloss Windsor, Inv. Nr. RCIN 404076

Kurzbeschreibung: Rechts Strandufer mit einigen Steinen, links offene See mit einem Segelschiff. Im rechten Hintergrund Steilküste mit Leuchtturm.

Kommentar: Das Thema „Seeufer" war im 19. Jahrhundert zu einem beliebten Motiv geworden. Künstler verschiedener Richtungen malten es. In einer zeittypischen Ausstellungskritik wurde angemerkt: *„Besonders ist uns dabei aufgefallen, daß der Einfluß Osw.[ald, Anm. d. Vf.] Achenbach's, der in den letzten Jahren vorherrschend war, mehr zurückgetreten ist und die Richtung von Eugen Dücker nachdrücklich zu wirken scheint. Letzteres macht sich namentlich geltend in den tüchtigen Bildern von F. Hoppe und von Bochmann, die viel Schönes haben. Auch die große Regenlandschaft von C. Lüdecke verdient volle Anerkennung, und Albert Flamm, F.A. Ireland, H. Pohle, Keßler, Hermes, August Becker [...] dürften gleichfalls noch von den vielen Andern lobende Erwähnung beanspruchen."* (Zit. Kunstchronik, 6. Jg., Nr. 18, 7.7.1871, S. 150) Beckers wichtigste Jahre im Hinblick einer Erschließung neuer Absatzmärkte in aristokratischen Kreisen waren von 1864 bis 1876. Dieses kleine, ein wenig unscheinbare, 1871 entstandene Werk erlaubt dennoch Einblicke, warum es ab cirka 1871 bei ihm zu einer künstlerischen Regression kam. Neben einer zunehmenden Politisierung von Kunst, auch der beginnende Kulturkampf trug dazu bei, waren es vor allem die neuen Tendenzen in der Malerei: Impressionismus und Realismus, den z.B. der aus dem Baltikum stammende Eugène Gustav Dücker in Düsseldorf verbreitete. Die konservativ eingestellte englische Queen erfreute sich jedoch an Beckers Arbeit. Die unscheinbare Wirkung des Bildes ist auch auf das Fehlen einer atmosphärischen Wirkung zurück zuführen. Während er bei 20 bis 30 Arbeiten durchaus hohe Anerkennung verdient, sind eine ganze Reihe seiner Werke, so wie dieses Gemälde, von nur mittelmäßiger Qualität. Da er bei den Besuchen in England und Schottland ja immer konkrete Malaufträge zu erfüllen hatte, war er in seiner künstlerischen Bewegungsfreiheit recht eingeschränkt. Und wenn das einmal nicht der Fall war, wie bei den zehn 1864 entstandenen Ölskizzen, die er 1877 der Königin vorlegen ließ, zählen sie in der Regel zu den recht frei und mit lockerem Pinselstrich entstandenen Arbeiten.

Quellen/Literatur: Millar, Oliver, Cambridge 1992, vol. I, S. 33, no. 143, vol. II, pl. 96

300. Alpenglühen. Blick über einen Kärntner See (Traunsee). Vorne am Seeufer Rotwild

Befund: 1871; 64,0 x 94,0 cm; Öl auf Leinwand, doubliert; u.l.: „August Becker.1871"

Provenienz/Ort: Kunsthandel, Carola van Ham, Köln, Kunstauktionen, 1978

Kommentar: Der Traunsee bei Salzburg wurde von Becker 1860 bei einer großen Studienfahrt durch das Bayerische Hochland und Tirol erkundet und skizziert. Er befindet sich östlich von Salzburg, nordöstlich von Ischl, dem späteren Bad Ischl. In der Nähe des Sees befanden sich zahlreiche Sommerresidenzen der aristokratischen Kreise. Berühmt und auch Becker bekannt war jene Villa „Marstallier", welche als „Kaiservilla" von Franz Joseph I., Kaiser von Österreich, und dessen Ehefrau Elisabeth, Sissi genannt, bewohnt wurde. Ischl war das österreichische „Balmoral". Zu den kaiserlichen Gästen zählten wiederholt Carol I., Fürst und späterer König von Rumänien, ein Vetter des österreichischen Kaisers, mit Ehefrau, Napoleon III., Kaiser von Frankreich, mit Ehefrau, Amalie Auguste, Königin von Sachsen, Elisabeth, Königin von Preußen, und Wilhelm I., König von Preußen und späterer deutscher Kaiser. Becker schenkte der kaiserlichen Villa als Malgegenstand keine weitere Beachtung. Landschaftsveduten mit Schlossarchitektur wurden von ihm meistens gemalt, wenn es der jeweilige Besitzer in Auftrag gab (vgl. „Schloss Balmoral" (1865, Kat.-Nr. 228), „Schloss Monrepos" (1872, Kat.-Nr. 315), „Schloss Heiligenberg" (1874, Kat.-Nr. 331), „Schloss Peleş" (1883, Kat.-Nr. 406), Ausnahme: „Schloss Waldleiningen" (1863, Kat.-Nr. 211, u.ä.). Zum österreichischen Kaiserhaus unterhielt er keinerlei Kontakte. Einige Zeichnungen vom Traunstein bei dem gleichnamigen See hatte Becker bei der Studienreise von 1860 nur aus Pflichtgefühl gemacht. Eduard Stanislaus Graf von Kalckreuth galt als einer der besten Darsteller eines Alpenglühen, (z.B. „Watzmann im Abendlicht", 1867, Kunsthandel). Er kannte August Beckers Gemälde und äußerte sich lobend dazu. (Vgl. Emil, Prinz von Sayn-Wittgenstein-Berleburg, Brief an August Becker, 17. April 1858, in: Hoffmann-Kuhnt (Hg.), Nürnberg 2000, S. 330 f.) In der Gebirgslandschaft der Alpen fand dieser sein bevorzugtes Thema. Er siedelte 1858 nach Weimar über und leitete die neue Kunstschule bis 1876.

Quellen/Literatur: Kat. Carola Van Ham Kunstauktionen, 75. Auktion, Köln 1978, S. 108, Kat.-Nr. 1658

301. Das Kaisergebirge in Tirol

Befund: 1871; 105,0 x 187,0 cm; Öl auf Leinwand; signiert: „Aug. Becker"

Provenienz/Ort: Privatbesitz; Köln, Wallraf-Richartz-Museum; Kunsthandel, Lempertz, Kunstauktionen, 417. Auktion, 17.12.1941, cirka 3.400,- Mark

Kurzbeschreibung: Links bewaldetes, nach rechts hin ansteigendes Hochplateau. Drei Figuren und hohe Felsbrocken im rechten Vordergrund. Im Mittelgrund ein Tal, dahinter sehr viele Wolken.

Kommentar: Als Staffage lassen sich erkennen: zwei Männer mit einem Packpferd und eine weibliche Person. Zum Fotoatelier sei erwähnt: Gustav Overbeck wurde im Künstlerverein „Malkasten" unter dem Namen „Overbeck II" von 1861 bis 1879 als Fotograf unter den außerordentlichen Mitgliedern verzeichnet. Das Atelier wurde schon 1858 auf dem damaligen Steinweg, der späteren Schadowstraße, gegründet. Der Bruder Arnold Overbeck war sein Geschäftspartner und hatte zeitweise an der Düsseldorfer Akademie Landschaftsmalerei studiert. (Vgl. Düsseldorf und seine Fotografie. Bericht für das Kulturdezernat Düsseldorf von Ilsabe und Gerolf Schülke, Stadtarchiv Düsseldorf) Aus dem handgeschriebenen Lebenslauf zu A. Becker geht die Käufer-Angabe „Kaufmann Heuser aus Köln" hervor. Die Familie Heuser war im Kölner Stadtleben bedeutend. Franz Heuser (1803, Gummersbach–1870, Rom, evangelisch) war Kaufmann, Teilhaber der Firma P.G. Heuser & Söhne (Manufakturwaren), Unternehmer, Stadtverordneter 1862–1866, Mitbegründer der Cölnischen Lebensversicherungs-Gesellschaft AG Concordia, Aufsichtsratsvorsitzender der Kölner Maschinenbau-Gesellschaft, Mitglied des (Cenral-)Dombauvereins und weiterer Gremien. Er war der Bruder von Georg Heuser sowie der Vater von Robert Heuser und Onkel von Georg August Heuser. Einer aus dieser Familie war als Erwerber des Gemäldes gemeint, z.B. Bruder Georg August Heuser (1830 Ronsdorf–1903 Linz/Rhein, evangelisch) oder Sohn Robert Heuser (1837 Köln–1898 Köln). Beide waren auch Kaufleute und Teilhaber der Firma. Ihre politische Gesinnung war liberal, sie gehörten der Deutschen Fortschrittspartei an. (Vgl. Der Kölner Rat, Band 1, Biographisches Lexikon 1794–1919, bearbeitet von Thomas Deres, Köln 2001, S. 118–120) Das Bild wurde innerhalb der Familie an Franz Otto Heuser weiter gegeben, der es 1901 dem Kölner Museum vermachte. Eine historische Fotografie, Nachlass, Mappe „Tirol & Baiern", nicht katalogisiert; auf dem Karton Aufdruck: „Foto: G. und A. Overbeck Düsseldorf"; im Foto u.l.: „August Becker", ließ sich zuordnen.

Quellen/Literatur: Ernst Becker, Lebenslauf zu August Becker, Düsseldorf, KVM 552; Thieme-Becker, Bd. 3, Stichwort „Becker, August", S. 144; Verzeichnis der Gemälde des Wallraf-Richartz-Museum, Köln 1914, S. 320, Kat.-Nr. 880; Kat. Lempertz, Köln 1941, Auktion Nr. 417,

Kat.-Nr. 7, Abb. 3; Saur, AKL, Bd. VIII, 1994, Stichwort „Becker, August", S. 154; Lexikon der Düsseldorfer Malerschule 1819–1918, Düsseldorf [u.a.] 1997–1998, Bd. I, Stichwort „Becker, August", S. 88

302. Schloss Heiligenberg bei Jugenheim (Nahsicht)

Befund: um 1872; 28,5 x 39,0 cm; Bleistift/Papier

Provenienz/Ort: Privatbesitz

Kurzbeschreibung: Rechts befindet sich das villenartige Gebäude mit italienischem Turm, links bergiges Terrain.

Kommentar: Diese und eine weitere Studie dienten Becker möglicherweise für ein Gemälde.

303. Schloss Heiligenberg bei Jugenheim (Fernsicht)

Befund: um 1872; 28,5 x 39,0 cm; Bleistift/Papier

Provenienz/Ort: Privatbesitz

Kurzbeschreibung: Ähnliche Komposition wie in „Schloss Heiligenberg bei Jugenheim (Nahsicht)" (um 1872), jedoch von einem entfernteren Standpunkt aus gezeichnet. Die Maße der Blätter sprechen dafür, dass beide Zeichnungen aus einem Skizzenbuch der Schweiz-Reise von 1872 stammen, evtl. sogar aus dem gleichen wie „Gais bei Appenzell in der Schweiz" (1872) und „Seealpsee im Säntis" (1872).

304. Gais bei Appenzell in der Schweiz

Befund: 1872; 28,5 x 39,0 cm; aquarellierte Zeichnung/Papier; u.l.: „Gais, d.27 July 1872"; mittig: „Moor"

Provenienz/Ort: Privatbesitz

Kurzbeschreibung: Blick von einer Böschung auf sehr bergiges Terrain.

Kommentar: 1872 unternahm Becker im Auftrag von Leopold, Erbprinz von Hohenzollern eine weitere Schweiz-Studienfahrt, in das Appenzeller Land. Appenzell liegt auf halber Strecke zwischen der Weinburg und Ragaz (Wallenstädter See), ein paar Kilometer nördlich von Werdenberg, wo Becker ja schon in Leopolds, Erbprinz von Hohenzollern, Auftrag im Jahr 1865 war. Schon in der damaligen Reiseliteratur heißt es, dass der Kanton Appenzell lange außerhalb der großen Touristenstraße lag. Erst durch die Fortführung der Eisenbahn bis zum Bodensee hatte sich das geändert. Der Touristenansturm wie ihn das Berner Oberland zu verzeichnen hatte, war hier allerdings noch nicht eingetreten. Einige Zeichnungen haben sich auch von dieser Tour erhalten. Beim Säntis konnte Becker wieder Gletscherstudien betreiben. Gais liegt etwa eine Wanderstunde von Appenzell entfernt. Gais war berühmt für seine Molkenkuren. So kehrte dort auch Leopold, Erbprinz von Hohenzollern, häufig ein. Zwei aquarellierte Zeichnungen, „Gais bei

Appenzell in der Schweiz", sind wahrscheinlich als Vorlage für ein größeres Ölgemälde angelegt worden: *"Mein Bruder schrieb mir vor einiger Zeit u. ist mit der Wahl des Wallensees von Westen aus ganz einverstanden – in betreff des zweiten Bildes überläßt er mir die Bestimmung ob Seewies mit der Scesa plana oder der Säntis von Gais – die ich hiermit auf Sie übertrage, da der Maler oft mehr Vorliebe für ein Sujet hat – wie für ein anderes u. dasselbe mit mehr Erfolg bearbeitet; – also wählen Sie selber – die Bilder brauchen nicht vor Anfang des nächsten Jahres fertig zu sein."* (Zit. Leopold, Erbprinz von Hohenzollern, Brief an August Becker, 28. Oktober 1872, in: Hoffmann-Kuhnt (Hg.), Nürnberg 2000, S. 604 f.)

Quellen/Literatur: August Becker, Brief an Leopold, Erbprinz von Hohenzollern-Sigmaringen, 13. Juli 1872, Darmstadt, Hessisches Landesmuseum, Graphische Sammlung, Orden und Auszeichnungen, ohne Inv. Nr. [bei HZ K 44]; Hoffmann-Kuhnt (Hg.), Nürnberg 2000, S. 604 f., Tafel X unten

305. Gais bei Appenzell in der Schweiz

Befund: 1872; 28,5 x 78,0 cm; Doppelblatt; aquarellierte Zeichnung/Papier; rechtes Blatt u.l.: „Gais, d. 27 July 1872"

Provenienz/Ort: Privatbesitz

Kurzbeschreibung: Panoramaartige Bergkette.

Quellen/Literatur: August Becker, Brief an Leopold, Erbprinz von Hohenzollern-Sigmaringen, 13. Juli 1872, Darmstadt, Hessisches Landesmuseum, Graphische Sammlung, Orden und Auszeichnungen, ohne Inv. Nr. [bei HZ K 44]; Hoffmann-Kuhnt (Hg.), Nürnberg 2000, S. 604 f., Tafel X oben

306. Uferszene

Befund: 1872; 28,5 x 39,0 cm; Bleistift/Papier; u.r.: „Es ist zu heiß"

Provenienz/Ort: Privatbesitz

Kurzbeschreibung: Im Vordergrund eine Uferszene, zu beiden Seiten ansteigendes Gebirge, Berg mit markanter Spitze im Hintergrund.

Kommentar: Im Skizzenbuch zwischen Gais bei Appenzell und dem Seealpsee.

Quellen/Literatur: Hoffmann-Kuhnt (Hg.), Nürnberg 2000, Tafel XI oben

307. Seealpsee im Säntis

Befund: 1872; 28,5 x 39,0 cm; Bleistift/Papier; u.r.: „Seealpsee im Säntis Appenzell 28 July 72"; darüber: „Luft von oben. Stimmung der Oberseestudie, Schattentöne mehr gebrochen. Vorgrundterrain im Licht sehr saftig. Mittelgrund hinter dem See starke Abstufungsscala violetliche Geröllsteine mit glänzendem D[…] Dunkel saftig grüne Binsen am Ausfluß des Sees. See blaugrün im Vordergrund, Steine unter Wasser. Stämme im Wasser silbergrau mit schwarzen Draufsichten"

Provenienz/Ort: Privatbesitz

Kurzbeschreibung: Im Vordergrund Uferszene. Links im Mittelgrund ein See, dahinter ansteigendes Gebirge.

Kommentar: Den Gletscher des Säntis hat Becker spätestens 1875 zu einem Ölgemälde fertig gestellt. Eine lobende Kritik ist nämlich durch Leopold, Erbprinz von Hohenzollern, überliefert, auf dessen Wunsch Becker zum Säntis gereist war. Der Alpsee liegt etwa zwei Wanderstunden südlich von Appenzell. Die vielen Notizen, welche Becker der Zeichnung beigab, deuten indes darauf hin, dass er von Anfang an, mit einer Ausführung zum Gemälde rechnete. Tatsächlich befinden sich im Bukarester Nationalmuseum zwei Gemälde mit Alpenseen, welche allerdings eher der Skizze vom Wallenstädter See (aus Skizzenbuch IV) entsprechen. Überliefert ist, dass Becker ein Säntis-Gemälde dorthin, an den Hof von Leopolds Bruder, Carol I., Fürst von Rumänien, schickte. Dieser besaß auch weitere Arbeiten über die Schweiz, z.B. „Die Schweiz von Gsellfels". (Vgl. Königliche Hofkunst- und Buchhandlung von Hermann Manz, Rechnung an Carol I., Fürst von Rumänien, 1. Februar 1877, Bukarest, Rumänisches Nationalarchiv, Casã Regalã, Dosar Nr. 82/1877, 2)

Quellen/Literatur: August Becker, Brief an Leopold, Erbprinz von Hohenzollern-Sigmaringen, 13. Juli 1872, Darmstadt, Hessisches Landesmuseum, Graphische Sammlung, Orden und Auszeichnungen, ohne Inv. Nr. [bei HZ K 44]; Hoffmann-Kuhnt (Hg.), Nürnberg 2000, Tafel XI unten

308. Landschaft aus Tirol

Befund: um 1872; Öl auf Leinwand

Provenienz/Ort: Verbleib unbekannt

Kommentar: Tiroler Ansichten sind auf verschiedenen Ausstellungen in dieser Zeit gezeigt worden. In Düsseldorf sollte das Bild 450,- Thaler kosten (1872).

Ausstellungen: Düsseldorf 1872; Düsseldorf 1874; Breslau 1875

Quellen/Literatur: Verzeichnis der Kunstwerke auf der Ausstellung des Kunstvereins für die Rheinlande und Westfalen, 1872, S. 1, Nr. 10; Verzeichnis der Kunstwerke auf der Ausstellung des Kunstvereins für die Rheinlande und Westfalen, 1874, S. 1, Nr. 12; Kat. Kunstausstellung des Breslauer Kunstvereins, 1875, S. 4, Nr. 30; Ernst Becker, Lebenslauf zu August Becker, Düsseldorf, KVM 552

309. Blick ins Inntal (Brixlegg)

Befund: um 1872; 107,0 x 188,5 cm; Öl auf Leinwand; originaler Prunkrahmen (Risse im Holz)

Provenienz/Ort: Kunsthandel, Carola Van Ham, Köln, Kunstauktionen, 30. Oktober 1999; Privatbesitz

Kurzbeschreibung: Abschüssiges Gelände, links kleine Häuser, rechts eine Kirche auf Anhöhe, davor zahlreiche Staffagefiguren, im Mittelgrund ein breites Tal mit Fluss, links eine Burg, weiter Blick in den bergigen, sehr dunstigen Hintergrund.

Kommentar: Die hohen Bewertungen, wie sie Arbeiten von Beckers Malerkollegen, welche sich nach 1871 den neuen Maltechniken und sozial bedeutsamen Themen aufgeschlossen zeigten, werden die idyllischen, spätromantischen Landschaften von August Becker nicht erreichen und somit auch für Sammler mit kleineren Geldbeuteln erschwinglich bleiben. Den vordersten Preisplatz belegt derzeit dieses Bild (Stand: November 2004). Obgleich es undatiert ist, lässt sich die Entstehungszeit eingrenzen. Becker bereiste das Inntal auf Studienreisen in den Jahren 1868 und 1869. Davon haben sich Zeichnungen und Tagebucheintragungen erhalten. Aber auch im Skizzenbuch II hat sich eine Zeichnung dem Gemälde zuordnen lassen. D.h. erste Ideen für dieses bedeutende Werk reichen wahrscheinlich bis ins Jahr 1862 zurück. 1872 erwarb der Eisenindustrielle Albert Poensgen aus Düsseldorf ein Gemälde, betitelt „Brixlegg im Inntal". In dieser Zeit dürfte auch das bei Van Ham veräußerte Bild entstanden sein. Im Nachlass des Malers befinden sich eine Zeichnung, bezeichnet „Brixlegg" (Kat.-Nr. 287), und ein historisches Foto nach dem Gemälde, Mappe „Tirol & Baiern", nicht katalogisiert. Das „Meisterhafte" an dem Bild ist die gelungene Fernblick-Suggestion. Denn obgleich der Vordergrund – wie so häufig bei Becker – fast zu dunkel erscheint, kommt eine harmonische Gesamtwirkung durch den helleren Mittel- und Hintergrund zustande. Sie „neutralisieren" die dunklen Partien.

Quellen/Literatur: Aukt.-Kat. Van Ham, 190. Auktion 28.–30. 10. 1999, S. 122, Nr. 1346, Farbtafel 78; http://www.artnet/faad/auctionsonline.asp (Nr. 5) (im Auftrag des Verfassers abgerufen am 12. Dezember 2002); Weltkunst 9/2003, S. 1109, 1111

310. Brixlegg im Inntal

Befund: 1872; Öl auf Leinwand

Provenienz/Ort: Verbleib unbekannt

Kommentar: Der Käufer, Eisenindustrielle Albert Poensgen aus Düsseldorf, war Mitglied einer der bedeutendsten Industriellenfamilien des Rheinisch-westfälischen Industrievereins. Sowohl der Vater, als auch der Sohn hießen Albert mit Vornamen. Kommerzienrat Albert Poensgen wurde 1818 geboren und kam von Gmünd 1860 nach Düsseldorf. Die evangelische Familie wohnte zunächst in der Schadowstraße und zog später in die Königsallee, eine der prachtvollsten Flaniermeilen des damaligen Deutschen Reiches. Poensgen unterhielt u.a. eine Walzröhrenfabrik. Er starb 1880 in Düsseldorf. Als Besitzer des Gemäldes kommt nur Albert Poensgen d.Ä. in Betracht, da der Sohn Albert erst am 1856 geboren wurde. Dieser promovierte später zum Dr. med. und war ab 1890 als erster Facharzt für Chirurgie in Düsseldorf tätig. Heute gibt es noch die Poensgen-Gruppe, zu der die Waschmaschinenfabrik Gebr. Poensgen GmbH zählt. 2006 wird die in der Unternehmensberatung tätige Poensgen Stiftung ihr 50-jähriges Jubiläum feiern. Entstanden ist das Gemälde nach Skizzen und Studien, welche Becker 1869 auf einer Studienfahrt nach Brixlegg gemacht hatte. Das vorliegende Gemälde könnte mit dem in der vorigen Katalognummer genannten Bild identisch sein. Recherchen zur Klärung der Frage blieben leider unbeantwortet.

Quellen/Literatur: Ernst Becker, Lebenslauf zu August Becker, Düsseldorf, KVM 552; Weltkunst 9/2003, S. 1111

311. Arktische Landschaft mit sinkendem Schiff

Befund: 1872; 62,8 x 94,7 cm; Öl auf Leinwand (Ölstudie); u.l.: „August Becker 14/6 1872"; mehrere Übermalungen von fremder Hand

Provenienz/Ort: Privatbesitz; Darmstadt, Städtische Kunstsammlungen, Inv. Nr. MA 833

Kurzbeschreibung: Eisschollen mit Eisbärenstaffage, in der Bildmitte kleine offene Stelle im Eis, dahinter das Wrack eines Schiffes, im Hintergrund ins Phantastische übersteigerte Eisberge.

Kommentar: Es gibt von Becker auch ein vollendetes Gemälde einer gescheiterten Schiffsexpedition. Ebenso existiert auch eine passende Einzel-Studie im Skizzenbuch II, auf der ein Eisbär zu sehen ist. In der Royal Collection befindet sich von dem amerikanischen Maler William Bradford ein ähnliches Gemälde „The Panther in Melville Bay". Dargestellt ist unter dem Licht der Mitternachtssonne in der Melville Bay der Dampfer „Panther" zwischen Eisbergen. Angeregt wurde dieser Künstler durch eine Expedition in die arktischen Regionen 1869, an der er persönlich teilnahm. 1873 publizierte Bradford den Band „The Arctic Regions", illustriert mit zahlreichen Fotos. Auch dieses Buch mag Becker zu der Ölskizze und dem verschollenen Gemälde angeregt haben. Zu der vorliegenden Ölskizze wurde in der Vergangenheit nicht ganz zu Unrecht der Vergleich mit Caspar David Friedrichs Gemälde „Gescheiterte Hoffnung" in der Hamburger Kunsthalle aufgestellt. In beiden Fällen handelt es sich um die Darstellung einer Schiffskatastrophe. Auf der London-Reise von 1854 hatte August Becker zusammen mit A. Achenbach eine Schiffswerft besucht. A. Achenbach schuf 1842 mit dem großformatigen Bild „Der Untergang der Präsident" (180,0 x 225,0 cm) eines der berühmtesten Katastrophenbilder der Zeit. Die „Präsident" verschwand im März 1841 spurlos auf der Rückfahrt von Southampton nach New York. A. Achenbach kassierte für das Gemälde rund 1.528,- Thaler. Soviel verdiente Becker mit seinen Gemälden nie. Durchschnittlich wurden die Gemälde für 300,- Thaler gehandelt. In den 1880er Jahren erzielten seine Arbeiten auch weit über 1.500,- Mark oder sogar etwas mehr. Vergleichsweise verdiente ein Akademiedirektor in Düsseldorf um 1840 cirka 3.000,- Thaler im Jahr.

Ausstellungen: Darmstadt 2002

Quellen/Literatur: Ausst.-Kat. Darmstadt 2002, S. 29 Abb. 22; Rhein Zeitung, 11.9.2002; Frankfurter Rundschau, Oktober 2002; Höchster Kreisblatt, 12.10.2002

312. Arktische Landschaft

Befund: um 1870; Öl auf Leinwand

Provenienz/Ort: Privatbesitz (zumindest bis 1938); Verbleib unbekannt

Kurzbeschreibung: Eisdecke mit zahlreichen Personenstaffagen, links im Mittelgrund das Wrack eines Schiffes, im Hintergrund ins Phantastische übersteigerte Eisberge.

Kommentar: Das Gemälde ist eines der seltenen Stücke, auf denen die Handlung von Menschen, ihr Fußmarsch weg vom Schiffswrack zum nächstgelegenen belebten Ort, die der Landschaftsdarstellung überwiegt. Eine Ölstudie vom 14.6.1872 könnte zu den Vorarbeiten für dieses Gemälde gehören. In Skizzenbuch II finden sich interessante Eintragungen. Becker notierte die Buchtitel verschiedener Autoren, die von Polarexpeditionen handeln und weiter: „Attempt to reach the North Pole by Cpt. Parry London 1818". Sir William Parry (1790–1855) unternahm ab 1811 eine Vielzahl von Fahrten in nordpolare, amerikanische Gewässer. Seine Beobachtungen publizierte er in „Four voyages to the North Pole", 6 vol., 1828–1833. Nach seinem Tod brachte der Sohn Edward die „Memoires of Sir William Edward Parry" (Oxford 1857) heraus. Becker hegte seit der Schulzeit ein besonderes Interesse für Geologie. Zudem war er lange Zeit Mitglied im Verein für Erdkunde zu Darmstadt, einer Institution, die nach der Liquidation im Dritten Reich 1979 wieder neu gegründet wurde. Ein zweiter Eintrag findet sich in dem Skizzenbuch direkt darunter und kommt als Ideenquelle für dieses leider verschollene Gemälde am ehesten in Frage: „Franklin's Narrative of a sea journey o [sic!] shores of the polar sea, London 1828". [John Franklin: Narrative of a journey to the shores of the Polar Sea, in the years 1819–22, 2 Bd., 1824] Auf Deutsch erschienen Franklin's frühere Reiseberichte bereits 1823 bis 1829. Sir John Franklin (1786–1847) übernahm nach mehreren Seefahrten am 19.5.1845 die Leitung einer Expedition, welche nach dem 26.7.1845 in Melvillebai verschollen war. 1859 fand man Überreste und schriftliche Nachrichten. Die Schiffe waren demnach vor der Nordspitze von King-Williams-Land, am 70. Grad n. Br. im Eis festgehalten worden. Franklin starb hier nach

Überstehen eines zweiten Winters. 105 Überlebende verließen am 22.4.1848 die Schiffe, verhungerten jedoch beim Versuch, das Festland und die Station der Hudsonbaikompanie zu erreichen. Als Becker seine Notizen ins Skizzenbuch eintrug, war die Entdeckung der Überreste gerade zwei Jahre her. Vielleicht hatte er die Buchtitel durch Gespräche mit Malerkollegen erhalten. Im Reisetagebuch erwähnt er u.a. den Schweizer Landschaftsmaler Alexandre Calame.

Quellen/Literatur: Emmerling, Darmstadt 1938, Bd. 3, Abb. IV

313. Schloss Monrepos (bei Wied)

Befund: 1872; 31,0 x 45,0 cm; Bleistift/Papier, leicht aquarelliert

Provenienz/Ort: Kunsthandel

Quellen/Literatur: Versteigerungskatalog...von Gemälden...aus dem Besitz Ch. Bougard...Aachen, A. Creutzer, 1908, Nr. 324, in: Die Kunstdenkmäler des Kreises Neuwied, Düsseldorf 1940, S. 268, Nr. 9

314. Schloss Monrepos

Befund: 1872; 50,0 x 67,0 cm; Bleistift/Papier, leicht aquarelliert

Provenienz/Ort: Kunsthandel

Quellen/Literatur: Versteigerungskatalog...von Gemälden...aus dem Besitz Ch. Bougard...Aachen, A. Creutzer, 1908, Nr. 324, in Die Kunstdenkmäler des Kreises Neuwied, Düsseldorf 1940, S. 268, Nr. 9

315. Schloss Monrepos

Befund: um 1872; Öl auf Leinwand

Provenienz/Ort: Auftrag von Josephine von Baden, Mutter von Leopold, Erbprinz von Hohenzollern, als Geschenk für die Fürstin von Wied; Verbleib unbekannt

Kommentar: August Becker besuchte auch mehrmals die frühere Heimat der späteren Königin Elisabeta von Rumänien mit dem Künstlernamen Carmen Sylva in Wied. 1872 hatte er den Auftrag erhalten, eine Landschaftsvedute, eine Landschaft mit Portraitcharakter, von Schloss Monrepos für Carmen Sylvas Mutter, Fürstin Marie zu Wied anzufertigen. Im Sommer 1872 nutzte Becker einen viertägigen Aufenthalt in Schloss Monrepos für Malstudien. Becker hielt die Abendbeleuchtung für seine Studien am besten geeignet. Das Schloss Monrepos beherbergt heute ein Archäologisches Museum. Das ursprüngliche Gebäude steht nicht mehr. Friedrich Alexander, Fürst zu Wied, ließ jenes Schloss am Abhange des Westerwaldes über Neuwied, zum Rheintal hin, als Sommersitz und Lusthaus durch den Meister Behagel von Adlerskron aus Frankfurt a.M. errichten (Fertigstellung 1767). In einem Brief von Marie, Fürstin zu Wied, an Maria, Gräfin von Flandern, wird Beckers Aufenthalt in Wied erwähnt: *„Mein stilles Leben ist sehr gemüthlich, wird unterbrochen durch viele Besuche, die meist recht angenehm sind. Sonntag überraschte mich der treue Becker (Antoinette & Becker) & ich verdankte ihnen einen sehr angenehmen halben Tag. Er kam glaube ich nur, um von Euch zu hören. Wir lebten in Erinnerungen. Ueber die Verlobung der lieben kleinen Strachwitz freute ich mich sehr – bitte sage ihr dies nebst den allerherzlichsten Glückwünschen."* (Zit. Marie, Fürstin zu Wied, Brief an Maria, Gräfin von Flandern, 3. November 1874, Bukarest, Rumänisches Nationalarchiv, Casă Regală, Elisabeta, VIII 268, 1-4; Quellenanhang 17) Für die Hochzeit der erwähnten Gräfin Strachwitz hat Becker kurze Zeit später auch ein Gemälde angefertigt. (Vgl. „Ansicht von Inzighofen", 1873, Kat.-Nr. 319)

Quellen/Literatur: August Becker, Brief an Leopold, Erbprinz von Hohenzollern, 13. Juli 1872, Darmstadt, Hessisches Landesmuseum, Gr. Slg. „Orden und Ausstellungen", ohne Inv. Nr. [bei HZ K 44]; Hoffmann-Kuhnt (Hg.), Nürnberg 2000, S. 603 f.

316. Abend im bayerischen Hochgebirge

Befund: um 1872; Öl auf Leinwand

Provenienz/Ort: Verbleib unbekannt

Kommentar: In der Kunstpresse hieß es u.a.: *„Auf der Permanenten Kunstausstellung von Bismeyer & Kraus* [in Düsseldorf, Anm. d. Vf.] *waren jüngst zwei große Landschaften aus Ober-Bayern von August Becker zu sehen, die sich durch klare Farbe und strenge Durchbildung vortheilhaft auszeichneten…"* (Zit. Kunstchronik, 7. Jg., Nr. 12, 22.3.1872, S. 221)

Ausstellungen: Wien, Jahresausstellung im Kunsthaus 1872

Quellen/Literatur: Boetticher, Nr. 19

317. Morgen im bayerischen Hochgebirge

Befund: um 1872; Öl auf Leinwand

Provenienz/Ort: Verbleib unbekannt

Kommentar: Wahrscheinlich als Pendant zum „Abend im bayerischen Hochgebirge" entstanden. In diesem Fall wäre eine Zuordnung des Zitats aus der Kunstchronik (Kat.-Nr. 316) nahe liegend.

Ausstellungen: Wien, Jahresausstellung im Kunsthaus 1872

Quellen/Literatur: Boetticher, Nr. 20

318. Landschaft am Abend (Abendbeleuchtung)

Befund: 1872; Ölstudie

Provenienz/Ort: Verbleib unbekannt

Kommentar: Auf der Schweiz-Reise 1872 gemalt. Beckers Aufbruch erfolgte am 6. Juli 1872. Über Basel und Zürich reiste er nach Weesen, am Wallensee. In Michelbach machte er auf der Rückreise nach Düsseldorf vier Tage Halt, um ein Monrepos-Gemälde fertig zu stellen. Das Schlösschen Michelbach hatte sein Schwiegervater, der Leinenhändler David Domer aus Frankfurt a.M., bereits in den 1850er Jahren erworben und später auf dem Gelände ein Atelier für August Becker errichten lassen.

Quellen/Literatur: August Becker, Brief an Leopold, Erbprinz von Hohenzollern, 13. Juli 1872, Darmstadt, Hessisches Landesmuseum, Gr. Slg. „Orden und Ausstellungen", ohne Inv. Nr. [bei HZ K 44]

319. Ansicht von Inzighofen

Befund: 1873; Öl auf Leinwand

Provenienz/Ort: Hochzeitsgeschenk für Gräfin Adele von Strachwitz, Hofdame der Erbprinzessin von Hohenzollern-Sigmaringen; Verbleib unbekannt

Kommentar: Für die in England verkauften Gemälde wurde bereits herausgestellt, dass neben den Hauptaufträgen durch Queen Victoria auch Vertraute der Königin und hohe Staatsbeamte als weitere Kaufinteressenten auftraten. Auch die höfischen Angestellten in Sigmaringen wurden auf Becker durch seine Arbeiten für Carl Anton, Fürst von Hohenzollern, und seine Familie aufmerksam. Im Deutschen Kaiserreich wurden seine Bilder einem bürgerlichen Publikum vor allem durch die Kunstvereinsausstellungen zugänglich. Inzighofen liegt im Donautal bei Sigmaringen. Beckers Bild stellte eine Landschaft dar, die der künftigen Besitzerin aus eigener Anschauung vertraut war.

Quellen/Literatur: Hoffmann-Kuhnt (Hg.), Nürnberg 2000, S. 608

320. Gebirgssee I

Befund: 1873; 78,6 x 125,4 cm; Öl auf Leinwand; u.l.: „August Becker.1873"; verso: „PRPR 136 878 8844 GG"; u.l. Aufkleber: „878 7-2.7."; Farbfehlstellen unten links, viele Krakelüren, Bild verschmutzt

Provenienz/Ort: Königlicher Palast in Bukarest; nach 1946 Muzeul Național de Artă, Bukarest, Inv. Nr. 8844/878

Kurzbeschreibung: Uferzone im Vordergrund, die sich nach links in den Mittelgrund zieht. Rechts und mittig ein See, im Hintergrund hohe Berge, zum Teil spitzförmig zulaufend.

Kommentar: Ein typisches Gemälde Beckers aus den 1870er Jahren ist jenes von diesem Alpensee, der von Landeskundlern entweder als Traunsee (lt. Auskunft des Kammerhofmuseums, Bad Aussee), als Silser See (lt. Auskunft des Bündner Kunstmuseums, Chur) oder als Hallstätter See (lt. Angabe im Kunsthandel) bezeichnet wurde. Von einer eindeutigen Benennung ist daher abzusehen, zumal auch eine starke Ähnlichkeit in den Bergkonturen – direkt über der Siedlung am rechten Mittelgrund – mit dem 1869 entstandenen Gemälde „Der Wallenstädter See (mit Boot und Segel)" besteht. Spätestens zu diesem Zeitpunkt erhielt Becker regelmäßig Malaufträge durch Carol und Elisabeta, Fürst und Fürstin von Rumänien. In einem Brief, den Carmen Sylva 1873 auf der Rückreise nach Bukarest über Wien an ihren Schwiegervater, Carl Anton, Fürst von Hohenzollern, schrieb, erwähnt sie den Maler Becker: *„Gestern Morgen habe ich noch Einiges gekauft, auch einige Kleinigkeiten für die Mütter & Antoinette, & eine Mappe die Antoinette & ich dem Maler Becker schenken wollen."* (Zit. Carmen Sylva, Brief an Carl Anton, Fürst von Hohenzollern, 17. August 1873, Bukarest, Rumänisches Nationalarchiv, Casă Regală, Personale Elisabeta V/109-140, 1869-1879, V 119, 35; Quellenanhang 16) Eine weitere, fast identische und in den Maßen nahezu gleiche Fassung vom dem Gemälde tauchte 1993 im deutschen Kunsthandel unter dem Titel „Sommerabend am Hallstätter See. Blick über den See auf Hallstadt und das Dachsteingebirge" auf. Viele schwer zugängliche Gebirgspässe waren beim Kunst liebenden Publikum besonders gefragt. Daher nahmen Becker und seine Kollegen auch solche Landschaftsgegenden in ihr Repertoire auf. Die später im Atelier zusammenkomponierten Naturszenerien waren ebenfalls beliebt, weil sie vermeintlich urwüchsige, unberührte Gegenden zeigten. (Vgl. auch Krohn Heinrich, Welche Lust gewährt das Reisen! Mit Kutsche, Schiff und Eisenbahn, 2. Aufl.,

München 1987, S. 16–37) Das vorliegende Gemälde war im Palatul Calea Victoriei, benannt nach der bedeutendsten Prachtstraße der rumänischen Hauptstadt, untergebracht. Von diesem Königsschloss ist heute in der Bukarester Innenstadt nichts mehr erhalten. In den 1920er Jahren baute man dort den noch heute existierenden Palast, in dem jetzt das Nationalmuseum untergebracht ist.

Quellen/Literatur: Weltkunst 9/2003, S. 1110 (m. Abb.)

321. Gebirgssee II

Befund: um 1873; 79,0 x 125,0 cm; Öl auf Leinwand; u.l.: „August Becker"

Provenienz/Ort: Kunsthandel, Carola Van Ham, Köln, Kunstauktionen, 29.10.1993

Kurzbeschreibung: Uferzone im Vordergrund, die sich nach links in den Mittelgrund zieht. Rechts und mittig ein See, im Hintergrund hohe Berge, zum Teil spitzförmig zulaufend.

Kommentar: Blick über den Gebirgssee, der bei dem Auktionshaus als Hallstätter See angegeben wurde. Eine Replik des Gemäldes befindet sich in Bukarest (Kat.-Nr. 320). Die geographische Bestimmung ist zweifelhaft.

Quellen/Literatur: Aukt.-Kat. 150, Oktober 1993, Nr. 1196, Tafel 156; http://www.artnet/faad/auctionsonline.asp (Nr. 15) (im Auftrag des Verfassers abgerufen am 12. Dezember 2002)

322. Tiroler Landschaft

Befund: um 1873; Öl auf Leinwand

Provenienz/Ort: Verbleib unbekannt

Kommentar: Bei der Besprechung der Sammlungen und Ausstellungen in Düsseldorf fanden auch Gemälde Beckers zur Tirol-Thematik Erwähnung: *„August Becker bewährte in zwei Tyroler Landschaften seinen alten Ruf."* (Zit. ZfBK, IX. Jg., Nr. 28, 24. April 1874, S. 450) Es ist für 700,- Thaler in Köln ausgepreist gewesen. Lt. Liste der im dortigen Kunstverein ausgestellten Gemälde hat Becker nur einmal in Köln ausstellen lassen. Angesichts regelmäßiger Beschickungen nach Breslau, Hannover, Hamburg, um nur einige Städte zu nennen, ist es merkwürdig, weshalb die Ausstellungen des Kölner Kunstvereins für ihn keine regelmäßige Absatzmöglichkeit gebildet haben sollen. Immerhin stellte er in Köln 1861 sieben Gemälde auf der II. Allgemeinen Deutschen und historischen Kunstausstellung aus. Bei den beiden erwähnten Gemälden kann es sich auch um „Abend und Morgen im bayerischen Hochgebirge" (Kat.-Nr. 316 und 317) handeln, denn das bayerische Hochgebirge umfasst, geologisch gesehen, Tirol, wenngleich es eigentlich zu Österreich gehört.

Ausstellungen: Köln 1873

Quellen/Literatur: ZfBK, IX. Jg., Nr. 28, 24. April 1874, S. 450; Kölnischer Kunstverein. Einhundertfünfzig Jahre Kunstvermittlung, hg. von Peter Gerlach, Köln 1989, Band S, Kunstvereinsmenü (Diskette)

323. Abendliche Landschaft (Inntal)

Befund: 1873; 17,7 x 23,0 cm; Öl auf Holz, Ölstudie; u.r.: „AB.73"

Provenienz/Ort: Privatbesitz

Kurzbeschreibung: Im Vordergrund ein Weiher, zu beiden Seiten im Mittelgrund Baumgruppen, im Hintergrund Gebirge mit einem Gebäudekomplex.

Kommentar: Es handelt sich um eine Ölstudie für ein „Inntal-Gemälde" (Kat.-Nr. 324) Sehr typisch ist die dunkelrote Farbe, welche in passender Weise die Abendstimmung wiedergibt. Im Hintergrund sind Berge mit einem Gebäude zu erkennen. In Europa waren kaum noch unentdeckte Landschaften zu erschließen, so dass sich für die Landschaftsmaler langsam ein Dilemma entwickelte. Eine Lösung bot sich in der so genannten Heimatmalerei an.

324. Inntal

Befund: nicht vor 1873; historische Fotografie nach einem Ölbild, Mappe „Tirol & Baiern", nicht katalogisiert, auf dem Karton mit Bleistift vermerkt: „Innthal"

Provenienz/Ort: Nachlass

Kurzbeschreibung: Im Vordergrund ein Weiher, zu beiden Seiten im Mittelgrund Baumgruppen, im Hintergrund dunstiges Gebirge mit einem Gebäudekomplex.

Kommentar: Das Gemälde trägt verwandte Züge mit den Waldlandschaften, die Anfang der 1870er Jahre entstanden. Da bisher eine eindeutige topographische Einordnung derselben unmöglich war, ist das vorliegende Foto von besonderem Interesse. Zu diesem historischen Foto lässt sich eine Ölstudie zuordnen. Da diese datiert ist, kann auch die Entstehung des Gemäldes eingegrenzt werden.

325. Waldlandschaft (licht)

Befund: um 1873; 108,0 x 190,0 cm; Öl auf Leinwand; u.r.: „August Becker"; verso bezeichnet auf dem Keilrahmen: „381"

Provenienz/Ort: Kunsthandel, Peter Karbstein, Düsseldorf, November 1998; Galerie Sander, Darmstadt, bis November 2003; Privatbesitz

Kurzbeschreibung: Im Vordergrund ein Weiher, links Wald, im Mittel- und Hintergrund Feld, starke Kumuluswolken.

Kommentar: Das Motiv einer Waldlandschaft hat Becker Anfang der 1870er Jahre besonders fasziniert. So sind die beiden jeweils zu unterschiedlicher Tageszeit entstandenen Landschaften im Hessischen Landesmuseum und in den Städtischen Kunstsammlungen mit 1875 datiert. Die „Waldlandschaft" ist von den drei Gemälden jedoch in künstlerischer Hinsicht die gelungenste Arbeit. Zusammen mit dem großen „Schloss Peleș"-Gemälde aus Sigmaringen (Kat.-Nr. 420) verdeutlicht es Beckers Auffassung vom Begriff Naturalismus am deutlichsten und sticht aus seinem Oeuvre nach 1871 heraus. Becker schrieb 1883 ein Pro Memoria an den Großherzog von Hessen-Darmstadt, das zugleich eine beeindruckende Aussage eines Künstlers des 19. Jahrhunderts zum Naturalismusbegriff bildet. Darin heißt es u.a. *„Die Landschaftsmalerei ist größtentheils eine Kunstbranche der Neuzeit, besonders ist die naturalistische Richtung ein Kind der Gegenwart. Diese Richtung wurzelt nicht in der alten Kunst, die naturalistischen Landschafter können nicht an alten Bildern studieren, sondern treten in unmittelbaren Verkehr mit der Natur und greifen in das frische Leben der bestehenden Wirklichkeit."* (Zit. August Becker, Pro Memoria an Ludwig IV., Großherzog von Hessen-Darmstadt, 18. November 1883, Darmstadt, Hessisches Landesmuseum, Graphische Sammlung, Orden und Auszeichnungen, ohne Inv. Nr. [bei HZ K 44]) Die Art und Weise, wie Becker das Innere des Waldes malerisch erfasst hat, stellt sich als äußerst gelungen dar. Man kann sehr weit in den dichten, von vielen Laubbäumen beschatteten Teil im linken Bildteil schauen. Der Tümpel im Vordergrund ist ein wenig eingetrocknet. Daraus und nach dem voll ausgebildeten Laub der Pflanzen können wir von einem Sommernachmittag ausgehen. Es dürfte in der gleichen Zeit wie die beiden anderen „Waldlandschaften" entstanden sein. Das Gemälde erinnert an Caspar David Friedrichs „Kiefernwald mit Teich" sowie an den „Nachmittag" aus dem Tageszeitenzyklus im Niedersächsischen Landesmuseum Hannover. Als Naturalist hat Becker aber den einzelnen Elementen der Natur, wie den Bäumen, dem Wasser, den Wolken oder der Sonne, keinen auf Christus weisenden Symbolgehalt gegeben. Bei Friedrich, der in einer symbolistisch-romantischen Tradition wurzelt, dienen die Kahlschläge, nachwachsende Bäume

und die rötliche Mondsichel als Christussymbole. Schirmer, der realistischer malte, dennoch im Konservativen verharrte, schuf um 1856 einen vierteiligen Tageszeitenzyklus (Kassel, Staatliche Kunstsammlungen, Neue Galerie). Bei ihm tragen die einzelnen Bildelemente nach Szenen aus dem Gleichnis vom barmherzigen Samariter (Lukas 10, 29–37) auch eine christliche Botschaft. August Becker verzichtete ganz darauf. Seine Morgen- und Abendlandschaften sind als reine Stimmungsbilder – als Effektlandschaften – zu verstehen. Ein historisches Foto hat sich im Nachlass, Mappe „Deutschland", nicht katalogisiert, im Bild signiert u.r.: „August Becker", erhalten.
Ausstellungen: Darmstadt 2002

Quellen/Literatur: Ausst.-Kat. Eugen Bracht und seine Zeit, Galerie Sander (Darmstadt) Hg., Darmstadt 2001, S. 13 (m. Abb.); Ausst.-Kat. Darmstadt 2002, S. 35, Abb. 27; Höchster Kreisblatt, 12.10.2002; FAZ, 19.9.2002; Selke, Jahrbuch Birkenfeld 2003, S. 178

326. Waldlandschaft (bei Sonnenaufgang)

Befund: 1873; 17,7 x 23,0 cm; Öl auf Holz; Ölstudie; u.r.: „AB.73"

Provenienz/Ort: Privatbesitz

Kurzbeschreibung: Im Vordergrund kleiner Tümpel, links Wald, rechts Blick in die Ferne, einem Feld, zahlreiche Wolken am Himmel.

Kommentar: Die kleine Ölstudie diente als Vorlage für ein Gemälde, wahrscheinlich sogar für die „Waldlandschaft" in den Städtischen Kunstsammlungen, Darmstadt. Becker unterschied folgende Stadien bis zum Gemälde: 1.) Rekognoszierungstouren, bei denen eine Gegend nach geeigneten Motiven abgegangen wurde; 2.) Skizzen, die meistens in einem Skizzenbuch, mit oder ohne Kommentar versehen, aufgenommen wurden; 3.) Ölstudien, in denen auch den besonderen Licht- und Farbverhältnissen Rechnung getragen werden konnte; und 4.) Gemälde, die im Düsseldorfer Atelier aus dem zusammengetragenen Material komponiert wurden. Häufig, ja bei fast jedem größeren Motiv folgten Repliken auf die Erstfassung. Dazu bediente sich Becker des noch jungen Mediums der Fotografie. Er ließ seine Gemälde professionell fotografieren und legte sich so ein Bildarchiv zu, aus dem er bei Bedarf schöpfen konnte. Ein bevorzugtes Fotoatelier für Becker war jenes von G. & A. Overbeck in Düsseldorf.

327. Waldlandschaft mit Tieren bei Sonnenaufgang

Befund: 1875; 79,0 x 126,5 cm; Öl auf Leinwand; u.r.: „August Becker.1875"; verso bezeichnet auf dem Keilrahmen o.l.: „493"

Provenienz/Ort: Privatbesitz bis 1990; Darmstadt, Städtische Kunstsammlungen, Inv. Nr. MA 99

Kurzbeschreibung: Im Vordergrund kleiner Tümpel, links Wald mit Rehen, rechts Blick in die Ferne, einem Feld, zahlreiche Wolken am Himmel.

Kommentar: Eine Fotografie im Nachlass, Mappe „Deutschland", nicht katalogisiert, im Bild signiert u.r.: „August [...]", lässt sich dem gleichnamigen Gemälde im Darmstädter Museum zuordnen. Im Vergleich zur „Waldlandschaft (licht)" (um 1873) ist diese Variante nicht so fein gemalt. Die Stimmung entspricht einem Sonnenaufgang. In den Farben ist mehr Rot enthalten, während beim Sonnenuntergang eine Tendenz ins Blaue zu verzeichnen wäre. Becker war in der unterschiedlichen Gestaltung von Tageszeiten geübt. (vgl. u.a. „Balmoral im Demantgefunkel", 1868, Kat.-Nr. 282)

Ausstellungen: Darmstadt 1992

Quellen/Literatur: Haus Deiters. Darmstadt Galerie des 19. Jahrhunderts, 1992, S. 18; Ausst.-Kat. Coburg 2003, S. 32

328. Waldlandschaft (klein)

Befund: um 1875; 40,0 x 47,0 cm; Öl auf Leinwand

Provenienz/Ort: Privatbesitz

Quellen/Literatur: Die Kunstdenkmäler der Stadt Koblenz. Die profanen Denkmäler und die Vororte. Bearbeitet von Fritz Michel, o.O. 1986, S. 518

329. Schloss Michelbach

Befund: 1874; 86,5 x 62,6 cm; Öl auf Leinwand; u.r.: „August Becker.1874 & 1878"; 1998 in New York Doublierung der Leinwand, schlichter Rahmen original

Provenienz/Ort: Privatbesitz

Kurzbeschreibung: Im Vordergrund ein Garten mit Blumenbeeten, im Mittelgrund ein Gebäude, einige große Bäume davor (den Bau überragend), im Hintergrund links einige Dächer weiterer Häuser.

Kommentar: Becker weilte seit seiner Hochzeit mit Pauline Domer im Juli 1869 regelmäßig in Michelbach. 1872 wurde von ihm beispielsweise bei einem Aufenthalt die Untermalung für das Monrepos-Gemälde ausgeführt. Die Bezeichnung von Michelbach als Schloss ist ein wenig hoch gegriffen. Der Begriff „Schlösschen" trifft eher zu. Das Anwesen in Michelbach gehörte den Eltern von Pauline Becker. David Domer hatte es 1862 für 5.500,- fl erworben. Regelmäßig verbrachten die Domers hier, unweit von Frankfurt a.M., ihre freie Zeit. Interessant ist die doppelte Datierung „1874 & 1878". Offensichtlich hatte es Becker innerhalb von vier Jahren entscheidend überarbeitet. Doppeldatierungen sind sonst nicht überliefert. Die wehrhaft wirkenden Zinnenkränze auf den Seitentürmchen wurden von den Domers umgebaut. Diese Baumaßnahme entsprach im 19. Jahrhundert den beliebten Vorstellungen einer romantischen Ritterburg. Aufgrund des Motivs und der dickpinseligen, fast laienhaften Malweise war das Gemälde für den Familiengebrauch, in dem es sich auch heute noch befindet, bestimmt. Das Gebäude wird derzeit umgebaut und soll ab zirka 2005 als Alzenauer Museum die Geschichte des Hauses und von Alzenau dokumentieren.

Quellen/Literatur: August Becker, Brief an Leopold, Erbprinzen von Hohenzollern, 13. Juli 1872, Darmstadt, Hessisches Landesmuseum, Gr. Slg. „Orden und Ausstellungen", ohne Inv. Nr. [bei HZ K 44]

330. Ausblick von Schloss Heiligenberg in die Rheinebene

Befund: 1874; Öl auf Leinwand

Provenienz/Ort: Auftrag durch Prinz Alfred, Herzog von Edinburgh (zwei Gemälde als Gegenstücke); Verbleib unbekannt

Kommentar: In der zeitgenössischen Reiseliteratur heißt es, dass das kleine Dorf Jugenheim am Gebirge im Sommer viel besucht werde. Am Schloss vorbei führte ein Weg zum Felsberg. Die Inventarbücher von Schloss Heiligenberg ließen sich bei der Verwaltung der Staatlichen Schlösser und Gärten (Bad Homburg) nicht ermitteln. Zwei Zeichnungen haben sich zur Heiligenberg-Thematik recherchieren lassen, die möglicherweise erste Arbeitsschritte für ein gleichnamiges Gemälde waren (Kat.-Nr. 302, 303).

Quellen/Literatur: Ernst Becker, Lebenslauf zu August Becker, Düsseldorf, KVM 552

331. Ansicht von Schloss Heiligenberg bei Jugenheim an der hessischen Bergstraße

Befund: 1874; Öl auf Leinwand

Provenienz/Ort: Herzog von Edinburgh, Prinz Alfred, (zwei Gemälde als Gegenstücke); Verbleib unbekannt

Kommentar: Alfred, Prinz von England, der den Titel Herzog von Edinburgh erhielt, war der Bruder von Prinz Edward, dem späteren Edward VII., König von England. Gemeinsam wurden die beiden u.a. von Ernst Becker, dem Bruder August Beckers, in ihrer Erziehung beeinflusst. Vor allem Prinz Alfred kannte den Maler Becker von dessen Besuchen in Balmoral und Osborne House persönlich. Die Bestellung zweier Gemälde bei Becker zeigt, wie dessen Verbindungen nach England auch in den 1870er Jahren fortbestanden. Schloss Heiligenberg war der Landsitz des Prinzen Alexander von Hessen, dem Stammvater der „Battenberger". Dessen Schwiegertochter, Viktoria, Prinzessin von Battenberg und eine Enkelin von Queen Victoria, schenkte 1890 der englischen Königin die kleine Ölstudie „Glen Lui" (1864, Kat.-Nr. 221).

Quellen/Literatur: Ernst Becker, Lebenslauf zu August Becker, Düsseldorf, KVM 552

332. Überschwemmungen am Niederrhein I

Befund: 1874; historische Fotografie nach einem Ölbild, Mappe „Deutschland", nicht katalogisiert; u.l.: „August Becker.1874"

Provenienz/Ort: Nachlass

Kurzbeschreibung: Einzelne Häuser und rechts eine Kirche, bei der sich sehr viele Personen befinden, von Wassermassen überschwemmt, im Vordergrund auf einer kleinen Erhöhung drei Frauen, im Hintergrund leicht hügeliges Gelände.

Kommentar: Diese Fotografie ist nach einem in der Kunstkritik besprochenen Gemälde entstanden. Der Verbleib des Bildes ist ungeklärt. Mehrmals kam es im Rheinland im 19. Jahrhundert aufgrund hoher Pegelstände der Flüsse zu Überschwemmungen. letzte große Hochwasser am Rhein war 1995. (Vgl. Rheinische Post, 1.2.1995) Die Staffage stammt wie beim folgenden Bild von Hermann Knackfuß.

Quellen/Literatur: ZfBK, IX. Jg., Nr. 31, 15. Mai 1874, S. 499

333. Überschwemmung am Niederrhein II

Befund: 1874; Öl auf Leinwand

Provenienz/Ort: Verbleib unbekannt

Kurzbeschreibung: Überschwemmte Wiese, links auf einer Baumgruppe mehrere Männer sich vor den Fluten rettend, daneben ein Ruderboot, den in Not geratenen zur Hilfe eilend.

Kommentar: In einer Rezension zur Sammlung und Ausstellung des Düsseldorfer Galeristen Bismeyer & Kraus wurden zwei Gemälde Beckers zur Niederrhein-Thematik jenen von Eugène Gustav Dücker gegenübergestellt. Dücker galt als Überwinder der bis 1872 vorherrschenden spätromantischen Landschaftsmalerei in Düsseldorf. Er engagierte sich stark für eine realistische Landschaftsauffassung. Indem der Verfasser des Artikels Dücker als Naturalisten bezeichnet, offenbart sich die große Widersprüchlichkeit zwischen den Begriffen Naturalismus und Realismus, die 1874 offensichtlich vorherrschte. Denn auch Becker sah seine Malweise als naturalistisch: *„Auch die "Überschwemmung am Niederrhein", die August Becker in zwei großen Bildern mit Staffage von H. Knackfuß darstellte, [...], gehörten nicht dieser modernen Richtung an."* (Zit. ZfBK, IX. Jg., Nr. 31, 15. Mai 1874, S. 499) 1872 hatte Becker bereits in einer großen Ölskizze (vgl. Kat.-Nr. 311) die Katastrophenthematik, ein im Eismeer gekentertes Schiff, gemalt. Hermann Knackfuß war eine Generation jünger als Becker. Er trat vor allem als Historienmaler auf. Sein größter Lehrer war der Baltendeutsche Eduard von Gebhardt. Knackfuß trat auch als Kunstschriftsteller auf. In seiner 1888 veröffentlichten „Deutschen Kunstgeschichte" wird der Düsseldorfer Malerschule ein umfangreiches Kapitel gewidmet, in denen Wilhelm Schirmer, Carl Friedrich Lessing, Adolf Schrödter aber auch August Becker erwähnt werden. (Vgl. Hermann Knackfuß, Deutsche Kunstgeschichte, Bielefeld [u.a.] 1888, S. 497–582)

Quellen/Literatur: ZfBK, IX. Jg., Nr. 31, 15. Mai 1874, S. 499; Boetticher, Nr. 22

334. Landschaft bei Jugenheim

Befund: 1874; Öl auf Leinwand

Provenienz/Ort: Verbleib unbekannt

Kommentar: Schloss Heiligenberg wurde 1826 als einfache Villa erbaut. Alexander II., Kaiser von Russland, und seine Gemahlin Marie, eine geborene Prinzessin von Hessen, verbrachten mit ihren Kindern dort mehrere Sommer. Becker traf die Herrschaften dort auch einmal: *„Bei dem*

Ableben Ihrer Majestät der Kaiserin von Russland gedenke ich mit inniger Theilnahme der ganzen Großherzoglichen Familie und besonders Eurer Großherzoglichen Hoheit. Jugenheim hat das Geschwisterpaar in den Tagen der Kindheit, in der Ehe, im Kinder- und Enkel-Kreise gesehen, und ~~war mir~~ *ich das große Glück hatte, Zeuge des Zusammenlebens gewesen zu sein, begreift die große Lücke die der Tod gerissen."* (Zit. August Becker, Brief an Alexander, Prinz von Hessen, 6. Juni 1880, Darmstadt, Hessisches Landesmuseum, Graphische Sammlung Orden und Auszeichnungen, ohne Inv. Nr. [bei HZ K 44]; Quellenanhang 18) Über die Existenz des Gemäldes wissen wir nur durch eine Bemerkung von Hermann Sahl, der es in einem Brief erwähnt und bei seinem damals bevorstehenden Besuch in Darmstadt zu sehen wünschte: *"Von Deinen "Jugenheimer Bildern" habe ich nichts verrathen, - allein ich hoffe sehr, daß ich dieselben noch in Darmstadt werde bewundern können!"* (Zit. Hermann Sahl, Brief an August Becker, 18. August 1874, in: Hoffmann-Kuhnt (Hg.), Nürnberg 2000, S. 613) Das Bild ist ein Beispiel dafür, dass Becker auch in späteren Jahren, nach den Erfahrungen seiner Norwegen-, Schweiz-, Schottland- und Englandtouren auf heimische Motive zurückgriff.

Quellen/Literatur: Hoffmann-Kuhnt (Hg.), Nürnberg 2000, S. 613

335. Der Obersee bei Berchtesgaden

Befund: 1874; Öl auf Leinwand

Provenienz/Ort: Verbleib unbekannt

Kommentar: Dieses Gemälde sowie das Pendant „Der Königssee bei Berchtesgaden" (Kat.-Nr. 336) kamen in den Besitz des Spielkartenfabrikanten Caspar Ludwig Wüst (1816–1918) in Frankfurt a.M. Die Firma, 1811 gegründet, spielte eine große Rolle in der europäischen Spielkartenerzeugung. Die Firma produzierte auch Souvenirkartenspiele. Beliebt waren vor allem Motive aus der Schweiz. Die Veduten sollten an das Reisen erinnern (Vgl.-Abb. 9). Die ältesten von Wüst produzierten Kartenspiele mit derartigen Motiven, Lithographien und schablonenkoloriert, stammen von cirka 1850 und zeigen Schweizer Trachten der verschiedenen Kantone, dahinter immer eine Schweizer Landschaft. Die Asse tragen jeweils zwei Ansichten von Schweizer Städten. Auch Kartenspiele aus der Zeit um 1870/80 zeigen ähnliche Motive. Wüst lieferte Kartenspiele nach ganz Europa. Letztlich waren diese dekorierten Kartenspiele auch Werbung für die vielen alpinen Landschaftsmaler, von denen heute allerdings die meisten vergessen sind. (Vgl. The Playing Card, vol. XV, no. 3, February 1987, p. 65–79; Der Verfasser dankt dem Spielkartensammler Herrn Sigmar Radau aus Berlin für die zur Verfügung gestellten Informationen.) In der historischen Ausstellungsdiskussion heißt es zu den beiden Pendantbildern: *„...um mit August Becker die Reihe der Landschafter zu beschließen. Derselbe brachte den Königssee und den Obersee in Oberbayern in effektvollen Bildern zur Anschauung, unterscheidet sich aber wesentlich von den bisher genannten Künstlern, da er mehr noch der alten Schule angehört."* (Zit. ZfBK, IX. Jg., Nr. 35, 12. Juni 1874, S. 579, [Düsseldorfer Sammlungen und Ausstellungen]) Auch in der Dioskuren-Kunstzeitung wurden zwei große Alpenlandschaften von A. Becker *„als talentvoll aber etwas gläsern in der Farbe"* beschrieben. (Dioskuren, 19. Jg., Nr. 24, 14.6.1874, S. 193) In der Zeitungskritik wird hier erstmals Beckers Malstil als alt bezeichnet.

Quellen/Literatur: ZfBK, IX. Jg., Nr. 35, 12. Juni 1874, S. 579; Ernst Becker, Lebenslauf zu August Becker, Düsseldorf, KVM 552

336. Der Königssee bei Berchtesgaden

Befund: 1874; Öl auf Leinwand

Provenienz/Ort: Verbleib unbekannt

Kommentar: Das Gemälde war das Gegenstück zum „Obersee in Oberbayern" (Kat.-Nr. 335) und im Besitz des Spielkartenfabrikanten Wüst in Frankfurt a.M. Den Königssee hat Becker mehr als fünfmal, den Obersee hingegen nur zweimal in Öl gemalt.

Quellen/Literatur: Ernst Becker, Lebenslauf zu August Becker, Düsseldorf, KVM 552

337. Der Königssee im Sturm

Befund: 1874; Öl auf Leinwand

Provenienz/Ort: Verbleib unbekannt

Kommentar: Bereits 1864 hatte Becker Loch Muick in Schottland bei Sturm als Ölskizze gemalt. Im Nachlass des Malers hat sich die Fotografie nach einem seiner Gemälde erhalten, welches die besagte Szenerie widerspiegeln könnte. Auf dem historischen Foto ist die „1" der Datierung „1871" nicht sehr sicher zu lesen. Wenn Boettichers Angaben stimmen, könnte das auch evtl. „74" heißen. Ein gleichlautendes Gemälde wurde im November 1873 in Frankfurt a.M. gezeigt, es könnte sich um das vorliegende Bild handeln: *„Im Städel'schen Kunstkabinet verdienen besondrer Erwähnung: „Der Königssee bei Sturm" und „Der Wallenstädter See in der Schweiz", beide von August Becker in Düsseldorf."* (Zit. Dioskuren 18. Jg., Nr. 42, 16.11.1873, S. 337)

Ausstellungen: Frankfurt a.M. 1873 [?]

Quellen/Literatur: Boetticher, Nr. 21

338. Der Wallenstädter See

Befund: 1874; Öl auf Leinwand

Provenienz/Ort: Verbleib unbekannt

Kommentar: Nach Wallenstadt, nördlich der Glarner Alpen gelegen, stieß Becker bei seiner dritten belegbaren Schweiz-Tour 1865 vor. Davon hat sich ein Skizzenbuch (IV) erhalten. Der Wallen-, Wallenstader- oder Wallenstädter See liegt zwischen den Gletschern Säntis im Norden und Glärnisch im Süden. Beide Berge wurden von Becker auch in Gemälden festgehalten. Fast senkrechte Felsen und kahle Klippenwände sind die typische Uferbegrenzung des Sees. Becker fand in diesem Sujet somit die beim Publikum beliebte Malkulisse. Gerade die sich an der Wasseroberfläche spiegelnden Felswände bewirken den besonderen Lichteffekt, wie er beispielsweise auf dem „Gebirgssee" (1873) erkennbar ist. Der Preis des Bildes sollte 1.800,- Mark betragen. *In der Presse wurde das Bild sehr gelobt: „Im Städel'schen Kunstkabinet verdienen besondrer Erwähnung: „Der Königssee bei Sturm" und „Der Wallenstädter See in der Schweiz", beide von August Becker in Düsseldorf."* (Zit. Dioskuren 18. Jg., Nr. 42, 16.11.1873, S. 337) Seit 1868 ließ Becker erstmals wieder 1874 in Hamburg zwei Gemälde im Kunstverein zeigen. Dazwischen lagen eine Reise auf die Isle of Wight (1869), die Hochzeit mit Pauline Domer (1869), eine Tour nach Tirol als Hochzeitsreise (1869), das Dürerjubiläumsfest in Düsseldorf (1871), eine Reise in die Schweiz (1872) und nach Wied.

Ausstellungen: Frankfurt a.M. 1873; Düsseldorf 1874; Hamburg 1874

Quellen/Literatur: Dioskuren 18. Jg., Nr. 42, 16.11.1873, S. 337; Verzeichnis der Kunstwerke auf der Ausstellung des Kunstvereins für die Rheinlande und Westfalen, 1874, S. 1, Nr. 11; Kat. Kunstausstellung des Hamburger Kunstvereins, 1874, 23. Kunstausstellung, S. 8, Nr. 42

339. Der Wallensee

Befund: 1874; Öl auf Leinwand

Provenienz/Ort: Verbleib unbekannt

Kommentar: Die Fassung dürfte etwas kleiner gewesen sein als „Der Wallenstädter See" (vgl. Kat.-Nr. 338), denn der Preis sollte nur 1.500,- Mark betragen.

Ausstellungen: Hamburg 1874

Quellen/Literatur: Kat. Kunstausstellung des Hamburger Kunstvereins, 1874, 23. Kunstausstellung, S. 8, Nr. 43

340. Der Wallenstädter See (mit Boot, ohne Segel)

Befund: 1874; 68,0 x 107,8 cm; Öl auf Leinwand; u.l.: „August Becker.1874" (in schwarz); verso: „PRPR 163 905 GG. 8871"; o.l. Aufkleber: „905. 2-II-13"; u.l. Löcher in der Leinwand, Bild verschmutzt

Provenienz/Ort: Königlicher Palast Bukarest; Palast der Volksrepublik Rumänien; Muzeul Național de Artă, Bukarest, Inv. Nr. 8871/905

Kurzbeschreibung: Rechts Uferzone mit zwei Baumstämmen, links mit Steinen. Links zum Mittelgrund hin sich ein See erstreckend mit einem beladenen Lastkahn. Im Hintergrund Siedlung am Ufer und Berge, rechts Kumuluswolken.

Kommentar: Zu dem Gemälde hat sich ein historisches Foto im Nachlass, Mappe „Schweiz", nicht katalogisiert, erhalten. Aufgrund einer Skizze vom Wallenstädter See im Skizzenbuch IV (1865, Kat.-Nr. 246), ist eine geographische Zuordnung möglich. Es gehörte zu einem Zyklus Schweizer Ansichten für Carol, Fürst von Rumänien. Der Kahn mit der Strohballen-ähnlichen Ladung hat starke Ähnlichkeit mit der Bootstaffage von „Norwegische Fjordlandschaft (mit Lastenträger)" (nach 1844, Kat.-Nr. 52). Die Komposition als Ganzes ähnelt stark „Der Wallenstädter See (mit Boot und Segel)" (1869, Kat.-Nr. 286). Es handelt sich um den gleichen See, wie im Übrigen auch die Berge auf dem „Gebirgssee" (1873, Kat.-Nr. 320) denen der beiden Bilder ähneln.

Ausstellungen: Coburg 2003 (die historische Fotografie)

Quellen/Literatur: Ausst.-Kat. Coburg 2003, S. 31, Kat.-Nr. 55

341. Der Wallenstädter See

Befund: 1875; Öl auf Leinwand

Provenienz/Ort: Verbleib unbekannt

Kommentar: Das Bild wurde mit 500,- Thaler taxiert.

Ausstellungen: Breslau 1875

Quellen/Literatur: Kat. Kunstausstellung des Breslauer Kunstvereins, 1875, S. 4, Nr. 31

342. Die Weinburg

Befund: 1875; Öl auf Leinwand

Provenienz/Ort: Verbleib unbekannt

Kommentar: Das Gemälde ist unmittelbar nach Beckers Studienaufenthalt auf der Weinburg im Spätsommer 1875 entstanden. Ein Lob durch Leopold, Erbprinz von Hohenzollern, ist überliefert. Ob das Bild eine Terrassenansicht wie in den 1876 und 1877 entstandenen Werken (Kat.-Nr. 352 und 354) zeigte, konnte nicht geklärt werden.

Quellen/Literatur: Hoffmann-Kuhnt (Hg.), Nürnberg 2000, S. 616

343. Der Säntis

Befund: 1875; Öl auf Leinwand

Provenienz/Ort: Verbleib unbekannt

Kommentar: Der Säntis ist der höchste Berg des Kantons Appenzell. Die Arbeit, bestimmt für Carol I., Fürst von Rumänien, erhielt ein Lob durch den Auftraggeber Leopold, Erbprinz von Hohenzollern. Die Aussicht vom Gipfel gewährt einen weiten Ausblick in die nord-östliche Schweiz, zum Bodensee, nach Schwaben, Bayern sowie in die Tiroler und Berner Alpen.

Quellen/Literatur: Hoffmann-Kuhnt (Hg.), Nürnberg 2000, S. 617

344. Der Glärnisch

Befund: 1875; Öl auf Leinwand

Provenienz/Ort: Verbleib unbekannt

Kommentar: Das Gemälde wurde Anfang Juni 1876 nach Bukarest geschickt. Es sollte als Pendant zu einer „Weinburg"-Ansicht dienen. Die Weinburg am Bodensee lag nicht weit entfernt von diesem Berg. Bei gutem Wetter kann man den Glärnisch von der ehemaligen Sommerresidenz aus sehen.

Quellen/Literatur: Hoffmann-Kuhnt (Hg.), Nürnberg 2000, S. 616, 620

345. Der Dachstein in Tirol bei Abendsonne

Befund: 1875; Öl auf Leinwand

Provenienz/Ort: Verbleib unbekannt

Kommentar: Als Besitzer des großformatigen Gemäldes wird in dem handgeschriebenen Lebenslauf „Allan Morisson Beakonsfield [sic!] aus England" erwähnt, über den sich keine biographischen Angaben recherchieren ließen. In der historischen Ausstellungskritik heißt es zu den Exponaten in der Ausstellung des Österreichischen Kunstvereins in Wien: *„Recht gute Arbeiten waren noch von E. Fichel, A. Seitz, A. Becker und A. Slevers vorhanden."* (Zit. ZfBK, X. Jg., Nr. 16, 29.1.1875, S. 248) Auch in der Zeitschrift für Bildende Künste wurde der „Dachstein" als eines der besten Werke von Becker glorifiziert: *„Bei Bismeyer & Kraus sah man ein großes Bild von August Becker, "Der Dachstein", welches wohl den besten Werken dieses Künstlers beizuzählen ist, wogegen uns zwei kleinere Landschaften desselben durch ihre allzu glatte konventionelle Behandlung weniger zusagen wollten."* (Zit. ZfBK, XI. Jg., Nr. 20, 25. Februar 1876, S. 324)

Ausstellungen: Wien 1876

Quellen/Literatur: ZfBK, X. Jg., Nr. 16, 29.1.1875, S. 248; ZfBK, XI. Jg., Nr. 20, 25. Februar 1876, S. 324; Ernst Becker, Lebenslauf zu August Becker, Düsseldorf, KVM 552; Hoffmann-Kuhnt (Hg.), Nürnberg 2000, S. 620

346. Imnau

Befund: 1875; 24,0 x 31,0 cm; aquarellierte Bleistiftzeichnung/Papier; u.r.: „Imnau d 27 Aug 75"

Provenienz/Ort: Privatbesitz

Kurzbeschreibung: Im Vordergrund sich gabelnder Weg mit einem großen Laubbaum durch den oberen Bildrand abgeschnitten, im Mittel- und Hintergrund Wald.

Kommentar: Aus dem Jahr 1875 gibt es nur wenige Dokumente, aus denen wir Rückschlüsse über Beckers künstlerische Aktivitäten erhalten. Imnau liegt bei Rottenburg in der Nähe von Hechingen. Becker hielt sich dort auf, um mit Leopold, Erbprinz von Hohenzollern und seiner Frau Antonia Malstudien zu betreiben. Zwischen 1793 und 1809 wurden seitens der fürstlichen Familie intensive Anstrengungen unternommen, Imnau zu einem Weltbad, zum schwäbischen Pyrmont, zu machen. (Vgl. Maier, Johannes: Kulturhistorische Notizen zur Geschichte des Bades Imnau, in: Hohenzollerisches Jahresheft 13, 1953, S. 45–59)

Quellen/Literatur: Hoffmann-Kuhnt (Hg.), Nürnberg 2000, Tafel XII unten

347. Waldlandschaft bei Sonnenuntergang I

Befund: um 1875; 80,0 x 126,0 cm; Öl auf Leinwand; u.r. in dunkelbrauner Farbe: „August Becker"; auf der oberen Leiste des Keilrahmens und dem oberen Schenkel des Rahmens mit roter Tinte: „X 29008"; auf der linken Leiste und dem linken Schenkel des Rahmens: „278"; auf unterer Rahmenleiste und Rahmenschenkel jeweils ein Klebezettel handgeschrieben: „August Becker Waldlandschaft bei Sonnenuntergang"; Rückseitenschutz

Provenienz/Ort: Sammlung von Richard Mitzlaff-Crüwell, Bielefeld; Kunsthandel, Lempertz, Köln, Kunstauktionen, 21.11.1985, 609. Auktion; Darmstadt, Hessisches Landesmuseum GK 1350

Kurzbeschreibung: Steiniger Weg vor Eichenwäldchen, hinter einem einzelnen Baum scheint aus aufgerissener Wolkendecke helles Licht hervor. Im Vordergrund in feiner Pinseltechnik Heidekraut und Ginster sowie eine äsende Hirschkuh und ein sichernder Hirsch am Waldesrand.

Kommentar: Die Staffagetiere sind im Vergleich zu jenen auf den Schottland-Motiven weiter in den Mittelgrund versetzt. Auf der linken Bildhälfte wird der Blick in eine weite Ebene freigegeben. Im Darmstädter Tagblatt von 1882 wurde die Stimmung und Lichtwirkung eines Bildes mit dem gleichen Thema positiv erwähnt. Das Gemälde befand sich in der Sammlung von Richard Mitzlaff-Crüwell (1886–1985), dem damaligen Besitzer der Firma Gebr. Crüwell KG. in Bielefeld.

Ausstellungen: Berlin 1879;

Quellen/Literatur: Boetticher, Nr. 24; Aukt.-Kat. Lempertz, Köln, Auktion 609, Nov. 1985, Kat.-Nr. 278; Bénézit, Paris 1999, S. 947; Schweers 1994, Bd. 1, S. 103, Bd. 8, S. 284; Kat. Darmstadt 2003, S. 66 f. (m. Abb.)

348. Waldlandschaft bei Sonnenuntergang II

Befund: um 1875; Öl auf Leinwand

Provenienz/Ort: Verbleib unbekannt

Kommentar: 1880 ließ Becker dieses Gemälde als verkäuflich auf der IV. Allgemeinen Deutschen Kunstausstellung ausstellen. Ein Bild mit diesem Titel wurde auch 1882 im Darmstädter Residenzschloss ausgestellt, jedoch nicht angekauft. (Vgl. „Waldlandschaft bei Sonnenuntergang I", um 1875, Kat.-Nr. 347) Möglicherweiserweise ist das vorliegende Werk mit vorhergehendem Gemälde identisch.

Ausstellungen: Düsseldorf (IV. Allgemeine Deutsche Kunstausstellung) 1880; Darmstadt 1882

Quellen/Literatur: Kat. der IV. allgemeinen deutschen Kunstausstellung, Düsseldorf 1880, S. 10, Nr. 36; Darmstädter Tagblatt 1882, Nr. 236

349. Gebirge (mit Hütte), evtl. Dachstein

Befund: um 1875; historische Fotografie nach einem Ölbild, Mappe „Schweiz", nicht katalogisiert

Kurzbeschreibung: Rechts Geröllandschaft als Uferzone mit kleiner Hütte, links ein See, sich in den Mittelgrund erstreckend. Im Hintergrund Gebirge, im oberen Bereich dunstige Berge.

Kommentar: Der abgestorbene Baum am äußersten Ende der Landzunge ähnelt einer Baumstudie von 1842, die auch schon in dem Gemälde „Felsschlucht mit kleinem Wasserfall" (1842, Kat.-Nr. 38) verarbeitet wurde.

Provenienz/Ort: Nachlass

350. Sonnenuntergang

Befund: um 1875; Öl auf Leinwand

Provenienz/Ort: Verbleib unbekannt

Ausstellungen: Düsseldorf 1876

Quellen/Literatur: Verzeichnis der Kunstwerke auf der Ausstellung des Kunstvereins für die Rheinlande und Westfalen, 1875, S. 1, Nr. 8

351. Der Dachstein

Befund: um 1875/1876; Öl auf Leinwand

Provenienz/Ort: Verbleib unbekannt

Kommentar: Auf der Berliner Akademieausstellung ließ Becker ein verkäufliches Gemälde zeigen, das vom Titel und der Entstehungszeit her mit einem historischen Foto im Nachlass des Künstlers identisch sein könnte. Er stellte seit 1866 erstmals wieder in der Berliner Akademie aus. Louis Sachses „Permanente Gemäldeausstellung", die Becker seit Mitte der 1860er Jahre mit Bildern beschickt hatte, musste aufgrund wirtschaftlicher Unrentabilität 1876 schließen. Daher benötigte Becker eine neue Verkaufsplattform. (Vgl. Schlagenhauff, Annette: Die Kunst zu Handeln: Louis Ferdinand Sachse – Lithograph, Kunstförderer und Kunsthändler in Berlin, in: Jahrbuch der Berliner Museen 2000, Neue Folge, 22. Band (hg. von den Staatlichen Museen zu Berlin. Preußischer Kulturbesitz), S. 259–294, S. 284)

Ausstellungen: Berlin 1876

Quellen/Literatur: Kat. Königliche Akademie der Künste, 50. Ausstellung, S. 3, Kat.-Nr. 33

352. Terrasse (Weinburger Laubengang) I

Befund: 1876; 46,3 x 64,0 cm; Öl auf Leinwand; u.r.: „August Becker.75" (in brauner Farbe); verso: „Min. Af. Ext. 397 1139 9105 cc"

Provenienz/Ort: bis 1989 Ministerium für Auswärtige Angelegenheiten Rumäniens; Muzeul Național de Artă, Bukarest, Inv. Nr. 9105/1139

Kurzbeschreibung: Zwei weibliche Personen auf einer Terrasse mit Weinranken, Ausblick auf bergiges Terrain.

Kommentar: Dieses Gemälde ist die erste Fassung von der Weinburg. Leopold, Erbprinz von Hohenzollern, schrieb am 24. November 1875 an August Becker folgendes: *„Ihr Bild von der Weinburg ist glücklich angekommen, von meiner Frau ganz nach Ihren Angaben vorsichtig ausgeholt worden u. kann demnächst seiner Bestimmung entgegen gesandt werden. Als Farbe, Arrangement u. Stimmung gehört es zu den schönsten Bildern, die ich von Ihnen gesehen habe - aber, da doch ein aber sein muß, die Berge sind zu weit oder zu niedrig und das wird mein Bruder in Bukarest wahrscheinlich gleich bemerken - es ist dies nur ein Mangel in der treuen Wiedergabe des Portraits, thut aber im Übrigen dem wirklich großen Liebreiz u. der Schönheit der Farbe keinen Abbruch - das Bild ist eben kein Portrait, aber eine Erinnerung an die Weinburg, die ich mit Freuden als meinen Besitz haben möchte – [...]"* (Zit. Leopold, Erbprinz von Hohenzollern, Brief an August Becker, in: Hoffmann-Kuhnt (Hg.), Nürnberg 2000, S. 616; Vgl.-Abb. 23) Das Bild ist deshalb besonders interessant, weil es eines der wenigen Beispiele dafür ist, dass Becker durchaus in der Lage war, impressionistisch zu arbeiten. Die Elemente im Vordergrund sind in einer modernen Malweise aufgesetzt, während im Hintergrund die altbekannte Malweise von Becker, lange Pinselstriche, genaue Abgrenzung der einzelnen Bergpartien, nicht getupft, erkennbar bleibt. Die Weinburg war eine Ferienresidenz der Fürstenfamilie von Hohenzollern-Sigmaringen. Besonders gern kam man im Herbst, wenn der Laubengang von reifen Weinpflanzen voll beschattet war. Am süd-östlichen Ufer des Bodensees gelegen war sie leicht von Sigmaringen aus erreichbar. Der herrliche Blick in die Berge erlaubte Becker, der mehrfach dort weilte, umfangreiches Studienmaterial anzulegen. Die Terrassendarstellung wurde von ihm noch weitere Male ausgeführt. Als Anregung kann Becker möglicherweise auf Eugène Gustav Dücker Bühnenbildentwurf „Vom Fels zum Meer" zur Redoute „Sage und Geschichte des Rheines" im Jahre 1872 zurückgegriffen haben (Vgl.-Abb.-Nr. 16). Darauf ist neben einem Rheinpanorama vor dem Siebengebirge auch eine Weinlaube zu sehen. Suggeriert wird auf Beckers Gemälde eine Idylle, Antonie, Erbprinzessin von Hohenzollern, und ihre Nichte Elisabeth, Prinzessin von Anhalt, bei kurzweiliger Beschäftigung, beim Malen. Diese Fassung war, wie aus einem Brief Beckers hervorgeht, ein Auftrag der Fürstin Josephine von Baden, als Geschenk für ihren Sohn, Carl, als Carol I., Fürst von Rumänien. Heute erinnert nichts mehr an die ehemaligen fürstlichen Bewohner des Anwesens. Es befindet sich jetzt eine Schule in dem Haus auf Schweizer Staatsgebiet.

Quellen/Literatur: Hoffmann-Kuhnt (Hg.), Nürnberg 2000, S. 679; Selke, Heimatjahrbuch Neuwied 2004, S. 327-329

353. Rundblick von der Weinlaub-Veranda auf Bodensee und Rheintal

Befund: 1876; Ölstudie

Provenienz/Ort: Verbleib unbekannt

Kommentar: In einem Brief an seine Ehefrau Pauline berichtet Becker am 16.9.1876, dass er eine Ölstudie mit diesem Sujet begonnen habe. Die Weinburg, ein kleines Schloss, lag im Kanton St. Gallen im Bezirk Unter-Rheintal. Das Gebäude hatte drei Stockwerke, in der Mitte einen Turm und einen dritten Bauteil, der durch einen Verandagang verbunden war. Etwa 50 Meter davon entfernt befand sich ein Schweizer Haus, die sog. Sternburg. Der Blick von der Weinburg führte in eine weite Parkanlage, die sich bis ins Tal zog. Auch der Bodensee, die bayerischen Alpen und mehr südlich die Landschaft der Vorarlberge waren sichtbar. Seit 1458 besaß das Haus Hohenzollern in der Ostschweiz diese kleine Residenz. 1929 wurde die Weinburg an die katholische Steyler Mission verkauft und dort das Gymnasium Marienburg eingerichtet. (Vgl. Hohenzolerisches Wochenblatt 1859, Nr. 106; 500 Jahre „Hof unterm Stein", Marienburg Rheineck, in: [Sonderdruck] Aus dem Jahrbuch „Unser Rheintal" 1969, S. 12–25) Carol, Fürst von Rumänien, fühlte sich dieser Gegend sehr verbunden, so ist nicht erstaunlich, dass er Beckers Schweiz-Landschaften schätzte. Die beiden Prinzessinnen sind bei kurzweiligen Tätigkeiten dargestellt.

Quellen/Literatur: Hoffmann-Kuhnt (Hg.), Nürnberg 2000, S. 664

354. Terrasse (Weinburger Laubengang) II

Befund: 1877; historische Fotografie nach einem Ölbild, Mappe „Schweiz", nicht katalogisiert; im Foto u.l.: „bei Rheineck/Schweiz" und „August Becker.1877"

Provenienz/Ort: Nachlass

Kurzbeschreibung: Zwei weibliche Personen auf einer Terrasse mit Weinranken, Ausblick auf bergiges Terrain.

Kommentar: Dargestellt ist der Laubengang der Villa „Weinburg" am Bodensee. Eine ein Jahr früher datierte Fassung befindet sich im Nationalmuseum von Bukarest. Auf den ersten Blick scheinen die Gemälde gleich zu sein. Aber winzige Details lassen den Unterschied sichtbar machen: 1.) die beiden Damen stehen dichter zusammen, 2.) die linke Frau scheint sich gerade bücken zu wollen, 3.) der Malblock der rechten Dame ist weniger angewinkelt, 4.) die Weinranken sind in ihrem Wuchs anders, und 5.) die Wirkung der Darstellung ist insgesamt „akkurater" und weniger aufgelockert. Der Auftrag für eine Kopie der „Weinburg" von Leopold, Erbprinz von Hohenzollern, für dessen Nichte Elisabeth, Prinzessin von Anhalt, anlässlich deren Hochzeit mit Adolf Friedrich V., Erbgroßherzog von Mecklenburg-Strelitz, erfolgte am 18.3.1877. Dieses Gemälde für Elisabeth, Prinzessin von Anhalt, stellt die zweite Fassung des Motivs dar. Das historische Foto könnte das fragliche Gemälde abbilden. Als Preis wurden cirka 500,- Mark vereinbart.

Quellen/Literatur: Hoffmann-Kuhnt (Hg.), Nürnberg 2000, S. 679

355. Der Dachstein von der Zwiselalm aus gesehen

Befund: 1876; 57,0 x 43,0 cm; Öl auf Leinwand

Provenienz/Ort: Verbleib unbekannt

Kommentar: Das Bild – im seltenen Hochformat – befand sich in der Sammlung des Rendanten Voß in Verden und wurde durch Rudolph Lepkes „Kunst-Auctions-Haus" in Berlin am 13.10.1885 versteigert. Bei Rudolph Lepke wurde Mitte der 1870er Jahre der Nachlass von Louis Sachse versteigert, in dessen Galerie Becker zahlreiche Bilder ausstellen ließ. Die Information zur angeblichen Ausstellung des Bildes in Wien wurde durch den Verfasser von Boetticher übernommen. In keinem der zugänglichen Ausstellungskataloge des Kunsthauses in Wien konnte ein August Becker-Exponat recherchiert werden. (Vgl. Bestände der Österreichischen Nationalbibliothek)

Ausstellungen: Düsseldorf (Bismayer & Kraus) 1876; Wien (Jahresausstellung im Kunsthaus 1876);

Berlin 1876

Quellen/Literatur: Boetticher, Nr. 23

356. Der Wallenstädter See in der Schweiz

Befund: um 1876; Öl auf Leinwand

Provenienz/Ort: Verbleib unbekannt

Kommentar: Bereits bei der Ausstellung des Hamburger Kunstvereins von 1874 ließ Becker zwei Darstellungen vom Wallenstädter See zeigen. Als Preis für diese Fassung wurden in Bremen und Hamburg 1.800,- Mark angegeben.

Ausstellungen: Bremen 1876; Hamburg 1876

Quellen/Literatur: Katalog der zwanzigsten Grossen Gemälde-Ausstellung des Kunstvereins in Bremen, 1876, S . 6, Kat.-Nr. 30; Kat. Kunstausstellung des Hamburger Kunstvereins, 1876, 24. Ausstellung, S. 8, Nr. 47

357. Landschaft aus dem Inntal in Tirol

Befund: um 1876; Öl auf Leinwand

Provenienz/Ort: Verbleib unbekannt

Kommentar: Als Preis wurden in Bremen und Hamburg 1.000,- Mark angegeben. Im Vergleich hierzu ließ Carl Jungheim das Gemälde „Am Hintersee" für 1.800,- Mark ausstellen.

Ausstellungen: Bremen 1876; Hamburg 1876

Quellen/Literatur: Verzeichnis der Gemälde der zwanzigsten Grossen Gemälde-Ausstellung des Kunstvereins in Bremen, 1876, S . 6, Kat.-Nr. 31; Kat. Kunstausstellung des Hamburger Kunstvereins, 1876, 24. Ausstellung, S. 8, Nr. 48

358. Der Königssee

Befund: um 1876; Öl auf Leinwand

Provenienz/Ort: Verbleib unbekannt

Ausstellungen: Düsseldorf 1876

Quellen/Literatur: Verzeichnis der Kunstwerke auf der Ausstellung des Kunstvereins für die Rheinlande und Westfalen, 1876, S. 1, Nr. 11

359. Sommerlandschaft

Befund: um 1876; Öl auf Leinwand

Provenienz/Ort: Verbleib unbekannt

Ausstellungen: Düsseldorf 1876

Quellen/Literatur: Verzeichnis der Kunstwerke auf der Ausstellung des Kunstvereins für die Rheinlande und Westfalen, 1875, S. 1, Nr. 12

360. Felkner See

Befund: nach 1876; historische Fotografie nach einem Ölbild, Mappe „Ungarn", nicht katalogisiert; im Foto u.l.: „August Becker"

Provenienz/Ort: Nachlass

Kurzbeschreibung: Geröllufer, im Mittelgrund ein See, dahinter ansteigendes Terrain, zum Hintergrund hin hoher Gebirgszug, links Wolken.

Kommentar: Entstanden ist das Gemälde nach Beckers Ungarn-Reise 1876. Das Felkner Tal besitzt mit dem Granatfelsen, den Becker 1880 in einer Auftragsarbeit malte, einen besonders malerischen Charakter und gilt noch heute als Touristenattraktion für Exkursionen in die Hohe Tatra (im heutigen Gebiet der Slowakei). (Vgl.-Abb.-Nr. 10) Auch für die gräfliche Familie derer von Andrássy wurden Gemälde ausgeführt: *„Ich werde in Pest meine Tochter in der gewünschten Stellung photographiren lassen, die sich dann im Landschafts-Bilde gut machen wird!"* (Zit. Gabriele, Gräfin von Andrássy, Brief an August Becker, 24. Februar 1877, in: Hoffmann-Kuhnt (Hg.), Nürnberg 2000, S. 681) In der Zeit der wirtschaftlichen Krise von 1876 erschloss sich Becker mit der Studienreise nach Ungarn ein weiteres Malsujet, das Gebirge der Hohe Tatra.

361. Waldinneres

Befund: nach 1876; historische Fotografie nach einem Ölbild, Mappe „Ungarn", nicht katalogisiert; im Foto u.r.: „August Becker"

Provenienz/Ort: Nachlass

Kurzbeschreibung: Waldweg mit einer gebündeltes Holz tragenden weiblichen Figur, von beiden Seiten durch Laubbäume eingegrenzt. Weiter Blick in den dunstigen Hintergrund.

Kommentar: Entstanden nach Beckers Reise nach Ungarn 1876.

362. Ruinen des Jagdschlosses Krasznahorka

Befund: 1876; Skizze

Provenienz/Ort: Verbleib unbekannt

Kommentar: Im Sommer 1876 unternahm Becker auf Einladung von Emanuel Andrássy, Graf von Csikszentkirály und Krasznahorka, und seiner Familie eine Studienreise nach Ungarn. Vom 7. August bis 9. September 1876 hielt er sich in Österreich-Ungarn auf. Dabei begegnete er führenden Persönlichkeiten des Landes, wie z.B. dem Bruder des Grafen, Julius Andrássy d.Ä., k.u.k. Außenminister. Er besuchte die verschiedenen Landsitze der Familie, wie z.B. in Krasnahorka. Die herausragende Stellung im politischen Leben verdankte die Familie letztlich auch dem „Ungarischen Ausgleich" vom 8. Februar 1867, für den sich Elisabeth, Kaiserin von Österreich und spätere Königin von Ungarn, entscheidend eingesetzt hatte. Schon am 17. Februar 1867 wurde Julius Andrássy d.Ä. Ministerpräsident. Im Juni des gleichen Jahres ließ sich Franz Josef I., Kaiser von Österreich, zum König von Ungarn krönen. Im Anschluss an seine Expedition reiste Becker direkt an den Bodensee zur Familie von Carl Anton, Fürst von Hohenzollern. Recherchen im Schloss von Betliar (Slowakei), einem früheren Anwesen der Andrássys, ergaben keine Rückschlüsse auf den Verbleib der Gemälde. Die gut erhaltene Ruine der Burg Krasznahorka ist heutzutage fester Bestandteil von Studienreisen in diese Gegend.

Quellen/Literatur: Hoffmann-Kuhnt (Hg.), Nürnberg 2000, S. 636

363. Schloss Radvany

Befund: 1876; Skizze

Provenienz/Ort: Verbleib unbekannt

Quellen/Literatur: Hoffmann-Kuhnt (Hg.), Nürnberg 2000, S. 632 f.

364. Ärmliche Grubenarbeiterhütten

Befund: 1876; Skizze

Provenienz/Ort: Verbleib unbekannt

Quellen/Literatur: Hoffmann-Kuhnt (Hg.), Nürnberg 2000, S. 645

365. Gebirgslandschaft

Befund: 1876; 66,0 x 93,0 cm; Öl auf Leinwand; u.r. mit brauner Farbe: „August Becker.1876"

Provenienz/Ort: Sammlung von Carol I., König von Rumänien; Sinaia, Nationalmuseum Schloss Peleș, Inv. Nr. 11649 P. 255; PFV 13

Kurzbeschreibung: Hügeliges Terrain mit Staffagefiguren und Hütte im Vordergrund, im Mittelgrund ein See, dahinter keilförmiger Gebirgszug. Kumuluswolken im rechten Bereich des Firmaments.

Kommentar: Ein Foto aus einem Schlossbegleitheft von 1972 zeigt die Inneneinrichtung der königlichen Gemächer des 2. Stockwerkes von Schloss Peleș. Darauf ist auch August Beckers vorliegendes Gemälde rechts an der Wand des Großen Salons erkennbar (Vgl.-Abb.-Nr. 25). Die Bilder von ihm sind noch heute im 2. Stockwerk aufgehängt.

366. Sternburg

Befund: 1877; Öl auf Leinwand

Provenienz/Ort: Auftrag von Leopold, Erbprinz von Hohenzollern; Verbleib unbekannt

Kommentar: Das Schweizer Haus namens „Sternburg", in dem die Kinder von Carl Anton, Fürst von Hohenzollern, gerne wohnten, stand nahe dem Schloss „Weinburg" bei Rheineck am Bodensee.

Quellen/Literatur: Hoffmann-Kuhnt (Hg.), Nürnberg 2000, S. 685

367. Sonnenuntergang am Waldsaum

Befund: 1877; Öl auf Leinwand

Provenienz/Ort: Verbleib unbekannt

Kommentar: Das Gemälde hat sich ursprünglich im Besitz von Fabrikant Emde aus Düsseldorf befunden. In der Kunstkritik wurde zwei Jahre zuvor eine Abendlandschaft von Becker beschrieben: *„In der Ausstellung von Bismayer und Kraus erfreute uns besonders eine Abendlandschaft von August Becker durch die poetisch stimmungsvolle Stimmung, die einfach schöne Komposition und die solide Ausführung des Ganzen. Bei der überhand nehmenden naturalistischen und dekorativen Richtung fand das Bild im Allgemeinen weniger Beachtung, als es verdiente. Um so mehr halten wir uns verpflichtet, auf seine Vorzüge hinzuweisen und ihm die wärmste Anerkennung zu zollen, denn es berührt uns jedesmal angenehm, wenn wir einmal wieder Landschaften sehen, die noch auf Schönheit der Linien, gute Zeichnung und ernstes Studium Rücksicht nehmen, was leider jetzt nur ausnahmsweise geschieht."* (Zit. ZfBK, X. Jg., Nr. 24, 26. März 1875, S. 381) Der Kritiker lobt Beckers Gemälde und stellt es nicht näher bezeichneten „naturalistisch dekorativen" Arbeiten gegenüber. Damit sind wohl frühimpressionistische Bilder gemeint. Der Kritiker bevorzugte die konservative Malrichtung. Die Darstellung verschiedener Jahreszeiten anhand von nahsichtigen Naturausschnitten wurde von August Becker in den 1870er

Jahren mehrfach ausprobiert. Nur eine Fassung „Sonnenuntergang im Walde" ist auf Ausstellungen 1884 belegt.

Quellen/Literatur: Ernst Becker, Lebenslauf zu August Becker, Düsseldorf, KVM 552

368. Abendlandschaft

Befund: 1877/1878; Öl auf Leinwand

Provenienz/Ort: Verbleib unbekannt

Kommentar: Becker ließ 1877 nur ein Bild in Breslau zeigen. Erst 1883 war er mit einem Gemälde wieder auf der dortigen Kunstausstellung präsent. Als Preis wurden 3.600,- Mark angegeben. Ein Bild gleichen Titels und identischen Preises wurde auch in Hamburg 1878 gezeigt. Es wird sich um das gleiche Bild gehandelt haben. Offenbar wurde in der Reihenfolge der Städte bei den Zyklusausstellungen variiert. Denn Mitte der 1850er Jahre wurden Bilder von Becker in umgekehrter Reihenfolge, teilweise erst in Hamburg und anschließend in Breslau gezeigt.

Ausstellungen: Breslau 1877; Bremen 1878; Hamburg 1878

Quellen/Literatur: Kat. Kunstausstellung des Breslauer Kunstvereins, 1877, S. 4, Nr. 25; Katalog der einundzwanzigsten Grossen Gemälde-Ausstellung des Kunstvereins in Bremen, 1878, S . 7, Kat.-Nr. 36; Kat. Kunstausstellung Hamburger Kunstverein, 1878, 25. Ausstellung, S. 8, Nr. 46

369. Villa Hohenlohe

Befund: 1877; 50,8 x 72,4 cm; Öl auf Leinwand; „August Becker.1877"

Provenienz/Ort: Ankauf durch Königin Victoria (für cirka 105,- £; zwei Ansichten von der Villa), Royal Collection, Osborne House, Inv. Nr. RCIN 408974

Kurzbeschreibung: Park mit einer Villa, nach rechts hin abschüssiges Gelände, im Hintergrund Wald.

Kommentar: Anlass für Königin Victorias zweiten Aufenthalt in Baden-Baden 1872 war der Besuch bei ihrer Halbschwester Feodora, Prinzessin von Hohenlohe-Langenburg, die als Witwenwohnsitz das Haus in der Kapuzinerstraße 14 besaß. Zuvor war die Monarchin lediglich 1845 ein einziges Mal in der Kurstadt zu Gast gewesen. Das Treffen im Winter 1872 mit ihrer Halbschwester, die schon schwer erkrankt war, sollte das letzte sein. Im Herbst des gleichen Jahres verstarb Feodora. Die Villa Friesenberg – so der ursprüngliche Name – war von Feodora im Herbst 1863 mit finanzieller Unterstützung der Königin erworben worden. Diese war bekanntlich die finanzstärkste Frau der Welt und hat auch ihren Kindern, wie Alice, Prinzessin von Hessen-Darmstadt, beim Bau des Kronprinzenpalais' in Darmstadt finanziell unter die Arme gegriffen. Auch der Königin gefiel das kleine Haus im Schweizer Stil. Das Haus wurde bereits 1889 an den Londoner Kaufmann Alfred Eckhard weiterverkauft. 1931 veräußerte dessen Witwe das Anwesen an eine Frau Schirmer aus Leipzig, die das Haus bis zum Abriss 1970 behielt. Baden-Baden war für Becker kein unbekanntes Terrain, denn schon als Schüler Schilbachs bereiste er die Bergstraße und angrenzende Gebiete. Wir wissen, dass er im April 1877, ein Jahr nachdem die Königin dort gewesen war, in die Stadt reiste, um im Auftrag ihrer Majestät, die Villa in Skizzen festzuhalten. Schon im Herbst 1877 schickte Becker die fertigen Bilder an den englischen Hof nach London. Die Gemälde fanden ein positives Echo. So berichtete die Hofdame Ottilie Bauer an den Maler: *„Es freut mich nun hinzufügen zu können, dass die Bilder sich allerhöchsten Beifalls erfreuen & Pzß Beatrice, die „Villa Hohenlohe" ganz besonders liebt, ist entzückt [von] dem „Blick", den sie stets von ihrem Zimmer aus hatte. Die Bilder sollen auch in ihrer Stube in Osb. [Osborne House] aufgehängt werden, wo die Königin ebenfalls Gelegenheit hat, sie oft zu sehen."* (Zit. O. Bauer, Brief an August Becker, 18. September 1877, in: Hoffmann-Kuhnt (Hg.), Nürnberg 2000, S. 683–685)

Quellen/Literatur: Millar, Oliver, Cambridge 1992, vol. I, p. 32, no. 139, vol. II, pl. 100; Hoffmann-Kuhnt (Hg.), Nürnberg 2000, S. 683–685; Main-Echo, 18.9.2002; Höchster Kreisblatt,

12.10.2002; Selke, Jahrbuch Württembergisch Franken 2003, S. 161

370. Blick von der Villa Hohenlohe

Befund: 1877; 50,8 x 72,4 cm; Öl auf Leinwand; „August Becker.1877"

Provenienz/Ort: Ankauf durch Königin Victoria (für cirka 105,- £, zwei Ansichten von der Villa); Royal Collection, Osborne House, Inv. Nr. RCIN 408971

Kurzbeschreibung: Abschüssiges Wiesen-Gelände, im Mittelgrund Gebäude einer Stadt, dahinter bergige Landschaft. Viele Wolken im rechten Himmelsbereich.

Kommentar: Zu den zahlreichen Pendants, die Becker für seine Auftraggeber malte, gehört auch diese durch Queen Victoria 1877 in Auftrag gegebene Darstellung. Das Bild „Blick von der Villa Hohenlohe" stellt, wie es Prinzessin Beatrice selbst sagte, den Ausblick in die Natur von einem Zimmer des Gebäudes dar. Es war die Fernsicht, auf welche es der Königin ankam. Auch von anderen Aufträgen wissen wir, dass sie August Becker exakt darüber informieren ließ, von welchem Standpunkt aus sie eine Ansicht verewigt haben wollte. Auf dem Bild dominiert die Landschaft. Der schräge Berghang leitet den Blick ins Tal, in dem man einige private Häuser aus der Balzenbergstraße Baden-Badens erkennt. Deutlich zu sehen ist der Steinbruch in der Balzenbergstraße, in der sich heute das Möbelhaus Trapp befindet (Balzenbergstraße 34-38). Ein großes Landschaftspanorama ermöglicht den Blick über das Oostal hinweg in westliche Richtung zu den Vogesen. Auf halber Höhe sind rechts die Ausläufer des Balzenbergs/Hardbergs zu sehen mit Waldsaum und Gartengrundstücken. An der Stelle befinden sich heute das Hardenbergbad und der Aussichtsweg zur Stadtklinik in Balg. (Die genaue Benennung der örtlichen Begebenheiten verdankt der Verfasser Frau Dagmar Kicherer vom Stadtmuseum Baden-Baden.) Pendantbilder konnten für den Künstler Einschränkungen bedeuten. Er musste sich an die Vorgaben durch das erste Gemälde halten. Wenn er wusste, dass zwei Arbeiten als Bildpaar bestimmt waren, konnte entsprechend vorgeplant werden. Manchmal sollte Becker auch noch Jahre später ein Gegenstück produzieren. Eine theoretische Abhandlung zur Thematik „Pendant" findet sich bei Gérard de Lairesse, Het Groot Schilderboek, Amsterdam 1707, Buch VI [über Landschaftsmalerei], Kapitel 7, [Über das Aufhängen von Landschaftsgemälden und der so genannten Pendants], Nachdruck Soest 1969. Lairesse schreibt, dass Pendants die gleiche Höhe und Breite, ähnliche Rahmen, den gleichen Lichteinfall, relativ gleich viele Staffageobjekte, Figuren in der gleichen Größe sowie Fluchtlinien im gleichen Verhältnis besitzen sollten. In punkto Bildkomposition sollten sie so verschieden wie möglich sein. Fast scheint sich Becker wörtlich an diese Vorgaben gehalten zu haben.

Quellen/Literatur: Millar, Oliver, Cambridge 1992, vol. I, p. 32, no. 140, vol. II, pl. 101; Main-Echo, 18.9.2002; Höchster Kreisblatt, 12.10.2002; Selke, Jahrbuch Württembergisch Franken 2003, S. 172

371. Ungarisches Zigeunerdorf I

Befund: 1878; historische Fotografie nach einem Ölbild, Mappe „Ungarn", nicht katalogisiert; im Foto u.l.: „August Becker"

Provenienz/Ort: Nachlass

Kurzbeschreibung: Strohhütten mit zum Teil unbekleideten Kindern davor, rechts etliche Bäume, links dunstige Berge (kleiner Ausschnitt).

Kommentar: Als Besitzer des Gemäldes wird der Kaufmann Adolf Liertz aus Düsseldorf genannt. Der Verbleib konnte nicht geklärt werden. Liertz erscheint im Adressbuch von 1878 als Hoflieferant. Er hatte ein Teppich-, Tapeten-, Möbelstoff- und Dekorationsgeschäft in der Schadowstraße. Die Staffage stammt von Karl Paul Themistokles von Eckenbrecher. (Vgl. Ernst Becker, handgeschriebener Lebenslauf zu August Becker) Die Körperformen der Staffagefiguren wirken sehr realistisch. So gut gemalte Figuren sind auf den meisten Bildern nicht oft zu finden, denn Becker war in erster Linie Landschaftsmaler. 1876 hatte Becker eine Reise zur gräflichen Familie derer von Andrássy nach Ungarn unternommen. In einem Vortrag im „Wissenschaftlichen Verein" in Düsseldorf erwähnte er Jahre später eine Darstellung von Zigeunern. So wie wir Beckers Schaffen bis dahin kennen gelernt haben, handelt es sich um ein originelles Motiv, und es kann davon ausgegangen werden, dass auch dieses Sujet mehrmals in leicht abgewandelter Form wiederholt wurde (Vgl. „Ungarisches Zigeunerdorf II", 1880, Kat.-Nr. 386).

Ausstellungen: Düsseldorf 1878

Quellen/Literatur: Verzeichnis der Kunstwerke auf der Ausstellung des Kunstvereins für die Rheinlande und Westfalen, 1878, S. 1, Nr. 9; Ernst Becker, Lebenslauf zu August Becker, Düsseldorf, KVM 552

372. Auf der Höhe

Befund: um 1878; Öl auf Leinwand

Provenienz/Ort: Verbleib unbekannt

Kommentar: Das Bild trägt einen einmaligen Titel im Oeuvre Beckers. Becker war um 1878 auf dem Zenit seiner beruflichen Karriere angelangt. So hatte er u.a. den Vorsitz der Deutschen Kunstgenossenschaft inne.

Ausstellungen: Düsseldorf 1878

Quellen/Literatur: Verzeichnis der Kunstwerke auf der Ausstellung des Kunstvereins für die Rheinlande und Westfalen, 1878, S. 1, Nr. 8

373. Gebirgslandschaft mit Dorf

Befund: 1878; 66,0 x 93,0 cm; Öl auf Leinwand; u.l. mit brauner Farbe: „August Becker.1878"

Provenienz/Ort: Sammlung von Carol I., König von Rumänien; Sinaia, Nationalmuseum Schloss Peleş, Inv. Nr. 1165 P. 255; PFV 14

Kommentar: Das Gemälde hat die gleichen Maße wie die „Gebirgslandschaft" (1876, Kat.-Nr. 365), welche ebenfalls in dem Karpaten-Schloss hängt.

374. Blick ins Tal I

Befund: 1879; historische Fotografie nach einem Ölbild, Mappe „Schweiz", nicht katalogisiert; im Foto u.r.: „August Becker.1879"

Provenienz/Ort: Nachlass

Kurzbeschreibung: Rechts Weg an einem Berghang, unter einem großen Baum sitzen zwei weibliche Personen, links im Mittelgrund Tal mit Haus und einem Turm, im Hintergrund dunstige Landschaft.

Kommentar: Die beiden am Fuße des großen Baums sitzenden Damen stellen wahrscheinlich wie auf dem Bukarester „Weinburger Laubengang" (Kat.-Nr. 352) Antonie, Erbprinzessin von Hohenzollern, und ihre Nichte Elisabeth, Prinzessin von Anhalt, dar. Es könnte aber auch eine der Hofdamen sein, denn das Bild für Elisabeth, Prinzessin von Anhalt, wurde ja schon 1877 gemalt und sollte eine Kopie des 1876 gemalten Bildes sein. Ein ähnliches Gemälde befindet sich in den Städtischen Kunstsammlungen, Darmstadt (Kat.-Nr. 375). Eine weitere Fassung tauchte im Kunsthandel auf (Kat.-Nr. 396). Auch im Bukarester Schloss gab es eine Fassung, die mit vorliegender Arbeit identisch sein könnte. (Vgl.-Abb. 24).

375. Blick ins Tal II

Befund: 1880; Öl auf Leinwand; 78,0 x 126,0 cm; Öl auf Leinwand; m.r.: „August Becker.1880"; verso o.r. Schild auf Keilrahmen: „August Becker" und Klebezettel mit maschinengeschriebener Notiz: „August Becker......[sic!] German Landscape painter born in Darmstadt in 1822. Hedied [sic!] in Dusseldorf in 1887. He was a pupil of J. H. Shilbach [sic!] in 1840 and of the Dusseldorf Academy in 1842. In 1844 he traveled through the Alps of Norway, Switzerland and the Tyrol. His first love in landscape was the mountains. He was befriended by Queen Victoria of England and his colourful landscapes were in great demand in the British Isles. He is represented in the museums of Cologne, Darmstadt and Hanover."; darunter runder Klebezettel: „8"

Provenienz/Ort: Kunsthandel, Sotheby's, New York, 11.2.1981; Kunsthandel, Carola Van Ham, Köln, Kunstauktionen, 23.10.1992; Kauf von Privat; Darmstadt, Städtische Kunstsammlungen, Inv. Nr. MA 198

Kurzbeschreibung: Rechts Weg an einem Berghang, unter einem großen Baum stehen zwei männliche Personen, links im Mittelgrund Tal mit Haus und einem Turm, im Hintergrund dunstige Landschaft.

Kommentar: Wiedergegeben ist eine Landschaft im Abendlicht. Vom Berg führt der Blick hinunter in eine weite flache Landschaft mit den Ausläufern des Bodensees. Im Hintergrund sind marginal im Dunst verschwimmende Gebirgszüge zu erkennen. Vorn auf einem von schweren Laubbäumen bewachsenem und rechts von Felsgestein abgeschlossenem Plateau erteilt ein Mönch einem kleinen Kind den Segen. Dafür fehlen die beiden Prinzessinnen des historischen Fotos der ersten Fassung (1879, Kat.-Nr. 374). Änderungen wurden von Becker vor allem bei den Staffage-Personen durchgeführt. Die Hauptbaumgruppe erscheint nahsichtiger. Auf beiden Fassungen ist im Tal ein Gebäude mit Bergfried-artigem Turm zu erkennen. Dabei kann es sich um die Sternburg oder die Weinburg handeln. Denn das Gelände oberhalb des Gebäudekomplexes bei Rheineck am Bodensee bestand aus einem großen Landschaftsgarten, der das Anwesen der Hohenzollern umrandete. Der Park ist heute völlig verwachsen und bedürfte einer gründlichen gärtnerischen Instandsetzung. Auch der Fernblick in Richtung Bodensee ist heute nicht mehr in dieser Form vorzufinden, da die Bäume inzwischen sehr hoch gewachsen sind. Eine dritte, kleinere Version (datiert 1882) tauchte 2000 im Kunsthandel auf (Kat.-Nr. 396).

Ausstellungen: Darmstadt (Kunstverein) 2004

Quellen/Literatur: London; Bénézit, Paris 1999, S. 947; Courtauld Institute of Art (Photographic Survey of the Private Collections), London; Aukt.-Kat. Carola Van Ham, 143. Auktion, Oktober 1992, Nr. 970, Tafel 141; http://www.artnet/faad/auctionsonline.asp (Nr. 16) (im Auftrag des Verfassers abgerufen am 12. Dezember 2002)

376. Szene aus den ungarischen Karpaten (Szene aus der ungarischen Tatra)

Befund: um 1880; Öl auf Leinwand

Provenienz/Ort: Verbleib unbekannt

Kommentar: Die bei Boetticher aufgelistete „Szene aus den ungarischen Karpaten" (1880) ist möglicherweise identisch mit der 1882 in Hamburg gezeigten „Szene aus der ungarischen Tatra" . 1882 wurden als Verkaufspreis 1.000,- Mark veranschlagt. Bis 1918 gehörte das Fürstentum Siebenbürgen zum Österreichisch-Ungarischen Kaiserreich. Daher stammt die Bezeichnung des Bildes. Heutzutage gehört die Karpatenkette nicht mehr zu ungarischem Territorium.

Ausstellungen: Hannover 1880; Bremen 1882; Hamburg 1882

Quellen/Literatur: Verzeichnis der Gemälde der dreiundzwanzigsten Grossen Gemälde-Ausstellung des Kunstvereins in Bremen, 1882, S. 7, Kat.-Nr. 38; Kat. Kunstausstellung Hamburger Kunstverein, 1882, 27. Ausstellung, S. 8, Nr. 52; Boetticher, Nr. 29

377. Unbezeichnete Landschaft

Befund: 1880; Öl auf Leinwand

Provenienz/Ort: Verbleib unbekannt

Kommentar: August Becker war einer der Hauptverantwortlichen für die Vorbereitung und Durchführung der IV. Allgemeinen Deutschen Kunstausstellung von 1880. Sein Darmstädter Mallehrer Johann Heinrich Schilbach war als ausgebildeter Theatermaler kein den Fortschritt suchender Künstler. Eine Vielzahl Düsseldorfer Landschaftsmaler, wie auch Becker, vertrat diese Ansichten ebenso. Das war auch einer der Gründe für den rapiden Prestigeverlust, den Düsseldorf als Kunstmetropole spätestens nach der Kunstausstellung von 1880 erlitt.

Quellen/Literatur: Johannes Niessen [Historienmaler und Museumskonservator in Köln], Brief an August Becker [zur Vorbereitung der Düsseldorfer Kunstausstellung 1880], 7. Juli 1879, Archiv des Künstlervereins Malkasten, Düsseldorf, ohne Inv. Nr.

378. Rheintal von der Weinburg aus

Befund: um 1880; Öl auf Leinwand

Provenienz/Ort: Verkauf offensichtlich in England; Verbleib unbekannt

Quellen/Literatur: Hoffmann-Kuhnt (Hg.), Nürnberg 2000, S. 709

379. Gewitterlandschaft

Befund: um 1880; Öl auf Leinwand

Provenienz/Ort: Verbleib unbekannt

Kommentar: Der Preis des Bildes sollte auf der Bremer und Hamburger Ausstellung 600,- Mark betragen.

Ausstellungen: Bremen 1880; Hamburg 1880

Quellen/Literatur: Katalog der zweiundzwanzigsten Grossen Gemälde-Ausstellung des Kunstvereins in Bremen, 1880, S . 7, Kat.-Nr. 39; Kat. Kunstausstellung Hamburger Kunstverein, 1880, 26. Kunstausstellung, S. 7, Nr. 45

Boetticher, Nr. 28

380. Das Kaisergebirge in Tirol

Befund: 1880; Öl auf Leinwand

Provenienz/Ort: Verbleib unbekannt

Kommentar: 1880 fand die letzte große Kunstausstellung im 19. Jahrhundert in Düsseldorf statt. Auf der IV. Allgemeinen Deutschen Kunstausstellung wurden 1.155 Gemälde gezeigt. Insgesamt war die zeitgenössische Kunstkritik eher verhalten, was die Leistungen der „Düsseldorfer Schule" anbelangte. Sicher traf die Bewertung auf den veralteten Düsseldorfer Stil zu. Das vorliegende Bild wurde in Berlin und München als verkäuflich angegeben.

Ausstellungen: Düsseldorf (IV. Allgemeine Deutsche Kunstausstellung) 1880; Berlin 1881; München (Internationale Kunstausstellung) 1883; Bremen 1886

Quellen/Literatur: ZfBK, XV. Jg., 1880, S. 381; Kat. der IV. allgemeinen deutschen Kunstausstellung, Düsseldorf 1880, S. 10, Nr. 35; Ausst.-Kat. Die Deutsche Kunst auf der Düsseldorfer Ausstellung 1880. Studien und Gedenkblätter von Otto Baisch, München 1880, S.

65; Kat. Königliche Akademie der Künste, LV. Ausstellung, S. 6, Kat.-Nr. 35; Kat. III. Internationale Kunstausstellung im königlichen Glaspalast München, 1883, S. 105, Nr. 113; Ernst Becker, Lebenslauf zu August Becker, Düsseldorf, KVM 552; Boetticher, Nr. 26

381. Hochgebirgslandschaft, auch: Das Kaisergebirge in Tirol

Befund: 1880; 128,0 x 225,0 cm; Öl auf Leinwand; u.r. mit Pinsel in rotbrauner Farbe: „August Becker"; auf der unteren Leiste Klebezettel, maschinengeschrieben: „Hess. Landesmuseum Darmstadt Hochgebirgslandschaft Depot 44a GK 468"

Provenienz/Ort: Schenkung der Witwe des Malers 1894 (Quellenanhang 33); Darmstadt, Hessisches Landesmuseum, Inv. Nr. GK 468

Kurzbeschreibung: Links Hochplateau, das nach rechts hin ansteigt. Vier männliche Figuren – zwei im rechten Vordergrund und zwei weitere kurz vor dem Talabbruch –, zusätzlich mehrere mittelgroße Felsbrocken. Im Mittelgrund ein Tal, dahinter Gebirge, links sehr dunkle Wolken.

Kommentar: 1857 unternahm Becker seine erste Reise ins Bayerische Hochland und nach Tirol. Tagebuchaufzeichnungen vom 18. Juli bis 26. September 1860 beschreiben eine Tour bis zum Kaisergebirge. Schon nach wenigen Tagen notierte Becker: „*Die ganze Ferne liegt wolkenfrei vor mir, im Mittelgrund das Kaisergebirge und als Ferne die ganze Kette der Süd-Tyroler Alpen, von Groß-Glockner an, bis in unerkennbare Ferne nach Westen hin.*" (Zit. August Becker, Reisetagebuch, in: Hoffmann-Kuhnt (Hg.), Nürnberg 2000, S. 336) Die Route entsprach ganz den Beschreibungen der damaligen Reiseliteratur, die als zusammengefaßte Reisestrecke unter dem Kapitel „Von München nach Innsbruck über Rosenheim und Kufstein" erwähnt wird. Im Baedeker heißt es: „*Prächtige Aussicht auf Kaisergebirge, Tauern, Inntahl...*" (Zit. Baedeker, Südbaiern und die Österreichischen Alpenländer, 23. Aufl. Leipzig 1888, S. 166) Die „Tiroler Landschaft", welche sich zu Lebzeiten im Besitz des Malers befand, wurde vom Darmstädter Museum 1894 als Geschenk von der seit Sommer 1888 in Darmstadt lebenden Witwe angenommen. Insgesamt sind aus den schriftlichen Aufzeichnungen vier ausgeführte Fassungen des Motivs erkennbar. Die enormen Maße des Gemäldes erfordern eine weite Distanz, um mit den zwei Tirolern im Vordergrund das sonnige Felsmassiv des Wilden Kaisers zu betrachten. Durch den Wechsel von Hell und Dunkel, schattigen und sonnigen Streifen im Bild wirkt die Szenerie abwechslungsreich. Schon 1882 war eine Fassung der Darstellung im Residenzschloss gezeigt worden. In der Darmstädter Zeitung 1894, Nr. 266, 9. Juni hieß es: „*Eine neue Schenkung an das Großherzogliche Museum, Gemälde Galerie ist zu verzeichnen. Ein großes Ölbild "Der Wilde Kaiser in Tirol", gemalt von Prof. August Becker in Düsseldorf, ist der Galerie von der hier lebenden Witwe des Künstlers zum Geschenk überwiesen worden.*" (Zit. ebd.) Wie dieses Beispiel erneut zeigt, variierten die Bezeichnungen Beckers Gemälde sehr oft. Der Wilde oder auch der Vordere Kaiser genannte Gebirgszug befindet sich nördlich der Hohen Salve, jenem Berg, von dem aus Becker seine Skizzen im Skizzenbuch IV von 1865 festhielt (zusammen mit dem Großvenediger). Im Vordergrund befindet sich ein Wanderer mit Stock. Der Erhaltungszustand ist gut. Die Leinwand ist an drei Seiten um die Leisten geschlagen. Das Bild wurde 1880 gemalt und ist erst nach Beckers Tod ins Museum gelangt. Es muss zu den Atelier-Hütern gehört haben, die sich nicht verkaufen ließen. Es zählt zu den mittelmäßigen Werken des Malers. In Bremen, wo das Bild wahrscheinlich 1886 gezeigt wurde, wollte Becker es noch für 4.500 Mark verkaufen.

Ausstellungen: Bremen 1886 (?)

Quellen/Literatur: Katalog der fünfundzwanzigsten Grossen Gemälde-Ausstellung des Kunstvereins in Bremen, 1886, S. 7, Kat.-Nr. 36; Ernst Becker, Lebenslauf zu August Becker, Düsseldorf, KVM 552; Die Kunst für Alle, 10. Jg., 1894/95, S. 142; Schweers 1994, Bd. 1, S. 103, Bd. 8, S. 284; Hoffmann-Kuhnt (Hg.), Nürnberg 2000, S. 562; Kat. Darmstadt 2003, S. 64 f. (m. Abb.)

382. Unbekannte Landschaft

Befund: um 1880; Öl auf Leinwand

Provenienz/Ort: Verbleib unbekannt

Kommentar: Verkauf in Glasgow (für 1.800,- Mark).

Quellen/Literatur: August Becker, Brief an seinen Bruder Ferdinand, 23.12.1880, Nachlass (Quellenanhang 19)

383. Villa Hohenlohe

Befund: 1880; 9,7 x 14,7 cm; „August Becker.1880"

Provenienz/Ort: Verbleib unbekannt

Kurzbeschreibung: Park mit einer Villa, im Vordergrund Toreinfahrt und Mauervorsprung, im Hintergrund Wald.

Kommentar: Das gleiche Motiv aus größerem Blickwinkel heraus hatte Becker schon 1877 gemalt. Damals sollte er für Königin Victoria zwei Ansichten von der Villa Hohenlohe (Kat.-Nr. 369 und 370) anfertigen, die Baden-Baden 1876 besucht hatte. 1880 war die Monarchin ein letztes Mal in der Villa Hohenlohe zu Gast. Becker sollte diese Ansicht offensichtlich zur weiteren Erinnerung malen. Das Gemälde befindet sich nicht in der Royal Collection.

Quellen/Literatur: Courtauld Institute of Art (Photographic Survey of the Private Collections), London; Selke, Jahrbuch Württembergisch Franken 2003, S. 174

384. Grosskohlbacher Wasserfall in der Hohen Tatra

Befund: 1880; Öl auf Leinwand

Provenienz/Ort: Verbleib unbekannt

Kommentar: Besitzer des Bildes war Apotheker Everhad Haas in Viersen. Es handelt sich dabei um Everhad Anton Clemens August Franz Salesius Haas, der cirka 1839 in Köln als Sohn von Dr. jur. Johann Jacob Josef Haas und Luise Dorothea, geb. König, geboren wurde. 1869 erteilte die königliche Regierung in Düsseldorf Everhard Haas die Konzession, die bislang einzige Viersener Apotheke (gegr. 1813) von Franz Coenen zu übernehmen. Aus der Zeit des Deutsch-Französischen Krieges sind Rechnungen für die Medikation von Soldaten erhalten.

Quellen/Literatur: Ernst Becker, Lebenslauf zu August Becker, Düsseldorf, KVM 552

385. Die Granatfelsen in der Hohen Tatra

Befund: um 1880; Öl auf Leinwand

Provenienz/Ort: Verbleib unbekannt

Kommentar: Als Ersteher des Gemäldes trat 1880 Dr. phil. u. med. Moritz Traube (1826–1894) aus Breslau auf. Zwischen 1876/77 und 1890/91 war der Weinhändler und Gelehrte ein Mitglied des Schlesischen Kunstvereins im damaligen Breslau. (Vgl. Jahres-Bericht der Schlesischen Gesellschaft fuer vaterländische Cultur, 72/1895, Nekrologe S. 16–19) Als promovierter Chemiker (1847) hatte er vielleicht auch mit Ernst Becker Kontakt. August Becker beschickte ab 1853 den Schlesischen Kunstverein.

Quellen/Literatur: Ernst Becker, Lebenslauf zu August Becker, Düsseldorf, KVM 552

386. Ungarisches Zigeunerdorf II

Befund: um 1880; Öl auf Leinwand

Provenienz/Ort: Verbleib unbekannt

Kommentar: Da bereits 1878 ein Verkaufserfolg mit einer Fassung des vorliegenden Gemäldes zu verzeichnen war, wird Becker eine Replik des Bildes angefertigt haben. 1.200,- Mark wurden als Preis veranschlagt.

Ausstellungen: Bremen 1880; Hamburg 1880

Quellen/Literatur: Verzeichnis der Gemälde der zweiundzwanzigsten Grossen Gemälde-Ausstellung des Kunstvereins in Bremen, 1880, S . 7, Kat.-Nr. 38; Kat. Kunstausstellung Hamburger Kunstverein, 1880, 26. Kunstausstellung, S. 7, Nr. 44; Boetticher Nr. 27

387. Der Bartholomä-See in Oberbayern

Befund: um 1880; Öl auf Leinwand

Provenienz/Ort: Verbleib unbekannt

Kommentar: Eine erste nachweisbare Studienfahrt führte Becker im Sommer 1857 nach Bayern. So fertigte er zahlreiche Studien bei Berchtesgaden vom Königssee und Hintersee an. Während der Anfertigung zweier Ölstudien am Königssee, der damals auch unter dem Namen Bartholomäsee bekannt war, sah Becker 1857 auch Maximilian II., König von Bayern, in Begleitung von Franz Joseph I., Kaiser von Österreich, bei der Jagd. 1880 fand zum ersten Mal eine internationale Ausstellung in Australien statt. Erst 1889/1890, nach Beckers Tod, fand dort eine zweite derartige Schau statt. Das vorliegende Bild wurde mit einer Medaille prämiert.

Ausstellungen: Melbourne 1880

Quellen/Literatur: Kat. Melbourne International Exhibition 1880–1881. Official Record. Containing Introduction. History of Exhibition. Description of Exhibition and Exhibits. Official Awards of Commissioners and Catalogue of Exhibits, Melbourne 1882, p. lxxxviii, 509

388. Landschaft aus dem schottischen Hochlande. Jagdgrund von Balmoral

Befund: 1880; Öl auf Leinwand

Provenienz/Ort: Verbleib unbekannt

Kommentar: Das in Düsseldorf gezeigte verkäufliche Bild trug im Titel den Zusatz „Landschaft aus dem schottischen Hochlande", so dass die Besucher, die nicht über das Anwesen der englischen Königin informiert waren, die Szenerie besser einordnen konnten. Becker unterbreitete im Januar 1881 Carl Anton, Fürst von Hohenzollern, das Konzept für ein Gemälde gleichen Inhalts. Von einer „neuen Komposition" jenes in Düsseldorf ausgestellten Bildes ist auszugehen.

Ausstellungen: Düsseldorf (IV. Allgemeine Deutsche Kunstausstellung) 1880

Quellen/Literatur: Kat. der IV. allgemeinen deutschen Kunstausstellung, Düsseldorf 1880, S. 10, Nr. 37

389. Der Jagdgrund von Balmoral in Schottland

Befund: 1881; Öl auf Leinwand

Provenienz/Ort: Auftrag von Carl Anton, Fürst von Hohenzollern, als Hochzeitsgeschenk für Kronprinz Wilhelm, den späteren Wilhelm II., Kaiser des Deutschen Reiches (Vermählung mit Auguste Viktoria, Prinzessin von Holstein-Augustenburg am 27. Februar 1881); Verbleib unbekannt

Kommentar: Wilhelm war als Kind häufig bei seiner Großmutter in England und Schottland gewesen. Der schottische Dichter Walter Scott verwertete alte mythologische Stoffe in seiner Novellensammlung „Waverley", die 1814 erstmals publiziert wurde und zum Bestseller avancierte. Diese und andere Dichtungen, welche in den gebildeten Kreisen der englischen und europäischen Aristokratie, sowie von anderen literarisch Interessierten gelesen wurden, trugen weitgehend zum romantischen Mythos des Landes bei. Möglicherweise war das auch ein Grund für den Fürsten von Hohenzollern, ein Gemälde diese Thematik betreffend bei Becker zu bestellen. Carl Anton, Fürst von Hohenzollern, verglich die Gemälde Beckers mit den Balladen des größten schottischen Schriftstellers und merkte zu dem neuerlichen Arbeitsergebnis des Malers an: *„Allgemeiner Beifall u. Bewunderung der Charakteristik der Landschaft, der Farbe und der poetisch anmuthenden Stimmung in ihrem strengen Ernst u. in ihrer ganzen Erhabenheit. Ein in Farben ausgedrückter Walter Scott'scher Roman."* (Zit. Carl Anton, Fürst von Hohenzollern, Brief an August Becker, 2. Mai 1881, in: Hoffmann-Kuhnt (Hg.), Nürnberg 2000, S. 712) Jedoch muss gesagt werden, dass 1880, als Becker erneut nach seinem Studienmaterial zu Schottland von 1864 und 1867 griff, sich derlei Bilder auch in England immer schlechter verkaufen ließen. Die idealistisch überhöhte viktorianische Kunst mit ihrer Hingabe an die Aristokratie erschien nicht mehr zeitgemäß und war durch das Ausklammern zeitgenössischer Realitäten geradezu undemokratisch. So hatten sich ab 1883 impressionistische Anschauungen auch in England ausgebreitet. In Newlyn, Cornwall, praktizierten einige englische Maler im Freilichtnaturalismus. In Schottland, wovon das durch Carl Anton in Auftrag gegebene Gemälde ja letztlich handelte, hatte sich als Widerstand gegen den herrschenden viktorianischen Geschmack die „Schule von Glasgow" etabliert. Die Gruppe von Künstlern übte einen wichtigen Beitrag zur Weiterentwicklung der Freilichtmalerei aus. 1887 wollte Becker ursprünglich noch eine Arbeit für Queen Victoria zum Goldenen Thronjubiläum anfertigen, von der ihm sein Freund Sahl, der Privatsekretär der Königin, jedoch abriet. 1885 wurde in London der „New English Art Club" gegründet. Die sich in der sezessionistischen, unabhängigen Künstlerbewegung organisierten Maler, Wilson Steer und Sidney Starr vertraten mit ihrer skizzenhaften, impressionistisch verstandenen Freilichtmalerei genau das Gegenteil von dem, was Becker bis zum Schluss als sein Kunstideal ansah. Auf der Berliner Akademieausstellung wurde das vorliegende Gemälde explizit als nicht verkäuflich und mit dem Hinweis „Eigenthum Seiner Königlichen Hoheit des Prinzen Wilhelm von Preussen" versehen vorgeführt.

Ausstellungen: Berlin 1881

Quellen/Literatur: Kat. Königliche Akademie der Künste, LV. Ausstellung, S. 6, Kat.-Nr. 36; Ernst Becker, Lebenslauf zu August Becker, Düsseldorf, KVM 552; Boetticher, Nr. 25; Hoffmann-Kuhnt (Hg.), Nürnberg 2000, S. 709, 712

390. Das Kaisergebirge in Tirol

Befund: vor 1881; Öl auf Leinwand

Provenienz/Ort: Verbleib unbekannt

Kommentar: Besitzer des Gemäldes war ein Herr Rich. Thiele aus Bremen. Im Adressbuch ließ sich ein Kaufmann namens Cornelius Richard Heinrich Adolph Thiele (1829–1896) recherchieren. Er hatte einen Sohn und zwei Töchter.

Ausstellungen: Bremen (Kunsthalle) 1881

Quellen/Literatur: Verzeichnis von Gemälden neuerer Meister aus Bremischem Privatbesitz ausgestellt in der Kunsthalle, Bremen 1881, S. 6, Kat.-Nr. 37

391. Landschaft aus dem Hardanger Fjord in Norwegen

Befund: 1881; Öl auf Leinwand

Provenienz/Ort: Verbleib unbekannt

Ausstellungen: Berlin 1881

Quellen/Literatur: Kat. Ausstellung der königlichen Akademie der Künste, Berlin 1881, S. 6, Nr. 29

392. Schloss Arolsen (Landschaft aus Waldeck-Pyrmont)

Befund: 1882; Öl auf Leinwand

Provenienz/Ort: Auftrag von Queen Victoria; Verbleib unbekannt

Kommentar: Auch 1881 erhielt Becker einen Auftrag von der englischen Queen. Bei dem neuen Gemälde sollte eine Portraitlandschaft aus dem Fürstentum Waldeck-Pyrmont gemalt werden, das seit 1867 unter preußischer Verwaltung stand. Das barocke Residenzschloss in der Stadt Arolsen, dem späteren Bad Arolsen, verdankt seine Entstehung um 1725 den Plänen Friedrich Anton Ulrichs, Fürst zu Waldeck. 1881 verlobte sich der Sohn der Queen, Prinz Leopold, mit Helena, Prinzessin von Waldeck-Pyrmont. Die Hochzeit der beiden fand 1882 in England statt. Für den feierlichen Anlass und die zu erwartenden Besuche aus Schloss Arolsen, in dem die Herrschaften aus Waldeck-Pyrmont lebten, wollte die Queen sich ein thematisch passendes Gemälde von Becker anfertigen lassen. Deren Vorgaben lauteten: *„1. Die einzigen von Ihrer Majestät gemachten Bedingungen sind diese zwei: Die Größe der Leinwand muß sehr limitiert sein. Es soll ein kleines Bild werden & diesen Wunsch verstehst Du nun besser, seitdem Du in das Boudoir der Queen geblickt und Dich überzeugt hast, daß nur ganz geringe Größe die Lieblings-Bilder in diese exklusivsten Stätten zuläßt; und ich weiß, daß gerade in diese exklusivsten Gemächer das Bild gehängt werden soll, welches Du für I.M. demnächst malen willst. 2. Die andere Bedingung wirst Du ebenfalls verstehen: Keine großartig componierte Character Landschaft ist es, was I.M. sich wünscht, sondern ein ganz individuelles Portrait. Und da I.M. selbst niemals die persönliche Bekanntschaft mit etwas Waldeck'schem gemacht hat - (noch machen wird) - so empfiehlt es sich, in dem landschaftlichen Portrait möglichst viel Détail anzubringen. welche die "genauen Bekannten" später als "entsetzlich ähnlich" hervorzuheben im Stande sind:- ..."Siehst Du, dies ist wo wir im Winter Schlittschuh laufen, - und hier wohnt unser alter Förster, - und siehst Du, hier sitze ich jeden Morgen wenn es heißer Sommer ist, - und dies ist das Fenster in meinem Boudoir, und hier sind die Fenster unseres Drawing Room..." Solcherlei Redensarten muß das Bildchen hervorlocken - dann ist es (im Sinne der Palastmenschen) ein künstlerisches Juwel!"* (Zit. Hermann Sahl, Brief an August Becker, 31. Dezember 1881, in: Hoffmann-Kuhnt (Hg.), Nürnberg 2000, S. 718) Becker durfte sich überlegen, ob er lieber eine Winter- oder Sommerlandschaft malen würde. Er sollte sich Fotoaufnahmen machen und danach das Bild entwerfen. Darüber hinaus traf Becker in Arolsen den künftigen Bräutigam, um von diesem den dafür besten Standpunkt gezeigt zu bekommen.

Quellen/Literatur: Hoffmann-Kuhnt (Hg.), Nürnberg 2000, S. 718 f.; Ausst.-Kat. Coburg 2003, S. 17 f.

393. Das Tal zwischen Rheineck und Tobel. („Das Rossbühlpanorama")

Befund: 1882; 89,3 x 149,5 cm; Öl auf Leinwand; u.r.: „August Becker.1882"; verso: „Peles 386 1128 9094 GG"; Aufkleber: „1128 6-III-82"; u.l. Loch in der Leinwand, Bild verschmutzt

Provenienz/Ort: Auftrag von Carol I, König von Rumänien; Muzeul Naţional de Artă, Bukarest, ohne Inv. Nr.

Kurzbeschreibung: Blick von Anhöhe in eine Ebene mit Siedlung, links Gebirgskamm, dahinter Gewässer, im Hintergrund dunstige Berge.

Kommentar: Seit 1880 wurde an der Konzeption des Gemäldes gearbeitet. Als Becker im Sommer 1881 die Realisierung in Angriff nahm, wünschte ihm Leopold, Erbprinz von Hohenzollern, dass er im so genannten „Gruber Tobel" effektvolle Motive finden möge. (Tobel bezeichnet im österreichischen Sprachgebrauch eine „enge Waldschlucht".) Leopold hatte Becker auch eine Strichskizze für den Vordergrund zugeschickt, die erhalten ist (Vgl.-Abb.-Nr. 12). Auch hier einmal mehr der Hinweis, dass Becker bei Aufträgen aus dem Hochadel wenig Freiraum bei der Bildgestaltung zukam. Rossbühl befindet sich westlich der am Südufer des Bodensees gelegenen Weinburg. Man erkennt den See im linken Hintergrund und rechts davon eine Siedlung. Im Vordergrund sieht man eine Staffagefigur, die dem Beckerschen seit 1852 praktizierten Schema ähnlich ist. Der Panoramablick wirkt äußerst imposant, so dass die Staffage eher störend wirkt. Das Gemälde hing ursprünglich in Schloss Peleş. Als Preis wurden maximal 2.500,- Franken, gemäß der lateinischen Münzunion von 1865 als internationaler Rechnungsmünze, was in etwa 2.250,- Mark entsprach, vorgegeben. Der Franken hatte einen etwas niedrigeren Goldgehalt (0,32258 g Gold) als die Mark (0,3584 g Gold). Viele Rechnungen in den Akten des rumänischen Königshauses sind in dieser internationalen Währung ausgeschrieben worden, wenngleich die Landeswährung der Leu war und ist. Dieser Bildverkauf war somit für Becker ein sehr einträgliches Geschäft.

Quellen/Literatur: Hoffmann-Kuhnt (Hg.), Nürnberg 2000, S. 714 f.

394. Abendlandschaft. Bodensee

Befund: 1882; Öl auf Leinwand

Provenienz/Ort: Verbleib unbekannt

Kommentar: Das Gemälde ist wie das „Rossbühlpanorama" (Kat.-Nr. 393) nach Studien vom Bodensee entstanden. Literarisch hat Eduard Mörike in der „Idylle vom Bodensee oder Fischer Martin" der Gegend in den 1840er Jahren ein bleibendes Denkmal gesetzt: *„Aber im Grund wie schimmern die Berge! wie hebet der Säntis Silberklar in himmlischer Ruh die gewaltigen Schultern!"* (Zit. Eduard Mörike, Idylle vom Bodensee oder Fischer Martin, in: Gesammelte Werke in zwei Bänden, Bd. 1, Gütersloh 1957– 1961, S. 256– 312, 257)

Ausstellungen: Düsseldorf 1882

Quellen/Literatur: Verzeichnis der Kunstwerke auf der Ausstellung des Kunstvereins für die Rheinlande und Westfalen 1882

395. Schweizer Idylle

Befund: 1882; Öl auf Leinwand

Provenienz/Ort: Verbleib unbekannt

Kommentar: Als möglicher Verkaufspreis wurden 400,- Mark veranschlagt.

Ausstellungen: Bremen 1882; Hamburg 1882

Quellen/Literatur: Katalog der dreiundzwanzigsten Grossen Gemälde-Ausstellung des Kunstvereins in Bremen, 1882, S. 7, Kat.-Nr. 39; Kat. Kunstausstellung Hamburger Kunstverein, 1882, 27. Ausstellung, S. 8, Nr. 53

396. Blick ins Tal III

Befund: 1882; 50,2 x 71,1 cm; Öl auf Leinwand; signiert und datiert

Provenienz/Ort: Kunsthandel, Christie's, London, 25. Mai 2000

Kurzbeschreibung: Rechts Weg an einem Berghang, großer Baum, links im Mittelgrund Tal mit Haus und einem Turm, im Hintergrund dunstige Landschaft.

Kommentar: Eine dritte, erheblich kleinere Fassung des Motivs vom Bodensee. (Vgl. „Blick ins Tal I" und „Blick ins Tal II", 1879 und 1880, Kat.-Nr. 374, 375)

Quellen/Literatur: Aukt.-Kat. Christie's, London, 25. Mai 2000, Nr. 99; http://www.artnet/faad/auctionsonline.asp (Nr. 3) (im Auftrag des Verfassers abgerufen am 12. Dezember 2002)

397. Landschaft aus dem bayerischen Gebirge

Befund: um 1882; Öl auf Leinwand

Provenienz/Ort: Verbleib unbekannt

Ausstellungen: Hannover 1882

Quellen/Literatur: Boetticher, Nr. 30

398. Schottische Landschaft (mit liegender Jägerstaffage)

Befund: 1882; historische Fotografie nach einem Ölbild, Mappe „Schottland", nicht katalogisiert; im Foto u.r.: „August Becker.1882"

Provenienz/Ort: Nachlass

Kurzbeschreibung: Berghang mit Blick in eine Ebene, links Baumgruppe und in schottischer Kleidung liegender Jäger mit Flinte auf Zielsuche, im Hintergrund dunstige Berge.

Kommentar: Der Baum auf der linken Seite hat starke Ähnlichkeit mit einer Studie im Skizzenbuch III (1864, Kat.-Nr. 216) und auf dem Gemälde „Mondnacht (mit großen Bäumen und Hütte)", 1870, Kat.-Nr. 292). Im Tal auf der rechten Seite sind der Fluss Dee und ein größerer Gebäudekomplex erkennbar. Zieht man als Vergleich „Craig Na Ban" (1865, Kat.-Nr. 238) herbei, so sind die Berge im Hintergrund denen bei Schloss Balmoral sehr ähnlich. Es liegt nahe, dass es sich auf dem vorliegenden Gemälde um Schloss Balmoral handelt. Daher könnte das Bild eine Replik von „Jagdgrund in Balmoral" (1881, Kat.-Nr. 389) gewesen sein.

Quellen/Literatur: Ausst.-Kat. Coburg 2003, S. 17 (m. Abb.)

399. Gebirgslandschaft. Sinaia

Befund: 1882; 33,0 x 51,5 cm; aquarellierte Bleistiftzeichnung, weiß gehöht/Papier; m.l.: „Sinaia Sept. 82"; u.r.: „August Becker"

Provenienz/Ort: Düsseldorf, Archiv des Künstlervereins Malkasten, Inv. Nr. Z-B 42-31

Kurzbeschreibung: Böschung mit Blick auf teilweise Schnee bedeckten Gebirgskamm.

Kommentar: Eine Reise nach Rumänien führte den Düsseldorfer Maler 1882 für vier Monate in das königliche Sommerschloss Peleș, in dem Carol I., König von Rumänien, mit Ehefrau Elisabeta ab 1882 die heißen Sommerwochen verbrachte. Die aquarellierte Zeichnung ist während des Aufenthaltes dort entstanden. In einem Brief erwähnt Königin Elisabeta Beckers Besuch recht ausführlich: *„Becker bleibt noch zu den Manoevren, er ist eben hier, Hahn im Korbe, was ihm ganz gut zu gefallen scheint. Er wird von den jungen Mädchen viel geneckt. Er kann Euch erzählen, wenn er in die Weinburg kommt."* (Zit. Carmen Sylva, Brief an Maria, Gräfin von Flandern, Sinaia, 6. Oktober 1882, Bukarest, Rumänisches Nationalarchiv, Casă Regală, Personale Elisabeta, Documente Personale V 180, 1882, 1 f.; Quellenanhang 23) Sehr schön sind die schneebedeckten Bergspitzen des Hochgebirges zu erkennen, die von Becker mit Deckweiß betont wurden.

Quellen/Literatur: Kat. der Ausstellung „Lebendige Vergangenheit. Archiv-Ausstellung des K.V. Malkasten", Düsseldorf 1956, S. 5; Saur, AKL, Bd. VIII, 1994, Stichwort „Becker, August", S. 154; Schroyen, Sabine: Bildquellen zur Geschichte des Künstlervereins Malkasten in Düsseldorf. Künstler und ihre Werke in den Sammlungen, (Landschaftsverband Rheinland. Rheinisches Archiv- und Museumsamt. Archivberatungsstelle, Archivhefte 34), Düsseldorf 2001, S. 69 (m. Abb.); Lexikon der Düsseldorfer Malerschule 1819–1918, Düsseldorf [u.a.] 1997–1998, Bd. I, Stichwort „Becker, August", S. 88

400. Sinaia, Karpatenkette (Studie)

Befund: 1882; 23,0 x 36,0 cm; Bleistift/Papier; u.r.: „Sinaia 24. Aug. 82"; o.r.: „I"; stockfleckig

Provenienz/Ort: Privatbesitz

Kurzbeschreibung: Blick auf eine Gebirgswand.

401. Sinaia, Wasserfall (Studie)

Befund: 1882; 36,0 x 23,0 cm; Bleistift/Papier; u.r.: „Sinaia 24. Aug. 82"; o.r.: „II"; stockfleckig

Provenienz/Ort: Privatbesitz

Kurzbeschreibung: Starke Ähnlichkeit hat die Studie mit den Wasserfall-Bildern II und III (1885).

Kommentar: Im Vordergrund Uferzone mit Astwerk, im Mittelgrund mittelgroßer Wasserfall, an der Abbruchstelle zu beiden Seiten Bäume, Hintergrund freibleibend. Diese Skizze diente als Grundlage für zwei „Wasserfall"-Gemälde (1884, Kat.-Nr. 412, 413).

402. Sinaia, Felsen (Studie)

Befund: 1882; 30,5 x 23,5 cm; Bleistift/Papier; u.r.: „Sinaia 24. Aug. 82"; stockfleckig

Provenienz/Ort: Privatbesitz

Kurzbeschreibung: Kahler Felsen, am oberen Bildrand abgeschnitten.

403. Urwald (in den rumänischen Karpaten)

Befund: 1882; 33,0 x 43,5 cm; Bleistift/Papier (aufgezogen); u.r.: „Sinaia d. 19. Sept. 1882"

Provenienz/Ort: Pauline Becker (Witwe des Malers); Privatbesitz; Schenkung, Darmstadt, Hessisches Landesmuseum, Inv. Nr. HZ 4177, G 55:276

Kurzbeschreibung: Nahsichtige Waldszene, zu beiden Seiten Bäume, die vom oberen Bildrand geschnitten sind. Blick in einen leicht abschüssigen Mittelgrund.

Kommentar: Im Vergleich zu der kleineren Bleistiftzeichnung, die im Künstlerverein Malkasten in Düsseldorf aufbewahrt wird, hat Becker keine Kolorierung vorgenommen.

404. Blick aufs Gebirge (Zigeunerlager)

Befund: 1882, 87,5 x 63,0 cm; Öl auf Leinwand; u.r.: „August Becker"

Provenienz/Ort: Kunsthandel, Neumeister, München, Kunstauktionen, 18.9.1974 (irrtümlich als „Zigeuner in den ungarischen Karpaten" betitelt)

Kurzbeschreibung: Rastende Personengruppe an einem Lagerfeuer. Zum Mittel- und Hintergrund hin ansteigendes Terrain. Rechts oben dunstige Berge.

Kommentar: Absolute Übereinstimmung hat das Gemälde mit einer historischen Fotografie, Mappe „Rumänien", Nachlass, nicht katalogisiert; im Foto u.r.: „August Becker". Das Gemälde konnte frühestens im Winter 1882 entstanden sein. Auch schon 1880 schien Becker das Thema „Zigeuner" zu beschäftigen. In den Ausstellungen des Bremer und Hamburger Kunstvereins ließ er 1880 das Bild „Ungarisches Zigeunerdorf II" (Kat.-Nr. 386) zeigen. 1873 konnte Becker anlässlich des 25-jährigen Jubiläums des Künstlervereins „Malkasten" in Düsseldorf ein installiertes Zigeunerlager beobachten. Für einen längeren Zeitraum wurde im „Malkasten"-Park ein Zeltlager errichtet, bei dem die Besucher durch die einzelnen Rastplätze hindurch spazieren konnten. (vgl. „Das Zigeunerlager beim Gartenfest am 10. Juli 1873" in: Leipziger Illustrierte Zeitung, LXI. Band, Nr. 1572, 16. August 1873, S. 114; Vgl.-Abb.-Nr. 17) Das Gemälde spiegelt Beckers Sehnsucht nach einer friedlichen Welt wieder. Die spätromantische Malweise Beckers war aber sowohl thematisch als auch maltechnisch ab cirka 1871 nicht mehr zeitgemäß.

Quellen/Literatur: Aukt.-Kat. Neumeister 155. Auktion, 18.9.1974, Nr. 1115 (m. Abb.); Courtauld Institute of Art (Photographic Survey of the Private Collections), London [hier irrtümlich dem Auktionshaus Weinmüller in München zugeordnet]; Hoffmann-Kuhnt (Hg.), Nürnberg 2000, S. 734

405. Karpatenlandschaft mit Schloss Peleş (kleine Fassung)

Befund: 1882; 52,3 x 73,2 cm; Öl auf Leinwand; u.l. mit dunkelbrauner Farbe: „August Becker"; hinten beschriftet: „Castel Pelesch/Rumänien Becker"

Provenienz/Ort: Besitz von Ludwig IV., Großherzog von Hessen-Darmstadt; Privatbesitz; Darmstadt, Städtische Kunstsammlungen, Inv. Nr. MA 199

Kurzbeschreibung: Leicht ansteigendes Gelände, links Mönche an einem Brunnen, mittig ein bewaldetes Tal mit Holzhäusern, rechts ein Bach und Siedlung. Im Mittelgrund mittig ein Schloss, zu beiden Seiten Wald, im Hintergrund monumentale Gebirgskette.

Kommentar: Das Bild hing, wie ein historisches Foto belegt, im Grünen Salon des Neuen Palais in Darmstadt. Dieses Zimmer wurde 1877 von Alice, Großherzogin von Hessen-Darmstadt, mit dem Architekten John Henry eingerichtet und blieb so bis 1897 erhalten. Das Peleş-Gemälde kann erst 1883 in den Salon gehängt worden sein. Später muss es an eine Frau Scheel gelangt sein. Ein Holzstich nach einer Zeichnung von dem rumänischen Hofmaler Károly Szathmári – abgedruckt in der Illustrierten Zeitung vom 17. Mai 1884 – zeigt das Schloss aus ähnlicher Perspektive in Nahaufnahme. Beckers erste Peleş-Gemälde wurden zwei Jahre zuvor fertig gestellt. Was aber auf den Gemälden noch einen gewissen ästhetischen Wert besitzt, die kräftigen

Farben der Natur und die Karpatenkette, welche als natürliche Grenze das Königreich Rumänien von dem Land der Habsburger trennte, gerät auf dem Holzstich zu völligem Kitsch. Die architektonischen Renaissancemotive des Schlosses wirken übertrieben. Das ist ein Hauptgrund der „schweren" Wirkung. Das Gemälde von Becker hingegen gibt mehr den Gesamteindruck des Terrains wieder. Das Schloss mit der strengen Architektur ist im Mittelgrund gehalten und erscheint nicht dominierend. Das Tal, Valea Cerbului [„Hirschtal"], in dem der Peleș-Bach fließt, wirkt mit den Sträuchern und dem Baumgerippe wildromantisch. Zudem lockert am linken Bildrand die Personenstaffage, bestehend aus drei Mönchen des Klosters, die Szene etwas auf. Den Bildhintergrund nimmt komplett die mächtige Karpatenkette ein, von denen der Omul und Caraiman [„der schwarze Iman"] im Volksglauben mit Sagen behaftet sind. Das Schloss wurde erst am 7. Oktober 1883 eingeweiht. Becker war ein Jahr vor der endgültigen Fertigstellung dort zu Gast. Den Gemälden aus Sinaia haftet ein Hauch Exotik an, eine Aura des Märchenhaften, die mit den romantischen Gedanken von Königin Elisabeta einherging. Das Terrain ist heute verbaut. Sinaia gilt als bedeutendster Wintersportort Rumäniens. Die Bäume sind hoch gewachsen, so dass der Blick über das „Hirschtal" das Schloss nicht mehr trifft (Vgl.-Abb.-Nr. 30).

Ausstellung: Darmstadt 1883 [?]; Darmstadt 2002

Quellen/Literatur: Darmstadt, Hessisches Hauptstaatsarchiv, Album 64 (Irene-Album), Abt. D 27 A Nr. 9/1-3; Hoffmann-Kuhnt (Hg.), Nürnberg 2000, S. 755; Ausst.-Kat. Darmstadt 2002, S. 11, 41, Abb. 8; Selke, Heimatjahrbuch Neuwied 2004, S. 324, 328

406. Karpatenlandschaft mit Schloss Peleș (große Fassung)

Befund: 1883; 186,0 x 250,0 cm; Öl auf Leinwand; u.l.: „August Becker.1883"

Provenienz/Ort: Fürstlich Hohenzollernsche Sammlungen Sigmaringen, Landhaus zu Krauchenwies, Schloss Sigmaringen, Josephsbau, Inv. Nr. II B 2/18 (neu); S 2225 (alt)

Kurzbeschreibung: Leicht ansteigendes Gelände, links Mönche an einem Brunnen, mittig ein bewaldetes Tal mit Holzhäusern und einem Zaun, rechts ein Bach und Siedlung, dahinter Weg mit Kalesche. Im Mittelgrund mittig ein Schloss, zu beiden Seiten Wald, im Hintergrund monumentale Gebirgskette im Dunst.

Kommentar: Bereits 1862 wurde Becker auf eine mögliche Studienreise in die Karpaten hingewiesen. Emil, Prinz von Sayn-Wittgenstein-Berleburg, schrieb: „*Was Paradiese betrifft, so schreitet das meinige in der Moldau langsam vorwärts, und in einigen Jahren sollen Sie, wenn Sie uns dort besuchen, um die herrlichen Karpathen zu malen, ein stolzes Schloß im romanischen Styl finden, mit einer deutschen Ansiedelung dabei und deutschem Empfang. [...] Fast alle meiner Beamten und meiner besten Arbeiter sind Deutsche, die ich meistens habe kommen lassen, und mit dem dortigen Schweinevolk, (außer mit meinen Bauern, die anfangen, mich gern zu haben) habe ich fast nichts zu schaffen.*" (Zit. Emil, Prinz von Sayn-Wittgenstein-Berleburg, Brief an August Becker, 31. Dezember 1862, in: Hoffmann-Kuhnt (Hg.), Nürnberg 2000, S. 419) Es sollten noch zwanzig Jahre bis zu Beckers Reise in das orthodoxe Land vergehen. Jedoch kam es nicht zum Besuch der Moldauregion, aus der Wittgensteins Ehefrau, Pulcheria, Prinzessin von Cantacuzene, stammte. Als Auftragsarbeit von Carl Anton, Fürst von Hohenzollern, für seine Frau entstanden, stellt das Gemälde, eine seiner eindrucksvollsten Arbeiten dar und lässt Beckers Verständnis vom Naturalismus durchblicken. In einem Brief an Louis Basset, den Privatkanzleisekretär von Carol I., König von Rumänien, schreibt Becker: „*Verehrtester Herr Basset, das bei mir durch Vermittlung der Fräulein v. Lindheim von*  *Seiner Majestät in Auftrag gegebene Bild aus der Umgegend von Sinaja, welches der Frau Fürstin Mutter in Sigmaringen als Weihnachtsgeschenk und zwar als Gegenstück zu dem „Forsthaus" gegeben werden soll, habe ich bereits anzufertigen begonnen, nachdem Frl. v. Lindheim mit Zuziehung des Fürsten Leopold und des Herrn v. Werner nach meinen Zeichnungen und Studien einen passenden Gegenstand ausgesucht hatten, von welchem sie glaubten, dass er der Frau Fürstin angenehme Erinnerungen wachrufen würde. Es ist Gebirge und Wald von Sinaja, im Vordergrund der Klosterhügel mit demjenigen Theil des Klosters, in welchem die Frau Fürstin v. Hohenzollern bei ihrem ersten Besuche wohnte. – Das Schloß wird durch den aus den Tannen hervorragenden Thurm angedeutet. – Der Goldramen des „Forsthaus-Bildes" ist aus Umkirch nach hier geschickt worden, sodaß auch die beiden Ramen der Gegenstücke dieselben sind.*" (Zit. August Becker, Brief an Louis Basset, Hofverwaltung, Düsseldorf, 15. November 1887, Bukarest, Rumänisches Nationalarchiv, Casă Regală, Dosar Nr. 25/1887 382 f.; Quellenanhang 27) Der Preis des vorliegenden Gemäldes betrug 750,- Mark. Es gehörte damit zu einer der mittelteuren Becker-Arbeiten im Vergleich zu den zwischen 300,- und 500,- Mark gehandelten Gemälden, die auf den Kunstvereinsausstellungen gezeigt wurden. Schloss Peleș war die Sommerresidenz des rumänischen Königs und dessen Ehefrau Elisabeta, die sich um 1880 für ihre Verse und Geschichten den Künstlernamen Carmen Sylva gab. Bekannt wurde das Schloss durch Jakob von Falkes Buch „Das rumänische Königsschloss Pelesch" (Wien 1893). Emil Volkers, von dem 1880 auf der IV. Allgemeinen Deutschen Kunstausstellung erstmals mit dem Bild „Wallachisches Fuhrwerk" (Verbleib unbekannt) ein rumänisches Motiv im größeren Rahmen der Öffentlichkeit gezeigt wurde, reiste Mitte der 1870er Jahre nach Peleș (Vgl.-Abb.-Nr. 11). Damals wohnten der Fürst und seine Frau noch in den Klostergebäuden des Ortes. Becker muss einer der ersten Künstler gewesen sein, der das neue Schloss, welches erst 1883 vollendet wurde, gesehen und gemalt hat. Nach ihm kam noch die Berliner Künstlerin Dora Hitz, welche Aquarelle nach Carmen Sylvas Gedichten malte. Bekannt wurde die Karpatenregion auch durch die im Oktober 1883 eingeweihte Orientexpress-Eisenbahnlinie. Das Schloss ist seit der Abdankung des letzten Königs von Rumänien, Mihai, 1947 als Nationalmuseum Peleș der Öffentlichkeit zugänglich. Zwischenzeitlich war es jedoch jahrelang nur dem rumänischen Staatsapparat vorbehalten. Im Schloss Peleș hängen heute noch drei Gemälde Beckers. Die „Illustrierte Zeitung" berichtete schon am 17. Mai 1884 über Schloss Peleș in den Karpaten, ein gutes Jahr bevor Becker einen Bericht über die Eindrücke von seiner Rumänien-Reise 1882 und einen Druck nach diesem Gemälde sowie ein Foto, den rumänischen Volkstanz Hora zeigend, in der „Gartenlaube" vorstellte (Vgl.-Abb. 15). Begleitet wurde der Artikel in der „Illustrierten

Zeitung" von einem Holzstich. Beckers Entwicklung zum naturalistischen Maler fand in diesem Motiv zusammen mit jenem vom Hardanger Fjord ihren Höhepunkt. Die Bilder davon geben eher eine „res ficta" und „res picta" als eine „res facta", um mit den Worten von Nietzsche („Jenseits von Gut und Böse", 1887) zu sprechen, wieder. Am rechten Bildrand ist eine Kalesche zu erkennen. Darin befinden sich der König und seine Ehefrau. Die im Galopp befindliche Kalesche bewegt sich in Richtung Ortschaft Sinaia zu. Die Mönche am linken Bildrand weisen in auffallender Handbewegung auf die königliche Kalesche hin. Becker drückt mit diesem Gemälde ein eindeutiges Statement für die Monarchie aus, ganz so, wie es Nietzsche in seiner Schrift „Jenseits von Gut und Böse" mit Worten tat. Er übte zugleich Kritik am Fortschritt, der Modernität. Für die impressionistischen Maler, also jenen Künstlern, die konträr zu Becker dachten, war hingegen die Modernität im Sinne von Charles Baudelaire das Neue und darstellungswürdig. Von dem Gemälde gibt es eine historische Fotografie im Nachlass, Mappe „Rumänien", nicht katalogisiert, im Bild signiert u.l.: „August Becker".

Ausstellungen: Darmstadt 1883

Quellen/Literatur: August Becker, Bilder von der Balkanhalbinsel, in: Die Gartenlaube. Illustrirtes Familienblatt, 1885, 705 f., Abb. S. 700 f., 700; August Becker, Brief an Louis Basset, Hofverwaltung, Düsseldorf, 15. November 1887, Bukarest, Rumänisches Nationalarchiv, Casă Regală, Dosar Nr. 25/1887 382 f.; Ernst Becker, Lebenslauf zu August Becker, Düsseldorf, KVM 552; Hoffmann-Kuhnt (Hg.), Nürnberg 2000, S. 749, 753, 799; Selke, Heimatjahrbuch Neuwied 2004, S. 327 f.

407. Landschaft. Inntal in Tirol

Befund: 1883; Öl auf Leinwand

Provenienz/Ort: Verbleib unbekannt

Kommentar: Als Preis wurden 700,- Mark angegeben.

Ausstellungen: Breslau 1883

Quellen/Literatur: Kat. Kunstausstellung des Breslauer Kunstvereins, 1883, S. 4, Nr. 23

408. Blick auf den Bodensee

Befund: 1883; Öl auf Leinwand

Provenienz/Ort: Verbleib unbekannt

Kommentar: Als Preis wurden 900,- Mark aufgeführt. Becker war seit 1869 wieder erstmals in Hannover bei einer Kunstausstellung des dortigen Kunstvereins dabei.

Ausstellungen: Hannover 1883

Quellen/Literatur: Ausst.-Kat. Hannover, Kunstverein, 1883, S. 7, Nr. 26

409. Sonnenuntergang im Walde

Befund: 1883; Öl auf Leinwand

Provenienz/Ort: Verbleib unbekannt

Kommentar: Als Preis wurden in Hannover 1.600,- und in Hamburg 1.500,- Mark angegeben.

Ausstellungen: Hannover 1883; Hamburg 1884

Quellen/Literatur: Ausst.-Kat. Hannover, Kunstverein, 1883, S. 7, Nr. 27; Ausst.-Kat. Hamburger Kunstverein 1884, 28. Ausstellung, S. 8, Kat.-Nr. 33

410. Die Karpatenkette bei Sinaia (große Fassung)

Befund: 1884; 78,5 x 125,8 cm; Öl auf Leinwand; u.l.: „August Becker.1884" (in brauner Farbe); verso: „PRPR 164 906 8872 GG."; Aufkleber u.r.: „906 2-215"; vermutlich Halbölgrundierung, Löcher in der Leinwand im rechten Bereich, beschädigter und vergilbter Firniss, evtl. auch beschädigte Bildschicht

Provenienz/Ort: Königlicher Palast Bukarest; Palast der Volksrepublik Rumänien; Muzeul Național de Artă, Bukarest, ohne Inv. Nr.

Kurzbeschreibung: Tal mit Fluss von links unten nach rechts oben verlaufend, im Hintergrund Gebirgskette, rechts Kumuluswolken.

Kommentar: Als Besitzer und Aufbewahrungsort werden Carol I., König von Rumänien, und das Schloss in Bukarest in einem historischen Dokument angegeben. Das Gemälde, welches sich leider in einem sehr schlechten Zustand befindet, hat die gleichen Maße wie die gelungene „Werdenberg"-Ansicht (1885, Kat.-Nr. 421). Im Vordergrund erkennt man leicht hügeliges Terrain. Im Mittelgrund sind Häuser eines Dorfes zu erkennen. Im Hintergrund tritt die Karpatenkette, wie sie in der Nähe von Bușteni im Butschetsch-Gebirge besteht, in Erscheinung (cirka 15 Kilometer nördlich von Sinaia entfernt). Einige Fotos von den Inneneinrichtungen der Schlösser in Bukarest, Sinaia und zu Wied haben sich in Neuwied, Fürstlich Wiedisches Archiv, erhalten. Auch Gemälde von August Becker (und Emil Volkers) sind darauf zu erkennen (Vgl.-Abb.-Nr. 23) und 24). Die Zeichnung „Gebirgslandschaft. Sinaia" (1882, Kat.-Nr. 399) dürfte als Grundlage für das Gemälde gedient haben.

Quellen/Literatur: Ernst Becker, Lebenslauf zu August Becker, Düsseldorf, KVM 552

411. Wasserfall bei Sinaia I (mit Bär als Staffage)

Befund: 1884; 94,0 x 67,5 cm; Öl auf Leinwand, u.l.: „August Becker.1884" (in rot-brauner Farbe), verso: „P.R.P.R. 69 8781 g.g."; u.r. Aufkleber: „815 6-2-7"; u.l. Farbfehlstellen, stumpfer Firniss, Bild verschmutzt

Provenienz/Ort: Königlicher Palast Bukarest; Palast der Volksrepublik Rumänien; Muzeul Național de Artă, Bukarest, ohne Inv. Nr.

Kurzbeschreibung: Gerölluferzone mit einem Bär, links Wasserfall, rechts im Mittelgrund Felsenvorsprung, links dahinter höhlenartige Form.

Kommentar: Durch die Bärenstaffage sehr romantische Wirkung.

Quellen/Literatur: Ernst Becker, Lebenslauf zu August Becker, Düsseldorf, KVM 552; Hoffmann-Kuhnt (Hg.), Nürnberg 2000, S. 792; Ausst.-Kat. Darmstadt 2002, S. 32, Abb. 25

412. Wasserfall bei Sinaia II

Befund: 1884; 93,8 x 66,7 cm; Öl auf Leinwand; u.l.: „August Becker.1884" (in schwarzer Farbe); verso auf dem Rahmen: „G.G. 104 299 /A.E. 2639 LW. PRPR 99 843", Rahmen vermutlich original

Provenienz/Ort: Sammlung des rumänischen Königs; Palast der Volksrepublik Rumänien; Muzeul Național de Artă, Bukarest, Inv. Nr. 104385/2725

Kurzbeschreibung: Im Vordergrund Uferzone mit Astwerk, im Mittelgrund schmaler Wasserfall, an der Abbruchstelle zu beiden Seiten Bäume, im Hintergrund Ausläufer eines Gebirges.

Kommentar: Zusammen mit dem gleichnamigen Titel des „Wasserfall bei Sinaia I" (Kat.-Nr. 411) wurde das Gemälde 1884 nach Bukarest gesendet. Es unterscheidet sich in der Komposition dahingehend, dass Becker keinen Bär in der Wasserfallsszenerie arrangierte. Leicht kommt man in Versuchung, anzunehmen, Becker habe die Natur und nicht seine Ölbilder im Foto festgehalten. Genau dieses Abbild der Natur war das Malziel von August Becker, gemäß seinem romantischen Naturalismus-Verständnis. Das Bild ist links unterhalb des Wasserfalles mit einem Flicken restauriert worden. Eine historische Fotografie des Gemäldes lagert im Nachlass, Mappe „Rumänien", nicht katalogisiert, im Foto u.r.: „August Becker.1884".

Quellen/Literatur: Ernst Becker, Lebenslauf zu August Becker, Düsseldorf, KVM 552; Ausst.-Kat. Darmstadt 2002, S. 32, Abb. 24; Selke, Heimatjahrbuch Neuwied 2004, S. 329

413. Wasserfall bei Sinaia III

Befund: 1884; 73,3 x 52,5 cm; Öl auf Leinwand; u.r.: „August Becker.1884" (in brauner Farbe); verso auf Rahmen: „104385 /2725 K 2", Rahmen vermutlich original

Provenienz/Ort: Sammlung des rumänischen Königs; Muzeul Național de Artă, Bukarest, Inv. Nr. 104299/2639

Kurzbeschreibung: Breiter Wasserfall, zu beiden Seiten bewaldetes Ufer, im Hintergrund Ausläufer eines Gebirges.

Kommentar: Zwei seiner Darstellungen von Wasserfällen wurden von Becker auf einer Ausstellung in Offenbach beschrieben. „*Dann ging ich ans Ende der Stadt zur Kunstausstellung in dem Gebäude der Kunstgewerbeschule, wo ich sowohl über die Bilder, wie deren Aufstellung und deren Nichtbesuch sehr enttäuscht wurde. Außer meinen 2 Rumänischen Wasserfällen fand ich höchstens noch drei Sachen, die den Namen "Kunstmalen" verdienen.*" (Zit. August Becker, Brief an seine Familie, 30. Juli 1887, in Hoffmann-Kuhnt (Hg.), Nürnberg 2000, S. 792) Von den beiden Gemälden fertigte Becker auch Fotografien an, die sich im Nachlass befinden. Insgesamt werden drei „Wasserfälle" als Gemälde, die nach Rumänien geliefert wurden, in dem handgeschriebenen Lebenslauf von Ernst Becker erwähnt. In einem Brief schreibt Becker: „*Nun erlaube ich mir noch eine andere Sache der Erwägung zu unterbreiten: Ich hatte vor längerer Zeit 3 Bilder aus der Umgebung von Sinaia im Auftrage Seiner Majestät gemalt, es waren ein Langformat, Karpathenkette und als Gegenstücke 2 Hochformate darstellend den ersten und zweiten Pelleschfall. Ich weiß nicht genau, wo die Bilder hängen, möchte aber glauben, dass sie im Schloß in Bukarest sind. – ich habe nun die eben angeführten 3 Bilder noch einmal in kleinerem Format gemalt, und zwar die Karpathenkette: 77 Ctmtr breit und 52 Ctmtr hoch (Bildformat ohne Ramen) und die beiden Anderen jedes 52 Ctmtr breit, 72 Ctmtr hoch ebenfalls Bildmaas. – Es ist ja ganz klar, dass die Majestäten für Sich keinen Gebrauch von diesen Bildern machen können, aber der Gedanke liegt nahe, dass die Majestäten oft in den Fall kommen Geschenke geben zu müssen, sei es nun an Verwandte oder befreundete Fürstlichkeiten oder hervorragende Staatsmänner und hohe Beamte, und gerade bei den bevorstehenden Weihnachten liegt dieser Gedanke doppelt nahe. Es hält erfahrungsgemäß oft schwer passende Gegenstände für Geschenke zu finden, und da liegt auch wieder der Gedanke nicht fern, dass bei dem vielbesuchten von Jedermann lieb gewonnenen Sinaia ein Bild aus jener zauberischer Natur eine willkommene Gabe und freudebringende Erinnerung sein würde – diese Reflexionen brachten mich zu dem Entschlusse, Ihnen verehrter Herr, diese Mittheilungen zu unterbreiten, damit Sie erwägen ob und in welcher Form Sie den Höchsten Herrschaften darüber Kenntnis geben wollen.- Der Preis der Bilder ist: Jedes 750 Mark (siebenhundertfünfzig Mark) und sie sind fertig, und stehen mit Bronceramen bereit, für den Fall, dass sie versendet werden sollten.*" (Zit. August Becker, Brief an Louis Basset, Hofverwaltung, Düsseldorf, 15. November 1887, Bukarest, Rumänisches Nationalarchiv, Casă Regală, Dosar Nr. 25/1887 382 f.; Quellenanhang 27) Die angegebenen Maße für die drei nachgemalten Bilder entsprechen dem hier vorgestellten Bild. D.h., der König von Rumänien ist auf Beckers Angebot eingegangen und hat noch eine weitere Wasserfall-Darstellung erworben. Alle drei Bilder konnten in Bukarest identifiziert werden. Von diesem Gemälde, das wie fast alle Arbeiten Beckers am rumänischen Hof begeistert gefeiert wurde, hat sich eine historische Fotografie, Mappe „Rumänien", Nachlass, nicht katalogisiert, im Foto u.l.: „August Becker 1884", erhalten.

Ausstellungen: Offenbach 1887

Quellen/Literatur: August Becker, Brief an Louis Basset, Hofverwaltung, Düsseldorf, 15. November 1887, Bukarest, Rumänisches Nationalarchiv, Casă Regală, Dosar Nr. 25/1887 382 f.; August Becker, Brief an Louis Basset, Hofverwaltung, Düsseldorf, 7. Dezember 1887, Bukarest, Rumänisches Nationalarchiv, Casă Regală, Dosar Nr. 25/1887 419 (Quellenanhang 28); Ernst Becker, Lebenslauf zu August Becker, Düsseldorf, KVM 552; Hoffmann-Kuhnt (Hg.), Nürnberg

2000, S. 792

414. Karpatenkette bei Sinaia (kleine Fassung)

Befund: um 1884, 77,0 x 52,0 cm; Öl auf Leinwand

Provenienz/Ort: Atelier von August Becker (Dezember 1887); Verbleib unbekannt

Kommentar: Bei zahlreichen Motiven wurden Repliken in kleinerem Bildmaß angefertigt (Kat.-Nr. 410). Über die Beweggründe äußert sich Becker in den aufgeführten Briefen. Sie sollten als Geschenke dienen.

Quellen/Literatur: August Becker, Brief an Louis Basset, Hofverwaltung, Düsseldorf, 15. November 1887, Bukarest, Rumänisches Nationalarchiv, Casă Regală, Dosar Nr. 25/1887 382 f.; August Becker, Brief an Louis Basset, Hofverwaltung, Düsseldorf, 7. Dezember 1887, Bukarest, Rumänisches Nationalarchiv, Casă Regală, Dosar Nr. 25/1887 419 f.

415. Wasserfall bei Sinaia IV

Befund: um 1884, 72,0 x 52,0 cm; Öl auf Leinwand

Provenienz/Ort: Atelier von August Becker (Dezember 1887); Verbleib unbekannt

Kommentar: Becker hatte wahrscheinlich „Wasserfall bei Sinaia IV und V" im Sommer 1887 in Offenbach ausgestellt. Da sich keine Abnehmer fanden, versuchte er die Bilder nach Bukarest zu verkaufen. (Vgl. Kommentar zu „Karpatenkette bei Sinaia (kleine Fassung)", um 1884, Kat.-Nr. 414).

Ausstellungen: Offenbach 1887

Quellen/Literatur: August Becker, Brief an Louis Basset, Hofverwaltung, Düsseldorf, 15. November 1887, Bukarest, Rumänisches Nationalarchiv, Casă Regală, Dosar Nr. 25/1887 382 f.; August Becker, Brief an Louis Basset, Hofverwaltung, Düsseldorf, 7. Dezember 1887, Bukarest, Rumänisches Nationalarchiv, Casă Regală, Dosar Nr. 25/1887 419 f; Hoffmann-Kuhnt (Hg.), Nürnberg 2000, S. 792

416. Wasserfall bei Sinaia V

Befund: um 1884, 72,0 x 52,0 cm; Öl auf Leinwand

Provenienz/Ort: Atelier von August Becker (Dezember 1887); Verbleib unbekannt

Kommentar: Vgl. „Karpatenkette bei Sinaia (kleine Fassung)", um 1884, Kat.-Nr. 414, und „Wasserfall bei Sinaia IV", um 1884, Kat.-Nr. 415.

Ausstellungen: Offenbach 1887

Quellen/Literatur: August Becker, Brief an Louis Basset, Hofverwaltung, Düsseldorf, 15. November 1887, Bukarest, Rumänisches Nationalarchiv, Casă Regală, Dosar Nr. 25/1887 382 f.; August Becker, Brief an Louis Basset, Hofverwaltung, Düsseldorf, 7. Dezember 1887, Bukarest, Rumänisches Nationalarchiv, Casă Regală, Dosar Nr. 25/1887 419 f; Hoffmann-Kuhnt (Hg.), Nürnberg 2000, S. 792

417. Unbekanntes Motiv

Befund: 1884; Öl auf Leinwand

Provenienz/Ort: Verbleib unbekannt

Ausstellungen: London 1884; Sydenham (Kristallpalast) 1884

Quellen/Literatur: Hoffmann-Kuhnt (Hg.), Nürnberg 2000, S. 760

418. Urwald bei Sinaia

Befund: 1884; historische Fotografie nach einem Ölbild, Mappe „Rumänien", nicht katalogisiert; auf dem Karton mit Bleistift vermerkt: „Urwald bei Sinaia in Rumänien"; im Foto u.l.: „August Becker.1884"

Provenienz/Ort: Nachlass

Kurzbeschreibung: Waldlichtung mit kleinem Bach rechts. Nadelbäume im Mittel- und Hintergrund. Unter einem Baum in der Bildmitte ein Fuchs.

Kommentar: Der Buchdeckel einer 1893 auch in deutscher Sprache erschienenen und heute antiquarisch hoch gehandelten Publikation, Falke, Jacob von (Hg.): Das rumänische Königsschloss Pelesch, Wien 1893, ist mit stilisierten Zügen, die dem vorliegenden Gemälde ähneln, illustriert. Das Bild ist aufgrund des Hochformates eng mit den rumänischen Wasserfall-Bildern verwandt (Kat.-Nr. 411, 412, 413).

419. Urwald in den Karpaten

Befund: 1884; Öl auf Leinwand

Provenienz/Ort: Verbleib unbekannt

Kommentar: Das vorliegende Bild wurde in Gotha mit 1.000,- Mark veranschlagt. Eine unter gleichem Titel in Hannover ausgestellte Arbeit wurde gleichhoch eingestuft. Hier kann man folglich mit absoluter Sicherheit vom selben Gemälde ausgehen.

Ausstellungen: Düsseldorf 1884; Hannover 1885; Gotha 1885

Quellen/Literatur: Kat. Ausstellungen Kunstverein. Städtische Gemälde – Sammlung 1884; Verzeichnis der zur 24. Kunstausstellung in Gotha eingesandten Kunstwerke, 1885, Nr. 20; Ausst.-Kat. Hannover, Kunstverein, 53. Kunstausstellung, S. 7, Nr. 28

420. Karpatenlandschaft mit Schloss Peleș (große Fassung)

Befund: 1885; Holzstich; unbekannter Stecher

Provenienz/Ort: Verbleib unbekannt

Kurzbeschreibung: Gleiche Komposition wie im Gemälde (Kat.-Nr. 406).

Kommentar: Neben dem Gemälde von „Schloss Balmoral" (1868, Kat.-Nr. 229) wurde zu Beckers Lebzeiten lediglich ein Peleș-Bild als Holzstich 1885 veröffentlicht. Über die Höhe der Zeitschriftenauflage und weitere Vertriebsformen gibt es keine Informationen. Als Vorlage für den Stich diente das gleichnamige in fürstlich hohenzollernschem Besitz befindliche Gemälde (1882).

Quellen/Literatur: August Becker, Bilder von der Balkanhalbinsel, in: Die Gartenlaube. Illustriertes Familienblatt, 1885, 705 f., Abb. S. 700 f., 700

421. Werdenberg

Befund: 1885; 78,5 x 125,5 cm; Öl auf Leinwand; u.l.: „August Becker.1885" (in grau/schwarzer Farbe); verso: „P.R.P.R. 165 907 8873 GG"; Aufkleber: „907 8-2-14"; u.l. Farbfehlstellen, Bild verschmutzt, Leinwand stellenweise verbeult

Provenienz/Ort: Sammlung des rumänischen Königs; Palast der Volksrepublik Rumänien; Muzeul Național de Artă, Bukarest, ohne Inv. Nr.

Kurzbeschreibung: Gewässer mit angrenzenden Häusern auf der gegenüberliegenden Uferseite. Links im Mittelgrund Schloss auf einer Anhöhe, rechts im Hintergrund dunstiges Gebirge.

Kommentar: Das Gemälde wurde 1885 für den König von Rumänien gemalt. Alle neun im Bukarester Museum aufbewahrten Beckerschen Gemälde waren bis dato ohne nähere topographische Bezeichnung und nur formal als „Landschaft mit Bach" u.ä. betitelt. Werdenberg bei Buchs liegt im schweizerischen Kanton St. Gallen am Rhein. Eine Linie der Grafen von Werdenberg residierte von 1399 bis 1534 in Sigmaringen und war Vorgänger der Grafen und späteren Fürsten von Hohenzollern-Sigmaringen. Das abgebildete große Schloss Werdenberg war einst Sitz des gleichnamigen gräflichen Geschlechts. Möglicherweise sind erste Studien bei einer Studienfahrt schon 1865, spätestens aber 1872 entstanden. Auch im Schloss von Sigmaringen wird ein Raum „Werdenberger Zimmer" genannt. Im 14. Jahrhundert hatte Graf Eberhard von Werdenberg Sigmaringen und Veringen als Pfand von Graf Eberhard von Württemberg erhalten. 1459 wurde die Grafschaft Sigmaringen von Graf Johann käuflich erworben. Zum Schutz gegen Bestrebungen der Württemberger auf Enteignung ließ er seinen Besitz zum österreichischen Lehen erklären. Die Grafen von Werdenberg haben dem Schloss Sigmaringen seine heutige Ausdehnung aufgrund enormer Bauanstrengungen gegeben. Graf Christoph, der letzte Graf von Werdenberg, heiratete 1526 die Witwe des Grafen Eitel Friedrich III. von Hohenzollern. Deren Sohn, Graf Karl I. von Hohenzollern, vereinte erstmals den gesamten hohenzollerischen Besitz in einer Hand. Mit dem hohenzollerischen Erbvertrag von 1576 teilte er den Besitz an drei Söhne auf. Von den drei schwäbischen Hohenzollern-Linien, den Hohenzollern-Hechingen, Hohenzollern-Sigmaringen und Hohenzollern-Haigerloch, existiert heute nur noch die Sigmaringer Linie. Dieses Gemälde zählt aufgrund künstlerisch überzeugend geleisteter Arbeit zu den Hauptwerken. Es verdeutlicht aber auch das dynastische

Selbstverständnis des hohenzollernschen Herrschergeschlechts. Im Schloss von Sinaia befindet sich eine Ehrenhalle, an deren Wänden die Besitzungen der Hohenzollern abgebildet sind, so auch jene, nach dem das vorliegende Gemälde benannt ist (Vgl.-Abb.-Nr. 29).

Quellen/Literatur: Hoffmann-Kuhnt (Hg.), Nürnberg 2000, S. 769

422. Landschaft mit untergehender Sonne

Befund: 1885; 79,0 x 126,0 cm; Öl auf Leinwand; signiert und datiert

Provenienz/Ort: Kunsthandel, Köln, 21.10.1977

Quellen/Literatur: Bénézit, Paris 1999, S. 947

423. Hardanger Fjord

Befund: 1885; 50,0 x 73,5 cm; Öl auf Leinwand; u.l. mit schwarzer Farbe: „August Becker.1885"; Bild verschmutzt

Provenienz/Ort: Privatbesitz

Kurzbeschreibung: Gewässer, rechts breite Uferzone und Staffageelementen. Im Hintergrund gebirgiges Terrain, rechts viele Wolken.

Kommentar: Es ist die kleinste bekannte Variante des Hardanger Fjord-Motivs. Bereits 1852 stellte Becker in der Ausstellung des Hamburger Kunstvereins eine „Norwegische Abendlandschaft, im Charakter vom Hardanger Fjord" aus. Wie auf den anderen bekannten Fassungen ist die Landschaft durch den hohen Gletscher im rechten Teil markant gestaltet worden. Beckers Bilder vom Hardanger Fjord unterscheiden sich in diesem Detail von Andreas Achenbachs gleich lautendem Gemälde, auf dem der „Berg-Zipfel" fehlt. (Vgl. „Hardanger Fjord bei Bergen", 1843, Öl auf Leinwand, 159,0 x 218,0 cm, Privatbesitz) Achenbach erzielte 1.416,- Thaler für das Bild, mehr als das Doppelte wie Becker im Durchschnitt berechnen konnte.

Ausstellung: Darmstadt 2002

424. Unbekanntes Motiv

Befund: 1885; Öl auf Leinwand

Provenienz/Ort: Verbleib unbekannt

Ausstellungen: Antwerpen 1885

Quellen/Literatur: Hoffmann-Kuhnt (Hg.), Nürnberg 2000, S. 766 f.

425. Norwegischer Fjord bei Abend

Befund: 1885; Öl auf Leinwand

Provenienz/Ort: Verbleib unbekannt

Kommentar: Das Gemälde, in den Quellen als „großes Bild" angegeben, war im Besitz eines bürgerlichen Sammlers aus Bremen. Auf der Kunstvereinsausstellung im Februar 1886 wird dieser es mit dem Titel „Norwegischer Fjord in Abendbeleuchtung" für den sehr hohen veranschlagten Preis von 5.000,- Mark gekauft haben.

Ausstellungen: Bremen 1886

Quellen/Literatur: Verzeichnis der Gemälde der fünfundzwanzigsten Grossen Gemälde-Ausstellung des Kunstvereins in Bremen, 1886, S. 7, Kat.-Nr. 35; Ernst Becker, Lebenslauf zu August Becker, Düsseldorf, KVM 552

426. Sonnenaufgang im Gebirge

Befund: 1885; Öl auf Leinwand

Provenienz/Ort: Verbleib unbekannt

Kommentar: Das Gemälde war zunächst im Besitz des Rentners Horster [oder Harster] in Uerdingen bei Krefeld. In Hannover wurde es mit 700,- Mark taxiert.

Ausstellungen: Hannover 1885, Düsseldorf 1885

Quellen/Literatur: Ausst.-Kat. Kunstverein Hannover, 1885, 53. Kunstausstellung, S. 7, Nr. 26; Ausst.-Kat. Kunstverein Düsseldorf. Städtische Gemäldesammlung, 1885; Ernst Becker, Lebenslauf zu August Becker, Düsseldorf, KVM 552

427. Die Bergstraße mit der Schlossruine von Auerbach

Befund: 1885; historische Fotografie nach einem Ölbild, Mappe „Deutschland", nicht katalogisiert; im Foto u.l.: „August Becker.1885"

Provenienz/Ort: Nachlass

Kurzbeschreibung: Leicht bewaldete Berghöhe mit Staffagefiguren, im linken Mittelgrund eine Ruine, im Hintergrund Ebene, dahinter dunstige Berge.

Kommentar: Der Vordergrund des Gemäldes ist in spätromantischer Manier mit figürlicher Staffage, einer Äste tragenden Frau und drei in die im Mittelgrund liegende Ebene blickenden Touristen, dekoriert. Links im Mittelgrund steht ein Berg, auf dem die Ruine von Schloss Auerbach zu erkennen ist. (Diesen Hinweis verdankt der Verfasser Herrn Dr. Pohl, Darmstadt, Hessisches Landesmuseum.) Hinter dem Tal erheben sich weitere Berge, das rheinhessische Bergland. Die Burg wurde bereits 1257 urkundlich erwähnt. Nach der Zerstörung durch die Franzosen 1674 blieb sie bis 1904 eine Ruine. Danach erfolgte die Renovierung. Die markanten Baumerkmale, ein Polygonturm mit Kapelle, zwei hohe Bergfriede an den äußeren Seiten und ein schwächerer Rundturm sind teilweise erkennbar. 1885 wurde in Düsseldorf eine „Landschaft aus der hessischen Bergstraße" ausgestellt. Dabei könnte es sich um die vorliegende Arbeit handeln.

Ausstellungen: Düsseldorf 1885 [?]

Quellen/Literatur: Ausst.-Kat. Kunstverein. Städtische Gemäldesammlung 1885 [?]

428. Abend am Walde

Befund: 1885; Öl auf Leinwand

Provenienz/Ort: Verbleib unbekannt

Kommentar: Erstmals erscheint der Künstler im Breslauer Ausstellungsverzeichnis als „Prof. August Becker in Düsseldorf". Von dem Maler, welcher seit 1853 in Breslau ausstellen ließ, hat man in der schlesischen Metropole nach dieser Kunstvereins-Ausstellung keine Gemälde mehr sehen können. Das Gemälde wurde mit 1500,- Mark veranschlagt.

Ausstellungen: Breslau 1885

Quellen/Literatur: Kat. Kunstausstellung des Breslauer Kunstvereins, 1885, S. 5, Nr. 37

429. Sonnenaufgang im Gebirge

Befund: 1885; Öl auf Leinwand

Provenienz/Ort: Verbleib unbekannt

Kommentar: Die Taxierung des Gemäldes betrug 700,- Mark.

Ausstellungen: Gotha 1885

Quellen/Literatur: Verzeichnis der zur vierundzwanzigsten Kunstausstellung in Gotha eingesandten Kunstwerke, 1885, Nr. 18

430. Sinaia in den rumänischen Karpaten

Befund: 1885; Öl auf Leinwand

Provenienz/Ort: Verbleib unbekannt

Kommentar: Die Taxierung des Gemäldes betrug in Hannover und Gotha 800,- Mark. Von einer Ansicht der Stadt, des Klosters oder des Schlosses ist auszugehen. Möglich wäre auch, dass das Gemälde, welches Becker in zwei Briefen dem rumänischen König offerierte (November und Dezember 1887), mit der vorliegenden Arbeit identisch ist. Da dieses Bild jedoch einen ganz anders lautenden Titel hat, wurde es in einer eigenständigen Kat.-Nr. erfasst.

Ausstellungen: Hannover 1885, Gotha 1885

Quellen/Literatur: Ausst.-Kat. Hannover, Kunstverein, 53. Kunstausstellung, S. 7, Nr. 27; Verzeichnis der zur vierundzwanzigsten Kunstausstellung in Gotha eingesandten Kunstwerke, 1885, Nr. 19

431. Blick auf den Bodensee

Befund: 1886; Öl auf Leinwand

Provenienz/Ort: Verbleib unbekannt

Kommentar: Das Bild wurde mit 1500,- Mark ausgewiesen. 1883 kam ein gleichlautendes Gemälde von Becker in Hannover für 900,- Mark zur Schau.

Quellen/Literatur: Ausst.-Kat. Hannover, Kunstverein, 53. Kunstausstellung, S. 7, Nr. 24

432. Abend im schottischen Hochlande

Befund: 1886; Öl auf Leinwand

Provenienz/Ort: Verbleib unbekannt

Kommentar: Das Bild wurde mit 600,- Mark taxiert.

Quellen/Literatur: Ausst.-Kat. Hannover, Kunstverein, 54. Kunstausstellung, 1886, S. 7, Nr. 25

433. Hardanger Fjord

Befund: angeblich 1886; 127,0 x 224,0 cm; Öl auf Leinwand; u.r.: „August Becker"; u.r. beschädigte Malstruktur

Provenienz/Ort: Kunsthandel, Carola van Ham, Köln, Kunstauktionen, 15.3.1989; Kauf von Privat als „Sommerabend an einem Alpensee"; Darmstadt, Städtische Kunstsammlungen, Inv. Nr. MA 107

Kurzbeschreibung: Gewässer, rechts breite Uferzone und Staffageelemente. Im Hintergrund gebirgiges Terrain, bewölkter Himmel.

Kommentar: Die spätromantische Tradition, in der Beckers künstlerisches Schaffen angesiedelt war, wird bei einem Vergleich mit Karl Paul Themistokles von Eckenbrecher, dem früheren Gehilfen der figurenreichen Zigeunerleben-Bilder (Kat.-Nr. 371) aus dem Jahre 1878 deutlich. Eckenbrecher reiste in den 1890er Jahren nach Norwegen. Ähnlich wie Becker hielt er die malerischen Fjorde in Ölbildern fest. Aber was ist aus den vereinzelt abgebildeten Einheimischen in der unberührten Natur geworden, die wir von nur einige Jahre zuvor gemalten Hardanger Fjord-Ansichten Beckers noch kannten? Sie wurden zu Fremdenführern, die eine stattliche Anzahl deutscher Touristen von Bord eines Dampfers mit Ruderbooten an die Uferzone bringen. So ein Bild vom Nærøfjord, der in den 1890er Jahren immer weiter touristisch erschlossen wurde, bieten zwei Gemälde Eckenbrechers, „Die Auguste Victoria im Nærøyfjord" (1900, Vgl.-Abb.-Nr. 7) und „Am Nærøyfjord bei Gudvangen" (1901) (beide Schwerin, Gemäldesammlung Staatliches Museum). Das Motiv wurde bei Eckenbrecher weiter entwickelt. Große Dampfschiffe, eines ist ostentativ mit der Fahne des Deutschen Reiches beflaggt, bringen die Touristen ans Ufer von Gudvangen und evtl. weiter ins Dorf Stalheim, das für das gleichnamige Hotel und einen legendären Ausblick berühmt war (und heute auch noch ist). Die von Wolken verhangenen Gletscher erinnern hingegen an Beckers Arbeiten. Bei dem im Übrigen akademisch arbeitenden Eckenbrecher ist in der grobpinseligen und spachteltechnikähnlichen Malweise eine Tendenz zum Expressionismus hin zu konstatieren. Wie beliebt der Hardanger Fjord war, zeigt auch das Bild von Josef Thoma „Im Hardanger Fjord" (69,0 x 106,0 cm, Kunsthandel, Vgl.-Abb.-Nr. 6). Darauf sind auch schon vermehrte Anzeichen einer Zivilisation und Modernisierung zu erkennen. So befindet sich am Ufer ein Dampfboot. Becker hielt an den Ruderbooten als Staffage fest. Wie beliebt derartige Motive auch noch gegen Ende von Beckers

Leben waren, zeigen Abbildungen aus damaligen Ausstellungsräumen (Vgl.-Abb. 26), 27) und 28).

Ausstellungen: Darmstadt 1992

Quellen/Literatur: Haus Deiters. Darmstadt Galerie des 19. Jahrhunderts, 1992, S. 19; Ausst.-Kat. Darmstadt 2002, S. 25, Abb. 18; Höchster Kreisblatt, 12.10.2002; Rheinische Post, 13.9.2002; Main-Echo, 18.9.2002; Offenbachpost, 17.9.2002; Mannheimer Morgen, Oktober 2002; Weltkunst 10/2002, S. 1598; Bénézit, Paris 1999, S. 947

434. Bucht am Hardanger Fjord

Befund: 1886; 147,5 x 221,0 cm; Öl auf Leinwand; u.l. mit Pinsel in rot/brauner Farbe: „August Becker.1886"; auf der oberen Leiste mit Bleistift: „Höhe 159 /Länge 232". [Maße einschließlich der Schenkel des Bilderrahmens]; untere Leiste Klebezettel, maschinengeschrieben: „Hess. Landesmuseum Darmstadt August Becker Bucht am Hardangerfjord Depot 44a GK 449"

Provenienz/Ort: Erwerb für das Großherzogliche Museum in Darmstadt 1888 aus dem Nachlass des Künstlers für 4.000,- fl (Quellenanhang 32); Darmstadt, Hessisches Landesmuseum, Inv. Nr. GK 469

Kurzbeschreibung: Gewässer, rechts breite Uferzone und Staffageelemente. Im Hintergrund sehr dunstiges Gebirgsterrain.

Kommentar: Es handelt sich mit großer Wahrscheinlichkeit um das Gemälde, welches bei Boetticher (Nr. 32) als „Landschaft aus dem Hardanger [Fjord, Anm. d. Vf.]" bezeichnet wurde und 1887 auf der Berliner Kunstvereinsausstellung zu sehen war. August Wilhelm Leu stellte im Vergleich zu seinem Düsseldorfer Kollegen A. Achenbach die norwegischen Fjorde romantisch und allgemein als gemütliche Flecken der Erde dar. Die knalligen Farben seiner Felswände absorbieren die Sonnenstrahlen und lassen die Gesteinsmassen auf vielen seiner Bilder in einer warmen rotbraunen Mischung erleuchten. Bei keinen anderen bekannten Gemälden Beckers zu diesem Motiv wird der Einfluss Leus so deutlich. Beckers Bilder, die nach der ersten Norwegen-Tour 1844 entstanden sind, strahlen eine höhere Leuchtkraft aus. Leu reiste 1843 nach Skandinavien. Das 1848 entstandene Gemälde „Wasserfall mit Tannenwald" gelangte in das Museum von Kristiania. Auch bei den Gemälden aus Skandinavien von Georg Saal erkennt man sehr deutlich, die Ähnlichkeit der Felsdarstellung mit derjenigen bei Leu. Die zum Teil gleich aussehenden Felsen sind das Ergebnis eines Skizzenaustausches, den die drei Maler während ihrer Norwegen-Reise 1847 pflegten. Der schmale Gletscher in der Bildmitte auf Beckers Gemälde ist fast identisch mit dem auf Georg Saals „Norwegische Landschaft" (1854, 62,0 x 94,2 cm, Koblenz, Mittelrhein-Museum). Saals Gemälde, wie z.B. „Nordische Landschaft" (1852, Kunsthandel), unterscheiden sich aber durchaus von Beckers Bildern. Die Malstruktur, d.h. die Umrißhaftigkeit der einzelnen Bildelemente ist bei Saal stärker ausgeprägt. Es sind insgesamt vier Gemälde des Motivs am Hardanger Fjord von Becker bekannt. Im Kunsthandel wurde eine Fassung 1989 fälschlicherweise als "Sommerabend an einem Alpensee" bezeichnet. Das Gemälde wurde für den hohen Preis von 4.000,- fl aus dem Nachlass des Künstlers erworben. Der Zeitpunkt der Entstehung macht zugleich deutlich, dass Becker bis zu seinem Lebensende alte Motive wieder neu aufgegriffen hat. Das Bild erweckt fast den Eindruck einer Fotografie. Eine historische Fotografie zum vorliegenden Gemälde lagert im Nachlass, Mappe „Norwegen", nicht katalogisiert.

Ausstellungen: Berlin (akademische Kunstausstellung) 1887

Quellen/Literatur: Boetticher, Nr. 32; Tagebuch des Landschaftsmalers August Becker von einer Studienreise nach Norwegen vom 25. April bis 13. Oktober 1844, Hg. Olaf Klose, S. 49 ff., Abb. S. 101; O. Klose, in Nordelbingen, Bd. 49, 1980, S. 48 ff. Abb. S. 101; Saur, AKL, Bd. VIII, 1994, Stichwort „Becker, August", S. 154; Schweers 1994, Bd. 1, S. 103, Bd. 8, S. 284; Lexikon der Düsseldorfer Malerschule 1819–1918, Düsseldorf [u.a.] 1997–1998, Bd. I, Stichwort „Becker, August", S. 88; Kat. Darmstadt 2003, S. 66 (m. Abb.)

435. Blick von Königstein aus auf Kronberg im Taunus

Befund: 1886; 33,5 x 50,0 cm; Bleistift/Papier; u.r.: „Königstein i. Taunus d. 20 July 86."

Provenienz/Ort: Nachlass

Kurzbeschreibung: Hügeliges bewaldetes Gelände, links großer Gebäudekomplex auf einer Anhöhe, mittig eine Siedlung, im Hintergrund ebene Landschaft.

Kommentar: Es handelt sich um die Zeichnung für eines der letzten Gemälde Beckers. Der Auftrag dazu kam von Leopold, Fürst von Hohenzollern, welcher es als Geschenk für seinen Bruder, den König von Rumänien, 1885 bestellte. Die recht genaue Darstellung einzelner markanter Bauten der Stadt, sowie die in sich geschlossen wirkende Komposition lassen auf eine nüchtern gehaltene Stadtvedute schließen. Der Zeichnung kommt in diesem Beispiel der Charakter eines eigenen Kunstwerkes zu. Am 30. September 1885 schrieb Leopold aus Baden-Baden folgende Zeilen an Maler Becker: *„Dem König Carol hat die Wasserkur ziemlich gut gethan, u. die Gegend des Taunus gefiel ihm außerordentlich, namentlich Kronberg. Das veranlaßt mich, Sie zu fragen, ob Sie noch in diesem Herbst Zeit zur Disposition haben, eine Studie von Kronberg, etwa von dem Fußwege von Königstein dahin, mit der Mainebene im Hintergrund, aufzunehmen; der Blick auf Kronberg mit der malerischen Burgsilhouette aus dem alten Kastanienwald ist meinem Bruder an´s Herz gewachsen u. ein kleineres Bild wäre ein geeignetes Weihnachts- oder Geburtstagsgeschenk."* (Zit. Leopold, Fürst von Hohenzollern, Brief an August Becker, 30. September 1885, in: Hoffmann-Kuhnt (Hg.), Nürnberg 2000, S. 768 f.) Becker hatte offensichtlich im Herbst 1885 keine Zeit mehr. Erst am 20. Juli des darauf folgenden Jahres zeichnete er die Ansicht. Das Ölgemälde dürfte (in zwei unterschiedlich großen Fassungen) kurze Zeit danach entstanden sein. Veduten, die strenge nüchterne Wiedergabe von Stadt- und Landschaftsansichten, sind bei Becker seit 1840 bekannt (vgl. die Ansichten von Schloss Lichtenberg, 1838-1840, Kat.-Nr. 4, 14, 15, 31, 32).

Ausstellungen: Darmstadt 2002

Quellen/Literatur: Hoffmann-Kuhnt (Hg.), Nürnberg 2000, S.769 f.

436. Blick von Königstein aus auf Kronberg im Taunus (große Fassung)

Befund: 1886; 80,0 x 125,0 cm; Öl auf Leinwand, u.r. mit brauner Farbe: „August Becker.1886"

Provenienz/Ort: Sammlung Carol I., König von Rumänien; Sinaia, Nationalmuseum Schloss Peleș, Inv. Nr. 12886 P. 257

Kurzbeschreibung: Hügeliges bewaldetes Gelände, links großer Gebäudekomplex auf einer Anhöhe, mittig eine Siedlung, im Hintergrund ebene Landschaft.

Kommentar: Die Ansicht, ein auch bei anderen Künstlern, wie z.B. Anton Burger, beliebten Thema, ist von oberhalb der Helbighainer Wiesen gemalt worden. 1885 fragte Leopold, Erbprinz von Hohenzollern, August Becker, ob dieser ein Bild von Kronberg für Carol, Fürst von Rumänien, malen könne. Eine Zeichnung ist vom Juli 1886 erhalten, und im Dezember 1886 schreibt Leopold, dass das Gemälde an Weihnachten überreicht werden solle. Ähnlich wie das „Weinburg"-Gemälde (1876, Kat.-Nr. 352) handelte es sich um ein Weihnachtsgeschenk innerhalb der Familie von Hohenzollern-Sigmaringen.

Quellen/Literatur: Hoffmann-Kuhnt (Hg.), Nürnberg 2000, S. 786

437. Blick von Königstein aus auf Kronberg im Taunus (kleine Fassung)

Befund: 1886; 40,0 x 54,0 cm; Öl auf Leinwand; u.r.: „August Becker"

Provenienz/Ort: Kunsthandel, Kunst- und Orientteppich-Haus „Paul Schweitzer", Bonn-Bad Godesberg, 1988

Kurzbeschreibung: Hügeliges bewaldetes Gelände, links großer Gebäudekomplex auf einer Anhöhe, mittig eine Siedlung, im Hintergrund ebene Landschaft.

Kommentar: Im Kunsthandel hatte man das vorliegende Gemälde fälschlich als „Ansicht von Kleve" betitelt. Aufgrund einer im Nachlass erhalten gebliebenen Zeichnung, der das Motiv zuzuordnen ist, handelt es sich um Kronberg. Die Stadtvedute gibt die Ansicht von Königstein aus, mit der Main-Ebene im Hintergrund, wieder. Das Gemälde ähnelt einer weiteren Kronberg-Ansicht in Schloss Peleș, die durch Leopold, Fürst von Hohenzollern, bestellt wurde und dort irrtümlich als „Ansicht mit Schloss Sigmaringen" angegeben wurde. Abermals hatte August Becker aus einem großformatigen fürstlichen Auftragsbild eine „bürgerliche" mittelgroße Fassung repliziert.

Quellen/Literatur: Weltkunst 4/1988, S. 340; Hoffmann-Kuhnt (Hg.), Nürnberg 2000, S. 769, 783 f., 788

438. Gotzenalm

Befund: 1887; 110,0 x 155,0 cm; Öl auf Leinwand; u.l.: „August Becker.1887"; Bild verschmutzt, im oberen Bereich Leinwand verbeult

Provenienz/Ort: Vererbung über die Witwe des Malers (Pauline Becker); Privatbesitz

Kurzbeschreibung: Im Vordergrund Berghöhe mit zwei Hütten (links). Rechts jäher Abbruch. Im Mittelgrund Tal, im Hintergrund gebirgiges Gelände.

Kommentar: Ein handelt sich um ein Bild mit sehr dramatischer Wirkung. Der steile Abfall zum Königssee rechts unten erscheint fast greifbar. Im Vordergrund sind Almhütten zu sehen. Der Aufbau des Bildes hat Ähnlichkeit mit dem „Rossbühlpanorama" (1882, Kat.-Nr. 393).

Quellen/Literatur: Hoffmann-Kuhnt (Hg.), Nürnberg 2000, S.310 f.

439. Abend auf der Alm

Befund: 1887; Öl auf Leinwand

Provenienz/Ort: Verbleib unbekannt

Kommentar: Kaufmann Julius Clauss aus Krefeld war der erste Besitzer des Gemäldes. Die damalige Kritik zur Ausstellung im Kunstverein für die Rheinlande und Westfalen vermerkte, dass nur durchschnittliche Gemälde gezeigt wurden: *„Albert Arnz, der sich seit einiger Zeit auch der Tiermalerei zugewendet hat, Askevold, August Becker, von Bernuth, W. Bode, H. Deiters, C. L. Fahrlach, G. Genschow, G. Jacobsen, Nils B. Möller [...] bewiesen ihre bekannte Art in Bildern von gutem Durchschnittsgepräge."* (Zit. ZfBK, XXII. Jg., Nr. 38, 30. Juni 1886, S. 614) Ein gleichlautendes Gemälde, mit 2.000,- Mark taxiert, wurde in Hannover postum 1888 gezeigt. 1887 war Becker in Hannover mit keinem Bild vertreten. 1888 wurden auf der gleichen Bilderschau auch Arbeiten von Eugène Gustav Dücker und Walter Leistikow gezeigt.

Quellen/Literatur: Ausst.-Kat., Hannover, Kunstverein, 56. Kunstausstellung, 1888, S. 7, Nr. 25; Ernst Becker, Lebenslauf zu August Becker, Düsseldorf, KVM 552

440. Der Königssee im bayerischen Hochgebirge (Der Königssee bei Berchtesgaden)

Befund: um 1887; Öl auf Leinwand

Provenienz/Ort: Verbleib unbekannt

Kommentar: Das Thema „Königssee" wurde von Becker hauptsächlich in den 1860er und zu Beginn der 1870er Jahre behandelt. In den 1880er Jahren tauchten plötzlich wieder eine oder sogar zwei Fassungen davon in Kunstausstellungen auf, wie z.B. 1882 in Melbourne (Australien). Dort trug eine entsprechende Ansicht den Titel „Bartholomä-See". Ein ähnliches Phänomen ist auch bei den „Eiger"-Motiven erkennbar.

Ausstellungen: Hamburg 1887

Quellen/Literatur: Ausst.-Kat. Hamburg, Kunstverein, 1887, 29. Ausstellung, S. 6, Kat.-Nr. 59; Boetticher, Nr. 31

441. Das Kaisergebirge

Befund: 1887; Öl auf Leinwand

Provenienz/Ort: Verbleib unbekannt

Kommentar: Das Kaisergebirge hat Becker mehrfach gemalt, z.B. für den Spielkartenfabrikanten Wüst aus Frankfurt a.M. oder Kaufmann Heuser aus Köln (beide 1871). Eine Vorstellung davon, wie das Gemälde ausgesehen haben dürfte, erlauben eine Darstellung und ein Foto des Motivs, die sich im Darmstädter Museum resp. Nachlass des Malers befinden. Becker malte von vielen seiner Hauptmotive mehrere Fassungen, die sich in nur ganz wenigen Details unterschieden. So wird auch dieses Gemälde für Robert Eduard von Hagemeister, dem Regierungspräsidenten in Düsseldorf seit 1877 und Oberpräsidenten von Westfalen (1883 bis 1888), der frühen, wahrscheinlichen Erstfassung aus Darmstadt ähnlich gewesen sein. Hagemeister stammte aus einem alten pommerschen Bürgergeschlecht. Seine Lebensdaten sind: geb. Zarrenzin/bei Stralsund 1827, evangelisch, gest. Klausdorf/bei Stralsund 1902, unverheiratet. Er war einer der letzten bedeutenden Auftraggeber für Becker. Hagemeister besuchte in Stralsund das Gymnasium, studierte anschließend in Halle/Saale, Heidelberg und Berlin Jura und Kameralwissenschaften. Die Bekleidung verschiedener Positionen im preußischen Verwaltungsapparat brachte ihn als Präsident der Regierung von Düsseldorf 1877 an die Spitze der Verwaltungslaufbahn. 1883 erfolgte die Beförderung zum Oberpräsidenten von Westfalen. 1889 wurde von Hagemeister in den Ruhestand versetzt. Als Kurator des westfälischen Altertumsvereins erwarb er sich als Förderer der Künste Verdienste. Er war Mitglied des preußischen Landtages; sein Wahlkreis bildete das Gebiet Franzburg-Rügen. (Vgl. Wegmann, Dietr.: Die leitenden staatlichen Verwaltungsbeamten der Provinz Westfalen 1815–1918, Münster 1969, S. 277 f.) Von Hagemeister war somit einer der ranghöchsten Beamten. Von den dreizehn Oberregierungspräsidenten hatte noch ein weiterer, der Regierungspräsident von Mirbach aus Posen bereits 1857 ein Gemälde von Becker gekauft. Beckers Kunst war, was man aufgrund der geläufigen und beim allgemeinen Kunst liebenden Publikum sehr beliebten Motive leicht unterstellen mag, auch bei den Käufern außerhalb der europäischen Aristokratie, nicht für Jedermann gedacht. Die Stralsunder Familie von Hagemeister beispielsweise stellte vom 15. Jahrhundert bis 1914 Bürgermeister und Ratsherren. Bei allen wichtigen Entscheidungen der Hansestadt wirkten sie mit. Robert von Hagemeister zog sich nach der Ruhestandsversetzung auf sein Gut Klausdorf zurück. Nach dem Zweiten Weltkrieg sind die Nachkommen des Klausdorfer Zweiges in die Schweiz ausgewandert. Das Gut Klausdorf existiert heute nicht mehr. Die Recherchen im Stadtarchiv der Hansestadt Stralsund erbrachten keine neuen Erkenntnisse über den Verbleib des Gemäldes, so dass es als verschollen angesehen werden muss. Allerdings fand sich im dortigen Hagemeister-Nachlass ein Büchlein mit einer Panorama-Ansicht aus Süddeutschland (Neues Panorama des Neckars von Heilbronn bis Heidelberg, Hg. Guido Zeiler, Mannheim o.J. [um 1830]).

Quellen/Literatur: Hoffmann-Kuhnt (Hg.), Nürnberg 2000, S. 812 f.

442. Forsthaus in Sinaia

Befund: vor 1887; 186,0 x 250,0 cm; Öl auf Leinwand

Provenienz/Ort: Fürstlich Hohenzollernsche Sammlungen Sigmaringen, Schloss Sigmaringen; Verbleib unbekannt

Kommentar: Eine Vorstellung vom Forsthaus bei Sinaia bietet ein historisches Foto aus dem Fürstlichen Archiv zu Wied (Vgl.-Abb.-Nr. 14). Es war im Stil eines „Schweizer Hauses" aufgebaut. Becker zeigte bereits bei den Schweiz-Reisen Interesse an den kleinen Holzhäusern. Bereits kurz nach 1882 erläuterte Becker in einem Vortrag über seine Rumänienreise das Forsthaus beim Schloss in Sinaia: *„20 Minuten vom Kloster entfernt, nahe dem Schlosse in einer Waldlichtung, liegt das vielbesuchte, vielbesprochene und besungene Forsthaus, ein Holzgebäude im Schweizerstyl, welches Parterre, Arbeitszimmer für die Majestäten, Musikzimmer und Küche enthält, während der erste Stock aus 2 durch eine Flügelthür verbundenen Salons besteht, deren innere Einrichtung lebhaft an die noch in gutem Andenken gebliebene Rüdesheimer Weinstube auf der Düsseldorfer Ausstellung im Jahr 1880 erinnert."* (Zit. August Becker, Vortrag über die Rumänienreise im Sommer 1882, in: Hoffmann-Kuhnt (Hg.), Nürnberg 2000, S. 728 f., 728) Leopold, Fürst von Hohenzollern, schrieb an Becker: *„Meine Mutter wünscht ein Pendant zu dem kl. Bild „Forsthaus in Sinaia", und zwar ein Motiv aus der Weinburg, wie es auf der Kassette z. goldenen Hochzeit aufgefaßt ist."* (Zit. Leopold, Fürst von Hohenzollern, Brief an August Becker, 4. Juli 1887, in: Hoffmann-Kuhnt (Hg.), Nürnberg 2000, S. 791)

Quellen/Literatur: August Becker, Brief an Louis Basset, Hofverwaltung, Düsseldorf, 15. November 1887, Bukarest, Rumänisches Nationalarchiv, Casă Regală, Dosar Nr. 25/1887 382 f.; Hoffmann-Kuhnt (Hg.), Nürnberg 2000, S. 791

443. Sigmaringen. Landschaft

Befund: 1887; 23,5 x 31,0 cm; Bleistift/Papier; u.r.: „Sigmaringen Aug. 87"

Provenienz/Ort: Privatbesitz

Kurzbeschreibung: Hügelige Landschaft mit Sträuchern links und einer Sitzbank rechts im Vordergrund. Links im Mittelgrund Gebäudekomplex, im Hintergrund weites bergiges Terrain.

Kommentar: Im Herbst 1887 hatte der Regierungspräsident von Westfalen, Robert von Hagemeister, ein Gemälde „Schloss Sigmaringen" erworben. Die vorliegende Zeichnung wird als Studie gedient haben. Die Residenzstadt der Fürsten von Hohenzollern, in der auch die königlich preußische Regierung für das hohenzollerische Land ihren Sitz hatte, liegt 53 km südlich von Hechingen zu beiden Seiten der Donau und war früher die Hauptstadt des Fürstentums Hohenzollern-Sigmaringen. Im 19. Jahrhundert kam es zu großen Umbaumaßnahmen am Schloss Sigmaringen. 1893 brannte ein Großteil der Gebäude ab. Das Feuer vernichtete auch umfangreiche Archivbestände an schriftlichen Dokumenten. Ältester Teil der Schlossanlage ist der in der Mitte aufragende, fast quadratische Turm mit randbeschlagenen Bossenquadern aus dem 12. Jahrhundert. Beckers Landschaftsbild mit dem Schloss im Hintergrund konnte auf zwei Arten verstanden werden. Einmal im Sinne Carl Antons – der 1885, im Jahr der Entstehung der ersten Fassung, starb – als „schöne" Landschaftsvedute mit topographischen Erkennungsmerkmalen (ohne Ahnenkult- und Burgenromantik-Gedanken); oder mit dem Verständnis Friedrich Wilhelm IV., für den das Stammland der Hohenzollern, *„der recht eigentlich ideale Verbindungspunkt zwischen dem Norden und dem Süden unseres Vaterlandes bildet."*

(Zit. Maercker, Traugott, in: Marck, Paul Theodor: Das Stammschloß Hohenzollern, seine Gegenwart u. Vergangenheit, 1846, S. 3). Im zweiten Fall wäre das Gemälde eher als ein künstlerischer Beitrag zu den politischen Zielen der preußischen Hohenzollern zu verstehen gewesen. Aber durch Beckers Bestrebung, einen landschaftlichen Gesamteindruck zu vermitteln, ist eher anzunehmen, der Künstler habe das Motiv nach den Vorstellungen seines langjährigen Gönners komponiert. Als Spätromantiker, dem oft der Vorwurf einer Rückständigkeit nachgesagt wird, erscheint Becker mit diesem Gemälde aber eher fortschrittlich. Der von Friedrich Wilhelm IV., König von Preußen, 1851 auf dem Hohenzollern gestiftete Königlich Hohenzollerische Hausorden mit der Devise „Vom Fels zum Meer" zur Erinnerung an den Ursprung und die Ausbreitung des königlichen Hauses hat für Beckers Gemälde von Schloss Sigmaringen und Schloss Peleș in den Südkarpaten gemäß der zweiten Lesart dahingehend Bedeutung, dass sie eine Verbildlichung dieser Devise darstellen. August Becker wurde bereits 1879 der Preußische Rote Adlerorden 4. Klasse und 1884 das Fürstlich Hohenzollernsche Ehrenkreuz 3. Klasse verliehen. Sein Auftraggeber für dieses Bild (von Hagemeister) hatte es übrigens bis zur Verleihung des Preußischen Roten Adlerordens 2. Klasse (mit Eichenlaub und Stern) gebracht. Es sei noch angemerkt, dass Carl Anton in seiner Funktion als preußischer Ministerpräsident von 1858 bis 1862 eine liberale Politik vertrat, die von Bismarck als sein Nachfolger ins Rechtskonservative verschoben wurde. Von Hagemeister reichte schon 1888, nur fünf Jahre nach Ernennung zum Oberpräsidenten von Westfalen, seinen Rücktritt aufgrund ständiger Meinungsverschiedenheiten mit Reichskanzler Otto von Bismarck ein. Im politischen Denken stand er dem 1885 verstorbenen Fürsten Carl Anton näher als Bismarck: *„Hätten wir englische Zustände, so würden längst schon Interpellationen über die auswärtigen Fragen erfolgt seyn – so aber bei dem blinden Vertrauen der Deutschen Nation in die Führung der auswärtigen Politica – des noli me tangere des Fürsten Bismarck – unterbleibt jede selbstständige Regung, sowohl der Presse, als auch der öffentlichen Meinung."* (Zit. Carl Anton, Fürst von Hohenzollern, Brief an August Becker, 26. März 1879, in: Hoffmann-Kuhnt (Hg.), Nürnberg 2000, S. 696) Becker und von Hagemeister waren zeitgleich Gäste von Leopold, Fürst von Hohenzollern.

444. Schloss Sigmaringen

Befund: 1887; Öl auf Leinwand

Provenienz/Ort: Verbleib unbekannt

Kommentar: Der erste Besitzer des Gemäldes war Robert von Hagemeister, Oberpräsident von Westfalen, welcher das Bild am 29. August 1887 bestellt hatte. Im Sommer 1887 verbrachte Becker mehrere Wochen ohne seine Familie in Sigmaringen bei der Familie Leopolds, Fürst von Hohenzollern. Bis zu den letzten Gemälden blieb Becker seiner spätromantischen Richtung treu.

Quellen/Literatur: Ernst Becker, Lebenslauf zu August Becker, Düsseldorf, KVM 552

445. Erinnerung an den Bodensee (Erinnerung an die Weinburg)

Befund: 1885/1887; Öl auf Leinwand

Provenienz/Ort: Verbleib unbekannt

Kommentar: Einmal verwendete Becker für Gemäldetitel die Bezeichnung „Erinnerungen". „Erinnerungen an die Weinburg" und „Erinnerungen an den Bodensee" sind wohl identisch. Entstanden im letzten Lebensjahr des Künstler geht der Titel des durch Leopold, Fürst von Hohenzollern, als Geschenk für Ludwig I., König von Portugal, erworbenen Gemäldes auf Leopold selbst zurück, der in einem Brief an Becker vom 24. November 1875 diese Formulierung in Zusammenhang mit einer Ansicht vom Weinburger Laubengang (1876) gebrauchte. Leopold meinte zum vorliegenden Bild: *„Es wäre zu wenig strenges Portrait um z.B. als Weihnachtsgeschenk für ein Familienmitglied, das Alles ganz genau im Kopfe habe, sich zu eignen, aber der Bruder der Fürstin Antonie, der nur einmal dort gewesen und also nur allgemeine Eindrücke empfangen habe, würde durch das Bild angeheimelt werden."* (Zit. August Becker, Brief an Pauline Becker, 22. August

1887, in: Hoffmann-Kuhnt (Hg.), Nürnberg 2000, S. 803 f.) Im handgeschriebenen Lebenslauf wird als Datierung 1885 angegeben. Leider konnte der Verbleib des Bildes trotz mehrerer schriftlicher Rechercheanläufe in der Verwaltung des ehemaligen königlichen Kunstbesitzes von Portugal nicht geklärt werden. Über die Reaktionen auf Beckers Tod am rumänischen Hof sind wir im Gegensatz zum englischen Königshaus nicht informiert. Die englische Monarchin vertraute ihrem Tagebuch an: „*Heard with much regret, that the talented artist & amiable man, August Becker, brother of Dr. Becker, who painted many things for me, here* [Osborne House, Anm. d. Vf.]*, & at Balmoral, died suddenly*". (Zit. RA Queen Victoria's Journal: 16 January 1888; siehe dazu auch Quellenanhang 30) Zudem erschienen ein längerer Nachruf in der Düsseldorfer und eine kurze Todesnachricht in der Darmstädter Presse. Postum wurden vereinzelt Bilder auf Kunstvereinsausstellungen (zu Verkaufszwecken) gezeigt.

Quellen/Literatur: Ernst Becker, Lebenslauf zu August Becker, Düsseldorf, KVM 552; Hoffmann-Kuhnt (Hg.), Nürnberg 2000, S. 804

446. Der Stellaschfall

Befund: vor Dezember 1887; Öl auf Leinwand

Provenienz/Ort: Verbleib unbekannt

Kommentar: Das Gemälde wurde mit 750,- Mark eingeschätzt.

Ausstellungen: Hannover 1888

Quellen/Literatur: Ausst.-Kat. Kunstverein Hannover, 56. Ausstellung, 1. Nachtrag, Nr. 587

447. Der Königssee

Befund: vor Dezember 1887; Öl auf Leinwand

Provenienz/Ort: Verbleib unbekannt

Kommentar: Das Gemälde wurde mit 4.000,- Mark eingeschätzt.

Ausstellungen: Bremen 1888

Quellen/Literatur: Katalog der sechsundzwanzigsten Grossen Gemälde-Ausstellung des Kunstvereins in Bremen, 1888, S. 6, Kat.-Nr. 26

448. Der Eiger im Berner Oberland

Befund: vor Dezember 1887; Öl auf Leinwand

Provenienz/Ort: Verbleib unbekannt

Kommentar: Das Bild war mit 4.000,- Mark sehr hoch dotiert. Die Witwe des Malers versuchte, die im Nachlass befindlichen Gemälde zu verkaufen. Wir erinnern uns, dass die Offerten zum Kauf des gesamten Nachlasses an Carol I., König von Rumänien, oder Teilen daraus an Ludwig IV., Großherzog von Hessen-Darmstadt, abgelehnt wurden. Von Carl Spitzweg wurden auf der gleichen Ausstellung aus dessen Nachlass 29 Gemälde angeboten. Seine Bilder waren aber eher in kleinen Formaten gehalten. 1890 war August Becker nicht mehr auf den Ausstellungen des Kunstvereins Hannover vertreten.

Ausstellungen: Hannover 1889

Quellen/Literatur: Ausst.-Kat. Kunstverein Hannover, 57. Ausstellung, S. 7, Nr. 24

449. Mondschein

Befund: vor Dezember 1887; Öl auf Leinwand

Provenienz/Ort: Verbleib unbekannt

Ausstellungen: Düsseldorf 1898

Quellen/Literatur: Ausst.-Kat. Werke Düsseldorfer Künstler 1898

450. Unbekanntes Motiv

Befund: vor Dezember 1887; Öl auf Leinwand

Provenienz/Ort: Verbleib unbekannt

Ausstellungen: Düsseldorf 1915

Quellen/Literatur: Ausst.-Kat. Jahrhundertausstellung der westdeutschen Kunst

b) Fragliche und abzulehnende Zuschreibungen

I.   Zwei Mönche unter Eichenbaum in Nähe einer Kirche

Befund: 1836; 26,8 x 35,4 cm; Bleistift/Papier; braun und schwarz, signiert und datiert

Provenienz/Ort: Kunsthandel, Galerie Gerda Bassenge, Berlin, 28.11.1998, 72. Auktion

Kurzbeschreibung: Bewaldeter Gebirgsweg mit zwei Figuren und Ruine als Staffage.

Kommentar: 1836 hatte Becker noch keinen Zeichenunterricht genommen. Das Motiv ist zudem untypisch. Becker war kein Genremaler, auch wenn er auf späteren Bildern Staffagefiguren platzierte.

Quellen/Literatur: http://www.artnet/faad/auctionsonline.asp (Nr. 7) (im Auftrag des Verfassers abgerufen am 12. Dezember 2002)

II.   Landschaft am Gardasee

Befund: 1837; 48,0 x 71,0 cm; Öl auf Leinwand; signiert und beschriftet

Provenienz/Ort: Kunsthandel, Galerie Gerda Bassenge, Berlin, 27.11.1999, erneut Mai 2004

Kurzbeschreibung: Flachlandschaft mit Baumgruppe links, im Hintergrund bergiges Gebiet.

Kommentar: Bei Bassenge tauchte 1999 eine mittelformatige „Ansicht vom Gardasee", datiert 1837, auf. Aufgrund der guten Qualität des Gemäldes wäre eine Urheberschaft sehr ehrenvoll für den jungen Darmstädter August Becker, der zu dieser Zeit gerade mal 16 Jahre alt war. August Beckers Reiserouten führten ihn jedoch nie an den Gardasee. Auch scheidet eine Kopie nach einem anderen Meister aus.

Quellen/Literatur: http://www.artnet/faad/auctionsonline.asp (Nr. 4) (im Auftrag des Verfassers abgerufen am 12. Dezember 2002); Weltkunst 9/2003, S. 1111

III.   Landhaus am Parkteich

Befund: 1839; 20,2 (17,3) x 26,6 (23,7) cm (mit bzw. ohne Rahmen); Sepia, Wasserfarben/Papier; u.r.: „A. Becker.39"

Provenienz/Ort: Staatliche Museen zu Berlin Preußischer Kulturbesitz, Kupferstichkabinett, Inv. Nr. 1891, SZ 1

Kurzbeschreibung: Vorne Fluss, rechts Boot und Mann mit Hut, im Hintergrund kleines Landhaus.

Kommentar: Diese Zeichnung und drei weitere aus dem Kupferstichkabinett Berlin stammen von dem Gernroder August Becker. Die Durchsicht der Verkaufs- und Auktionskataloge brachte zutage, dass Bildwerke des Darmstädter Beckers öfters mit denen seines Namensvetters verwechselt werden. Denn auch dieser Becker war in Düsseldorf im Schirmer-Umfeld als Maler aktiv. Umgekehrt hingegen kam es zu keiner einzigen Falschzuschreibung an den Gernroder August Becker. Dies ist sicher dem Umstand zuzuschreiben, dass der Darmstädter Becker der bekanntere und bedeutendere von beiden ist. Recherchen ergaben, dass August Becker aus Ballenstedt 1867 als Hofmaler und Zeichenlehrer an der Realschule in Ballenstedt tätig war. (Vgl. Hof- und Staatshandbuch für das Herzogtum Anhalt, Dessau 1867, Ballenstedt, Stadtarchiv; zu den Verwechslungen mit dem August Becker aus Gernrode siehe Weltkunst 9/2003, S. 1109–1111)

Quellen/Literatur: Weltkunst 9/2003, S. 1111

IV.   **Ruheplatz unter Tannen im Park**

Befund: 1839; 20,1 (17,6) x 26,7 (24,0) cm; Bleistift, Sepia, Wasserfarben/Papier; u.m.: „A. Becker"

Provenienz/Ort: Staatliche Museen zu Berlin Preußischer Kulturbesitz, Kupferstichkabinett, Inv. Nr. 1891, SZ 2

Kurzbeschreibung: Stimmung wie auf den Terrassenbildern von Becker, viel Schatten, keine Menschen, Verlassenheit ausstrahlend.

Quellen/Literatur: Weltkunst 9/2003, S. 1111

V.   **Parkanlage**

Befund: 1839; 19,5 (17,0) x 26,7 (24,3) cm; Sepia, Wasserfarben/Papier; u.l.: „A. Becker f. D."

Provenienz/Ort: Staatliche Museen zu Berlin Preußischer Kulturbesitz, Kupferstichkabinett, Inv. Nr. 1891, SZ 3

Kommentar: Es scheint die beste von den vier zusammengehörenden Zeichnungen im Kupferstichkabinett Berlin zu sein. Die Signatur „A. Becker f. D." weist auf Düsseldorf hin, August Becker aus Darmstadt lebte zu dieser Zeit noch in seiner Heimatstadt. Mit dem Zusatz D. oder Düsseldorf signierte er erst ab 1852, nach seinem Umzug an den Rhein. Zum Vergleich beide unterschiedliche Signaturen:

- Becker aus Darmstadt, Signatur von 1884:

- Becker aus Gernrode, Signautr um 1850:

Quellen/Literatur: Weltkunst 9/2003, S. 1111

VI.   **Landhaus im Park**

Befund: 1839; 19,2 (17,0) x 26,3 (24,1) cm; Sepia, Wasserfarben/Papier; u.r.: „Becker"

Provenienz/Ort: Staatliche Museen zu Berlin Preußischer Kulturbesitz, Kupferstichkabinett, Inv. Nr. 1891, SZ 4

Kommentar: Die Stimmung der Landschaft entspricht nicht Beckers Malstil, sie ist viel zu zeichnerisch, außerdem in ihrer künstlerischen Ausführung, wie die anderen drei, zu professionell und entspricht daher einer viel zu geübten Hand. Des Darmstädter A. Beckers frühe Zeichnungen zeigen deutliche Schwachstellen, die Linien sind zaghafter gezeichnet, so dass der Urheber wohl der ältere, Gernroder Becker war.

Quellen/Literatur: Weltkunst 9/2003, S. 1111

VII. Flusslandschaft

Befund: um 1840; 20,5 x 32,0 cm; Tusche/Papier; u.l.: „A. Becker. Ballenstedt"

Provenienz/Ort: Düsseldorf, Kunst Palast, Graphische Sammlung, Inv. Nr. K 1919-1109

Kurzbeschreibung: Fluss, zwei Angler links im Mittelgrund, rechts und im Mittelgrund Bäume, im Hintergrund Berge und untergehende Sonne.

Kommentar: Der Zusatz „Ballenstedt" lässt einen eindeutigen Ausschluss zu.

Quellen/Literatur: Ricke-Immel, Ute (Bearb.): Die Handzeichnungen des 19. Jahrhunderts, Band 1, Düsseldorf 1980, S. 416

VIII. Ansicht von Berchtesgaden (mit der Ansicht nach dem Watzmann)

Befund: 1841; Öl auf Leinwand

Provenienz/Ort: Verbleib unbekannt

Kommentar: Im Katalog wird er als „A. Becker, in Düsseldorf" bezeichnet. Es gibt keine Quellen, die eine so frühe Reise nach Berchtesgaden belegen. Wenn Becker im Herbst 1841 für das Wintersemester nach Düsseldorf ging, hätte er kaum so schnell dieses Gemälde malen und nach Breslau schicken können. Daher ist zu vermuten, dass das Bild von dem Namensvetter, August Becker aus Gernrode stammt, der in Düsseldorf ansässig war. Becker aus Darmstadt stellte erst ab den 1850er Jahren in Breslau aus. Auch auf den Ausstellungen des Rheinischen Kunstvereins ist Becker in den 1840er Jahren mit keinem derartigen Motiv vertreten gewesen.

Ausstellungen: Breslau 1841

Quellen/Literatur: Kat. Kunstausstellung des Breslauer Kunstvereins, 1841, S. 7, Nr. 29

IX. Landschaft, See, Fluss, Berge, Burg

Befund: 1847; 59,0 x 78,0 cm; Öl auf Leinwand; signiert und datiert

Provenienz/Ort: Kunsthandel, Bode, Pforzheim, 10.12.1994

Quellen/Literatur: Kat. Bode, Pforzheim, 10.12.1994

X. Waldinneres mit abgesessenem Ritter unter einem Baum

Befund: 1850; 38,0 x 54,5 cm; Öl auf Leinwand; „A.B.1850"; Krakelüren auf der Leinwand

Provenienz/Ort: Kunsthandel, Arno Winterberg, Heidelberg, 16. April 1994; Privatbesitz

Kurzbeschreibung: Wald mit Ritter, Pferd und Hütte. Zum Mittel- und Hintergrund ansteigendes Waldterrain.

Kommentar: Nach der Exposition in Darmstadt 2002 meldete sich ein Privatsammler mit dem vorliegendem Gemälde, das fast identisch mit einem Bild von C.F. Lessing, ehemals Städelchen Kunstinstitut (Frankfurt a.M.), ist. In diesem Fall aber ist nicht August Becker aus Darmstadt der Künstler, sondern möglicherweise August Becker aus Gernrode. Das Motiv ist viel zu märchenhaft romantisch und erinnert an Bilder von Moritz von Schwindt. Ein Märchenromantiker war Becker auf keinen Fall.

Quellen/Literatur: Kat. http://www.artnet/faad/auctionsonline.asp (Nr. 13) (im Auftrag des Verfassers abgerufen am 12. Dezember 2002)

XI. **Vollmondbeschienene Flusslandschaft**

Befund: um 1850; 63,0 x 106,0 cm; Öl auf Leinwand; u.r.: „August Becker"

Provenienz/Ort: Kunsthandel, Lempertz, Köln, Kunsthaus, 15.5.1999; Kunsthandel, Arno Winterberg, Heidelberg, 13.10.2000, 61. Auktion; Kunsthandel Wendel, Rudolstadt, März 2004

Kommentar: Fluss mit großen Steinen, zu beiden Seiten dicht bewachsenes Ufer, rechts kleines Haus, am Firmament Vollmond und einige Wolken. In Heidelberg als „Wildbach durch Waldinneres bei Mondschein" betitelt gewesen.

Quellen/Literatur: Aukt.-Kat. Lempertz, Nr. A/771, Mai 1999, Kat.-Nr. 1380, Tafel 68; http://www.artnet/faad/auctionsonline.asp (Nr. 2) (im Auftrag des Verfassers abgerufen am 12. Dezember 2002); http://www.artnet/faad/auctionsonline.asp (Nr. 6) (im Auftrag des Verfassers abgerufen am 12. Dezember 2002); Aukt.-Kat. Arno Winterberg, Auktion 61, 13.10.2000, Nr. 772.; Kat. Kunstauktion, Wendel, Rudolstadt, 5./6. März 2004, Kat.-Nr. 3578 (m. Abb.).

XII. **Pferde auf der Weide im Tiergarten bei Dessau**

Befund: um 1850; August Becker (aus Gernrode) zusammen mit Georg Höhn; Öl auf Leinwand

Provenienz/Ort: Dessau, Anhaltische Gemäldegalerie, Inv. Nr. 449

Kurzbeschreibung: Weiher, zu beiden Seiten alte Bäume. Auf einer Wiese Pferde, im Hintergrund Wald mit Schlossbau sowie weitere Pferde.

Kommentar: Das Gemälde stammt von dem Namensvetter in Zusammenarbeit mit Georg Höhn. Der Gernroder August Becker studierte das Landschaftsfach an der Düsseldorfer Akademie unter Wilhelm Schirmer, nahm auch Anregungen von Lessing auf. Becker war vor allem als Zeichner geschätzt. Seinen Gemälden fehlt es häufig an malerischen Werten. (Vgl. Schwerdt, Berlin 1964) Das vorliegende Gemälde ist in dem Dessauer Museum korrekt den Arbeiten des Gernroders Becker zugeordnet. Da sich jedoch in anderen Bildarchiven falsche Zuweisungen an den Darmstädter Becker feststellen ließen, schien eine Richtigstellung angebracht. Von den Beständen des Anhaltischen Staatsarchivs haben sich durch Kriegsverluste, bei denen im April 1945 das Zerbster Schloss mit zahlreichen Akten zerstört wurde, nur Bruchteile erhalten. Über den Maler sind daher nur spärlich neue Informationen recherchierbar. Im Kölner Raum hat sich eine weitere Fassung des Gemäldes recherchieren lassen. Offenbar hat auch der Gernroder Becker gerne Repliken seiner Bilder angefertigt.

Quellen/Literatur: Schwerdt, Bärbel, Die Dessauer Landschaftsmalerei im 19. Jahrhundert, Diplomarbeit (Institut für Kunstgeschichte der Humboldt-Universität Berlin, 1964), Exemplar in Dessau, Anhaltische Gemäldegalerie; Courtauld Institute of Art (Photographic Survey of the Private Collections), London; München, Fotoarchiv Zentralinstitut für Kunstgeschichte; Marburg, Fotoarchiv

XIII. Junge mit Mütze

Befund: 1852; aquarellierte Zeichnung/Papier; u.m.: „Vivat Wis"; u.r. „a.B. 19. Nov. 52"

Provenienz/Ort: Düsseldorf, Stadtmuseum

Kurzbeschreibung: Junge mit Mütze in der rechten Hand.

Kommentar: Die Bezeichnung und das Monogramm sind nicht Beckers Handschrift. Auch das Motiv lässt sich keiner Schaffensphase des gebürtigen Darmstädter Malers zuordnen.

XIV. Parklandschaft

Befund: 1852; Öl auf Leinwand; auf der Rückseite beschriftet: „A. Becker p 1852 Dessau"

Provenienz/Ort: Privatbesitz

Kurzbeschreibung: Wasserfall, kaskadenartiger Ablauf nach links in den Bildvordergrund. Im Mittelgrund Weg, rechts davon Wald, im Hintergrund rechts eine Brücke über den Fluss.

Kommentar: Sowohl vom Motiv als auch von der rückseitigen Beschriftung her ist dieses Bild als ein Werk des Darmstädter August Beckers abzulehnen.

XV. Burg Rheinfels mit Rheinlandschaft

Befund: um 1854; Öl auf Leinwand

Provenienz/Ort: Privatbesitz

Kommentar: Das Bild, welches 1976 aus einer Fürther Villa bei Einbruch gestohlen wurde, wirkt im Stil zu „weich". Eher stammt es von dem Gernroder Becker, der solche Motive verarbeitete. Die Zuschreibung ist fraglich.

Quellen/Literatur: Weltkunst 21/1976, S. 2189 (m. Abb.)

XVI. Auenlandschaft mit Häusern und mehreren Menschen

Befund: 1854; 55,4 x 80,0 cm; Öl auf Leinwand; u.l.: „A. Becker.1854 D."

Provenienz/Ort: Privatbesitz

Kurzbeschreibung: Zwei Häuser am Ufer eines Flusses, im Hintergrund Wald.

Kommentar: In der Signatur haben wir in der Regel den sichersten Parameter bei der Zuschreibung eines Bildgegenstandes an August Becker. Bei Becker aus Darmstadt kommen neben „August Becker" auch noch das Monogramm „A.B.", „AB" ohne Punkte oder auch aneinandergehängt sowie die Formen „August Becker. Darmstadt" und „August Becker. Düsseldorf" vor, wobei alle Varianten mit abgekürztem Vorname möglich sind. Der Künstler signierte meistens relativ groß und breitpinselig am unteren Bildrand. Die Signatur seines Gernroder Namensvetter ist im Vergleich fast immer kleiner und in schmaleren Lettern gehalten, so wie auf diesem Gemälde, das eher dem Gernroder Becker zuzuschreiben ist. Auch die Auenlandschaft entspricht dessen Motivkreis.

XVII. **Eiche nach Gewitter**

Befund: August Becker (1807 Gernrode–1887 Bernburg); 1856; 76,0 x 67,0 cm; Öl auf Leinwand; u.r.: „A. Becker.56"

Provenienz/Ort: Sammlung Orth [Darmstadt], (Schenkung 1966); Darmstadt, Städtische Kunstsammlungen, Inv. Nr. MA 106

Kurzbeschreibung: Bäume auf hügeliger Wiese, im Hintergrund Siedlung, bewölkter Himmel.

Kommentar: Ausgehend von der „Eiche nach Gewitter" sind auch eine Reihe weiterer Ablehnungen aufgrund von Ähnlichkeiten mit diesem Gemälde erfolgt. Die Farbpalette, der Stimmungswert und die Topographie der Landschaft sind ganz untypisch für August Becker aus Darmstadt. Der Name des Malers lautet August Becker [aus Gernrode].

Ausstellungen: Darmstadt 1992

Quellen/Literatur: Haus Deiters. Darmstädter Galerie des 19. Jahrhunderts, 1992, S. 15 (m. Abb.); Schweers 1994, Bd. 1, S. 103, Bd. 8, S. 300; Weltkunst 9/2003, S. 1111 (m. Abb.)

XVIII. **Weite Parklandschaft mit alten Bäumen, die ein Hirsch durchstreift**

Befund: 1867; 77,0 x 101,0 cm; Öl auf Leinwand; signiert und datiert

Provenienz/Ort: Kunsthandel, Nagel, Stuttgart, Auktionen, 4. Dezember 1993, Jubiläumsauktion

Kurzbeschreibung: Parklandschaft mit Bäumen und Hirsch.

Kommentar: Dieses Gemälde entspricht wieder eher einer Auenlandschaft von August Becker aus Gernrode/Ballenstedt. Der Hauptbaum in der Bildmitte kommt auf keinem Bild des Darmstädter Beckers auch nur annähernd vor.

Quellen/Literatur: http://www.artnet/faad/auctionsonline.asp (Nr. 14) (im Auftrag des Verfassers abgerufen am 12. Dezember 2002); Aukt.-Kat. Nagel, 4. Dezember 1993, Kat.-Nr. 3226, Abb. S. 405

XIX. **Angebot & Kostprobe & noch mehr & Vertreibung & Zwist & Versöhnung**

Befund: undatiert; 12,5 x 13,0 cm; 6 Holzstiche

Provenienz/Ort: Kunsthandel, Arno Winterberg, Heidelberg, 10. Oktober 1992

Kommentar: Die sechs Holzstiche sind keine Arbeiten des Darmstädter bzw. Düsseldorfer August Becker. Genreszenen, die mit einem derartigen Titel versehen sind, kommen bei dem Darmstädter Becker nicht vor. Im Württembergischen Raum gab es im 19. Jahrhundert einen Holzstecher gleichen Namens.

Quellen/Literatur: http://www.artnet/faad/auctionsonline.asp (Nr. 17) (im Auftrag des Verfassers abgerufen am 12. Dezember 2002)

XX. **Parklandschaft mit weidenden Kühen am Teich. Im Hintergrund Gebäude und zwei Kirchen**

Befund: 1871; 79,0 x 95,0 cm; Öl auf Leinwand; u.r.: „A. Becker.1871"

Provenienz/Ort: Kunsthandel, Carola van Ham, Köln, Kunstauktionen, 181. Auktion, 24. Oktober 1998

Kommentar: Thema und Titel des Bildes wären ungewöhnlich für Becker aus Darmstadt. Die

Urheberschaft ist zweifelhaft.

Quellen/Literatur: Aukt.-Kat. 181. Auktion, Oktober 1998, S. 152, Nr. 1428; http://www.artnet/faad/auctionsonline.asp (Nr. 8) (im Auftrag des Verfassers abgerufen am 12. Dezember 2002)

XXI.   **Herde Rinder**

Befund: um 1870; 51,0 x 76,0 cm; Öl auf Leinwand; signiert

Provenienz/Ort: Kunsthandel, Mystic Fine Arts, Connecticut (USA), Nr. 166 a, 4.12.1998

Kommentar: In den USA gab es einen weiteren Künstler gleichen Namens. Von ihm könnte das Bild stammen. Der Darmstädter Becker hat nie Herden von Rindern oder dergleichen in seine Landschaften gemalt, höchstens vier bis fünf solcher Tiere. Sie dienten zudem nur als Staffage und gaben für den jeweiligen Bildtitel keinen Ausschlag.

Quellen/Literatur: Kat. Mystic Fine Arts, Connecticut (USA), 4.12.1998

XXII.   **Kühe an einem Teich, Jäger mit Hund**

Befund: 1871; 79,0 x 96,0 cm; Öl auf Leinwand; signiert und datiert

Provenienz/Ort: Kunsthandel, Danneberg Berlin, 7.12.1996

Kommentar: Kühe, ein Teich sowie ein Jäger mit Hund bilden die Staffage in diesem Landschaftsbild. Das Arrangement ist jedoch viel zu geschlossen. Eine Staffage diente Becker in aller Regel als Capriccio und nicht dafür, eine in sich geschlossene Episode zu schildern.

Quellen/Literatur: Kat. Danneberg Berlin, 7.12.1996

XXIII.   **Waldlandschaft**

Befund: undatiert; 71,0 x 109,0 cm; Öl auf Leinwand

Provenienz/Ort: Kunsthandel, James Adam, Dublin, Nr. 319, 1.10.1997

Kommentar: Die Provenienz wäre bei diesem Gemälde von Interesse. Es sind nämlich keine Verkäufe Beckerscher Gemälde nach Irland überliefert. Jedoch hatte der Bruder Ernst Becker durch die Naturwissenschaftliche Gesellschaft mehrmals in Dublin zwischen 1851 und 1860 geschäftlich zu tun. Recherchen erbrachten keine weiteren Erkenntnisse zur Urheberschaft. Eine Zuschreibung ist fraglich.

Quellen/Literatur: Kat. James Adam, Dublin, 1.10.1997

XXIV.   **Parklandschaft**

Befund: undatiert; 53,0 x 66,0 cm; Öl auf Leinwand, signiert

Provenienz/Ort: Kunsthandel, Spik, Berlin, 18.3.1976

Kommentar: Parklandschaften kamen im Schaffen des Spätromantikers Becker als Gemälde nicht direkt vor. Dafür war ihm das Motiv sicher zu monoton und ließ spektakuläre Effekte vermissen. Keines seiner auf den Turnusausstellungen zwischen 1840 und 1888 gezeigten Gemälde trug einen derartigen Titel. Jedoch gibt es im Oeuvre des Gernroder Beckers ähnlich betitelte Gemälde.

Quellen/Literatur: Kat. Spik, Berlin, 18.3.1976

XXV.   **Winterliche Waldlandschaft mit Jagdgesellschaft**

Befund: undatiert; 31,5 x 21,5 cm; Aquarell/Papier

Provenienz/Ort: Brüssel, Königlicher Palast; Schloss von Ciergon, Ardennen; Brüssel, Königliche Sammlung, Inv. Nr. 0906 TA

Kurzbeschreibung: Mehrere Figuren im Vordergrund, rechts ein erlegtes Wildschwein. Dunstiger Wald im Mittelgrund.

Kommentar: Die Signatur ist eine andere. Auch die Darstellung selbst, in der die Jagdgesellschaft das Hauptmotiv bildet, entspricht keinem Stil von Becker aus Darmstadt.

Quellen/Literatur: Inventory Book [der königlichen Sammlung Belgiens], 1909, S. 54, Nr. 906

XXVI. Uferszene mit Fischern

Befund: nach 1870; Öl auf Leinwand; u.r.: „A.B."

Provenienz/Ort: Kunsthandel, Van Ham, Köln, 202. Aukt., 5.–7. 4. 2001

Kurzbeschreibung: Links Fischer am Ufer, Segelboot, offene See mit Booten, links im Hintergrund großer Berg, Vollmond.

Kommentar: Das Bild – im Kunsthandel als „Helle Mondnacht am See. Fischer am Strand an einem Lagerfeuer" beschrieben – ist in einer anderen Pinseltechnik ausgeführt, als sie von dem Traditionalisten Becker aus Darmstadt jemals angewendet wurde. Auch das Monogramm ist ein anderes.

Quellen/Literatur: Aukt.-Kat. Van Ham, 202. Aukt., 5.–7. 4. 2001, S. 189, Nr. 1310 (mit Abb.)

XXVII. Die Alpenspitze nahe Partenkirchen, im Vordergrund Almhütte

Befund: 1880; 43,5 x 58,0 cm; Öl auf Leinwand; verso betitelt und datiert; Leinwand doubliert, geringfügig restauriert

Provenienz/Ort: Kunsthandel, Arno Winterberg, Heidelberg, Auktion 18, 1978; erneut 15.4.1989

Kurzbeschreibung: Bergiges Terrain im Vordergrund, rechts einige Bäume, im Mittelgrund Tal, dahinter hohe Gebirgskette.

Kommentar: Im gleichen Auktionshaus tauchte 1978 und 1989 ein Bild mit Titel „Die Alpenspitze nahe Partenkirchen, im Vordergrund Almhütte" auf. (1880, 43,0 x 58,0 cm, Öl auf Leinwand) Die Unterschiede in den Maßen sind geringfügig, so dass sie auf einer nachlässigen Messung beruhen können. Daher ist eher anzunehmen, dass es sich beide Mal um das gleiche Gemälde handelt. Das Motiv taucht bei Becker sonst nicht auf, auch ist nicht gesichert, dass Becker tatsächlich in Partenkirchen war. Die Urheberschaft des Darmstädter August Beckers muss daher angezweifelt werden. Auch das Format spricht eher dagegen. Derartige Bildgrößen sind von dem August Becker aus Gernrode überliefert. Da die Angaben auf Beschriftungen der Leinwandrückseite beruhen, müssen umso mehr Zweifel an der Authentizität zum Ausdruck gebracht werden.

Quellen/Literatur: Aukt.-Kat. Arno Winterberg, Nr. 18, 1978, Nr. 918; Aukt.-Kat. Arno Winterberg, 15.4.1989

XXVIII. Sennerin mit Schafhüter

Befund: 1885; 34,5 x 26,5 cm; Öl auf Leinwand; u.l.: „A. Becker.1885"

Provenienz/Ort: Privatbesitz

Kurzbeschreibung: Waldböschung mit hüfthoher Steinmauer zwei Figuren und einem Schaf als Staffage. Im Mittelgrund mit Bäumen bewachsene Anhöhe.

Kommentar: Das Motiv „Sennerin" und die Landschaftskulisse stimmen mit dem Oeuvre des Darmstädter Beckers überein. Der Malstil ist jedoch impressionistisch, und die Farben sind nicht besonders differenziert. Vor allem der fast türkis farbige Himmel lässt einen Ausschluss zu. Auch die Signatur ist eine andere. Da sie hier deutlich zu erkennen ist, kann dieses Bild als besonders illustratives Beispiel für einen anderen A. Becker dienlich sein.

XXIX. Blick auf die Eiger-Nordwand

Befund: 1886; 173,5 x 147,5 cm (ohne Rahmen); Öl auf Leinwand; u.l.: „86 A. Be […]"

Provenienz/Ort: Kunsthandel, Neumeister, München, Kunstauktionen, 30. Juni 2004

Kurzbeschreibung: Im Vordergrund ein Wanderer auf der kleinen Brücke über der Schlucht. Ansteigendes Terrain. Im Hintergrund Gletscher.

Kommentar: Das Bild hat einen „Grauschleier" und keine ergreifende Wirkung wie vergleichbare Großformate von August Becker. Drei Gründe sprechen gegen die Urheberschaft des Darmstädter Künstlers: (1.) Die Signatur ist eine ganz andere. (2.) Der Vordergund ist in einem sehr lebhaften Pinselduktus gemalt, wie er von August Becker bei keinem bekannten Bild angewendet wurde. (3.) Die Staffagefigur auf der Brücke gleicht eher einem „Strichmännchen", wie es selbst Becker, der kein guter Figurenmaler war, besser bewerkstelligt hätte. Im Übrigen deckt sich das Motiv mit keinem der bekannten historischen Fotos oder Gemälde zur Eiger-Thematik.

Quellen/Literatur: Aukt.-Kat. Neumeister, München, Kunstauktionen, 30. Juni 2004, Kat.-Nr. 500 (m. Abb.); FAZ, 31. Juli 2004, S. 44

XXX. Fjordlandschaft

Befund: undatiert; 46,0 x 65,0 cm; Öl auf Leinwand

Provenienz/Ort: Privatbesitz

Kurzbeschreibung: Links Uferzone mit Hütte und Segelboot, rechts und im Mittelgrund ein Gewässer, im Hintergrund Gebirge mit kantigen Ausformungen.

Kommentar: Das Ölbild, von welchem dem Verfasser im Zuge eines Werkaufrufes in der Weltkunst (3/2003) ein Foto zugeschickt wurde, wirkt noch relativ „neu". Denkbar wäre, dass es erst im 20. Jahrhundert entstanden ist. Die Farben und Formen der einzelnen Gegenstände erscheinen sehr stilisiert. Der Maler hat sich an den im 19. Jahrhundert beliebten Fjordmotiven orientiert. Auch eine bewusste Kopie ist möglich. Der ausschlaggebende Faktor einer Ablehnung ist die Architektur des Hauses im linken Mittelgrund. Der Unterbau besteht aus weißem Verputz. Die Holzhütten auf den norwegischen Landschaftsbildern von August Becker resp. seinen Kollegen, wie z.B. Georg Saal oder August W. Leu, erscheinen auf den bekannten Gemälden in der für die damalige Zeit angemessenen Holzbauweise. Der Gesamteindruck ist eine Mischung aus romantischen Elementen und modernem Zierrat, zu denen auch die Nutzung des Feldes am linken Mittelgrund und als romantisierendes Element der ostentativ in den Vordergrund hineinkomponierte Baumstumpf gehören.

Vergleichsabbildungen

1) **August Becker (Portrait),** Carl Thiel, Öl auf Leinwand, 1858, Künstler-Verein Malkasten, Düsseldorf

2) **Mitteleuropa 1866-1914. Norddeutscher Bund und Bismarckreich**
Karte in: F. W. Putzger: Historischer Weltatlas, 96. Auflage, Berlin 1974, S. 97

3) **Balkanländer 1815-1915**
Karte in: F. W. Putzger: Historischer
Weltatlas, 96. Auflage, Berlin 1974, S. 105 r.

4) **Wasserfall in Norwegen**
August Wilhelm Leu, Öl auf Leinwand,
1849, Oslo, Nasjonalgaleri, Abb. aus:
Klose/Martius, Neumünster 1975, S. 246,
Abb. Nr. 203

5) **Nordische Landschaft mit Elchen**
Georg Saal, Öl auf Leinwand, 1852,
Kunsthandel

6) **Im Hardanger Fjord**
Josef Thoma, Öl auf Leinwand,
um 1870, Kunsthandel

7) **Die Auguste Victoria im Nærøyfjord**
Karl Paul Themistokles von Eckenbrecher, Öl auf
Leinwand, 1900, Schwerin, Gemäldesammlung Staatliches
Museum, Abb. aus: Ausst.-Kat. aus der tradition zur moderne.
Malerei von 1870 bis 1935, Hg. Kornelia von
Berswordt-Wallrabe, Hamburg 2000, S. 23

8) **Das Dee-Tal oberhalb von Braemar**
Hermann Sahl/Victoria, Königin von
England, Zeichnung (Bleistift/Papier,
Beilage in einem Brief an August Becker
vom 19. Juni 1868), Nachlass (siehe Kat.-Nr. 271)

9) **Kartenspiel der Firma Wüst
(mit Ansichten aus der Schweiz)**
Rückseite, anonym, kolorierter
Schablonendruck, 1870er Jahre,
Privatbesitz (siehe Kat.-Nr. 335, 336)

10) **Felkner Tal (mit Granatfelsenwand) in der Hohen Tatra,** Postkarte, 2003, Archiv des Verfassers (siehe Kat.-Nr. 385)

11) **Rumänisches Bauernvolk**
Emil Volkers, Öl auf Leinwand, 1879,
Bukarest, Muzeul Național de Artă

12) **Rossbühlpanorama**
Leopold, Erbprinz von Hohenzoller,
Zeichnung (Bleistift/Papier), 1881,
Nachlass (von August Becker) (siehe Kat.-Nr. 393)

13) **Terrasse in Sinaia**
Theodor Aman, Öl auf Leinwand, 1888, Bukarest,
Muzeul Național de Artă

14) **Forsthaus in Sinaia**
Fotografie, um 1890, Fotografie
vermutlich von Franz Mandy,
Fürstlich Wiedisches Archiv,
Neuwied, Inv. Nr. 9, Album XVIII/
Castel Pelesch (siehe Kat.-Nr. 442)

15) **Hora tanzende Bauern in Rumänien**
Holzstich, vermutlich nach einer Fotografie
von August Becker, in: August Becker, Bilder
von der Balkanhalbinsel, in: Die Gartenlaube.
Illustriertes Familienblatt, 1885, 705 f.,
Abb. S. 700 f., 701

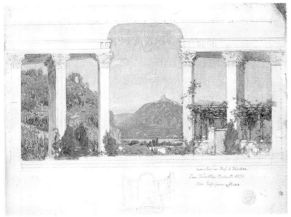

16) **Bühnenbildentwurf „Vom Fels zum Meer"
zur Redoute „Sage und Geschichte des Rheines"**
Eugène Gustav Dücker, 1872, Abb. aus:
Ausst.-Kat. Feste zur Ehre und zum Vergnügen,
hg. von Ingrid Bodsch, Bonn 1998, Kat.-Nr. 80,
Abb. 26 (siehe Kat.-Nr. 352, 354)

17) **Das Zigeunerlager beim Gartenfest des Künstlervereins „Malkasten" am 10. Juli 1873**
Lithografie, in: Leipziger Illustrierte Zeitung, Nr. 1572, 16. August 1873, S. 114

18) **Die Weinburg**
Fotografie, um 1918, in: Schützinger, Heinrich: König Carol am Bodensee, in: Schriften des Vereins für Geschichte des Bodensees und seiner Umgebung, 47, 1918, S. 16–53, mit 4 Abb., ohne Abb. Nr. [Abb. 1]

19) **Berliner Schloss (Empfangszimmer, auch Fahnenzimmer genannt, Innenansicht)**
Fotografie, um 1890, in: Eduard Mertens: Ein Kaiserheim, Berlin 1890, S. 5

20) **Berliner Schloss (Vortragszimmer, Innenansicht)**
Fotografie, um 1890, in: Eduard Mertens: Ein Kaiserheim, Berlin 1890, S. 6

21) **Neues Palais, Darmstadt (Grüner Salon, Innenansicht)**
Fotografie, um 1885, Darmstadt, Hessisches Hauptstaatsarchiv,
Inv. Nr. D 27, A 9/1 (siehe Kat.-Nr. 405)

22) **Osborne House, Isle of Wight (Innenansicht, Arbeitszimmer von Königin Victoria)**
Stahlstich nach einer Fotografie von Jabez Hughes (1875),
1880, The Illustrated London News, Abb. aus: Florance,
Arnold: Queen Victoria at Osborne, London 1987, p. 43 (siehe Kat.-Nr. 232)

23) **Königlicher Palast, Bukarest (Innenansicht)**
Fotografie, um 1890, Fotografie vermutlich von Franz
Mandy, Fürstlich Wiedisches Archiv, Neuwied, Inv. Nr.
8329, Album 24/Pelesch (siehe Kat.-Nr. 352)

24) **Königlicher Palast, Bukarest (Innenansicht)**
Fotografie, um 1890, Fotografie vermutlich von
Franz Mandy, Fürstlich Wiedisches Archiv, Neuwied,
Inv. Nr. 8330, Album 24/Pelesch (siehe Kat.-Nr. 374)

25) **Schloss Peleş, Sinaia (Innenansicht,
Königliches Appartement, Großer Saal)**

Fotografie, um 1972, in: Muzeul Peleș,
Sinaia 1972, o.S., Abb. „Apartamentul
Imperial, Pentru Oaspeți De Onoare. Salonul Mare" (siehe Kat.-Nr. 365)

26) **Ausstellung in Berlin**
Fotografie, Hesekiel, Photographische Aufnahmen der
akademischen Kunstausstellung 1887, Berlin 1887, Berlin,
Universität der Künste, Universitätsarchiv, Inv. Nr. PA 0031, Nr. 6a. 3

27) **Ausstellung in Berlin**
Fotografie, F. Albert Schwartz, Photographische Aufnahmen
der Jubiläums-Kunstausstellung zu Berlin 1886, sowie der
akademischen Ausstellungen 1887 und 1888, Berlin o.J., Berlin,
Universität der Künste, Universitätsarchiv, Inv. Nr. PA 0030-2, 36

28) **Ausstellung in Berlin**
Fotografie, F. Albert Schwartz, Photographische
Aufnahmen der Jubiläums-Kunstausstellung zu Berlin
1886, sowie der akademischen Ausstellungen 1887
und 1888, Berlin o.J., Berlin, Universität der Künste,
Universitätsarchiv, Inv. Nr. PA 0030-3, 68

29) **Schloss Peleş, Ehrenhalle
(Innenansicht),** Ansichtskarte, 2003, Archiv des Verfassers

30) **Der verwachsene Peleş-Bach in Sinaia**
Fotografie (April 2003),
Archiv des Verfassers (siehe Kat.-Nr. 406)

31) **Ausstellung „Ton und Licht", 13.-25. September 2003 (Fachhochschule Coburg, Alte Darre, Innenansicht)**
Fachhochschule Coburg, Fotografie, September 2003

Dritter Teil

Quellenanhang (in chronologischer Reihenfolge)

Die erstmals veröffentlichten Dokumente stammen aus verschiedenen Archiven. Sie sind in originaler Rechtschreibung transkribiert. Es wurden solche Autographen berücksichtigt, deren Inhalt aufschlussreich für Leben und Werk von August Becker ist. Darüber hinaus gibt es in einzelnen Archiven weitere Autographen, die aber keine wesentlich neuen Erkenntnisse hervorbringen, so dass auf den Abdruck verzichtet wurde. Im monographischen Teil und im Werkverzeichnis sind entsprechende Verweise auf die vorliegenden Autographen vermerkt.

1.

August Becker, Auszug aus dem Geburts- und Taufschein, Zentralarchiv der evangelischen Kirche in Hessen und Nassau, 1821, 153

„Getaufte im Jahr Achtzehnhundert, und Ein und Zwanzig. 1821 Eodem ist dem Grossherzoglichen Rechnungsjustifikator, Herrn Ernst Friederich Becker, et eodem [?] Frau Johanna Christiane gebohrene Weber, von Roedelheim, das erste Kind dieser Ehe, der erste Sohn: Friedrich August Heinrich getauft worden. Gevattern waren: Herr Friedrich August Lehr, Geheimrath in Wiesbaden, und Frau Friedericke Henriette, des verstorbenen Geheimenraths, Herrn Carl Lange in Wiesbaden, hinterlassene Wittwe, deren Stelle des Kindes Vater vertrat. Gebohren, den 27ten/ siebenundzwanzigsten Januar/ Morgens nach zehn Uhr."

2.

August Becker, Brief an Johann David Passavant, 5. Dezember 1849, Stadt- und Universitätsbibliothek Frankfurt am Main, Inv. Nr. Ms. Ff. J.D. Passavant A IIe, Nr. 37

„us FL [...] J.D. Passavant A IIe, Nr. 37
37./57
Darmstadt. D. 5ten December 1849.

Hochverehrtester Herr!
In der Beilage zu N<u>ro</u> 329 der allg: Zeitung steht in einem Artikel überschrieben: „Die Münchener in Amerika" unter andern von einer Bilder=Preis=Aussetzung der Pensylvanischen Academie der schönen Künste in Philadelphia, die in den vereinigten Staaten für Amerika und Europa ausgeschrieben wurde. Am Schlusse des Artikels ist versprochen, den Wortlaut der Aufforderung bekannt zu machen.
Vergebens suchte ich bis jetzt in den Zeitungen nach einer solchen Bekanntmachung, und doch wünschte ich etwas Spezielleres darüber zu erfahren, indem es mich besonders interessirt. Ich erlaube mir daher bei Ihnen, verehrtester Herr Inspector, die Frage, ob vielleicht bei der Academie in Frankfurt etwas Näheres über diese Ausstellung bekannt geworden ist, in welchem Falle ich Sie um gütige Mittheilung des Betreffenden ersuchen würde.
Seien Sie versichert, daß zu jedem Gegendienste sehr gerne bereit ist
Euer Hochwohl..
ganz gehorsamster
August Becker"

3.

August Becker, Brief an Elisabeth, Prinzessin von Hessen, Düsseldorf, den 25. August 1856, Darmstadt, Hessisches Staatsarchiv, Inv. Nr. Abt. D 23 (Großherzogliches Familienarchiv) Nr. 37/9

"Allerdurchlauchtigste Prinzessin!
Allergnädigste Prinzessin und Frau!

Im Vertrauen auf die von Euer Königlichen Hoheit mir bisher erwiesene Huld und Gnade beginne ich dieses Schreiben.
Mein großes Bild „Abend in den Alpen des Berner Oberlandes" das ich für die Pariser Ausstellung gemalt hatte, und das seither auf einigen kleineren deutschen Ausstellungen war, ist nach Berlin zur dießjährigen Ausstellung abgegangen, die vom 1 September bis zum 31 tober Statt findet.
Es ist das erstemal, daß ich Etwas nach Berlin schicke, und obgleich das Bild durch Größe und Gegenstand imponirt, und überall wo es ausgestellt war, eine für mich sehr schmeichelhafte Aufnahme fand, so fürchte ich doch, daß die Ausstellung in Berlin für mich nicht den Erfolg haben wird, den ich wünsche, weil, wie Euer Königlichen Hoheit bekannt ist, die Masse der ausgestellten Bilder gar zu groß ist, und das Interesse sich den Arbeiten der in Berlin ansäßigen und gekannten Künstler zuerst zuwendet.
Ich wage daher die allerunterthänigste Bitte:
Euer Königliche Hoheit möchte die Gnade haben, mein Bild in Berlin Allerhöchsten Ortes zu erwähnen. Möge der Himmel seinen Beistand geben, daß nach der schweren Prüfung die mir auferlegt war, das Glück wieder lächle!
In tiefster Ehrfurcht verharre
Euer Königlichen Hoheit
Allerunterthänigster
August Becker Landschaftsmaler in Düsseldorf.

Düsseldorf d. 25 August 1856"

4.

August Becker, Brief an Archivrat Adolf Bube, Geschäftsführer des Kunstvereins in Gotha, Düsseldorf, d. 19. August 1863, Gotha, Thüringisches Staatsarchiv, Staatsmin. Abt. Gotha Dep I Loc. 10c Nr. 3, Bl. 102, 102 verso

"Düsseldorf d.19 Aug. 63.
An
Herrn Archivrath Ad: Bube
Geschäftsführer des Kunstvereins in Gotha
Auf Ihr soeben mir zugekommenes Schreiben vom gestrigen Tage erlaube ich mir ergebenst zu erwiedern, dass ich es stets für eine Ehre angesehen habe, Bilder von mir in Gallerien und Oeffentlichen Sammlungen zu wissen, dass ich deshalb auch aus diesem Grunde sehr gerne eine Preisermäßigung statt finden lassen will. Ich nehme das Gebot von 400 Thlr für das Bild: Feigumfoss (auf deutsch, Wasserfall des Feigum) in Norwegen an, und sehe einem baldigen definitiven Abschluß entgegen. – Sollten Sie noch etwas zu wissen wünschen, so bin ich stets zu rascher Antwort bereit, auch können Sie sich der größeren Nähe wegen an meinen Bruder Dr: Ernst Becker, der eben als Privatsekretär der Königin von England auf Schloß Rosenau bei Coburg weilt, adressiren. Um die Absendung des Briefes nicht zu verzögern, da in einer Stunde der Courirzug geht schließe ich unter der Versicherung
vorzüglichster Hochachtung
Ihr ergebenster
August Becker"

5.

Archivrat Adolf Bube, Brief an die Direktion der Herzoglichen Sammlungen des Schlosses Friedenstein, 22. August 1863, Gotha, Thüringisches Staatsarchiv, Staatsmin. Abt. Gotha Dep I Loc. 10c Nr. 3, Bl. 100, 100 verso, 101

"Der
Kunstverein zu Gotha

Geschäftsführer	*Cassierer*
Archivrath Bube.	*Buchhändler Thienemann.*

An die Hochverehrliche Direction der Friedensteinischen Sammlungen.

Als Se Hoheit, der Herzog, die hiesige Kunstausstellung kurz nach deren Eröffnung besuchte, bezeichnete Höchstderselbe das Gemälde von Gurlitt: „Die Akropolis" als geeignet zur Aufnahme in die Herzogliche Gemäldegallerie. Se Hohein gab dabei an, wie vielleicht das kleinere Bild desselben Gegenstandes von Gurlitt, welches vor einigen Jahren von der Direction gekauft worden, ihm zurückgegeben und dadurch seine Forderung für das größere Bild um die Hälfte oder noch mehr ermäßigt werden könne. Diese Bezeichnung Sr Hoheit war jedoch, wie Höchstderselbe ausdrücklich bemerkte, keine fest bestimmende, sondern nur eine vorläufige. Sie gestattete also dem Vorstand des Kunstvereins, wenn im Verlaufe der Ausstellung ein anderes noch vorzüglicheres Gemälde eintreffen würde, dasselbe zur Aufnahme in die Gemäldegallerie in Vorschlag zu bringen. Ein solches Gemälde ist nun das Bild von August Becker in Düsseldorf, welches den Feigumfoß, d.i. den Wasserfall des Feigum in Norwegen, darstellt. Dasselbe hat überall, wo es bisher ausgestellt war, sich den größten Beifall sowohl des Publikums, als der Kritik gewonnen. Ein Urtheil der letzteren ist unter anderen in Nr.16 der deutschen Kunstzeitung von Dr. Max Schasler [?] für das Jahr 1862 enthalten. Dasselbe lautet: „Wenn ich unter den deutschen Landschaften mit den Düsseldorfern beginne und zwar mit ihrer Darstellung der nordischen Gebirgsnatur, so ist unbedenklich August Beckers Norwegische Hochebene mit Wasserfall voranzustellen, die mit wunderbarer Naturwahrheit die Bildung der Felsen, wie die Bewegung des Wassers, das Licht am fernen Horizonte, wie das Dunkel der schweren Wolken wiedergiebt." Die Trefflichkeit des Bildes hat nun auch hier sich allgemeinen Beifall gewonnen und veranlasst, dass es von den Mitgliedern unseres Vorstandes einstimmig für die Herzogliche Gemäldegallerie gewählt und der Unterzeichnete beauftragt worden ist, die hochverehrliche Direction der Friedensteinischen Sammlungen um Ihre Beistimmung zu dieser Wahl und um gewogene Einholung der Höchsten Genehmigung zur Aufnahme des Bildes in die Gemäldegallerie zu ersuchen.
Indem ich mich dieses Auftrags entledige, gebe ich zugleich Ausdruck der vorzüglichen Hochachtung, mit welcher ich gehorsamst verharre Adolf Bube."

6.

Dr. Marquardt, Direktor der Herzoglichen Sammlungen des Schlosses Friedenstein, Brief an das Herzogliche Staatsministerium, 28. August 1863, Gotha, Thüringisches Staatsarchiv, Staatsmin. Abt. Gotha Dep I Loc. 10c Nr. 3, Bl. 98, 98 verso

„Einem hohen Herzoglichen Staatsministerium
überreiche ich ganz gehorsamst in der Anlage 1 ein Schreiben des Vorstandes des hiesigen Kunstvereins, aus welchem ein hohes Staatsministerium ersehen wird, dass, nachdem im Beginne der Kunstausstellung Se. Hoheit der Herzog bei höchstseinem Besuche derselben ein Bild von Gurlitt als geeignet zum diesjährigen Ankauf bezeichnet hatte, der Kunstverein durch das spätere Eintreffen eines allerdings werthvollen und ansprechenden Bildes von Becker sich veranlasst gesehen hat, die Aufmerksamkeit Sr. Hoheit auf dies Bild zu lenken, welches der Kunstverein selbst als vorzugsweise empfehlenswerth betrachtet.
Der Maler Becker hat sich nach dem Schreiben Anlage 2 bereit erklärt, das Bild für 4oo Th. Zu verkaufen, zugleich auch um eine Entscheidung gebeten.
Der Kunstverein hat mich in Folge dessen ersucht, einem hohen Staatsministerium diese Sache vorzutragen mit der gehorsamsten Bitte, dieselbe Sr. Hoheit dem Herzoge zu unterbreiten und höchstdessen Entschließung mir zur weiteren Beförderung geneigtest zugehen zu lassen.
Gotha   Dr. Marquardt
28 Aug. 1863.   Director der Herzogl.
*   Sammlungen des Schlosses Friedenstein"*

7.

Rudolf Hofmann, Museums-Inspektor, Pro Memoria an die Großherzogliche Museumsdirektion, 8. Dezember 1866, betreffend den Ankauf eines Bildes von August Becker für die Großherzogliche Gemäldegalerie, Darmstadt, Hessisches Landesmuseum, Graphische Sammlung, Archiv: Conv. –VIII-, Fasc. 4/Fol. 9 GK 467

„M[…]196
[…] 8/12 66
                                                                                                               Darmstadt den 8 December 1866
Betreffend den Ankauf eines Bildes von August Becker für die Großherzogliche Gemälde-Gallerie
                                                                An
                                                Großherzogliche Museums-Direction
                                                        Gehorsamster Bericht
                                                Des Großherzoglichen Inspectors
                                                        Des Kupferstich-Cabinets
                                                                Zu Nr.MD
                                                        Auf die Verfügung vom

Durch Großherzogliche Museums-Direction seit dem 31ten August dieses Jahres beauftragt, die Stelle eines Gallerie-Inspectors während der Erledigung derselben zu verwalten, erlaubt sich der gehorsamst Unterzeichnete die Aufmerksamkeit seiner vorgesetzten Behörde hierdurch auf zwei Bilder von <u>August Becker</u> hinzulenken, welche seit mehreren Wochen bereits in der Gemälde=Gallerie öffentlich ausgestellt sind. –

Das erste ist eine Schweizer Landschaft von mehr als gewöhnlichen Dimensionen „<u>ein Abend im Berner Oberland</u>". Es ist dem Künstler hier gelungen, die Größe jener Gebirgsnatur zur Anschauung zu bringen, und in der Auffassung sowohl, wie in der Beherrschung der Mittel der Darstellung sehen wir ihn zu jener Reife gelangt, die bei einer glücklichen Begabung und durch treues Naturstudium erreicht wird.

Als einen ganz besonderen Vorzug dieses Bildes möchte ich die leicht perspektivische Wirkung hervorheben. Wenn man in einzelnen Parthien die junge Frische vermisst, die sich auch durch gewissenhaftigste Studien und sorgfältiges Abwägen aller Mittel nicht ersetzen läßt, so mag dieser Umstand sich daraus erklären, daß das Bild, welches ich schon im Jahre 1858 auf der allgemeinen Deutschen Kunstausstellung in München gesehen zu haben mich erinnere, seitdem von dem Künstler in nicht unwesentlichen Theilen umgearbeitet und verändert worden ist. Es wird aber nothwendig bei einer solchen Ueberarbeitung mehr die Tactik [?] des seitdem vorgeschrittenen Malers den Pinsel führen, als der erste und lebendigste Impuls.

Den hier nicht ganz erreichten vollen, frischen und schlagenden Eindruck macht dagegen die zweite Landschaft „<u>aus dem Norwegischen Hochgebirge</u>" in hohem Grade. So ferne und fremd uns jene Stein= und Eiswelt sein mag, in so überzeugender Wahrheit ist sie hier geschildert, und durch das Spiel des Lichtes und der Dunste [?] webt über den einsamen Ufern des Gletschersees zugleich ein poetischer Hauch. Die Farbe ist leuchtend und kräftig, das Machwerk bei aller Freiheit sorgfältig und ohne falsche Manier. Ich wüsste nicht von August Becker ein gelungeneres Bild gesehen zu haben, und glaube, daß es hinter anderen Werken unserer Maler in unserer Gallerie nicht zurücksteht.

Der Wunsch eines der beiden Bilder unserer Gallerie einverleibt zu sehen, ist mehrfach laut geworden, der Maler selbst hat ihn nicht undeutlich zu erkennen gegeben. Es wird damit zugleich jene Sorge berichtet, ob bei neuen Erwerbungen oder Bestellungen für die Gemäldegallerie den Leistungen vaterländischer Künstler eine besondere Berücksichtigung zu Theil werden dürfe? So beschränkt leider die Mittel der Anstalt für ihre Vergrößerung sind und so wünschenswerth es sein mag, die überall auch in den älteren Schulen vorhandenen Lücken mehr und mehr auszufüllen, so wenig vermag ich doch jene Frage zu verneinen. Ich bin vielmehr der Meinung, daß es allerdings mit in der Aufgabe unserer Anstalt liege, hervorragenden Leistungen einheimischer Künstler eine dauernde ehrenvolle Aufstellung zu sehen [?]. Die Durchführung eines solchen Grundsatzes wird immerhin einige Schwierigkeiten haben – noch schwieriger wird es sein, wollte man im Voraus die Bedingungen und Grenzen feststellen, unter welchen er zur Geltung kommen dürfe. Ich beschränke mich deshalb auch hier nur auf den besonderen vorliegenden Fall, wenn ich es befürworte, daß ein durchaus tüchtiges Bild eines einheimischen Künstlers, der in Düsseldorf seit einer Reihe von Jahren unter die besseren Meister seines Faches gezählt wird, zu einem angemessenen Preise für die Gallerie erworben werden möge.

Ich erinnere zugleich daran, daß von lebenden vaterländischen Malern nur C. Engel, G. Hofmann und D. Lange in unserer Sammlung vertreten sind. Denn die Anfangsbildchen von Schön und Kaup, die als Kunstvereinsgewinne dahin gelangt sind, möchte ich nicht mitzählen.

Indem ich nun der Norwegischen Landschaft von August Becker die Eigenschaften zuerkennen muß, die sie der Aufnahme in eine öffentliche Sammlung würdig machen können, indem ich ihr auch den Vorzug vor dem anderen Bilde desselben Malers geben möchte, und da ich den angegebenen Preis von 700 fl. dem Werthe des Bildes angemessen finde, so erlaube ich mir, wenn ich dadurch die Grenzen meiner provisorischen Stellung nicht überschreite, bei Großherzoglicher Museums=Direction den gehorsamsten Antrag zu stellen.

„es möge die gegenwärtig ausgestellte Norwegische Landschaft von August Becker zu dem angegebenen Preise von 700 fl für Großherzogliche Gemälde=Gallerie erworben werden."

Hofmann"

8.

vermutlich Rudolf Hofmann, Bericht der Großherzoglichen Museumsdirektion an das Großherzogliche Ministerium des Innern, 27. Dezember 1866, Darmstadt, Hessisches Landesmuseum, Graphische Sammlung, Archiv: Conv. – VIII- Fas. 4/Fol. 9, GK 467

„Abgesendet. C.alleg.
In Nr.MD 203 und 205.   Darmstadt am 27 Decbr 1866
Betreffend den Ankauf von Bildern für die Ghz Gemälde=Gallerie.

An
Großherzogliches Ministerium des Inneren
Unterthänigster Bericht
Der Großherzoglichen Museums-Direction
Zu Nr. M…..
Auf die Verfügung vom

Der verstorbene Hr. Professor Seeger hatte in dem vorliegenden Berichte vom 20 Jan l.J. (N.M.D.101) den Ankauf einer großen Landschaft von C. Schleich in München, die Gegend des Chiemseees darstellend, beantragt. Wir hatten damals den Hr. Geh. Rath Arnold um Begutachtung dieses Antrages ersucht und legen dessen Antwort vom 26 Jan d. J.(N.MD.37) ebenfalls unterthänig vor.

Das Bild hat sehr große Dimensionen und war von Schleich für die Kölner Kunst-Ausstellung gemalt werden. Es vereinigt in sich hohe Reize der Farb […]. heit und der Stimmung und ist mit großem Bravour gemalt. Dagegen ist die Ausführung etwas flüchtig und die von dem genialen Künstler beabsichtigte Wirkung tritt für den Beschauer erst dann hervor, wenn er sich in größerer Entfernung von dem Bilde befindet. Da es uns nicht unbekannt blieb, daß gerade in letzterer Hinsicht sich tadelnde Stimmen erhoben hatten, so verabredeten wir den Prof. Seeger weitere Gutachten solcher hiesiger Künstler einzuziehen, die als tüchtige Coloristen zur richtigen Beurtheilung dieses Werkes berufen erschienen, nämlich den Maler Hartmann und Paul Weber. Wir legen auch diese Gutachten hierbei unterthänig vor, nebst einem früheren, den Gegenstand ebenfalls theilweise betreffenden Briefe des Malers Morgenstern in München an Seeger.
Wie Gr. Ministerium des Inneren aus diesen sämmtlichen Actenstücken zu entnehmen geneigen wollen, stimmen alle Gutachten im Lob des Kunstwerkes überein ohne die ……, welche sich an die Art der Ausführung knüpfen können, abzuleugnen oder mit gänzlichem Schweigen zu übergehen. Seeger, der sich sehr lebhaft für den Ankauf interessirte hatte selbst in dieser Hinsicht einige Wünsche, die er auch dem ihm befreundeten Künstler brieflich mittheilte. Er veranlasste ihn dadurch, das Bild zurückzunehmen und den gemachten Andeutungen gemäß Einiges daran zu ändern, ohne daß übrigens das Gemälde nach diesen Aenderungen eine wesentliche höhere Stufe der Ausführung gewonnen hat. Als es von Herrn Schleich hierauf wieder hierher geschickt worden war, hatte mittlerweile der Krieg begonnen und wir mussten damals den Prof. Seeger darauf aufmerksam machen, daß bei dieser Wendung der Dinge von einem Ankauf nicht wohl die Rede sein könne. Die besondere Zuneigung zu dem Bilde, die Hoffnung auf eoiner Besserung der Verhältnisse, sowie auch die zeitweise Unterbrechung des Verkehrs bestimmten ihn jedoch dazu, das Bild einstweilen hier zu behalten, sodaß es zur Zeit von Seegers Tod noch nicht zurückgeschickt war.
Wir waren deshalb in dem Falle, im September d.K. an Schleich das schriftliche Ersuchen um Zurücknahme des Bildes zu richten, indem wie bei der Anerkennung der unbestreitbaren Vorzüge seines Werkes ihm bemerklich machten, dort gegenwärtig die Mittel zu dem Ankaufe nicht vorhanden seien. Schleich antwortete hierauf, daß er über diese Mittheilung überrascht sei, da ihm Seeger im März Hoffnung darauf gemacht habe, daß der Ankauf würde verwirklicht werden können, und daß er sich hierdurch zu den erwähnten …………… …. Veranlasst gesehen habe. Er proponirte deshalb, den Kaufpreis von 1500 f. in Raten von 3-5 Jahren bezahlen zu lassen. Wir wissen nun nicht, was Seeger seiner Zeit an Schleich geschrieben hat; von einer bestimmten Zusage konnte aber nach den gegebenen Verhältnissen weder von seiner Seite, noch von unsrer Seite die Rede sein und der Unterzeichnete ist sich auch bemüßigt in den wiederholten […].rechnungen [?] mit Seeger nur den Werth des Bildes in denjenigen Beziehungen, wo er unverkennbar ist, anerkennt, dagegen die Ermächtigung zu einer solchen verbindlichen Erklärunge nicht ertheilt zu haben. Um aber bei dieser Auflage [?] dem höchst ehrbaren Künstler -ler gerecht zu werden, hielten wir uns verpflichtet, ein Gutachten des interimischen [?] Verwalters der Stelle des Gallerie=Inspectors, des H. Inspectors Hofmann über den wiederholt beantragten Ankauf einzuziehen, welches wir unter N.MD.203 unterthänig vorlegen.
Dieses Gutachten verbreitet sich bei Anerkennung der Vorzüge des Bildes ausführlich über dessen Mängel und kommt mit Rücksicht auf diese zu dem Schlusse, von dem Ankauf abzurathen.
Als weiteren Grund für diesen Antrag ist angeführt, daß im nächsten Jahre der Verkauf der Gräfl von Schönborn'schen Gallerie in Pommersfelden bevorstehe und es sich empfehlen möchte, Mittel für Bereicherung der Gr.Gallerie durch Ankäufe bei dieser Gelegenheit bereit zu halten. Dieses letztere Gemälde ist allerdings beachtenwerth, namentlich da die Bewilligung höherer Mittel für das Museum, wie sie in dem Haupt….. vorgeschlagen sind, noch sehr in Frage steht und wir in der nächsten Zeit fortlaufend größere Ausgaben für die Einrichtung des Naturalienkabinetts haben werden.
Wir haben bereits wegen dieses Berichtes angedeutet, daß der Unterthänig Unterzeichnete persönlich ebenso die hohen Schönheiten des in Frage stehenden Bildes zuerkennt, wie ihm die Mängel der flüchtigen Ausführung keineswegs entgeht. Die verschiedenen Gutachten weichen nur insofern von einander ab, als die einzelnen Beurtheiler mehr oder weniger die Vorzüge über die Mängel erheben, und ein allgemein gültiger Standpunkt der Beurtheilung läßt sich hierin nicht auffinden, da die Schätzung und Gegenschätzung Sache des individuellen Gefühls und des Grades von Empfänglichkeit für den Reiz der Farben per se und Stimmung ist. Daß das Bild, wie der Inspector Hofmann sagt im Wesentlichen nur eine große Farbenskizze ist, müssen auch wir bestätigen, allein gerade die Farbenskizzen sind oft die vorzüglichsten Kunstwerke weil sie die Producte der unmittelbarsten Conception des Künstlers sind, und der Vorwurf bezieht sich nur darauf, daß Schleich eine so bedeutende Dimension gewählt hat. Das etwas strenge Urtheil Hofmanns über die neuere Richtung der Münchner Schule müssen wir aber nicht unbedingt unterschreiben, wir zweifeln auch nicht daran, daß er … bei näherer Discussion dasselbe etwas modificiren und als richtigen Standpunkt [?] für die Verwaltung einer Kunstanstalt den anerkennen würde, das Gute und Schöne in jeder Kunstrichtung zu schützen, wo es sich bietet und sich vor Einseitigkeit zu bewahren. Immerhin aber können wir in Hinblick auf die angegebenen Gründe den Ankauf des Bildes nicht für räthlich halten, da wir der Meinung sind, daß Ankäufe nur dann stattfinden sollten, wenn entweder die Urtheile Aller sich dafür aussprechen, oder den etwaigen ungünstigen Urtheile überwiegende Gründe entgegengestellt werden können, welches Letztere hier bei denn doch nicht der Fall ist. Wir würden deshalb gar nicht in die Lage gekommen sein, Gr. Min. des Inneren mit der Sache zu behelligen, wenn wir nicht einestheils uns für verpflichtet hielten, bei den vorliegenden so […] günstigen Gutachten, bei den angegebenen Umständen und bei der anerkannten Bedeutung des Künstlers die endliche Entscheidung nicht ohne höhere Billigung zu treffen und wenn anderntheils gegenwärtig nicht ein anderer Ankauf beantragt wäre, der mit dem des Schleich'schen Bildes in Concurrenz tritt und auf welchen wir sogleich zurückkommen werden. Nur möchten wir vermeiden, uns einem Manne wie Schleich gegenüber in eine Discussion über die Vorzüge und Mängel seines Bildes einzulassen oder seine Empfindlichkeit sonst zu reizen und wir bitten daher gnädig gestatten zu wollen, ihm eröffnen zu dürfen, daß das wesentliche Motiv der Ablehnung in der Beschränktheit der Mittel liege. Es entspricht dies den thatsächlichen Verhältnissen, denn wie bereits erwähnt legen wir hohen Werth darauf, die Gelegenheit des Verkaufs der Pommersfelder Gallerie nicht unbenützt vorübergehen zu lassen.
Der eben angeführte andere Ankauf betrifft ein Bild des hiesigen, in Düsseldorf lebenden Malers August Becker. Derselbe hat in der Gr. Gallerie zwei seiner Landschaften ausgestellt, eine größere Ansicht aus dem Berner Oberland mit der Jungfrau in Abendbeleuchtung und eine kleine Landschaft aus dem Norwegischen Hochgebirge. Der H. Inspector Hofmann hat in dem vorliegenden Berichte (N.MD.196) den Ankauf des letzteren Bildes zu dem Preise von 700 f. beantragt und den Gr. Geb. Rath Arnold den wir auch hier auf der bestehenden Einrichtung um sein Gutachten ersucht haben, spricht sich in N.MD. 205 über beide Bilder günstig aus, wobei er

durchblicken läßte, daß ihm der Gegenstand des größeren Bildes eigentlich mehr entspreche, als der des kleineren. Indessen sind wir mit dem Inspector Hofmann darin einverstanden, daß die norwegische Landschaft als Kunstwerk vollendeter, als das größere Bild ist, welches letzteres in einzelnen Parthien von Mängeln nicht frei gesprochen werden kann. Der Umstand, daß die Schweizer Gegenden der Publicum bekannter und deshalb anziehender, als die Norwegischen sind, kann hier nicht entscheiden; wir haben auf den inneren Kunstwerth zu sehen und stimmen deshalb für das kleinere Bild, welches sich durch seinen hohen Ernst der Stimmung und ebenso in der Farbe auszeichnet. Es ist erfreulich wenn ein Künstler, der die erste Blüthezeit seiner Thätigkeit hinter sich hat, keine Rückschritte macht, sondern rüstig vorangeht und diese Wahrnehmung ist an Beckers neuesten Werke zu machen, bei denen einzelne Mängel seiner früheren Productionen insbesondere das oft etwas zu materielle Colorit glücklich überwunden sind und sich ein gereifter Sinn für feine Farbenstimmung ausspricht. Die Anerkennung, welche in dem Ankauf eines Bildes für die Gr. Gallerie liegt, verdient Becker in vollem Maße; er wird sie aber in dem Ankauf des kleineren Bildes genügend finden, zu welchem unsere Mittel hinreichen, während der Ankauf des größeren Bildes, abgesehen von der bereits erwähnten künstlerischen Bedenken, bei einem Preise von 1400 f. in finanzieller Hinsicht dem gleichen ~~Bedenken~~ *Anstande wie dem des Schleich'schen Bildes begegnen würde. Becker ist dabei vaterländischer Künstler und wenn auch die Sorge einer vorzugsweisen Berücksichtigung einheimischer Künstler näherer Ansicht nach für Vermeidung unberechtigter Ansprüche niemals principiell wird bezahlt werden können, so ist es immerhin angenehmer einen Einheimischen zu bedenken, sobald er wie hier unbestreitbar Tüchtiges geleistet hat.*
Wir beantragen hiernach unterthänig den Ankauf der Landschaft aus dem Norwegischen Hochgebirge von August Becker zu dem Preiß von 700 f. gnädig genehmigen zu wollen./

P.S. Damit wir dem Vorwurf entgehen, für Bilderankäufe einen verhältnismäßig zu geringen Theil des Unterhaltungsfonds verwendet zu haben, erlauben wir uns nachträglich unterthänig zu bemerken, daß auf dem 1866 ʳ Credit die Kosten des höchsten Orts genehmigten Ankaufs der Issel'schen Bilder mit 555/444, ferner aber die Kosten des Ankaufs eines dem Freiherrn von Wetzel gehörig gewesenen altdeutschen Ecce homo von höchster Schönheit mit 500 f. angewiesen worden sind. Die Verausgabung dieses letzteren Betrages lag innerhalb der Uns gnädig zugestandene Competenz und die Acquisition ist eine sehr werthvolle, da der Christuskopf im Ausdruck und der Motion ganz vortrefflich ist, wenn schon die Arme und Hände verzeichnet sind. Das Bild geht als ein Werk von Dürer und war auch als solches durch ein Monogramm bezeichnet, welches sich aber bei der Restauration als gefälscht erwies und wogegen überdies auch unsere Gründe sprechen. Der Meister ist vor der Hand noch unbekannt, es benimmt dies dem Bilde aber nichts von seinem Kunstwerth."

9.

Reinhard Freiherr von Dalwigk zu Lichtenfels, großherzoglicher Staatsminister bzw. Ministerpräsident im Großherzogtum Hessen-Darmstadt, Brief an die Großherzogliche Museumsdirektion, 15. Januar 1867, Darmstadt, Hessisches Landesmuseum, Graphische Sammlung, Archiv: Conv. –VIII-, Fasc. 4/Fol. 9 GK 467

„*d.15 Jan.1867.*

I. Zahlungsanweisung von 700 f. pro 1867.
II. Zur Controle. Factum Contr. Nº 7/67
Abges. 17/1 67

Das Großherzogliche
Ministerium des Inneren
An
Großherzogliche Museums=Direction

In Erwiederung ihres Berichts vom 27ᵗ Dec. Zu Nr. 203 und 205 genehmigen wir den Ankauf des Gemäldes „aus dem Norwegischen Hochgebirge" von August Becker in Düsseldorf für die Großh Gemälde0Gallerie zu dem Preis von 700 f und ermächtigen Sie, dem Maler Schleich in München die in Ihrem Bericht beantragte Er…ung zugehen zu lassen.
Die Anlagen Ihres Berichts folgen zurück.

Dalwigk"

10.

Geheimrat Arnold, Brief, betreffend den Ankauf eines Bildes von August Becker für die Großherzogliche Gemäldegalerie, 24. Januar o.J. [1867], Darmstadt, Hessisches Landesmuseum, Graphische Sammlung, Archiv: Conv. –VIII-, Fasc. 4/Fol. 9 GK 467

„*Darmstadt 24 Januar .*

Betreffend:
Den Ankauf eines Bildes von August Becker für die Großherzogliche Gemäldgallerie
Der Ghzl Geheimrath Arnold
An Großherzogliche […….].
In ergebenster Erwiederung Ihrer geehrten Zuschrift vom 19 d. Okts erlaube ich mir über die in Rubra [?] bezeichneten Gemälde im Nachstehenden meine unvergreifliche Ansicht auszusprechen.

Beide in Frage stehende Bilder ragen unverkennbar das Gepräge einer hervorragenden Meisterschaft. Künstlerische Auffassung des Gegenstandes eingehendes, Gründliches Studium der Natur und eine vorzügliche Farb[…]. [………]. Dem sich von nächster Nähe bis zur weitesten Ferne der zur Anschauung gebrachten Landschaften, und besonders die Felsen in einer Klarheit erscheinen, welche den Beschauer in angenehme Illusion versetzen, die Natur selbst vor Augen zu haben. Daß sich nach dieser meiner Ansicht beide Bilder zum Ankauf für hiesige Galerie eignen, bedarf wohl nach dem Vorausgesagten keiner weiteren Begründung, und bleibt nur soweit eine Berücksichtigung des Umstandes, daß die paraten Geldmittel wohl kaum zu mehr als dem Ankauf eines dieser Gemälde ausreichen dürften, […]. […] übrig […] derselben den Vorzug einzuräumen …. eine in mancherlei Beziehungen schwierige Aufgabe. Die Norwegische Landschaft ist ihrem Gegenstande nach für uns insofern von besonderem Interesse, als uns dieselbe in Regionen versetzt, welche uns, wenigstens in der Mehrzahl fremd sind und den Reiz der Neuheit bieten, geht uns hierbei auch der Maßstab der eigenen Vergleichung ab, so leistet doch die Autorschaft des resp. Künstlers genugsam Bürgschaft. Verschiedene Kunstkenner und Kunstfreunde sprachen sich im obigen Sinne aus, neigten indessen in der Mehrzahl danach zur Acquisition der Schweizer Landschaft.
Meine persönliche Ansicht geht schließlich dahin, daß ich beiden Landschaften einen gleichen künstlerischen Werth beilege, die Acquisition eines der Bilder, oder selbst beider, nur nach als eine Geldfrage betreffend.
[…] […]. Ihres geehrten Schreibens ist […].geschlossen.
Arnold."

11.

Johann Wilhelm Lindlar, Gedicht anlässlich der Verlobung von August Becker mit Pauline Domer am 1. November 1868, Darmstadt, Hessisches Staatsarchiv, Inv. Nr. Abt. O 10 (Heidenreich/v. Wedekind) Nr. 16/128)

„1868 [auf kleiner Vignette]
Düsseldorf am Tage Allerheiligen

Wohl pflegt, wenn Frühlingslüfte wehen
Der Bote durch das Land zu gehen
Verlöbnisnachricht mancher Art
Auch Liebes=Brieflein süß und zart
Der biederen Menschheit zuzutragen,
Du liebst es, um es kurz zu sagen
Stets abzuweichen vom Gebrauch
Und bringest Dein Verlöbnis auch
Gar spät, bei später Winterzeit
Bei Regenschauer Sturmesbrausen
Wo still man bleiben muß zu Hausen.
Mich hat Dein Brieflein baß erfreut,
Obgleich hier manches holde Kind,
Das in Concerten oder Bällen
Dich nächstens hat gewinnen wöllen,
Die Nachricht nicht erfreulich findt.
Die Freunde alle die Bekannten
Ja Sing und Sang und Kunst Verein
Im Malerkasten groß und klein
Wie staunten sie. Sie rannten
Die Neuigkeit straks auszubreiten
Von Ort zu Ort nach allen Seiten.
„Der Becker hieß es, wisst ihr schon"
„Derselbe, den in Albion"
„Wir schwer in Liebesbanden sahn"
„Dem hat man nun es angethan."
„Im Hessenland ein Mägdelein"
„Die fing den losen Schäker ein."
Ich glaub hier wird in vielen Fällen
Bei Hagestolzen Junggesellen
Die sonst voll Scheu die Damen fliehn
Dein gutes Beispiel mächtig ziehn
Der dicke Schmitz, der Wilhelm Klein
Der Schulten selbst, der Salentein [?]
Der Mietrap[?] auch, der Makeldei [?]
Sie kommen alle an die Reih. –

Der Northen, Schlesing und der Kels
So wie der Schwer, der Schönefels
Sie werden nächstens mit Juchhe
In Eile stürzen in die Eh. –
Der Schönfeld hats beim Zeichnen bogen
Sichs auf der Reise zugezogen
Die Holde sein ist sehr verliebt
Zu Köllen wohnend, wittgetiebt [?].
Der gute Schwer wird wie bekannt
Mit der von Eynern oft genannt.
So hat die Zunft der Malerei
Der Bräutigammen jetzund drei.
Doch gnug des Scherzes, ernst gemeint
Empfehlt sich jetzt Dein alter Freund
Wünscht Dir und Ihr das schönste Loos
Der Ehe Glück, der Ehe Segen
Gesundheit Frohsinn allerwegen
Und mir die alte Freundschaft blos
Wie sie Dir bietet immerdar
Dein treu ergebner J.W. Lindlar"

12.

August Becker, Brief an Bruder Ferdinand, 15. Juli 1869, Nachlass

„Düsseldorf, d. 15 July 1869

Lieber Ferdinand!
Nimm es mir nicht übel, dass ich Dir heute erst zur Geburt Deines Söhnchens [Carlo, 1869 – Todesjahr unbekannt, Oberbaurat, Anm. d. Vf.] gratuliere, aber die letzten Tage waren bei mir sehr unruhig, übermorgen will ich nach Antwerpen abreisen [Ziel: Isle of Wight, Anm. d. Vf.], und ich weiß kaum wie ich vorher fertig werden will. – Wiwi's Briefchen [Willy 1862 – 1943, Oberbaurat, verheiratet 1895 mit Sofie Ritsert 1868 – 1934, Anm. d. Vf.] hat mir viel Spaß gemacht, sage ihm, dass wenn er mir wieder schreiben würde, sollte er auch die Antwort von mir erhalten. Es ist übrigens famos, dass Du Deinen Erstgebornen [Willy, Anm. d. Vf.] zum Privatsekretär heranziehst. – Grüße Luischen, und lasst Euch nicht zu sehr durch den Kindertrubel unterkriegen.
Mit dem Wunsche für das Wohlergehen der ganzen Familie
bin ich D.tr. Bruder August."

13.

Lady Caroline E. Gordon, Brief an August Becker, 13. August 1869, Darmstadt, Hessisches Staatsarchiv, Inv. Nr. Abt. O 10 (Heidenreich/v. Wedekind) Nr. 16/128

„Den 13. Aug. 1869.

Lieber Herr Becker
Überrascht war ich eben [...] einen Brief von Ihnen zu empfangen denn ich hörte zufällig Sie sollten nach Osborne kommen – große Freude aber hat es mir gemacht zu denken Sie hätten mich nicht ganz vergessen, und wollten mir ihre kommende Heirath selbst zutheilen – Ich fürchte nur meine Antwort möge Sie nicht mehr in Osborne finden, denn Ihr Brief hat eine kleine Reise gemacht und kam nur diesen Nachmittag an. – Bitte nun, warum sollte Ihre Heirath mich überraschen? Es thuen ja alle klugen Leute. Erst genießen sie ein recht glückliches Jugendleben, und wenn sie ein klein bißchen blasirt sind erneuern sie so ihr Leben. Mit dem jung sein nimmt es nie ein Ende – (versteht sich, daß ich aus eigenes Erfahren spreche, ich bin jünger als wenn ich mich verheirathete.) Von Herzen wünsche ich Ihnen Glück – das Beste das ich Ihnen wünschen kann ist daß Sie nie „einen alten Mann" werden – wenigstens im Herzen nicht – mit den Jahren hat das glücklicherweise nichts zu thun. – Das muß doch ein wahrer Engel sein! Nur ein Engel ist „einfach, vortrefflich, treu ergeben, unblasirt & & - " Hübsch muß sie bei allem dem auch sein – Seit vierzehn Tage bin ich wieder in mein geliebtes Schottland – mitten unter den wunderschönen „Lochs" an der Westküste. Von Aberdeenshire ist es ganz verschieden, viel grüner und lieblicher, aber reizend schön. Mit dem Malen geht's mir hier nicht gut – ich könnte Papier und Pinsel von ganzem Herzen ins Meer werfen, denn an diesen zarten bläulich grünen Farben bin ich gar nicht gewöhnt. Die „ganz furchtbare Kraft" passt nicht zu diesem Ort – wenn ich die Farben mit Äether Ather – (wie schreibt man das dumme Wort) mischen könnte anstatt Wasser ginge es besser. Nächste Woche hoffe ich nach Fort William auf einigen Tagen zu gehen um Beurtevis [?] und Glenrse [?] zu sehen. Das soll stupend sein. Dann sind meine Ferien aus und ich und mein Töchterlein kehren heimwärts. Verzeihen Sie mir daß ich Ihnen auf Deutsch schreibe. Solche Gelegenheit kommt mir selten vor und benutzen muß ich sie. Grüßen Sie alle die freundliche an mich denken, bitte, und seien Sie nur nicht zu glücklich, nächsten Monat. Es schadet der Gesundheit!

Stets Ihre aufrichtige Caroline E. Gordon
Wie geht's mit den drei „F's."

14.

August Becker, Ansprache zum Dürer-Fest im Künstlerverein „Malkasten" am 20. Mai 1871, Archiv des Künstlervereins Malkasten, Düsseldorf, Schriftgut/Veranstaltungen am 20.5.1871, ohne Inv. Nr.

„*1871*
von mir gesprochen im Malkasten bei der 400jährigen Albrecht Dürer Feier.- d.20 Mai 1871

Albrecht Dürer! Wer könnte diesen Namen nennen, ohne von einem Gefühl der Verehrung durchdrungen zu sein! Faßt ja doch dieser Name Alles in sich, was das Ziel jedes Künstler-Strebens sein soll. Tiefer sittlicher Ernst, fromme naive Empfindung, die doch den großartigen Gedankenflug nicht beinträchtigt, unermüdliches Streben nach den Wahrheiten der Wissenschaft, strenges Anlehnen an die Natur, richtige Selbsterkenntnis, und treues Festhalten am deutschen Wesen! Wessen Name wäre würdiger als Symbol deutscher Kunst auf die Fahne geschrieben zu werden, als der Seine, der 4 Jahrhunderte hindurch als helles [sic!] Meteor uns voranleuchtete?
Albrecht Dürer! Sein Name wurde auf der Künstlerversammlung in Wien 1868 genannt, und mit Enthusiasmus nahmen die daselbst aus allen deutschen Gauen versammelten Künstler die Idee auf, den 400 jährigen Geburtstag des Altmeisters in seiner Vaterstadt Nürnberg in großartig nationaler Weise zu feiern. Es blieb bei dem Beschluß – warum er nicht zur Ausführung kam – meine Herrn – Sie wissen es, der fränkische Nachbar störte uns auf.
Heute sind wir in bescheidener Zahl, zu einer kleinen Feier versammelt – aber, meine Herrn, nicht minder wichtig, nicht minder national ist diese kleine Feier, die ja wie hier, so in allen Städten, wo Künstler=Corporationen sind, in gleicher Weise begangen wird.
Unsere Feier ist nur scheinbar eine kleine, sie ist in Wirklichkeit größer, nationaler, als wir damals in Wien gehofft hatten. – Der fränkische Störefried liegt mit zerschmetterten Gliedern am Boden, und herrlicher denn je erblühet jetzt das Deutschthum, der richtige Boden für eine Kunst, welcher Albrecht Dürer Symbol ist. – Ja, meine Herrn! ich scheue mich nicht es offen auszusprechen, der Modeteufel wollte sich bei uns einnisten. Das demoralisierende Streben nach Äußerlichkeit, der Gifthauch französischen Sinnenkitzels begannen uns anzukränkeln, - aber – Gott sei Dank! Die Deutsche Kunst ist ein viel zu kräftiger gesunder Bursche, um dahin zu siegen [=dahinzusiechen]. – Wenn man Vorältern hat, wie der das oben (A. Dürer) da sind gesunde Säfte da, und ich denke, wir wollen sie gesund erhalten. – Laßt uns die würdigen Deutschen Vorbilder hoch halten, lasset uns erstarken beim Emporblicken zu dem gewaltigen Künstlergeist Dürers, und ausrufen: Hoch lebe, für alle Zeit, die deutsche Kunst! –"

15.

August Becker, Brief an Leopold, Erbprinz von Hohenzollern-Sigmaringen, 13. Juli 1872, Darmstadt, Hessisches Landesmuseum, Graphische Sammlung, Orden und Auszeichnungen, ohne Inv. Nr. [bei HZ K 44]

„*Wasen i. d. Schweiz d 13 July 1872*

Eure Hoheit

Beauftragten mich in Düsseldorf, aus der Schweiz ein Lebenszeichen zu senden. Ich benutze dazu den ersten Tag, an welchem ein Gewitterregen die Berge verschleiert, denn sowohl meine bisherigen Erlebnisse als auch die Veranlassung zu dieser Reise sind so freudiger Natur, daß ich dabei stets mit Gefühlen der Dankbarkeit meines großen Gönners gedenken muß.-
In Neuwied resp. auf Monrepos angekommen war I.D. die Frau Fürstin v. Wied so gnädig, mir Gastfreundschaft anzubieten, ich nahm dieselbe an, da ich mich gleich am ersten Tage überzeugt hatte, daß die Abendbeleuchtung für meine Studie die einzig geeignete sei, und es um 8 ½ her Abends als denn zu spät war, noch nach Neuwied runter zu gehen.- Aber auch außerdem hatte ich auf Monrepos einen in jeder Hinsicht so genußreichen, interessanten und wohltuenden Aufenthalt, daß die 4 Tage mir zu rasch dahin schwanden.-
Ich hatte meinen Zweck vollständig erreicht und benutzte auf der Rückreise meinen 4 tägigen Aufenthalt in Michelbach dazu, das Bild zu arrangieren und anzutünchen [?], so lange noch der Eindruck frisch vor meiner Seele stand. Am 6. July reiste ich nach der Schweiz ab, über Cassel, Zürich und Weesen.- Hier begannen nun die Strapazen und Entbehrungen, denn es ist für einen Landschafter im Gebirge gewiß eine Entbehrung keine Strapazen zu haben, und es ist gewiß eine Strapaze sich durch die table d'hôte mit gemästeten Jüdinnen und Intelligenz-Aposteln aus Berlin durchzuarbeiten.- aber das Wetter war bisher günstig, sodaß ich das Material zum Bild beisammen habe und bis Montag nach Seewis abzureisen gedenke; von dort nach Werdenberg und zuletzt nach Appenzell.-
Sämtliche Orte sind mir unbekannt- eine Bestimmung über die Zeitdauer meines Aufenthalts ist deshalb schwer voraus zu sagen, da auch das Wetter immer in Rechnung zu bringen ist, annähernd dürften aber 6 Tage für jeden Platz genügen. Für den Fall daß E.H. eine Nachricht mir wollten zu gehen lassen, würde ich poste restante für jeden Platz empfehlen.
Mit der Bitte den anwesenden hohen Mitgliedern des Fürstlichen Hauses meinen Respekt zu melden verbleibt
In dankbarer Gesinnung
    Eure Hoheit
        Unterthänigster

Aug. Becker"

16.

Carmen Sylva, Brief an Carl Anton, Fürst von Hohenzollern, 27. August 1873, Bukarest, Rumänisches Nationalarchiv, Casă Regalá, Elisabeta, V/109-140, 1869-1879, V 119, 35-36

„*Wien, d. 25. Aug. 73*
Pesth, d.27.Aug.73

29 August
Krauchenw.

Theuerster Vater! Die beiden Mütter haben schon Briefe von mir, & Du hast noch keinen. Viel Verständiges wird aber heute nicht zu Stande kommen, da mein Kopf schwirrt von dem unausgesetzten Wagengerassel der letzten Nacht. Es ist ganz furchtbar nervenangreifend, wenn man müde von der Reise schlafen möchte. Nun kommen wir alle Drei aus dem Bad, einigermaßen erquickt, aber die Hitze in Wien & hier ist fast unerträglich. Gestern trennten wir uns von Fritz; es wurde mir schwer, dem letzten Familienglied Lebewohl zu sagen, & ich bin noch nicht recht im Stande, die Freude des Kindes zu theilen, das große Freudensprünge macht, wenn es hört, daß wir Morgen in Sinaia sind. Man sagt, es werde an der Grenze ein großer Empfang sein. In Kronstadt halten wir uns 2 Stunden auf, um uns zu waschen.
Itty ist nicht so ganz wohl; es hat seit vorgestern etwas schnelles Kathrinchen, was aber bei der Hitze sehr natürlich ist. Es ist trotzdem höchst munter & keinen Augenblick ruhig. Die Tage in Wien habe ich sehr genossen, ich habe mich recht satt gesehen an herrlichen Bildern, unter denen Piloti's Thusnelda & ein Stück Wald ohne Blätter, also im Februar oder März, mich ganz besonders angesprochen haben. Den letzten Abend war ich noch bei Renz & und amüsirte mich königlich. Gestern Morgen habe ich noch Einiges gekauft, auch einige Kleinigkeiten für die Mütter & Antoinette, & eine Mappe, die Antoinette & ich dem Maler Becker schenken wollen.
Für Carl kaufte ich zu Weihnachten eine schöne cuivre garniture de cheminée. Carl behauptet, er habe enorm gekauft & hat allerhand Geheim….. verhandelt.
Ja es war eine wunder=wunderschöne Ferienzeit & ich habe ein wenig das Gefühl wie die Kinder, die die Schule wieder beginnen müssen. Wäre nur Rumänien nicht so weit fort! – Ich umarme Dich zärtlichst!
Deine dankbare Tochter
Elisabeth"

17.

Marie, Fürstin zu Wied, Brief an Maria [Auszug], Gräfin von Flandern, 3. November 1874, Bukarest, Rumänisches Nationalarchiv, Casă Regalá, Elisabeta, VIII/268, au 1874, 34, VIII 286, 1- 4

„*Segenhaus d.3. Novembre 1874.*
p.Sigmaringen 5 nov. 1874.

Meine geliebte Marie!
Du kannst Dir gar nicht denken, welche Freude & welche Wohlthat Du mir mit Deinem lieben, ausführlichen Brief bereitet hast. [...] Was soll ich Dir noch von mir sagen? Elisabeth wird Dir von mir erzählt haben – ganz so geht es noch fort mit mir: ich beharre bis jetzt bei der erlangten Besserung – nur der Fuß schmerz nach wie vor. Mein stilles Leben ist sehr gemüthlich, wird unterbrochen durch viele Besuche, die meist recht angenehm sind. Sonntag überraschte mich der treue Becker (Antoinette & Becker) & ich verdankte ihnen einen sehr angenehmen halben Tag. Er kam glaube ich nur, um von Euch zu hören. Wir lebten in Erinnerungen. Ueber die Verlobung der lieben kleinen Strachwitz freute ich mich <u>sehr</u> - bitte sage ihr dies nebst den <u>allerherzlichsten</u> Glückwünschen. [...] Lebewohl, meine geliebte Marie! Gott segne Deine Hoffnungen & erfülle Deine Wünsche. Empfiehl mich Deiner Mama herzlichst
Gott befohlen
In treuer Liebe
Deine Marie"

18.

August Becker, Brief an Alexander, Prinz von Hessen, 6. Juni 1880, Darmstadt, Hessisches Landesmuseum, Graphische Sammlung Orden und Auszeichnungen, ohne Inv. Nr. [bei HZ K 44]

„*Depeschen abgeschickt am 6 Juni 1880*
Gelegentlich des Todes der Kaiserin Maria v. Russland.

Prinz Alexander von Hessen in Jugenheim bei Darmstadt.
Bei dem Ableben Ihrer Majestät der Kaiserin von Russland gedenke ich mit inniger Theilnahme der ganzen Großherzoglichen Familie und besonders Eurer Großherzoglichen Hoheit. Jugenheim hat das Geschwisterpaar in den Tagen der Kindheit, in der Ehe, im Kinder- und Enkel-Kreise gesehen, und ~~war mir~~ ich das große Glück hatte, Zeuge des Zusammenlebens gewesen zu sein, begreift die große Lücke die der Tod gerissen.

Maler August Becker."

19.

August Becker, Brief an Bruder Ferdinand [Augusts jüngerer Bruder, zweiter Sohn aus der zweiten Ehe des Finanzbeamten Beckers], 23. Dezember 1880, Nachlass

"Düsseldorf d. 23 Dezbr 1880
Lieber Ferdinand!
Zu Deinem Geburtstage habe ich Dir nicht geschrieben; ich war um diese Zeit so in Anspruch genommen und zwar mit meist unangenehmen Dingen, dass ich es vergaß. Als mir später der Tag einfiel, war er schon zu lange vorüber, um es nachholen zu können, und so will ich jetzt wenigstens nicht die Weihnachten vorübergehen lassen, ohne ein Lebenszeichen zu schicken. Pauline ist eben beschäftigt den Baum zu putzen und die Puppe für Olga [Olga 1871 – 1896, Anm. d. Vf.] anzuziehen. Beide sind wohl, das ist die Hauptsache. Dann habe ich vor 8 Tagen auf der Ausstellung in Glasgow ein Bild für 1800 Mark verkauft, und dieser Betrag kam gerade zu rechter Zeit, um nicht abermals ein Jahr mit einem deficit schließen zu müssen, wie das bis dahin den sicheren Anschein hatte. Die Arbeiten für die Ausstellung sind zwar noch nicht beendigt, aber ich finde doch jetzt Zeit wieder zu malen, wenn auch die kurzen trüben Tage nicht sehr dazu helfen.
Hier ist Ueberschwemmung, der Rhein steht in vielen Straßen der Stadt, und dieser Umstand verbunden mit dem beständigen Regen ist dem Weihnachtsgeschäfte sehr hinderlich; da der verflossene Sommer durch die Ausstellung [Corneliusfeier und 50 Jahre Kunstverein „Malkasten", Anm. d. Vf.] den Geschäften so sehr viel Geld zugeführt hat, so können die Leute nach der Flut die Ebbe eher vertragen. Ich lege zwei Photographien bei, eine für Dich, die andere für Ernst's. Der Photograph hat dieselben zu seinem Gebrauch gemacht, und hatte die Gefälligkeit, mir für die Mühe, dass ich ihm gesessen, eine Anzahl Abdrucke zu verehren. Sie sind unretouchiert, weil ich nicht leiden kann, wenn ein alter Kopf faltenlos ist und aussieht wie ausgestopft.
Vor 14 Tagen hielt ich im Wissenschaftlichen Verein einen Vortrag über Ungarn. Der Vorstand dieses Vereins, der aus allen Berufsklassen die Intelligens zu seinen Mitgliedern zählt, und jeden Freitag Abend sich versammelt, hatte mich schon früher aufgefordert, einmal einen Vortrag zu halten, z.B. „Die Freuden und Leiden eines Ausstellungsvorstandes"; – für dieses Thema dankte ich natürlich, und wählte Ungarn. Der Vortrag wurde mit einem solchen Applaus aufgenommen, wie noch nie einer zuvor im Verein, und man beglückwünschte mich von allen Seiten. Es kam vielleicht daher, weil ich anstatt trocken wissenschaftlich, farbig charakteristisch sprach. –
Wenn nichts dazwischen kommt, so werden wir morgen heitere Weihnachten feiern, und ich hoffe, dass bei Euch sowie bei den andern Familiengliedern, die ich bestens zu grüßen bitte, dasselbe der Fall sein wird.
Dies der Wunsch
Deines treuen Bruders
August"

20.

August Becker, Brief an Geheimrath Dr. Walther in Darmstadt, 24. Mai 1881, Darmstadt, Hessisches Landesmuseum, Graphische Sammlung, Orden und Auszeichnungen, ohne Inv. Nr. [bei HZ K 44]

„An Herrn Geheimrath Dr. Walther in Darmstadt
Mein sehr verehrter Herr Geheim-Rath
Von einem werthen alten Freunde nach jahrelanger Trennung ein Lebenszeichen zu erhalten ist eine große Freude, wenn diese Lebenszeichen aber ein solches ist wie das mir heute morgen zukam so ist diese Freude eine Doppelte.
Ich kenne Ihre wohlwollenden Gesinnungen gegen mich aus früheren Jahren zu gut um nicht daran zu zweifeln daß Sie ~~mit Vergnügen~~ den Auftrag S.K.Hoheit des Großherzogs, mir das Ritterkreuz 1.Klasse des Philipps-Ordens zu übersenden mit Vergnügen ausgeführt haben und ich danke Ihnen aus vollem Herzen für Ihre beigefügten ehrenden und freundlichen Zeilen.
Beiliegend habe ich ein Dankschreiben an S.K.Hoheit den Großherzog eingeschlossen, das ich Sie an Allerhöchster Stelle zu überreichen freundschaftlichst bitte, ob offen wie es ist, oder geschlossen überlasse ich Ihnen zu bestimmen da ich die Form des Geschäftsweges nicht kenne.
Daß Sie durch mehrwöchentliche Erkrankung heimgesucht waren, bedaure ich unendlich und hoffe, daß der nahende Sommer dazu beitragen wird, Ihre Gesundheit vollständig zu kräftigen und Sie zu … Thätigkeit frisch zumachen.-
Hoffentlich führt mich im Laufe des Sommers mein Weg durch Darmstadt und werde ich alsdann nicht verfehlen, Sie aufzusuchen.
Mit dem herzlichsten Danke verbinde ich die Versicherung
größter Hochachtung

Düsseldorf   *als Ihr ergebenster*
d. 24 Mai 1881   *August Becker*
                Landschaftsmaler in Düsseldorf"

21.

August Becker, Brief an Ludwig IV., Großherzog von Hessen-Darmstadt, 24. Mai 1881, Darmstadt, Hessisches Landesmuseum, Graphische Sammlung, Orden und Auszeichnungen, ohne Inv. Nr. [bei HZ K 44]

„An den Großherzog von Hessen=Darmstadt
Allerdurchlauchtigster Großherzog
Allergnädigster Großherzog und Herr!
Im Allerhöchsten Auftrag Eurer Königlichen Hoheit wurde mir heute Morgen von Herrn Geheim=Rath Dr. Walther die Decoration des Ritterkreuzes 1. Klasse des Philippsordens nebst einem freundlichen Begleitschreiben zugeschickt. Dieser Beweis Allerhöchster Huld und Gnade hat mich mit freudigem Stolze erfüllt und ich beeile mich Euer Königlichen Hoheit für diese Auszeichnung meinen innigsten Dank allerunterthänigst auszusprechen. –
Die vorigjährige IV. Allgemeine Deutsche Künstlerausstellung war ein Deutsches Werk. Das Vertrauen meiner Collegen hatte mich an die Spitze gestellt und mir die Organisation sowie oberste Leitung der Kunst=Ausstellung übertragen. Wenn das Unternehmen so gelang, daß es auf den bestimmten Tag, zur festgesetzten Stunde fertig war, ohne den geringsten störenden Zwischenfall verlief und ohne irgend eine Klage zu Ende geführt wurde, so ist dies ein erfreuliches und glückliches Resultat.
Ich kann nicht in Abrede stellen, daß ich 8 Monate unausgesetzt meine volle Zeit und Energie diesem Unternehmen ohne irgend eine Gegenleistung geopfert habe, aber die Ausstellung würde nicht so prosperirt haben, wenn nicht die mir an die Seite gestellten zahlreichen Kräfte aus Künstlern und Laienkreisen zu allen Arbeiten mit großer Hingebung stets bereit gewesen wären.
Daß ich durch Veranlassung der Ausstellung die Hohe Ehre und große Freude hatte meinen allergnädigsten Landesherrn in Düsseldorf empfangen zu dürfen bildet einen Lichtpunkt in den Analen meines Lebens, sowie nicht minder das glückliche Zusammentreffen in Berlin, bei welcher Gelegenheit ich Euer Königlichen Hoheit eine größere Arbeit meiner künstlerischen Thätigkeit zeigen konnte. –
Euer Königliche Hoheit haben mich durch die Verleihung des Ordens hoch geehrt, es wird mein Bestreben sein, mich auch ferner dieser hohen Auszeichnung würdig zu erhalten.
Mit den Gesinnungen tiefgefühltester Dankbarkeit

                                                     verharrt in Ehrfurcht
                                                      Euer Königlichen Hoheit
                                                      allerunterthänigster
                                                      August Becker
                                                     Landschaftsmaler in Düsseldorf

Düsseldorf
d.24 Mai 1881"

22.

Friedrich von Werner, Geheimer Cabinetsrat, Bestätigungsschreiben für August Becker bezüglich einer Reise nach Rumänien, 1. Januar 1882/15. Juli 1882, Darmstadt, Hessisches Staatsarchiv, Inv. Nr. Abt. O 10 (Heidenreich/v. Wedekind) Nr. 16/128

„Düsseldorf, d. 1.Januar 1882
Cabinet
Seiner Königlichen Hoheit
des Fürsten
von Hohenzollern.

Le porteur de la présente, Monsʳ Auguste Becker, peintre des Dusseldorf se rend à Sinaia et Bukarest par ordre de Sa Majesté le Roi de Roumanie. – Sigmaringen le 15 Juillet 1882
F[…] von Werner

Inhaber dieses, Herr Maler August Becker aus Düsseldorf reist im Auftrage Sʳ Majestät des Königs von Rumänien nach Sinaia und Bukarest. - Sigmaringen 15 Juli 1882
F[…] von Werner

82.6/7.
S. LtC[…]".

23.

Carmen Sylva, Brief an Maria, Gräfin von Flandern, Sinaia, 6. Oktober 1882, Bukarest, Rumänisches Nationalarchiv, Casă Regală, Personale Elisabeta, Documente Personale V 180, 1882, 1 f.

„Sinaia, d.6.Oct.82
p.Weinburg 12 Octbr 1882

Meine innig geliebten Schwestern!
Ihr habt mir aufgetragen, ein Andenken zu besorgen, das uns Vier an einander erinnern könnte & immer zu tragen sei. Ich habe seitdem mich immer besonnen & Nichts wollte mir gefallen, bis ich in diesem Sommer ein neues porte bonheur sah, mascotte genannt & ausrief: Das ist unser Fall! Da Ihr mir carte blanche gegeben, so habe ich sofort bestellt & hoffe nun, es wird nach Eurem Geschmack sein. So hat Jede von Jeder ein Andenken, worauf es doch auch ankam. Die Rechnung habe ich ganz bezahlt; also könnt Ihr sie mir zurückbezahlen, wenn es Euch bequem ist, es hat keine Eile. Ich denke, Ihr schickt das Päckchen mitsammt meinem Briefe auch an Antoinette, da ich nicht sicher weiß, wann sie Sigmaringen verlässt.
d.9. Carl ist fort, zum manoeuvre, bei herrlichem Wetter, nach dem ersten Frost. Ich folge in 8 Tagen. Mein Lieblingsplan, diesen Sommer hinauszureisen, ist zu Wasser geworden. Ohne Carl wollte ich nicht reisen & Carl war nicht von hier loszueisen. Auch hatten wir einen Strom von Gästen, wie noch nie. In einem weit weniger besuchten Sommer haben in 3 Monaten 2,000 Personen bei uns gegessen; ich möchte diesmal fast das Doppelte sagen. Schade, dass wir keine Rechnung geführt, es wäre interessant gewesen. Zum déjeuner waren wir in den letzten Wochen selten unter 24, zum afternoontea wenigstens 14 bis 16 & zum Diner nie unter 12 Personen. Es war ein sehr interessanter, aber sehr anstrengender Sommer & ich bin jetzt so müde, daß ich immer Leute sprechen höre, wenn Alles still ist. Ich habe mich entêtirt dabei noch zu arbeiten, das war wohl etwas viel. Carl ist das sehr gut bekommen. Er hat seit vorigem Jahre um fünf Kilo zugenommen, er wiegt jetzt 60 Kilo, 120 Pfund, & bei einem Kraftmesser, daran er die Nadel voriges Jahr kaum bewegen konnte, ging sie dies Jahr fast doppelt so weit. Der hiesige Kaltwasserdoctor freute sich sehr darüber, nachdem er voriges Jahr ganz außer sich war über den hohen Grad von Schwäche. Wir machten damals nicht einmal einen Spaziergang mehr, während wir dies Jahr, auf Carl's eigenen Antrieb, Fußtouren von 8 Stunden gemacht haben. Becker bleibt noch zu den Manoeuvren, er ist eben hier Hahn im Korb, was ihm ganz gut zu gefallen scheint. Er wird von den jungen Mädchen viel geneckt. Er kann Euch erzählen, wenn er in die Weinburg kommt. Wir bleiben so lange als möglich hier, da in der Stadt Fieber & Angina herrscht. Letztere war schon hier & sogar im Hause; meine Kammerfrau wurde davon befallen. Ich habe aber ein merkwürdiges Mittel dagegen, Mercuryanat, das hat schon Viele gerettet. Ich schließe sonst bleibt mein Brief wieder liegen!
Eure Elisabeth"

24.

August Becker, Pro Memoria an Ludwig IV., Großherzog von Hessen-Darmstadt, 18. November 1883, Darmstadt, Hessisches Landesmuseum, Graphische Sammlung, Orden und Auszeichnungen, ohne Inv. Nr. [bei HZ K 44]

„Pro Memoria
Seit 32 Jahren lebe ich als Künstler in Düsseldorf. Es ist natürlich, daß man bei meinem langen Fernsein von der Heimath, in Darmstadt keine Kenntniß darüber haben kann, in welcher Weise ich während dieser Zeit meine Studien gemacht und nach welcher Richtung hin ich meine künstlerische Thätigkeit entfaltet habe. –
Ich bin Landschaftsmaler der naturalistischen Richtung und ist Gebirgsmalerei meine besondere Spezialität. Das Gebiet der Kunst ist zu groß, zu reich und zu vielseitig, und das Menschenleben zu kurz, um ein umfassendes Studium zu erlauben; es geht in der Kunst, wie in der Wissenschaft, daß bei allzu weit gezogenen Grenzen Dillettantismus eintritt; um fruchtbringend thätig zu sein, besonders bei der jetzigen erschwerenden Concurrenz muß man Spezialist werden, denn nur ein engumgrenztes Feld gibt die Möglichkeit, dasselbe beim Studium zu erschöpfen und Tüchtiges zu leisten. – Die Landschaftsmalerei ist größtentheils eine Kunstbranche der Neuzeit, besonders ist die naturalistische Richtung ein Kind der Gegenwart. Diese Richtung wurzelt nicht in der alten Kunst, die naturalistischen Landschafter können nicht an alten Bildern studiren, sondern treten in unmittelbaren Verkehr mit der Natur und greifen in das frische Leben der bestehenden Wirklichkeit. Aus diesem Grunde ist mir der Blick in die ältere Kunst verschlossen geblieben, ich habe mich nie mit Kunstgeschichte, mit alten Meistern, deren Leben und Wirken, deren Studium der Technik und Conservirung der Werke, mit biographischen Notizen, Forschungen, Namen, Zahlen, Katalogen, Sammlungen etc. beschäftigt, dies lag außerhalb meines Studiums, offen gesagt, hatte ich kein besonderes Interesse dafür. – Es ist mir dies Alles eine terra incognita. Wenn ich durch diese Aussprüche meine große Einseitigkeit documentire, so läßt sich Letztere damit entschuldigen, daß ich im Einklang mit den anfangs ausgesprochenen Anschauungen jede Zersplitterung von Zeit und Kraft, jede auch nur momentane Abirrung vom bestimmt vorgezeichneten Weg des Studiums vermeiden mußte, um bei meinem nicht allzureichen Talent etwas Ersprießliches leisten zu können.-
Während der größere Theil meiner Collegen, besonders Figurenmaler, die Gallerien alter Meister studirte, die Museen der verschiedenen Kunstorte gründlicher Besichtigung unterwarf, und reiches Material aus der Vergangenheit ansammelte, habe ich ganz im Gegensatze dazu in den Sommermonaten die Gebirge Scandinaviens, der Schweiz, Tyrols, Schottland & Karpathen mit dem Auge des Landschafters durchforscht, und in den Wintermonaten nach den gewonnenen Naturstudien Bilder gemalt, deren Zahl über 300 beträgt, – zur gründlichen Besichtigung von alten Gallerien fehlte mir Zeit und Gelegenheit, und ich blieb nach dieser Richtung hin Ignorant. Die

Erfahrung zeigt, daß in je höherem Maase als Künstler diese theoretische Kenntnisse sich aneigneten, in umso geringerem Maase sie eine fruchtbringende Thätigkeit an der Staffelei übten. –
Wenn bei dem in Rede stehenden Posten auch kein directes eigenhändiges Eingreifen, wie z.B. das Retouchiren von Bildern verlangt wird, so ist doch eine so genaue Kenntniß des der Ueberwachung anvertrauten Inventars nothwendig, um diese werthvollen Schätze vor unrichtiger Behandlung zu schützen, und diese Kenntniß fehlt mir, auch geht mir das Vorstudium ab, um mir diese Kenntniß noch nachträglich zu verschaffen. – Ich glaube durch das bis dahin Gesagte nachgewiesen zu haben, daß eine Besetzung des Gallerie=~~Direktors~~ Inspektor=Postens durch mich nicht im Interesse der Anstalt liegt, weil mir die dazu erforderlichen Vorbedingungen fehlen.
Ich erlaube mir jetzt einen Schritt weiter zu gehen und auch zu zeigen, daß die mir eigenen künstlerischen Eigenschaften und Fähigkeiten in dieser Stellung unbenutzt und brach liegen würden. Die Erfahrung lehrt, daß in der Wissenschaft und noch mehr in der Kunst das Isoliren nicht fördert. Alleinstehende Männer der Wissenschaft haben noch die Möglichkeit, durch Bücher sich einen Ersatz für das Fehlen persönlichen Meinungsaustausches zu verschaffen. In der Kunst ist dies viel schwerer. – Nicht ohne Grund streben die ausübenden Künstler den drei großen Kunstcentren, München, Berlin und Düsseldorf, zu. Selbst Plätze wie Königsberg, Dresden, Weimar, Karlsruhe, wo doch eine ziemliche Zahl von Künstlern leben, bieten keine Sicherheit gegen das Betreten falscher Wege; der zu kleine Kreis trägt nicht immer ein correctiv in sich, das mit Bestimmtheit Irrwegen entgegenarbeitet, und es hängt dann oft nur von der richtigen oder falschen Führung einflussreicher Talente ab, ob Vor= oder Rückschritte gemacht werden. Die gegenseitige Beeinflussung der Künstler ist eine Nothwendigkeit; kein Talent, selbst kein Genie ist so mächtig, daß es derselben entbehren könnte, denn da es in der Kunst nichts absolut Maasgebendes gibt, so bedarf der Einzelne, wenn er irrt, der Correctur der Collegen, die alle zusammen doch besser sehen als der Einzelne. Ich würde in Darmstadt nicht einen einzigen Fachcollegen haben, der mir einen Rath, eine sachliche Kritik ertheilen könnte. – Ich würde außerhalb des großen Geschäftsverkehrs der Ausstellungen und des kaufenden Publicums stehen, die sich alle in den großen Kunstcentren vereinigen. Fürs Malen bliebe mir nicht mehr zusammenhängende Zeit, sondern meine Privatthätigkeit müßte den einzelnen von Dienst und Nebenarbeiten frei bleibenden Zeitabschnitten angepaßt werden, wodurch mehrmonatige Studienreisen unterbleiben würden, und ebenso umfangreichere Arbeiten. –
Meine Uebersiedelung nach Darmstadt würde also indirect ein Anfangs theilweises, später vollständiges Aufgeben meiner Thätigkeit als „schaffender Künstler" bedingen, und dies würde meine Familienexistenz gefährden. –
Daß man Allerhöchsten Ortes in ehrender Weise meiner gedacht, und in huldvollster Art landesväterliches Wohlwollen mir entgegengebracht hat, erfüllt mich mit ewigem Dankgefühl. Ich weiß diese Gnade sehr zu schätzen und werde sie niemals vergessen. Es haben jedoch, wie dies ja durch die Entfernung leicht natürlich, irrthümliche Voraussetzungen über meine Fähigkeiten bestanden, die ich als ehrlicher Mann zu klären mich berufen fühle. – Bei mir stehen Wissen, Können, Neigung, Studium und Lebensberuf den Anforderungen die das in Rede stehende Amt verlangt, entgegen; meine Person an diesem Platze würde der Anstalt zum Nachtheil gereichen, und wenn in dem Publicum, in der Presse oder in den Kammern abfällige Critiken über die Verwaltung laut würden, so wäre ich ganz außer Stande, denselben mit derjenigen vernichtenden Gegenrede zu begegnen, die ich bisher in allen mir anvertraut gewesenen Angelegenheiten den Gegnern mit Erfolg habe angedeihen lassen. – Der Spruch: „Der Mensch hat Trieb zu dem, wozu er Kraft hat", gilt im vorliegenden Falle bei mir in negativer Form, und so komme ich zu dem Schlusse:
Es möchten die Allerhöchsten Herrschaften nach gründlicher Prüfung des Gesagten zu der Ueberzeugung gelangen, daß ich recht thue, wenn ich mich der mir zugedachten Ehre gegenüber ablehnend verhalte.

August Becker
Maler

Düsseldorf d.18 Novbr 1883."

25.

unbekannter Verfasser, Brief an August Becker, Darmstadt 13. April 1887, Darmstadt, Hessisches Landesmuseum, Graphische Sammlung, Archiv: -VIII- Fas. 4/Fol. 47

„Darmstadt 13 April 1887

Hoch geehrter Herr Professor.
Entschuldigen Sie, daß ich erst heute Ihren Brief beantworte. Zu meinem großen Bedauern kann ich den Ankauf des einen oder des anderen Ihrer schönen Bilder für die Gallerie nicht in Aussicht stellen. In den beiden deutschen Sälen sind alle Wände bereits so dicht mit Gemälden behängt, daß es für uns eine Unmöglichkeit wäre, ein weiteres Bild von so ansehnlicher Größe unterzubringen und außerdem werden wir in unseren Geldmitteln nach dem Ergebniß meiner 7 jetzt vorgenommenen Voranschlagungen für das laufende Jahr so beengt sein, daß es unthunlich erscheint, auf einen Gemäldeankauf eine so hohe Summe zu verwenden, selbst wenn von derselben, wie Sie mir angedeutet haben, einiger Nachlaß bewilligt werden könnte. Ich bitte Sie also, uns wegen Versendung der Bilder gefällige Weisung zu ertheilen und verbleibe mit der Ihnen bekannten aufrichtigsten Hochachtung und mit freundlichem Gruß
Ihr ergebenster
[Unterschrift]"

26.

Martin Stöhr, Brief an Louis Basset, Hofverwaltung, 31. Oktober 1887, Rumänisches Nationalarchiv, Casă Regală, Dosar Nr. 25/1887 440

„Mein Lieber Herr Basset!
S: Majestät der König lässt Sie bitten, das in beifolgender Kiste verpackte Öhlbild nach Düsseldorf an den Maler Hr. Becker übersenden zu wollen. Das Bild ist durch die Hitze gänzlich zerstöhrt und soll Restaurirt werden.

Ihr ganz ergebenster
[…]. Stöhr"

27.

August Becker, Brief an Louis Basset, Hofverwaltung, Düsseldorf, 15. November 1887, Bukarest, Rumänisches Nationalarchiv, Casă Regală, Dosar Nr. 25/1887 382 f.

„Adresse   *Düsseldorf, d 15 November 1887*
              Respons .. […].. 25 Nov 87 Sin […]
Verehrtester Herr Basset
Das bei mir durch Vermittlung der Fräulein v. Lindheim von Seiner Majestät mit Auftrag gegebene Bild aus der Umgegend von Sinaja, welches der Frau Fürstin Mutter in Sigmaringen als Weihnachtsgeschenk und zwar als Gegenstück zu dem „Forsthaus" gegeben werden soll, habe ich bereits anzufertigen begonnen, nachdem Frl. v. Lindheim mit Zuziehung des Fürsten Leopold und des Herrn v. Werner nach meinen Zeichnungen und Studien einen passenden Gegenstand ausgesucht hatten, von welchem sie glaubten, dass er der Frau Fürstin angenehme Erinnerungen wachrufen würde. Es ist Gebirge und Wald von Sinaja, im Vordergrund der Klosterhügel mit demjenigen theil des Klosters, in welchem die Frau Fürstin v. Hohenzollern bei ihrem ersten Besuche wohnte. – Das Schloß wird durch den aus den Tannen hervorragenden Thurm angedeutet. – Der Goldramen des „Forsthaus-Bildes" ist aus Umkirch nach hier geschickt worden, sodaß auch die beiden Ramen der Gegenstücke dieselben sind. –
Nun erlaube ich mir noch eine andere Sache der Erwägung zu unterbreiten: Ich hatte vor längerer Zeit 3 Bilder aus der Umgebung von Sinaia im Auftrage Seiner Majestät gemalt, es waren ein Langformat, <u>Karpathenkette</u> und als Gegenstücke 2 Hochformate darstellend den <u>ersten</u> und <u>zweiten</u> Pelleschfall. Ich weiß nicht genau, wo die Bilder hängen, möchte aber glauben, dass sie im Schloß in Bukarest sind. – ich habe nun <u>die eben angeführten 3 Bilder noch einmal in kleinerem Format gemalt</u>, und zwar die Karpathenkette: 77 Ctmtr breit und 52 Ctmtr hoch (Bildformat ohne Ramen) und die beiden Anderen jedes 52 Ctmtr breit, 72 Ctmtr hoch ebenfalls Bildmaas. – Es ist ja ganz klar, dass die Majestäten <u>für Sich</u> keinen Gebrauch von diesen Bildern machen können, aber der Gedanke liegt nahe, dass die Majestäten oft in den Fall kommen Geschenke geben zu müssen, sei es nun an Verwandte oder befreundete Fürstlichkeiten oder hervorragende Staatsmänner und hohe Beamte, und gerade bei den bevorstehenden Weihnachten liegt dieser Gedanke doppelt nahe. Es hält erfahrungsgemäß oft schwer passende Gegenstände für Geschenke zu finden, und da liegt auch wieder der Gedanke nicht fern, dass bei dem vielbesuchten von Jedermann lieb gewonnenen Sinaja ein Bild aus jener zauberischer Natur eine willkommene Gabe und freudebringende Erinnerung sein würde – diese Reflexionen brachten mich zu dem Entschlusse, Ihnen verehrter Herr, diese Mittheilungen zu unterbreiten, damit Sie erwägen ob und in welcher Form Sie den Höchsten Herrschaften darüber Kenntnis geben wollen.- Der Preis der Bilder ist: Jedes 750 Mark (siebenhundertfünfzig Mark) und sie sind fertig, und stehen mit Bronceramen bereit, für den Fall, dass sie versendet werden sollten.
Ich hatte im verflossenen Sommer wieder die Ehre mehrere Wochen in Sigmaringen bei den Höchsten Herrschaften zu Gast zu sein, mit dem Befinden der Frau Fürstin – Infantin ging es erträglich, sie war wenigstens den ganzen Tag außer Bett, beschäftigte sich stets nützlich und heiter, und zeigte lebhafte Theilnahme an Allem, aber der Herbst hat eine Verschlimmerung gebracht, und nach Briefen nimmt die Schwäche und Blutarmut zu. – Es ist doch ein recht trauriges Geschick! –
Bitte, melden Sie den Majestäten meinen gehorsamsten Respekt. Grüßen Sie die Bekannten, die sich meiner erinnern, und empfangen Sie freundlich Gruß von Ihrem
Hochachtungsvoll ergebenen
Professor August Becker"

28.

August Becker, Brief an Louis Basset, Hofverwaltung, Düsseldorf, 7. Dezember 1887, Bukarest, Rumänisches Nationalarchiv, Casă Regală, Dosar Nr. 25/1887 419

„*Düsseldorf, d. 7 Dezember 1887*
Resp. Adress 87
3/15 Dez.87 Sin.

Sehr verehrter Herr Basset!
Der Irrthum wegen des nach hier abgeschickten Bildes ist ausgeglichen, einigen Tage nach Ankunft Ihres Briefes aus Bukarest vom 3/15 Novbr. den ich sofort Herrn von Werner mittheilte, kam auch das Bild an, welches Herr von Werner auf dem hiesigen Zollamte in Empfang nahm. –
Mit Bezug auf mein Schreiben vom 15 November beehre ich mich Ihnen nun mitzutheilen, dass das von Seiner Majestät durch Vermittlung der Fräulein von Lindheim allergnädigst bei mir bestellte Bild, welches der Fürstin-Mutter als Weihnachtsgabe überreicht werden soll, <u>*jetzt fertig*</u> *geworden ist, es muß nun trocknen, um später wohlverpackt an die Adresse der Fräulein von Lindheim in Sigmaringen abzugehen, damit es am Weihnachtsabend den Tisch der Frau Fürstin zieren kann. Ich zweifle nicht, dass es der hohen Frau eine angenehme Ueberraschung und liebe Erinnerung sein wird. –* <u>*Der Preis des Bildes ist siebenhundertfünfzig Reichsmark.*</u> *[Die Unterstreichung ist mit Bleistift später eingefügt, Anm. d. Vf.] In meinem letzten Briefe nahm ich auch Veranlassung zu erwähnen, dass sich auf meinem Atelier 3 mittelgroße Bilder aus der Umgebung von Sinaja befinden, die sich vielleicht unter Umständen zu willkommenen Geschenken eignen dürften – Haben Sie dieser Angelegenheit mal Ihr Nachdenken zugewendet, und was meinen Sie? –*
Wir haben hier mildes Wetter, jedoch ist beständig ein so dichter Nebel, dass während der Tagesstunden nur Dämmerung herrscht, für uns Maler eine ungünstige Zeit, denn nur mit größter Anstrengung der Augen kann man malen. Hoffentlich haben sich Ihre Augen, die wie ich hörte, vor einiger Zeit angegriffen waren, wieder gebessert, sodaß Sie in dem Gebrauche nicht genirt sind. Dieß hofft und wünscht von ganzem Herzen
Ihr sehr ergebener
Prof. August Becker."

29.

Ernst Becker, handgeschriebener Lebenslauf zu August Becker, Dezember 1887, Archiv des Künstlervereins Malkasten, Düsseldorf, Inv. Nr. KVM 552 (Abdruck mit leichten Änderungen in: Täglicher Anzeiger Haupt-Annoncenblatt für Düsseldorf und Umgegend, 24. Dezember 1887 [3 Tage nach dem Tod des Malers])

„*August Becker*
d.27 Januar 1821 in Darmstadt geboren, gestorben am 19. Dez. 1887, in Folge eines Schlaganfalles, stammt aus einer Beamten= und Militär-Familie. In seinem 5tem Lebensjahr verlor er seinen Vater und wurde dann nebst seinen 6 Brüdern von einer sehr energischen Mutter erzogen. In der Schule lernte er mit Vorliebe Geographie und Mathematik, und als er später im Gymnasium sich eine Zeit lang mit dem Gedanken trug, Theologie zu studiren, und zu dem Zweck das alte und neue Testament in Hebräischer und griechischer Sprache las, kam er bald zu der Ansicht, daß die Ausübung der Theologie ihn in Widerspruch mit seinen Ueberzeugungen bringen würde; die Liebe zur Geographie, die Freude an der Natur und an den Naturwissenschaften veranlaßten ihn, sich mit Landschaftsmalerei zu beschäftigen, welche ihm für seine Neigungen ein dankbares Feld bot.
Im Jahre 1837 wurde B. Schüler von Hofmaler Schilbach in Darmstadt, der ihm einen gewissenhaften aber auch oft pedantischen, allzu schematischen Unterricht angedeihen ließ, wodurch das eigentlich malerische Element in der Kunst nicht genug zur Geltung gebracht wurde; dieß veranlaßte den jungen Künstler so oft als möglich längere Besuche in Düsseldorf zu machen, wo er durch die Werke Schirmers, Lessings und A. Achenbach mächtig angezogen wurde und mit den Heroen der Landschaftsmalerei in befreundete Beziehungen trat, ohne ein Schülerverhältnis einzugehen.–
Im Jahre 1844 unternahm B. eine 6monatliche Studienreise in das Norwegische Hochgebirge, eine Natur, welche vollständig der Neigung des Künstlers zum Großartigen, Ernsten und Derben entsprach. – Im Jahr 1847 wiederholte er diese Reise in Begleitung seines Freundes A. Leu, und brachte jedesmal eine Fülle der sorgfältigsten Zeichnungen und Oelstudien mit.
Aus der Zeit vor der Norwegenreise sind 3 Jugendwerke zu nennen, welche, obgleich noch in dem romantischen Sinne der damaligen Zeit empfunden, doch schon sehr bestimmt die spätere Eigenart des Künstlers zeigen.
1) <u>*Felsige Gebirgslandschaft*</u> *1841 gemalt, im Besitze von Frl. Schenk in Darmstadt.*
2) <u>*Oberstein im Nahethal*</u> *Familie von Stosch [?] in Darmstadt 1842 gemalt*
3) <u>*Felsschlucht mit Wasserfall*</u> *1842 gemalt, im Besitze von Pfarrer Rahke in Mombach bei Mainz.*
Eine erhöhte Thätigkeit zeigt B. nach den Reisen in Norwegen und zwar sind hervorzuheben
1) <u>*Die Ringstinden in Bergenstift*</u> *gemalt 1845*
2) <u>*Norwegischer Wasserfall*</u> *gemalt 1846 Gegenstücke im Besitze des Prinzen Alexander v. Hessen in Darmstadt*

3) Die Hurongen bei Sonnenuntergang gemalt 1847 in der Königlichen Gallerie in Hannover und zwar nach den Studien aus dem Jahre 1844,

Der Verwerthung des auf der zweiten Reise gesammelten sehr umfangreichen Materials stellten sich Hindernisse entgegen. Das Revolutionsjahr 1848 und seine Folgen lenkte das Interesse von der Kunst weit ab; außerdem wurde B. durch widrige Schicksale in der Familie stets in Darmstadt zurückgehalten, wo eine der Kunst nicht förderliche Strömung Platz gegriffen hatte. Erst im Jahre 1852 gelang es B. sich von den beengenden Einflüssen der Heimath frei zu machen, indem er im Sommer gemeinschaftlich mit A. Leu, J.W. Lindlar und A. Schulten aus Düsseldorf eine Reise nach der Schweiz machte, und dann im October definitiv nach Düsseldorf übersiedelte. –

Von da ab datirt bei B. ein frisches, fruchtbares Schaffen. Es herrschte zu dieser Zeit unter den Künstlern Düsseldorfs ein collegialisches Verhältniß, bei welchem Jeder dem Andern gern mit Rat und That an die Hand ging. Die große Zahl der beständig neu geschaffenen Kunstwerke war den Blicken der Collegen zugänglich, es waren alle Richtungen vertreten, und die Critic wurde offen und rücksichtslos, aber sachlich geübt. Dadurch blieben die Einzelnen vor Irrwegen und Einseitigkeit bewahrt. B. konnte zum erstenmale in seinem Leben in dem breiten Strome der Kunst schwimmen ohne aufs Trockene zu geraten. –

In dem nun folgenden Jahrzehnt entstanden über 100 Bilder, von welchen hervorzuheben sind:
1) Norwegisches Hochgebirge 1853. Herzog v. Hamilton in England
2) Die Jungfrau in der Schweiz 1853. (großes Bild) Königl. Gallerie in Hannover
3) Abend in den Alpen des Berner Oberlandes 1855. großes Bild. Fürst Carl Anton v. Hohenzollern in Sigmaringen
4) Das Meiringer Thal in der Schweiz 1856. Frau Cellas in Danzig
5) Norwegische Hochebene mit Wasserfall 1856 großes Bild. Kaufmann E. Iken in Bremen.
6) Norwegische Hochebene, Motiv von den Hurongen 1860 großes Bild. Rentner Schlosser in Berlin.
7) Der Königsee bei Berchtesgaden 1860. Kaufmann Leo Schuster in Manchester.
8) Der Feigumfoß in Norwegen 1862. Käufer ist der Kunstverein in Gotha, Besitzer unbekannt.
9) Mönch und Eiger in der Schweiz 1861 Staffage von Hoff. Kaufmann G.H Eberlein in Bremen
10) Ansicht von Heidelberg 1862. Prinz von Wales in England
11) Norwegisches Hochgebirge mit Gletschern 1863 Die Gemälde-Gallerie in Darmstadt
12) Abend auf der Zwisel-Alm in Tyrol 1863 Kaufmann Philippi in Rotterdam

Zwischendurch wurden Studienreisen nach dem Bairischen Hochlande, Tirol, Oberitalien etc unternommen. –

Im Jahre 1864 folgte B. einer Einladung der Königin Victoria von England und verbrachte mehrere Monate am königl. Hoflager zu Balmoral in Schottland. Im Jahre 1867 wiederholte er die Reise nach dem Norden, und ging 1869 für längere Zeit zur Königin nach Osborne auf der Insel Wight.

Nach den auf diesen Reisen gemachten Naturstudien entstanden im Auftrag der englischen Königin 38 Portrait- und Landschafts=Bilder, welche sich alle in den Wohnungen der Königin Victoria und ihrer Kinder befinden. – Nebenher benutzte B. seinen Aufenthalt in Balmoral dazu, die sehr talentvollen Prinzessinnen mit der Technik der Oelmalerei bekannt zu machen.

Im Jahre 1869 verheirathete sich B. und gründete in Düsseldorf im selbstgebauten Hause sich ein Familie-Heim. –

Vom Jahre 1863 ab durch die Dauer von 20 Jahren war B. der Lehrer der in den Künsten der Malerei so hochbegabten Erbprinzessin v. Hohenzollern (Schwester des Königs von Portugal). Es wurde dieser Unterricht mit großem Eifer betrieben, sodaß auch zeitweise der Gatte und die Söhne daran theilnahmen und B. meist in jedem Jahr während des Sommers einige Wochen am Sigmaringer Hoflager zu Gast war, wo gemeinschaftliche Naturstudien gemacht wurden.

Vom Jahre 1870 bis 1880 entstanden über 100 Bilder und meist Werke von großem Umfang, es sind darunter hervorzuheben:
1) Das Kaisergebirge in Tirol gemalt 1871 Besitzer Kaufmann Heuser in Köln
2) Derselbe Gegenstand in großem Format gemalt 1880 Besitzer A. Becker in Düsseldorf. –
3) Brixlegg im Innthal, gemalt 1872. Besitzer: Eisenindustrieller Albert Pönsgen in Düsseldorf.
4) Ansicht von Schloß Heiligenberg bei Jugenheim an der hessischen Bergstraße gemalt 1874
5) Ausblick von Heiligenberg in die Rheinebene gemalt 1874. Gegenstücke [Klammer zu den beiden letztgenannten Bildern, Anm. d. Vf.] im Besitz des Herzogs v. Edinburgh in England
6) Der Königsee bei Berchtesgaden 1874. Im Besitze von Spielkartenfabrikant Wüst in Frankfurt a/Main
7) Der Obersee bei Berchtesgaden 1874. Im Besitze von Spielkartenfabrikant Wüst in Frankfurt a/Main
8) Der Dachstein in Tirol bei Abendsonne gemalt 1875 großes Bild, Besitzer Allan Morisson Beakonsfield England

Im Jahre 1876 besuchte B. mit dem Grafen Andrassy einen Theil Ungarns, besonders die hohe Tatra; es entstanden nach dieser Reise einige Bilder, die besonders durch ihre originellen Motive interessiren.

1) Die Granatfelsen in der hohen Tatra gemalt 1880. Besitzer Dr. Traube in Breslau.
2) Großkohlbacher Wasserfall in der hohen Tatra 1880. Besitzer Apotheker Haas in Viersen.
3) Ungarisches Zigeunerdorf (Staffage v. Th. v. Eckenbrecher) 1878. Besitzer Kaufmann A. Liertz in Düsseldorf.

In diese Schaffens=Periode fällt noch ein Cyclus von 10 großen Landschaften aus der Ostschweiz, gemalt im Auftrag des Königs Carol von Rumänien, die einen Empfangssaal des Schlosses Sinaja in Rumänien füllen. – ferner

4) Sonnenuntergang am Waldsaum gemalt 1877. Besitzer: Fabrikant Emde in Düsseldorf.
5) Der Jagdgrund von Balmoral in Schottland 1881, gemalt im Auftrag des Fürsten Karl Anton von Hohenzollern, als Hochzeitsgeschenk für den Prinzen Wilhelm von Preußen. –

Im Jahre 1882 folgte B. einer Einladung des Königs von Rumänien, und verbrachte 4 Monate bei den Herrschaften in Sinaja zur Zeit, als das zur Sommerresidenz dienende Schloß im Bau begriffen war. Der Urwald lieferte den meisten Stoff zu Studien, nach welchen fremdartige Bilder entstanden:

1) <u>Portraitlandschaft von Schloß Sinaja mit Umgebung</u> 1883 – Kolossalbild im Auftrage des Fürsten Karl Anton von Hohenzollern. Befindet sich im Schlosse Krauchenwies bei Sigmaringen.
2) <u>Die Karpathenkette bei Sinaja</u> gemalt 1884. Besitzer König Carol von Rumänien, im Schloß in Bukarest
3),4),5) <u>Wasserfälle des Pellesch im Urwald</u> 1884 Besitzer König Carol v Rumänien.

Bilder aus der neueren Zeit sind:

1) <u>Erinnerung an den Bodensee</u> gemalt 1885 Besitzer König von Portugal.
2) <u>Norwegischer Fjord bei Abend</u> gemalt 1885 großes Bild. – Herr [...] in Bremen.
3) <u>Sonnenaufgang im Gebirge</u> gemalt 1885 Rentner Horster [oder Harster, Anm. d. Vf.] in Uerdingen bei Crefeld
4) <u>Abend auf der Alm</u>, gemalt 1887. Großes Bild. Kaufmann Julius Clauß in Crefeld.
5) <u>Schloß Sigmaringen</u> gemalt 1887. Besitzer Oberpräsident v. Westphalen v. Hagemeister.

Becker erhielt 1873 vom Großherzog von Hessen den Professor=Titel.

B. ist Ritter des rothen Adlerordens

    Hessischen Philippsordens

    Sterns von Rumänien

    Hohenzollernschen Hausordens

    Rumänischen Verdienstordens bene merenti

B. erhielt Medaillen in Lyon

    Metz

    Melbourne"

30.

Victoria, Königin von England, Brief an Ernst Becker, 10. Januar 1888, Darmstadt, Hessisches Landesmuseum, Graphische Sammlung, Orden und Auszeichnungen, ohne Inv. Nr. [bei HZ K 44]

                          „*Osborne. Am 10 Jan: 1888.*

Mein bester Doktor Becker,
Obgleich Sie schon wissen, wie außerordentlich leid die Trauer Nachricht des Verlustes Ihres lieben Bruders mir gethan hat, muß ich Ihnen noch schriftlich mein inniges Mitleid mit Ihnen und Ihrer armen Schwägerin ausdrücken. Ich hatte die Freude, Ihren lieben liebenswürdigen und talentvollen Bruder gut zu kennen und bedauere seinen Verlust außerordentlich. Wie gut erinnere ich mich der Tage, die er mit uns in Balmoral und hier zubrachte, und freue mich, viele seiner schönen Bilder hier und in Windsor zu besitzen.
Darf ich Sie bitten, mein recht inniges Beileid Ihrer armen Schwägerin auszudrücken?
Mit wiederholten Ausdrücken meines warmen Gefühles,
verbleibe ich
Ihre gewogene V.R.
Könnten Sie mir eine gute Photographie Ihres lieben Bruders schicken?"

31.

vermutlich Dr. Friedrich Müller, Geheimer Oberbaurath, Brief vermutlich an Staatsminister Jakob Finger, 30. Januar 1888, Darmstadt, Hessisches Landesmuseum, Graphische Sammlung, Archiv: Conv. –VIII-Fas. 4/Fol. 49 GK 469

„*Euer Excellenz*
Beehre ich mich anbei in Verfolgung der mir kürzlich gestatteten Unterredung das mir von Herrn Geheimrath E Becker übergebene Verzeichnis der im Nachlasse seines Bruders vorhandenen verkäuflichen Gemälde zu übersenden.
Herr Becker sagte mir mündlich, daß der Verkauf der Bilder am Zuge sei und daß er Grund habe zu glauben, daß dieselben sehr rasch abgehen würden. Von dieser Seite die Sache betrachtet, hätte er also kaum ein Interesse, daß das Museum einen Ankauf mache; dagegen wünsche er sehr im Interesse des Künstlerischen Nachrufes seines Bruders, welcher in der Gallerie nur mit einem Bilde aus seinen Anfangszeiten vertreten sei, daß dieselbe auch ein Gemälde aus der Zeit seines reifsten Schaffens aufzuweisen habe. Er meinte, die Zahlung könne auf längere Zeit verlangt werden, oder auch in Raten erfolgen.
Indem ich nunmehr die Angelegenheit in Eurer Excellenz Hände lege zeichne ich in bekannter größter Hochachtung
          Eurer Excellenz
          ergebenster

Darmstadt 30 Januar 1888."

[Unterschrift]

32.

Dr. Friedrich Müller, Geheimer Oberbaurath, Gutachten, Darmstadt, 16. Mai 1888, Darmstadt, Hessisches Landesmuseum, Graphische Sammlung, Archiv: Conv. –VIII- Fas. 4 / Fol. 49 GK 469

"M.D. 140 […] 17/5 88

Gutachten.

Das größere Oelgemälde des verstorbenen Landschaftsmalers Professor August Becker, darstellend „Hardangerfjord in Norwegen", welches der Großherzoglichen Museumsdirection zum Ankauf angeboten ist, erscheint den zur Begutachtung aufgeforderten Unterzeichneten als ein Werk, was den verstorbenen Meister in seiner Hauptrichtung gut vertritt und kennzeichnet, sowie durch Ausführung und künstlerischen Werth sehr wohl geeignet und würdig ist der Gemäldegallerie des Großherzoglichen Museums dahier einverleibt zu werden. Die für das betreffende Gemälde geforderte Summe von 4000 Mark ist als ein, dem künstlerischen Werth desselben angemessener Preis zu erachten.
Darmstadt d. 16 Mai 1888

Dr. Müller
Geheimer Oberbaurath"

33.

Herr von Marquard, Schreiben an die Witwe von August Becker, Pauline Becker, 5. Juni 1894, Darmstadt, Hessisches Landesmuseum, Graphische Sammlung, Orden und Auszeichnungen, ohne Inv. Nr. [bei HZ K 44]

"Zu Nr.M.D.   *Darmstadt, am 5 Juni 1894*

Betreffend: Schenkung eines Oelbildes von Professor August Becker seitens dessen Wittwe an das Museum.
Die Großherzogliche
Museums-Direction
an
Frau Professor August Becker, Hochwohlgeboren.

Wir beehren uns Sie zu benachrichtigen, daß S^{*e*} *Königliche Hoheit der Großherzog geruht haben, der von Ihnen dem Gr. Museum gemachten Schenkung des Bildes Ihres verstorbenen Gemahls, des Professors August Becker, in Düsseldorf, „Das Kaisergebirge in Tyrol" die Landesherrliche Bestätigung zu ertheilen.*
Zugleich ermangeln wir nicht, für diese werthvolle Bereicherung der Gemäldegallerie den besonderen Dank der Gr. Regierung auszusprechen.
v.Marquard."

Bibliographie

Archive (tatsächlich verwendeter Archivalien)

Ballenstedt, Stadtarchiv

Behringersdorf, Nachlassarchiv zu August Becker

Berlin, Geheimes Staatsarchiv Preußischer Kulturbesitz

Berlin, Universität der Künste, Universitätsarchiv

Bremen, Staatsarchiv

Bukarest, Arhivele Naţionale ale României (Rumänisches Nationalarchiv)

Darmstadt, Hessisches Landesmuseum (Archiv und Sammlung)

Darmstadt, Hessisches Staatsarchiv

Darmstadt, Stadtarchiv

Darmstadt, Zentralarchiv der evangelischen Kirche in Hessen und Nassau

Düsseldorf, Heinrich-Heine-Institut

Düsseldorf, Archiv des Künstlervereins Malkasten

Düsseldorf, Stadtarchiv

Frankfurt a.M., Stadt- und Universitätsbibliothek (Handschriftenabteilung)

Gotha, Thüringisches Staatsarchiv

Hannover, Niedersächsisches Hauptstaatsarchiv

Hansestadt Stralsund, Stadtarchiv

Köln, Stadtarchiv

Leipzig, Stadtarchiv

London, Christie's Archives

London, Courtauld Institute of Art (Photographic Survey of the Private Collections)

Mainz-Mombach, Pfarrarchiv

Neuwied, Fürstlich Wiedisches Archiv

Windsor, Royal Archives (Königliche Archive)

Primärliteratur

Becker, August: Ansprache zur Eröffnung der 4. Allgemeinen Deutschen Kunst-Ausstellung, in: Gewerbe- und Kunst-Ausstellung Düsseldorf 1880, bearb. und hg. im Auftrag und unter Mitwirkung des Vorstandes der Ausstellung, Düsseldorf 1881, S. 72–73.

Becker, August: Bilder von der Balkanhalbinsel. Schloß Sinaja. Reiseskizze aus Rumänien von Prof. August Becker in Düsseldorf [mit 2 Illustrationen], in: Die Gartenlaube. Illustrirtes Familienblatt, 1885, S. 700 f., 705 f.

Correspondenzblatt des Kunstvereins für die Rheinlande und Westfalen, Generalversammlung, 17. August 1864 [Bestand im Künstlerverein Malkasten Düsseldorf, Archiv und Sammlung].

Chronica de rebus Malcastaniensibus. Zusammengestellet und fürgebracht aus denen Manuscriptis des weyland Alt-Chronisten Wilhelmus Camphausen durch den Archivarius

Malcastaniensis Ernestus Bosch, Düsseldorf 1877, Neudruck 1912 [Bestand im Künstlerverein Malkasten Düsseldorf, Archiv und Sammlung].

Großherzoglich Hessisches Regierungsblatt, 1879 ff.

Hoffmann-Kuhnt, Lotte (Hg.): August Becker 1821–1887. Das Leben eines Landschaftsmalers. Reiseberichte und Briefe, Nürnberg 2000.

Klose, Olaf und Martius, Lilli: Skandinavische Landschaftsbilder: Deutsche Künstlerreisen von 1780 bis 1864, Neumünster 1975 (=Studien zur schleswig-holsteinischen Kunstgeschichte), Band 13.

Klose, Olaf: Tagebuch des Landschaftsmalers August Becker von einer Studienreise nach Norwegen vom 25. April bis 13. Oktober 1844. In: Nordelbingen. Beiträge zur Kunst- und Kulturgeschichte, 49 (1980), S. 48–138.

Officieller Bericht über die IV. Allg. Deutsche Kunstausstellung 1880, hg. von der Deutschen Kunstgenossenschaft, Düsseldorf 1881.

Täglicher Anzeiger Haupt-Annoncenblatt für Düsseldorf und Umgegend, 24.12.1887 [Nachruf mit einem Lebenslauf von August Becker].

Victoria, Queen of England, Leaves from the journal of our life in the Highlands from 1848 to 1861 to which are prefixed and added extracts from the same journal giving an account of earlier visits to Scotland, and tours in England and Ireland, and yachting excursions, edited by Arthur Helps, London 1868.

Lexika

Allgemeines Lexikon der Bildenden Künstler von der Antike bis zur Gegenwart. Unter Mitwirkung von 300 Fachgelehrten des In- und Auslandes herausgegeben von Ulrich Thieme und Felix Becker, 37 Bde., Leipzig 1907–1950 [Nachdruck München 1992].

Baile de Laperrière, Charles: The Royal Scottish Academy exhibitors 1826–1990: a dictionary of artists and their work in the annual exhibitions of the Royal Scottish Academy, 4 Volumes, Calne 1991.

Bénézit, E.: Dictionnaire critique et documentaire des painters sculpteurs dessinateurs et graveurs de tont les temps et de tours les pays, [14 Bände], tome 1, 4. Aufl., Paris 1999.

Boetticher, Friedrich von: Malerwerke des Neunzehnten Jahrhunderts. Beitrag zur Kunstgeschichte von Friedrich von Boetticher, Band 1 (Dresden 1895), Band 2, Teil 1 (Dresden, 1898), Teil 2 (Dresden 1901).

Brockhaus. Konversationslexikon, 16 Bänden, 14. Auflage, Leipzig 1892–1895.

Der Kölner Rat, Band 1, Biographisches Lexikon 1794–1919, bearbeitet von Thomas Deres, in: Mitteilungen aus dem Stadtarchiv von Köln, 92, Köln 2001.

Deutsche Biographische Enzyklopädie, bearb. und hg. von Walther Killy, 1995–2003 13 Bde., Bd. 4, München [u.a.] 1996.

Hans F. Schweers: Gemälde in deutschen Museen. Katalog der ausgestellten und depotgelagerten Werke, 2. aktualisierte, erheblich erweiterte und verbesserte Ausgabe, 10 Bde.; Teil 1: Künstler und ihre Werke, 4 Bde., München/New Providence/London/Paris 1994.

Heinrich, Guido und Schandera, Gunter: Magdeburger Biographisches Lexikon 19. und 20. Jahrhundert, Magdeburg 2002.

Hof- und Staats-Handbuch für das Herzogtum Anhalt, Dessau 1867.

Lexikon der Düsseldorfer Malerschule 1819–1918, in drei Bänden, hg. vom Kunstmuseum Düsseldorf im Ehrenhof und von der Galerie Paffrath, Düsseldorf, München 1997–1998.

Meyers Konversationslexikon. Ein Nachschlagewerk des allgemeinen Wissens, 2. Auflage, 1889.

Saur. Allgemeines Künstlerlexikon. (AKL) Die Bildenden Künstler aller Zeiten und Völker, München/Leipzig 1992-...[bis September 2004 39 Bde. erschienen].

Tillmann, Curt: Lexikon der Deutschen Burgen und Schlösser, IV Bände, Stuttgart 1961.

Allgemeine Literatur

Aukt.-Kat.[137]

Ausst.-Kat. Kunstausstellung des Breslauer Kunstvereins, 1841 ff.

Ausst.-Kat. Rheinischer Kunstverein, 1841 ff.

Ausst.-Kat. Verzeichnis der Kunstwerke auf der Ausstellung des Kunst-Vereins für die Rheinlande und Westfalen, 1846 ff.

Ausst.-Kat. Kunstausstellungen des Bremer Kunstvereins, 1847 ff.

Ausst.-Kat. Kunstausstellung des Hamburger Kunstvereins, 1852 ff.

Ausst.-Kat. Verzeichnis der Kunstwerke auf der Kunstausstellung, [Halberstadt] 1852.

Ausst.-Kat. Verzeichnis der Kunstausstellung in Hannover, 1855 ff.

Ausst.-Kat. Exposition Universelle de 1855. Beaux-Arts, Paris 1855.

Ausst.-Kat. Königliche Akademie der Künste in Berlin, 1856 ff.

Ausst.-Kat. Katalog zur allgemeinen deutschen und historischen Kunstausstellung, München 1858.

Ausst.-Kat. Exhibition Records for the Royal Manchester Institution annual exhibitions [1860].

Ausst.-Kat. Katalog zur 2. allgemeinen deutschen und historischen Kunst-Ausstellung im neuen Museum Wallraf-Richartz, 2. Aufl., Köln 1861.

Ausst.-Kat. International Exhibition 1862. Official Catalogue of the Fine Art Department, London 1862.

Ausst.-Kat. Catalogue de salon de 1862, 26è exposition, Lyon, Imprimerie Louis Perrin.

Ausst.-Kat. Kunstakademie in Dresden, 1863 ff.

Ausst.-Kat. Künstlerhaus Wien, 1871 ff.

Ausst.-Kat. Katalog der IV. allgemeinen deutschen Kunstausstellung, Düsseldorf 1880.

Ausst.-Kat. Melbourne International Exhibition 1880–1881. Official Record. Containing Introduction. History of Exhibition. Description of Exhibition and Exhibits. Official Awards of Commissioners and Catalogue of Exhibits, Melbourne 1882.

Ausst.-Kat. Verzeichnis der zur vierundzwanzigsten Kunstausstellung in Gotha eingesandten Kunstwerke, 1885.

Ausst.-Kat. Ausstellung deutscher Kunst aus der Zeit von 1775–1875 in der Königlichen National-Galerie Berlin 1906 (Januar bis Mai), (2 Bde.), München 1906.

Ausst.-Kat. Zweihundert Jahre Darmstädter Kunst 1830–1930 Mathildenhöhe Juni - Ende September 1930.

---

[137] Für die Erstellung des Werkkataloges wurden die gängigen Kompendien zu den verkauften und versteigerten Zeichnungen und Gemälden systematisch nach August Becker-Arbeiten gesichtet. Darüber hinaus erwiesen sich weitere Auktionskataloge und ein Internetportal als hilfreich. Die exakte Quellenangabe befindet sich im Quellen/Literatur-Verweis der jeweiligen Katalognummer.

Ausst.-Kat. Zwei Jahrhunderte Deutscher Landschaftsmalerei. Katalog der von der Stadt Wiesbaden und dem Nassauischen Kunstverein Veranstalteten Ausstellung, Wiesbaden 1936.

Ausst.-Kat. Galerie G. Paffrath, 40, Düsseldorf 1969.

Ausst.-Kat. Der Künstlerverein Malkasten 1848–1973. Die Anfänge. Ausstellung zum 125jährigen Bestehen, Düsseldorf, Künstlerverein Malkasten und Stadtgeschichtliches Museum Düsseldorf, Düsseldorf 1973, o. S.

Ausst.-Kat. Kunst aus dem Besitz der Stadt Darmstadt, Darmstadt, Institut Mathildenhöhe, Darmstadt 1981.

Ausst.-Kat. Ausstellung zum 150. Jahrestag des „Hessischen Landboten", Georg Büchner. Leben, Werk, Zeit, hg. von der Georg Büchner Gesellschaft, Marburg, 3. Aufl. 1987.

Ausst.-Kat. Darmstädter Galerie 19. Jahrhundert. Haus Deiters, Darmstadt 1992.

Ausst.-Kat. Großkinsky, Manfred: Eugen Bracht (1842–1921). Landschaftsmaler im wilhelminischen Kaiserreich, Mathildenhöhe Darmstadt. 20. September–15. November 1992, Darmstadt 1992.

Ausst.-Kat. Rogasch, Wilfried (Hg.): Victoria & Albert. Vicky & The Kaiser. Ein Kapitel deutsch-englischer Familiengeschichte, Berlin, Deutsches Historisches Museum, Ostfildern-Ruit 1997.

Ausst.-Kat. Feste zur Ehre und zum Vergnügen. Künstlerfeste des 19. und frühen 20. Jahrhunderts, Bonn, Stadtmuseum Bonn, Schroyen, Sabine (Bearb.)/Bodsch, Ingrid (Hg.), Bonn 1998.

Ausst.-Kat. Frankfurt 2000: Haus Giersch – Museum Regionaler Kunst, 24. September 2000–21. Januar 2001, Kunstlandschaft Rhein-Main. Malerei im 19. Jahrhundert. 1806–1866. hg. vom Museum, Frankfurt a. M. 2000.

Ausst.-Kat. aus der tradition zur moderne. Malerei von 1870 bis 1935, 3. März bis 21. Mai 2000, Gemäldesammlung Staatliches Museum Schwerin, Hg. Kornelia von Berswordt-Wallrabe, Hamburg 2000.

Ausst.-Kat. Eugen Bracht und seine Zeit. Mit einem Beitrag von Martina Sitt. Unter Mitwirkung von Andreas Henning und Raimond Selke, Galerie Sander (Darmstadt) Hg., Darmstadt 2001.

Ausst.-Kat. Johann Wilhelm Schirmer in seiner Zeit: Landschaft im 19. Jahrhundert zwischen Wirklichkeit und Ideal; [anlässlich der Ausstellung „Johann Wilhelm Schirmer in seiner Zeit. Landschaft im 19. Jahrhundert zwischen Wirklichkeit und Ideal" in der Staatlichen Kunsthalle Karlsruhe vom 20. April bis 14. Juli 2002], [Katalogredaktion: Siegmar Holsten], Heidelberg 2002.

Ausst.-Kat. August Becker (1821–1887). Ein Darmstädter Landschaftsmaler unterwegs in Europa, hg. vom Kunst Archiv Darmstadt, Darmstadt 2002.

Ausst.-Kat. Feste und Gäste am Rhein. Das Fürstenhaus Wied zur Zeit der Romantik, Neuwied 2002.

Ausst.-Kat. Ton und Licht. Musik, Malerei und Photographie im Umkreis von Prinz Albert, herausgegeben von Franz Bosbach, bearbeitet von Raimond Selke unter Mitwirkung von Sylvia Böcking, Eckhart G. Franz, Christoph Suin de Boutemard und Peter Ward Jones, [mit Beilage: Annotations in English], Coburg 2003.

Baedeker, Karl: Handbuch für Reisende in Deutschland und dem Österreichischen Kaiserstaat, nach eigener Anschauung und den besten Hülfsquellen, Coblenz 5. verbesserte Auflage 1853.

Baedeker, Karl: Handbuch für Reisende in Deutschland: Nach eigener Anschauung und den besten Hülfsquellen. Zweiter Theil: Mittel- und Norddeutschland, 5. umgearbeitete Auflage, Coblenz 1853.

Baedeker, Karl: Die Schweiz, die italienischen Seen, Mailand, Turin, Genua, Nizza, Handbuch für Reisende, 8. umgearbeitete Auflage, Coblenz 1859.

Baedeker, Karl: Süddeutschland und Österreich, Handbuch für Reisende, 16. Auflage, Coblenz und Leipzig 1873.

Baedeker, Karl: Südbaiern und die Österreichischen Alpenländer, Handbuch für Reisende, 23. Aufl. Leipzig 1888.

Baedeker, Karl: Mittel- und Nord-Deutschland westlich bis zum Rhein, Handbuch für Reisende, 22. Auflage, Leipzig 1887.

Baedeker, Karl: Südbaiern und die Österreichischen Alpenländer, Handbuch für Reisende, 23. Aufl. Leipzig 1888.

Baedeker, Karl: Nord-West-Deutschland (von der Elbe und der Westgrenze Sachsens an), Handbuch für Reisende, 24. Auflage, Leipzig 1892.

Baisch, Otto: Deutsche Kunst auf der Düsseldorfer Ausstellung 1880. Studien und Gedenkblätter, München 1880.

Bang, Marie Lødrup: Johan Christoph Dahl (1788–1857). Life and Works, 3 Volumes, Oslo 1987.

Byron's Poems. In three volumes, edited by Vivian de Sola Pinto, vol. I, further revised edition, London 1963.

Bergsträsser, Gisela: Romantiker malen den Odenwald. Die Entdeckung einer deutschen Landschaft, Amorbach 1973.

Bergsträsser, Gisela: Der Odenwald. Eine Landschaft der Romantiker. Mit Bildern von Carl Philipp Fohr, Ludwig Wilhelm Bayer, Georg Ludwig Kreß von Kressenstein, Johann Heinrich Schilbach, Wilhelm Merck, August Lucas, Carl Theodor Reiffenstein, Amorbach 1967.

Bericht über die Wirksamkeit und die Verwaltung des Kunstvereins für das Königreich Hannover, Hannover 1855 [im Bestand des Niedersächsischen Staatsarchivs, Hannover].

Biedermann, Birgit: Bürgerliches Mäzenatentum im 19. Jahrhundert. Die Förderung öffentlicher Kunstwerke durch den Kunstverein für die Rheinlande und Westfalen, Univ. Diss. Göttingen 1996, Petersberg 2001.

Börsch-Supan, H., Jähnig, K.W.: Caspar David Friedrich. Gemälde, Druckgraphik und bildmäßige Zeichnungen, Studien zur Kunst des 19. Jahrhunderts, Sonderband, herausgegeben vom Deutschen Verein für Kunstwissenschaft, München 1973.

Börsch-Supan, Helmut: Die deutsche Malerei von Anton Graff bis Hans von Marées 1760 – 1870, München 1988.

Bott, Barbara: Die Anfänge der Landschaftsmalerei in Darmstadt und August Lucas, in: Kunst in Hessen und am Mittelrhein, Bd. 12, 1972, S. 197–203.

Bott, Barbara (Hg.): Gemälde Hessischer Maler des 19. Jahrhunderts im Hessischen Landesmuseum Darmstadt, Bestandskatalog, Darmstadt 2003.

Corti Conte, Egon Caesar: Elisabeth von Österreich. Tragik einer Unpolitischen, 10. Aufl., München 1989.

Daelen, Eduard: Aus der Geschichte des Künstlervereins „Malkasten". Zur Jubelfeier seines fünfzigjährigen Bestehens 1848–1889, Düsseldorf o.J. [1898].

Deutsche Maler. Von Asmus Jakob Carstens an bis auf die neuere Zeit in einzelnen Werken kritisch geschildert. Bearbeitet und herausgegeben von Hermann Becker d. J., Leipzig 1888.

Die Kunstdenkmäler des Kreises Neuwied. Im Auftrag des Provinzialverbandes der Rheinprovinz. Bearbeitet von Heinrich Neu und Hans Weigert. Mit Beiträgen von Karl Heinz Wagner, Düsseldorf 1940.

Die Kunstdenkmäler der Stadt Koblenz. Die profanen Denkmäler und die Vororte. Bearbeitet von Fritz Michel, unveränd. Nachdruck [d. Ausg. München] 1954, München u.a. 1986.

Doyne, C. Bell: Catalogue of the Paintings, Sculptures, and other Works of Art at Osborne, compiled and with annotations by Doyne Bell, [3 Volumes], London 1876.

Düsseldorf und seine Fotografie. Bericht für das Kulturdezernat Düsseldorf von Ilsabe und Gerolf Schülke, Stadtarchiv Düsseldorf, o.O. und o.J.

Emmerling, Ernst: Die Geschichte der Darmstädter Malerei, 3 Bde., Darmstadt 1936–1938.

Florance, Arnold: Queen Victoria at Osborne, (2. ed.), London 1987.

Falke, Jacob von (Hg.): Das rumänische Königsschloss Pelesch, Wien 1893.

Fontane, Theodor: Sämtliche Werke (in 5 Abteilungen), Unterwegs und wieder daheim. Anhang, Korrespondenzen, Kommentare, Register, München 1959 ff.

Franz, Eckhart G.: Der erste und der letzte Großherzog von Hessen: Fürstliche Kunstförderung in Darmstadt, S. 291–312, S. 300, in: Hof, Kultur und Politik im 19. Jahrhundert. Akten des 18. Deutsch-französischen Historikerkolloquiums, Darmstadt vom 27. bis 30. September 1982, hg. von Karl Ferdinand Werner, in der Reihe: Pariser Historische Studien, hg. vom Deutschen Historischen Institut in Paris, Band 21, Bonn 1985.

Geschichte der Allgemeinen Deutschen Kunstgenossenschaft. Von ihrer Entstehung im Jahre 1856 bis auf die Gegenwart, Düsseldorf 1903.

Goethe, Johann Wolfgang von: Gedenkausgabe der Werke, Briefe und Gespräche, hg. von Ernst Beutler, 2. Aufl., Einsiedeln 1962.

Grossmann, Joachim: Künstler, Hof und Bürgertum. Leben und Arbeiten von Malern in Preußen 1786–1850, Berlin 1994.

H.R.H. The Duchess of York, Sarah: Victoria and Albert: life at Osborne House, London 1991.

Haller, Albrecht von: Die Alpen, bearbeitet von Harold T. Betteridge, in: Studienausgaben zur neueren deutschen Literatur, hg. von der Akademie der Wissenschaften zu Berlin, 3, Berlin 1959.

Handbuch der Diozöse Mainz, hg. von der bischöflichen Kanzlei, Mainz 1931.

Haskell, Francis: Wandel der Kunst im Stil und Geschmack: ausgewählte Schriften, Übersetzung aus dem Englischen von Gerhard Ammelburger, Köln 1990.

Hesekiel, Photographische Aufnahmen der akademischen Kunstausstellung 1887, Berlin 1887.

Hütt, Wolfgang: Die Düsseldorfer Malerschule. 1819–1869, Leipzig 1995.

Inventary Book [der königlichen Sammlung Belgiens], 1909.

Ionescu, Adrian-Silvan: Pictori la curtea Romaniei (I), in: Litere, Arte, Idei, 8 septembrie 2003.

Jahres-Bericht der Schlesischen Gesellschaft fuer vaterlaendische Cultur, 72/1895.

Katalog Edition Fichter: Gezeichnete Kunst, Frankfurt 1987.

Katalog zu Handzeichnungen und Aquarellen des 18.–20. Jh. der Kunsthandlung H.W. Fichter: Auf romantischen Wegen, Frankfurt/Main 1989.

Katalog: Nasjonalgalleriets Første 25 År. 1837–1862, [Hg. Nationalgalerie Oslo], Oslo 1998.

Katalogheft: Ramsau und Hintersee in der Malerei des 19. Jahrhunderts. Ein Bildband für die Freunde unserer Landschaft, Hg. Gemeinde Ramsau/Verkehrsverein Ramsau; Fritz Rasp, Ramsau 1999.

Klose, Olaf und Martius, Lilli: Skandinavische Landschaftsbilder: Deutsche Künstlerreisen von 1780 bis 1864, Neumünster 1975 (=Studien zur schleswig-holsteinischen Kunstgeschichte), Band 13.

Knackfuß, Hermann: Deutsche Kunstgeschichte, Bielefeld [u.a.] 1888.

Kölnischer Kunstverein. Einhundertfünfzig Jahre Kunstvermittlung, hg. Von Peter Gerlach, Köln 1989.

Krohn Heinrich: Welche Lust gewährt das Reisen! Mit Kutsche, Schiff und Eisenbahn, 2. Aufl., München 1987.

Kruse, Joseph A. (Hg.)/Hermstrüwer, Inge/Schroyen, Sabine (Bearb.): Düsseldorfer Malerschule. Briefe und Dokumente. Bestandsverzeichnis von Autographen im Kunstarchiv des Heinrich-Heine-Instituts, Düsseldorf 1991.

Lairesse, Gérard de: Het Groot Schilderboek, Amsterdam 1707, Nachdruck Soest 1969.

Lenman, Robin: Die Kunst, die Macht und das Geld. Zur Kulturgeschichte des kaiserlichen Deutschland 1871–1918, aus dem Englischen von Reiner Grundmann, mit einem Vorwort von Marie-Louise von Plessen, Frankfurt/Main 1994.

Maier, Johannes: Kulturhistorische Notizen zur Geschichte des Bades Imnau, in: Hohenzollerische Jahreshefte, 13, 1953.

Mertens, Eduard und Trausfeld, Adolf: Ein Kaiserheim. Darstellungen aus dem Palais des Kaisers und Königs Wilhelm I. und der Kaiserin und Königin Augusta, Berlin 1890.

Millar, Oliver: The Victorian Pictures in the Collection of Her Majesty the Queen, 2 Volumes, Cambridge 1992.

Millar, Delia: The Victorian Water-Colours and Drawings in the Collection of Her Majesty the Queen, 2 Volumes, London 1995.

Mörike, Eduard: Gesammelte Werke in zwei Bänden, hg. von Hans Jürgen Meinerts, Gütersloh 1957–1961.

Mügge, Theodor: Skizzen aus dem Norden, 2 Bd., Hannover 1844.

Muzeul Peleş [Schlossführer], Sinaia 1972.

Nadler, Alfred: Der bedeutende Export englischer Briefpapiere (aus der Maschinenfabrikation) nach Deutschland im 19. Jahrhundert, in: International Congress of Paper Historians, 7, 1967, Oxford 1967, S. 87–93.

Oelwein, Cornelia, Der Erlanger Maler Carl Haag (1820–1915), S. 9–42, in: Erlanger Bausteine zur fränkischen Heimatforschung, Band 48, 2000.

Østby, Leif: Med Kunstnarauge. Norsk nature og folkeliv I biletkunsten, Oslo 1969.

Pangels, Charlotte: Dr. Becker in geheimer Mission an Queen Victorias Hof: die Briefe des Prinzenerziehers und Bibliothekars Dr. Ernst Becker aus seiner Zeit in England von 1850–1861, Hamburg 1996.

Pecht, Friedrich: Kunst und Kunstindustrie auf der Pariser Weltausstellung 1878, Stuttgart 1878.

Poensgen, Georg: Schloß Babelsberg, Berlin 1929.

Pfungstadt. Vom fränkischen Mühlendorf zur modernen Stadt, hg. von J. Friedrich Battenberg, Pfungstadt 1985.

Ricke-Immel, Ute (Bearb.): Die Handzeichnungen des 19. Jahrhunderts, Düsseldorfer Malerschule. Die erste Jahrhunderthälfte, 2 Bände [Kataloge des Kunstmuseums Düsseldorf; III, 3/1 und III, 3/2], Düsseldorf 1978–1980.

Rosenberg, Adolf: Geschichte der modernen Kunst, 2. ergänzte Ausgabe, 2 Bde., Leipzig 1894.

Ruskin, John: Modern Painters: their superiority in the art of landscape painting to all the ancient masters proved by examples of the true, the beautiful, and the intellectual, from the works of modern artists, especially from those of J.M.W. Turner, 5 vol., London 1843–1860.

Schaarschmidt, Friedrich: Zur Geschichte der Düsseldorfer Kunst insbesondere im XIX. Jahrhundert. Herausgegeben vom Kunstverein für die Rheinlande und Westfalen, Düsseldorf 1902.

Schlagenhauff, Annette: Die Kunst zu Handeln: Louis Ferdinand Sachse – Lithograph, Kunstförderer und Kunsthändler in Berlin, in: Jahrbuch der Berliner Museen 2000, Neue Folge, 22. Band (Hg. von den Staatlichen Museen zu Berlin. Preußischer Kulturbesitz), S. 259–294.

Schloß Babelsberg, o.O. 1872.

Schlick, Johann (Bearb.): Kunsthalle zu Kiel. Katalog der Gemälde, Kiel 1973.

Schmitz, Thomas: Die deutschen Kunstvereine im 19. und frühen 20. Jahrhundert : ein Beitrag zur Kultur-, Konsum- und Sozialgeschichte der bildenden Kunst im bürgerlichen Zeitalter, Univ. Diss. Düsseldorf 1997, Neuried 2001.

Scholl, Lars U. und Sitt, Martina: Der Untergang der „President". Ein Gemälde des Düsseldorfer Malers Andreas Achenbach, S. 451, in Zeitschrift des Deutschen Schifffahrtsmuseums 22, 1999, S. 428–456 (Sonderdruck).

Schreiner, Ludwig (Bearb.): Die Gemälde des neunzehnten und zwanzigsten Jahrhunderts in der Niedersächsischen Landesgalerie Hannover, neu bearbeitet und ergänzt von Regine Timm, 2 Bände, Hannover 1990.

Schroyen, Sabine [Bearb. u.a.]: Quellen zur Geschichte des Künstlervereins Malkasten. Ein Zentrum bürgerlicher Kunst und Kultur in Düsseldorf seit 1848 [Landschaftsverband Rheinland. Archivberatungsstelle. Archivhefte; 24], Köln 1992.

Schroyen, Sabine (Bearb.): Bildquellen zur Geschichte des Künstlervereins Malkasten in Düsseldorf. Künstler und ihre Werke in den Sammlungen [Landschaftsverband Rheinland. Rheinisches Archiv- und Museumsamt – Archivberatungsstelle. Archivhefte; Band 34], Düsseldorf 2001.

Schützinger, Heinrich: König Carol am Bodensee, in: Schriften des Vereins für Geschichte des Bodensees und seiner Umgebung, Heft 47, 1918, S. 16–53.

Schwartz, F. Albert: Photographische Aufnahmen der Jubiläums-Kunstausstellung zu Berlin 1886, sowie der akademischen Ausstellungen 1887 und 1888, Berlin o.J.

Selke, Raimond: Ein Schweizer Haus für eine englische Königin. Die Villa Hohenlohe in Baden-Baden, in: Jahrbuch Württembergisch Franken, Band 87, Jahrbuch des Historischen Vereins für Württembergisch Franken, Schwäbisch Hall 2003, S. 161–174.

Selke, Raimond: Wie romantisch konnte ein Spätromantiker der Düsseldorfer Malerschule sein? August Becker auf Motivsuche an der Nahe, in: Mitteilungen des Vereins für Heimatkunde im Landkreis Birkenfeld und der Heimatfreunde Oberstein e.V., 77. Jahrgang, Birkenfeld 2003, S. 161–178.

Selke, Raimond: Carmen Sylvas Kontakte zum Maler August Becker und weiteren Künstlern der Düsseldorfer Malerschule, in: Heimat-Jahrbuch 2004 des Landkreises Neuwied, [Koblenz 2003], S. 323–330.

Selke, Raimond: August Becker. Falschzuschreibungen am Beispiel des Düsseldorfer Malers, in: Weltkunst. Aktuelle Zeitschrift für Kunst und Antiquitäten, 72. Jahrgang, September 2003, Nr. 9, S. 1109–1111.

Selke, Raimond: August Becker in England and Scotland, in: Prince Albert Studies, vol. 22, München 2004, p. 173–180.

Siebert, Gisela: Kranichstein. Jagdschloss der Landgrafen von Hessen-Darmstadt, Amorbach 1969.

Sokop, Brigitte: Stammtafeln europäischer Herrscherhäuser, 3. verb. und erg. Aufl., Wien, Köln, Weimar 1993.

Tauch, Max: Rheinische Landschaften. Gemälde und Aquarelle aus dem 19. und 20. Jahrhundert, Neuss 1974.

Tieck, Ludwig: Werke in vier Bänden, hg. sowie mit Nachwort und Anmerkungen versehen von Marianne Thalmann, München 1963.

Traeger, Jörg: Philip Otto Runge und sein Werk. Monographie und kritischer Katalog, (Studien zur Kunst des 19. Jahrhunderts, Sonderband), München 1975.

Traeger, Jörg: „…als ob einem die Augenlider weggeschnitten wären." Bildtheoretische Betrachtungen zu einer Metapher von Kleist, in: Kleist-Jahrbuch 1980, hg. von der Heinrich-von-Kleist-Gesellschaft, Berlin 1982, S. 86–106.

Trier, Eduard u. Weyres, Willy (Hg.): Kunst des 19. Jahrhunderts im Rheinland in fünf Bänden, Düsseldorf 1979–1981.

Verzeichnis der Kunstwerke im Städtischen Museum Leipzig, 1881, [Leipzig, Stadtarchiv].

Vischer, Friedrich Theodor: „Zustand der jetzigen Malerei" [1842], in: Kritische Gänge, 2 Bde., Tübingen 1844, 2. verm. Auflage, hg. von R. Vischer, München 1922.

Von der Gabelentz, Hanns-Conon: Der Naturalismus. Seine Deutung und Bedeutung in der Malerei des 19. Jahrhunderts, in: Natur und Kunst. Beiträge aus dem Lindenau-Museum, 1. Heft, Altenburg 1966.

Walter, Max: Die Kunstbestrebungen des Fürstenhauses zu Leiningen im 19. Jahrhundert [Mainfränkische Hefte 5], Würzburg 1950.

Warnke, Martin: Hofkünstler. Zur Vorgeschichte des modernen Künstlers, 2. überarb. Auflage, Köln 1996.

Wegmann, Dietr.: Die leitenden staatlichen Verwaltungsbeamten der Provinz Westfalen 1815–1918, Münster 1969.

Weidenhaupt, Hugo: Die Gewerbe- und Kunst-Ausstellung zu Düsseldorf 1880. In: Düsseldorfer Jahrbuch. Beiträge zur Geschichte des Niederrheins, Band 57/58, Düsseldorf 1980.

Weidenhaupt, Hugo: Die Gewerbe- und Kunst-Ausstellung in Düsseldorf 1880, in Weidenhaupt, H.: Aus Düsseldorfs Vergangenheit, Düsseldorf 1988.

Weiß, Siegfried: Ernst Bosch (1834–1917), Leben und Werk. Zur Düsseldorfer Malerei der 2. Hälfte des 19. Jahrhunderts, Univ. Diss. München 1992, München 1992.

Whitaker, Lucy and Marsden, Jonathan: Re-framing the Royal Collection. Episodes in the history of royal taste, in: Apollo. The International Magazine of the Arts, September 2002, p. 50–56.

Wiegmann, Rudolph: Die königliche Kunst-Akademie zu Düsseldorf. Ihre Geschichte, Einrichtung und Wirksamkeit und die Düsseldorfer Künstler, Düsseldorf 1856.

Wiest, Ekkehard: Stationen einer Residenzgesellschaft. Darmstadts soziale Entwicklung vom Wiener Kongreß bis zum Zweiten Weltkrieg (1815–1939), Darmstadt 1978.

Zingeler, Karl Theodor: Karl Anton. Fürst von Hohenzollern. Ein Lebensbild nach seinen hinterlassenen Papieren, Stuttgart [u.a.] 1911, S. 68, 76, in: Verein für Geschichte und Altertumskunde in Hohenzollern: Mitteilungen des Vereins für Geschichte und Altertumskunde in Hohenzollern, [44/46].

Zürcher, Otto: Das Berner Oberland im Lichte der deutschen Dichtung, Leipzig 1923.

Zweihundert Jahre Kunstakademie Düsseldorf. Anläßlich der zweihundertsten Wiederkehr der Gründung der Kurfürstlichen Akademie in Düsseldorf im Jahre 1773, hg. von Eduard Trier, Düsseldorf 1973.

Zeitschriften

Der Odenwald, Zeitschrift des Breuberg-Bundes

Die Dioskuren, Deutsche Kunstzeitung, Hauptorgan der Deutschen Kunstvereine

Die Gartenlaube. Illustrirtes Familienblatt

Die Kunst für Alle

Hohenzollerische Jahreshefte

Hohenzollerisches Wochenblatt

The Playing Card. Journal of the international playing-card society

Weltkunst. Aktuelle Zeitschrift für Kunst und Antiquitäten

Westermanns illustrierte deutsche Monatshefte: Ein Familienbuch für das gesamte geistige Leben der Gegenwart

Zeitschrift für Bildende Kunst (mit Beiblatt Kunstchronik) [ZfbK]

Zeitungen

Coburger Tagblatt

Darmstädter Echo

Darmstädter Tagblatt

Darmstädter Zeitung

Düsseldorfer Zeitung

Frankfurter Allgemeine Zeitung

Frankfurter Rundschau

Hessische Volksblätter

Höchster Kreisblatt

Kölner Nachrichten

Leipziger Illustrierte Zeitung

The Illustrated London News

Main-Echo, Darmstadt

Mannheimer Morgen

Nürnberger Nachrichten

Offenbachpost

Rheinische Post

Süddeutsche Zeitung

Internetadressen

http://www.artnet/faad/auctionsonline.asp

http://www.van-ham.com

Lebens- und ggf. Regierungsdaten [*] wichtiger Persönlichkeiten

Die Angaben stützen sich auf Sokop und das Brockhaus-Konversationslexikon.

Adolf Friedrich V., Erbgroßherzog von Mecklenburg-Strelitz, Großherzog von Mecklenburg-Strelitz (1848–1914, *1904–1914)
Albert, Prinz von Sachsen-Coburg und Gotha, seit 1840 Ehemann von Victoria, Königin von Großbritannien (1819–1861, ab 1858 Prinzgemahl)
Alexander II., Kaiser von Russland (1818–1881, *1855–1881)
Alfred, Prinz von Großbritannien, Herzog von Edinburg, Herzog von Sachsen-Coburg und Gotha (1844–1900, *1893–1900)
Alice, Prinzessin von Großbritannien, Großherzogin von Hessen-Darmstadt (1843–1878, *1877–1878)
Amalie Auguste, Prinzessin von Bayern, Königin von Sachsen (1801–1877, *1854–1877)
Antonie, Prinzessin von Portugal, Erbprinzessin von Hohenzollern-Sigmaringen, Fürstin von Hohenzollern (1845–1913, *1885–1913)
Arthur, Prinz von Großbritannien, Herzog von Connaught (1850–1942)
Augusta, Prinzessin von Sachsen-Weimar, Königin von Preußen, deutsche Kaiserin (1811–1890, *1871–1890)

Beatrice, Prinzessin von Battenberg (1857–1944)

Carl Anton, Fürst von Hohenzollern-Sigmaringen, ab 1855 Fürst von Hohenzollern (1811–1885, *1848–1885)
Carl Emich, Fürst zu Leiningen (1804–1856)
Carl Friedrich Wilhelm, Fürst zu Leiningen (1724–1807)
Carmen Sylva *(siehe Elisabeta)*
Carol I., Carl Eitel, Prinz von Hohenzollern-Sigmaringen, Fürst von Rumänien, König von Rumänien (1839–1914, *1881–1914)

Edward VII., Prinz von Wales, König von Großbritannien (1841–1910, *1901–1910)
Elisabeta, Elisabeth, Prinzessin zu Wied, Fürstin von Rumänien, Königin von Rumänien (1843–1916, *1881–1916)
Elisabeth, Prinzessin von Bayern [Birkenfeld-Gelnhausen], Kaiserin von Österreich, Königin von Ungarn (1837–1898, *1854–1898)
Elisabeth, Prinzessin von Bayern [Birkenfeld-Zweibrücken], Gemahlin von Friedrich Wilhelm IV., König von Preußen, Königin von Preußen (1801–1873, *1840–1873)
Elisabeth, Prinzessin von Anhalt, Erbgroßherzogin von Mecklenburg-Strelitz, Großherzogin von Mecklenburg-Strelitz (1857–1933, *1904–1933)
Emanuel Andrássy, Graf von Csikszentkirály und Krasznahorka (1821–1891)
Emil, Fürst von Sayn-Wittgenstein-Berleburg (1824–1878)
Ernst, Fürst zu Leiningen (1830–1904)
Ernst August, König von Hannover (1771–1851, *1837–1851)

Ferdinand (I.), zweiter Sohn von Leopold, Erbfürst und Fürst von Hohenzollern, König von Rumänien (1865–1927, *1914–1927)
Friedrich Alexander, (1.) Fürst zu Wied (1706–1791)
Franz Josef I., Kaiser von Österreich, König von Ungarn (1830–1916, *1848–1916)
Friedrich III., Kronprinz von Preußen, deutscher Kaiser (1831–1888, *1888)
Friedrich Wilhelm IV., König von Preußen (1795–1861, *1840–1858)

Georg I., Landgraf von Hessen-Darmstadt (1547–1596, *1567–1596)
Georg IV., König von England (1762–1830, 1811 Prinzregent, *1820–1830)
Georg V., König von Hannover (1819–1878, *1851–1866)

Helena, Prinzessin von Großbritannien, Prinzessin von Schleswig-Holstein (1846–1923)

Josephine, Prinzessin von Baden, Ehefrau von Carl Anton, Fürst von Hohenzollern, Erbprinzessin von Hohenzollern-Sigmaringen, Fürstin von Hohenzollern-Sigmaringen, (1813–1900, *1848–1900)

Karl I., Graf von Hohenzollern (1516–1576)
Karl I., der Große, deutscher Kaiser (747–814, *800–814)
Karl, Prinz von Hessen-Darmstadt (1809–1877)
Karl, Elisabeth, Prinzessin von Preußen, Prinzessin von Hessen-Darmstadt (1815–1885)
Konstantin, Großfürst von Russland (1827–1892)

Leopold I., König von Belgien (1790–1865, *1831–1865)
Leopold, Erbprinz von Hohenzollern-Sigmaringen, Fürst von Hohenzollern (1835–1905, *1885–1905)
Leopold, Prinz von Großbritannien, Herzog von Albany (1853–1884)
Louis, Princess of Battenberg, *siehe Viktoria, Prinzessin von Hessen-Darmstadt*

Louise, Prinzessin von Großbritannien, Prinzessin von Argyll (1848–1939)
Ludwig I. (Louis), Prinz von Oporto, König von Portugal (1838–1889, *1861–1889)
Ludewig I., Großherzog von Hessen-Darmstadt (1753–1830, *1806–1830)
Ludwig II., Großherzog von Hessen-Darmstadt (1777–1848, *1830–1848)
Ludwig III., Großherzog von Hessen-Darmstadt (1806–1877, *1848–1877)
Ludwig IV., Großherzog von Hessen-Darmstadt (1837–1892, *1877–1892)

Maria, Prinzessin von Hohenzollern-Sigmaringen, Gräfin von Flandern (1845–1912)
Marie, Prinzessin von Nassau, Fürstin zu Wied (1825–1902, *1842–1902)
Marie, Prinzessin von Hessen-Darmstadt, Kaiserin von Russland (1824–1880, *1855–1880)
Marie, Prinzessin von Sachsen-Altenburg, Königin von Hannover (1818–1907, *1851–1866)
Maximilian II., König von Bayern (1811–1864, *1848–1864)

Napoleon III., (Louis Napoleon), Kaiser von Frankreich (1808–1873, *1852–1870)
Nikolaus I., Kaiser von Russland (1796–1855, *1825–1855)

Sissi, (*siehe Elisabeth, Prinzessin von Bayern [Birkenfeld-Gelnhausen]*)

Victoria, Königin von Großbritannien und ab 1877 auch Kaiserin von Indien (1819–1901, *1837–1901)
Viktoria, Princess Royal, Kronprinzessin von Preußen, deutsche Kaiserin (1840–1901, *1888)
Viktoria, Tochter von Ludwig IV., Großherzog von Hessen-Darmstadt, Prinzessin von Hessen-Darmstadt, Prinzessin von Battenberg, seit 1917 Mountbatten (1863–1950)

Wilhelm I., König von Preußen, deutscher Kaiser (1797–1888, *1871–1888)
Wilhelm II., Kaiser des Deutschen Reiches (1859–1941, *1888–1918)

Index

Abendlandschaft 33, 57, 74, 80, 97, 107, 110, 111, 122, 219, 220, 231, 245
Achenbach 12, 21, 37, 67, 90, 99, 110, 125, 144, 188, 195, 245, 249, 297, 308
Adlerskron 196
Adolf Friedrich V. 215, 312
Airolo-Faido 126, 128
Albert 6, 11, 17, 20, 21, 22, 26, 28, 40, 83, 87, 91, 109, 144, 155, 172, 175, 182, 185, 188, 194, 252, 279, 280, 298, 304, 306, 308, 309, 312
Alexander II. 17, 76, 206, 312
Alfred 131, 204, 220, 307, 312
Allemand 97
Alpenglühen 70, 121, 189
Alpenlandschaft 71, 75, 86, 118, 165, 166
Amalie Auguste 189, 312
Aman 39, 272
Amsterdam 15, 16, 221, 307
Andrássy 30, 217, 218, 222, 312
Angeli 150
Antwerpen 24, 41, 245, 289
Arktische Landschaft 127, 194, 195
Arolsen 32, 42, 230
Arthur 302, 312
Auerbach 48, 65, 109, 246
Augusta 178, 307, 312
Baade 143
Baden-Baden 30, 42, 220, 221, 227, 250, 309
Baedeker 32, 73, 85, 91, 119, 120, 140, 174, 226, 305
Balmoral 9, 19, 21, 22, 26, 34, 85, 94, 141, 143, 144, 145, 146, 147, 148, 149, 150, 151, 152, 153, 154, 157, 159, 171, 173, 175, 176, 181, 182, 184, 188, 189, 203, 204, 228, 233, 243, 256, 298, 299
Bartholomä-See 31, 42, 228, 253
Baudelaire 238
Beatrice 149, 154, 220, 221, 312
Berchtesgaden 22, 23, 24, 106, 119, 131, 176, 177, 178, 207, 228, 253, 260, 298
Bergen 17, 18, 94, 145, 146, 166, 169, 178, 245
Berlin 9, 11, 14, 22, 28, 32, 37, 39, 40, 67, 68, 85, 95, 97, 98, 105, 110, 111, 117, 118, 119, 120, 124, 133, 137, 138, 143, 154, 159, 169, 170, 171, 178, 184, 207, 211, 212, 215, 216, 225, 229, 250, 253, 258, 259, 261, 264, 267, 268, 275, 279, 280, 283, 290, 293, 295, 298, 301, 303, 304, 306, 307, 308, 309, 319
Berner Oberland 13, 19, 21, 22, 25, 27, 30, 33, 36, 40, 41, 81, 82, 83, 84, 87, 88, 94, 96, 102, 110, 112, 113, 121, 122, 129, 130, 132, 139, 191, 256, 283, 285, 286, 298, 310
Betliar 218
Bierstadt 28
Bingen 52, 76
Bodensee 25, 30, 47, 63, 75, 76, 84, 114, 191, 210, 214, 215, 218, 219, 224, 231, 232, 238, 247, 255, 274, 299, 308
Bosch 10, 11, 30, 31, 302, 310
Bracht 10, 12, 80, 140, 143, 202, 304
Bradford 195
Braemar 26, 130, 131, 148, 149, 154, 155, 156, 162, 175, 176, 184, 186, 270
Brannenburg 24, 112, 166
Breifelsen 173
Breithorn 81, 82, 85, 111
Bremen 22, 24, 40, 72, 73, 80, 91, 98, 100, 101, 108, 120, 121, 133, 137, 140, 141, 143, 168, 169, 170, 216, 220, 224, 225, 226, 228, 229, 232, 245, 256, 298, 299, 301, 318
Brenner 141
Brixlegg 29, 34, 41, 178, 180, 181, 183, 184, 193, 194, 298
Breuberg 49, 50, 61, 310
Brunnen 24, 51, 132, 235, 236
Bukarest 6, 12, 32, 34, 35, 39, 183, 193, 196, 198, 199, 209, 210, 213, 215, 231, 233, 237, 238, 239, 240, 241, 242, 244, 254, 271, 272, 277, 278, 291, 293, 294, 296, 297, 299, 301, 318, 319
Burger 251
Butschetsch-Gebirge 239
Byron 159, 305
Calame 25, 28, 196
Camphausen 30, 154, 301
Carl Anton 6, 22, 25, 30, 31, 32, 33, 42, 43, 89, 97, 109, 197, 198, 218, 219, 228, 229, 237, 254, 291, 298, 312
Carl Emich 141, 312
Carl Friedrich Wilhelm 141, 312
Carlsruhe 15, 53, 57, 60, 62, 68, 80, 90, 98
Carmen Sylva 33, 196, 198, 233, 237, 291, 294, 309, 312
Carol I. 6, 12, 34, 35, 42, 43, 183, 189, 193, 210, 214, 219, 223, 233, 237, 239, 251, 256, 312
Caub 70
Coburg 6, 14, 20, 32, 81, 83, 88, 92, 137, 141, 144, 149, 152, 153, 155, 156, 157, 158, 159, 160, 161, 162, 163, 164, 169, 175, 176, 181, 182, 187, 188, 203, 209, 230, 233, 281, 283, 304, 312, 318, 319
Cooke 110
Cowes 185, 187
Craig Gowan 172
Craig Na Ban 155, 159, 161, 233
Dachstein 59, 106, 115, 129, 142, 188, 210, 212, 215, 298
Dachsteingebirge 115, 198
Dahl 63, 305
Danzig 22, 90, 102, 298
Darmstadt 4, 6, 9, 10, 12, 13, 14, 15, 16, 17, 18, 19, 20, 21, 22, 23, 24, 26, 27, 28, 29, 33, 34, 35, 37, 38, 39, 40, 41, 42, 45, 46, 47, 48, 49, 50, 51, 52, 53, 54, 55, 56, 57, 60, 61, 62, 63, 66, 68, 69, 70, 73, 75, 76, 77, 78, 79, 80, 82, 83, 89, 90, 91, 92, 93, 95, 97, 98, 99, 100, 105, 108, 109, 110, 112, 114, 116, 122, 123, 126, 134, 138, 139, 141, 142, 144, 150, 153, 158, 159, 160, 161, 164, 165, 169, 170, 171, 176, 178, 181, 192, 193, 194, 195, 196, 197, 201, 202, 203, 204, 207, 211, 212, 220, 224, 226, 234, 235, 236, 238, 240, 245, 246, 248, 249, 250, 251, 253, 256, 259, 260, 262, 263, 265, 276, 282, 283, 284, 285, 287, 288, 289, 290, 291, 292, 293, 294, 295, 297, 298, 299, 300, 301, 304, 305, 306, 309, 310, 311, 312, 313, 318, 319, 320
Dee 130, 131, 145, 146, 148, 149, 150, 154, 155, 156, 161, 162, 163, 173, 175, 176, 182, 184, 186, 233, 270
Dee-Tal 130, 131, 145, 146, 148, 149, 155, 156, 162, 173, 175, 176, 186, 270
Delaroche 21
Dessau 72, 258, 261, 262, 302, 319
Dhu Loch 145, 188
Diday 28

Dioskuren 8, 21, 22, 25, 27, 28, 74, 86, 97, 98, 99, 100, 101, 105, 108, 110, 116, 117, 118, 120, 121, 122, 124, 125, 126, 133, 135, 136, 139, 142, 143, 157, 168, 169, 170, 171, 186, 207, 208, 310
Donnerkogln 115
Dossenheim 23, 60, 123
Dresden 9, 30, 98, 109, 116, 132, 142, 143, 184, 295, 302, 303, 318
Dublin 27, 41, 92, 264
Dücker 188, 206, 214, 252, 273
Dürer 29, 42, 62, 134, 287, 290
Düsseldorf 6, 9, 10, 11, 12, 13, 14, 15, 16, 17, 18, 19, 20, 21, 22, 23, 24, 25, 26, 28, 29, 30, 31, 32, 33, 34, 35, 36, 37, 38, 40, 41, 42, 43, 49, 55, 56, 57, 58, 60, 61, 62, 63, 66, 67, 68, 70, 71, 72, 74, 75, 80, 81, 82, 86, 89, 90, 92, 93, 94, 96, 98, 102, 103, 105, 106, 107, 109, 112, 117, 118, 121, 122, 123, 125, 126, 131, 132, 133, 135, 136, 137, 139, 141, 143, 154, 160, 169, 171, 172, 181, 182, 183, 188, 189, 190, 193, 194, 195, 196, 197, 199, 201, 202, 204, 205, 206, 207, 208, 210, 212, 215, 216, 219, 220, 222, 223, 225, 226, 227, 228, 229, 232, 233, 234, 235, 237, 238, 239, 240, 241, 242, 243, 245, 246, 247, 250, 252, 253, 254, 255, 256, 257, 258, 259, 260, 262, 267, 283, 284, 285, 286, 287, 288, 289, 290, 292, 293, 294, 295, 296, 297, 298, 300, 301, 302, 303, 304, 306, 307, 308, 309, 310, 318, 319
Eastlake 21
Eckenbrecher 30, 222, 248, 269, 298
Eckersberg 10, 89
Edinburgh 26, 92, 118, 204, 298
Edward VII. 204, 312
Eiger 45, 85, 102, 121, 133, 168, 253, 256, 266, 298
Elisabeta 39, 42, 196, 198, 233, 236, 237, 291, 294, 312
Elisabeth 22, 23, 66, 71, 97, 98, 115, 119, 189, 214, 215, 218, 223, 283, 291, 294, 306, 312, 313, 319
Emil 17, 53, 70, 76, 82, 102, 312
Ernst 9, 10, 11, 13, 14, 17, 20, 21, 23, 24, 25, 26, 28, 31, 35, 40, 41, 45, 48, 49, 54, 55, 56, 57, 60, 61, 66, 68, 70, 71, 73, 74, 77, 82, 84, 86, 87, 89, 91, 98, 102, 108, 109, 117, 118, 120, 122, 125, 126, 136, 137, 141, 142, 155, 170, 190, 193, 194, 204, 205, 207, 210, 220, 222, 226, 227, 229, 238, 239, 240, 241, 245, 246, 252, 255, 256, 264, 282, 283, 287, 290, 292, 297, 299, 306, 308, 310, 312, 319
Ernst August 13, 71, 73, 84, 108, 312, 319
Everdingen 77, 99
Faido 24, 126, 128, 132
Feigumfoss 15, 22, 27, 41, 79, 124, 283
Felkner See 217
Felsschlucht 2, 33, 59, 73, 81, 212, 297
Ferdinand 14, 25, 212, 227, 289, 292, 306, 308, 312
Flusslandschaft 76, 114, 117, 260, 261
Fohr 10, 137, 305
Frankfurt a.M. 12, 15, 17, 29, 41, 48, 49, 52, 54, 55, 56, 57, 60, 61, 70, 196, 197, 204, 207, 208, 253, 260, 301, 318, 319
Franz Josef I. 218, 312
Frauenburg 55
Friedrich 9, 14, 16, 24, 35, 40, 45, 56, 59, 61, 75, 79, 85, 95, 102, 119, 131, 141, 143, 151, 154, 160, 171, 196, 201, 206, 215, 230, 244, 254, 282, 293, 299, 300, 302, 305, 308, 309, 312, 318
Frisch 61
Gais bei Appenzell 191, 192
Gardasee 258
Gebhardt 206
Genelli 23
Genf 27, 41, 182
Georg I. 49, 61, 312
Georg IV. 86, 312
Georg V. 21, 73, 79, 84, 108, 312
Giles 159
Glärnisch 208, 210
Glen Derry 151, 157
Glen Gelder 106, 147, 148, 149, 156, 157, 158, 181, 188
Glen Lui 150, 205
Gletscher 73, 81, 82, 83, 84, 85, 87, 96, 102, 121, 124, 138, 139, 192, 245, 248, 250, 266
Goethe 88, 109, 306
Golizyn 76
Gossau 24, 112, 142
Gotha 22, 25, 41, 79, 116, 124, 125, 126, 135, 243, 247, 283, 284, 298, 301, 303, 312, 318, 319
Gotzenalm 22, 34, 103, 107, 117, 252
Grundl-See 173, 174
Gude 15, 17, 110
Gurlitt 125, 161, 284
Gutenfels 70
Gutenstein 173
Haag 21, 163, 307
Halberstadt 79, 303
Haller 85, 306
Hallstätter See 115, 174, 198, 199
Hamburg 4, 15, 16, 22, 24, 40, 76, 79, 80, 91, 93, 97, 98, 120, 121, 133, 140, 143, 168, 169, 170, 174, 199, 208, 216, 220, 224, 225, 228, 232, 238, 253, 269, 304, 308, 319
Hardanger Fjord 17, 64, 79, 80, 97, 110, 111, 129, 138, 229, 238, 245, 248, 249, 250, 269
Haßliberg 128, 130, 143
Heidelberg 12, 22, 109, 122, 136, 137, 184, 253, 260, 261, 263, 265, 298, 304
Heiligenberg 169, 189, 191, 204, 205, 206, 298
Helena 26, 32, 154, 173, 230, 312
Henry 235
Heroische Landschaft 123
Hintersee 22, 23, 103, 104, 140, 155, 216, 228, 307
Hitz 32, 237
Hochebene 8, 67, 89, 100, 110, 117, 118, 120, 123, 124, 161, 284, 298
Hochgebirgslandschaft 102, 107, 121, 129, 139, 226
Hogarth 154
Hohe Tatra 217
Hohentwiel 47, 48
Höhn 261
Hübner 23, 41, 122
Hurongen 17, 71, 73, 117, 298
Inn 164, 166
Inntal 28, 29, 34, 127, 128, 131, 166, 180, 181, 184, 193, 194, 200, 216, 238
Intra 24, 126, 129
Ischl 24, 189
Isle of Wight 13, 28, 41, 91, 92, 136, 208, 277, 289
Isola Madre 126, 134
Issel 287
Jagdschloss Kranichstein 49, 61
Josephine 154, 196, 214, 312
Jugenheim 191, 204, 206, 207, 292, 298
Jungfraumassiv 13, 33, 36, 40, 54, 77, 81, 82, 83, 84, 85, 87, 92, 96, 112, 121, 130, 154, 156, 179
Justedal 63

315

Kaiser 11, 17, 76, 108, 115, 120, 166, 178, 189, 206, 218, 226, 228, 304, 312, 313, 318
Kaisergebirge 97, 107, 108, 143, 190, 225, 226, 229, 253, 298, 300
Kalckreuth 189
Karl I. 244, 312
Karlsruhe 15, 53, 56, 57, 60, 62, 68, 80, 90, 98, 295, 304, 319
Karpaten 32, 54, 223, 224, 234, 235, 237, 243, 247
Kassel 15, 17, 29, 202
Katzau 58
Kaulbach 23, 143
Kesselhut 49, 61
Kiel 15, 16, 88, 93, 308
Kirn 52, 53, 54
Knackfuß 30, 205, 206, 307
Köln 13, 19, 20, 24, 26, 38, 39, 41, 58, 66, 67, 71, 76, 77, 86, 88, 89, 90, 102, 116, 117, 120, 121, 124, 132, 175, 176, 189, 190, 193, 199, 211, 224, 225, 227, 245, 248, 253, 261, 263, 265, 298, 301, 302, 303, 306, 307, 308, 309, 318, 319
Königssee 22, 23, 24, 103, 105, 106, 108, 109, 118, 119, 124, 129, 134, 167, 174, 177, 178, 207, 208, 216, 228, 252, 253, 256
Königstein 43, 250, 251
Konstantin 76, 312
Kopenhagen 15, 16
Kranichstein 49, 61, 309, 318
Kronberg 33, 250, 251
Kunstgenossenschaft 31, 38, 42, 223, 302, 306
Lærdalsoyri 15, 63
Lago Maggiore 24, 93, 126, 134, 135, 136
Lairesse 221, 307
Landseer 21
Lasinsky 110, 122
Leibl 175
Leipzig 9, 11, 24, 32, 74, 96, 120, 127, 220, 226, 301, 302, 303, 305, 306, 308, 309, 310, 318, 319, 320
Leitch 184
Leopold 25, 29, 32, 34, 109, 142, 171, 173, 188, 191, 192, 193, 196, 197, 204, 210, 211, 213, 215, 219, 230, 231, 237, 250, 251, 254, 255, 271, 290, 296, 312
Lessing 8, 27, 56, 79, 122, 206, 260, 261
Leu 10, 16, 19, 23, 24, 37, 40, 41, 63, 67, 77, 82, 85, 124, 131, 132, 231, 249, 266, 268, 297, 298

Leutze 21
Lichtenberg 14, 40, 48, 49, 51, 57, 250
Lindlar 19, 25, 29, 122, 288, 289, 298
Liverpool 24, 41, 81, 83, 110, 111, 117
Loch Avon 145, 146, 151, 155, 157, 186
Loch Callater 151, 175
Loch Muick 106, 144, 145, 150, 151, 159, 162, 188, 208
Loch Na Gar 147, 150, 156, 157, 158, 159, 161, 173, 188
London 11, 20, 21, 26, 27, 32, 40, 42, 58, 67, 77, 78, 87, 89, 91, 94, 110, 118, 120, 125, 126, 127, 136, 149, 153, 154, 155, 156, 159, 163, 176, 188, 195, 220, 224, 227, 229, 232, 235, 242, 261, 277, 301, 302, 303, 305, 306, 307, 308, 311, 319
Louis 21, 25, 28, 34, 39, 98, 105, 118, 121, 125, 137, 138, 150, 170, 183, 184, 212, 215, 237, 238, 241, 242, 254, 296, 297, 303, 308, 313
Louis, Princess of Battenberg, *siehe Viktoria, Prinzessin von Hessen-Darmstadt* 312
Louise 26, 57, 141, 150, 181, 307, 313
Lucas 10, 14, 305
Ludewig I. 60, 313
Ludwig I. 142, 255, 313
Ludwig II. 15, 61, 313
Ludwig III. 61, 76, 313
Ludwig IV. 33, 35, 37, 38, 42, 66, 80, 150, 201, 235, 256, 293, 294, 313
Lustra 62, 63
Luzern 19, 24, 131, 132, 140
Lyon 25, 41, 97, 98, 122, 299, 303, 318
Magdeburg 22, 104, 117, 302
Mainz 57, 59, 74, 90, 122, 297, 301, 306, 318
Manchester 21, 24, 41, 118, 154, 298, 303
Maria 3, 196, 233, 291, 294, 313
Marie 22, 29, 73, 76, 79, 89, 141, 196, 206, 291, 305, 307, 313
Maximilian II. 228, 313
Medina 187
Meiringen 19, 24, 112, 113, 126, 127, 128, 130, 140, 143, 170
Meiringen-Handeck 126, 128
Meiringer Tal 102, 103, 109, 140
Meissonnier 21

Melbourne 31, 228, 253, 299, 303, 318
Melibokus 52, 169
Mentone 24, 126, 129
Metz 25, 122, 299
Michelbach 29, 30, 197, 204, 290
Mitternachtssonne 24, 72, 73, 120, 182, 195
Moller 16
Mombach 59, 297, 301, 318
Mönch 85, 95, 121, 224, 298
Mönchsberg 181
Mondlicht 181
Mondnacht 66, 71, 80, 146, 186, 233, 265
Monrepos 29, 42, 141, 189, 196, 197, 204, 290, 318
Mörike 232, 307
Mügge 16, 86, 94, 307
München 4, 9, 11, 12, 14, 15, 16, 20, 21, 22, 23, 24, 26, 29, 31, 37, 41, 50, 52, 62, 64, 83, 86, 98, 110, 115, 116, 122, 123, 124, 143, 151, 155, 157, 158, 159, 160, 161, 175, 199, 225, 226, 235, 261, 266, 285, 286, 287, 295, 302, 303, 305, 306, 307, 309, 310, 318, 319
Nærøyfjord 138, 248, 269
Nahetal 40, 54, 60, 74, 122
Napoleon III. 189, 313
Neckarsteinach 40, 49, 50
Neuwied 29, 33, 42, 196, 214, 236, 238, 239, 240, 272, 277, 278, 290, 301, 304, 306, 309, 318, 319, 320
New York 24, 26, 41, 101, 115, 195, 204, 224
Niederrhein 30, 76, 205, 206
Niessen 225
Nietzsche 238
Nikolaus I. 76, 313
Noack 131, 132
Oberbayern 31, 37, 42, 106, 117, 118, 119, 124, 207, 228
Oberitalienische Landschaft 92
Obersee 103, 207, 298
Oberstein 33, 54, 55, 56, 60, 74, 122, 128, 297, 309, 318
Odenwald 10, 14, 48, 49, 51, 57, 61, 69, 141, 185, 305, 310
Osborne 13, 21, 28, 41, 87, 91, 136, 148, 149, 155, 156, 157, 162, 169, 172, 175, 184, 185, 187, 188, 204, 220, 221, 256, 277, 289, 298, 299, 306
Oslo 10, 15, 17, 63, 68, 89, 268, 305, 307, 319
Paris 20, 21, 26, 40, 67, 97, 98, 116, 132, 211, 224, 245, 249, 302, 303, 306, 318
Partenkirchen 265

Passavant 17, 40, 282
Paxton 21
Peleş 6, 13, 34, 36, 109, 141, 154, 158, 189, 201, 219, 223, 231, 233, 235, 236, 237, 243, 251, 255, 278, 279, 280, 281, 307, 318
Posen 23, 106, 253
Rabenstein 61, 62
Ramsau 103, 140, 307, 319
Rausch 23, 82, 84
Raven 23, 24, 40, 41, 82, 84, 110
Rhein 12, 14, 29, 58, 70, 76, 120, 123, 190, 195, 205, 244, 259, 292, 304, 305
Rheineck 25, 30, 34, 42, 127, 214, 215, 219, 224, 231, 318
Richter 109
Ringstinden 66, 297
Rossbühlpanorama 34, 38, 165, 231, 232, 252, 271
Rotterdam 141, 298
Rottmann 8, 22, 23, 104, 120, 137, 143, 161
Rüdesheim 14, 40
Ruskin 20, 308
Saal 10, 16, 37, 40, 67, 94, 120, 249, 266, 269, 278
Sankt Petersburg 17, 40, 76, 78, 102, 169
Säntis 191, 192, 208, 210, 232
Sarner See 140
Schadeck 50, 52
Scheuren 109
Schilbach 8, 10, 14, 17, 18, 19, 23, 40, 53, 57, 69, 81, 137, 225, 297, 305
Schiller 24
Schirmer 8, 12, 19, 56, 79, 122, 144, 202, 206, 220, 258, 261, 304
Schischkin 169
Schloss Jägerhof 25, 109
Schloss Sigmaringen 13, 96, 172, 236, 244, 251, 254, 255
Schloss Waldleiningen 141, 189

Schönberg 69, 122
Schrödter 206
Schulten 19, 40, 82, 288, 298
Schultze 133
Schwalbennest 50
Schweich 27, 49
Schwindt 260
Seeger 27, 28, 62, 285, 286
Sinaia 6, 13, 32, 34, 87, 146, 219, 223, 233, 234, 236, 238, 239, 240, 241, 242, 243, 245, 247, 251, 254, 272, 278, 279, 281, 291, 293, 294, 296, 307, 318
Sissi 189, 313
Sognefjord 62, 63, 66, 67, 68, 110
Sonnenaufgang 106, 111, 202, 203, 246, 247, 299
Spitzweg 97, 109, 256
St. Gotthard 114, 126, 128
Stalheim 15, 248
Starr 229
Steer 229
Steinike 22, 24, 41, 131, 132
Stellaschfall 256
Stöhr 183, 296
Szathmári 235
Thiel 49, 267
Thoma 248, 269
Thorvaldsen 16
Tidemand 15, 17
Traunstein 115, 189
Trollhätta-Wasserfall 90, 101, 172
Trübner 175, 185
Turner 20, 157, 159, 308
Unbekanntes Motiv 76, 78, 115, 122, 171, 181, 182, 242, 245, 257
Untersberg 116, 131, 176, 177, 178, 179
Vernet 21
Victoria 9, 11, 21, 32, 36, 39, 40, 41, 42, 87, 94, 109, 141, 144, 148, 149, 150, 151, 154, 155, 156, 157, 159, 160, 162, 169, 170, 171, 173, 175, 176, 181, 182, 184, 185, 187, 188, 197, 205, 220, 221, 224, 227, 229, 230, 248, 256, 269, 270, 277, 298, 299, 302, 304, 306, 312, 313, 318
Vierwaldstätter See 42, 63, 131
Viktoria 9, 59, 60, 150, 157, 159, 161, 205, 228, 312, 313
Vischer 85, 309
Volkers 16, 32, 237, 239, 271
Waldlandschaft 34, 99, 130, 201, 202, 203, 211, 212, 264
Wallensee 197, 208
Wallenstädter See 27, 65, 129, 140, 164, 167, 183, 191, 193, 198, 208, 209, 216
Wasserfall 2, 8, 17, 33, 59, 67, 70, 73, 76, 77, 79, 81, 87, 88, 90, 91, 98, 99, 100, 101, 103, 124, 125, 168, 172, 177, 212, 227, 234, 240, 241, 242, 243, 249, 262, 268, 283, 284, 297, 298
Wasserfälle 43, 63, 67, 76, 77, 149, 241, 299
Weber 14, 27, 35, 40, 62, 282, 286
Weggis 24, 131, 132
Weinburg 30, 31, 114, 191, 210, 213, 214, 215, 219, 224, 225, 231, 233, 251, 254, 255, 274, 294
Werdenberg 29, 34, 56, 76, 168, 191, 239, 244, 280, 290
Whelpdale 16, 19, 40, 67
Wien 28, 29, 30, 32, 124, 178, 197, 198, 210, 215, 237, 243, 290, 291, 303, 306, 309, 318, 320
Wilhelm I. 24, 119, 178, 189, 307, 313
Wilhelm II. 119, 228, 313
Wilkie 21
Zimmermann 22, 91

317

Dankliste

Mein Dank gilt allen Personen und Institutionen, die mir bei Recherchen behilflich waren:

Frau Regina Abels (Düsseldorf, Kunst Palast)
Herrn Bernhard Andergassen (Wien, Österreichische Galerie Belvedere)

Frau Hannelore Bade (Bremen, Focke Museum)
Herrn Dr. Gabriel Badeä Päun (Paris)
Frau Barthel (Gotha, Thüringisches Staatsarchiv)
Frau Hannelore Bosinski (Neuwied, Schloss Monrepos)
Herrn Professor Dr. Franz Bosbach (Bayreuth, Universität)
Frau Cécile Brun (Lyon, Museum der Schönen Künste)

Herrn Dr. Ivan Chalupecky (Levoša)
Frau Isabelle Chappuis (Chur, Bündner Kunstmuseum)
Herrn Dr. h.c. Friedrich Conzen (Düsseldorf)
Frau Siân Cooksey (Windsor, The Royal Collection Trust, Photographic Services)
Herrn Dr. Hanns Michael Crass (Düsseldorf, Universitäts- und Landesbibliothek)

Herrn Dr. Tom Darragh (Melbourne, State Library of Victoria)
Herrn Dr. Peter Diemer (München, Kunstchronik)
Frau Elena Dippe (Köln, Carola Van Ham Kunstauktionen)
Frau Mariana Dragu (Bukarest, Nationalmuseum)
Frau Cristinela Dumitrache (Bukarest, Nationalmuseum)

Frau Gloria Ehret (München, Weltkunst-Verlag)
Herrn Markus Eisenbeis (Köln, Carola Van Ham Kunstauktionen)
Frau Josefa Emrich (Mombach, Pfarrei Mainz)
Herrn Thomas Engelhardt (Erlangen, Stadtmuseum)
Herrn Dr. Peter Engels (Darmstadt, Stadtarchiv)
Frau Anne-Kristin Erbkamm (Dresden, Kunstbibliothek)
Herrn Marcus Ewers (Viersen, Stadtarchiv)

Herrn Stefan Feric (Darmstadt, Wohnpark Kranichstein)
Herrn Professor Dr. Eckhart G. Franz (Darmstadt)

Herrn Christoph Gottschalk (München)
Herrn Professor Dr. Friedrich Gottas (Salzburg, Universität)
Herrn Dr. Manfred Großkinsky (Frankfurt a.M., Haus Giersch – Museum Regionaler Kunst)
Herrn Adolf Grub (Idar-Oberstein)
Herrn Gruber (Mombach, Pfarrei Mainz)

Frau Dr. Mechthild Haas (Darmstadt, Hessisches Landesmuseum)
Frau Heidelinde Hartung (München, Weltkunst-Verlag)
Frau Hartwich (Gotha, Thüringisches Staatsarchiv)
Frau Dr. Kristina Hegner (Schwerin, Gemäldesammlung Staatliches Museum)
Herrn Dr. Christoph Heilmann (München)
Herrn Dr. Mariusz Hermansdorfer (Wrocław, Nationalmuseum)
Herrn Olaf Hillert (Leipzig, Stadtarchiv)
Frau Lotte Hoffmann-Kuhnt (Behringersdorf)
Herrn Reinhard Hornberger (Darmstadt, Städtische Kunstsammlungen)
Herrn Dr. Rüdiger Hoyer (München, Zentralinstitut für Kunstgeschichte)
Herrn Mircea Hortopan (Sinaia, Schloss Peleş)

Frau Irene Ikdal (Trondheim, Kunstmuseum)
Herrn Iuca (Bukarest, Nationalmuseum)

Frau Bettina John-Willeke (Darmstadt, Schlossmuseum)

Frau Friederike Kaiser (München, Alpines Museum des DAV)
Frau Margit Kaiser (Regensburg, Universität)
Herrn Werner Kempf (Alzenau)
Herrn Peter Kempf (Sigmaringen, Fürstlich Hohenzollernsche Sammlungen)
Herrn Professor Werner Kintzinger (Coburg, Fachhochschule)
Herrn Martin Klauser (Rheineck)
Frau Susanne Klett (Schwerin, Schloss, Staatliches Museum)
Frau Annette Kurella (Museen der Stadt Regensburg, Historisches Museum)

Frau Annette Krämer-Alig (Darmstadt, Darmstädter Echo)
Herrn Will Kröh (Darmstadt, Kunstarchiv)
Herrn Günter Kroll (Frankfurt a.M., Stadt- und Universitätsbibliothek)
Herrn Dr. Hans-Jürgen Krüger (Neuwied, Fürstlich-Wiedisches Archiv)

Frau Cornelia Lampoltshammer (Greifswald, Universitätsbibliothek)
Herrn Dr. Matthias Lehmann (Konz-Könen)
Herrn Dr. Norbert Leitner (Nürnberg)
Herrn Professor Dr. Robin Lenman (Coventry, University of Warwick)
Herrn Professor Dr. Gerhard Lindner (Coburg, Fachhochschule)
Herrn Dr. Christopher Lloyd (London, The Royal Collection Trust)
Herrn Professor Dr. C. von Looz-Corswarem (Düsseldorf, Stadtarchiv)
Frau Andrea Lothe (Leipzig, Die Deutsche Bibliothek)
Herrn Dr. Piotr Łukaszewicz (Wrocław, Nationalmuseum)

Herrn Dr. Andreas Maisch (Schwäbisch-Hall, Stadtarchiv)
Herrn Dr. Peter Märker (Darmstadt, Hessisches Landesmuseum)
Frau Lynda McLeod (London, Christie's Archives)
Herrn Dr. Wolfgang Meister (Amorbach, Fürstlich Leiningensches Archiv)
Herrn Nils Messel (Oslo, Nationalgalerie)
den Mitarbeiter des Rumänischen Nationalarchivs (Bukarest)
Herrn Dr. Richard K. Morris (Coventry)
Frau Dr. Ingrid Müller (Rostock)
Herrn Dr. Claudio Müller (Berlin, Universität der Künste)
Frau Sabine Müller-Wirth (Karlsruhe, Kunsthalle)

Herrn Claus K. Netuschil (Darmstadt, Kunstarchiv)
Herrn Dr. A. Neumerkel (Stralsund, Stadtarchiv)
Frau Verena Nickel (Berlin, Staatsbibliothek zu Berlin)

Frau Anne Picard (Hannover, Niedersächsisches Hauptstaatsarchiv)
Herrn Christian Pietsch (Hannover, Klosterkammer)
Herrn Dr. Klaus-D. Pohl (Darmstadt, Hessisches Landesmuseum)
allen Privatsammlern

Herrn Sigmar Radau (Berlin)
Frau Christiane Rambach (München)
Herrn Fritz Rasp (Ramsau)
Herrn Riechard (Pattensen, Sekretariat S.K.H. Ernst August Prinz von Hannover)
Herrn Dr. Herbert W. Rott (München, Bayerische Verwaltung der Staatlichen Schlösser, Gärten und Seen)
Herrn Carsten Roth (Bochum)
Frau Anja Ruckdäschel (Regensburg, Universität)

Herrn Hans-Joachim Sander (Darmstadt)
Herrn Mario Scarabis (Greifswald, Pommersches Landesmuseum)
Frau Dr. Elisabeth Scheeben (Düsseldorf, Stadtarchiv)
Frau Kerstin Schedler (Coburg, Design Forum)
Herrn Scheikel (Gotha, Kreisarchiv)
Frau Margit Schermuck-Ziesché (Dessau, Anhaltische Gemäldegalerie)
Herrn Dr. Frieder Schmidt (Leipzig, Die Deutsche Bibliothek)
Frau Gudrun Schneider (Berlin, Stiftung Archiv der Akademie der Künste)
Frau Sabine Schroyen (Düsseldorf, Archiv des Künstlervereins Malkasten)
Herrn Professor Dr. Wolfgang Schöller (Regensburg, Universität)
Frau Rita Schuck (Darmstadt, Hessisches Landesmuseum)
Frau Bettina Schwabe (München, Bayerische Verwaltung der staatlichen Schlösser, Gärten und Seen)
Frau Erika Selzer (Bad Aussee, Kammerhofmuseum)
Herrn Dr. Heinz Sichert (Regensburg, Universität)
Herrn Matthew Silence (York, University of York)
Frau PD Dr. Martina Sitt (Hamburg, Kunsthalle)
Frau Silvia Stenger (Frankfurt a.M., Institut für Stadtgeschichte)
Herrn Dr. Graf Alexander Strasoldo (Köln, Kunsthaus Lempertz)
Herrn Christoph Suin de Boutemard (Nienburg)

Herrn Dr. Bert Thissen (Kleve, Stadtarchiv)
Herrn Professor Dr. Jörg Traeger (Regensburg, Universität)

dem Verein der Freunde der Fachhochschule Coburg

dem Verein der Freunde der Universität Regensburg

Frau Sibylle Weitkamp (Hannover, Niedersächsisches Landesmuseum)
Herrn René Wiese (Schwerin)
Frau Wiesmann-Emmerling (Darmstadt, Hessisches Landesmuseum)
Herrn Bernd Willscheid (Neuwied, Kreismuseum)
Herrn Wohlfart (Wien, Schönbrunn Kultur- und BetriebsgesmbH)

Frau Dr. Annette Zwahr (Leipzig, F. A. Brockhaus GmbH)